货币缘起

HUOBI YUANQI

王哲民 著

黑龙江人民出版社

图书在版编目(CIP)数据

货币缘起 / 王哲民 著. —哈尔滨：黑龙江人民出版社，2017.5
ISBN 978-7-207-11042-8

Ⅰ.①货… Ⅱ.①王… Ⅲ.①货币史—中国 Ⅳ.①F822.9

中国版本图书馆 CIP 数据核字(2017)第 129313 号

责任编辑：姚虹云
封面设计：张　涛

货币缘起

王哲民　著

出版发行	黑龙江人民出版社
地　　址	哈尔滨市南岗区宣庆小区 1 号楼
邮　　编	150008
网　　址	www.longpress.com
电子邮箱	hljrmcbs@yeah.net
印　　刷	北京万博诚印刷有限公司
开　　本	787×1092 毫米　　1/16
印　　张	31
字　　数	600 千字
版　　次	2017 年 7 月第 1 版　2021 年 1 月第 2 次印刷
书　　号	ISBN 978-7-207-11042-8
定　　价	96.00 元

版权所有　侵权必究　　　　　　举报电话：82308054
法律顾问：北京市大成律师事务所哈尔滨分所律师赵学利、赵景波

前　言

多数人的生活充满无奈，我们想做到的事情，受到各种因素束缚，如果不改变触发条件，事情的结果是确定的。在一个社会当中，每个动作影响他人，引起双方收益变化。货币数量控制每个人，它是微观的基本控制，让每个人有成功机会，给予每一次失败可能。货币令所有人组成社会，达到收益上的均衡状态，是宏观上国家的控制力。在收益受控状态之下，人失去了任性的自由，不允许出现偶然事故，这是共同产生的规则。

货币在控制人类行为，亦在测量收益值，且以此为交易依据，实现各自的收益额，这是人类行为的走向。它既是社会性的规则，又是个人的行为程序。人类的思维总是不满足的，人一直梦想打破这一局面，故在调整相对收益的时候，人类必然动用货币工具，尝试打破强加于己的必然。价格是为了必然的选择，这份凌驾于个人的必然，驱动人们遵守此规则，而问题是规则合理吗，这也是打破规则的动力。

每一个人都是社会的破坏者，人类天生要打破程序，控制社会总行为的程序。每个人正在截断其中一部分，与我们收益相关的那一部分，将自己的收益方式加入其中。这个击碎社会的工具，就是我们手中的货币，这份工作交与的组织——真实皇室的社会作用。

皇室所发行的每一份货币，均以实物的形态发挥作用，它可以改变触发的条件，改变了程序执行的条件，从而打破收益上的均衡。新增货币给予一些人，形成生产资金的流动，这些人取得特定收益。在这个给予的过程中，金融系统形成新的贷款，市场规则或许发生变化，涉及了所有收益的变化。

这种改变必须让所有人认可，这就是货币必须负责的公平，而承担维持公平责任的角色，是传统社会无处不在的皇权。新规则产生新的变化，对比增加的收益机会，货币为人创造了福利，皇室将它计算清楚后，完整无误地退还社会。皇室负责的这个操作过程叫做金融，它是一个选择合理性价值观的过程，也是一次征集社会价值评定的过程，社会的全体人用这一标准衡量皇室。皇室在用货币控制百姓，百姓不断选择和淘汰皇室，双方是合作和博弈关系。

市场经济是一场涉及所有人的博弈，货币是唯一成功与失败的测算标准，所有人按照货币价值标定自己行为，也由此产生出全部的社会活动结果。这场较量使人类成功存在下来，并且表现出来更加强大的能量。货币展示了社会的取向，体现了事物的因果关联，它也是在激发人类感恩，并且由此产生奖励机制。

货币是对创造的奖励，但是它在行动之前，便已交与生产者。故单纯的生产活动，不会得到任何奖励。生产过程被程序控制，如果人类给予它奖励，生产自身将产生动机，要求人类为它们牺牲，增加它们的存在意义，从而实现对人的奴役。

生产活动接受社会监督，才有权力组织生产活动，传统文化上监督者是天。信任带来的是压力，行动品质上的压力，表现为货币的数量，可以取得多少资源，被供应货币量限制。只有严格按这一标准采购，严格按照这一标准实现，最终的产品完全供应市场，剩余的部分即为工资奖励。

工资水平与皇权的控制效果相关，它的偏差将导致社会的混乱。我们得到生活中的美好，必须对货币的效果感恩，这是自然所生出的伟大，对自然的敬畏油然而生。生产者接受全部信任，这份工作的难度越大，研究的程度越是精细，受到规则的约束越小，原有规则变得不适用，需要增设新的规范。

只有完全遵守规则的人，才应当得到货币的奖励。社会对货币的要求越高，由此形成人类社会进步，交易双方的满意度越高，货币测量价格精度越高，货币奖励的数额也越大。这份奖励即消费货币，可采购任何市场商品，提高人们的生活水平。如果奖励的数额过大，商品价格超过正常值，货币的品质也被拉低。物价上涨损害一切消费，必须有人负责货币品质。社会的声誉越大，责任也随之增加。皇帝负责的责任特殊，他必须控制货币品质，达到全民的预期效果。

  人类本不需要权力，也不需要强制压迫，而皇帝需要控制力，这就是权力的源头。这种权力是由下而上产生的，随着市场的扩散牵连所有人。控制范围越是精细，权力范围涉及越广，甚至需要更多官员控制所有生产行为。只有人类社会有权力，只有人类需要控制生产，需要核算生产资源成本。

  人类社会设计的法律，多到普通人看不过来，需要借助律师打官司，由此产生了社会权力。我们参与的很多事物，超出生产活动的范围，人类对此付出极大，这是接受统治的成本，它是皇权的自然表现。只要资本完全属于皇权，就有可能完全控制市场，货币增量带来的收益，投入生产的福利创造，即实现创造性的市场效果。

  金融实力表示国家水平，表明国家实现多少事物。所有活动均需要资本，投入其中的货币量，左右事物大小成败。每一个消费者接受社会福利，则是货币必须带来的效果，货币运行产生相当的福利，由国家权力提供给消费者。皇室负责测定金融成本，监督货币收益归入福利，准确给出量化的数值，超出部分由融资者自负。

  这些也是皇权的局限，血缘关系基础的组织，不断出现金融性事故，皇权一直在接受质疑。一切事情均有出现之因，金融成本是极难核算的。本书阐述了货币的原理，它的历史事实如何运行，如何扩大金融机构规模，如何控制金融测算成本，详细地描述了这个发展过程。

作　者

目　　录

第一章　货币生成时代——远古 …………………………………………（1）

　　第一节　女娲与伏羲的竞赛 …………………………………………（1）

　　第二节　黄帝和蚩尤的决战 …………………………………………（12）

　　第三节　部落时代酋长之争 …………………………………………（23）

第二章　货币控制时代——夏商周 ………………………………………（33）

　　第一节　夏朝开发的贝币 ……………………………………………（33）

　　第二节　商朝饲养业变迁 ……………………………………………（42）

　　第三节　西周的商业格局 ……………………………………………（50）

　　第四节　周礼与经济模式 ……………………………………………（60）

第三章　统一货币时代——秦朝 …………………………………………（70）

　　第一节　形成秦朝的历史过程 ………………………………………（70）

　　第二节　帝国推崇的儒家文化 ………………………………………（79）

　　第三节　项羽违背货币的原理 ………………………………………（87）

第四章 货币政策时代——汉朝 ················ (96)

第一节 引进物产的西汉 ················ (96)

第二节 王莽的币制革命 ················ (110)

第三节 东汉时代的竞争 ················ (118)

第五章 货币波动时代——魏晋南北朝 ················ (127)

第一节 魏晋时的世族大户 ················ (127)

第二节 南北朝的货币分治 ················ (137)

第六章 技术货币时代——隋唐 ················ (147)

第一节 隋炀帝的外贸平台 ················ (147)

第二节 唐太宗的文化战略 ················ (158)

第三节 寺院在大唐的作用 ················ (170)

第四节 武则天的经济谋略 ················ (181)

第五节 安禄山破坏了体制 ················ (190)

第七章 货币调整时代——五代十国 ················ (201)

第一节 五代时期的产业升级 ················ (201)

第二节 士族设计的十国经济 ················ (207)

第八章 货币扩张时代——宋朝 ················ (215)

第一节 赵匡胤起用士人治国 ················ (215)

第二节 士人推动娱乐业发展 ················ (225)

第三节 货币危机引发的变革 ················ (235)

第四节　王安石变法货币困局 …………………………………… (246)

第五节　南宋货币信用的丧失 …………………………………… (257)

第九章　发行策略时代——元朝 ……………………………………… (269)

第一节　蒙古帝国取胜之道 ……………………………………… (269)

第二节　纸钞全球化的失败 ……………………………………… (278)

第三节　忽必烈的政府攻略 ……………………………………… (287)

第四节　绵花兴起与元灭亡 ……………………………………… (297)

第十章　货币谋划全球——明朝 ……………………………………… (305)

第一节　朱元璋重新启动金融 …………………………………… (305)

第二节　燕王朱棣的经济政策 …………………………………… (313)

第三节　藩王与特殊资源配置 …………………………………… (322)

第四节　郑和设计的全球促销 …………………………………… (329)

第五节　海瑞与一条鞭法改革 …………………………………… (338)

第六节　东林党规划货币政策 …………………………………… (346)

第七节　崇祯改不了政策弊端 …………………………………… (355)

第十一章　货币准备金制——前清 …………………………………… (363)

第一节　满洲人成功的控制经验 ………………………………… (363)

第二节　八旗是控制经济的机构 ………………………………… (370)

第三节　宗族结构负责产业投资 ………………………………… (380)

第四节　乡党经济毁掉传统文化 ………………………………… (390)

第五节　和珅为帝国工业化牺牲 ································· (400)

　　第六节　鸦片成为主要消费产品 ································· (410)

第十二章　货币本位制度——后清 ···································· (420)

　　第一节　太平天国经济的背后 ····································· (420)

　　第二节　曾国藩领导洋务运动 ····································· (430)

　　第三节　甲午之战败在金融上 ····································· (439)

　　第四节　李鸿章执掌经济命脉 ····································· (446)

　　第五节　慈禧太后在挽救大清危局 ······························ (454)

　　第六节　袁世凯称帝躲过分裂 ····································· (462)

参考文献 ··· (472)

后　　记 ··· (474)

第一章 货币生成时代——远古

货币之于人类的作用，只是收益的表达方式，人类的收益是特殊的，收益关联到全体人，形成社会福利方案。所以货币才变成实体，直接展示福利供应水平。那么，这种有强大意识的货币，表现为非合作博弈状态，它在人类之前就已存在，不过被人类利用了而已……

第一节 女娲与伏羲的竞赛

在远古非洲的草原上，每当秋季临近尾声，干枯的草木掉光叶子，动物们找不到食物，它们被迫向南方迁徙。这些流动的队伍中，一支队伍艰难行进，这是人类的身影。人类与动物差不多，一路行走一路捡拾，由两个人扛着兽皮，一根树枝担在肩上，只有这么点东西。人类与动物有区别，人披着动物的皮毛，却不遵守动物原则，动物遵从个体方式。

人类总是不满意的，但是很快得到满足，他们感觉生活快乐，不在意环境的恶劣。动物有敏锐的感应，随时警戒外界动静，动物缺乏必要资源，没有能力控制局面。经过生产元素的竞争，人和动物的肉体相似，均由碳水化合物组成，只有具体形态的差异。

这是进化论的基本观点，此为躯体元素竞争结果，不是生命演变后的结果。人类与动物的基因相似，基因即形成生命的程序，一种生物对应一种算法，生物差异在于算法不同，生物算法间的差异很小。

若从经济学角度看，人类是消费行为的结果，动物是生产行为的结果，两者是截然相反的东西。人的行为与动物相反，动物发展自身的能力，人类在发展生产工具。人用石球打击飞禽野兽,可是高级动物也用工具,却不可能提高捕食技术。动物的生产行为节省能源,人类的生产行为浪费能源。

动物为寻找食物迁徙,人类在追踪动物迁徙,为了减少散热面积,动物长着一身毛发;人类不怕热量损失,人的全身布满汗腺,随时散发体内热量。人类尝试着长途奔跑,可以猎杀所有的动物,所以人类生存了下来,身体趋向消费的特征。由于采用正确经济原则,充分发挥人的心智活动,人类准确选定行为方向,人的群体组织开始崛起。

人类食品是基础的产品,与动物食物有本质区别,动物不会增加生产资源,而人类在增加生产资源,故人类的产品越来越多。动物是在被动接受,它们无法获得能量,无法改变供应状态。所以动物随环境变化,环境在接受太阳能量,产生一系列能量供应,产生动物的生产资源。

动物自身也是生产资源,它们必须完全调用资源,获取自然界生产的产品,将自然产品纳入资源中。动物无法决定食物,全部被纳入食物链。人类状态恰好相反,交流表达生产目的,去掉自我中心结构,让人类脱离食物链。

人类自身在浪费能量,消费需要全方位满足,才能维持人体的平衡。消费是人类的特有现象,只有人类社会才有消费,消费在增加能量的级别,产生更多产品上的供应。所以人类不断增加能耗,所有动物努力减少能耗。动物严重依赖于劳动,为了生产一定量食物,必须捕杀一部分天敌,因此消耗一定的热量,而生产的剩余却很少,无法得到充分休息。

动物须服从自然,地理环境变化了,动物要随之改变。动物在接受自然能量,调整自身形态和行为,但它们无法控制结果,一直是一无所有状态。动物的智力在行动能量边际,食物数量在捕食能力的边际。自然界的所有物种,包括人类和动植物,一同构成这个世界。物种之间是竞争关系,每个物种的生物之间,形成临界值均衡状态。

人类社会也有均衡状态,每一个人的资财静止,相对其他人没有变化,即消除了市场全部交易,且不符合他的价值期待。人类将利用货币打破僵局,投入货币引发资财相对变化,从而标定哪些行为有益,即符合全部人类的要求——公平标准。

动物生活均以自己为中心,故不需要设计公平原则,自然不会组织社会活动。动物熟练掌握一切生产技能,可以用己方语言驱动对方,比如向蜜鸟为了获得蜂蜜,用叫声带领人类找到蜂窝,人类攻击并取得所需,分给向蜜鸟一部分。宠物也会指挥人类行动,满足他们食物上的要求。人类可以听懂它们的语言，这些语言全是生产符号，不用中间翻译和解释，生物之间都能明白。

生产符号有的很简单，肢体动作加上音符，有的符号非常复杂，比如机械设计图，但是传播起来没有障碍。这些符号表达生产目的，为了实现行动者的收益，这一点没有差异性。但是人类不满足这种语言，等货币介入社会生活后，个人需要告知所有生产者，自己需要的商品特征如何。

人类需要处理每个单词，将动物的语言作为原料，形成带有情感倾向的句子。人类的语言含有丰富的语法，对生产符号的单词作出规定，让每个单词符合自己的意愿，构成意思完整的句子和段落，实现消费者想要的受益目的。人类社会出现特别现象，我们可能告知对方秘密，关于自己的一部分秘密，甚至为了达到这个目的，我们还会想法翻译语言，让其他的外来族群听懂。

动物的词汇量是生产边际，它们不需要增加更多词汇。人在用单词构建不同语境，从而表达不同的消费体验，故人类的词汇量因而暴增。人类的逻辑能力随语言增长，由语法重新产生的事物关联，大大拓宽了人类的想象空间。

动物为生存相互残杀，这是生产的应激反应。生产行为改变人类自身，外界认为有不同的含义，生产的本质是人工智能，思考是人类的唯一能力，智力推动人类社会进步。不接受地理条件的限制，人类对抗自然环境的局限，创造符合消费的生活模式。人类的食谱很复杂，与动物不发生关联，人类自由选择食物。

人与动物处理信息不同，对待能量的态度也不同，动植物的移动源自收益，人类传播信息也是这样，这些信息含有收益成分，才会被人类无数次转播。动物需要复习知识，记住天敌全部特征，动物不能挑选知识，它们必须接受技术。动物不自觉减少耗能，以耗能设定大脑容量，故动物大脑停止增长。

神经系统负责传递信息，动物被动优化基因排序，它的大脑容量被动设定。人类在一直改善环境，主动推升基因的进化，故大脑逐渐变得复杂。人类消费是价值判断，即为感知错误的能力，人类服从社会的利益，脱离自然能量的限制。在生产发生之前，人类生成消费要求，之后对物进行处理。

人类不仅看到自己生产，还会审视全部生产活动。而人类没有走遍每一处，移动消耗的能量是成本，人类用可以流通的货币，交换到全部的成本信息，降低了自己的移动成本。所以人类的生产与众不同，我们让消费产生物质储备，个体的人类才能适应环境。

在人类的社会中，生产之前需要审核，这是资本功效要求。智力是能量增长边际，人类不是简单的记忆，而是选择有效性记忆。有机物是分子结构算法，而动植物是基因结构算法，人类设计符合自己之物，便形成了人类的"产品"，人体朝向经济方向进化，人类成为独特的经济生物。

生产过程是否正确，生产者自己不知晓，生产必须获得反馈，要增设一个观察者。万物皆由信念产生，决定了物质的差异化。动物只有生理需求，没有更高级的需求，自然界为它们生产。而人类以消费表达差异，单独设定一个生产环节，将产品与自然物脱离开，并且不断加大产品差异，从而发生能量上的进步。

进步需要心智积累，绝不可能一步速成。人类穿越冰川和大河，到达陆地的多数地区，领略各种地貌的特征，对各种自然资源实验，寻找各种生产可能性。动物之间也有语言，可以彼此沟通信息，但是无法洲际移动。人类找到适宜的气候，又找到了合适的食物，随着生活物资的增加，人类最终定居某一地。定居以后，由于地理纬度缘故，肤色出现黑白之分，还有其他各项特征，不同地区均有不同。

定居增加了生产难度，但是也给予人类机会。人类通过克服困难，增加了不少生产类型，以适应新的消费需要，人类社会获得进步。但是在动物世界，不受控制使用资源，生产超过能量极限，每次到达能量极点，肯定爆发一次灭绝，相关动物全部死亡。

由于动物模式不会进化，它们没有理性设计能力，人类生产必须是理性的，理性对应完美生产形式，人类的生产永远不会停。人类有特殊的生产，决策脱离生产决定，独立实现消费意志。在原始生活中，养活婴儿非常困难，人类是消费的物种，幼儿不能随意状态，需要供应许多物资。因为没有稳定的婚姻，男女结合比例不均衡，生育的孩子数量很少，而影响了部落的发展。

如果物资不能均分，群落肯定面临灾难。在人类出现社会的时候，已经开始免费供应产品，除了人们直接交易之外，还有一部分免费的产品，并且一直不断推升份额。比如必须供养婴儿，婴儿自己没法生产。若缺少基本生存物资，母亲一定会杀死婴儿，从而保障成年人活着，保留继续生育的可能。保留成年人的利益，成为自然界的选择，因为婴儿不能独立。

道德处于免费供应边际，如果人类社会没有补偿，不会出现道德性的评判。没有人无故具有道德，因为被市场规则限定，人才具备道德的自觉。所以不时地检讨自己，时刻怀疑自己的行为，才可能生成本原道德。经过实际收益的考虑，年龄差异很大的男女，很难养活自己的后代，从而废弃了这种结合。

自然环境变差的情况下，动物的捕食性非常残忍，它以血亲方式传递福利，父代供养下一代的幼崽。而人类可以供应福利，经过市场的核算损失，故越来越趋向免责。人类凭借生产性发展，脱离残忍的生活模式。人类的出现改变了世界，启动了生命的高阶文明。

出现免费的食品之后，形成互相帮助的局面，人们开始群居化生存。带回食物多的男人，选择他的女性也多。择偶的标准是食物数量，所以互动没有获得良效，伴侣关系依然非常紧张。定居点的食物没有增加，只有个别女性食物增多，而食物不均产生了记恨，经常为了食物分配打仗，造成很多母亲饿着肚子。此时的家庭没有控制力，控制分配的权力在男方。男性不期待免费产品，当成年男子外出打猎，随时补充野外的食物。

自然界存在多种食物，人类又是杂食生物，几乎在吃所有生物，非常容易填饱肚子。人是哺育最久的生物，哺乳期女性不能劳动，母子要获得免费食物，食物的标准高于男性。她们的男伴生起火，烤熟有营养的野味，捡拾水果和小昆虫，满足饮食上的要求，为了实现这么高的需求，有的男性长途追逐动物，可能发而被野兽吃掉，可能自己摔伤致死，总之狩猎的压力下，危险总是伴随左右。

因为食物品种的增加，为基因重组提供条件，人体是基因表达成果，人的能力超过了动物。男性由此爱上了生产，不论是打猎还是捡拾，因收获的数量不确定，男性之间产生竞争关系。正是不确定性激发了欲望，促进男人的大脑的兴奋性，造成男人们迷恋打猎生活，经常很多天不回到定居点。

定居点的劳作太重，女性很难独自应付，由此生活质量下降，影响出生人口数量，伴侣之间经常争吵。男性一直在追求女性，渴望满足女性的要求。如果男性坚持这种生产，没有办法保证群体利益，不久之后群体被迫解散，这是所有人不愿接受的。

男人面对重大的考验，只有决定为集体牺牲，他们交出了选择权力，女性有权力选择配偶。这是首次分工，男性负责生产，女性负责生育，女性要吃什么，交给男性完成。开始由女性作出选择，男性提供免费食物，如果群落遇上危险，保证女性和孩子安全，不保证男性的安全。

这一点与动物相反，动物是雄性作出选择。打猎活动充满风险，男性的死亡率很高。男性要考虑更高收益，无法保持原生产方案。所以男性的技能在进步，夏天他们一起合作打猎，冬天他们一起凿冰捕鱼，努力保证群落食物供应。人类的生产开始合作，为其他生产提供方便，成为生产活动的前提。

人类需要组织家庭，男女结婚成为伴侣，伴侣在为对方服务，动物没有这种关系。人不以自我为中心论理，人类社会开始出现组织，这些组织没有中心结构，组织内部成员相互了解。随着社会组织的壮大，开始公开自己的看法，过去这样是不可以的，可能伤害到贵族收益，故贵族特别禁止争论。

随着生存空间的开放，行为背后的动机显露，生产者的自觉性增强。由于生产得以规范，食物的品种在增加，食物的数量在增长，群落不再缺少食物。女性的择偶标准提高，照顾女性的男性增加，将此标准固定了下来，女性的生存概率增加。

女性有权选择男性，按照消费需求选择，降低了匹配的可能，但是消费控制生产，有利于结果的完美。女性和后代的生活好了，男性才能安心持续生产。这种选择即为信仰，信仰则是道德教条，笃信超自然控制力，含有反自然的信息，去掉生产上的依据，指出生产上的错误。

动物界只有正确的行为，行动与意识无收益关联，它由神经反射控制活动，所以它们没有生产活动。人类可以感觉错误，通过生产实现收益，所以社会出现生产。原本没有错误，直到被指出来，他才会意识到。人类不愿意聚居生活，因为消耗大量的资源，资源很快出现了短缺。

人们分散住在平原上，虽然可以相遇交流，却形不成相互照顾。居住点相隔一定距离，相同母亲的后代，相对住得比较近，结合的比例也高，但是后代多夭折。血缘关系近的人，伤害身边的女性，表现其能力低下。生产者掩盖不足，利用女性来弥补，故强迫女性劳动。女性在家庭中工作，再难完成狩猎活动。

女性的生存质量下降，而影响最大的是孩子，孩子们经常忍饥挨饿。男性只关心生育数量，而不愿承担抚养义务，违背女性的主观意愿。相近群落有往来，女性聚集在一起，讨论生活上的问题，出现意见上的分歧。她们要求安宁的生活，提高后代的生存质量，这是对生活福利的设想。

女性群体在刻意挑选，排斥血缘关系很近的男性，打破了地域限制选择配偶，选择对象的地理范围扩大。男性之间产生竞争关系，于是男性努力创造机会，在各处寻找适合的女性。在这些群落之间，女性没有发生流动，男性被外群落选中，便会迁移到那里。人们聚集在一起，形成合作性群体。这些群落围绕女性生活，女性安排大家一起合作，构建了道德的社会环境。

由于各个群落的道德不同，群落内的女性评价不一样，群落之间需要相互的沟通，也会彼此产生道德的批判。道德控制了人的行为，道德是行为上的策略，人的行为是收益策略，来验证基因的契合度，人类需要与环境融合，达到心灵的舒适安定。而生产活动接受控制，以道德不断提升自己。这段时间出生人口多，群落的规模迅速扩大，产品的需求也在加大。

女性也加入生产当中，她们将毛皮裁成小块，再用骨针缝合在一起。发明骨刀和骨针之后，可以制造兽皮的衣服。衣服保护了人体的温度，男人们可以远距离狩猎，有效降低了男性死亡率。男性专心研究狩猎，人的自身无需改变，产品表示人类进化。生产条件得到改善，有利于人开发智力，突破生产技术极限。男性用语言描绘事物，以此应对未知的世界。

语言传递的速度超出想象，男性的适应性大大增加。女性走到远地选择，一些男人离开群落，来到了陌生的地方，重新开始学习技术，融入当地人的生活。女性跟男性学习语言，为了增加自我竞争力，男性创造不同的语言，以示生产能力的区别。人们愿意了解未知世界，面对瞬息万变的自然界，大家聚在一起研究对策，于是群落内形成组织力。

男性在开发工具，寻找特定的石头，制造石片的斧头，磨制骨质的工具，制造猎杀的长矛。这些物品有利于生产，导致人类体能的下降，人的身体更容易感冒。生产超出人的体力，因为体能的范围小，不能应付大型动物。

男人先是用标枪，在发明弓箭之后，狩猎失去危险性。过去坠崖的情况很多，也会被野兽攻击致死，主要原因是距离太近，猎人与猛兽近身搏斗。现在猎人可避开危险，以奔跑消耗猎物体力，保证了狩猎的成功率。狩猎不再依靠经验，而是随机应变决策，使用工具对付野兽，生产的收益性增加。

自从男性控制了生产，已经出现总体的剩余。但是富余物资非常不稳定，很多情况下可能失去它们。社会内部有隐秘的习惯，大家均不愿意说出原因，且只有少数人知道原因，因而他们是长期受益者，他们可以利用这些信息，在交易物匮乏的情况下，生产并取得相对高收入。

隐秘是生产者的特征，不对外透露生产信息，是生产者的自然行为。而这种情况的损失极大，以生产者为中心的社会，容易受到系统外力伤害，很多动物种类快速灭亡，是这一行动原则的结果。自然界充满巨大的危险，可以瞬间毁灭这个氏族。已经出现很多氏族灭绝，比如周口店的北京猿人。人类社会必须深入合作，用代际的方式传承成果，成果不再归属于某个人。

人类将生产成果公开化，这是消费对理性的要求，动物的行为没有经济性，全部是生产方面的信息，只是为了取得生产活动。人类用文字记忆成果，已经为事物标定名字，才能用语言描述事情，从而将事件记忆下来。没有记录的很快忘记了，文字带给后代生活模式，后代可以相应对照生活。所以每一代人负有责任，将现有的成果推向更高。

人类的记忆是有情感的，只有情感的事情留下来，许多民族有文字传下来，其中的技术信息多流失，即使很多已变成了文字，后来落后于时代遗失了，留下来的全部与社会相关。这些书籍描述了消费状态，关于人类生活的情感部分。语言和文字伴随生产，反馈日常生活的内容，形成消费信息的沟通。这些内容更多表现私有状态，个人占有与感情相关的物质。

动物代表私有状态，人类最初也选择私有，而私有不能保证幸福。一个猎人独立占有森林，意味着他必须离开群体，在一个小空间单独生活。每一次集体狩猎回来，猎物都是平均分配的，如果食物分配不足，女性必须放弃私利，杀死自己怀中婴儿。女性不想牺牲后代，她们主张均分食物，但是男性感觉不公。

在食物分配过程中，强壮的男性收获多，担负家庭责任也多，在生产活动上比较，会产生一种自豪感。夏季肉类不能久存，大家认可平均分配。这些社会活动产生了情绪，一些人认为婴儿带来祥兆，预示群落将来会兴旺发达，一些人认为婴儿带来灾难，女婴预示部落将要遭殃。

这些信息四处流传，强迫人们作出判断，在这些变化过程中，人类创造新的语言，语言冲破群落局限，扩张到所有人群中。通过不断积累语言文字，人类放弃记忆所有事物。大脑感知情绪变化，情绪反映消费要求，大脑的作用是感知，不是记忆生产信息。消费需求是无限的，消费状态永远匮乏，消费主导生产活动。所以永远不以匮乏为借口，限制消费者的需求合理性，生产者有义务解决此问题。

技术落后的部落消失了，他们的身体适应环境，却得不到生存的机会，技术解决的是生存问题。动物遵守条件反射，即生产的应激反应。人类理性选择照顾弱者，强者的生活得到改变。人类可以操纵火，烧制可口的食物，熟食滋养了肠胃，供应了更多能量，提高了发育速度。但是人类对食物提出要求，造成食物的满意程度下降，不满足推动了人类的进步。

女性缝制保暖的皮衣，人的御寒力开始退化。虽然环境的适应性降低，反而提高了生存安全感。人类在提高生产难度，随着产品复制的增多，单位产品的成本降低。动物保持不变的生产，产生了动物的食物链，虽然生产能量在增加，高级动物存活时间短。

摆脱了生存危机后，群落大量重复生产，直到满足所有需要。此时的生存环境，不是依靠自我能力，只要部落生产不停，所有人均能生存，不用个人独立生产。生产者关注范围越小,他们的劳动效率越高。人类为生产设定了标准,在满足所有需求基础上,这种生产获得发展机会。

随着生产技术的进步,市场向生产增加压力,人类意志上的纠错力。此时需要控制产量,生产受到强大压力,进入群落竞争时代,智力得到飞速发展,人口不受自然控制。人类的数量由自己控制,由此群落可以控制产量。

交流形成了社会形态,也由此构成了道德压力,生产必须承担这份责任,是否满足消费成为关键,由此产生基础权力结构。本性赋予消费角色,消费成为一种权力。没有得到全体认可,劳动没有对应收益,男性感觉自己吃亏,他们联合其他男性,抵制食物分配原则。

当然男性的猎物比较多,他们可以到更远的地方,找到有价值的盐业资源,这些人即是贵族的前身,贵族的第一资本是食盐。食盐充足的人,具有更大的力气。当时食物的种类少,含有的钠离子很低,影响运动神经系统,平民依靠喝动物血,少量补充所需盐分。这是发生在狩猎时刻,男性尽快将猎物送回,才能保证家人的需求,如此增加狩猎的难度。

人们普遍渴望得到盐,盐可以随意换取东西,所以贵族的财富大增。此时群落发生变化,生产信息不再开放,贵族封锁路程信息,或故意绕路采盐,从而取得财富差异。贵族也在做工作,却没有参与生产,他们获得控制权,由此剥削奴隶们。贵族控制的地区,收入数量被限定,既没有消费现象,也没有投资现象,处于奴役的状态。此时生活环境不确定,随时面临天灾的威胁,所以群落必须储备粮食,否则一定发生饥荒景象。

出于对子女的爱护,母亲居中分配食物,母亲控制力在增加。可是母亲的生产能力弱,男性贵族开始厌弃她们,凭借盐消除母亲的权力。男人们取得猎物回来,贵族就用盐置换猎物,让母亲们得不到食物。

母亲的权力被瓦解,需要依附配偶生存,当她的配偶死亡时,她和婴儿被迫殉葬。这不符合家庭的关系,家庭应以弱者为中心。殉葬反映财产关联,消费的权力被抑制,生产收益权被放大。一些男性团结起来,他们主动资助母亲,送盐给无助的母亲。

母亲用盐腌渍肉类,可以长期保存食物,加大了亲人的依赖,母亲夺回了控制权。母亲的血缘分布广泛,可通过血缘发布指令,控制公平分配的范围。大家生活在帐篷里,贵族在木头房子里。由于部落具有凝聚力,大家相互传授经验,反复使用生产工具,生产不再是一次性。

人类的生活模式独特,创造活动推动了进化。猎人设计陷阱诱捕,等待猎物自动上钩,而不害怕别人捡走。于是出现一些机械,可以自动捕获猎物,捕猎方式层出不穷,村民扩大生存空间。群落的东西越来越多,所以人们闲下来思考,给自己的所有物命名,这样开发了自我思维,人们的想象力在增强。

母亲角色凝聚群落成员,与儿女构成自然的关系。父亲与儿女是政治关系,需要在社会生活中构建,大家都愿意为群落服务,群落形成了命运共同体。每个地方有不同资源,制造的器械也不同,各地产生交换的需求,村民将自己的工具,交换到远处其他部落。生产活动脱离了食物,反而对食物供应有利,先进工具加快了生产。创造活动延缓生产,人们不断研究情况,再下决心组织生产。

到远方部落去交易,他们带走一些产品,却可能不再回部落,而是被留在了那里。母亲要求儿女都回来,家庭劳动需要人手。部落为女孩设定了姓,她的子女随着她的姓,只要这个女人不离开,便可以找回外出的人。如果子女全跑到外地,留在了生活好的地区,原有群落衰落至消失。女孩外嫁其他群落,那里的姓便多起来。

而在亚洲中部的版图上,先后生成八个姓的氏族,这些人由女性血缘连带,这些姓贯穿了所有部落,形成血缘控制的共同体,这是"中华民族"的源头。不同部落距离渐远,生活方式出现分化。人类社会从个人的历史,进入了部落发展的历史,个性的价值带有社会性。

由于女酋长保卫氏族,她们表现出强烈私心,维护自己的部落利益,不惜杀死其他的部落。所以部落间常有战争,为了隔离部落空间,部落外围建起栅栏。生活条件较好的部落,女孩的存活率高一些,于是落后部落来抢人。遇到外部入侵的时候,女性表现激烈的反抗。

当时的女性参与战斗,并且是最顽强的战士,女性在被对方抓住时,她们甚至会剖腹自杀,不给敌人留生育器官。这是武士道的由来,武士道后来传到日本。暴力的收益均很低,只要收益失去控制,女性暴力超过男性。由于频繁的战斗生涯,女性随时备一把匕首,插在自己的发髻上,后来演变成了首饰。但是对方仍有机会劫女人,强迫她们生下自己的后代。

由于生育非常危险,女性的死亡率很高,所以各地缺少女性。一些部落全是男性,面临亡种灭族危机,抢女人是必要手段。随着人员的流动,部落间关联血缘,不太会轻易争战。但是生产竞争激烈,类似军备竞赛一样,大家无法躲避战争。

贵族不希望打仗,战争带来的损失,没有任何人弥补,因为最多的损失,贵族不负责部落。部落有总体的利益，酋长需要发动战争，取得部落的生存权，酋长负责部落的利益。战争是人类必需的，可以制止生产错误，错误生产造成侵略。

所以部落分两部分，一部分由贵族控制，一部分由酋长控制，贵族只要带回盐，与各个家庭交易，不必做其他事情。有了一定积累，贵族生活大为改观，开始追求舒适享受，衣服代表着社会地位，高于平民的身体彩绘。他们能够调动人力，贵族建造高大城墙，以保护自己的财产。

工匠用夯土建墙，用木头搭接建房，他们在木头上打孔，另一根从中间穿过，如此形成了稳定架构。后来使用石头垒墙，用的也是这个道理，一个凸出一个凹陷，这是卯榫结构原型。在这些大部落中，酋长想要扩大地盘，贵族不愿意这么做，因为人们走远的话，可能在外面找到盐，肯定减少自己的收益。

人类的潜能非常大，占有的地盘在扩大，积蓄的财富在扩增，社会活动构成文化。亲人之间需要陪伴，强化了家庭的纽带，而排斥部落的要求。动物内部存在强制，亲缘关系倚强凌弱，人类部落强调团结，强者不可欺负弱者。

家庭关系产生意识，形成了最早的文化。社会受到文化影响，开始设定行为规范，酋长组织文化活动，以此制约生产状态。中原地区产生祖先崇拜，走到了亚洲的人类群体，大家集中住在黄河流域。

酋长组织祭祀祖先活动，祖先活在后人的思想里，他们时刻陪伴在身边。他们知道祖先没有盐吃，为纪念部落的艰难历史，祭祀的肉汤中不加盐，以示对古先人的尊重。亲人的生死是天命，由信仰中的神决定，家庭服从神的旨意。女性的选择是有限的，她必须向强壮者示好，以免后代被无辜杀死。男人不确定孩子父亲，无法选择性杀死婴儿，从而保住了所有婴儿。

但是酋长的控制太弱，文化会影响生产活动，但是没有主动控制力。男性的暴力处于主要地位，而女性处于消费系统状态，需要时刻处于防备的状态。由于经常参与宗教活动，各家减少远处打猎时间，经常受到贵族们的挑训，贵族反对宗教信仰和家庭。于是部落中形成两级权力，酋长负责掌控地盘的权力，贵族负责掌控资产的权力，双方的控制范围和平共处。

货币代表物质形态的财富，这是采购者的一种错觉，运转状态的货币较之丰富，需要多元的角度考察其运行。货币是国家的一种状态，可以显现国家是否正常，或金融稳定进化状态，让所有国民从中受益。货币运行涉及权力，控制最终的社会决策，因此改变了人际关系。货币本身无从决定财富，它是一种社会控制之物，那么它是怎样显示价值的……

第二节 黄帝和蚩尤的决战

仅仅依靠打猎和采集，虽然每天都出门奔跑，部落内还有人吃不饱，温饱不均被大家诟病，部落内的情绪波动大。打猎采集需要技能，父亲是儿子的老师，儿子绝对服从父亲，儿子的决策很少，想法往往被忽视，成为部落内的秩序。延续父亲的血脉关系，各个部落产生"氏"，氏取自本部落的图腾，每个部落均有一个氏。

有穹氏占据"有熊"地区，它的经济实力逐渐强大，周边很多部落不断加入，形成了中华民族的雏形。后来部落产生了领袖，代替多个酋长的位置，选举出黄帝大酋长。黄帝负责一个部落群，对立者是蚩尤的部落。

年轻人喜欢热闹，夜晚聚在篝火旁，倾听黄帝的讲演。黄帝讲解未来生活，他讲到将来的社会，人们大量栽种植物，四季植物生生不息，老年人都不太相信。植物本身也在生产，它们付出巨大代价，才能取到自身安全。

植物总是杂生状态，很少单一品种存活，野生状态是竞争的，留下的只是一部分，很多品类被淘汰了。这不是一两天的付出，而是几个季度的付出，人类从未付出这么多。即便挺过生长期，暴风雨会捣毁它，野兽会来糟蹋它，可能饿死生产者。

蚩尤的部落坚持狩猎，他们对农业不以为然，并且认为黄帝很愚昧。每次新年制定计划，每个人在设想未来，青年群体相信黄帝，他们寻找穗类植物，计划种下植物谋生。穗类植物比较弱小，经过一双手的揉搓，落下来一小撮种子。人的聚集产生了力量，也产生大量食物需求。贵族那里积蓄余粮，这是奴隶平日捡拾。将种子播入地下后，又按照黄帝的设计，大家修建篱笆石墙，阻挡洪水野兽袭击。

大家的命运交给了老天，如果老天适时降下雨水，年轻人组织才会有活路。在老年人的群体当中，劳动时间和强度很大，需要一整天追逐猎物，一早醒来便出门打猎。黄帝有很高的技能，可以在贝壳上钻孔。黄帝对贝壳加工，在壳上钻了孔洞，成为特殊的状态。贝壳本身是平凡的，可是经过一番加工，变成了一件工艺品。黄帝送工艺品给贵族，换多余的粮食和腌肉。

生产需要计算实际时间，这是事实上的交易成本，植物生长时间相对确定。人们特意选择有穗植物，每年栽种这些植物种子。对于植物的生长过程，自然界完成前端生产，这是复杂的生命过程，人类完成后端的生产，这是简单的操作程序。植物的生长周期比较精确，交易物品的时间也固定下来，因而人类在控制农业环境，确保按季节产出粮食产品。

生产进步推动农业，推动所有产业进步，农业不是简单劳作，而是一项智力活动。植物经历严格筛选，从而得到品性改良。在漫长的冬季时光，猎物收获没有保障，面对不确定的气候，动物的行踪不确定，没法随时供应食物。经过一个植物生长周期，地里植物果然大片结实，黄帝率领众人收集成果。贵族的生活得到改善，他们普遍接受了农业，派人维护田间的安全。因为不需要强迫打猎，贵族的控制自然减弱。

自从部落组织农耕，生产资源稳定供应，人类可以定点操作。人类根据环境选择作物，形成了自然的作物布局。小麦是中东培育的，而美洲培育了玉米，亚洲则培育了水稻，这里有肥沃的土壤。作物往复生长如同生育，人类视自然现象为生命，对待自然如同对待自己，将感情色彩注入了生产。狩猎活动没有受到限制，动物是可以自由活动的。而农田吸引了野生动物，导致狩猎的机会增加了。

当地人对动物宽容，他们提供动物食物，野生动物跑到那里，慢慢被驯化为宠物。自从村民开始种植作物，用种子与贵族交换肉类，贝壳工艺品被利用起来，用它参与自由交换活动，可以测出正确交换比值。部落具备测算力之后，生产否定了一些动物，本地数量渐少的动物，被排除了狩猎的范围。

人类不再局限生产可能性，我们可以更加自由地假设，按照重新配置资源的方式，创造新的知识和生产方案。人们无需服从自然变化，不必住在资源丰富之地，可以自由选择自己驻地。大家可以选择喜爱的驻地，再通过礼物交易维持社会。

农业生产聚合大量劳作，产生大量重复性的动作，个人技能失去绝对意义。采集和狩猎不聚合人群，只有在农业兴盛起来后，人们选择河谷地区居住，并且集中村落全部男性，以统一的动作组织生产。母亲可以感化子女，却无法调动非亲人。

因为生活上的需要，村落内部产生分工，一些人记录作物生长，一些人记录太阳位置，控制整个生产系统，部落才能稳定的存在。生产的分工是为了合作，消费上的分工为了协同，组成运行系统上的各部。这些人协同群体劳动，需要更高级的控制力，超出家庭范畴的控制。

生产资源终将枯竭，每当遇到这种状态，人群之中出现不满，否定劳动的分工化。人们要求私有资源，生产有自己的规律，个人贡献必须标定，准确核定自身劳动。如果共用生产资源，没法核算具体收益。而合作是农业的前提，人们习惯于合作共赢。他们用木棍播种除草，并且在田边修出沟渠，引入河水来灌溉作物。

生产需要精确控制，人们通过观察太阳，了解季节温度变化，大约控制生产时长。时间是作物生产的保证，也对人的行为产生影响，部落开始规划时间，春天必须适时播种，秋天必须组织收割，跟随时令干农活。

为了精确控制时间，中东地区发明算盘，可以计算历法定时。如此形成的信仰，神灵有生命迹象。比如希腊信仰崇拜太阳神，这是从古代埃及继承来的，巴比伦与埃及的文明交汇。围绕太阳神的诸多副神，左右着农业的其他因素。将控制能量抽象化，变成可以想象之物，这是人类思维的特长。

既然社会要有管理者，宇宙也需要有管理者，于是产生了神的意象。宗教总结主观的消费认知，表达消费者角色的决定权，这是消费者定价的第一步。宗教起源于哲学思考，哲学每一次求证宗教，会产生进一步的思考，也带来了宗教的迫害，哲学是思考的牺牲品。

此时部落缺乏语言交流，黄帝抓住各种时机聚会，大家有唱歌舞蹈的空间。宗教是综合价值判断，所有人要解释自我判断，在这些解释中寻找答案。这些信仰有极大包容性，不对个人施加思想压力，信仰不追求客观性评价。这种原始的萨满教，完成了第一项权力——评价的权力。贵族认可黄帝货币，可是没有确定样式，货币采取什么样式，则由贵族作出决定。

蚩尤控制小的部落，他决定不再用货币，人人均等原则消失，再没有人享受福利。贵族禁止人思考，而且还作出规定，所有人必须打猎，从而保证食物供应。蚩尤的部落很沉默，所有人都心照不宣，没有组织集体活动，没有语言交流机会。这个部落没有货币，自然没有产生宗教。宗教活动有巫师，告诫活动的禁区，防止生产的危害。

生产者不愿意改变自己，他们依赖已稳定的收益，所以需要有人打破局面，只有落后生产愿意冒险，这个责任落在巫师身上。巫师的方法很简单，他们用科学试错法，以解决生活的难题。巫师为家庭祈祷，形成了殡葬传统。家族在修建自用墓地，墓地在生活区的下层，在生活中留下的记忆，定期为死去亲人祈福。

宗教的神秘在于人类，人本身有股神秘力量，创新型思想十分神秘，大脑可以探知到科学，且时刻思考实验方法。但是创新活动消耗时间，宗教规定人的休息时间，让人们有时间恢复理性。人们相信巫师的话，部落使用统一贝币，黄帝需要很多人力，去仔细地寻找贝壳。蚩尤部落的人每天打猎，根本没有时间捡拾贝壳。弱国的人力在这里，会减少狩猎的时间。

因为打猎需要移动，蚩尤部落没法定居，他们每年更换山洞。他们没有断炊的可能，除非自己老到不能动，或者生病在家不打猎。由于他们经常奔跑，身体素质相当的好，经常跑到黄帝那里，打劫刚产出的粮食。而被劫人家立刻断炊，加上突发的天灾人祸，部落处于不稳定状态。各家的保障力很弱，部落的保障也不大，黄帝部落相对好些，才没有人家被饿死。

农业提供了群居条件，部落稳定性大为加强，但是能源依旧是人力，能源利用率非常低级。狩猎生产的主要成分是偶然，而农业生产扩大了必然成分，真实地显露出人力资源的差异，增加了生产上的智力成分差异，个体差异逐渐主导了收益结果。人类通过语言区分亲缘，人与动物有基因亲缘，人之间可能没有亲缘。

信息涉及生产收益，各地垄断语言形式，出现很多种语言区，垄断地区之间隔离，只要自己领地收益。低等生物的认同信息少，高等动物的传播信息多，而且得到全体认可更难。农业有更多不定因素，对贝币有更大的需求。农产品是家庭的需要，生产也以家庭为单位，而黄帝没有这个权力，无法对家庭提供贝币。

平民为黄帝义务服务，黄帝提供他一定贝币，黄帝与平民发生关联。破产的平民拿着贝币，到贵族那里换来粮食。贵族习惯于贝壳货币，这是约定的制币材质。可是贝壳数量在减少，贵族的粮食借不出去，储备积累得越来越多。贵族以粮食交换劳力，为自己修筑高墙宅院，家人被圈入安全区内。比较黄帝的人力支付水平，平民向贵族索要礼物报酬，而不再同意直接换取粮食。

由于黄帝不断投入贝币，自由民的数量在增加。可是在贵族的控制区，迁移来的很多平民，每次有人吃不上饭时，他们将自己卖为奴隶，无限期地为贵族服务。礼物帮助人们卖身，在于雇佣费用核算，只是这笔费用太低。

奴隶围绕着贵族生活，却得不到贵族的关照，贵族对他们不满意，而且是永远不满意。生产收益总有空间，指挥者肯定不满足，总要达到最大限度。贵族责罚奴隶们，并禁止奴隶反抗。

在精神的高压之下，奴隶很有可能逃跑，贵族计划平整小岛，驱使奴隶上去开垦，利用岛礁囚禁奴隶。由于奴隶的待遇变差，反抗贵族的情绪加大，贵族需要时刻提防奴隶，很害怕奴隶起来造反，他们决定要修建城堡。奴隶是收益的边际，平民处于贫困边际，随时可能成为奴隶。

贵族与平民都在心里算计，贵族在计算用奴隶的成本，看看是否比市场交易便宜。奴隶服从贵族的控制，不是来自交易的考虑，而是强制奴隶的服从。因为控制价格未来，贵族可以获得暴利，相当于控制了期货，这种结果来自市场，目的也是为了收益。

经过许多年开采，贵族的盐矿枯竭。平民在计算交易的成本，他们一直在找生产机会，于是到很远处找到盐矿，开采出盐巴并且运回来，其中只有劳动性的成本，发现没有摆脱贫困命运。

生产者之间是关联状态，奴隶们得不到高额收入，给平民的盐价也不会高。因为普遍缺少粮食，贵族可以高价卖粮，但是同时低价收粮。贵族实际操纵礼物，黄帝的贝币被贬值。虽然盐巴也是稀缺品，但是平民家没有余粮，如果他们不卖掉粮食，便会面临断炊的危机。控制劳动而不是资源，没有办法取得定价权，故他们低价卖给贵族。

交易问题出在礼物上，物资取得不能被量化，会造成生产者的损失。在礼物的供应方面，如果交给贵族负责，他们只能看到局部，便会逐步释放礼物，从而损失投资效果。只有交给酋长控制，才能按需供应礼物，以低代价取得成功。

贵族也在努力想办法，保证自己的绝对优势。市场贸易必须是公平的，只要出现一方绝对优势，交易公平已无法实现。作为劣势的一方，平民只能维持温饱，并不想继续交易，此时他感觉吃亏。贵族抓紧建造仓库，储备粮食以供交易。

粮食解决不了根本问题，有限粮食供应造成涨价，只有礼物可以增加总量。酋长站在平民的一边，也在努力想方法改变。黄帝指挥多加工贝币，用贝币事先获得粮食，便有力气到远处狩猎，或者等到作物收获期。

农耕比狩猎的风险大，但是农业的收益也大。这种市场竞争情况，迫使猎户提高技术，猎人开动脑筋思考，研究出来新型工具，减轻奔跑上的疲劳。在总体的时间上，狩猎的时间很长，如果没有大动物，需要不断去狩猎。

而农业可以安排，作息是有规律的，消费的时间增加。最大收益出现的地方，必是减少劳动的项目。猎人的资源不相同，他们的收益不平等。但是猎户不再是孤立生产，而是进入多种产业的合作，猎户之间出现全面的竞争。

第一章 货币生成时代——远古

工具制造的难度大，需要在石头上打孔，或者冶炼地面陨铁，打制成锥形的刀具，用绳子绑在木棍上，则成为耕地的锄头，这也是黄帝教授的。农业已经可以供养采石工，淘汰了使用多年的木头锄。

人类不喜欢劳动，才想法制造工具，代替自己的劳动。狩猎工具出现麻药，后来发展出下地箭，可远距离诱杀动物，等待动物自动落网。工具进步推动发展，通过转变生产方式，男性的工作量减少，过去连续打猎多天，现在只需少量天数。

农耕作业要集中时间，剩余的时间可以休息。留给休息的时间越多，创造思维的活力也多。贵族的生产方案维持不变，以大粮仓作为收益的基础。农业工作程序无法精确，需要控制很多偶发因素，如果对耕地控制得不好，作物产量的差异非常大，甚至会有一些地块绝产。

贵族的实力相对下降，每个平民与贵族交易，交易过程充满人情味，平民送过去货币礼物，必须要求更多的回报。由于礼物关系到更多人，人们聚在一起算计收益，下一次送多少比较合适。平民是购买的一方，需要主动影响价格，否则生产压制消费。贵族给出的粮食量，固定了礼物的价值。

与贵族的价格竞争中，平民总是单一行动，竭力争取自己收益。此时的农业生产较弱，产量不能完全满足需要，况且村民没有储藏条件，冬季会有一些粮食霉变。只有贵族的大规模生产，才能建筑巨大仓储空间，可以及时收集晾晒粮食。有些平民坚持不下去，便投奔贵族接受奴役。贵族占据主导地位，只要他们供应吃喝，村民便过来干活，回报是由贵族决定。

平民是独立的个体，他们缺乏控制能力，由于生产力的限制，不能扩张自我规模。贵族有强大生产力，可以节省很多时间，从而保证农时完工。受到生产规模限制，在农产品的定价上，平民肯定是吃亏的。在贵族的对面，黄帝正在努力，他有很多手下，在日夜挖掘盐。如果让盐工定价，肯定会要出天价，采盐由黄帝定价，体现出劳动价值，而且低于贵族的。黄帝可以统筹安排，资源得到充分利用。人们相信集体的力量，才真心归附酋长管理。

为了处理这些情况，母亲退出主角地位，转为父亲的控制力。男性控制家庭的方式不同，他们站在更高的角度思考，由专人记录和分配各户盐，保证每一个家庭都有储备。女性退居权力的后面，她们掌握熟食的技术，可利用劳动增加收入，将粮食蒸熟送到市场。如果每次都换回礼物，则会扩大来年的产量。贵族感觉到危机来了，他们让奴隶售卖熟食，要保持对生产的垄断。

于是盐成为福利产品，足量分配每一个家庭，这些人真心佩服黄帝。平民

◆ ·货·币·缘·起·

购买粮食是倒短,只为了熬过青黄季节,等到秋季再卖回贵族。平民有了免费盐之后,奴隶的收益相对降低,平民也不再急需粮食,贵族独立定价权消失。于是产生买卖的价差,平民只需要保证口粮,其余的全部卖给贵族,这样每次都会有剩余,用来换取日常的用品。春季买入低于秋季卖出,他们希望下年买入更多,剩余的收益部分会更多。

消费者需要交易收益,用小利益交换大利益,在于礼物交换的收益,由新增礼物填充差值,这样维持了原有价值,只通过数量调整总量。应对自己的资产增长,黄帝公开礼物发行量,迫使贵族担心资产贬值,被迫增加秋后收粮价格,货币礼物获得更高回报。

当交易信息被公开,市场对贵族很不利,公开信息产生公平,贵族信誉逐渐降低。大众消费是分散的,一旦货币信息扩散,市场交易获得公平。黄帝收集交换比信息,由此设立交易的规范,给出大致的市场价格,不许贵族区分消费者,对不同地域单独定价,必须设立公开的价格。

贵族在用价格杠杆,通过降低远处价格,造成本地局部贫困,迫使人们变成奴隶,进一步控制了资源,谋取远处的高价位。这是一种恶性循环,贵族是唯一得利者。价格是市场竞争的边际,降价没有导致贵族损失,总体的价格在一直上涨,因为贵族可以强占资源,市场始终保持短缺局面。村民对粮价失去控制,贵族要求封锁信息,以便随时修改价格。如此违反市场规则,黄帝找到贵族谈判,逼迫贵族服从自己。

自从由男性管理部落,贵族的财富相对降低,部落内部的差异减小。部落之间逐步靠近,各个部落稳定下来,组成一个安全领地。由于双方交换货币,货币要求形制统一。由酋长选择新材料,用擅长的工艺,替代传统的加工。在一些贫穷部落,找到当地的材料,更换难找的材料。比如石头、金属,制成贝壳的形状。货币促进新产品开发,让部落有了更多选择。没跟上时代的贵族,有可能被淘汰出局。

因此贵族之间也在竞争,相关生产项目得以进步。货币是非生产性资源,集中最高的生产技术,一直伴随着货币成长。此时的金属只有青铜,它发出金灿灿的光泽,货币也用青铜制造的。贵族在垄断生产资源,村民的生产需要锄头,必须用石头或金属造,否则存储粮食没有用,没有后备的生产能力。贵族控制了强劳力,垄断了采矿的山区。当时规则是先占先得,形成贵族的垄断生产。

工人们不负众望,想出改进的方法,用火烧坚硬的石头,结果石头熔化了,得到光泽的物质，这是思想的成功。金属是高能量产品，贵族组织劳力冶炼，有了金贝、银贝、铅贝。货币负责核定收益值，产生强大的行为动机，控制所有人不由自主。商品的价值有吸引力，可以满足市场的需要，反从消费端取得货币。此时的市场被控制，谁投资了冶金行业，取得大量的青铜，则控制了全局市场。

酋长若不控制技工，贵族制造大量工具，却减少生产货币量，造成市场循环停止，货币体系突然崩溃。如果真到了那个时刻，工具的价格不仅不降，反而会大幅度地上涨。所以酋长必须垄断技术，幽禁特长技工为他服务，专门生产有规格的货币。只有消费上的自由，而没有生产的自由，生产自由是违法的。

制青铜贝币需要技术，加工金属是个技术活，只有资源是搞不定的，必须找到最好的技工。随着货币支付增多，按个数算已经不行，需要串成一挂计算，一挂的贝币为一朋。通过不断地挑起战争，而且每次是酋长胜利，酋长终于制服了贵族，控制了铸造货币特权。但是贵族垄断工具制造，他们只是供应少量金属，供给酋长制造少量货币。

因此金属的价格很高，生产是收益的来源，贵族就占有了财富。货币终端是村民，他们要的是产品，青铜工具经常损坏，贵族则在持续盈利。因此村民被迫增加劳动，但是劳动损害人的身体，村民的生活没有新变化。故部落人口减少，余下的体质很弱。

后来一年突发灾害，气候导致农田减产，部落只剩少量粮食。如果此时均分粮食，大家可以熬过冬季。由于大家不愿意分享，有粮食的人逃离出来，剩下的人饿死了。无论实行什么制度，资源必须始终共享。最终储粮的人也死了，因为他们得不到帮助，日常必需品没有供应，生活状态陷入一团糟，这是市场分工的结果。

货币扩大了个人权力，同时减弱个体的生产。生产膨胀未能解放人类，动物之中有很多次灭绝，恐龙即为了生产上膨胀，以身体增大来防范敌人，最后它们的物种消失了。人类调整获能的方式，采购更加经济的方式，可以脱离灭绝的命运。

黄河流域形成共同体，部落皆服从黄帝指令。村民将一些粮食给黄帝，如果有的部落遭受灾害，黄帝便用这些粮食救援。各地区资源不同，各地产出也不同，黄帝要求相同的数量，用来供养生育的女性，所以部落资财被平均，部落用资财换取稳定，以利益损失换取和平。人类的基础生产是生育，如果不能保证女性生育，部落的发展会受到影响。

这种办法解决了人口问题，黄河流域的人口膨胀数倍。生育数量是福利的边际，人口的增加扩大了生产，部落自然实现兴旺发达。黄帝用相同办法，解决了住房问题。建筑房子的效率很低，已经错过了一个农时，这段时间因为有货币，建筑工人可正常生活。因为泥房易被洪水冲垮，所以人们坚持造石头房。

石头房坚固耐用，而且冬暖夏凉，住在里面非常舒适。有了金属工具之后，人们建造坚固房子。这些石屋的规格一样，片状石头垒墙很结实，石屋之间由巷道连通，构成一个完整的村落。这些人已经不愁吃喝，各类产品极大地丰富，各种食品供应很充足，不需要经常抢夺食物。

在如此优越生活面前，人们筹划装修了住宅，在一个居住聚集之处，村落可以安排上百人，各户有石床、石椅、架子，每户都有自己的厕所。可以用石门关闭通道，村里设置污水处理系统。定居点已经形成封闭环境，女性可以长期在家中劳动，而不担心自然灾害和野兽。此时已形成家庭格式，各家消费的样式接近。

村民在石头上刷颜色，对身上的亚麻衣染色，构成外表的斑斓世界。人类的视觉非常丰富，比动物多出许多颜色，造成产品的丰富多彩。突然出现的另类物品，如果没有经济的含义，不会引起相应的回应，这些突变也逐渐消失。染料是人类的发明，用在宗教的仪式上，涂抹羽毛彩绘身体，刻意装饰人的外表。

村民每年粉刷房屋，重新涂抹外表泥土。房屋看起来非常漂亮，这是女人想要的生活。这些想法非常奇怪的，没有装饰不影响生活，而有了这些设计之后，女人的生活热情高涨。价值感带给社会文明，社会随着价值的细分，产品变得越来越精细。

可是在另一个部落，人们的生活很散乱，村民崇拜肉类多者，却不认同酋长权威。这个部落的贵族叫蚩尤，贵族的姓一代代传下去，而平民没有取姓的必要，他们不认血缘继承关系。虽然生育了很多人口，而他们一直没有文化，因为没有家庭的观念，社会组成是松散结构，并没有必要产生文化。

在他们的眼中，只有自己的利益，为了抢夺地盘，经常发生冲突。因为经常参与战斗，男人均高大威猛，他们精于搭弓放箭，善于狩猎大型动物，所以猛犸象因此灭绝。贵族间有大小之分，他们经常抢夺资源，因此相互仇视对方，因为召集村民群殴，经常出现人口减少。

贵族占据高地建房，他们不会照顾村民，平民的房子在低处，贵族的废水流下来，流过下面平民房间。贵族有很多猎物，堆积在自家门口，若保存不好肉食，很可能传播瘟疫。由于部落人口减少，蚩尤决定发动抢劫，组织进攻黄帝部落，去抢夺那里的人口。

虽然这些人异常凶猛，合作的组织性非常差，无法构成联合型作战。双方发生了涿鹿大战，这是一场巨大的战争，双方全部进入了战场，黄帝部落有秩序攻击，他们服从黄帝的指挥，最后黄帝打败了蚩尤，部落发展出几十万人。

又经过漫长的等待，中原诞生许多部落，每个部落均有酋长，酋长负责控制文化。贵族实际控制生产，他们管理好多奴隶，奴隶圈出一定范围，将自己围困在里面，四周建设围栏墙体，这些城邦叫作"国"。国的生产模式统一，各建筑用相同石头，建成大小不一的房，城郭选定迎风而建，可将污浊空气吹走，是非常科学的设计。

奴隶住在城邦之内部，被人们称为"国人"，他们享有城邦的特权，在城邦内部纺织布匹，供应很远地方的贵族。很多人当不上奴隶，迁到城邦外围百里，成为第一代自耕农，被人们称为"野人"。生产只能考虑有限地域，在更大的消费范围之内，生产收益容易失去优势，被更大的消费决策控制。

野人时常拿粮食换布，他们希望用货币交易。因为货币不可通行，货币用难得的材料，贵族想要放弃货币，于是北方人用玉石，玉币的成本非常高，货币量更难以增加。由于各地的土壤不同，所以各地的作物不同，不同的粮食品种交换，容易比较出一个比值，则省去货币作为中介。

这种情况对酋长不利，酋长负责野人的部分，在天灾之时供应粮食。而他们没有剩余粮食，剩余粮食全换成了布。经过很长的时间，对酋长的供应锐减，为了节省管理费用，需要合并若干酋长，最后留下一个酋长，他是中华首领"尧"。

尧的重要职责是防御，只有酋长首领有责任，贵族对总体安全无责，他们负责局部的事物。尧虽然没有权力直接控制，但是他垄断最高生产技术，他可以组织制造青铜器，青铜器代表了部落权力，所有生产者必须听从他。所以将青铜器传给谁，他就成为部落的首领。

尧在管理部落联盟，有的可以生产货币，有的不能生产货币，小的部落处于平原，他们用猎物获取货币，大的部落处于山区，控制金属资源产地，他们负责生产货币，再用货币交换粮食。权力一直没有变化，总是归属大的部落。谁控制货币生产区，自然成为部落首长。

生产货币的地区，人的身体状态差，劳动在损耗身体，降低了人的寿命。这些部落很快衰败，小的部落逐渐壮大，通过武力占领山地，山地可能蕴藏金属，有了货币制造能力。酒容器是青铜的，青铜含铅成分，长期饮用会中毒，贵族的人数渐少，比奴隶的后嗣少。贵族维持的生产是落后的，生产知识必然落后于需求，它不可以推动生产的进步，所以贵族的话在阻碍进步，这些人依靠酒精麻痹自己。

这是一种普遍情况，农业形成分散居住，生产不会发生冲突。但是有些地方需要改善，比如对水资源进行改造，而有些地区天然条件好，不需专门设计水利系统，美洲的纳斯卡人便如此。纳斯卡人在山地，通过水渠的补给，获得优越灌溉力。由高度差灌溉，相当于一块梯田。可是当地生产停滞，许久没有增长迹象。

既然原有行业如此，不能随便扩大规模，需要有人创新行业，凭空想出来新行业——如有货币帮助他们，想法就能变成事实，但不被原生产认可。创新可以改善经济，减少对资源的依赖，经济会越来越好。

纳斯卡人保持打猎，农业围绕狩猎组织，为了方便狩猎的活动，砍伐树用来修栈道，农田支持伐木工作，持续放大狩猎行业。打猎文明否定群居，排斥聚集化的生活。所以纳斯卡是混乱的，信息之间失去逻辑性，而编造信息符合逻辑，更易混淆大众的视听。

打猎收益是不确定的，一些人会提出设想，意图改善狩猎手段，这些设计非常稀奇，奇怪的思想吸引人，很容易拉走注意力。思想没有破坏性，直到变成了现实，才呈现优劣效果。纳斯卡的酋长很弱，没能有效控制贵族。

贵族是精神领袖，他垄断所有思想，不许有想法出现。生产活动会影响社会，他们不向外发散消息，以免遭受社会的伤害。贵族宣布这些人是鬼怪，动用宗教仪式杀死他们。可是其后代依旧聪明，又会产生稀奇的想法。

创新活动一定是分散的，每个人生活在不同环境，涉及环境和生理的要素，考验各种资源组合可能，资源状态影响人的思想。贵族只是人群中的少数，而且生活场景几乎相同，创新成功概率一定很低。各地的生产迥然不同，但是原理都是一样的，贵族要清理人的思想，不许任何人胡思乱想。

贵族控制部落收益，有权分配个人收入，每一个群居的平民，必然接受贵族控制。如果公开这些新设想，别人则知道贵族荒谬，贵族威望受到了挑战，控制的权力将会失去。他们抓捕聪明人，用板子夹住脑袋，脑袋被压变形了，内部的神经受损，便时常胡言乱语，反而成为处刑证据。

生产与犯罪的本质差别，在于行动前是否懂法制，行动是否处于市场边际，即行动符合约束的法则。刑罚反映贵族利益，贵族控制生产活动，要求杀掉破坏者，防止影响到生产，以此维护贵族权威。这支部落拒绝迷信，酋长要求个人思考。

思考推动了宗教的发展，理解世界也是一种能力。作为一个部落酋长，其利益与村民结合，需要酋长全面思考，平衡部落各方利益。酋长给出的约束条件，总是符合所有人利益的，它是市场运行的唯一结果。所有生产者竞争一份消费，一个消费者购买一件产品，这是基本的市场营销关系。

酋长保护生产活动，又要保护村民利益，保证各个家庭温饱，同时照顾自己的利益。当大家都怀疑某个人，黄帝希望这个人活着，生产过程在持续往复，等到证明的结果出现，大家看到事物的变化，自然知晓其中因缘。这种方式解决问题，不会产生非法过程。而一旦看到结果，犯罪者将被处死，人可以承担罪责，社会出现了文明。

任何事均有可能出错，贵族负责生产活动，却不负责错误的代价。黄帝承担经济核算事项，非常小心谨慎地判断，他是社会错误的承担者。从这些规则的变化上，人类历史在部落时代，进入了货币整合阶段，个人被纳入整体活动。人类从野生的状态，进入了社会的状态。

> 人类活动的最初阶段，已经需要考虑到互惠，互惠是市场发展结果，也是产生市场的原因。而这一基础机制的产生，以降低生产地位为前提。消费者具有充分选择权，而生产者只能听任摆布。货币在这种关系下诞生，具有市场规定的倾向性，造成社会关系的网状化。每一次生产上的进步，都会增加消费者的选择空间，却相对减少了所有生产自由，生产者因此失去了选择权。于是部落的时代到来，市场经过了组织过程，由此生成了中华文明……

第三节　部落时代酋长之争

由于对农具的需求旺盛，人们开始投资开采矿产。这是一种生产升级，后来的产业优先发展，首长必须具有投资倾向，让山区部落获得更多货币，但是现在无法实现目标。农业生产者控制了粮食，而采矿者严重缺乏粮食，如果积累的粮食更多，便无心参与采矿工作。

因为粮价即工作收入，劳力价格被显示出来，强制投入与产出比例。此时矿工没有实现温饱，于是强迫农民出售粮食，只要用青铜币计量粮食，矿工收入一定高于农民。尧将酋长的位置禅让舜，禅让是维持表面的和平。似乎是公开转移形式，暗地里各方心底算计，弱势方迫于实力不济，将控制权交给强势方，各方默认强者的地位。

这是典型的潜规则，表达黑社会的暴力。禅让之后却要杀掉让位者，而且一定要灭绝他的后代，这是对正义性的残暴践踏。默认收益大的部落掌权，必然破坏收益进化格局。生产收益来自货币增发，强大的部落控制了货币，其他部落失去生产收益。

这些高端生产的衰落，导致货币成本的增加，王权减少货币发放量，令其他行业整体衰落。贵族掌握实际权力，不是由于品德高尚，而是出于自身实力。因为社会无品德要求，市场收益未照顾全部。只有在本部落内消费，局限了价值观的传播，由于各部货币不通用，各部的产品出现滞留。

一个部落在生产什么，取决于供应哪些资源，经济事物由贵族控制，资源的流动受到阻碍。贵族从资源垄断中获利，但是他们购买的产品多，市场物价超过了正常值，他们所受到的损失更多。

产品价格处于边际状态，即市场价格会发生联动。价格必然由人类确定的，只是决定过程非常复杂。市场决定来自于人的意识，一个社会的决定关联全部，任何人不满均将影响结果。由于涉及每人一点，均为决策的一部分，价格表示总的决策，对应所有人的态度。

在这种复杂的决策程序中，生产者无法保护自我收益，即便只用自己生产的产品，其代价也不是由自己控制。所以无论怎样勤奋，贵族不断鞭打奴隶，加大奴隶的劳动量，奴隶们在日夜劳作，而财富却不见增长。舜必须尽快稳定时局，而且仅仅是货币手段，他要求各部上缴青铜，不许矿业的贵族自留。

于是加工部落停产，没法组织农具生产，农业部落不能工作，农业产品无以为继，他们自己解决不了，来到舜这里讨说法。舜要求农户购买农具，必须在市场上货币买。舜的货币一下铺开了，各地区跑来索要货币，各部的矛盾很快解决。

出于自尊的基本需要，个人不愿意依赖他人，却一直无法独立生存，转而依赖集体的力量。货币成为共同的选项，货币在帮助所有人，部落的男女老幼，借助货币安排生活。人们这些部落有了货币，采矿要求加工用货币，加工要求农业用货币。

农业要求采矿用货币，沿着生产的执行顺序，整合自己的生产资源，从生产链条获得收益，货币从末端向前扩张，货币标定的价值闭合。被货币标定的事物，具有严格逻辑关系，可以成为主观判断，从而抛弃机械操作，交易代表这种方式。

舜的货币投放农业中，可以带动相关的生产，但是货币量是有限的，货币在限制过度生产，由此产生持续的发展。货币连接了消费和生产，客观上协调两者的对立。社会必须得到控制，由于舜的出色管理，生产形势一片大好。农业是基础产业，其他生产需架构其上。农业的能量在递增，各地部落开始联合，形成了部落间联盟，全部接受舜的管理。

社会依赖于农业生产，人们集中在黄河岸边，生活和生产都在用水，对水的需求与日俱增。黄河的水患来势汹涌，每经历几十年，便来一次黄河改道。大禹父亲是一位贵族，因为本部落生产工具，特委派他治黄河水患。他制造大量工具，哪处堤坝不够高，他派人夯土加高，非常辛苦地工作。但是此办法不奏效，黄河继续泛滥成灾。大禹的父亲被处死，大禹被迫接任工作，河患情况更加危急。

当时的酋长由选举产生，各部落成员在一起选举，其结果必是本部落贵族。这种选举没有效果，酋长没有多少实权，自家人也不来争权。大禹认为必须联合所有人，大家一同来完成治水工作。大禹不造培土的工具，而是铸造青铜的货币。

利用货币调动人力，属于人的自愿行为，优于求助部落酋长，酋长强制村民劳动，效率远远小于自愿。大禹公布治理河患的回报，这份收入后世称以工代赈。这是首次货币购买人力，人力工作至此有了身价。过去的平民生活，一辈子争取吃饱，最多争取一住房，现在冒出新的想法，在想象更好结果。

过去不用其他的货币，只考虑自己部的货币。因为没法兑换成食物，各部落蓄养不同牲畜，动物生长有季节差异，无法在同一时间交易。因为货币流通的障碍，本地的牲畜标价过低，采购者获得相对价差，造成了本部落的损失。市场上的货币充足，以物易物现象消失。

各部落使用相同货币后，货币解决了交易时间差，部落联盟内部相互合作。但是，部落联盟没有向心力，合作的水平超级低，根本不能对抗天灾。此后酋长的威望增加，人们盼望更大的权力，最终形成天子的地位。

大禹的设计很复杂，规划挖掘区域水渠，引导洪水冲过荒地，形成一定的洪泛区，这项工作需要精确。士人可以收集价值判断，对国民的期望比较了解，所以可以制定优良计划。这个浩大的建设工程,需要士人统一性指挥。士人很小好奇事物,对新生事物感兴趣,他在表达消费意愿,属于高级的消费者。这些士人具有智慧,治理黄河的水患,获得较高的声誉,于是他有了名字。

过去部落各自为政,让贵族控制了生产,没有法律上的保护,奴隶没有地方可去,只能留在自己家乡。由于不再发行货币,贵族不用支付工资。对奴隶不用价格信息,奴隶不知道市场价格。贵族承担生产责任,需要查看生产进度,必然强令奴隶干活。货币提供了测定可能,过去贵族购买劳动者,现在可以购买劳动力。奴隶没有计算报酬,可是奴隶没有意见,只为贵族供应食品。

如果没有被剥削状态,生产者失去收益机会,故生产收益追求剥削。由于发明打出孔技术,转而用转盘大量生产,完成高难的圆形加工。人类可以加工出圆形,这是一次技术大进步。八卦呈现圆形的组合,数字作为生产的元素,将数字排成圆形结构,模拟出来生产的形式,由此生成一部《易经》。由于大禹治水有功,禹要求舜让出位置。舜的位置禅让禹后,大禹发行青铜货币,用来强化自我权力。

人类一直在努力生产,将最新技术用于货币,再由技术的比较优势,维持货币的价值感受。技术为权力服务,以防止虚假介入。由于货币使用青铜,推动了价格的下降,导致其他产品介入,进一步降低了成本,历史进入青铜时代。

村民一起来到现场,共同参与抗洪工作,士人聚在一起商讨,研究工程实施步骤。通过这次全民总动员,士人成为独立的力量,推动着建立中央集权。工程队动用大批劳力,由此解放了许多奴隶。治理黄河耗时一年,这些奴隶没有收益,他们放弃农业生产,依靠货币采购粮食,专心服务水利工程。

在这些劳动当中,农业活动是危险工作,开荒需要烧掉森林,需要挖开河流的边缘,引流漫灌农田。这些做法非常危险,很多造成破坏效果。农业减少占用劳力,使得社会危险减少。在当时的黄河岸边,挖出来很多条沟渠,当黄河水泛滥之时,所有的沟渠被灌满。

耕地过去一直缺水,要从远处担水回来,如今江水流到田头,方便大面积地耕种,结果迎来了大丰收。当打出粮食以后,参与者买了粮食,人们愿意归顺禹。生产货币主导生产事物,但它不受生产系统管理,被酋长调动到中央使用。社会增加管理内容,酋长必须给出控制力,这个控制力不是独裁,而是在追踪统一目标。为了防止大禹使用人力,贵族开始增加力度,废除原有粮食支付,出现了货币性工资,并且询问不满之处。

自从社会产生工资,村民明白收益原理,应当得到恒定回报,若自然资源私有化，工资水平不断下降，最后可能变成零值。故自然资源必须公用，才能保持村民的利益。如此造成贵族的困惑，贵族希望村民向大禹要工资，通过村民维护利益的动机，从决定权上控制大禹。

自然资源不会自发收益，只有劳动在生成效益，农民通过大禹获得货币，他们自己来耕种土地，使用货币采购工具。村民不给贵族送礼，于是终于惹恼贵族，组织人员破坏耕地，将村民驱赶出住房。村民聚集起来反抗，打死了贵族的子弟。

在治水工程的面前，若所有人同时选择，肯定影响每户生活，治水一定半途而废。治水工程是决策转型，过去由贵族组织决策，贵族让大家一起决定，没有平民提反对意见。做决定也是生产，如果成本过于低，没有人充分考虑。全体共同的决策，是不负责的态度。此类民主产生恶果，贵族继续发出暴力，限制所有平民思考。

经过几代人的传承，贵族家族智力衰落。于是贵族控制下降，部落间增加了对抗，平民起来讨伐贵族。平民杀死僵化的贵族，而生产系统滋生贵族，周而复始地暴力循环。在部落联盟，货币的作用在放大，大禹控制的事增加。在增加货币发行上，不能单靠开矿部落，造币涉及所有部落。

酋长升为部落联盟首领，须有效控制各部生产，弥补造币的巨大亏空。货币沉淀在农业部落，土地被货币资产置换，农业成为经济的部分。由于治理水患的功劳，贵族不再敢拒绝货币，大禹的货币进入各部，贵族以货币奖赏生产，有力地推动生产发展。平民手中也有了货币，生产只有进入货币状态，才能纳入货币收益运行。此时耕地价格相对成立，熟地对生地的相对收益，成为土地的普遍性价格。

土地稀缺产生相对收益，使用土地的新行业得益，由此新的行业发展起来。通过供应青铜货币，大禹建了一座都城，虽然地理面积很小，但是统一建筑规格，并且临近一条河流，城内还有一汪水塘。城里面住着卫兵，护卫大禹的安全，其他地区在自治。过去的首领都是贵族，本部落没有人想害他，而大禹通过货币控制，其做法触及所有利益，开始有人想要谋害他。

市场交易快速增加，生产能力有了突破，更多平民要求工作。人工的价格在降低，贵族需要节省货币，他的货币来源有限，只有通过大禹赠送。人工降价有一个好处，可以组织大批人建房。之前的房子是自己建的，建造工期长且质量差。大禹建造队飞速进步，开始出现内部的分工，有一部分人采集石头，需要大量片状的石头，石头垒好之后抹上泥，用泥巴补上空白之处。

这些工作要大量人手，采集石头并运输过来，还要有木质结构部分，需要砍伐树木修成型。忙碌完了一个季度，坚固石屋建筑完成，人的居住环境整洁，心情也得到了改善。各处房屋产生差异，形成了城池的结构。都城外围有很多住房，各个部落均建立城池，住房的款式也有区别，人们用不同原料组合，在城内修造坚固住房。

贵族的住房分别设计，设计成本增加了很多，平民的住房相互模仿，构成城池的两种风格。随着农业生产的发展，贵族有一些粮食盈余，他们要求更好的生活，故又重新选择居住地点。贵族迁移到河边居住，这里取水比较方便。但是遇到河水泛滥，且有野兽光顾宅院。贵族需要安静的生活，选择在高地处居住。

这里的地基砂石结构，雨水很容易渗下去，而且石质地基牢固，可以建造大型住宅。平民依赖贵族生存，他们也要搬移过来，于是产生了新的问题。山脚的耕地距离水源远，需要增加许多人力运水。由于频繁的劳动作业，农业生产变成了负担。

随着座座城池落成，贵族要求占领城池，他们提供稳定工资，便得到民众的允许。如果让贵族有控制力，他们就可以组织军队，把守各城池的大门。人们聚集一起生活，必然产生公共服务，众多平民无力支付，贵族可以支付费用。可是贵族控制城池，市场价格便被抑制，不可能被大禹接受。

城池与部落不同，部落内部有血缘纽带，城池是公共服务社区。贵族控制着生产系统，而生产者不负责社会，必须由政府作出决策。政府不清楚生产过程，没有可信的决策依据。

社会需要酋长的权力，管理不是城池的自治，需要酋长控制住暴力，取得军事上比较优势。酋长拥有征战的兵权，他可以组织部落会盟。有了城池为依托，及坚固城墙保护，贵族在私下铸币。贝币满足不了部落需要，贵族只好自己造币使用。

铜贝和农具用青铜，没有制造成本差异，如果直接生产货币，可以脱离酋长控制。大禹的军队人数太少，没法控制远地的城池。贵族在私铸青铜币之后，以城池为中心采购土地，形成独立的势力范围。由于贵族占有大量物资，平民越来越买不起粮食，饥荒蔓延至酋长的都城。

投资取决于未来收益，随机选择不符合形势，有必要重新设定标准。贵族要求自由选择，由城池的居民推举，才是部落联盟酋长。这是非常不合理的要求，贵族借助血缘控制社会，需要不断增加控制力，每五人设定一个打手，如果酋长由公众推举，必然是最暴力的贵族。私铸的收益用于维稳，只有城池的秩序稳定，贵族就有持续的收益。

贵族将精力用于稳定，需要限制人的思想，这笔支出非常庞大。由于劳动消耗大量时间，奴隶没有更多精力思考，如果这种生活延续下去，他们不知市场发展状态，不知道改变自己的处境，社会环境没法得到改观。若限制一部分思想，本质上是消除信仰。信仰释放人的痛苦，成就生产控制程序，在恢复消费的权力。

士人没有地盘意识，他们突破自我局限，评价全部生产领域。士人的工具是传媒，当时只能口口相传，士人成为信息中介，有问题的人去找他。士人在关注信息，传播各类型思想。社会不断更换新方式，一部分人从事捕鱼业，这是比较高级的行业。捕鱼业需要编织渔网，选择精致的材料织网。捕鱼比狩猎收效稳定，村民吃到了新鲜的鱼，满足了各个季节食物。

贵族控制奴隶的生活，没有道德生成的机会，道德是自由舆论空间，需要价格信息的语言，精确描述自己的处境。孤立的生活转入社会，受到酋长的权力关注，他才可能有价值判断。士人总是充当这种角色，充分表达个人的意见，辅助信仰进入消费权力，他们的工作是协助性的。宗教描述的是生活习惯，喜欢洁净卫生的人健康，自然得到宗教意识认可，所以宗教产生洗礼仪式。

宗教仪式影响人的观念，因此形成了部落的文化，都城有自己的文化特征，他们以洗浴为高端享受，将城乡拉开消费上的差异。消费差异推动货币进步，人们需要集中价值判断，利用价值转换生产模式，生产者不能选择生产，它必须遵从消费价值。

在相同增量情况下，食肉动物消耗更多，食草动物消耗植物。人类高度认可善良，动物也被区分善恶，推崇草食贬低肉食。吃羊的狼属于恶的，被吃的羊属于善的，这是价值判断结论。一切文明均从争论开始，这些言论涉及生产品质，表达人们对生产的要求。这些发现作用到生产上，提高了人类的选择倾向。

人类在特意选择高难性，生产方面越是艰苦，市场收益给予越多。日常生活中很难找到金子，金子成为生产上的特权物，金子对任何生产没有用处。选择金子制造货币，锤击表面图案形状，操作过程充满技巧。劳动产生的货币，有不稳定的价格。

人类不断探索新技术，则是为了实现价值。货币制造技术的进步，反映了对价值的追求。开发制造货币的工具，却从未降低这个标准，尽管工作极其复杂，依然在寻找新材料。

公元前 2500 年，吕底亚部落发现沙金。金银是财富的象征，这是一条流金的河，由金银混合矿物组成，金与银之比是三比一。为了记录金融上的契约，当地人创立了楔形文字，这是被记录的最早文字。如果国民直接拥有金钱，没法形成规则控制程序。由于没有货币本位，金银未与食物挂钩，生产系统陷入混乱，农业慢慢被荒废了，粮食出现严重短缺。

这里的人非常贫困，贫家女孩嫁不出去，所有人都拼命挣钱，女孩被迫出去卖淫，很久才能攒够嫁妆。久之金银流向贵族，市场价格不断增高。平民皆缺吃少穿，而市场流通降低，货币失去了价值。

金银天生没有用处，只是因为易于打造，又易开掘筛选而已，它不解决生活所需。局面得不到缓解，结果不久之后，部落爆发了大饥荒，一直持续了十五年。贵族召开部落会议，大家坐到一起讨论，如何解决生产不足。贵族不能离开本地，因全靠他指挥生产，如果留下全部平民，肯定不能终结饥荒。

最后大家忍痛作出决定，必须强迫一半人口离开。贵族肯定要留下来，平民依靠运气生活，他们决定抓阄确定，愿者服输不得反悔，扛走了大部分金银。由于失去大量金币，国家经济无法运转，吕底亚王吞金而亡。留下的国民平均分配粮食，竟然全部救活了这些人口。远离家乡之后，他们来到犹太部落，这里的人喜好金银。未料这部分人突然暴富，逃离行为获得意外回报。

大批金银涌入市场，犹太人顿时震惊了，王的工匠打造货币，他马上成了暴发户。工匠用坚硬的工具锤击，不是单纯的技术提高，而是生产工具的进步，这是一种高级货币。市场产品充足后，犹太王宣布规则：根据葡萄酒的数量，可以提供相应贷款。

这种货币首次由王决定，之前的货币总量无限制，在自然界发现多少黄金，对应货币的全部供应量。如今王储备了金银，可直接兑现消费品。国人在采摘葡萄之时，经常顺带拿回家一些，并且精心酿成葡萄酒。

所以没有过多长时间，一些家庭建立葡萄园，纷纷从贷款之中脱贫。犹太之王没有军队，自然没有权力制止，王受到贵族的胁迫，对此处于完全无奈。犹太人从金银中获利，通过贷款取得的收益，全部建造犹太教神殿，宗教的规模得以扩张。

借贷是货币运动的初始，时间要素被带入了市场，消费行为得以自由设置，消费者角色获得了自由。这是人类活动的本质自由，也是市场性质的消费自由。教会在发行货币，每份新增的货币，均对应一份利息，贷款利息归教会。教会因此承担慈善义务，也由此赢得百姓的认可。犹太人无论住到哪里，均奉行这套贷款规则。

巴比伦排斥了犹太金融，自己扩大商业上的投资，形成了超大型的城市群。犹太货币的本质是金属，借用金属的稀缺性收益，金属数量肯定得以增加，威胁高利贷形式的利率。法定利率的标准是零，当地人接受不了压迫，将犹太人赶到了埃及。

埃及人有原创信仰，他们相信有来世，相信自己有灵魂，这反映了宗教本质，对物质不灭的信仰。他们懂得造纸术，大批生产莎草纸，这种纸张很耐用，向地中海部落出口，埃及文化迅速传开。于是埃及发行货币，成为非洲地区首富。

贷款系统是社会基础，埃及的贷款依靠啤酒，可用捣碎的面包制酒，穷人没有剩余的面包，只有富人有贷款机会。在法老的控制之下，贵族垄断大麦庄园，由于穷人不来干活，其财富大面积缩水，庄园内的奴隶抗议。贵族可以保证奴隶吃喝，奴隶们维护贵族的富有，可是这种关系受到威胁。

穷人的行为不利于贵族，如果经济这样循环下去，埃及将变成犹太殖民地，收益全部被犹太人拿走。于是贵族发动奴隶暴动，一次赶走了全部犹太人，从此犹太人漂泊于世界。但是货币有一个缺点，要不断补充新的货币，解决生产资金的窘境。货币不会静止在原地，贵族不断借出一些钱，市场中循环往复使用，得到不劳而获的收益。行业内的资本供应不算投资，那是放大生产量的转移资金，投资针对的是选择的新行业。

老行业没有盈利空间，而投资者在追逐利润，新行业才有投资机会。老行业有意吸引资金，一些人增加工资收入，可是没有实质性效果。对新行业的贷款增值，指向了创造价值之处。新行业的数据积累少，货币测算精度自然低，消费者对价格不敏感，生产收益肯定比较高。而老行业的数据多，参考的类似产品多，很难曝出虚假价格。

新增量是在抵制放贷，加大持续贷款的条件，故投入的新货币越多，增发货币的阻力越大。自从货币进入社会，过去的不确定事物，开始变得明确起来。贵族习惯的高消费，令很多奴隶们惊讶，可是贵族所有收益，均来自于广大奴隶。大众始终是消费主体，他们在推动货币回流。

人类有权控制货币，控制社会运行结果。货币违背自然表现力，表现人类的自觉意识。一旦货币脱离资源束缚，直接评价产品质量之时，它便具有市场的流通性。所以犹太人的生产较低级，一直没能突破能源的限制。新行业斗不过老行业，收益在不同行业移动，引起人的观念的变化。

人们又重新思考社会，货币在改变原有信仰，宗教不再去干涉市场，一切顺应已有的模式，由此形成了一套思想，认可犹太人金融系统。犹太教的贷款只在本族，故犹太教没有继续扩张，货币缩紧造成经济萧条，它受到自己信仰的局限。之后的宗教吸取了教训，贷款原则扩展到当地人，而且争取国家权力认可。这是国家产生的原理，由于宗教在背后推动，价值判断成为决策力。

第二章　货币控制时代——夏商周

天子在不定期供应货币，随着诸侯时代的结束，周围的自由民得到货币。但是比不过诸侯的供应量，诸侯提供的多是劳务费，涉及所有的劳动人口。来自远方的诸侯国，产品质量超过本地。可是得到贵族货币的民众，买东西只考虑价格。而天子脚下的民众，由于货币相对充裕，采购比较的是价值，他们选择贵的产品……

第一节　夏朝开发的贝币

之后的很多年，经济上有了较大发展，日用品价格超过粮食，家庭采购重点也在移动。王室发行货币牵动全部，社会意识集中到这一处，所有人的财富观在转变。大禹不断加固都城围墙，建立一支强大保安队伍。过去，部落联盟首领控制权力，他不能离开自己的部落，只有移动都城位置才行。

到大禹老年的时候，都城规模已经很大，无法变更都城位置。各地贵族失去机会，无法自然成为首领。于是禹传位给儿子，以此避免部落战争。大禹的接权儿子叫启，抛弃暴力决定的秩序，成为首位血统继承者，建立了第一个王朝——夏朝。

酋长以血统固化权力，变成统治天下的天子。由于攻城的代价太大，故很少出现王位争夺。市场以都城为中心，贵族不想抢夺王位，如若违背贵族利益，他们定会攻占都城。天子家族发货币，负责联盟的财务。

天子为贵族分封土地，实行当时的区域自治。分封制意味着权力不大，以不触及贵族收益为准。国家以消费方式存在，表达的是消费的意识，消费意识的核心是权力。权贵以个人方式存在，表达的是生产的意识，生产意识的核心是利益。

由于自耕农的认真态度，农业生产得到飞速进步，人们学会了如何开沟渠，如何培土、除草和排水，用草沤肥以及治虫灭害。粮食产品得到保证，从此人们不愁吃喝。但是贫富分化严重，自耕农一直相当穷，也是由于自身限制。贵族在指挥生产，他们的个性蛮横，尤其对布匹吝啬，既不许奴隶穿衣，也不许织品出城，布匹可以造成失控。因为织布的原料免费，手工劳动即可完成，没有资源的垄断可能。

贵族对自己的孩子非常好，他们尽力关心和保护后代，这样的家庭内部关系和谐。其子女知道幸福从何而来，必须维持暴力的社会环境，长大后则不会去保护弱者，不会认可社会普遍的保障。而这种和谐是虚伪的，老年的贵族受到限制，他们不能随意地行动，他们的子女态度强横，约束父母的一切言行，实现高度的控制效果。

由于更多关注于金钱，底层的智力没有增长，家庭生活更需要智慧，而人们处于幼稚状态，造成家庭的关系紧张。由于得不到社会关怀，家人经常相互抱怨，平民的子女要保护父母，潜意识里保护弱者，长大后是弱者心态。所以双方的冲突不断，而且蔓延到下一代人。

萨满教不断地吓唬贵族，强迫他们承认夏的货币。但是萨满教有致命缺点，它的宗教解释很不严密，非常容易被恶意者利用。贵族对奴隶的控制愈发严格，人们没有任何生活上的自由。这种令人绝望的社会，人生的希望变成空想，于是产生偏离的信仰：人生遭遇是先天注定的，只有重生才能得到解脱。

宿命论控制了奴隶，却不能带来幸福感。而宗教在认真审视生活，社会灾难源自于行为差错。这类错误可造成整体灾难，有一股神奇力量可以改变，去掉生产系统内部的错误，这些意识形成了正常信仰。

生产上必然有错误，宗教教义中的原罪，指向生产错误状态，要求每个人自省。但是贵族不认可这些，他们需要控制社会。只有奴隶可能犯错，贵族永远不会出错。货币在消费上得到节制，这是人的潜意识作用，相同的货币投入量，在生产系统被放大，形成不等值的错觉。这是货币的两种状态，自然不能完全等效。宗教在不断地强化理性，提醒人类主动消除错觉。

宗教处于人的潜意识，宗教的说教还很弱，不能唤醒个体意识，他们接受贵族控制，反对王的社会统治。这是社会责任的分工，王必须控制社会规则。所以贵族得到了暴力的机会，他们抓捕对抗生产的人，借口以生命祭祀河神，

第二章 货币控制时代——夏商周

将他们投入河流当中，从而消除自己的对立面。通过垄断宗教解释，贵族获得垄断利益。

为养活守城的军队，夏启向老百姓征税，它成为第一笔税收。为了阻止农民纳贡，贵族鼓动农民反对，出于对贵族的信任，农民相信贵族的话。夏启不得不用战争手段，夏军与贵族发生了战斗，城里的贵族被接连砍死，夏启稳固了城邦控制权。

恢复了社会秩序后，夏启每年采购粮食，在灾年供应粮食，保障平民的生活，平民得到安全感。由于诸侯持有粮食，每年获得更多货币，组织第二年的生产，造成来年更多劳动，由此增加粮食储备。

每一生命都在探索意义，每一份新的意义的出现，均产生投资和消费需求，满足全部需求的是天子，实现全部期望的是天子。这是社会发展的趋向，每个人都有相同机会。生产者均会努力生产，将生产剩余换成货币，以货币方式保证福利，而粮食没有这一功能。

农田要及时补充肥力，为了截留稀有的水肥，临近的村庄经常械斗。乡村居民普遍有亲属关系，他们可以联合对付外族。分工抵销同业竞争，则会扩大暴力方式，这种秩序无法持续。各诸侯随着市场分工，由上下游产品链关系，变成从事不同的行业，各自的收益相互脱离，他们之间自然有竞争。而王权用力市场秩序，为诸侯提供行动规则，规范他们的相互关系。

诸侯不扩大领土面积，也可以增加农业收入，领土便稳定下来，大家先后承认了天子。天子的地域是宽广的，夏的周围是分散部落，这些地区没有良田，土地没有经过改造，所以需要获取粮食。士人提供的信息，成为政策的依据，夏王不照顾远处，称他们为野蛮人。如果不杀弱者，遭到抢劫的人，日后还要复仇，反过来抢劫他。

以中原为中心划分，西南地区为南蛮，长江以南为东夷，关外地区为北狄，中亚诸国为西戎。他们不进犯中原，处于和平的状态。这些地方得到货币的时间较慢，货币标定的事物价值信息较少，故他们感知文明的时间晚一些。侵略源自生产模式错误，生产模式是收益的根本，侵略行为也是为了取利。如果对方符合己方模式，绝对不会出现侵略现象。他们没有天子的组织，没有自己的生产模式。

这些地区有很多矿产，用一些矿产交换粮食。当时很难找到矿石，要很多人一起捡拾。那些矿石主要是陨铁，还有部分浅层的金矿。蛮夷地区也有贵族，贵族也不会缺什么，只要对外贸易不断，他买得起任何东西，只是为了维持生产，才发动对外的战争。

贵族均为本地的土著，最先控制了这一地区，而天子是权力型控制，到了很晚才管理当地。天子向蛮夷发行货币，使得市场交易合理化。天子管理不了贵族，他们自己决策管理。蛮夷需要中原统治，所以贵族作出妥协，不再继续自封为王，接受天子授予爵位，作为一种人格荣誉。

由此天子负责所有地域，分封自己的儿子为诸侯，诸侯负责的地域称为国，下面是分封卿大夫的疆，各地的权力是独立的，此种货币换和平的政策，被后代称为"分封制"。这一时期是共和时代，一部分地区并入中原，中原的疆域在扩张。而分封后的各地，相互屠杀减少了，保持稳定的局面，必须向天子进贡。

天子竟然不控制货币，诸侯在当地权力最大，人们在大处依靠诸侯，在小的方面依靠暴力，结合成暴力性的群体，故当地不受规则约束。天子消费量得以大增，但是受到贡品量限制，没有远程的商业贸易。贵族反对统治状态，他们要求天子节俭。

夏启知道市场交易之重要，他一直在鼓动当地人消费，要求野蛮人也要穿上衣服，要求所有的国民认识文字。他开始重视边远地区，这些地区住户很稀疏，但是自己人的一部分，应当得到同样的待遇。而贵族需要精神控制，人的思维能力非常强，完全可以自我控制。贵族通过意识上的暗示，降低了人的自我控制力。

社会形成思想对抗，一部分思想在天子，一部分思想在贵族，双方寻找人群支持，均在试图控制精神。天子支持内地的野人，又要支持边区的奴隶，底层人争取的生存力，均要取得天子的帮助。夏启要求各地提出建议，人们不顾疲劳远道送来，以便取得夏启鼎力协助。由于财政支持的权力，人们愿意向夏王建议，夏王得到全面的信息。王权的货币需要信息，也不断向外发送信息。在这些活动中，文字得到了普及。

平民依靠天子的供养，天子依靠平民的扶持，他们形成了互惠互利。贵族给奴隶的报酬极少，而奴隶给出的贡献极小，所以奴隶没有主动精神，他们的关系是在相互伤害。奴隶总是被迫劳作，因为没有工作价值，故对工作失去信心。士人眼睛盯着奴隶，不断谴责奴隶偷懒，却不指责制度错误。在奴隶的制度之下，生产方案是固定的，奴隶与主人没有互动。

士人可以传播文字，使得大家表达意见，而且又在钻研农艺，给自耕农提供建议，文字的作用非常大。夏启非常需要士人，王权需要人的理解，派人四处解释政策，必须有士人的帮助。为了减少暴力性，王有法律执行权，对罪犯处于死刑。过去血债血偿的罪行，由众人一同执行处罚，以此减少其中的暴力，而转由王执行处罚权，规则的执行得到保证。

因为维持了城邦稳定，士人也愿意帮助夏启，夏朝文字刻在象牙上，大象是当时宴席食物。由于侵占大象栖息地，广泛分布的大象灭绝。士人背着象牙远行万里，来到启的面前叙述事实，又依照天子的最终决定，将重大史实刻于器皿上。铭文成为社会控制力，由于表达消费的意愿，这种控制在心理系统。

随着书写形式的普及，民间迫切地需要士人，记录各项新的知识。农民需要天文知识，商人需要地理知识，贵族需要数学知识。知识是分散状态的，士人远足收集知识，天子所知道的疆域，即士人远足的终点。只要人们听到水声，证明找到生存资源，小河一定连着大河，大河一定连着江水，江水必然汇入大海，只要士人沿水声走，肯定找到所有生命。

随着知识的积累，汇编成一部《山海经》，其中记载很多奇兽。普通人没有天下的责任，夏启没法调动他们行动。当时工作是家务劳动，没办法精确核算收入，人们对创造不感兴趣。此时的家庭是残缺的，家庭角色上混淆不清，谁都没承担相应责任。大家的思考局限在家庭，家庭又在决定人的心理。

人类语言是抽象的，文字也是抽象表达。各地收集知识给夏启，夏启用这些知识统治。对野人以相同待遇，可以公平设计贡品，夏启可以统一全局。在整理的过程中，士人寻找书写之物，因载体的损坏消失，丢失一些有效信息，士人不断补充信息。

虽然夏启奖励粮食，但是士人没有群体，他们在独立工作，研究是人的本能。虽然没有控制住社会，夏启始终掌控着货币。货币本身虽不是财富，但是只要扩大货币量，可以间接得到财富值。故得到了士人的认可，扩大货币可控制社会。

天子偏袒士人的收入，支付比农民高的酬劳。因为士人只有投入，却没有市场的收益，核定收入相当困难。贵族不会给士人资助，他们愿意研究生产规律，却不愿意节省劳动，他们养活了一批士人，周游各地寻找机会，为贵族开辟新市场。科学提升高端产品的品质，而技术增加低端产品收益。减少科学消耗而用于生产，这是贵族扩大收益的选择。

由于士人四处走动，了解各地生产情况，他们既能组织交易，又能建议合理税收，故受到天子的器重。天子要求各地生产分散，不可以集中于同一行业，防止形成产品重复生产。这对贵族是不必要的，贵族希望到远地交易，凭借本地的资源优势，生产相同产品也可以。

贵族素来与天子有矛盾，可是贵族无法否定天子，因为天子有天然合法性，他的作用得到社会的认可，部落无法缺少这个角色。贵族必须进贡天子，否则必然遭到攻击，天子的军队多于贵族。战斗反映生产设计能力，武器是产业组合的能量，夏启设计的生产模式，具有和谐稳定的特征。天子控制没有成本，贵族控制需要成本，经过很长时间发展，天子的武器先进了。

贵族被迫交出技术，专供天子家室使用。贵族支付很高代价，容易陷入争权境地。因为明显打不过夏启，贵族之间结成了联盟，他们的子女相互通婚，组成部落稳定的形式。在吃饱喝足之外，每个家庭有剩余，这些粮食供应夏启，帮助夏启组织军队，以防范伯益的奴隶们。

结果伯益按捺不住了，他要反抗夏启的军队。伯益是东夷的首领，家族养着很多奴隶，这些奴隶待遇很低，所以经常到处抢夺。伯益的军队规模小，根本无法控制全局。

由于民间积蓄怨气，夏启要修正生产错误。夏启组织士人反抗，士人再去动员农民。于是天子先挑起战争，统一性的战争是对的，可以终止部落的冲突，而避免更大范围伤亡，故人口死亡率在下降。天子改变社会规则，如果社会规则不变，阻止不了贫富分化。

产品由生产资源形成，首先由货币供应资源，生产者按照规则加工，产品才会出现在市场。一旦货币供应停止，产品的创新便消失，产量突破一定限度，盈利开始被动下降。生产者有效控制过程，产品才符合消费需求，才能改变消费者命运。

贵族是短视的生产，他组织人力去开荒，建立防雨通气仓所，积蓄过冬所需粮食，为了从中获得暴利。平民也去抢着开荒，但是他们没有吃饱，在生产竞赛中落后，相对于贵族很吃亏。天子想干预这个过程，只有站在天子的角度，从宏观上定义的剥削，才能表达收益的边际，从而否定储藏合法性。剥削现象阻碍发展，长期持续会饿死人，直接危害天子利益。

由于货币认可价值判断，新货币不会投入旧方案，它在时刻寻找新方案。只有它实在找不到后，才不情愿进入旧方案。这是为生产设定的标准，不可以重复旧式的方案，只要一个方案得到提高，其他的生产者不必重来，全部直接升级到新方案。

而货币跟不上需求，不能完全满足市场。在士人的劝说下，野人放弃贵族货币，这种货币数量有限，只能够买到农具。一些人没有货币，被迫与外界交换，获得急需的物资，却无法摆脱匮乏。各地均用启的货币，很快清空市场贮

第二章 货币控制时代——夏商周

存,迫使贵族生产更多,农民收益有了剩余。

交换行为必然带有损失,一个区的货币迅速消失,而对方的货币剩下很多。在没有货币的地区,所有人都成为奴隶,不断为富裕户生产,看不到未来的希望。这是和平环境的总损失,所有的人一起计算损失。如果这个损失超过战争,他们选择加入军队作战,于是各地不断爆发战斗。战争的耗费非常大,贵族终于承担不起,开始求助夏启帮助。

夏启通过士人的帮助,收集到市场反馈信息,知道大致可发行多少。于是开启了铸币,货币需要高级生产,将文字刻在泥上,阴干后烧烤成陶,再浇铜液铸成钱。铸钱过程复杂,个人无法操作,需要精心雕刻,且货币产量低。钱范十分不结实,每一次均会破损,需要反复地制范。

市场需求是多样的,有一些人家在纺织,一些人家种植作物,还有的制造陶炊具,货币提供分工条件。陶器的发明源于陶筹,陶筹被放置在神殿里,用来记录交易信息的。生产得到发展之后,市场有了火炉出售,有烧烤用的石板,有漂流用的木筏,还有石制的用具,农业地位在下降。在很多家庭作坊中,烧制了许多款陶器,陶器充实市场空间,满足每个家庭使用。

神殿负责金融性质的借贷,刻在陶筹的文字表示契约,用来记录双方的交易承诺,金融契约一定在神殿签订。记录载体后来为泥板,而制造工艺形成陶器。商品到达每一个家庭,这个过程有法定条件,王权提供的规则约束。

贵族约束奴隶的方式,以及对错误的惩罚上,都是采取秘密的手段。王权的做法恰好相反,王要求百姓充分讨论,将所有信息公布于众,听取公众认可的意见。货币构成商品所有权,解决了消费上的冲突。最终所有穷人都有了,货币的作用才会结束。

由于奴隶的地位卑微,在心理上产生焦虑感,面对社会无数不确定,奴隶对主人充分信任。在奴隶们的眼中,主人是善良可靠的,只要自己忠心耿耿,主人必然保护自己。贵族提供奴隶资源,而野人不忠心夏启,他们依靠货币维生,故夏启容易被攻击。贵族背靠的是奴隶,奴隶也忠诚于贵族。由于奴隶的生产优势,贵族占有了很多财富。伯益要攻击夏启的国家,奴隶非常积极地表现,他们将自己武装起来。

贵族不负责家庭,造成奴隶抢女人,没有货币的情况,这是唯一的手段。不管是否愿意,只要见到女性,马上前去抢过来。人类最重要的资源,不是金属或者木材,而是女性生育资源,必须首先创造自己。男性负责生产活动,接受的是生产货币,女性负责消费活动,控制的是消费货币。女性为了消费选择配偶，客观上对基因组合优选。部落的性争夺异常激烈，如果一部分人全部占有，社会便无法延续下去。

如果男性可以抢人，不会远道探索社会，减少对货币的需求，这与启的信仰冲突。一元化宗教产生控制力，从道德上约定夫妻关系，抑制对女性的强行占有。这是人类意识进步，宗教获得婚姻控制权，宗教是婚姻的证明者，所以人们习惯在教堂庆婚，由牧师赋予婚姻的合法性，这一项传统伦理延续至今。

动物世界尊重技术收益，捕食的能力为技术收益，技术实力高者获得较多，动物智力从高到低排列，形成食物链上两两关联。产权可以违背货币状态，在负值状态下正常运行，对应动物被蚕食的现象。

此时科学投入在减少，总体经济的收益下降，生产强迫人服从指令，从而制造人体的失衡，人体表现出疾病状态。人类的产权制度一直进化，产权制度代表着生产关系，是否得到控制的生产模式，决定着产权的社会进步性。一元宗教否定了产权状态，突破先占先得的产权模式，确立了社会规则的决定力。夏启的军队抓住了伯益，奴隶们一起冲进了都城，被夏启的军队全线击溃，伯益在乱战中践踏而死。夏启修改了东夷的规则，他控制的地域获得和平。

在夏启的控制之下，货币作用范围扩大，人们不断得到帮助，建立起来夏启的威信。夏启只是发放货币，这份工作没有回报，换来的只是税收权。税收是非常重要的，对于人的社会意识，认可税收非常不易。他不依靠军事胁迫，动用货币手段平衡，即可让诸侯们臣服。可是诸侯只进贡产品，这些贡品是最初税收，对应天子提供的货币，双方交易市场的筹码。

诸侯享有当地税收，他们可对当地征税，证明自己的所有权，这份权力来自产能。而天子没有此项权力，贡品数量由诸侯决定，天子没办法提高标准。贡品是间接的税收，这是国家税收雏形。天子需要这份税收，为的是大家的幸福，税收对应更多责任。因为货币核算混沌，平民无法准确判断，平民不愿意担责任，推给天子一家负责。在实现国家权力上，需要大量经验积累，天子也在考虑对策，这是一次巨大进步。

货币发行需武装保护，生产货币集中到都城，不允许其他地方制造。脱离了生产方式的控制，贵族失去对部落的控制。在一个确定的方案中，生产者相对了解更多，占有技术知识的优势，容易造成其妄自尊大，自以为一切全知全能。超过这个微小的范围，尤其是设计未来方案，生产者全部一无所知，只有消费者知道底细。

脱离这一生产范畴，生产者便一无所知。投资不受到生产制约，创新活动非常艰难，它是唯一盈利的可能。货币只能投给创新项目，只有创新才有价值反馈，货币受到消费市场控制。投资也是测量时间，出现生产的竞赛，生产者在节约时间，消费者在浪费时间，从而形成时间边际。

由于天子规范货币发行，理顺家庭内部人际关系，城邦成为命运的共同体。国家是关联行为集合，人的行动由货币指导，历史是国家层面行动，即经济学的内容核心。生产者不知如何控制，必须从消费角度出发，对交易活动统筹安排。而在事物的另一方面，人类社会的生产任务，必然从借贷债务开始，提前动用未来的收益。

这是普遍社会原理，世界各地畅行无阻，金钱布满整个社会，没有任何地区例外。罗马共和国有民主，元老院由贵族组成，各种资源私人所有，国家构建复杂金融，可以对侵权者诉讼，权力则被私人继承。贵族充当生产型的精英，凭借各自领域的成就，而被直接推举为元老，成为主政的权力群体。他们在广场上议政，哪边声音压过对方，哪方意见获得胜利，是在比较谁嗓门大。

生产精英无法控制社会，他们造成社会的危机。在家庭关系上，丈夫失去家庭控制力，父亲贬低儿子的能力，用以减少必需的投资。贵族贬低平民的社会价值，迫使平民放弃金融参与权。由于贵族控制了经济，各地贵族的资源不同，形成繁杂的货币体系，只适应市场贸易需要，不利国家权力的作用。

罗马币以白银为主，可是白银数量有限，导致严重通货膨胀。贵族抛弃患病乡民，违背社会基本道德，罗马王权很快灭亡。夏朝的十位王反其道，他们在用心建造都城，从市场调动大批人力，建造都城各区的住房。都城内迁入很多人口，随之而来的市场需求，超出货币的供应水平。

夏王只提供农民货币，对其他行业均无投入，故布匹供应始终滞后。桀是夏的末位王，桀的妻子是妺喜。妺喜在宫中撕布，桀持续买入布匹，进而扩张布匹产量。远道的也来卖布，商部族发达起来。王室的财产有限，很快耗尽了财力，无法持续地浪费。王宫内部糟蹋布料，激起贵族怨气沸腾，曾战败的汤讨伐桀。

在实力不敌之下，桀战败逃亡远地，其中一支进入蒙古，与当地诸族融合，形成了后来的匈奴。历史上北方的少数民族，多数是这部分人的后代。货币增加了人的尊严，没有货币的悉心帮助，战争一定会持续下去。市场需要壮大货币，而货币团结普天下，推动新兴产业发展。这些行业需求新人，欢迎国民增加人口，中华民族因此壮大。

信仰方式是有限的理性，要保证生产上的信用，还需要制度的控制力。如果他们不承担还债责任，就会出现货币的通胀。如果国家还不起这些债务，就会导致经济系统的总体破产，于是下一个皇室政权出现。皇室的作用只是看管政府，它是被国民考核的对象，皇室不能完成国家任务，便会被新的皇室取代……

第二节　商朝饲养业变迁

商族的耕地资源少，容易耗光耕地资源，所以节约使用耕地。而亩产随着地力下降，一旦小于收益的边际，则弃荒成为无用之地。商族是由中央管理，要求农田轮换使用，中间几年休养恢复。于是社会有了富余劳力，他们可以从事牲畜饲养。由于保证了亩产增加，在有限的耕地增量下，农产供应量快速增多，粮食的价格反而下降。

生物数量受自然限制，饲养动物是商品冗余，属于人类劳动的成果，所以人类吃动物合理，而对于未进入生产的，食用者是在破坏自然。饲养业引发宗教意识，人类感觉自己层级高，这是福利供应的效果，人类供应动物的食物，因此有机会驯服动物。

社会与人非常相似，在人类的婴儿时期，通过哭啼表达需求，福利便出现在眼前。层次高的那个位置，负责下一层的福利，供应他们所需之物。对人类的福利供应上，一定有高于人类的神，这是人们对福利期许，于是社会产生了信仰。

一旦周围的要素齐备，先进群体意识冒出头。商族很善于饲养牲畜，周边的部落皆来交易，由此开发出运输工具，用马匹和毛驴驼货物。游牧地区生产铜料，农耕地区生产布匹，两者借助商族交易。

商人部落宗教很发达，宗教很容易解释事物，一旦事物有了解释，人们便不服从命运。一切服从自然状态，即为消除人的意识，服从无意识的变化。生产系统束缚了人的想象力，宗教系统提供人的想象空间，这是人类设定的真正的自由，即提供反抗生产设定的可能。

商族通过商旅，将宗教传播开。传播媒介上的进步，引发消费意愿表达，从而改变行为模式。宗教激发了人的反抗精神，认可货币的平民归顺商族。商族和平接管夏朝的领地，保留夏朝的贵族生产模式，商族的王室负责全国货币，开始一种更高级的统治术。

货币控制的能力很弱，经济手段在借助宗教，与当地的萨满教融合，生成普遍的社会控制。神的价值高于人类一格，它带动人向上跃升思维。由于人类有自由意识，必须在出现结果之前，对现象给出一个解释。这是对消费系统的规范，消费角色试图控制生产，必须限制错误的行动。

士人设计相关法律，法律负责市场边际，在法律条款出现前，已有货币核算过程，市场确定行为收益，负值部分进入法律。文字意在限定生产，文字发展带动法律，表达形式随之严谨。为了让奴隶得以自省，此时的法律羞辱人格，人格是人的行为习惯，法律应修正错误习惯，人们感知到收益边际，自觉地改变错误行为。

随着生产模式多样化，商王的控制很难实现，法律脱离了市场规则，成为独立的控制系统。过去社会没有信仰，没有尊重人的感受，人们感觉不到羞耻，自然社会无需刑罚，如今惩罚成为必然。

商王也在设定刑罚的标准，惩罚力度是法律成本边际，为了报复生产行为的错误，监禁条件好的惩罚力度小，所以商王一直在减轻刑罚。当时还没有发明出锁头，盗窃会引发连锁破坏力，造成社会秩序的大混乱，故刑罚是一种文明措施。由于宗教标定了行为规范，由此生产与犯罪出现分界。

监狱是违规损失的边际，它可是消费权力的工具。若消费系统缺乏能力，便借助生产解决问题。生产者习惯资源的处置，对待处理资源做记号，这一行动延续到惩罚人，变成一系列残酷肉刑。例如五刑中的墨刑，在脸上刻字并涂黑；刖刑是挖掉人的膝骨，大辟是砍掉人的脑袋，均为不人道的刑罚。

过去的贵族生产，几乎没有约束性。奴隶经常造成破坏，例如侵占弱者财物。奴隶很难成立家庭，若财物得不到保护，女性肯定不选择他。这也引发另一难题，男性得到负面评价，他们很难建立自信，犯罪活动迅速增加。商王要求各地建立监狱，处罚那些违背道德的人。由于牢房不结实，狱卒不给犯人盐，防止有力气逃走。

商王距离各个城池很远，他没法囚禁各地的罪犯，只能借助贵族控制当地。有了社会秩序的控制，奴隶也可以建立家庭，男性主导了家庭秩序，控制家人需要的投资，增加了子女的向心力。随着社会福利的增加，家庭的资源丰富起来，顺应家庭内部的关系，亲人之间的矛盾减少。

商族免费提供牲畜，教授夏族驯化动物，只要提供足量食物，动物必然变得乖巧。在驯养动物的角度，人如神一般的存在，人在供应动物福利。而圈养大批动物后，饮食结构发生变化，肉食占到主要成分。增加很多肉食，可以节省粮食，体能也提高了。

余下的大量动物皮张，可以制造家用产品，手工业者忙碌起来，手工创新活动多了，快速满足家庭需求，工匠积累大量财富，转变为买卖的商人。商王管理的广大领土，主体变成农业化生产，却推动商业更加旺盛。商业尊重个人的智力，沟通和表达消费决定，让平民感到被尊重。

贵族希望控制命运，生产系统控制流程，商族是外部来的民族，与原住民有观念冲突。生产认识是多元的，资源使用多种可能，形成当地特色产品。商族将人群分类，分为智者和劳工，智者有能力控制，劳工受智者控制，如此和谐的社会。这种想法与现实相冲突，原住民认为劳动很光荣，劳工们应决定市场价格。

原住民付出多倍劳动，却换不到相同的收入，他们认为如此不合理。商族必须厚待外来氏族，产出相同产品的时间短，他们可以更好地满足需要。商业的货物补充是关键，商族自然选择善待外族。可是原住民想不通，他们付出更多劳动，应当得到更多货币，感觉收购价格太低。商族必须统治中原，否则原住民会造反。贵族创造统治论，离间商王与国民，正是基于税收少，货币核算的粗略。

商族进入中原之后，带来巨大社会变化。首先，运输得到改进，夏朝用人工搬抬，商族用驴马运货，大大提升周转率。其次，商族以货币销售羊，并用所得采购羊羔，他们可以采购粮食，不仅自己可以吃饱，还能喂养牲畜出售。这是一种良性循环，市场可稳定供应肉类。

农民平常可以吃上肉，因此拉长了消化时间，变成每天定时三顿饭。原住民的价值观被颠覆，他们不再认可劳动价值。可是劳动者决定价格，某地遇到不好的年景，他们提高了粮食价格，野人部落不进贡粮食，市场的粮食慢慢枯竭，商王也无法改变事实。粮价被各贵族垄断，他们慢慢释放蓄积，粮价始终保持高位，粮价影响其他价格，商品比过去还紧俏。

贵族掌握很大权力，野人大量撂荒耕地，为了避免被饿死，他们涌进城内求生。于是贵族获得劳力，而且是免费的劳工。贵族组织石灰烧窑，石灰有强烈腐蚀性，但是可以驱虫消毒，用于墓葬和涂刷墙。石灰是广泛应用的材料，各地各行的用量非常大，而用堆积方法烧制石灰，会灼伤人的喉咙和皮肤，很多壮年劳工吐血而死。

第二章　货币控制时代——夏商周

周边的野人意见很大，他们指责商王的昏聩。商王无法改变贵族，只好把自己关在小屋，整日反省自己的过失。商王身边有智囊，商汤由伊尹辅佐，汤咨询伊尹之后，下定决心推翻夏。天子需要智囊辅佐，智囊更加了解社会。

伊尹到来辅佐商汤，他原是奴隶出身，后成为商王智囊，走遍各地了解情况，再根据贵族的意见，制定可行的政策。这些政策符合要求，受到各地贵族拥护。汤的儿子太甲当政，要扩大自己的权力，所以非常器重伊尹。国家制定规则和实施政策，均需要广泛征求多数意见，以便国人和野人都有机会。可太甲未征集意见，也没设定相关程序，排斥了见多识广者。

商王可征求士人意见，也可以自己拿定主意，他决定独自掌控权力。商朝采取常规的手段，世界普遍使用的方式，王室的控制力在降低，更难以控制局势突变。此时家庭的规模大，家长一个人说了算。地域辽阔需要新管理模式，商王不断会见远道的使者，了解外部货币运行的方式，这些信息包含了权力信息，保证全世界货币形式统一。

商王必须作出一些决定，他必须处罚竞争失败者，这是国家统治者的权力，失败者须交出一定罚金。商业竞争的取胜在于，了解买方选择的倾向，不了解便会损害消费，需要赔偿那些消费者。士人可以收集信息，并将信息综合起来，坐到一起商定规则，商议结果有利于王权。

如果不知行为的含义，无知的人会伤害自己。太甲需要决定远方的事物，但是他不了解当地情况，需要借助技术性的手段。王在龟甲上刻上文字，再用火去烧这些龟甲，商王根据裂纹的走向，推断出政策的准确性。

商人非常崇敬文字，文字是具有威力的，可以协助政策执行。商朝兴起祭祀文化，王权垄断祭天仪式，家族可以祭祀祖先，但是不能祭祀上天。天是一元宗教的神位，祭祀活动负责预测，青铜器是祭奠礼器。

青铜是高贵的器物，但是只有北方可以生产，南方需要青铜的价值，当地人崇拜北方政权。因为土地未货币化，不能作为计量的资源，而社会规则只影响南方，商王不足以控制全社会。在缺少规则的社会，农民虽是自有土地，却得不到多少收益。

新的信仰抵制萨满教，它的影响力超出部落，超出任何世俗的区域，一元化的宗教兴起了。随着货币系统的完善，世界各地信仰一元教，这是评价系统的升级。能力远离生产的需求，而更加靠近消费模式，这是人类特有的进化。消费者追求单一结论，要求向中央方向集权，主动接受最高统治者，这是重大的意识进步。

中央组织祭祀活动，祭祀活动代表信仰，如果某地区参与祭祀，即为承认了商王统治。政策决定是控制投资，调动全国的资本流向。龟甲对政策的预测不确定，祭司具有巨大的解释空间。这项王族的占卜活动，由专业祭司负责记录，而投资与增益的关联，绝对不是龟甲决定的，乌龟只是贵族的食物，当时乌龟的数量很多。

这种随意的决策，破坏了市场秩序，有时会造成损失，本地价格在波动，偶尔让对手得逞。贵族想要控制市场，必须调动奴隶工作，奴隶有创造力优势，他们创造娱乐方式，设定新的技术标准，这些构成古代六艺。贵族增加服务需求，变相改善奴隶生活。

贵族认可生物学特征，认为技能是奴隶本能，应当保证主人的衣食，他们不应当取得工资，接受奴役是自然秩序。只因商王重视宗教，才增加了这类消费。宗教谈论社会事物的意义，选择这些事物出现的可能，留下消费活动而放弃犯罪。法律规范人的行为，左右人的行为预期，控制如何设计生产。宗教活动的主体是驱鬼，即为规避生产的危害性。

根据龟甲的预测，太甲要绑架贵族，禁止其剥削行为。如果市场被重构，社会可长期稳定。贵族坚决不服从，而太甲已下决心，将不服从者驱逐。伊尹在负责执行政策，与各地贵族关系良好，他内心希望贵族得利。如果贵族能保持受益，大家会持续支持伊尹。贵族群体形成了梯队，农村的贵族进驻城里，城池在贵族控制下，不断吸收附近的贵族。

而贵族控制的资源更多，虽然他们进城的时间短，随着农业资源可以变现，财富很快超过城中贵族。于是奴隶被挤出城池，他们在城边搭建帐篷，每天进城为贵族服务。生成奴隶是货币现象，奴隶从事简单劳作，却表现非常辛苦，福利关联公共服务，当社会福利不足时，共同服务变得很差，需要奴隶自己满足，他们的生活很狼狈。

商王没有货币控制权，自然无法消除奴隶。贵族的要求很简单，就是全部销毁货币，让商王失去权力可能。城里的贵族控制工业，野外的贵族控制农业，收益由远地传到城里。贵族控制地区稳定，没有奴隶提出反对。这些远来的贵族很富，他们的粮食供应贵族，大贵族获得了控制权，贵族们坐等市场收益。

伊尹要为贵族服务，他罗列了一堆罪名，责难太甲过于猖狂，不务实而陷入幻想，应当接受重新教育。太甲被囚禁桐宫，伊尹立自己为王。伊尹推翻天子，说明政权涣散，政府权力泛滥，这是一次政变。

被囚禁的三年，太甲在反思用人，失误在于不识人，没有评定的标准。在政府不能自控前，天子必须选择贤能。贤良者可洞察一切，而忠心天子的事业，不可剥夺天子权力。贵族的剥削有损权力，各地的奴隶时常逃跑，到外地破坏生产场地，各地的动乱削减王权，商王在面临这个挑战。

商朝已经相当自由，所以面对更多可能，人的情绪变得焦虑。贵族背后是落后的生产，落后生产者在反抗文明，这些人习惯于坑蒙拐骗，新型生产模式产生文明，人们愿意遵守商业规则。

政府权力即商业规则，可以平息各地的暴乱。各地不受商王控制，商王无法对内管理，组织起强大的军队，武力方式控制贵族。宾主认可剥削制度，贵族要求保留名分，保护自己不当得利。商王利用信仰影响贵族，贵族是地区实际控制者。如果商王控制全国，没有必要控制信息，信息是传递的边际，管理控制信息边际。

如果生产能量处于不足，贵族的运营成本必然低。贵族控制的社会中，大部分产能被束缚，其约束力来自货币，贵族承担发行成本，减少供应当地货币。当伊尹为新王之后，顿时感到压力剧增，必须借助宗教之力，才能平衡社会舆论。

人类需要借助宗教意志，对抗自己的不明因疾病，疾病破坏了微生物群落，有害的微生物制造疾病，或者生物群落有害配置，修改了正常细胞的基因，造成部分组织放弃自己，从而保护人体的大部分。微生物是决定基因的工具，它们在决定人体发出意识。宗教活动抑制生产，贵族减少当地投资，各生产单位静下来，放慢生产活动节奏，人的疾病自然减少。疾病依靠意志力控制，宗教便介入日常生活。

伊尹不同意砍伐树木，即便建宫殿需要木材，砍伐之前要对树道歉，并载歌载舞超度它们。也有不受节制的情况，他们积极开垦新土地，而废弃肥力降低的田。商人购买这些耕地，再借给平民使用，这是救了他们的命，商人获得部分收益。商人囤积废弃耕地，耕地的囤积量越多，从中的盈利也越多。

商人容易跃升为贵族，却增加了耕地的成本。中原内部不再稳定，北方蛮族乘虚而入，年景好的时期，北方则供应青铜，年景不好之时，南方拒绝出售粮食，北方便来抢夺。由于北方的武器先进，南方打不过他们。所以各地蛮族称王，他们之间经常战争，动辄死伤上百口人。

战争也是为了利益，各小国的资源不同，产品类别相差很多，所以通过公平交易，对强国形成了损害。强国有更高的生产方案，理所当然付出很少劳动，换取弱国更多劳动成果。弱国认为劳动价格持平，可以交换耗时相同产品，否则就是强国倚强凌弱，这种形式市场交易状态，弱国自己改变不了现状。

此时军力等于生产力，劳工多攻击力便强，弱国无法通过军事取胜。于是，小国帮助太甲逃脱，回到了自己的都城，太甲立刻杀死伊尹，宣布执行新的政策。新政保留贵族权力，但是规定不得出城，活动范围不得扩大。

边远地区影响最大，小贵族失去了土地，无法再供应大贵族。而对于城里的贵族，太甲宣布交付贡赋，生产剥削的成分大，上缴部分必须也多。为了防止各地贵族造反，商王对各国公布了规则，如果无法组建更大军队，只有主动屈从强者决定，强者为王伦理维持和平。此时的诸侯军队，不隶属天子控制，形成中央的对手。

贵族非常关注各地的贸易，贸易带来自己需要的资源，而贸易遭到对方奴隶破坏，每一次交易需要军队保护。商王用祭祀维持规则，每天一次的叫祭，每月一次的叫祀，每季一次的叫享，每年一次的叫贡。这些是为了平息暴力，稳定广大奴隶的情绪。

奴隶的收益由奴隶主控制，衣食方面高度依赖奴隶主，会经常向奴隶主提出要求，这也给奴隶主很大的压力，奴隶主需要更多市场报酬。奴隶制是由广大奴隶建立的，他们本身表现出巨大破坏力，他们自以为一直在反抗当中，其实此制度是由破坏力支撑。奴隶的破坏力不利于社会稳定，天子一直在想办法制止这一切，所以暗地里天子也在组织军队。

各地觐见天子须交贡品，贡品可以是粮食和特产，粮食用来供应商王军队，这是商朝的政治伦理。只要中央维持祭祀活动，商王保有对违规的处罚。一旦商王与贵族交战，奴隶是最衷心贵族的，他们在前线勇无直前。但是由于武器的落后，奴隶们是死亡最多的，失去了多数奴隶之后，奴隶主无法保护自己，他的地盘也被攻占了。

当地人重新归附商王，而奴隶认为自己有功劳，他们要求控制部落事务。生产活动只需要借助人的潜意识，而当人类做出决策的时候，必须切换到主动意识状态。由于生存环境的影响，人类要求宗教的保护，防止潜意识控制生产，宗教直接约束了行为目的，唤醒了人的主动意识，整个部落处于警惕状态，社会才会有安全状态。

在常用社会情况下，人类不必作出调整，只有遇到危机情况，才有主观意识调节。故要扩大货币的作用，必须强化宗教的影响，而宗教信仰不是强制的，商王必须强制占领更多领土。所以此时大部分社会活动，关于调整货币的一切行动，都是处于潜意识控制状态。

在商王的社会管理下，平民在自觉遵守规则，社会生产力得以强化，这些地区有更大发展，对军队的支持力更大。这些地区也有矛盾，可是天子听取意见，不断改进政策措施，反对意见得以减少。

商王将井田制推广至全国，并为此设定法律加以约定，法律是为了限制生产行为，随意的占有土地现象消失。井田制聚拢了分散农田，农民可以相互借鉴技术，联合生产促成产业升级，养殖家庭也并入农业，牲畜粪便滋养了耕地，废弃轮转的耕种形式，耕地被农户固定下来。

由此形成农业为主，其他行业围绕农业，一切在为农业服务，农业产出基础产品，如此形成总体格局。新型生产格局解放了奴隶，他们带着家口离开了贵族，到更远的地方寻找工作。商王要组织他们生产，剩余的产品供应宫廷，由此强化王室控制力。

到了末代王帝辛继位，商朝已经发展得很大，征服天下的野心膨胀，开始召集各地的士兵。帝辛从小能言善辩，长大四处征讨蛮夷。他以牛马运输工具，开辟了通达的道路，用先遣队扫除障碍，实现战略上的优势。当时的平民非常无知，不大清楚货币的好处。

帝辛镇压各地反抗，为了征收更大贡赋，帝辛必须扩大战果，因此引发贵族不满。贵族散布帝辛的谣言，无知者必然相信谎言，各地联合起来反帝辛。帝辛战争符合宗教，在每一次战争之前，均有占卜询问神灵，这是消费系统控制，刻意忘却自身错误，证明自己行动正确。

疆域皆应归王权所有，凭借社会福利的测定，确定征服地区的边界，如果超过这个地界，再征服下去不合算，导致王室利益损失，即所得价格在降低，征服行动则会停下来。扩张对奴隶不利，奴隶要付出生命，第二代得到好处。贵族负责商业服务，帝辛追求公共服务。

投资取向与商业矛盾，资金流向低成本地区，而商业寻找高价地区，形成社会意识上冲突。两者选择正好相反，商业行为负责利益，公共服务负责社会，所以前者满足富人，后者满足市场需要。帝辛要求保护奴隶，诸侯却在帮助贵族。如果帝辛回避诸侯的挑战，没有力量维持经济的总体。

贵族在向帝辛奉献美女，送去一位绝世美女妲己，他们造谣帝辛酒池肉林，从不关心奴隶们的生活。而帝辛要处罚他们，用继承的炮烙之刑，逼迫他们交出财产。贵族被强迫交出财富，这些全部是不义之财，可比干拥有最多财富，足以养活全部的奴隶，却宣布永不交出财产，贵族要求相同的待遇。

比干又是帝辛的叔叔，他家养了许多奴隶。对现实压力之下，帝辛使用挖心之刑，残忍地杀死了比干，自然惹恼了贵族们，被他们赐纣王谥号。商朝持续了六百年，武王决定起兵伐纣，商朝亡于牧野之战后，帝辛失去贵族支持，没有地方可以容身，他同家眷一同自焚。

各地使用自己的货币，是一次货币自由竞争，看谁最终能留下来。实际上各地的本位不同，提供的保障亦不同，参与竞争的是还债能力，即生成多少货币保障，这种是真正的法定货币。诸侯没有还债能力，还债的是生产企业，各地相互之间征伐，成本落在生产之上……

第三节 西周的商业格局

到了商朝末年，信仰的震慑力增加，信仰中包含了恶鬼，恶鬼具有强大破坏力，平民不敢进一步扩张，便让贵族控制了生产。由于不断推出新产品，贵族在编造恶鬼故事，不断扩充自己的知识，编造出更可怕的说法，贵族变成了知识精英。由于信仰不完善，没迈过意识门槛，商朝断送了前程，历史进入了周朝。

放弃了商朝的独裁制，周王提出了新的方略，减少地区的冲突可能，在总趋势下实现合作。这些人受过侮辱，知道公正的可贵，他们亲历过贫寒，了解成功的内涵。这些人敢于破局，成为著名的士人。宗教强化了语言的力量，语言又强化士人的能量。他们发明新工具，有勇气摒弃落后，凭才华赢得声誉，僭越在位的天子，实现个人的抱负。

僭越不是简单的篡权，天子要把握自我权力，需要骑马到各地巡查，在现场办理各种事项，能实现自己的管理。很多天子不适应繁重工作，所以他们多半死于半途中。从武王伐纣开始，到文王编纂《易经》，对随机事件的预测，展现了非凡的才华。

市场价格的形成是必然的，但是测量的过程是随机的，每次交易如一次价格抽样，一爻展示了六次随机抽样，重复三六一十八遍出一卦，再加入主观倾向性的分析，可以大致测算出商品价格。王权表达消费的意志，这些总体决定是预期，消费意志在决定未来，生产资源失去控制力。决策以百姓评价为准，天子要服从市场决策。

第二章 货币控制时代——夏商周

关心士族收益的是奴隶，他们的地位比平民高。由于土地的差异，地块适应某作物，平民会选择购买，则影响士族收入。生产成绩来自程序控制，合理程序具有扩张作用，不断地扩张收益的数值。士族与奴隶没有交流，所以无法形成程序，自然没有成绩提高。奴隶负责监控平民，经常皮鞭抽打他们，以维持现有的格局。以贵族为中心的生产，所有产品适应贵族。

平民只能从事农业，他们除了土地资源，没有其他生产资源，故他们很难成为士人。在这段时间，平民均在田里劳动，他们一旦失去土地，必然沦为乞丐流民，生活状态比奴隶差。如果没有工作收入，生产不会走出家庭。农业收入不是主要部分，取得收益的是手工艺品，农民被迫降低工作收入，导致粮价接近平民水平。

手工业产品多样化——陶罐、织物、各式炊具，这些产品满足不了需求，消费的主体是平民，而这些产品供应贵族，平民很少人买得起的。所以贵族有冗余，开始玩玉石制品，也用玉制的贝币，玉石文化由此产生。

文化体现生产的进步，生产方案在不断进化，所以需要记录其信息，以备日后整理和存档，生产者从中分析原委。文字是博弈的工具，生产与消费在博弈，消费者以感知为准，淘汰生产上的错误。而生产者需要反抗，用文字掩盖错误点。文字记载工具很昂贵，是由专门的家族负责，这些家族被称为士族。士族要从生产中得利，他们要垄断书写工具，从而控制生产指挥权，这是技术的最初状态。

生产活动必须是连贯性的，生产程序控制记录在士族，他们具有超强的收益能力。如果王室的投资相反，则与士族的说法对立，两者争夺生产控制权，由此产生了巨大分歧。虽然士族斗不过王室，他们有生产上的威望，王室有社会总体权威。市场决定力才是权威，由于货币发行量很小，基本资源的交易很少，关于土地的核算粗略。

私有化的过程是交易，动用货币的方式确认。无交易即没有被私有化，周王也没有土地的权力。周王借助信仰对抗贵族，以智力平衡士族的关系。生产围绕着贵族展开，挖掘玉石需坚硬工具。士人负责开发工具，在冶炼青铜的时候，由于追求高炉温，用多种石头实验，碰巧冶炼出来铁。铁是成本最高的资源，只用在非常重要之处。实验结果提升了能量，达到了冶铁的水平。

夏朝用陶器煮食，同样的食物供应，提供了更多热量，人的脑神经增多，人类变得更聪明。而商朝有青铜器，周朝有了铁器皿，对熟食更有好处，抑制有害微生物，增加有益微生物，大脑的能量增加，生成消费性大脑，发挥更大的作用。铁的制造成本很高,它是生产系统的合力,单一的生产者无法完成。产品的购买者是底层,资源的购买者是高层,铁器一直为贵族服务,此行业不能造福大众。

若大众买不起,而贵族感觉贵,不会增加投资。匮乏处即缺乏投资,没有货币支持生产,没有货币消费产品,便成为市场的死结。货币的基础是投资,投资制造一种风险,而最大风险在生产。保持现有生产的风险,超过任何创新的风险。天子需要抑制贵族的资产,一直造成贵族生产的损失,如果天子不能强化控制力,他们会起来推翻天子统治。

生产系统自觉抵制创新,创新者必然受全民批评,而宗教给予反叛者信心,是关于创新的励志故事。当生产者面对问题时,第一反应一定是逃避,他要尽快脱离危险处,只有消费者愿意创新。创新活动增加以后,未来的变化将扩大,资本的损耗在加剧。创新在推动货币运动,减少人类生产的风险。

由于接触上层的机会不同,奴隶因为靠近贵族而受宠,国人远离贵族而屡受排挤,奴隶在贵族面前递进谗言,述说国人对贵族的不忠诚,生产系统内部会产生分歧。当时的家庭规模很大,子女受所有长辈控制,家庭关系也趋向强制。在更大的社会环境之中,天子很难统计生产情况,由于得不到足量的贡赋,公共生活秩序变得混乱,大家杂乱地居住在一起,没有组织负责环境的好坏。

贵族希望社会上没有秩序,人们相互恶斗而变得混乱,因此他才具有控制的理由。多数国人处于孤立状态,他们必须服从贵族安排,贵族处处刁难这些国人,并且通过赶走不合作者,建立自己的绝对控制力。国人的生活日渐卑微,子女看到父母受欺负,总是怀有激愤的心情,而长辈希望他们暴戾,将来用暴力保护自己。

生产行为依靠的是智力,暴戾性格只能减弱能力,制造出更多的贫困人口。子女想要保护弱势父母,却受到父母的长久责备,其内心无法平和地度日。压力迫使子女性格分裂,这些人抱有复仇的心态,很容易造成部落间冲突。女性当时参与大规模械斗,战场的主将也是一位女性。

妇好是武丁的妻子,比男人更能征善战,她自己有很多封地。女性善于核算消费支出,控制生产和积储的数量,她们在自己的内心盘算。此时的女性是独立个体,奴隶的女伴才有依赖性,她们尚未获得独立财产。妇好拥有巨量的财富,支持她征伐西边之敌。妇好带领队伍出征,国家版图扩大数倍。

战争给家庭带来灾难,大部分男性在前线作战,女性生产武器供应前线,随着前线男性大量死伤,女性的生活陷入了困境。男性成年前为家庭义务劳动,

第二章 货币控制时代——夏商周

这段时间他没有自己的财产，而女性很早有了自己的财产，她们有着与男性一样的独立。

但是女性处境并未改变，女性日常需求多于男性，如果得不到特别的供应，没有生产女性消费用品，她们的生活与男性无异。女性没有自己的决定，没法组织幸福的家庭，让男性亦无幸福生活。由于频繁发生战争，男性资源极度短缺，凡是失地后的平民，必须参加义务兵役，这是得到土地的前提。

在战争的发生时刻，奴隶必须参与作战，这是其身份决定的，长到与锄头一般高，则有义务参加战争。男性的社会责任增加，导致对家庭责任放松。女性受到实质的歧视，她们不负责家庭秩序，混乱的局势必然扩张。周王在组织士人创作，创造有序的文字表达。资源配置的前提是文字整合，以组织文字的方式先行解释，再由优美的文字来组织生产。

贵族反对士人的文字工作，认为只有消除士人的思考，才能让人们立刻行动起来，生产更多的产品服务社会，工作上的行动才有合理性。在行动与思考之间，行动消耗一定时间，思考没有时间限制，生产是为了节约时间，思考过程是经济的，必须首先进行思考，再由思考决定行动，这是人的理性逻辑。尊重事物的逻辑关系，需要理性的思考在前，生产的行动处于之后，才可能否定生产过程。

只要限制民众，加上阻断商路，很快耗尽货币，扩大贵族收益。但是周王在修路，在承担保护责任。由于居住布局被规划，修造通路和划分区域，生活环境得到了改善。城里人被强征税款，这些收入数额很小，只够提供奴隶吃喝。奴隶有了吃喝保障，开始不听贵族使唤，更多人加入了宗教。

天子对民众的控制，只是通过资源配置，最佳资源控制方式，便是动用货币政策，大家按照配置行动，形成双方平等关系。由于奴隶得不到投资，被迫降低生产的投资，农业是最低投资行业，主要投入人的劳动力，故奴隶只能成为农民，无法选择喜欢的工作，其才华也得不到发挥。距离城很远的地方，种子农具供应不上，没有当奴隶的机会，野人的生活不及奴隶。

野人要拼命劳动，却不免挨饿受冻，无论他生产什么，都不能改变命运。贵族越来越富，消费越来越多，随时供应水果蜂蜜，野人饮食越来越差，有时也供应不上盐。奴隶摆脱不了贫穷，野人必须求助贵族，需要贵族资助农资。

对资金的高度依赖，造就了一大批穷人，这是资本错误结果。天子需要照顾所有人，周王的都城建在山上，这里找到很浅的矿藏，都城在裸露部分外边。周王调动很多劳工，并保证劳工的生活。都城像一个大工地，等铜挖完了即迁走，商周共迁都十多次。

周朝发行了大量铜币，各部落通行王室货币，社会总体效率提高了，市场运行成本在降低。铜资源是非常稀有的，大量开采矿藏非常难，砍柴冶炼需要更多人，贵族被局限在城里面，他们的人力资源有限，无法组织这类型生产。贵族追求小规模生产，依靠激励人的积极性，安排奴隶在家里劳动。

周王要求决定价格，给每一种粮食定价，这打破了社会和谐，平民开始反对贵族，他们自己选择品种，种植不同的农作物。人们无意中发现起了变化，市场上多出不少种粮食，主食有黍、稷、稻、麦，副食有桑、麻、瓜果，百姓的餐桌丰富起来。

士人传播技术记录，记录下社会常识，变成文字传播出去。技术知识在随时变化，随着商品的类型变化，只需要在生产中注意，便可发现和修正技术。在给农民提供信息，农民掌握生产技术，不断尝试种植品种。

随着国人的收入增长，奴隶的收益相对下降，他们认可暴力决定论，野蛮总是要战胜文明，不抓紧时间拿到收入，而是潜心研究新品种，将成功机会让给别人。国人不断推进商品，由于每轮创新落后，奴隶的产品无人理，生活水平不如国人。

为了节约货币发行量，贵族开始设计新货币，用玉石雕刻的货币，成为各城邦首选对象。养畜的贵族发行玉币，野人用玉币采购肉食，使得产出的粮食跌价，重新接受贵族的奴役，反而为贵族饲养家畜。一些野人起来反抗，他们拒绝收取玉币。玉币是定量供应凭票，目标是保证贵族生产。

贵族用余粮来酿酒，奴隶被迫大量饮酒，酒精具有麻醉作用，消除意识上的判断，即消除了价值感知。虽然奴隶自觉忠于贵族，但是贵族建造高大城墙，囚禁那些破产的生产者，防止他们跑到天子那里。

国人变成了一群奴隶，贵族的生产规模扩大。贵族开始大量生产酒，这些酒含有大量毒素，很多奴隶喝酒死亡了。贵族强迫奴隶饮酒，为了减少粮食消耗。酗酒者行为表现错乱，是自私自利的结果；清醒者在表达观点，将行为逻辑示众。酗酒让自私合法化，酒后的人施展暴力，又不承担行为责任。

经过贵族的努力，酗酒成为普遍现象，生产行为品质降低，国家在挑选自私的官员，父母在挑选自私的子女，社会道德进入下滑状态。贵族具有控制理由，若奴隶不服从的话，被抓来在脸上烙字。当时的法规十分残酷，对生产破坏者必须死。一旦生产失去控制，贵族就会主动杀人，杀人是最后的控制，从根本上修复规则。

由于战争频繁发生，酒类的消耗量增加，每一次贵族被打死，或者酒精中毒身亡，自家奴隶会被陪葬，死亡成为平常之事。奴隶基本都有一门手艺，因为他们没有家庭生活，所以全部精力用于手艺，最高的手艺人必是奴隶。贵族封锁技术外流，让不忠的奴隶陪葬，阻止技术信息扩散。贵族在世代沿袭生产，也继承了自家的奴隶，以及为之服务的士人。

为了稳定局势创造的伦理——奴隶一家应当为贵族殉葬，这是给予奴隶一家的荣誉。因奴隶被长期禁锢，他们无法接受宗教。而信徒们不承认等级，不受束缚命运的威胁。贵族为了维持生产收益，他们要求奴隶统一消费。价值是主观的感觉，货币是客观的测度，可以被大众观测到。但是消费被格式化，变成了一种复制品，如此便失去了价值，无法调整市场变化。

在这些信仰者的心里，不幸是由鬼怪造成的，恶展示的是不确定性，所以无辜死者变成鬼，越界侵扰人类的生活。奴隶主利用这些漏洞，不断谴责奴隶的品德，这些信息入奴隶思维，摧毁奴隶的自我意识。生产必须按照规范，需要生产多少产品，对应消耗多少资源，接受规范性的约束。贵族认为这些是巫术，巫术会损害人类前途。贵族和奴隶不信宗教，他们都是无神论者。

两类人群出现观念分歧，他们在遵守不同的规则。贵族不接受禁忌，所以甘愿冒险生产，奴隶的死亡率很高。畜牧业是以农业为成本的，狩猎只需要支付劳动成本，畜牧需要管理草场和饲料，可以折合农业的机会成本。

农业没有办法折算成本，农业是其他产业的成本。农业是所有产业的基础，它是最低级的生产环节，没有产业供应它的资源。贵族生产不携带福祉，他们的知识扩大产量，不产生社会进步意义。随着生产规模的扩大，更多的地方变成田地，对生态环境破坏加大，北方的天空出现沙尘。黄河流域的水源枯竭，农村可以从小河取水，城池中的国人没办法，城中的生活依赖水井。

为了完成打井任务，士人开发最新知识。他们发现事物的关联，将内在联系分成两类，生成阴阳的相对运动。人类不能缺少生产活动，又不能放任生产活动，消费与生产活动互动，这是阴阳学说的基础。

士人脱离规则的束缚，以大众的消费为基础，设立了新的行为模式。天子组织士人构建行为模式，责令贵族服从统一的模式。按照这一学说，井水为阴而雨水为阳，经过阳光的照射作用，水蒸气从低飘向高处，从高处山体流淌下来，渗入地下岩体的凹槽，而据此确定打井位置。

由于大量投放货币，人力资源价格降低，养奴隶变得不合算。贵族不向奴隶投资，改用交易方式获利，购置车辆来往市场。贵族不养奴隶之后，城池内部差异消失，野人占有生产资源，反比国人更有优势，积累出更多的财富。而国人率先得到货币，为了降低野人的收益，垄断供应贵族的产品，以减少货币扩散速度。国人通过货币供应，获得同等生产待遇。整个社会形成共识，所有生产资源私有化，每个人独立占有资源。

创造力积聚在底层人群，对资源的调动也在底层，因为贵族无力设计方案。贵族的智力是动物大脑，只是负责简单收益反馈，生产设计者皆为普通人。所有人具有相同的机会，资源才能得到良好利用。所用资源是人的力气，自己的人工是免费的，生产收益等同于工资，市场价格即工资收入。自己控制着生产成本，这也是一种生产形式，只是没有具体组织，同样在供应市场。

市场上出现很多产品，国人之间交易的增益，让他们的生活超过奴隶。这是自由得到的好处，自给自足的生产方式，成为奴隶的生活标准。在部落的历史中，工资的出现是重大事件，从此奴隶不为主人战争，只有自由民为诸侯作战，而且接受土地作为补偿。

土地维系所有的生产，一切收益追溯到土地，地价在核算一切价格，此时更依附生产方案，产品的生产收益拉大。这是一个大变革的时代，货币调控表现为市场潜力，从而减少暴力镇压的机会。私有化否定贵族的产业继承，只有淘汰错误用地的生产者，创新方案才有可能获得土地，才会从市场竞争中脱颖而出。

由于私有化土地之后，国人向贵族购买土地，这个地域便形成了国。西周形成若干小国，这些国被贵族控制，各大贵族成为国王，他们有绝对控制权。

经过一番体制改革，国民得到发展机会，国人得到部分投资，可以决定生产模式，贵族难以世袭生产。贵族的子弟被精选出来，专门为某一类生产培养，却面临失去产业的危机。各地的生产在独立，生产之间相互关联，维持一个普遍水平，反映资源共享状态。小国的国人死后，土地要交给诸侯，诸侯死后交周王，这是社会的规则。故周王是土地的终有者，天子是天下领土的共主，由此产生完整意义的国。

贵族所有各封地的土地，诸侯征缴各封地的税收，这是封建制的经济形式，可以无限索取营收之财，经营方式脱离经济核算。只要贵族的生产完整，最富的人一直是他们，而且祖祖辈辈传下去。为了调停土地纠纷，根据控制土地多少，贵族享有一定爵位，可以确认土地交易。诸侯国生产有高低之别，生产方案能量也有差异，各类生产组织获得权力，这是贵族"爵位"的由来。

因为由贵族裁定土地，农民不可以随意走动，禁止从一国到另一国，迁移需要变更土地权，贵族之间无统一规则，农民则等于丢失了土地。生产方案处于代谢状态，则会淘汰一部分生产者，这是此社会的正常情况。所以人们需要可移动的权力，人力资源的收益重点是移动，移动增加了资源配置的概率，移动范围大的人力收益也高。若人力在行业移动，则可能出现新行业。

贵族需要有知识的人，供养的士人生活所需，士人竭力服务贵族，为贵族的利益发声。因为要超出实战的经验，社会上出现经济学逻辑，华丽复杂的说辞迷惑人。这些说法要求平民自私，造假信息注重短期收益，必须由这种心态者接收。要求控制系统情操高尚，从而控制货币不同阶段，达到经济格局上的和谐。诸侯间的经济矛盾，演变为对道义争论。

诸侯争相发明器械，谁抢先制造出武器，即获得战争的优势。理论水平在提高，战争规模在扩大，诸侯争论战争时，王的调解权增加。周王应对的策略还是征税，对实力大起来的诸侯征税，以此平衡诸侯的实力对比。

范蠡是经济学者，此时的学者极少，因为市场规范少，不需要很多士人。王权控制着少数国民，规范的普及程度很低。人力是基础生产资源，范蠡控制的对象是人，利用人力为自己营收，而不是操作商业规程，实现市场分配的收益。

越王重金聘任范蠡，由他协助发展经济。重金聘任说明市场无序，随着商业的完善和进步，市场进而精确核算工资，固定不变的标准被打破，工资额变成不确定形式，奖励开发新产品的生产。货币没有给出确定结论，则由政府给出高工资额，制造混乱的正是被聘者。

由于信息量的不足，加上分析技术落后，古代士人享有特权，占尽舆论宣传优势，从而控制王权决策。可是随着货币测算精度增加，金融领域的欺骗技术在加强。遵循范蠡的"平粜齐物"，越国贵族奴役国人，刻意限制社会福利，强迫谷价升到高位。欺骗信息需要分散消费者，单独地与消费者沟通，通过制造虚假信息，实现价格上的欺骗。由于改造成贵族控制，越国的经济实力大衰，在与吴国作战中失败。

之后勾践作吴国的奴隶，献出珍宝给吴王夫差，因此对方的顾虑消除，决定对越国大量投资。有了金钱支持之后，越王成为一个暴君，完全模仿楚国政治，越王勾践卧薪尝胆，制造出弱者的假相。排斥范蠡的做法之后，越国得以急速度发展，随着越国军力的增加，越军趁乱消灭了吴国。后来，楚国灭掉了越国，秦国灭掉了楚国。范蠡以暴力治国，虽赢得君主信任，却制造了混乱。

范蠡在越国失势，他感到大难临头，偕妻子西施隐退，在陶邑定居下来。

制造暴力的权臣，总要承担国殇之责，不是幽禁也是处死。而范蠡带着大笔财富，自己改名为鸱夷子皮，来到经济较好的齐国，重整自己的盐业生意。食盐行业造福齐国，齐国大量出口食盐，周王也在借助齐国。采盐需要刀型的工具，渔猎也在用刀类工具，齐国的疆域靠着海边，设计货币为刀的形状。每次遇到农业减产时，可以用捕鱼补充粮食，故生活水平相对较高。

齐国是首次定制货币的国家，刀币规定外形、材料、重量，一枚刀币的价值可买十斤盐。齐国霸业来自庄山冶铜，而不是鸱夷子皮的吹嘘。盐业应当由王权控制，它是税收的主要部分。鸱夷子皮仗义疏财，收买乡邻和权贵，齐民相信其蛊惑，支持盐业贸易自由，造成商人的暴利倾向。他暗地组织晒盐，用马帮贩运私盐，收益大规模增加，积累十万金家产。

这些收益不是成绩，而是欺骗的成果。贩运成本太高，超过一千里地，不仅不能获利，而且还会亏本，所以无人运送。商业是技术的边际，资金应当转投实业。首先实现技术的突破，反过来推动商业发展。生产者都相当重要，每类职业缺一不可。商人之间是竞争关系，需要商人主动推销，而鸱夷子皮从不推销，他不应取得商业收益。

可是他快速取得盈利，造成更多商人涌入市场。政府限制商人数量，因为贷款的不公平。鸱夷子皮的身份特殊，他可以领取大笔贷款，而其他商人全做不到。他的声誉得到提高，终于引起齐王注意，齐王邀他出任相国，由他主持齐国政务。

君主给寺院大量货币，僧侣们负责研究科学。人类的伟大在于判断，个人有不同选购标准，这是人类的价值判断，对应不同的思考方式，从消费角度发现问题，养成了伟大的科学家。这种情况全世界通行，王权在限制低级贷款，而集中资源供应科研。只有脱离低级方案，进入更高级的生产，才有发展的实力。

他的政策设计很烂，一边加大农业生产，一边大量出口粮食，却不回购外国产品。如此经过一年时间，国内产业没有回报，没人愿意生产粮食，敌国的农业失去投资，没有人从事农活，它的经济接近崩溃。为了刻意制造稀缺，齐国积蓄许多货币，却又是无用的材料，只有商人获得暴利。

当时战争依赖粮食，没有积蓄更多粮食，因为粮食供应不上，无法保证持久作战，齐国的实力在下降。由于其政绩很差，不到三年被迫辞职，把财产留在齐国，隐居在山东定陶，周边乡村称陶朱公。楚国被秦国灭了后，齐国也被秦国所灭，皆有陶朱公的功劳。陶朱公隐居地段，不属于任何国家，可以随意地做事。陶朱公靠理论三次崛起,理论诱导人们贪图小利,放弃原则制造政策失误。如果商人狡诈无信,管理者必制造弊端。他成功地钻政策空子,属于严重的犯罪行为。

陶朱公的理论构想中,政策须保证商业利润,只有商人取得高利润,社会总体才没有损失。若按照这一规律设计,商人的资财高于王室,将会进一步控制国家,从而消除中央的集权。如果考核经营的能力,陶朱公没法赢得利润。他通过创造经济理论,利用自己的势力逃税,造成错误的市场秩序,有利于低效商业成功。国家设定政府的职能,便是为了准确核算税收,各级政府监控生产组织,不断增加税收的额度,征税程度是市场核定的。

商业是公开的生产行为,所以它必然最先被监控,政府希望可以监控市场,自然首先选择监控商业。当时政府尚未成形,因此未能有效监控,需要扩大政府规模。政府是执行机构,执行市场核定的规则。国家政策需要设定税收,只有政府先对商业征税,上游生产才能让出利润,作坊将此利润转让商业,形成各供应环节的税款。税收是涉及全部的好事,引发生产链条的行动,在技术上同频率进步,市场价格同频率下降。

陶朱公主张政府控制粮价,收益分配维持八三比例。生产收益是市场决定的,必须由自由交易形成,而不应当接受强制。商人和农民获得超额收益,造成其他生产收益亏损,而且维持社会福利不变,工资和物价却同步增加,这种方法没有实质意义。这是将生产暴力转化为政策,实现对消费信息的控制,从而操纵了所有的消费。

商业经济学灭掉六国,全部出自他一人之手。他创造的空前成功,以损害总体为前提。这些所谓的成功者,首先进入政府做官,积累市场规则控制力,再下海经商取得不当得利。控制力必须归属王室所有,他们负责社会福利的总量,一旦发现某项供应的成本过高,则被排斥在免费之外,由商人的自由竞争定价。

总体上发行的货币数量,取决于各户的借贷水平。民众要求的债务额越高,他们的生活水平越高,相应地增加了生产的压力,从而释放了生活上的压力。生产货币随之短缺,这是推动好事的发生,人们愿意在一起合作,增加生产项目的难度,通过合作取得高收益。贵族希望民众生活窘迫,形成消费货币短缺局面。人们过度考虑消费能力的欠缺,则故意疏远与人群的交往,以此消除消费差异的压力……

第四节　周礼与经济模式

　　文王非常珍惜人才，一位老兄叫姜子牙，被远道邀来当顾问，他在江边直钩钓鱼，目的是在吸引文王。他是一位世袭贵族，如今衰成一介草民。所以他了解贵族，知道贵族的心态，他创制一套规则，被所有诸侯采纳。周礼后来进入儒家学说，日常生活模式固定下来，变成一种有尊严的仪式，成为中原地区文化传统，一直传承了几千年时间。金融树立人的经济地位，改变了人们的思考方式。

　　私有化不仅调整国家关系，还有调整私人生活的秩序。士人专门服务贵族，成为战争的策划者，影响了诸侯间的关系，造成各地的混乱战争。在这种情况下，社会产业被固化，产品出现严重剩余。诸侯竞相投资武器，重点创新攻城器械。比如攻城车和折叠桥，这些器械非常有效用，推动扩大战争的规模，而造成社会关系紧张。士人收入低于农民，知识即是解释方案，出现在生产行动前，这些解释没进入核算，故士人收入比农民低。

　　周王了解到社会的弊端，宣布由自己来决定爵位，爵位作为福利赏赐功臣，所以贵族失去了控制力。想要控制政策的人，必须竞争参与王权。此时选择谁不选择谁，进入周王的决策范畴。周王定爵位的依据，不是生产系统标准，而是品德上的高低，形成对百姓的态度。周王因此得到百姓拥护，权力扩散到全部疆域。各诸侯国的贵族不满意，总想着提升自己的爵位，引发持续不断的内战，并且将责任推给周王。

　　社会影响女性的婚姻，她们在随意选择配偶，形成自己更大的收益。家庭是私有财产，若女性放弃家庭，男性则失去耐心。如果消费系统前进一小步，生产系统必然进步一大步。于是剥夺女性继承权，连同祭祀权也剥夺了。从此女性失去独立住房，且不可以拥有独自财物。女性不参与社会生产，却在决策子女的利益，这是一个错误的设置。为了恢复男女分工，生产决策归属男性。女性回归到家庭，在家庭付出努力，油盐是主要支出，女性节俭过日子，更好地利用油盐。

　　这是在尊重女性，未剥夺女性自由，而是保护其利益，这是私有化结果。过去大家随母姓，名字按职位命名，沿袭相同的职位，名字也用同一个。现在人人独立起名，按照父系血缘传承，强化独立的小家庭。超大型家族分裂，分别成立小家庭，具有更大稳定性。女性遵从"三从四德"，开始自觉顾及家庭。家务以女人为中心，丈夫获得大量时间。他们专注研究工作，成为职业类型士人。

气候转变对人类影响甚巨，我们的生活受到温度控制，知道何时切换温暖与寒冷，可以预先设置好集体行为。士人为历法工作，历法需观测天象，推算也需要测验。生产系统需要精确的计时，根据太阳的运行规律历法，而士人用"气"解释效果，是以简洁的方式给出答案。这是重复验证的科学，自然要被周王所垄断。

中国历史用过很多历法，基本上以阴阳历为主体。诸侯国执行地方历法，维持自己的垄断地位，可是百姓却心系周王，同时庆祝周王的生日。机会的重要凸显出来，在文王设定的节日里，全国人均要杀鸡宰羊。节日里大家吃肉，极大地丰富生活，改善了家庭关系。

士人开始为国工作，他们建立公办学校，分科担负教学任务，组织人们一起学习。知识若需要区分，可以分成各学科，说明生产在细化，资源形成多分支，也需要更多交流。可是士人认为各国不同，生产的方式不应当一样，他们没有移植先进经验。服务型奴隶在学习，他们没有家庭束缚，有充足的时间学习，成为文化上的士人。

奴隶的子女很小参与劳动，他们的生育成本快速变现。贵族可以实现长期投资，为子女提供了教育资源，他们自己也有充足时间，培养子女们的生存能力。质量可提供消费满足，子女的成功来自质量，对人的行为进行评断，全民的素质得到提高。社会注重追求耐用品，更加注意审美的活动。奴隶也由此认识到自己的身份，他们也有主动争取平等的意向。

人的品质与产品的相同，都由市场赐予界定标准，才有质量与素质的差别。生产的分界很模糊，须从收益角度鉴别，哪些行为属于生产，哪些行为属于犯罪。这里在鉴别生产知识，教育是为了独立思考，判断事物将来的价值，为终身消费提供思想。技能在于后期的学习，在生产实践中的磨砺，积累客观事物的经验。

周礼负责协调市场交易，可是当时六国各有资源，所生产的不同类型产品，可以满足各国消费需求。而且如果进一步发展，必须组织资源的交换，满足不断扩大的产能，这是各国贵族的要求。

可是各国货币是不相通的，出了国界以后对方不认可，贵族无法用货币跨界交易。比如,楚国的物价比其他区高,楚国民众愿意外出采购,楚国贵族也要外采原料。大宗贸易采取以物易物,在还没有达成交易之前,双方均在评定对方物价,依次确定交换的比例值,货币核算实质已经发生。

相对于楚国的高物价,其他区的价格自然低,按照楚国的标价交易,其他区采购方受损失。但是楚国有强烈的交易动机,他们必然以节制对方为手段,要求对方必须完成资源交易。

各国均有部分优势资源,这些资源属于各区贵族,其他区的贵族感到吃亏。因为均为无偿占有资源,所以没有断绝楚国采购,但是日久天长资源外流,导致本国资源出现匮乏,贵族商人终于坐不住了。对楚国提出增加价格时,楚国以交易公平而不从,于是六国之间发生战争。

占有暴力资源的一方,给予弱国的市场定价,仅仅比最低价高一点,以此显示自己的道德,有比较才可区分好坏,如此建立市场的伦理。除非将六国货币统一,否则任何人无法制止,直到各自消耗了资源,到了双方无力的情况,才会坐下来谈判解决。

周礼带来社会新气象,调动了生产的积极性,周礼规定了宴饮规格,每一类鼎要对应肉类,给管理系统设立等级。当时肉类是最好食物,按照肉食的种类分品。贵族驯养很多牲畜,有病死的和老死的,而按照规定的标准,超出部分白给平民。违反周礼的人要受惩罚,周王在都城设立了监狱,禁止犯人一切生产行为。

这是惩罚人的本质,大脑失去了兴奋性。粮产突破了历史纪录,基础消费很快饱和了。奴隶愿意养牲畜,如果贵族吃不了,便有机会分一些。

周礼提供巨大的消费自由,百姓可以采购远处的产品,因为他们持有周王的货币,按照周王规定的格式制造,符合各地资源形式的货币。虽然各地出自己的货币,所有货币均可通行全国,周王负责货币间的兑换。可是兑换地点在都城,只影响大数额的贸易,老百姓没法得到好处。

产品价格受到资源的影响,本地产品价格肯定比较高,因为市场失去了比较平台,产品价格被贵族定得很高。外地产品有少量本地资源,大部分产品比本地的便宜,出于维持自己利益的考虑,百姓愿意采购远地的产品。

采购自由打破了资源状态,区分各地不同的生产资源,进而区分生产和生活资源。各位诸侯开始征税,对特定的资源征税,强化了各诸侯实力。若周王的税收不能落实,各诸侯的实力会发生倾斜,诸侯不会真心服从周王裁决。如此下去,政局会加剧地动荡,导致权力频繁变更,形成各诸侯的混战。

齐国是农业大国,农业造福手工业。齐国王室作出决定,对伐木、制陶、煮盐,设定出特定的税收。税收从生产收益中取得,让从业者知晓精确成本,不仅未降低行动品质,还会完善生产方案,所以不会造成人的痛苦。决策背后站着当地富豪,比如齐国的大富豪管仲。管仲制定的政策,全部为富人着想。

富豪专营食盐销售,盐是相对富裕资源,小的作坊增长很快,但是管仲控制它们,形成几个大的作坊,从而独占盐业资源。此时没有财务记账,企业自然扣留主要收益。这些收入转给富人,盐铁作坊增加雇工,齐国的作坊在放大,剩余产品用来出口。富人拆解了事物的逻辑,让穷人失去反驳的能力,所用货币没有总体信用,所以富人也不能改变它。

出口带来货币贬值,要对这些产品征税,形成特殊的"盐铁税"。货币政策由王室决定,王室是因此而出现的。只有将食盐铁器专卖,向国际市场出口产品,才能回收大量青铜币。由于设定税收准确,青铜的存量未减少,刀币的价值很稳定。

管仲的商战旷日持久,导致各诸侯实力大衰。齐王再次求助管仲,管仲创立官办女闾,即招收良家女卖淫,减少女性闲置状态。管仲以身作则,娶了名妓田倩。此前富豪养私妓,用来行贿和交易,现在有官办妓院,由政府收取税款,光明正大地收入,官场娱乐更放肆。

官员不再需要货币,他们的生活之缺陷,全由辖地免费提供。他们开始设计贷款项,歉收放贷而丰收缴粮,操纵财政的小额贷款。全部生产者均被操纵,政府在占有市场收益,称之为"环乘之币"。

一段时间之后,齐国普遍贫困,家庭失去保障。生产系统占有福利,边际便是娼妓收入,消费系统作出补偿,以此维持福利收益。不仅齐国有改革,魏国的李悝变法,楚国的吴起变法,形成了地方特色。楚国是矿产地,可以出售矿石,它没有冶炼技术。此时是铁器时代,冶铁业在秦国,秦国铸造货币,提供给周王室。

秦国需要进口食盐,但是楚国挡住不让。楚国需进口粮食,齐国中断了供应,楚王要讨个说法,故寻找中央支持。周王只好扩大货币,设计通过货币购买,周王调动更多粮食。诸侯国服从周王,服从总体的决策,形成诸侯共赢。

缺乏中央的统一控制,诸侯国利益没有保障。此时的生产非常简单,不需要周王监督质量。可是劳力从农业移出,手工业获得更大收益,国家没有建立起税收,手工业无法回补农业。这是诸侯国的核心问题,而各诸侯自己解决不了,必须由周王的货币调整。

但是周王释放货币之后，却因无法回收持续不了，周王的控制力是被动的。过去的税收是供养费，周王室与随从的消费，按诸侯规模分配比例，以达到他们够用为止。这种办法无法形成货币回流，周王提出根据土地面积收税，大致测算各诸侯占有的土地，再相应地每年征缴税收数额。

此时周王已经有了稳定收益，而且通过这个实力控制各地。周王需要测量土地，必然增加很多人手，打破了领地的含义，确立土地的所有权，土地归属周王所有。对此诸侯是认可的，而各地贵族不认可，诸侯按照这一原则，再向贵族征集税收，于是压力转给贵族。由于总体上增加了控制，贵族在承担土地的成本，他的产出不达标会破产。周王征缴的生产收益，用于民生的大型工程，慢慢滋生出公共服务。

在人们生活的周围，很多服务是共享的，为所有人一同服务，例如桥梁和道路。为了保护这些设施，两个地区在对立，会发生流血的冲突。私下斗是不计代价的，战争的成本通过计算，以较低代价取得安全。

周王需要率先进攻，消灭那些生产偏差，不让它激化到冲突。当战争进入公共领域，经过逐渐增加的过程，均在试探对方的底线，再来决定攻击的程度。一旦达到目的之后，双方均要协商签约，利用契约保证和平。周王居中确认契约，赢得众诸侯的信任。

但是战争带来大量死亡，极大地破坏家庭的结构。由于女性的社会地位提高，女性集体加入反战组织，因此增加市场统一阻力。女性的利益全在家庭，排斥社会利益的共生。从此女性被解除政治权利，政治决策完全由男性负责。由于王权的继承问题，不涉及更改生产模式，所以一般是兄终弟及，保证权力者旺盛精力。

周王在承担生产责任，此为形成政府的过程，他是在筹建政府方案，预防生产错误的发生。社会的错误也是疾病，可负面影响人的基因，人体有多种防御机制，包括生理和心理机制，疾病在对应防御失效。每一个人都可能生病，社会也有重大的灾难，要增加生产投入修正。周王也没有办法解决，只好求各诸侯捐款，如果诸侯不捐的话，周王便不断谴责他们。

这是王权时代的道德，尚未全部控制住社会。士人在追求宣传效果，周王是一家公共媒体，士人借助他传播思想，所有话题围绕着周王，建立周王的标准评价。政治关联生产模式的收益，从此之后政治进入中原。通过规定减少了摩擦，人群的距离开始缩小，人们开始接受更多资讯，人与人的联系增强了。

社会评价在控制货币，周王在增加医疗投资，改变了疾病控制状态，凡是货币可以解决的，便不需要诸侯们插手。之前医病被贵族专有，为了验证一副药方，很多病人没有看到明天。自从士人的评价参与进来，设定了治病效果客观标准。如果治病死了人，医生会被抓起来，于是他们非常谨慎。

人类社会出现医生职业，成为生物界的特殊现象，人类特别容易感染疾病，细菌借此修改人的基因，人体环境在布置细菌群，由此控制了人体的性状。因为消费能力一直增强，而躯体机能一直在退化，比如戴帽子造成了秃顶，人体处于远离生产状态，越来越需要借助于外力。不论医院开在哪座城池，医生的收入由周王提供，其收入水平与农民相当，算是相对的高收入群体，所以市场涌现大批医生。

人的疾病是非常复杂的，而所有动物业识得草药，人类也学会了利用草药，用传统的多种方式治病。但是这个研究过程，需要投入巨大精力，无数次的尝试新药。市场交换相似产品，造成商业的不发达。真正作用的是政府，士人聚集周王身边，专为生产提供建议，扩大了生产的投资。士人是真正的国家资本，他们有政治层面的权力，形成了宏观上经济控制。他们订立普遍规则，控制所有人的行为。

王者有决定权，应符合什么标准，应得到什么待遇，一切由标准控制。给消费者设定不同标准，便是在打破旧有格局。王权站在系统的高处，可以察觉出系统状态。一旦民众不担心疾病，各诸侯的战斗力加强，在新兴关系下，中央和地方都有危机。地方上有会计核算，中央也必须有核算。贵族通过传播文化教养，实现内部总体利益均衡，所控制的产品价格最高，他们实现了收益最大化，但是高价格不利于百姓。

如果中央核算不到位，或者地方不执行政策，诸侯会有产品剩余。得到好处的是商人，他们获得低价资源，马上扩大交易规模。于是生产系统供货，没多久耗光了资源。王权重点防范贵族，贵族争利引发战争，并且产生连锁反应。贵族给当地诸侯施压，迫使诸侯的地盘扩大，侵占周边更多的资源，这种破坏力大得惊人，造成经济的不可持续。诸侯热衷盟会，放弃朝拜周王。是否应当约束贵族，取决于平民的意愿。

平民对贵族又恨又爱，很多人因为害怕匮乏，害怕生产失去贵族控制，若贵族的生产萎缩，没法保障自己的收入。由于得到平民的支持，各地富豪组织武装，其实只有一根棒子，但是凭借人数优势，控制了相当大区域。周礼在控制各地军队，有实力的诸侯要称霸，作为一整套稳定机制，周礼让总体恢复秩序。周礼没有上升到法律，因为中央控制力不足。

周礼打破了市场均衡，贵族们为了扩大私利，不惜牺牲总体的收益，纷纷将价格降到最低，实现自我收入最大化。周王必须自己组织生产，王室为此耗费大量精力，一旦工资标准通行全国，公共工程费用受到控制，统治的成本会下降很多。而周王给出的价格，必是工资的最低值，否则周王再找新人，直到所有工匠拒绝。

周王将市场价格拉低，但是王室决策不自由，时刻受到诸侯的威胁，诸侯限制周王的决策。维持周礼的成本很低，主要是对音乐的垄断。周王收集民间的乐人，宫殿内演奏祭祀音乐，而通过富有的供养力，音乐的形式加速进步。周王不断派人传播音乐，以此建立周王政权力量，扩大各地民众的归附性。

周王确立召开定时盟会，共同商讨天下的大事。每次政治决策之前，部落内部也有盟会，一层层地传递上去，每一级均召开盟会。这种征求意见方式，覆盖了所有纳税人。纳税人是生产者，在执行生产任务，因此获得选择权。西周的各个时期，都有决议的程序，都遵守纳税制度，排斥不能劳动者。

这种形式的盟会，主导了千年历史。古希腊以盟会进行管理，各个部落按照人头投票，每一个成年的城邦男子，均对城邦事务有决定权。贵族组织了投票和决议，因为只有贵族拥有图书，希腊有一座巨大图书馆，内藏图书的价格非常贵。居民用尽积蓄也买不起，他们必然完全相信贵族，最终决策一定遵从贵族。

土地的产出是不稳定的，须由贵族均衡年度歉收，故贵族的控制力被强化。希腊的文化止步于此，而欧洲北部得以发展，那里常年有潮湿空气，它是一个天然的牧场，当地森林可提供饲料，为放养牲畜提供条件。同一时期中原也如此，在部落内部取得共识，盟主是公推的贵族，带着一批贵族子弟，浩浩荡荡盟会各部。

各部落不愿放弃战争手段，盟会期间可能会兵戎相见，民间由此发明了中国象棋。王权在建立法治，用法律阻止杀人，而贵族排斥法律，排斥权力的约束，要暴力维持秩序。西方世界王权衰落，民间采用决斗方式，比赛剑法决定胜负，失败一方失去决策。

战争不是打群架，需要列队后对垒，用武器消灭对方。贵族要求以法治国，法成为单挑决斗，只有一对勇士决斗。军人是贵族的奴仆，武士便是职业奴仆，如此决斗少有损失。决斗不能产生秩序，以吞噬生命为代价。此时社会秩序混乱，没有法律制约贵族，平民很容易被杀死。

这是力量上的仲裁，王权介入法律纠纷之后，双方的仲裁成本降为零，他

第二章 货币控制时代——夏商周

们自然选择王的裁决。在诸侯国交战的程序上，双方在战争前通知对方，偷袭被公认为有损国格。各诸侯间开始建立规则，王者的地位开始上升，他的确带来国家安全。

如果本国的武力不行，诸侯可代表百姓屈服，与对方签订纳粮合约，如此避免强国的攻击。这是社会契约，契约形成王权，由此避免战争。此时受贵族服务限定，不能释放全部的资源，生产者处于冗余状态。个人失去控制力，需要心理上调试。周王在设立国家机构，征集士人一起管理国家，这些士人来自各地区，了解各地的风土人情，他们负责设定"礼"，这些礼节被大众接受。

礼是对生产严格制约，构成了成文法的前身。礼的社会作用在扩大，让高级服务向下渗透，贵族的标准进入市场，成为平民服务的标准。市场前景并未被限制，而是释放了更大潜能。自从社会生成"礼节"，生产如同物种的大爆发，在各环节释放冗余劳力，形成巨大的市场供应力。礼起到了市场规则作用，改变了原有的交换方式，社会从人对自己的供应，转变为相互尊重的服务，产品成为这一关系表现，自然出现爆发式的增长。

如果产品不适应消费，消费者必然发出抗议，而对这一现象的回应，生产系统要做出反馈，并在生产系统内部，必须产生决策机制，解决消费中的问题。由于生产系统内，固化了一种决策程序，就是职业者决定资源分布，职业者不必考虑总体，必然影响到其他职业。如果情况得不到遏制，决定力将蔓延到社会，社会改造成职业决策，变成对人的欺负压迫。而这种压迫是不分轻重的，可能造成人的大量死亡。

墨子主张技术控制结果，技术还是反映职业决策；法家主张规则控制结果，规则是为了满足生产需求；名家主张全民辩论设定结果，全民可能持有生产意见；老子主张避免以暴易暴，以和平欢迎侵略者，这种设想不切实际。消费行为具有聚合效应，只有一个有利全体的标准，生产有归类分离的倾向，根据资源细化各自的特点，所以生产必然产生分裂。

在总结管理经验之后，周王没有杀死前朝人，保留殷商移民的信仰，其贵族继续主持宗庙。周礼规定了权力模式，国家管理社会的方式，这是福利供应的方案，不可变动的测量标准，国家权力不是随意的，必须符合固定的模式。社会福利是价格边际，只有它可以改变价格。至此各诸侯互派人质，王室的王子成为人质，保证双方不发生战争，可是战争从未中断过。

只有孔子的方案可行，与贵族的财富相比较，天子的财富非常少的。天子不是一种职业，帝位表示一种责任。天子的任务是听取意见，周密而详尽地设

· 67 ·

计规则，这是在穷人的角度规划，君子安守不得志的状态。因为这个标准排斥暴力，以获得广大民众的认可，天子有垄断规则的权力。各国在表面上争夺利益，实质上争夺的是规则，符合自己生产的规则，才是有利于自己的。

消费是普遍现象，生产是局部现象，决策遵从消费者。士人多半是行者，走过很多的国家，知道交战的理由。各国在统一生产规则，设定有利全体的规则。设定规则是国家治理，学习古代良好的榜样，由消费构建行为原则。

各国的消费想法相同，便可制定相同的规则。市场内部统一规则，不需要战争和争夺，不再需要士人谋划，他们转向外交事务。外交是重要的活动，保证国家基本安全。外交是对外文化的交流，保证双方明白各自意图，实现国家行动的一致性。外交活避免很多战争，外交辞令引用《诗经》，包括大部分的社会事务。

士人在关注《春秋》，书里面详细记录历史，按照年代的前后编排，为经济制度提供数据。通过数据的对比，可以发现生产错误，修改各地区的规则，从而消除地区分裂。士人站在消费者角度，评价历史事件的性质，给大家提供新的思考，推动产生新政治规则。这是传统的孔孟之道，国家要遵守仁政德治，树立消费评价的地位。

孔子在传道中多次遇险，他一直批评当时的社会。在孔子的教导下，社会结构发生改变，男性成为家庭主位，利用社会伦理控制，确定男性责任范围。当时的家庭由女性做主，一个家庭有多个男性，围绕着女性布置的工作，主要精力都用在家里。这种生产模式收益很低，社会效益方面不及格。不能让女性充当劳动力，她们无法完成复杂生产。

孔子集中了许多成熟思想，创立福利状态的国家理想：男耕女织的小家庭，生产围绕家庭展开，一切以幸福为基础。但是这不合贵族利益，引起宋国司马的嫉恨，于是派武士暗杀孔子。在弟子的帮助下，孔子再次逃离了虎口。

希腊是由贵族独裁，在广场上集体决策，每个国民都在决策。苏格拉底鼓动青年多思考，不承认祭司的话是正确的，祭司认为苏格拉底最聪明，而苏格拉底不认可这个说法，他说自己是非常无知的，意图打碎盲目的自信。当时的法律由多数人决定，这类法律符合贵族的利益，而且是他制定了这部法律。

法律不可由集体投票决定，征集生产收益的统计结果，必然牺牲个体与总体利益。公诉他破坏公共秩序，以反叛罪名处死了他，他死于自己的法律上，所以他是不冤枉的。后人不应珍视这种人格，真正的受害者是老百姓，他应为那些死亡负责。后来的一批思想家，发现了法制的错误，希腊邦联由此解体。

人们信仰城邦的神,自由性讨论引发质疑,必然对信仰提出挑战,所以到处是各种限制,人们的生活没有自由。而人们要面对共同事物,必须解决总体性的危险。而各诸侯处于散乱状态,没法生成系统的聚合力。生产不考虑个人利益,利益取决于整体和谐,政治活动生成了人性。人类追求道德的完善,用货币解决匮乏问题,是暴力最小化的方式,则是市场决定的善意,这是实际存在的事物。

宗教信仰设定了人的模式,排斥了所有的物质性特征,留下的是生产模式的福利。相对于宗教希望的善意,客观存在永远低于想象。货币影响的事物范围越大,社会的发展越是平稳和谐。增加消费是社会追求,聚合所有的消费力量,消费者才能得到收益。政府是达到目的的工具,消费者制定相应的政策,驱动政府实现设定目标。儒家关注人的消费品质,决策意志拒绝生产品质,这就是王权的本质特征,它在是为消费者角色服务。儒家学说生成王权统治,中原地区有了基础文明。

西周末位王是幽王,周王的权力衰落,周王只是一个傀儡,持有象征权力的鼎,却难有真实的权力。全社会需要周王统筹,准确供应各产业资金,才可以组织地区生产,不必时刻在焦虑状态。为了测试王权的号召力,幽王点燃烽火召集诸侯,当各路军队齐聚都城下,只见王妃褒姒笑脸盈盈,根本没有看到来犯之敌,诸侯们诅咒周幽王弄权。

后来召集令失效,各路诸侯起兵造反,合力杀死了周幽王。起义军焚毁都城,诸侯拥立周平王,新政迁都到洛邑。由于被各诸侯推举,周平王放弃了军权,只留下外交的权力,社会动乱在所难免,历史进入战国时期。

第三章 统一货币时代——秦朝

　　早期的劳动者多是奴隶，奴隶会得到隐形的工资，可以视为工作后的所得。随着市场规范的强化，收益的核算精度在提高，消费者可以提前采购，虽然他们手中尚无货币，却可从皇室借贷使用。每个人测度自己的收益能力，并且据此赊购生活用品。如此形成市场习惯，变成工作之前预支，工资的模式化成为可能，国家的形式自然建立起来……

第一节　形成秦朝的历史过程

　　多数国家有战国时期，货币代替商品的过程，经常发生分裂的情况。货币由分裂转入聚合，分合之间体现了价值。货币统一极其艰难，一地商品到另一地，出口之地视为至宝，进口地却一文不值。北方游牧民族的裘皮货，进入内地市场变成垃圾，他们还要求高价出售，被内地人视为"蛮夷"，拒绝与他们进行交易。

　　秦国地处西部高原，荒凉而且物产极少，内地视为戎狄之辈。游牧生产不落后，猎人有机会找矿，很多矿产是共生的，他们占有矿业资源，他们需要出售这些。而农业区皆为平原，缺乏矿藏资源产业，这些地区才是落后。秦国是贫资源之地，找不到金属的矿产。经济一体不利于贵族，各诸侯纷纷割据称雄，各自建起了一段长城，禁止本地与蛮夷混居。

　　在秦穆公执政期间，曾任用谋臣百里溪，经济实力强盛一时。而秦国被各国所排斥，不得参与市场性活动，甚至禁止与各部会盟，周王从中调解也不成。周王的控制力很弱，其地域不足六百里。而秦王的控制力强化，实现了土地的国有化，即实现相应的私有化，土地被认定某人所有。

为此商鞅进行了变革，不准世袭军功的授田，如果其后人没有功勋，爵位和耕地均被收回。此时个人的能力得到体现，大家认为自己的智力很高，不认可世袭爵位者的能力。在国家壮大的过程中，提供各地民众福利，大家得到了充足睡眠，潜意识的地方心理减弱，人的主动控制意识强化，生产进入了智能时代。

世袭对人类非常危险，但是社会又摆脱不了，世袭生产上的职位后，进而影响到生活模式，从而重复上代的环境，阻碍人类的基因进步。如此保证耕地私有化，在此基础上实现国有，故秦国可以吸纳人才，开放自己的国内市场，而其他诸侯均做不到。

经过这么一通改革，秦国资源对外开放，打破各国封闭垄断，秦国货币逐渐升值，一跃成为经济首富。秦国工资相对最低，但是生产品质最高。自从启动法律系统，生产评定更加严格，犯罪边际移向严格，剥夺更多行动自由。

与原来的各诸侯国相比，秦国生产收入增长很快，生产者可以买更多商品，即工资的实际收益提高。秦国生产的粮食量，可以满足所有诸侯，秦国可以供应福利，对诸侯是致命打击，他们失去政权基础，百姓不再信赖他们。

秦国在统一货币市场，新货币先到的地区，经济发展比较平稳，其他地区随后要求，也接受了新货币交易，从而置换原来的货币。如果诸侯不能拖住秦，必然被内乱耗尽精力。诸侯是死亡率最高的群体，却无法保证自己家族利益，市场手段最可能保护自己，但是他们不剥夺贵族资产，则永远打不过秦国的军队。无法废除世卿世禄制，诸侯的控制力在减弱，诸侯时刻处于焦虑中，统一是诸侯唯一选择，需急速扩大中央决策。

商鞅的依据是儒家学说，学说的核心是国有资本，国家运用资本是个问题，涉及国民对未来的想象。儒家文化控制价值判断，士人创造大量文艺作品，用来表达对资本的设想，对国家发展的宏观计划。国民的数量在不断增加，看问题的角度也在扩大，更多价值判断加入进来。

美是消费者的价值取向，一切艺术品都是无用的，都不会变成生产资源，它们直接为消费服务。艺术调动了人的精神，大众审美感受的趋同，减缓了生产上的焦虑。所以艺术在否定生产技术，消除生产带来的负面效果，将消费审核带入高标准，提高人类的生产控制力。技术处于人的潜意识，人类需要控制潜意识，整个社会才变得理性。

由于接触货币的机会增加，交易当中获得的货币信号，带给人们宽广的事物信息，个人的判断偏差缩小很多，人类的主观正在更加理性。经济表现为运算方法，市场要求更好的品质，对计算能力产生压力，于是需要数学的协助。数学上有精确性质，介入生产方案之时，表现出完美的特征，表达被货币扩散开，广泛影响消费系统，引发艺术上的灵感。每一类艺术的成熟之后，都变成一门严谨的科学。

儒家引起语言上的变化，语言表达过去注重事物，没有赋予价值感情色彩。从此语言变得丰富了，人们根据自身的感受，给定语言单词的解释。价值判断改变市场边际，推动人们研究科学知识，科学的能量影响非常广，技术只对应某一个产品，科学对应的是整个生产，包括所有的社会性景观。产品对应生产方案，价值如乐队的指挥，控制全部的节奏。

生产系统遵守要求，市场才会独立进化，这才能够生成国家。消费可以表达错误，可以纠正自身错误，而生产系统不行，政府的工作是集权，采取集中处理事物，消除生产的随意性。贵族是领地的地主，诸侯提供了领地制度，他们生前奢侈无度，死后也是黄金充椁，他们控制着所有土地。

农民与国家有关联，但是中间隔着贵族，贵族对劳力负责，政府对国民负责，他们的责任不同。政府要控制贵族，越过贵族的统计，直接与农民联系，征税或供应福利。这是在心里核算价格，让人们感受国家存在，观念中产生国家概念。过去的社会没有官员，管理者的上级是诸侯，管理目的是增加收益。

天子的控制方法是赏赐，某位士人智囊工作努力，天子就会给予特别奖励。诸侯不是实际的管理，他们的管理不是独立的，注意力全放在物质上，他们只关心物质增长。生产是由程序决定的，士人有自由的意识，从而排斥了民间情绪。士人没有稳定的结构，后代的士人否定前代，形成了不稳定的结构。

如果货币可以调整市场，生产行为尊重消费取向，生产者关注最新的技术，则没有所谓独立的士人。政府需要稳定的结构，不断地调节生产程序。对应不同的市场规则，世界上出现很多语言。决策已由市场作出决定，市场已经核算出来数值，这便是法律条款的边际，王权一旦以此标准立法，比之严苛的法受到抑制。

王权立法没有弹性，符合市场核算的结果，诸侯定的规则是活动的，他没有权力改变法律。放弃全体贵族协议立法，秦国率先按照王权立法，这是一个真正法治社会。儒家设计了婉转曲折的路线，目的是为避免全民直接决策，不让生产精英控制市场规则。负责维护社会福利方案，王权的决定是间接决策，王者本人没有利益倾向。

第三章　统一货币时代——秦朝

这个方案设定生产布局，它是一个独立决策系统，会在生产之前做出决策。按照这些理论的指导，秦国认识到货币的意义。实现秦国货币供应充分，需要取得巴蜀的铜资源，才能保证国民长期幸福。幸福来自货币的边际，消费超过货币的边际，也是不能获得幸福感。

秦国开始使用圆孔环钱，是由纺轮形象演变而来，秦国在改革之后占领巴蜀，发展了那里的丝棉纺织行业。后来，秦国统一四大货币区，将圆孔环钱稍作改动，变成易于操作的方孔，方便文字排列和搓边，从西向东向全国推广。

从此，秦半两成为帝国标准货币，秦国官员组织跨地区交易，大大地促进了地区性的生产，在官员未介入远程贸易前，商人没有这么多运输能力，秦国政府动用了国家财政，组织远距离的大规模运输。由此各地经济稳定，不再出现产品过剩。

消费系统采购决策信息，生产系统控制实现信息，这是两元权利的交叉，被市场纳入统一方案。没有剩余的物资积储，便没有办法组织武装，于是诸侯的军队消失。以前周礼维持秩序，规定天子编制多少，诸侯编制多少军队，周王经常检阅军队，诸侯国拉着队伍来，表示服从周王领导。

各地进入了国家状态，而市场处于自然维持，不用组建地方性武装，则无法获得正常的交易。对于全国的工坊来说，政府只是控制征税权。地方势力无法竞争，诸侯强制成为假相，他没有货币控制力。由于天子控制经济，国家财政高于地方，不必强定礼器等级，也不设定宫殿规格。

不论秦朝用多少军队，控制局势的还是货币，百姓考虑自己的利益，不必再担心战争来临。政府是市场一部分，它的工作只是服务，成为服务型的机构。对于农民的控制形式，最早是诸侯的井田法，给当地农户分配耕地，秋后拿走大部分收获，这是剥削性质的控制。农业是家庭型的生产，一户农民可以控制它，向他们提供相应土地，这是简单有效的方法。

百姓的生死没人负责，于是呼吁皇帝的出现。皇帝的权限高于诸侯，中断对诸侯供应货币，贵族的群体受到威胁。各地的耕地归属皇帝，不允许贵族购买土地，贵族要跑到很远耕种，拓荒者的扩张危险大，会遇到野兽群的破坏，造成新耕地颗粒无收。故贵族无力发展，与当地脱离关联，皇帝则派遣亲信，控制了农业生产。亲信都是皇室亲人，他们定期回家探视，不会留在当地割据。随着货币慢慢补充进来，经济活动变得井然有序。

因为重设井田制度，政府不再监控民众，民间得到充分自由，但是他们失去土地，土地所有权是皇帝。这是非常好的方法，耕种全由农民决定，剥夺了贵族的基础。对于缺乏货币的现状，皇室负有绝对的责任，必须对生产提供补偿，比如提供无息的贷款。

井田制的本质是贷款，皇帝没有那么多货币，将土地作为无息贷款，免费提供全国的农户，理论上需要按期收回。所有人接受相同的待遇，只不过贵族继承家产，主要是房屋的所有权，财富远比农民家多。

经济活动趋于开放，贵族控制不了农民，他们必然遵守规则，按照规定交纳税收。从社会的本质上讲，皇权是人权的保障，接受王权的消费保护，个人不再受生产保护。生产系统无法保护人，人在生产系统是资源，生产系统不保护资源。生产进步导致资源降价，如果资源相对方案未变，价格必然处于下降状态。

王权在尽力逃离生产，避免人力低于食品价。如果人力价格过低，生产者买不起食物，可能饿死大批百姓。货币是权力的觉醒，要增强经济控制力，就要生产强大货币。政府在计算生产收益，发现信仰有巨大收益，许多士人不加入生产，他们在潜心开发艺术。

艺术就是信仰的结果，号召人们欣赏美景，陶冶情操远离战乱。军事实力即是产业能量，武器是生产能量的边际，单纯投资军事没有益处，只能换来增产不增收。农民生产粮食也如此，如果粮食市场已饱和，还在投入粮食的生产，农民的收入不会增加。帝王没收了这些粮食，供养从事艺术的士人。王室首先欣赏艺术，艺术体验传播出来，提高社会意识水平。

官员上缴富余粮食，如此一旦发生天灾，有帝王在背后保障，粮食便是社会福利，可以转为救济能力。税收开始介入核算系统，让消费系统具有控制力，消费系统由此控制成本，生产系统无法制定价格。贵族计算收益的数字，虽然数字具有精确性，也不能作为决策依据。

王室在努力抑制商业，而特别鼓励农业生产，故最大的商人吕不韦，因反抗政策饮毒自尽。产品进步是能量变化，资源进步是数量变化，两者表现不同的形式。信仰不控制资源，它控制产品品质，故涉及生产能量。帝王排除各种杂音，以直觉方式作决策。帝王非常相信士人设计，这些设计全凭人的直觉，形成对生产未来的安排。

月的盘算为"计"，年的盘算为"会"，合并二者称"会计"，士人在负责会计工作，他们接受王室的封赏。经过一番周密的算计，青铜呈贝壳状不好用，放在身上咯得很疼，随身之物重量增加了。此时的铜贝当大钱，主要是由商人携带。随着铜产量的提高，铜货币被制成片状，易于携带和清查个数。铜币解

decolor了货币放大问题，只要具有高温熔化能力，即可扩张货币的发行量。

官员控制的是生产能量，当地生产者控制了数量。过去男性占有生产，他们一味加大生产，收入不及家庭所用。社会怨气聚集起来，会推定战争的爆发，军事对立会蔓延开，形成两个对立阵营，大国推动小国开战，因为死亡人数增加，女性比例持续增长。秦国政府为女性贷款，她们追求更好的口碑，贷款几乎均按时归还。女性的还贷能力高于男性，因为她可以召集自家儿女，家人一同应付还债的压力。

女性参与生产决策，织绣工艺取得成就，出现很多丝织品种，比前朝丰富了很多。农业出现很大的闲置，生产必须有一定冗余。各地有不同的气候，粮食产量也不相同，气候灾变影响不同，可以补救地区灾难。楚国有自己的货币，蚁鼻钱通行南方，这种货币受到排挤，不能与其他国家交换。

由于当地不守规则，不接受统一调度，蚁鼻钱慢慢衰落，楚国又发明鬼脸钱，也没有维持得太久。楚国只有贵族可能做官，他们强力控制底层暴力，生产要求却得不到满足，市场上常出现粮食危机。为了开挖金属的矿业，引发了一次经济危机，导致楚国用黄金造币，以减少货币的投放量。

秦国可以超越其他国家，独立执行经济改革方案，皆因王室接受儒家学说。很多士人参入儒家学说，他们努力完善货币制度。在没有货币收益的情况下，王室的工作依靠血缘组织，所以不会有很大发展潜力。儒家学说的重点在于教育，它制定了教材的选择原则，教育可以形成很多种方式，比如私立学校和公立学校。

教育包含何种信息，决定人的思维模式，也决定着社会方向。人类对自己的控制，便是社会规则控制。可是控制信息源自生产，生产系统随时产生数据，消费系统来不及筛选数据，大脑忙于不断接受信息，没时间对信息作出判断，就会出现各自不同的货币。

当时有多种货币，有刀型、布型，这些是资源形象，反映了生产信息。货币必须是通用信息，消费者得到相同待遇。货币形状信息应是抽象的，可以很容易被各地人理解。通行货币给王室提供更多控制力，王室得到志同道合者的帮助。王室的工作就是核算，核算工作汇聚为成文法。

大脑作出判断的过程，不是精确的数值推理，市场数据非常的庞大，其中绝大部分是杂音，大脑必须过滤掉杂音，删除错误的细节信息，凭经验留下正确信息，这是核算的遴选过程。王室的工作便是人为筛选，为市场价格提供边际决策。信息随着生产积累起来，王室需要获得社会信息，以设计自己的货币运行。

家族因思想落伍而趋于灭绝，国家发展必然受制于思想。若要控制家庭和国家的命运，必须筛选所接受的信息。各地贵族在控制信息，生产者积极学习技术，不断获得新技术，同时他们极力封闭信息，以便收取更多的收益。

贵族用信息控制人，这些是技术性信息，技术信息是具体的，针对某一特定生产，它的作用也是控制。奴隶希望得到技术，他们必须增加控制力，也是掌握技术的动力。所以在庄园的内部，奴隶听从主人安排，才有机会接触技术。

被筛下去的奴隶，不是他们思想差，他的思想不受拘束，所以有更多的创造，不能被社会理解。王室的工作是筛选信息，设定建立科学的标准，借助士人群体筛选信息。孔子要求有教无类，他巡游诸侯国宣传，正是为了纠正这个错误，选人不要固定的标准。

在孔子生活的时代，文字书籍被贵族垄断，他们不会将书籍分享，贵族的所有垄断项目，均在影响平民的收益。王权也在追求垄断，但是为了消费收益，是在扩大平民收益。教育系统要管理学生，故容易限定学生思维，从而淘汰有价值的学生。

由于王室扩展了用人标准，才会出现国家控制机构，收集各地的消费信息，制定通用的货币规则，由此生成了政府功能。由政府负责处理消费信息，计算力超过生产系统能力，保证消费货币取得了共识。国人的货币含有消费信息，这些信息必须具有等效性。

人类思想有局限性，个人接触有限生产，生产困扰人的思想，压抑了人性的自由，造成人的思想困惑。少数家族获得货币，可以扩大生产规模，而多数人无从获利，只好求助王室权力。权力可脱离困惑，改善这个局限性。王室在控制货币收益，生成国家层次的管理。诸侯在寻找发展机会，接受诸子百家的思想，产生不同的实验效果。在相互竞争当中，秦国王室一枝独秀，与其他地区的不同，形成经济成倍增长。

秦国各业均在进步，却没有贸易机会。周王无力维持秩序，需要照顾各地贵族，由贵族给都城供给养。秦国要求建立新关系，统一货币可消除暴力，地方服从中央的关系。生产系统是处于基层，对消费产生普遍压力，暴力是对消费的压迫，贵族成为暴力的象征。统一货币剥夺贵族利益，贵族拒绝承认中央集权，秦国统一了分散的货币，这是在挑战各国的贵族，他们派遣刺客暗杀嬴政。

燕国是一个农业国，不愿意接受控制，农业具有独立性，这些地区发行布币，布币形似农用铲子，只是进行形状简化，布币上标注了数字，表明时间、地点、重量，可以形成内部市场，不要接受统一市场。于是燕国太子笼络荆轲，为了报答太子丹的恩情，他舍身入咸阳宫刺秦王。

嬴政公开了决策信息，证明自己在为天下人。当时政治决策是封闭的，王者作出决策的过程，如同科学研究项目一样。而研究的内容越深刻，观察问题的范围越小，犯下错误的可能越大。所以刺杀计划失败，天下可知民心向背。

科学传承无法等价交换，等价是货币核算的趋向，指的是已经出现的产品，对应处置已调用的资源，而科学研究对象是突变，处于市场投资之外状态。科学项目全靠资助完成，这是由市场机制决定的，故科学家受到广泛尊重。皇帝类似这个市场角色，他的工作无法等价交换。没有人为挣钱搞科学，因为如此做得不偿失。

各地贵族研究新项目，将危险带入生产领域。生产者不感到危险，他们顺应配合行动。科学研究是冒险经验，生产技术是避险经验。生产者处于恐慌状态，注意力在回避现实。消费者处于观察状态，注意力在如何冒险上。如果没有免费的投资，逐渐强大的监控里，这些破坏力集中起来，聚集成贵族的生产收益。

生产标准化推动货币发展，秦国发行的铜环钱流通高，产生的市场收益比他国大，可以维持秦国的社会福利。社会福利是最高价格，无需生产者再次竞争，需要严格的市场环境，避免生产者进入破坏。

此时增加政府控制力，政府的官员数量暴增。秦国内部关系和睦，国民如同一个大家庭，有父亲和母亲的角色，母亲负责公共服务，父亲负责投资管理。只有将两面组合起来，才能表现出货币性质。儒家学说的意义所在，民间利益由中央保护，王室和政府同时负责国民。中央的含义不是单一的，一个内部制约的结构。秦王嬴政遵守儒家学说，中原地区出现巨大产能。

社会现象的背后是利益，由散在民间的货币控制。嬴政要求国民勇于战斗，用军功衡定爵位标准。如此就伤害了贵族，贵族的积累散失了，引发了对变法仇视。而嬴政设想的社会生活，社会是家庭和国家关联，建立父子和君臣的关系。贵族认为国人盗窃国家，国家资产均应归属他们。一旦贵族认定某人盗窃，所有奴隶指控这个人，这个人即刻被社会遗弃。

为了避免被遗弃，国人需不停劳动，表现自己的吃苦，博得社会的同情。这是一种自虐心理，是在自证没有盗窃。这些人从事低级劳动，削弱了其思想能力。由于秦国政治影响力加大，诸侯国借鉴秦国钱币制造，导致战国末期诸侯皆用环钱。

秦国追求共同命运，在国家层面上思考，帮助儒家文化崛起。王室承担全部的社会责任，每当社会运行出现差错时，政府官员要出面承认错误，并安抚百姓受伤的心理。故调动了国内巨大产能，大力开采蜀地的铜矿。

秦国用资本破坏六国合纵，开始大量铸造秦半两，实现自己确立的连横策略，很快成就全地区通用货币。虽然合纵意图垄断资源，通过非市场化经营手段，组合出来武器生产能力，形成六国合纵的侵略性。

但是地区联合中的强制，造成各国分别与秦交易，这种交易没有带来福利。秦国投资重点在农业，农业是基础性的产业，必须丰裕资金支持。政府主持的水利工程，为超大型的投资决策。从秦国的宏观看去，岷江是灾难性的河流，春夏经常爆发山洪，造成沙石千里、东旱西涝。太守李冰修建了都江堰，从此四川的粮食丰产，被人们称为"天府之国"。

秦国位于关中平原，而关中降水量稀少，严重影响粮食积蓄。秦国计划修建郑国渠，穿越山岭而凿穿泾水，浩大工程绵延三百里。秦国边修渠边灌溉，随着取得水渠效益，工程持续了十几年。

秦国水利的滚动式不欠债发展，郑国渠连通的水系灌溉了旱地，山东、四川和关中成为大粮仓。秦国的农具发放到户，加上都使用铁质农具，锈蚀不需要百姓赔偿，农业的效率提高很多，且废旧的农具重新冶炼，也不要农民自己负担。秦国扩大政府人数，官员增加贷款资金，在对抗自然灾难上，国家增加投资工程，以此稳定社会环境。

作为金融的一般政策，大部分投资在农业上。给每一户提供良田，规定男子不许分家，政府可以加倍征税。税收额在加快积累，每年供粮二十五万吨，满足全部军粮供应。没有强大农业做后盾，无法保证大规模战斗，秦军有持久力的战斗力，才可能武力征服各国。如果没有粮食作保证，秦半两肯定会破产的。

> 经过普遍的一户一户的放贷，皇帝的控制力得到空前发展，货币的测量精度升高了一级，消费者的意志表现更充分，这一点决定了社会的变化。帝国要养活几十万军队，要对千万级的民众负责，需要巨大的生产能力，这些均需要皇帝的安排，而皇帝所有作为的基础，便是发行货币的权力。皇帝如何发行货币，决定之后的所有事情……

第二节 帝国推崇的儒家文化

由于没有统一的货币，各地被不同生产控制，出现丰富的经济思想，加之经济矛盾被曝光，相邻市场间无法融合，形成远交近攻的策略。各王室接受不同思想流派，造成王族在决定国家命运。技术知识独自主导经济，最终都将导致侵略战争，经济发展的整个过程，便是不断积累军事力量，暴力不断思想调动战争。生产方案设计集中军工，大量资源被无端消耗掉。

吴王夫差为了追求霸权，修建一条水渠攻打敌国。可是邗沟修在松软土地上，根本没有任何水利的功能，结果失去后续的资金支持。虽然这个工程量小，却耗尽吴国的资金。谁对百姓有利，百姓便支持谁，由此获得统治。贵族的管理模式滞后，人们在等待生产结果，一旦产品出现的时刻，潜在消费者开始竞价，有的消费者事先支付，违规获得了交易机会。

管理费用对应的是交易机会，不是为了实现产品服务增值。贵族的收益用在这方面，表面看似执行严格管理，其实是在降低规则标准。贵族通过如此手段获利，故他们对百姓不管不问。生产推进让产业集中，更多控制在贵族手中。贵族不断发布法令，每次发布新法令，百姓的负担反而加重。战争准备了五百年，截止公元前222年，秦国出动百万之师，平均两年灭一诸侯国，赢得了百姓的支持。

始皇帝统一中原大地后，财政权力被国家统一，皇室财务变为帝国财政，皇帝的班底开始发货币，形成中央地方一体结构。始皇帝为人宽厚，没有屠杀旧贵族，帝国需要其产业。皇帝不对军工投资，必须是百姓有所要求，皇帝才决定军事行动。贵族的山川越多，百姓的劳动越多。从皇帝控制山川后，贵族得到越多资源，皇帝发的货币越多，百姓生活变得更好。人类使用多少资源，均由产出福利决定。

皇帝谨慎发布法令，法令均在保护百姓，会产生百姓的福祉。远处的皇帝带来好处，自然会选择皇帝统治。在具体的操作上，皇帝通过政府获得统计，这些统计资料控制信贷。官员记录耕地的数量，按照各户耕地的差异，发不同额度的春耕贷款。

各户秋收先留足口粮，按照事先规定的价格，向官府出售剩余粮食。秦国的货币快速增加，新兴产业由货币支持，货币在市场循环起来，实现调动资源的作用。秦国的生产力迅速升级，各行业大量使用青铜。

　　青铜的价格得以降低，有更多机会适用生产。于是被工匠用于战车，连接车轴的地方用，这些技术日臻成熟，车辆的安全得到保证。要解决的问题是产量，若可以大量制造维修，秦国可以装备军队。由于使用泥范铸模，每次只能铸造一个，而且部件不通用，需要原工匠修复。

　　秦国幕僚统一标准，让铸造的泥范统一，一下降低了难度，生产者均可以操作。装备在后方修复，由预备战士负责。一旦大规模组织生产，马拉战车显示出威力。士兵阵列超过单兵战力，军队发挥出超强战力，带来军事动力的升级。秦军占领大部分领地，战斗力得到了检验。后勤补给可体现战力，战争拼的是经济实力。

　　军工是一个高端产业，展示了政府的组织力。政府是一套信息传递系统，可以对生产者宣布标准，农业生产也变成精细工作。秦国强大的过程，百姓看到了法律，民众不知道王权，秦国设立的法律，左右了百姓行为。当时嬴政没有经验，没有组织国家教育，这使得思想出现混乱。

　　始皇开始组织政府，政府在执行皇帝指令，皇帝家室控制财政，由于家族人数太少，只能借力政府协助，政府力量介入皇权。皇室内部的事务公开，行动决策被外人牵制，令其干涉皇室内关系。并且每次外派官员，到很远的地方任职，几乎没有机会回来，中央控制难度增加。

　　货币产生封闭的环境，处于独立的工作状态，它必须控制工作区域，才会维护所有的利益。外来不符合规定的交易，会造成初生货币的崩解，秦始皇必须投资长城建设，将货币覆盖之处保护起来。对国家设定的项目，已提前设置了交易。

　　当市场交易发生时，市场竞争已经停止，资源利用达到极限，这是资源配置方案。在各地贵族的眼中，这是十分危险的举动，调动如此多先进资源，瞬间完成大生产任务。假以时日，王室可以分散投资项目，按照市场需要条件供应，可一次性满足消费需求，扯断生产资源的牵制力，将导致贵族生存的危机。

　　长城工程的投资巨大，它有一项绝对的好处，让工资脱离家庭劳动，进入到社会核算之中。在古老文明的埃及，人们住在泥砖房屋里，却要建造石头的神庙，剩余大量的石头材料，还有巨大的生产能力，王室用来修建金字塔，以便争夺货币发行权。家务是工资的边际，社会生产品质升高，带动家庭劳动减少。经过上下配合，建筑业成为主流，一次性超越农业，工料价急速降低，保障了家庭住房，社会从此安定了。

第三章 统一货币时代——秦朝

随着制铁工艺成熟，社会出现重大转型，出现铁器时代文明。打井成为基础工程，可以管理好水源后，便能够建造大城市。水井带来居住的自由，人们向内地迁徙定居，可以远离河流谋发展。城里建设了综合性服务，制造有车轮的运输工具，城市化带来流动的便利性，使用尖底的汲水器取水，聚集很多种服务于城市，经济开始飞速发展起来。都城营造水准超过诸侯时期，帝国建筑业容纳了大量人口，秦始皇修建了宏大的阿房宫。

秦廷修直通首都的大道，始皇通过驰道巡游全国。任何事物都处于边际状态，何况是皇室少数人定政策，如果没有足量的消费信息，皇帝无法制定正确的政策。帝国道路的结构非常复杂，由色土、白灰、沙子夯实，与现代处理工艺相同。铺设了宽阔的道路，秦军只要走三昼夜，即可从秦都到蒙古。路边种植指定树木，不能栽种高大乔木，这是从安全角度考虑，防止劫匪藏身路旁。秦朝的很多工程，灭亡时还没完成。

古罗马也有同样的工程，古人云条条大路通罗马，这些工程证明货币实力，罗马创造很多货币样式，生产实力才被调动起来。此时帝国没有物资可分，只好依靠工资调动人力。之后才会出现消费品，在逐渐消化这些货币，这是倒置的推动过程。

秦朝经营这么多工程，数量远远超过了前朝，从技术改进的角度，没有完全崭新的东西，都是已经出现的技术。秦朝人力资源利用超前，可以全国范围调动人力，政府的配置力剧增，生产能量被提升。

为了得到平民信息，皇室建立太监制度，这些从底层来的人，可以提供人才信息。皇帝派出信任的人才，纯粹以品德选择的人，建造不少宏大的工程。虽然国民生活空间很小，而生产方案却通行全国。与专业方案相对应，人力资源充分流动，最后被某方案吸纳，不再可能随意改变。皇帝的特殊作用凸显，皇帝有权调动全国人，超出生产单位的限制。已有的生产被贵族控制，可是一旦数量扩张到位，应当停止数量扩张。

此时精英失去作用，他们充当贵族打手，利用这种技术扩大数量，也相应产生技术解释，成为腐朽的文化形式，以简单指令控制奴隶，奴隶不明白其内涵。官员不同于诸侯，官员要负责福利，福利即免费产品，他无需欺压百姓。诸侯具有税收权，征税象征所有权。诸侯均非常富有，而百姓必然贫困。随着官员数量增加，税收全部交给中央，百姓倾向依靠官员，对贵族的依赖减弱。帝国的投资相当集中，只有大型工程可得到。

面对贵族群体的需求，始皇不可能全部满足。这些贵族的靠山是人口，许多平民依赖他们生产。平民在贵族的作坊工作，不愿意接受官员的调遣。贵族组织了反抗，杀掉派来的官员。帝国的大多数人口，在反抗皇帝定的法。帝国只好动用军队控制，秦朝建立了七百万军队，用来镇压各地百姓造反。

通过广泛设置官员，帝国景象全面改观。在都城咸阳核心地区，官方组织水渠和堤坝，还有储备雨水的窖井，顺崖壁淌下来的雨水，为干旱季节做好准备。若没有官员组织，工程量如此巨大，此前是无法想象的。

每一行业均涉及规范，市场规范由信仰产生。此时正是道教的形成期，人们自觉寻找行为动机，根据事物本质发展轨迹，出生时刻决定人的一生，这种发现上升成为宗教。市场规则必须深化细节，认真对待法律建立过程，于是邀请很多法家学者。李斯定的法律条文，不仅要求民众遵守，而且要求政府遵行。

帝制文明开端于农业，皇室打破小农化生产，农业没有对市场负责，有很大部分自给自足。市场需要工资化标准，自给自足打破了工资，让市场价格边际紊乱。通过法律制造部分农户破产，重新构建处于僵化的手工业，从而大量吸纳农业的失业者。农业处于贵族控制，是大规模生产状态，而手工业是个体的，是小规模生产状态。

法律对贵族的危害甚巨，多数士人在为贵族服务，他们在极力为贵族辩解，因而鼓动人们排斥货币。货币以信任为前提，需要统一消费认知。秦始皇不得不杀他们，并且将相关的书籍烧掉。国家安全依赖制度，那些说法导致灾难，不能为帝国容忍的。

贵族控制生产系统，皇帝控制消费系统，生产审核消费货币，故皇室在主动地位。在没有外界的干预下，生产系统在自由决定。作坊给出工资标准，此标准与消费关联。这个决定要被限制，限制力出于生产货币，消费系统控制货币，皇权监控生产贷款权，家庭可配置经济价值。

国家积累财富之后，始皇开始配置医生，分布帝国每一角落。医疗费用相当庞大，没有贵族承担得起。随着医生群体的壮大，中医业得到飞速发展。中药抑制病菌发生，传染病得到了控制，而保护人群的安全。这是服务行业的开端，医生身边多了些帮手，有专门登山采药的人，有专门粉碎草药的人，有人寻找病人并带来。随着劳动力的分流，劳动时间再次缩短，市场生成养老时间。至此如果人老了，可以不再干重活。

常说人无远虑必有近忧，节约劳动时间非常重要，增加了人们的思考时间，社会生活有了自觉地规划。年轻人开始规划人生，老人需要多方面服务，城池是服务的集中地，老人向城池方向聚拢。更多地方构建城池。人们聚在一起居住，产生很多服务需求，故服务业得以发展。服务构成城池的核心，也引导各类商品进入，仅仅供应多品种食物，便需要调动全国特产，用各种交通工具送来。

城池中形成了市场，成为交易集中的城市。这些措施有利平民，贵族遭受致命打击，贵族此前控制货币，默认占有货币收益。由于各国货币不统一，没有规定的价值尺度，交易时参照铜的含量，故金属的价格被抬高。各国贵族在控制金属，他们的收益不受损失。齐国掌握的是落后产业，却可以赢取较高的收益，所以长期保持霸主地位。

一旦市场被统一起来，必须通过法定货币，回收原来散失的福利。在始皇一统天下后，百姓生活恢复正常，六国当地留有兵力，但是接受始皇统治。整个天下分为三十六郡，郡主的职责是控制军队，郡级的下面设立了县级，县长的职责是控制生产，开始执行标准两级行政。

秦国拥有七百万军队，是世界最大军事组织，军队全用来镇压反抗。皇帝为了了解情况，强化皇权的控制力，特意设置御史职位，可以随时监视官员。按照皇室旨意做事，全国服从皇帝规划。

此时有两类知识分子，对应不同的服务对象：一类知识分子是儒士，维护消费者利益，敬重皇权控制，负责开发生活，但是没有手艺，多被贵族杀戮；一类知识分子是术士，占据生产者收益，开发生产模式，蔑视皇权存在，得到贵族奖励。术士发动了三次复辟，揭起理论上的大辩论，到帝国各处刺杀始皇。真正的儒士不垄断思想，儒学没有设定任何标准，孔子传播学说有教无类，任何人都可以拥有知识。

而术士是不一样的，术士垄断生产知识，他们否定百姓利益，以道德鞭挞反对者。随着政府的介入调查，术士和儒生互相举发，秦皇宫是一个宫殿群，向四个方面铺展开来，基本遍布关中核心区，故告发很快传到宫中。始皇帝决定坑杀术士，取消博士官议事制度，迅速平定了内部骚乱。对于任何士人来说，解释世界如何运行，已经成为人生过程。

皇室面前的阻碍被清除，始皇开始设计新的金融，过去没有分析货币走势，具体向哪个新企业投资，不是由王室控制的内容，始皇要求自己给出标准。如此改变基础行业的资金状态，国家投资的方向是私营的商业，由于商业运输和运营成本超标，它们肯定对基础产业追加投资，由此形成比较合理的资金比例。对这些社会的巨大变化，已经被记录成文字，专门提供到皇室参考。

此时始皇设立全国统计，皇帝不仅知道全国人口，还知道大致的耕地数目。

货币被用来交易商品,在社会固化的情况下,日常消费的变化很小,需求的货币量也不多。皇室可以粗略估算产量,对应需要多少货币产量,皇室不能提供消费货币。只能有条件提供生产货币,由生产程序生成消费货币。

生产者拒绝被控制,而通过产量反控制,只要停止继续生产,生产者获得主动性。由于士人不断改进货币,皇室的人也在变更观念,皇室的控制也发生变化。言论对生产有影响,儒士负责收集信息,但不确定任何意向,等待民意来决定。皇室的解决办法简单,他们根据货币的表现,参考各地百姓的意见,制定符合当地的政策。

商品产量与价格相关,在总资源一定的条件下,可以选定合适的材质,并且可以估算用料重量,这是全部产品的能量级别。秦国统一了国家土地,也同时统一了度量衡,全国人使用相同标准,实现广泛的生产供应。货币必须是统一形式,相同的生产政策约定,国民相同的消费待遇。历史事件已经过去了,没有人知道真实情况,货币是产生事物的证据,也是证明事物存在的证据,又是事物发展后的产物,只有它具有说服力。

秦币铸半两二字,为了区别原秦半两,内孔改为方形的,货币重量是半两,半两则为十二铢,按照秦的度量衡,半两不到八克重。铜币由各地驻军监造,难免出现品质的差异。有的地方超过一点,大多数地方减重,而且减少比较多,尺寸大小也减,大多数不到四克。货币是百姓信任凭证,不可能强制推广货币。

始皇帝给出了货币的兑换,铜币只是用来流通的下币,各地可以到中央兑换上币。上币是一种金饼,重量二百五十克,约合秦的一斤重,重量单位为"溢"(后来写成"镒")。如此稳定了民心,秦半两通行全国,但消耗楚地资源。这里的承诺是虚的,百姓无法兑换货币,道路修得非常宽阔,却不能自由地走动。贵族生产也有限制,他们不许农奴流失,所以必须囚禁他们,借用防野兽的工具,设置了周边的栅栏。

秦朝需要延续旧的政权,当时发行的钱不能作废。旧钱约有上百年历史,民间的积储相当的高,秦政府急于取得信任,动用秦半两兑换旧钱,一直到全部回收为止。因为得到各方面照顾,始皇可以禁止其他钱,借助的是市场的力量,哪些地区放弃了抵抗。市场不能改变现实,庄园经济产生贵族,各地区被贵族控制,他们享有崇高威望。贵族的总收入非常高,但是雇工的收入很低。

生产模式越是高级状态,越有可能生成奴役状态,因为收益弹性空间增大,可以剥夺的机会在增加,只要收益核算被终止了。奴役造成了工资亏损,工资数额越高的时代,可能克扣的数额越多。奴隶通过合约服务贵族,签订十年以上的合同，作为学徒免费吃住。学成后为贵族服务，需要无偿提供服务。民众也想移居好的地方，只是受限于自己的收入。

过去的社会依靠贵族，但是贵族未创造财富，他们强大的剥削能力，造成经济生活的落后，人们接受技术的奴役。货币必须具备调动能力，通过消费调动生产系统，从而间接调动生产能量。

产品在与消费者互动，消费感受与互动有关，而不是简单制造产品。此时皇帝非常辛苦，承担全部财政审核，加之上报的信息多，每一天清晨的皇宫，送来六百斤重竹简。皇帝必须早起晚睡，努力翻阅审查奏章，奏章被写在竹简上。

皇帝深感责任重大，规定不审完不睡觉，结果累得手腕发炎，连竹简也翻不动了。虽然政府规模大扩张，还是不免被生产控制。皇帝强化了监督力度，而政府无法照顾全国，官员对百姓的承诺多，却没有办法全部实现，因而百姓的投诉增加。

官员不用立场坚定，他们执行的是政策，需要的是理解能力，这是品德所决定的。国家政策非常笼统，很难实现皇帝设想。这种凭借个人的想法，产生影响全国的政策，是非常不稳定的方法。

儒学只是行政的原则，不是政府操作性手册，皇帝要时刻揣摩用意，区分决策意志的来源，选择消费性质的意志，才能掌握放任与管制，需要对市场边际的测定，这是所谓的中庸之道。以前是授权贵族，他们在当地管理。始皇现在派人到各地，中央首次设立的官员，执行皇室的工作指令。

官员俸禄一年期结算，与农业收成同步，打了粮食后上缴税收，产生粮食计量的俸禄。也有特殊规定，未到芒种这天，如果官员辞职，年薪归于下任。由于政府十分缺乏人手，如此可以限制官员流失，保证春耕工作顺利进行。

闽越地区的生产旺盛，地理优越是主要因素，在农业为主的竞争中，江浙的资源投入巨大，应向中央交纳高税收。可是此地民风彪悍，不接受高税收条件。照顾某些生产利益，必然受到部分欢迎。

生产一定会产生影响力，如果不除它的负面影响，则是变相承认负面作用。皇帝开始创设国法，即国家的立法原则，限定政府低于皇权。可是距离都城遥远，往来一次要几个月，官员不能回京述职，需要当地军队护送。

官员没法落实政策，只好平均贷款数额，各户享受一样待遇。秦朝地方政府生成信仰，信仰建立在人人平等上，用信仰指导自己的工作。实现贷款平均相当困难，各行业资金需求不等，平均贷款难以配置资源。为了维护自身的收

◆ ·货·币·缘·起·

益，尽管身处劣质的生产，老百姓承认这种信仰。

政府信仰会制造灾难，但百姓崇拜地方官员。官员的行为得不到限制，灾难不可避免地蔓延，各地生产形势被破坏，趋向较差的生产方案。政府行为是在均分货币，生产货币变身消费货币，则不能推动消费进步。如果货币不能保证收益，市场应当直接出现失业。

市场必须反映真实数据，虚假掩饰不能解决问题。贵族一共有五个等级——公、侯、伯、子、男，市场拒绝贵族的控制，生产资源由官员把持，贵族失去了生存基础，仿佛在一夜之间，贵族全部消失。税从实物向货币转变，产生货币的市场基础。

市场导向生产的极端简化，只剩下一个生产环节，生产直接连接销售。虽然当时的商业兴盛，却全部严重依赖生产，一旦生产系统崩解，商业瞬间失去资本，商人群体马上消失。福利供应激怒了奴隶，奴隶依靠贵族的生产，官员在损害他们利益。于是奴隶与贵族造反，到处破坏官员的住宅。

经过轰轰烈烈的实验，始皇的政治措施失败。因为货币发行量扩增，秦朝生产力急速扩大，秦朝灭亡在于货币，平均分配减少铸币，但不足以形成投资，阻碍高级产业发展。国家的每一次集中投资，必然破坏行业布局均衡。各家各户统一标准，只能维持农业格局，农业位于最低能级，无法低于这个水平。低能量遏制产业分化，这种生产具有破坏性。

随着财富积累的增加，愈发感到物质的匮乏。货币表达控制着时间，随着宏观经济在失控，局势只可能维持十年。消费判断不能反馈，只是消化剩余产品，市场蓄积消化一空，基础产业没有投资，生产整体疲惫状态，产品呈现过剩状态，出现全国物贱钱贵。

始皇开启帝制历史，成为全人类的传统。没有足够的实验时间，始皇五十岁巡游全国，到沙丘平台突然病逝。由于始皇的突然病逝，没有确定自己的继承人，给继位问题蒙上阴影。随着经济政策的推广，无业流民在持续增加，官员无法控制局势，则去求助于贵族，权力重新回到贵族。

社会从此之后衰败，消费者提出更高要求，便是建立集权的目的。消费者对市场要求多，必然形成控制性生产，此意志组成中央集权。于是收入下降，最后降低到零。市场无需平均财富，市场是平均的机制，只要市场保持健康，必然得到平均结果。

这是一个令皇帝恼火的时刻，他的一切成绩可能瞬间消失，皇帝在追求自己国家的富强，有强大的生产和配套的消费，总之是一个供销匹配的市场。但是，这个设想不合贵族口味，贵族有免费的生产资源，拥有近乎不限量的劳力，他想要多少生产能力，都会马上变为现实。而他和自己的家眷，消费数量极为有限，尽管铺张浪费也无法消化多少……

第三节　项羽违背货币的原理

生产活动均含有暴力，这是生产不完美之处，生产必然处于不完美。由于暴力依附人群，贵族垄断生产活动，他们是暴力的源头。个人有暴力的自由，混乱来自个体暴力，暴力处于竞争状态，每份暴力处于边际，暴力形成相对平衡。这个状态被帝制打破，所有的规划出自皇帝，用生产秩序抑制暴力，这是在知识上的规划。皇帝需要深刻心理体验，以便控制社会每一方面。

帝制的核心是尊重人，虽然天子尊重老百姓，而他不负责百姓生活，百姓由诸侯控制活动。此时家庭不安排生产，过去按照性别分开，从事不同的劳作。而官员开始策划福利，给每个家庭提供保障，不同年龄的人在一起，形成情感上的交互性。情感是货币的副产品，货币介入这些关系中，让双方保持利益均衡。社会福利在细化尊重，市场达到某种水平，政府随后供应福利，将带有的尊重落实。

官员工作与贵族对立，官员负责的范围扩大，贵族的收益则会减少。政府负责的范围很广，知识分子在服务国家，用竹简记录各种规定，农田操作数据被记录，如果播撒的种子超量，一定被政府追究责任。比如水稻每亩不到三斗，谷子和麦子各自一斗等，这些规定控制了生产活动，抑制了生产资源浪费。

生产活动不能享受自由，之前各国承担部分生产，各国的生产被贵族规划，不能智力开发所有产品，只需要完成交办的生产。因为建立各地经济互补，贵族才有可能控制贸易，这是生产者之间的约定，贸易被曲解为补偿机制，用来帮助生产上的弱者。

建立管理制度之后，生产错误暴露出来，贵族很难存在下去。国家管理有具体要求，地方官负责记录数据，一个地方的耕牛减少，负责的官员会接受处罚；如果多数母牛不生子，地区官员要受到惩罚。贵族的模式是简单的，主要是依靠人力获利，而不是增加生产设备，或者采购更好的设备，如此限制了生产升级，阻碍了市场经济发展。

　　政府供应家庭的福利，工资标准不再是零值。零工资的劳工称为奴隶，奴隶是被剥削量少的人，他们自己的创造也最少。奴隶的工作简单，贵族的收益很低。如果想要增加剥削，需要提供免费教育，贵族不会否定自己，不会提供免费教育。

　　此时的工作不是作坊，具有程序和成本控制，时间是计量收益单位。完成某一个目标，花掉的时间越久，生产任务越艰难，对科学要求越高。生产者在主动执行任务，作坊已经可以感知价值，人类处理生产信号过程，被货币的测定系统接管，形成了原始企业的雏形。

　　私人的生产会受到限制，它要根据市场成本计算，得出自己应当付出多少，而不会制造高标准产品。如果多数产品的质量很差，势必影响总体的使用效果。所以皇帝分封自己的亲族，在各地建立起皇室的企业，市场上出现了国有企业，这是国企的雏形标准。它们获得的资源是免费的，所以不需要核算制造成本，按照最高的技术标准生产，满足皇室期待的市场效果。

　　国企负责的是公共工程，比如大型道路桥梁，还有的则是铸造货币。因为皇室特意保护穷人的生活，工资标准超过私人企业，所以工资核算的随意性消失，贵族被迫接受市场工资价格。国企负责货币的发行，利用皇室的投资获利，私企在配合国企工作，完成设定的基本任务。

　　贵族是生产控制者，各地封王有求于他，封王不对生产负责，他享有征税的权力，但是税收上缴皇帝，封王负责定规则。税收标定所有权，由于税收不到位，多余部分给封王，他可能做大势力。若贵族不使用货币，可能形成封闭的市场，各地区脱离皇室控制。封王既用军队威胁，又好言笑脸地相劝，迫使贵族转入货币控制。可是只有劳动，没有市场收益，工资必然下降。

　　劳动含有一定能量，但是人的能量很小，资源必须结合人力，结合才有市场收益。贵族不需要创造工作，他们只对金钱感兴趣。士人的思维是发散的，在以消费者角度观察，生产思维是专注状态，似乎排除了外界影响，发散思维在复杂环境，可以照顾全局的变化。

　　皇帝的权力是复杂的，他必须借助创造力量，消除贵族的不劳而获。皇帝提供的工作收益，实现劳动之外的收益。随着生产能量的增加，它超过人的劳动能量，劳动失去收益合理性。劳动无法提高收益，那是表面上的提高，只对贵族收益有利，没有增加经济总量。皇帝规划郡县制政府，过去贵族控制的疆域，几乎全被大面积管理，政府的管理需要细化，必须让政策触及家庭。在过去的郡基础上,设定范围更小县级。

官员负责的区域内,农户不能废弃土地,甚至不可买卖土地。生产收入是能量的边际,人力与能源的数值比较,由市场自动核算出工资。人们从家庭步入社会,在于皇帝保护了收入。家庭福利创造了工资,它是初始的基础工资,成为工资的基础价格。

皇帝照顾国民生活,有权随时调换官员,官员随着军队调动,军队整编进行交换,不与当地固定联系。生产的本质是服务,服务占有收益部分,服务均为家庭设计。都城聚集很多家庭,秦朝规范家庭关系,财富不能流到外面,从而保护家庭福利。婚姻是女性时间投资,投资量越大回报越多。婚姻质量保护女性所得,女性个人从中获得越多,家庭其他成员所得越少,关键是女性的价值判断。

在秦朝的家庭中,平均分配让老人掌权,老人只是在家中活动,只在低端生产有经验,青年热衷新兴的项目,这是相对的高端产业,产生匮乏的投资空缺。子女利益与财产继承关联,老年人控制全部家庭财产,以此补偿自己养老的福利,它与青年的投资计划冲突。老人持续增加财产,而需要家人的贡献,多子的老人为富户。老人强迫子女服从自己,维持在生产知识上的权威,这些知识全是落伍的,要求年轻人全面执行。

年轻人性格叛逆,因为感知到科学,背叛现实的错误,产生巨大离心力。经济学是一门科学,无论社会舆论如何,它都在背后起作用,它在推翻现实虚相,这是一个进步信号。老年人需要更多的财富,随着年龄增加要求更多,由于后端生产缺乏投资,前端生产强制人的活动。暴力指向了养老,货币不解决养老,货币会慢慢消失;货币解决了养老,暴力会慢慢消失。

秦王争取皇帝位置,削弱了贵族的财富,增加了百姓的财富,这是全国性的均贫富,全国来一次平均化。由此引发生产进步,数量多到无法想象。平均化形成社会观念,规则的制订出现停滞,人们不知道如何平均,如何运行公平的法则。皇权不能无限扩大,主要的工作在民间。修建皇陵的人工增加,超过分散各处的工匠,这些人得到较高报酬,所以他们更珍惜自己,追求更加体面的生活。

在修建寝陵过程中,表现人人平等的观念。帝国工业用统一模具,兵马俑不是统一模子,为了尊重每份工作,烧制出来职业人像,将这些人载入历史。一个人选择什么职业,并不是自己决定的,选择的成本是社会的,生产方案由市场决定,再与人的资源配置,形成了人的职业选择,留给个人的空间很小。

当时的主要产业是军工，职业大多围绕军工产生，并逐渐向民生产业靠近。

烧制这些职业人像俑，需要支出极大的代价，也是艺术品位的升级。艺术创作需要主角的身份，变换一种更新的消费角色，让观众体会新的消费体验。秦朝爵位不得世袭，强调个人努力奋斗，故功勋涵盖各阶层。各职业被固化为泥土，成为埋在地下的陶俑，这些陶俑的形态各异。

生产系统在寻求货币，帝国的一场资本扩张，波及每一个新行业，得到资本的行业很多，均在谋划未来的发展。帝国没有控制好货币，资本扩增必遇到障碍。过去封王负责放大货币，现在始皇平均发放货币，即所有生产者工资相等。政策在改变货币规则，工资必须是工作奖励，这个水准不能被固定。

工资要随着市场变化，若生产系统确定工资，造成消费的系统损失。未评定的消费货币，不尊重消费者人格。平均法带来贫富分化，阻碍了帝国放大货币。皇权努力增加货币，一直强化地区控制，最终贵族忍受不了。贵族经济必须削弱货币，削弱权力对生产的控制。

当时多数贵族是老人，贵族强化货币生产，生产方案是分散决策，皇帝只有一人决策，这是消费形式的决策。只有专注事物背后价值，才有资格进入决策范畴，当时只有皇室符合标准。贵族对奴隶们解释，这是一场权力阴谋，皇帝拿走全部收益，造成各位家庭贫穷，故奴隶们反对皇室。所以货币在持续萎缩，消费货币单方增加，形势逼迫资源退市。

货币资源的调动力下降，增加了人为的资源控制，货币发行重新布局，在帝国各层面表现，制造各种专制形式。若生产系统没有货币流入，价格边际上部未出现空当，消费判断不介入生产方案，生产者无法自定任务。经济活动开始出现偏好，资本越多的人收入越高，活动规则排斥公平法则，控制力不在生产系统内，国家权力移出系统之外。

贵族控制了全部黄金积蓄，等于控制了商业贸易资金，商业的资金均为私人投资。黄金只有那么多，很快便全部耗尽。对商业的需求越大，在时间上越是急迫，商业被控程度越大。生产资源在不断消耗，推动市场价格的增高，生产资源的高效利用，便是对资源脱离依赖。

黄金是无效的资源，对价格的影响最小，适合充当货币材料。贵族及其子嗣都成富豪，往来于各诸侯之间，与各地贵族平起平坐。贵族提高积存黄金的价格，生产系统便会减缩货币，缩小优质能源的生产规模。生产规模虽然膨胀了很多，生产方案仍保持旧形式。由于长期未见自己的方案，外界的生产资源更加珍贵，本地品质高的产品在减少。

贵族放任管辖范围，允许所有人作决定，若人人都有决定权，必然陷入仇杀之中，形成暴力均衡状态，则是贵族控制基础。贵族精神表示思想堕落，不允许秩序持续扩张，此秩序一旦超出地域，大贵族会威胁小贵族，贵族间发生野蛮杀戮。他们之间需要相互通婚，实现内部的平等和均衡。皇帝组织巡视各地，动用庞大高级的仪式。贵族支持的法律追求惩罚，用残酷方式惩罚罪犯，皇帝的法律追求和解，用价值判断修正人格。因准确核定犯罪成本，控制货币的发行质量，才能承担起犯罪成本，减少犯罪个人的压力。

皇帝与贵族水火不容，贵族在偷偷铸造武器，皇帝在大量销毁武器。皇室为国民铸造铜像，一共铸造十二个铜人，分别送给十二个郡主。铸造铜人的目的是和平，告知天下人永不再战争，皇帝追求国内和平，贵族鼓动奴隶暴动。金属成为生产能量测定物，产量符合边际递减效应，金属产量相当于生产总值。贵族发动思想革命，凭据就是自动的标定，既然金属可以评定，还要皇帝做什么。

金属矿产最多的是楚国，矿业是当时先进的产业，各国优先发展金属矿业。在这方面，楚地有先天的优势，当地生产福利很高，贵族豢养大批士人。屈原深受楚怀王器重，始皇祖父攻下了郢都，楚士人极力反对投降，大将白起挥军南下，屈原悲愤投江自尽。这是楚地的文化传统，楚地的贵族生性蛮横，无非在盗窃国家之财，却理直气壮反抗中央。楚地最大矿产家族是项燕，他也是抗击秦军的大将军。

楚国曾经出动全国兵力，拼死抵抗秦国大军，秦国财政用在国民消费上，楚国等地财政用在生产上，这是两者的根本区别，两种经济水火不相容。项燕放弃被俘的楚王，迎立昌平君为王，继续抵抗秦军总攻。可楚军终因寡不敌众，昌平君死而项燕自杀。项羽是项燕的孙子，也是家族的继承人，当时的大贵族少，几乎是一国一个。秦军夺取楚地之后，建造巨大的工程，为了持续的统治，军队杀死贵族军官，防止他们造反。但是楚地仍不安定，打碎了帝国的计划。

各地货币失去控制，皇帝需要贵族配合，建设一个超级大国。楚地具有很高的声望，各地区纷纷复辟，意欲恢复贵族控制。于是楚地作出反抗，不再供应市场产品，不再服从矿产调拨。贵族重新控制了资源，并强占秦朝辎重粮草，开始组建六国的军队。秦军布局在帝国各郡县，被联军的拳头各个击破，联军势如破竹连连取胜，造就了项羽全胜的神话。

联军受到各地支持，除了崇拜暴力之外，他们什么也不敬畏。由于货币控制力弱，贫富之间极不公平。穷人时刻受到歧视，一生摆脱不了厄运，百姓不

◆ ·货·币·缘·起·

忧贫富差异,却忧虑差异的不公,陈胜和吴广揭竿而起。

儒家对此早有预料,经济运行需要理性,理性形成历史事实,故经济解释可回退,确认古代人的理性。在儒家文化的早期,要求人们克己复礼,不是要崇尚古代人。由于遏制了道德下滑,联军士气借助于此,实现了地区性联合,制造出来社会的动荡。

联军步步紧逼,秦军边战边退,退路切断,秦军向联军投降。而项羽下令坑杀秦军,血腥残忍吓呆秦将领。项羽被选为联军统帅,带领联军攻入咸阳城,焚毁全部阿房宫建筑。法定货币破产,各地均私有化,六国复国成功,项羽撤兵回乡。项羽在维护私有化,故无法封赏其部下,战局开始倾向刘邦。

刘邦可对部下封赏,占领区实行私有化,部下有各自的财产,农户拥有土地所有权,经济系统得以持续。刘邦实行的是统治,确认各方的所有权。没有统治则没有文明,货币意味着公平规则,只有符合全局的秩序,才能稳定社会的局势。如非市场必需之物,含有必需福利成分,不会留下物质实体。

项羽消除政府管理,否定统一治理结构,划出十九个诸侯区,各自负责本地货币,这样一来,市场规则各自为政,造成社会系统混乱。刘邦看清了这一点,只有严格控制贷款,市场才能顺利进行,国家才能构成整体。

刘邦虽是贵族出身,却关注平民的生活,孝顺的人肯定善待百姓,这是官员必需的品质。而举孝廉只针对权贵,平民全部被排斥在外。延续这个社会体制,得不到合理的收入。在秦朝的政府控制下,所有人的收入都一样,没有男女之间的差别。贵族养活很多士人,他们每天教训人们,训练人的生活态度。

针对大型国家工程,税收水平上升二十倍,为了增加人力的投入,政府规定相同的工资。每个家庭的缴税额,占到收成三分之二,男性的劳动收入低,无法保证生活质量。国家此时没有能力涉入家庭,主要由夫妻或子女共同承担,国家政策特别照顾家庭支出,近似于为家庭提供短期借款。

夫妻过去是单个的人,成为承担责任共同体,需要规范双方的行为。儒家要求妻遵从夫,婚后改随丈夫的姓,以此组织家庭收益。通过降低女性收入,将女性留在家庭中。男性负责社会生产,若社会生产不发达,减少供应家庭用品,家庭生活质量变差。婚姻状态是经济问题,必须保证男性的收入,以便让女性留在家里,男性承担养家的责任,成为皇室的重要目标。

儒家重视思想品质,理性要求随时自省,自省是挑战自己思维,找到自己思想上的不足。农业生产不能自我稳定,它必须借助基础的产业,刘邦当过亭长一职,深知中央集权的意义。刘邦有一些新的想法,划分天下为十三州,即十三个货币区域，调整项目设定六条。郡守工资两千石，刺史工资六百石，作为一级监察机构，刺史负责监督郡守。

中央权力不是生产，没有上下等级次序，设计成以小监管大，郡守接受刺史监督，在权力上相互牵制，形成对官权的规范。市场问题由货币解决，必须让一个机构控制，可以提高价值判断。价值判断帮助个人成功，这是人的自我把握能力，体现个人的精确核算力，只有精确才能实现成功。刘邦思想与此吻合，他的创新必然成功。

人类社会向经济的方向进化，货币是社会状态的全息表达，必然受到各方面的影响。丞相李斯的政策符合理想，他执行人人平等的政策，这种策略无法持续盈利。工匠致力解决生活问题，可是拿不到生产高收入，微薄收入改善不了生活。工匠的技艺在增高，开始对付的是木料，木料的材质比较软，可用金属工具修理。在对金属加工上，需要更硬的材质。

楚国发现了狗头金，即天然的黄金矿石，打制出来金饼货币，在上面压制出文字。制币需铸铁质模具，在上面锤击凸印。楚地贵族非常蛮横，不给他们增加工资，而且不许工匠罢工。刘邦决定收留了这些人，组织了自己早期的军队，后来秦国有很多失业者，聚到刘邦账下充实军队。这些工作需要能量，必须增加生产器械，对付更坚硬的材质。钻石成为贵重物，因为它代表硬度，坚硬物代表先进。工业的硬度是钢铁，更高的能量是硅质，用含硅的沙子铸模子，以此处理金属铸件。

工匠害怕贵族报复，只好装成愚蠢样子，导致生产没有进步。生产者追逐跃升状态，贵族控制着先进生产。他们只认可边际状态，不会引发生产的升级。士人追随贵族的生产，要求增加农业的投资。只有皇室设立了交易税，才能调控各地收益平衡，商品流通才不会出偏差，皇室才能投资于手工业。皇室控制与支持对应，手工业失去投资扩张，穷人退出手工业，手工业逐渐衰落，更多的人回到农村，农业从业者持续增加。

刘邦是一个聪明人，他看出其中的奥秘，社会增加失业人口，导致社会的不公平，导致秦帝国的灭亡。如果不能稳定生产收益，贵族可以带着统一货币，迁徙外地投资资源创业，从而令当地的物价高涨。政策降低服务业的收益，结果拖累了农业的进步。必须否定收益的绝对性，只有降低行业收益总量，才能约束资源价格上涨，驱动它反过来服务农业，促成市场中出现新职业。

服务业易躲避技术风险，面临的是消费变化风险。农业已经完成产业布局，与服务业形成供应链条，而没有为它服务的行业。士人做的基础服务，为各行业提供知识，士人生产技术知识。职业从士人中出现，需要发现价格边际。一切处于未知状态，全部资源数据构成，找到相对降价资源，它组织到生产方案，便形成一种新产品。

新构想的生产方案，只是产品的新算法，也是社会活动效果。因为所有人看不到结果，社会必然处于无知状态。因为没有社会媒体，生产处于隐秘状态，算法只有自己知道，没有得到社会支持。而刘邦开始设定工资，超出市场核定的部分，可以赐予爵位的补偿，政府方面无需干预它。爵位表示政府提供的信用，可以据此取得官僚的位置，却不能涉及生产收益分配，故皇帝可以随时取消爵位。

刘邦从联军当中脱离，并且不服从联军指令。这下可惹恼了项羽，刘邦来到军营解释，这是鸿门宴的故事。项羽产生一种错觉，只有自己可以统帅。生产者心理上自欺，夸大了自己的能力，以此保证实现目标。刘邦借上厕所之机逃离，从此走上夺取皇权之路。

秦朝没有生成养老金，一些超过年龄的老人，则变成社会的负担。由于社会福利范围小，百姓的寿命比较短，影响了市场消费量。年轻人占据大多数，消费项目比较集中。因为得不到养老金，老人生活在绝望中，还没有到老死之时，已经主动告别亲人，自己进入坟墓等死。此时的老人没有尊严，死时未得到应有尊严。

没有全民的消费，价格信息不准确，所以到本朝后期，民意表现为民谣。民间的这种隐晦表达，也是在督促皇室应答，否则引发民间的造反。地方生产需要提供解释，也由此产生了大量术士。术士事先公布结果，已作出市场化决策，反过来再收集民意，证明自己的正确性。此行为模式非常模糊，没有设计方案的过程，行为与结果脱离关联。

社会幸福是生产的结果，社会灾难也是生产结果，都是错误生产的产物。投资决定就业规模，国家向哪里投资多，哪里则有更多就业。术士设想的生产模式，通过对系统强行改变，达到生产系统的变化，而不是通过方案设计，由下而上地改变市场。所以这种投资是盲目的，必然导致国家经济衰败。

赵高是术士的代言人，随着生产系统的变化，它要提出新的贷款要求，则对应产生一套话语，转移消费者的注意力。太监赵高指鹿为马，将问题隐藏起来了。能够做到这些事情，不是赵高的控制力，而是生产形势所迫。此时的太监隶属皇室，不是政府系列官员，他的权力不受约束。

刺史参与行政工作，导致地方权力缩小，地方贵族加剧反抗。新的贵族用资源创造知识，以此实现他们的定价权限，这些知识不符合科学原理，这种收入方式是不劳而获。而他们却谴责劳工，埋怨劳工们的无能，不愿支付原有工资。劳工在用手中的货币表态，他们可以拒绝贵族的商品，而特别采购私人手工产品，这一招令贵族群体非常恼火。

此时知识派上了用场，知识成为斗争的工具。术士不断出现在任何时代，他们的主张不合市场机制，以损害总体维护个人利益。术士在不断调整理念，以此适应不同的贵族，贵族要求本地采购，不断要求皇室更正，赵高则具体实施它，当然这是专擅皇权。

在国家政策摇摆中，意见领袖有号召力，刘邦要求禁止私学。私学有一个弊端，它不教化百姓。当决策需要百姓支持，百姓只要说自己不懂，便可以回避负面影响，而一切努力宣告失败。所以政府组织公学，传授知识和道德，道德表示事理发展，事物间的因果关系，教给人们组织社会。刘邦驻守的地方经济转好，而楚地随秦朝灭亡而衰落。

刘邦的梦想是称帝，刘邦一边打一边谈判，在未来国家体制建设上，刘邦的设想取得共识。此后四年的楚汉战争中，在众将领的大力辅佐下，刘邦军队取得节节胜利。张良拆栈道迷惑项羽，后暗度陈仓占领咸阳，与联合军东西对峙。由于齐地百姓起义，项羽逐渐丢失领地，都城也被刘邦占领。公元前202年，项羽兵败自杀，刘邦正式称帝，建立大汉帝国。

第四章 货币政策时代——汉朝

货币对任何人等值,它的用力是一致的,所以得到全体认可,以此调整社会关系。每一个人都有影响力,但是影响力是弱小的,在货币的统一作用下,所有人服从行动准则。到了汉王朝的时期,人们已高度信任货币,五铢钱成为货币标准,一直铸造到隋朝时期,算得上流通恒久之币。货币提供行为统一场,在五铢钱的统一场下,汉朝经济快速推进……

第一节 引进物产的西汉

在每一个朝代的开端,必须先解决好金融,这是立国威的基础。而之前的金融系统,似乎在一间黑屋子,里面是什么看不见,无形中损失了信用,让老百姓无从思考。人的品质占第一要位,有道德的人必须成功。社会上有意识冲突,需要皇室作出选择,表达金融选择标准。确定贷款条件是国家大事,必须符合消费的价值判断。建立符合要求的价值,这是时代要求的选择,人们作出刻意的选择。

项羽封刘邦为汉王,刘邦武力统一中国,将国号定为"汉"。社会性价值在公开化,天子的选择表示价值。为了建立金融上的标准,要求皇室增加自我管理,皇室的行动有更高标准,对金融的控制才会准确。俗语"天子无家事",皇室的内部情况公开,史官记录他们的生活,皇室私生活也被限制,接受中央集权的监督。因此设立皇室的史官,皇权更符合儒家要求,强化了皇权合法地位。

皇室要继承文化上的传统,则不可以否定皇权的思维,历史的经验已经足够多了,知识的积累也到了临界点,到了人类共享信息的时期,皇室要将此信息应用金融,成为社会共同遵守的法则。隋朝皇室改变了货币,而货币涉及所有利益,富人的利益影响最多,富人在操作高级方案,受到困惑的情况更重,所以更期望重大改变,对货币改革如释重负。

这是一个大转折的时代,市场交易更加注重实效,所有人的重要性在变化。经过前朝平均化投资,行业生产更加地区化,企业只为当地人服务,所以不需要更多信息,没有形成技术的扩散。技术是处理问题的程序,必须变成控制程序才行,既然没有这类信息传播,自然不会出现大量技术。

企业在超量配置技术人员,他们拿走了大部分生产收益,而普通劳动者没有得到多少。这类企业有快速收益能力,得到原先技术人才的青睐,他们热衷于投资这些企业。社会上蓄积着很多秦半两,依然作为市场的合法货币,成为他们的主要投资工具。

但是汉高祖不认可这些,皇室要求重新组织金融。取得生产收益要很长时间,不能快于正常方案积蓄期,否则货币没有来得及分散,各项资源未在各行业融合,无法达到精确的资源配置。此错误在于预算机制,若生产系统有预算权,导致生产投资的过度,只有皇室垄断预算权,生产者失去预算能力,货币才处于收益边际。

皇室的投资是不一样的,他们追踪民间的想象力,它们有很高的市场预期。这种企业没有盈利能力,至少在短期内是在烧钱。但是用户数量快速增加,产品可以直接销到外地。它们影响产业大企业,它们的转变引起跟随,这是它们的市场意义。

在皇室投资偏好选择下,北方在大力推广北方麦,并且大力种植南方稻种,农业的创新在选择培育,出现了很多的优良品种。选种是核算农业的经济性,可以适应广大地区的口味,可以占有未来的市场份额。人们淘汰了一些物种,麻籽则不再作为食物,麻籽对人体具有毒性。人的味觉经过进化,苦味通常含有毒性。

值得投资的企业会后来居上,形成行业或产业的赢利优势,这些企业成为皇室投资重点。帝国的金融控制转向了皇室,带来了社会生活根本性好处。皇室的选择倾向是朴素和简捷,这是满足全国市场的最低支出,通过系统的经济核算得出结果,比社会上分散的设计更加核算。百姓每日接收到的信息增加,消费时需要处理的信息增多,民间的风俗活动变得很活跃。

汉高祖带着大量货币,深入非常贫困的地区,选择具有潜力的产业,直接为当地资源投资。由于贷款原则的优势,农业得到了迅速扩大,农耕区直达阴山脚下，在朝向北方扩增面积。汉高祖设计的贷款，可以精确核算税收，金融控制力在增加。政府的工作中心是税收，没有足量税收无法运转。之前的税收比较平均，主要集中在农业上。如要减轻企业负担，政府必须测算增税，增税是在减去负担。

增税对所有企业平均增压，增税创造生产投资新空间，这是在普遍减轻所有负担。汉高祖总结秦朝的经验，设立口赋、算赋、更赋，包含了户税和丁税两种，针对未成年人收人头税，加上生产附加田租之后，开始一场累进税制改革。税收本质是规则压力，对销售末端施加压力，上游产业才能多元化，失去垄断资源的机会。

随着生产方案的复杂化，企业开始脱离市场控制。市场首先与消费者关联，消费全部进入市场环境。衡量货币安全的是贷款，可是无法区分行业放贷，不同行业风险压力不同，需要税收给出特定数值，贷款系统才能正常运行。税收经过一番调整，重新落回贵族产业。贵族追求生产自由，不要税收控制。

自由分生产和消费，生产自由越来越少，消费自由越来越多。随着商品流通的需要，消费地在几千里之外，需要大型交通工程，各地修建桥路水路，费用远远超出地方。贵族不愿扩大投资范围，投资活动需要承担风险，尤其福利成分高的新产业。

贵族的投资在继承产业，这种投资保持原有的生产。原有货币失去功能，需要朝廷重新修复。政府废止四铢半两钱，设计铸造新的三铢钱，这种钱主要供应贵族，而不是为了百姓消费，日常消费需要找零钱，这个币值不适合找零。贵族忽视百姓利益，那些企业均可铸造，他们改旧钱为新钱，没有伤及他们的财富。

再改制发行白金币，设计三种形状白金钱，对应三千、五百、三百钱。白金币主要针对商人，即有图案的银锡合金。商业收益来自税收让渡，这笔额外收入是合法的。由于货币流动的过程中，它表示价格的商品越多，积累的价值数据越丰富，则有能力识别未知商品。

这是货币的自主学习，它们普遍吸收了信息，在人的潜意识中作用，反客为主地引导人类。根据各地自动调整效果，皇室知道哪些货币有效，对于穷人不满意的地区，肯定是货币供应量不足，对于富人不满意的地区，肯定是税收的数额过大。若皇室不能快速反应，及时调整货币的偏差，货币则生出自主意识，它给出来自己的主张，脱离消费的另外目的。

非常偶然的事情发生，社会出现了暂时混乱，这是一次宝贵的时机。皇帝

第四章 货币政策时代——汉朝

加大对贵族税收，而彻底放弃征收遗产，遗产对贵族没有影响，他们靠生产收益的供养。税收冲击了贵族生产，但未撼动贵族利益，他们有矿产开发能力，可以持续地获得收益。新型的私企冲进来，急欲占领这个市场，新企业在进攻状态，原有生产没有反应，他们在延续旧模式，很容易就被遏制了。

各种矿产被开发，投资者快速机动，不确定性在增加，投资全凭即兴发挥，贵族产业七零八落。贵族们也在做出反抗，他们在联合隐瞒实情，官府无法清查出实数。按照财产计算税收，没法实际征缴到位。汉朝定都长安之时，江南已是水米之乡，却没有入选作都城。决策力量独立运行，不用皇帝指挥生产，但是政治需要控制，必须由消费者驱动。

都城需要远程运输供给，必须选择交通方便之地，南方的水系不利于运输，而长安和洛阳位于北方，这里使用车马陆地运输。当时的技术已经成熟，政府在主持修筑公路，管理道路的运行规则。资源因为来之不易，所以被非常珍惜，充分利用较少资源，创造一个美丽世界。这一原则渗透各行业，货币复兴重整了社会，社会结构发生了巨变。

汉朝在扩张政府规模，当时士人均出身贵族，其独自享有读书机会，大部分士人选入政府。富家子入仕顺理成章，官员关系的亲缘连带，让他们取得特殊权利。贵族家庭的孩子较少，可以聘请教师来家里，形成巨大的教育不公。农户无生活保障，便增加生育数量，希望后代有出息，把家庭带出贫困。他们很少投资后代，这些子女平庸无常。

汉武帝要改变现状，设立新的国家任务，政府主要负责教育。封王兼任教育的主管，主要抓基础教育部分，培养少年的国家意识。所以官僚系统迫不得已扩大，乡一级设置孝悌、三老官位，在乡以下设里正、伍长等官，主要负责劝民行使经济责任。在这个统一的设计下，资金全部由皇帝支付。

各地封王只负责落实，封王保留的重要任务，负责供应军队的消耗。如果国民不对国家效忠，不对家庭负有福利责任，相当于为贵族提供空间，贵族的活动则危害社会。接受基础教育的国民，可承担更大工作任务。贵族没有放贷权，皇帝独占此权力，皇帝下令放大货币，以此抵销贵族势力。

新政府都要发新货币，必然重新规划新货币，而重新启动帝国经济。放大货币的作用非常明显，帝国基础由血缘转向文化，催生出很多家族"学阀"，比如袁绍的家族汝南袁氏，建立重视文化的统治思路，家族的门生故吏遍布天下。汉朝皇室实在太穷了，皇室成员没有钱消费，成为史上最节俭皇室。

文帝干脆改变政策，全部收回各地铸币权，并派遣驻地专员负责。皇帝随机选一平民，没有任何关系背景，任命他为铸币大臣，这个幸运儿叫邓通。邓通自然受宠若惊，一直兢兢业业工作。

新钱设计的重量是四铢，铜料的成本占比很高，成色和重量均不亏损，深得各地区人的喜欢。由于进入了太平盛世，政府管理得当，新钱通行全国几十年，被称为"邓通钱"。随着货币的增量加大，各地得到更大的控制，地区控制扩张了皇权。

但是皇帝外姓封王，皇帝的权力很难放大，家族内部同姓封王，以家族的凝聚力，弥补国家制度的不足。地方服从中央指令，统一执行国家法律，以私力成全集权。汉朝共有五十七郡，封同姓王四十二个。皇室具有金融控制力，价值判断有作用空间，判断力转化为决策力，人可以把握自我命运。

之前的政府不管商业，商业行为常带来损失，而得不到相应惩罚。在这种情况下的金融，中央不控制货币发行，地方调控货币发行量，地方的权力超过中央，这是商业肆意的背景。如果货币投入很多，物价当然面临暴涨，所以地方政府有责任。当时的商人发现，若远程调动货物，可以赚到更多差价。

可是政府限制贷款，如果没有充分福利，贷款显示为负存款，即对国民产生压力。政府还不能达到货币量，货币存量显示不足状态，便会生成一种生活压力。虽然市场价格平稳，却不能够满足需要，这是一个巨大矛盾。每个人有独立的生产，只有他们具有控制力，转移自己的那份压力，市场交易才变得公平。

汉朝继承秦的体制，又增加了新的内容。汉武帝强化了税收体制，对盐、铁实行专卖控制，通过中央集权，限制各地财政，此法称为"均输"。均输依靠主观判定，不能持久提供动力。商业最容易被模仿，政府经营土特产品，很快引起商人效仿，很难维持长久经营。汉朝承认现实的局限，设计利用外在的力量。皇帝是最终的出资者，向所有人放贷，通过提高放贷，造就新的成功者。

所有方式下的成功，均与资本运行有关。消费成功是靠自己，而生产成功靠投资。生产投资全部来自中央，没有中央在发行新货币，则没有生产货币的增加。故消费夺回控制权，因此产生政治权力。货币作为一种债务，对应产生一份信用，每一个人都有信用，而且必须信用相同。交易对象认可其信用，才能实现交易的公平，货币促进了社会信任。

汉高祖开始组建大众投资体系，按照生产价值高低分配投资，取消百姓投资对遗产的依赖。新的政策理念产生新货币，汉朝货币体现了底层意志，皇室负责设计新货币，铸币厂使用铜制母范，实现规范的标准流程，此为著名的

"五铢钱"。帝制文明希望永世延续，否定贵族自我执行更替，所以借助血缘的持续性，设计皇权象征货币样式。五铢钱体现货币信用，没用什么作它的本位，因此它有长久的寿命。

经过士人集思广益，新货币的款式精良。五铢钱重量轻很多，适合远距离的贸易，通常串起来使用它。市场上的消费对象，看重的是货币价值，而不是货币的重量。与此对应的市场部分，生产者注重的是产值，不是简单的产品数量。皇帝与贵族们约定，各地可以铸造货币，但要屈从皇室安排。

如果贵族遵守诺言，服从于皇室的指令，百姓可以兑换货币，皇室承担货币责任，万枚钱价值金一斤。按照这个约定执行下去，市场核算的结果是亏本，皇室禁止各地继续铸钱。因此回收废旧货币，作为铸造新钱原料。京郊地区负责铸钱，各地设立了均输官，负责运输铜矿石料，并由中央统一铸造，且不负担兑换义务。

汉朝稳定了货币，币型被空前统一，五铢钱值一斤米，这是市场的定价，持续到西汉末年。汉朝投资新的产业，而政策有前提条件，必须上缴所有收益，这是考察人的能力。事业成功依靠思想，而不依赖生产资源。从而降低了资本的压力，国民不需要为此伤脑筋，这是皇帝时代基本特征，专门考察人的思想品质，放弃对个人的背景考察，那些背景是人生的装饰。

秦朝非常重视生产投资，但是没有收缴企业利润，未改善企业的生产能量，生产徘徊在农业水准上，不断大量积累过剩粮食。如果不让粮食浪费，将余粮用于大工程，而皇族的工程有限，多数局限在都城边。而民众需求在市场，却无法得到其满足。为了政府推行这类政策，士人要求社会独尊儒家，以消除其他学说的影响，降低各家庭的反对意见。

政府需要与百姓协调一致，达到制定相同政策的目标。改变政策的第一步，转变中央政府作风，各级官员绝对服从，官员见皇帝要下跪，需要民间尊敬皇帝，用字回避帝王姓名。当政府失去生产目标，一定产生皇室的权力。

生产收益不可独立存在，权贵家族接受这个条件，皇帝不仅未取消其特权，还与他们结成亲密关系，依靠对方推动经济进步。贵族收益是特意安排，新政府只变动货币，不能损伤生产收入。

收缴的利润针对收益，企业分属不同的贵族，给他留下足够自用品，剩下的收益统统上缴。皇帝不给他们机会，他们什么也挣不到。收益来自机会不均，则贫富与机会相关。士人开始研究市场，如果利用机会收益，在还没有投资之前，需要士人核准收益。

政府借钱给贫困户，用来购买耕牛农具。生产贷款需归还本金和利息，救济贷款只需偿还本金即可。货币一旦进入到企业，即刻失去人格尊严，消费状态照顾全面，而生产只关注一点，人不受到人格保护，生产遵守身份等级。故企业维持封闭状态，不让外人了解到内部，这是对人格的尊重。

货币类型是有区隔的，随着生成的不同阶段，货币对应不同的规范。消费货币不会进企业，企业流通的生产货币，两者的空间运动不同。生产货币会区分等级，不会尊重各级人格。但是贷款拉回企业，企业重新归入市场，人的尊严才有保障。经过重设贷款政策，西汉政府不停铸钱，不仅都能发行出去，而且全部回流国库。

如果遇到天气灾害，或政府的供种无收成，可通过官僚逐级汇报。丞相责令政府减免债务，并且增加再贷款的额度。政府鼓励富豪赈贷，每过一段时间，政府张榜表扬先进者。在生产资源的采购上，很多资源未被货币化，因为富豪的消费量有限，又无法置换生产资源。

此时保持货币自由流通，市场竞争比较生产能量，中原的生产能量小，市场价格均无优势可言，中原富豪排斥贸易活动，因为削弱其市场收益。这些问题出在市场上，国家天然不欠富人的，他们的所得太容易了，全部来自于不劳而获，其借助资源的低成本，占有国家总体的财富。

适合某些人的贸易方式，如果背后有货币的支持，可以在未来长期性受益，期中的规则被固化下来。每一类产品的价格非常稳定，各地人的基本判断非常稳定，生产者很难提高自己的状态，所以货币的信息变化非常小。这个小变化出于自私目的，是某一部分人的价值表达，由于已经改变了资源配置，此价值已经进入定价之锚。粮食价格还在高涨，汉朝皇室组织贸易，阻止产业发展停滞。

贸易比拼的是最终目标，而不理睬中间生产过程，为了达到这个最终目标，政策被拆解为几个步骤。首先要在西域建立市场，集中多国产品进入交易。在过去没有这种现象，货币信息存在商业中，以这些信息组织社会，不会出现跨国性交易。人们不作出价值判断，进口商品便没有价格。但是西域的情况被打破，政府开始积累大量粮食，运到西域供应驻扎军队。

当时的交通速度非常慢，去欧洲一趟要三年时间，市场的距离不超五百里，转口贸易基本上不可能，自然无法组织全球贸易。由于路途中间的荒凉，很容易出现劫路的强盗。出于白银供应的局限，各国王室有很大怨气，收益多被商业所截获，影响了国家正常发展，他们也资助盗抢团伙，造成旅途危险的暴增。

没有自由交易的环境,商团需要持武器保护,与来犯之敌无法区分,外人都被怀疑是敌人。

于是张骞奉命出使西域,励精图治折腾了几十年,只是为了打通贸易之路。每一笔交易均有收益,它要顽强地生存下去,要将交易模式合法化,成为货币信息的成分。首先他们利用免费的方式,提供当地市场一部分产品,切断原有低价产品供应链。消费者对新产品出现依赖,生产者会挑出产品的差异,将有益的步骤单独挑出来,分解为更多步骤实现出来。

再次供应市场的是高价产品,逐次取代低价品的原有格局,而引发社会环境的重组进步。这种新生的价格差异,必须由新的方式标定,一匹丝绸非常轻,只有半米宽的一卷,丝绸成为货币兑换物。所有的错误都是大脑错误,这是机械化的潜意识决策,而货币将决策过程公开化,变成一场社会参与的形式,货币没有事件的利益瓜葛,它是与决策脱离的旁观者,可以对决策过程主动管理。

汉朝造币中心是"上林三官",由钟官,技巧,辨铜三官负责。货币发行需要寻找投资机会,所以在西域建立西域都护府,负责解决与中原的经济纠纷。一旦形成了外部市场的收益,汉朝的货币则不会停留国内,它一定带动商人走出去采购,带回来国内需要的一切商品。除了文化上的优势,西域也有稀有物产。例如芝麻、黄瓜、胡萝卜,以及核桃、蚕豆、大蒜,均被带回中原种植繁育,成为中原餐食的主要原料。

此时在经历漫长的温暖期,桔、竹、桑等亚热带作物,进入了黄河流域广大地区。这些项目就是投资点,贵族子弟从中获利,官员将货币贷给他,再由他来组织生产。任何一个新物质进入生活,均会引起周边环境变化,让人们重新设计安排生活。

西域物产改变中原文化,经过国际性的双向合作,西汉社会初步稳固下来。此时的货币已经发生品质变化,它的评价带有西域产品的标准,扩大的物价信号决定新的币值,又被所有的消费者用在消费上。随着引进作物品种,餐桌上增加了五谷,面食品种也增加了。

为了延续社会福利,社会形成风俗习惯,好的消费持续时间久,自然而然生成了共识,积淀出来中华文化。由于货币的滚动发展,社会既要继承原价值,又要发展未来的价值。货币摆脱全体人可能的错误,它是可以独立考核价值判断。社会意识既符合传统,又开拓了崭新的领地。

汉朝官员的每年收入不菲,与农户的全部财富相当,除了俸禄和官邸之外,还享受粮食上的补给,以及皇帝给予的赏赐。对于一般百姓来说,他们要摆脱命运的安排，只有进入军队晋升，不断提升战斗功绩，才能获得皇帝赏识，从而进入官员序列。

贷款系统在政府机构，官员控制所有产品投资，政府职责是稳定人心，但需要获得稳定供应，才不会引起百姓造反。因此政策否定市场调节，官员规定农民种植主粮，主粮的播种面积在扩大，带来主粮品种的多元化。而各地政府横加阻拦，不让农民销售副食品，副食品的安全性太差。

很多地块被迫种植主粮，汉朝南北统一粮食品种，南方小麦以及北方粟米，由于破坏作物的多样性，粮食安全性得不到保障。由于官员信息交流通畅，政府控制的生产标准化，生产技术共享水平增加。

从市场的总体上看，汉朝生产持续扩大，企业解决投资难题，各类生产项目活跃。产品丰富带来的变化，百姓的消费习惯独立，不再模仿王侯与将相。百姓更加接近地方官，容易看见他们的生活，官员的消费引导市场，百姓的参考标准下移。汉族的生产企业非常保守，他们不愿意吸纳西域文明，他们认为自己是最进步的，自己见识生产的高级阶段，认为西域生产属于落后的。

资金在市场充分调度下，大量货币投入新兴市场，如果资本选择正确的话，肯定带动全面社会发展。但是创意思维者被排挤，没有人愿意与他们合作，当作落后思维遭到淘汰。所以市场资金出现盲动，耕地的市场价格在降低，生产精英开始囤积土地。

市场缺少决策机制，所以错误越积越多。这是一次农业大跃进，在保证粮食的前提下，再次大规模开荒毁林，西汉农业开荒八亿亩，东汉农业开荒七亿亩，铁斧加快树木砍伐速度，致使黄河流域森林骤减，西部的生态被严重破坏。全部错误发生在生产场景，生产指令超出了控制范围，行动与决策机制相互脱离，具有操纵价值判断的机会，则会引发社会灾难的发生。

消除价值是生产者的本能，知识产品服务由士人负责，士人需要找到价值敏感者，禁止这部分人的思考表达。精英成为大众消费楷模，他们可以主导消费趋向。这段时间的文学作品，集中描述他们的生活，他们的品质进入标准，成为规范大众的框架。生产系统围绕精英设计，再根据其喜好开发产品。

精英们的生活是粗俗的，他们失去货币价值体验，无法展示底层百姓想法，文学艺术也没有吸引力。文学在表现社会状态，带有各种各样的隐喻，多数人的潜意识关注，便是写入作品的事件。生产比较的是智力水平，哪部分生产者的压力大，他们便会加强思考分析，这些人肯定比别人聪明。由于外来文化的冲击，新兴的商人介入文化，他们需要自由的文体，于是散文成为汉朝艺术。

带有一定韵律的散文体，表示价格所指向的地域，表示市场容纳的人群量，也表示帝国文化的包容。

汉朝到了这一时期，大型的服务工程减少，市场集中在家庭消费，国内市场主要是民生，私人企业在快速放大。女性发挥特别作用，价值判断性的活动，转而由女性所专享，如化妆和时装表演，促进了相关产业。女性家庭地位得以提升，引发了巨大的市场潜力，内需市场因此兴盛起来。

因为投入相同费用，制造出等量货币，没必要国家组织铸造。秦朝鼓励私人铸币，执行国家规定的样式。没有贷款收益的情况，私营与公营是一样的。如果政府直接控制铸币工作，需要投入人力控制生产成本。汉高祖允许民间铸币，由于国家实力上升，币值低于制造成本，但是铸币企业很少，国家垄断铸币行业，用的还是私人资本。

汉朝不降低货币含铜量，货币不能随着市场变化，皇室控制失去了灵活性。这时士人思维僵化，铸币成本自然上升，货币收益则在减少，全民福利深受影响。后来上任的汉朝皇帝，否定皇室铸币的责任，将邓通官职一免到底。私企夺回货币铸造权，还密告邓通贪污受贿，皇室抄了邓通的家底，没给他留下一枚铜钱。

如果货币保持铜含量，随着国家实力的衰落，铜矿资源落入私人手，消耗的资源无偿占用，铸币成本再次低于币值。所以汉朝有金融难题，不断地恶化社会环境。汉高祖侄子刘濞富有，他的封地被设在江浙。此地突然发现铜矿，可以日夜铸造铜币，刘濞因此成为首富。

由于市场波动猛烈，各地币值不能统一，商人多在倒卖货币，市场交易存在风险。从汉惠帝执政开始，政府禁止私人铸币，开始区分货币真伪。真币通过国家机构放贷，企业要返回本金和利息，这是一项很繁琐的工作，汉朝皇室缺少管理经验，于是委托太监交办私人。

太监是皇帝信任的身边人，他们找来王侯和大夫铸造，而通过减少货币的供应量，铜钱的币值出现快速增长，他们因为铸币权一夜暴富，皇族和大夫们更信任太监。连同权贵身边的人，为此政策获得暴利。这个机会不是随意的，只有实力者可能抓到。为此他们发出一些解释，说铜币不可以超量发行，否则将导致物贱而钱重，这些说法干扰了百姓判断。

货币收益必须归属皇权，货币收益的实际控制者，由于私人资财突然暴涨，所以必然强化私产保护，长久之后必然侵犯皇权。为了永久保持这份收益，任何人都会铤而走险的。汉景帝要消除刘濞货币，而刘濞拒绝皇帝的政令，带上自己造的所有铜钱，联合六个诸侯国清君侧，发动了"七国之乱"。

凭借铸造货币的能力，铸币私企谋求国家政权，货币具有统一之力，一旦认识货币意义，启动中央控制机制，七国同盟马上瓦解。为了永久消除地方势力，皇帝取消贵族当地封号，指令有实力的地方铸币，却不给他留下任何权力。矿业是地域性产业，矿脉不会均匀分布，必须实现倾斜政策，所以均匀投资不行。货币不能被任何企业垄断，货币的控制权在皇帝那里。

国家支持力主要是军队，军人舍命卫国非常关键。因为武器装备还很落后，将领的控制占主体成分。皇室无法直接控制军队，皇室没法养活这么多人。封王不是皇帝的意愿，而是时代局限的产物。只有这些封王控制下的产业，才能够按时产生巨额的收益，满足几十万军人的战备消耗。

汉武帝征求各方意见，在宫殿组织官员开会，这是政府扩张的机会。从此之后，帝王出现在政府，明星的工作方式，成为百官的核心。各种职业接受消费者观察，信息开放中得到评价，评价高的职业收入也高。始皇帝在密室里决策，知道的只有少数官员。武帝召集群臣商议，将铸币权收归皇室，为此特意铸造金币，有麟趾金和马蹄金，展现皇权货币祥瑞。

在国家政策议事上，决策谈论范围越广泛，对皇帝的评价会更高。此时皇帝受到的压力变小，群臣均在分担皇族的压力。在宏观货币政策上，十三个郡要求平均，但是国家投资差异，有矿山的郡多投资，对它发行更多的货币。

这是行业投资的区别，各行业之间也在竞争，竞争标准是生产能量，各行业均在提高能量，在减少数量增加质量，如此变成了良性循环。投资行为是消费选择，必须经过消费审核，降低对消费的影响，消费必然会受到影响。

此时皇室获得了自由，可以自由地调控税收，对产业进程产生影响，能够控制生产的进度。例如控制采矿速度，采矿速度快了，物价自然上涨，生产出现剩余；如果慢于商品供应，不仅制约了生产，物价虽然在下降，但是生产也停下来。

货币将所有人命运相连，货币的背后是价值判断，价值判断才能产生效应，它成为经济的核心事物，无价值的事物必然消亡。由于影响不相关的人群，人们的感知连通起来，公开表达价值判断。

由于货币收益增加，养老问题提上日程，若在家中安度晚年，必然要求子女出资，可用的是社会产出，既影响社会活动，也妨碍家庭生活。政府的保证是社会福利，这份收益没有支付前提。消费者有着不同需求，产生不同的社会福利，社会福利追求不平等，这种不平等体现公平，它削弱了消费差异。

第四章 货币政策时代——汉朝

人类组织社会性生活,不依赖任何生产组织,社会生活依赖货币运动。生产系统将人类分类,目的是区分人力资源。当生产能量超过人力,生产超过个人的决策,它生成了独立的意志。

而人类的本性是消费,消费差异在价值判断,即思想品质上的不同。此时出现民主机制,社会需要消费决策,即具有倾向的判断,民主在追求不平等。通过存钱积蓄货币,根本不能解决养老。由于皇帝负责养老,必须开发增收渠道。皇帝要求世族上朝,给他们封赏侯爵,对应侯爵发行鹿皮币,朝见时必须带着它。

鹿币用鹿皮制作,一方尺白鹿皮,皮币定价四十万,侯爵忍痛购买。但是尚未达到皇室目的,侯爵经常购买宫廷产品,皇帝鼓励他们出手,侯爵抢购产品表衷心。这些产品价高且无用,迅速减少世族的财富。鹿皮币不能流通,相当于没收世族财富,这些收入转为公共服务。由于鹿皮币的限制作用,资本的控制能力在下降,世族的不可替代性降低。

世族也愿意接受这些,他们的心理需要张狂,需要人们知道他有钱,如果货币投资能力差,社会自然产生此心理。世族依靠祖先的族号,而且更多借助血缘性,世族的财富不会外流,遵守门当户对的原则,他们的婚姻在圈子里,不给外界留合作机会。但是在双方关系之中,世族时刻离不开平民,没有平民提供的服务,世族失去生存的基础。

世族也会照顾平民,却只有经验的积累,没有实际具体规划。这份工作是皇族的,皇室负责收缴利润,用来满足平民福利。货币脱离皇族的控制,必然出现重大的问题。为了密切与平民的关系,设计特色的货币照顾世族,此时法定货币是三铢钱,这样可以减少铜的用料,降低世族的铸造成本。可是没有几个月,发现铸造量过度,三铢钱后被废止。

在每一个生产的执行中,必须体现总的设计思想,市场经济事物是一体的,必须首先组织顶层设计,设置货币则是这种安排。因为货币的放大,扩大了资源投入,经过快速的发展,人口数量翻一番,随着家庭条件的提高,生育的人口数量下降。生育数量与生产能量成反比,生育是收入相对减少的边际,降低收入会增加生育数量。一些富裕家庭不生育,在抱养穷人家的孩子,反映了社会两极分化。

西汉皇帝颁布养老诏令,八十岁以上者免费养老。到了建始年间,限制在七十岁。七十岁老人可直接进官府,且使用皇帝专用车道。政令只有对皇姓家族,皇族成员集中在城镇,可以享受到这份福利,百姓很少有这个年龄,少数

◆ ·货·币·缘·起·

高龄老人在野外,没法享受这部分服务。

每年秋天,由地方政府普查人口,对高龄老人进行登记造册,举行隆重的授杖仪式,祝愿老人健康长寿。控制经验来自老人,老人负责传授经验,社会活动变得理智,如果老人负责劳动,肯定造成意识倒退。故汉朝确定敬老意识,这个传统被世代相传。

汉朝的货币收益不固定,随着皇室的决策变化,不能持续稳定核算福利。后来社会福利占用税收,造成公共服务质量下降,不得已停止了社会福利。汉朝依靠的是武力控制,其疆域比秦朝大出很多,边疆出现了实际控制权,地方官员兼任军事首长。

于是,地方利益与国土扩张失去联系,很多地方官员在自主决定扩张,动用地方的财政收入准备战争。帝国出现混乱的行动原则,造成皇室与地方关系紧张,皇室需要更多处死地方官,地区的货币分配矛盾加深,成为社会主要不稳定因素。

由于需要控制资源和贸易,需要禁止重要的资源销售,也要禁止国内的技术外流。汉朝首先设计中央形式,由上而下执行相同设计,地方控制领域出现空白,国家财政收支没有统一,必须任命大量官员前往。

而贵族的决策依靠自己,生产项目也是单一简陋,市场竞争会让贵族失败。各地贵族不接受外来的官员,官员提供多元化的投资局面,有利于分散生产项目的决策,这种决策会破坏原有产业格局,贵族以各种方式威胁官员安全。

皇室不能精确控制支出,造成行业间贷款不均衡,无法考核准确官员成绩,故官员之间在普遍内斗。于是实行卖官鬻爵制,让所有人有机会参与,以出资决定官位人选,此为汉朝的基本制度。选择引入竞争格局,官员的素质比较高。

由于官员是买来的,而皇室无法买卖,它代表独立的意识,受到国民的认可。但是这种公平在生产系统内,没有消费系统权力上的公平。生产系统的品质不佳,导致政府控制不了私企,对于重点的行业收益,必须保障供应中央。

此时中央设立大型官营企业,垄断钱、盐、铁、酒的生产,政府直接控制生产资源调配,为了确保重要物资的安全性,生产精英被授予相应的爵位。若本地消费没有那么大,可以倒卖剩余的专卖品,官营企业官员获得暴利。官营企业内部设立爵位,这是对生产的高度重视,也是造成生产的破坏力。

创新来自于消费的认知,只有产品在市场普及,才能让人产生感同身受,人的内心接受货币信号,从而控制生产直接调配,让生产资源调整各环节。但是在官营企业模式下,负责人只看重政策要求,不允许生产内部的创新。

爵位是可以用来抵罪的，爵位以下有很多种等级，人的精力集中在等级上，见面首先辨识对方身份，对高等级者言听计从。于是精英获得政治特权，特权均来自身份的收益，政权不仅维持企业收益，也变成了消费系统权力。由于市场出现爵位，罪刑的界限变模糊，花钱可以豁免罪刑，金钱抵销差役赋税，社会秩序肯定混乱。社会福利的供给不足，人们的认知偏差越大，对明星的崇拜越疯狂。于是产生金钱观念，人只为了金钱活着。

粮食生产失去保护，农民产生大量怨言，造成皇家政权失信，西汉政府由此衰落。农户的经济压力加大，需要向土地索取收益，再增加劳动便是坏事。作物密植影响地力，造成微量元素缺乏。农民的生产收益渐少，其他服务行业更明显，政府取消地方经营权，按相关产业任命官员，由官员控制原料产地。

政府必须控制劳动量，中央设立大司农一职，剥夺地方的征收能力，将生产归入征收范围。中央控制区范围放大，从十五郡增到八十多，空前强化国家动员力。但是很快与匈奴接触，两边的生产边界相抵，匈奴的生产能力出现，他们的牧业有着强大的生命力。

在匈奴的社会当中，官员按照王权指令，严加管理所有生产，将错误细分为罪刑，罪犯的身份是奴隶。这些犯人接受奴役，只是劳动改造形式。官员拴住奴隶的手脚，驱赶他们下矿井干活。采矿与铸造是重型工作，需要投入巨大的劳动量。政府在扩大铁矿投资，加紧产出武器的原料。如果这些奴隶遵守规则，还有机会回到社会。

但是中原王朝的实力更大，在军事上一直呈现压到性，匈奴为此非常紧张和恐慌。两边的对峙影响了交流，双方都不敢在边疆投资。创新需要长期投资，汉朝的创新力很弱，需要吸收匈奴的技术。对于中原地区的政权，一心想诱导改变对方，利用和亲政策打进去，从内部迫使对方让步。

在市场机制不充分下，汉朝的法律比较残酷，刑罚多伤害人的肢体。以史记的作者司马迁为例，司马迁继承父业任太史令，由于李陵战败投降了匈奴，司马迁不愿篡改历史真相，因此被捕入狱并处以宫刑。他为了纠正政治格局，按消费价值编纂历史，将事件逻辑展示出来，对历史学科作出贡献。

法律不是一种特殊事物，它符合产品进化规律，具有典型的市场价格，表现为价格边际特征。法律出自消费权力，消费系统无法测定，必须借助生产系统，细化规则测定行为。制造一件好产品，生产者得到报酬，报酬由市场核定；破坏产品是犯罪，破坏者得到惩罚，处罚也对应价格。

只要设定奋斗目标，民众则会自觉打拼，取得预设定的成功。在生产的过程中，非常容易造成伤害，汉朝有很多残疾人，由于医疗技术很差，一点外伤必须截肢。汉朝被入侵的情况多，出击西域的情况也多，因为当时的医疗改进，可以快速地医治伤员，缓解战场的紧张情绪。

消费系统评价犯罪行为，要考虑行为背后的无奈，即价格高造成的强迫性。随着市场价格的降低，所有产品同时在降价，惩罚犯罪的力度降低；而生产系统设定标准，它考虑的是资金存量，所以惩罚在被动变化，不会自动降低其标准。随着法律的逐渐健全，过去合法的挣钱方法，如今变成了法律限制，成为法律约束的内容。

一个好的社会环境下，法律惩罚趋向人性化，起到推动理性的作用，它会让更多人参与立法，而不是固定的文字规定。在早期的立法过程中，更多表现人的决定因素。为了鼓励士气，政府设置功爵，鼓励前线战士。因此边疆生成大家族，他们世袭强大的产业。

政府是市场的内生变量，不能有官商通吃的法则，否则百姓失去发展机会。从经济实力方面看，匈奴的生产方案的先进，冶金行业聚集更高能量，它的总体实力超过汉朝。汉族有详细的文字记录，中原人不认匈奴文明，中原人认为自己先进。生产知识不同且不通，若没有国际贸易介入，便无从比较知识高低。生产者极易保守秘密，这些人性格变得保守。

贵族不仅提供质次价高的产品，而且替皇室供应成本低的货币，皇室负责统计和加总货币数量，赢得了社会极高的声誉和收益。贵族产生社会的破裂性，但是想要改变谈何容易，当时皇室无权控制法律，无法从原则上限制贵族，所以有一个人坐不住了，此人要改变社会和法律，运用货币统筹民生问题，让金融不再是简单统计……

第二节 王莽的币制革命

汉朝的政治被贵族控制，长期受后宫皇后的制约。所以此时的政策着眼实际，例如在军队建立营妓制度，为了稳定长期作战的军心，妓女被按照军队编制管理。这些政策虽然解决了问题，却制造了更大的社会灾难。女性可以参与政治，但不应进入决策圈，因为其活动范围小，女性在十几岁结婚，成为操持家务主妇，失去高等教育机会。

女性依赖母亲思维，认知范围处于家庭。即便是大家闺秀，因为不介入生产，也缺乏思维能力，所以不适合政治。生产知识含有重要逻辑，逻辑是公共知识的基础，只有了解这些逻辑关联，才能解决数据上的矛盾，即政治问题中两难决策。经过贵族积累的意识，国民被分成几个等级，上等人可以控制社会，下等人只能服从命令。由于经济活动相当缓慢，各类国民享有家族权力，每类人的财富固定下来，大家和平共处相安无事。

可是持续供应耕地，再用货币采购资源，形成人力价格偏差，社会出现行业歧视。工业需要大量贷款，加重了货币紧张。区别在于贷款差异，选择某种生产类型，不是当地人的选择，而是资源配置结果。生产实现货币收益，货币面前人人平等，不分种族或者民族。

由于女性的控制力较低，造成社会环境遍布歧视，贵族不会主动消除歧视，女性不愿意用强力干预。歧视造成了心理伤害，引发了对外界的焦灼，带来政治意见的爆发。歧视是生产力弱的表现，消费行为中有生产内容，让一些消费者很难操作，于是受到生产系统歧视，创新则在解决这些问题，从而消除社会歧视现象。

各地人向政府施压，只要货币积聚偏见，生产者均受到歧视，只是程度上的差异。逆转局势的人选，肯定在皇族内部，这个人便是王莽。王莽崇尚儒家的思想，与儒生的理想国吻合，每当某地发生灾难时，他便自觉地不沾鱼肉，建立了皇室的责任感。皇室的处境危险，王莽要冒险尝试，重建皇室的权威。

虽然他一直身处上层，思想却是底层百姓的，故他做事的风格简单，简单事容易打动百姓。这些沉默的大多数，平时不见他提意见，一旦政治出现破绽，立即成为活跃力量。社会决策必须随机发生，因为价值判断是随机的，个人信息无法公开使用，必然造成判断的偶然性。

没有人流血牺牲，没有反对的声音，王莽建立了新朝。国家建立在信仰上，新帝意在重建信仰。生产系统需要自由，要求降低消费权力，这是两股思想碰撞。信仰的一方推崇人性，要求压低商品的售价，而消费系统要求自由；生产系统也在做宣传，生产者意图通过贬低，将责任推给人性之上，商品价格的实际存在，不会产生价值的错误。

以货币批准的生产行动，是生产系统自动完成的，不再需要政府干涉价格。随着生产数量增加，市场价格也在增高，它违反了供求曲线，只有不断增长价格，生产才有持续动力，完成更高级的生产。新帝站在生产的角度，找到消费

❖ ·货·币·缘·起·

系统的错误。责任不在货币是否超量，而是考察生产货币滥发，发现发放低质量的货币。

经过新帝一番解释，民众士人官员同意，大家希望皇室出面，调整货币运行错误。错误责任在于世家大族，世族释放的是家庭权力，他们在组织反调查机构，为了屏蔽错误生产信息，利用宗族利益上的关联，世族构成了宗族化权力。因为未达到货币精度，家庭成员不认可收益，而国家层面要求认可，便从宗族层面上认可，弥补了社会意识空缺。

而宗族脱离价值判断，它没法形成具体组织，故市场脱离价值边际。宗族生产影响决策方式，变成按照生产需求取样，生产目标成为决策目的，不会考虑消费者的收益，当市场价低于基础价格，不会主动调入社会福利，于是造成质量下降趋势。虽然所有交易都是随机的，但是总体呈现理性的趋势。

人类是独一无二的，必然赋予人生价值，家庭是市场的产物，不可代替人的存在。新帝善于倾听意见，从众多意见中选择，才能找到最佳解释。选官的标准是儒家品德，它不是生产需要的知识，而是一套消费检测标准。新帝选择德才兼备的平民，这些人了解偏远地区，熟悉广大民众的心理。

这些措施让贵族眼红，官员的俸禄超过他们。新帝又在执行推恩令，给贵族子女增加待遇，王侯的子弟都有封地，改善他们内部的关系。又设定末尾淘汰制，小贵族的末尾子孙，便得不到赏赐封地，很多子孙沦为平民。

陌生人需要相信对方，必须借助货币的作用，互信上的程度和范围，处于货币品质的边际。汉朝的选官用察举制，察举选择标准是道德，这是无法操作的缺陷。好事不能公开地标榜，做好事支付更多代价，这使得富人占有优势。

而坏事却尊重边际收益，所有事情收益相互连带。后来百姓认真起来，政府设定考核标准，造成富人家族得势。这种看似民主选人，自下而上选择官员，实际有背后的操纵，世族经济加上察举，变成官僚系统世袭。

官员的标准是价值边际，正好处于消费意志边际，被消费系统的权力选择。民间没有明确投资前，皇帝用官员供应贷款，官员由此获得生产权，农田管理的一切决策，由地方上的官员作出。世袭官员行为变交易，不断与生产系统交易，所以演变为卖官鬻爵，据说各官位都有价格，三公的价格是一千万，九卿的价格是五百万。

皇室为了遏制此趋势，实行推荐官员连坐制。但是皇室权力很难触及，各地生产处于自由状态。在新朝的政府中，官员均非常疲劳，全年没有休息日。官员的督促监控下，农业劳作非常辛苦，他们有很多的怨言。

第四章　货币政策时代——汉朝

虽然部分粮食被缴，但是城市居民暴增，出现大批手工产品，大量低价供应乡村。手工业不要求生产地址，服务业还需要城市环境，手工业材料是自然物质，泥土、树木、河水等等，在乡村也可以组织生产。故城市没有技术特质，它是一个消费分众群。

平民在奋斗中争取，可是竞争的空间很小，大部分时间用在劳动，没有接受教育的时间，自然无法获取到信息，在考试中基本全部失败。平民经过几代人实验，发现自己家族失败了，他们不再努力争取了。官员与百姓矛盾加深，官员追求的是生产收益，他们必须控制生产资源，这是对帝国利益的保障。

百姓追求的是增加投资，两种追求不可能融合。从实际效果上看，世家大族控制政权，垄断了货币的贷款，金钱权力合伙作弊。由于市场的产品种类增加，需要增加生产环节的指挥，推恩令让投资趋于分散，生产资金的分布合理化。可是指挥者之间是亲人，可以不按生产意志决策，由世家建立生力产格局，再由家族官员守卫，形成了一种固化状态。

但是冲击固有的生产成绩，导致后来出现重复的产业。市场要求核算的准确，集中在资本回报率，决策必须经过核算，才能决定投资成败。经过一段时间运行，汉朝制度出现漏洞。士人逐渐形成圈子，后生在努力加入圈子。

士人的信息是不公开的，因为他们都在为世族服务，私人利益不能公开表达。生产者是有追求的，他们追求生产品质，追求生产资源品质。故士人不能含糊其辞，其表达必须清晰有效。当士人负责解释生产方案，而且这些方案充满了矛盾，他们的解释便是输送收益，士人负责清理那些反对者。

故西汉商人两头受气，在中间环节积压产品，商业资本在承担全责，商人在勉强亏本经营；政府不管理商人，他们便不会各归其类，消费者无法充分比较，消费者购买欲降低，商业收入变得微弱。而商人仍谋取发展，不断扩大经营规模。由于人力价格超低，一旦商业利润萎缩，世家财富无处消耗，便在内部残酷竞争，而且流向商业部分，造成商业资本恐慌。商业的压力加大，经营风险也增加。

政府负责管理市场，为了合理推动商业，新朝发行"大泉五十"。它属于大额铜钱货币，"钱"是泉的谐音字，意喻汩汩涌出的泉水，从中央到百姓手里，顺势而下滋养万民。新帝进行了四次币制改革，全是为了消除贵族的危害，至新朝终结未能达到目的。西汉没法持续扩大货币，多数货币蓄积富豪那里，供应货币损害百姓利益，故百姓不同意剥夺富豪。人的幸福来自创造，只有创造出新意识，潜意识才感觉幸福。这种改变不符逻辑，人的内心感到痛苦，必然

· 113 ·

作出相反的决定。

　　新帝不许私人信贷，各地自发货币太多，如果中央再发货币，必然引发恶性通胀。在西汉时期，政府缺少资金之后，找到富豪借贷资金，需要支付十倍利息，造成政府多年亏空。中央政府实力减弱，造成地方富豪攻击，他们组成反叛大军，直接冲击国家政权。新帝不需求助富豪，贷款分生产和扶贫，生产的要收取利息，扶贫的只回收本金。大额货币放大资源价格，便是在冲减市场的资产，富豪需要支付更多成本。富豪失去了放贷的能力，他们的资本在采购资源。

　　在以往各朝代，政府对贷款利息设立标准，私人贷款不得超过规定值。这个规定的数值本身过高，很难维持贷款生产的收益。民间贷款非常少，如果有通货膨胀，市场出现代购券，或趁机抬高贷款。企业在自作主张，消费指定的产品，而破坏货币信誉。新帝必须调整政治，从而修正经济错误。皇帝动不了贵族，背后是太后的支持。太后想要保护皇帝，可是她有家族血缘。而太后未介入政权，没必要为政治牺牲，她的第一自然选择，必然保护自己家族。

　　亲缘关系影响皇帝，进而影响他的思想。产品由资源决定价格论，强调用贵族的生产模式。士人在儒学寻找证据，要求皇权服从母亲，太后生活的小圈子，成为国家决策中心。女性只在家庭活动，她们理解家务范围，必然借助亲人的思想，才能作出重大决策。

　　要服从市场信息，她们的信息是个人的，照顾士族的局部利益。市场需要统一决策，范围扩大整个国家。生产设计是抽象过程，深一层改变物质形态，它改变物的存在形式。故生产追求不是选择标准，皇帝不为任何生产者服务。

　　皇帝在听取各方意见，官员提供一部分信息，太监提供一部分信息，信息间经常出现矛盾。太监提出的建议合理，而官员的提议不合理，有很多士族缺乏人格，官员和太监出现矛盾。官员背地里依靠太监，太监在左右决策工作。新帝开始民生工程，新朝取消所有错误，否决封王的铸币权，只有中央可以铸币。

　　开始铸造精美的契刀，一刀当五百枚五铢钱，并派人专程送达各地，指定采购民用的工具。如果一地货币供应多，导致商品快速流向周边，契刀流散到周边地区，中央才认定信息真实。利用市场表现发现问题，这是防封王作弊的方法。

　　从收集来的信息分析，同姓的刘氏家族封王，他们封地的经济发达，因为他们更服从中央。汉朝政府比秦朝进步，不完全依靠军队控制，多采用同姓封王办法，以地区自治方式管理。如此政府规模无需很大，不用经常统一的联系。这样有不利之处，与中央控制比较，不全面执行政策。

此处体现货币设定，如果消费精确核算，必然出现数列排序，以壹、贰、伍规格，这个数列符合概率，最大限度满足兑付。从秦半两到汉朝五铢钱，在货币规格上没有变化，说明市场核算水平依旧。

皇室权力有一定扩张，但主要在货币控制上。皇帝可以规划生产总量，实现系统层面的控制力。在刘氏家族的封地，设立市场管理机构，封王获得市场信息，数据是每天汇报的，准确反映价格水平。当商品出现滞销时，封王用底价来收购；当商品出现上涨时，封王再以平价出售。当地产品适合出口，换回来一部分金子。

在这一基础上，新帝照顾刘氏家族，其封地发行特别货币，一种错金版的"金错刀"，当五千枚五铢钱用，刘氏宗亲默认了他。两把金错刀兑一斤金，规定民间不许留黄金。在东汉末年，贵族猛烈进攻的地区，便是刘氏家族的封地，原因还是瞄准金错刀。

新帝面对危险的形势，需要解决之前的弊端。社会积蓄大量的失业者，单单种粮食养不活家口，只有参与到城市的工作，才有可能获得较高收入。货币必须进一步改革完善，对这些人提供特别的供应。这些人需要的是小额贷款，维持几天之内周转的资金，他们对生产资源采购有限。不要认为这是辅助工作，这才是市场的本质属性。

生产任务拟定者是百姓，贴近市场才能开发技术，小额贷款增加产品种类。新帝特别发行小泉货币，小泉货币发挥评定作用，调动了失业者的积极性，增加对个体贷款的支持，很多地方需要人工服务，结果创造出来新的工作。

大量生产工具得以改良，技术进步集中此时期，他们耗用时间研究技术。金融的意义在于时间，利用数学来控制时间，让人类可以穿越未来。于是新帝可以市场统计，大泉是富豪所用，小泉是平民所用，他们采购不同类资源。如此形成了货币系列，分别是小泉直一、幺泉一十、幼泉二十、中泉三十、壮泉四十，分别对应不同地区发行，便于各地统计货币流向，政府可以左右投资方向。

随着货币政策的推进，市场上的投资扩大，消费货币积蓄增加。新发行货币相对增值，人们开始重视新货币，为此发明一种游标卡尺，用来测定铜币的尺寸。消费者感到自己的权力，要求精确测定货币标准，人们不接受不合格货币，这是国民意识上的进步。经过政府详尽安排，新朝的商业获得发展机会，不同税款核算各自行业，由于政府负责商业赊贷，由此政府测定税款合理程度。货币标准是不断改进的算法，它需要更多的数据处理结果。

　　泉货六品发行稳定了市场，不论是刘氏自己家族，还是各地贵族都认可。新帝获得改革的空间，于是新改措施发布，过去的蝗虫重灾区，已经没有人口居住，新帝让穷人迁过去，政府提供生活用品，器具、耕牛、种子，包括迁居途中饮食。故出现很多空余田产，新帝可以进一步调动。过去的田产私人拥有，富户不积极耕种土地，很多耕地荒废的状态，新帝要改变这种错误，针对这些不提升耕地，政府官员有权转让它。

　　在广大的农村地区，一家男子不到八个，田产若超过九百亩，要分给无田的邻居；如果男子没有耕田，这是不合理的情况，他又没有拒绝工作，而是制度上的错误。皇室提供一百亩田，而且此田不可交易。农户无法耕种赐田，必须返给皇室所有。政策不止针对农村，在新帝的策划之下，所有地区政策相同。建设了两百个廉租小区，供应有需求的贫户居住。

　　新帝很重视贵族知识，为此专门盖一万间房，招收文献专长的学者，集中一千人研究儒学。新帝下令各地兴建太学，当然重视贫户子弟就学，扩大招生量超过一万人。只要皇权保护穷人，富人无法欺负穷人。生产活动兴盛起来后，市场的消费需求增加，市场供应更显得不足。一个正在进步当中的市场，高级的生产需更多货币，原有的生产资金没有撤离，新生产方案要求更多投资，所以增加货币是必然选择。

　　此时大家朝商业集中，商业只体现人力品质，是零投资的特殊行业。可是生产的进步，来自商业的改革，靠近消费者要求。生产资金向商业方向流动，这便造成农业资金的减少。新帝要求满足商业投资，实行货币自动核算商业。这个情况涉及货币发行，必须给定不同货币样式，对应大宗产品的类别。于是在货币形式上，出现金、银、铜、龟、贝，五大类新的货币材质品种，新币对应商业的五类物品，这是专为商业发行的货币，可测定每一商品供应数量。

　　新帝坐在宫里知道供应情况，由此改变私有制的税收困境。税收核定对市场健康很重要，生产很多产品而市场却没有，说明有一些商人在囤货炒作，政府可以找他们收取惩罚税。但是系统没有投资生产，市场上却无故多出产品，说明生产者在偷盗资源，需要政府找到并施加处罚。政府对基础产业多投资，它可以影响相关的产业，这类贷款可以无息低息。相反，总体效果影响小的行业，政府必须加大税收政策。因此砍柴也有收税，减少砍伐有利环境。

　　环境是人类生存基础，如果环境遭到了破坏，必然引发报复性攻击，这种破坏力超过人类。税收赶不上变化的形势,农业是一项基础的产业,每一点进步都来之不易,必须集中众多行业成绩。每个行业对应不同资源,生产系统具有继承关系,因为生产依靠生产资源,变革资源破坏原有方案。生产资源非常容易饱和,新兴行业资源很快短缺。改革必须尽快完成,必须设定新的制度,实现规则上的突变。

因为各地的情况不同,有刘氏家族的控制地区,也有旧贵族保留的地区,地区间被不同程度影响,市场的各部位产生分裂。行业需要的投资不同,市场收益的水平不同,故投资决策方案不同。新帝为此设计布货十品,有小布一百、幺布二百、幼布三百、序布四百、中布六百、壮布七百、第布八百、次布九百、大布黄千。十品布货对应小泉直一,每种布货累增加一百枚。

这种设计具有巨大进步,货币单位进入记值时代,并且创造了货币十进制,实现了市场交易的换算。世界现象是复杂的,货币简化分析过程,它是对事物的计算,对货币核算越复杂,本身具有强大能力,越是接近事物本质,越是接近世界真实。采取与前相反政策,这是社会变革信号。

生产行为分离资源特性,处理资源产生商品特征,消费者观察事物的依存,看到客观物质的关系。如果准备好新的规则,必须立刻执行全新制度,否则经济会出现休克。新帝做不到这一点,贵族有权保留汉朝法律,奴婢必须属于贵族所有,他们愿意留在贵族家里。

新帝要求解放所有奴婢,并且禁止一切奴婢买卖。如果改革顺利的话,个人资产趋于平均。贵族根本不搭理这些话,贵族与奴婢之间有协议,奴婢都是同意卖掉自己。奴婢心理上不接受解放,他们要求政府供养他们,而且奴婢不信政府承诺。改革需要彻底否定错误,否定每个人的收益方式,恢复全新收益的合理程度,必然大于接受奴役所得。

可是奴婢坚持原状态,反对地方政府的解放。破产的富人组织绿林赤眉军,起义军进攻新帝的都城,这场货币改革宣告失败。新帝不得不废弃大、小钱,另作货布、货泉两种。市场经济需要的是公平,富人的损失是进步成本。富人不接受社会公平,要武力夺回这笔财产。

贵族拥有大量生产资源,他们可以改变商业规则,阻碍资源配置的有效性,从而让货币总体上负值,制造普遍民意上的偏差,大众开始抵制改革措施。币制改革扩充了皇室控制手段,这是统计学发展历史上的高峰。皇帝的权力不能照顾全部,皇室的控制力主要是书籍,向士人群体提供免费书籍,实现市场规则上的影响力。

而奴隶无法直接受益皇权，不会直接向社会发出求助。贵族绕过货币系统，直接供给起义军。起义推选王权贵族为王，刘秀因为皇族的支持，成为各方的平衡点。面对国家的危局，新帝与百官聚集朝堂，大家抱在一起嚎啕大哭，政治局势已经无法改变。社会知识中的逻辑，构建一个总的趋势，从而影响政治决策，这可是无法改变的。新朝成立十五年后，贵族的武装打败了国家军队，得到长安城内起义军的响应，赤眉绿林军攻破了长安城，杀死王莽和一千多名官员，新朝在数次货币改革后灭亡。

此时贵族的控制力在金融，随着生产资源货币化，贵族控制资源的实力下降。而资源也可以表现为资本，没有大额的货币储备，不可能获得足量资源，当时的生产规模较大，一次投入的资源量很多，平民介入生产的机会很少。贵族金融获利越多，市场的损失越大，平民的启动资金短缺，很多产品依靠运输，依赖贵族的供应，于是社会性矛盾兴起……

第三节　东汉时代的竞争

刘秀力压群雄，重新夺得政权，东汉定都洛阳。在这座都城中，一半面积上是宫殿，是皇帝的活动范围。皇家控制货币发行，皇帝购买多少土地，便释放了多少货币，增量是皇室的资产。整个社会都盼着加强皇权，皇权的控制力范围大了，老百姓的日子就好过了。由于没有专门的发行单位，没有人负责控制货币总量。

与此同时，欧洲各国不再发行货币，而由教会负责发行业务，同时教会享有征税权力，取走十分之一国家财富。教会垄断了欧洲货币，各王室接受教会约束。若皇帝心中没有百姓，不关心社会福利状态，整日思考自己的享乐，朝野上下会淫乱不堪。

与汉朝情况类似，欧洲出现了分裂。罗马通过设立法院系统，可以完成大规模的放贷，成就了一个超级大帝国。可是，罗马帝国的政府规模小，没有能力核算国家税收，故全国统一实行人头税，固化了奴隶的依附关系。人头税降低人口出生，贵族一定追求平等权，所有贵族均有决策权，按照奴隶的多少计算，即以财产给定选举权。这种方法是最古老的，赋强压在穷人身上，官僚集团分区域治理，导致经济的逐步衰落。

历史走到这一阶段，各地经济出现差异，官僚分层分区治理，设定官员考核标准，各级政府规模扩大。此时世界各地的官位，均可以通过交易取得，生产指挥权是买来的。这是在侵犯皇权尊严，皇权免费设立的官位，可以代表消费者决定。消费者视域逐渐扩大，生产知识愈发的局限，即便在自己专业领域，也不敢随意发表看法。

在总体的进步效果上，价值判断起到控制作用，士人在社会中活跃起来，一些人被官僚系统吸纳。他们与官员观念融合，得到梦寐以求的晋升，成为时代价值倡导者。一部分士人没有机会，被迫进入繁重劳动中。

创造力体现在智力上，不会以干活作为标准，艰苦环境也有所创新，那里的收益边际更低，更容易激发出创造力。创造力处于边际状态，底层人的创造力不足，会导致高层缺少创造。经过王莽的土地改革，耕地资源被较好利用，农产品供应一度过剩，洛阳大规模储备粮食，失地者集中到洛阳城。

而洛阳城没有设城防，当时社会关系很融洽，消费判断总是联动的，影响最近的个人判断，而士人的分布更广泛，市场数据利用率提高，社会理性的成分加大。但是改革未动腐败的根源，贫富分化的错误设置还在。帝制文明不支持普遍腐败，普遍的腐败需要法定条件，必须产生伤害平民的法律，全体相互伤害而不会获罪，腐败才能成为普遍的现象。

如果贵族每次收益提高，占有绝对的高份额，长此以往消费货币冗余，迫使单独为其设计产品，生产方案的边际被改变。所以教育被贵族把持，道德伦理也以此为准。随着市场供应的扩大，生产项目均在升级中，需要更大的舆论空间，言论的标准也在提高，人们需要更高的道德，以此应对复杂的消费。

为了设定新的行为规则，顺应贵族们提出的道德。因为后果不由本人承担，消费成本上的持续增加，社会福利部分遭受损失。国家依此设定的金融，反复地生成贵族势力，平民后代反复受损失，宗教提出因果报应论，解释扭曲的市场现象。

丝绸之路上有很多绿洲，每处绿洲均是一个市场，商人、旅者和使者云集。各国平民普遍比较穷，他们没有移民的资本，只有使者有机会移民。汉朝百姓穿戴麻衣，用了农民种的亚麻，各户女主纺成粗布。麻衣制作流程简单，袖子长且长及足部，可以防止风沙侵入。

西域的棉布供应汉朝，只有贵族子弟穿得上，西域是西汉的殖民地，但是未介入政府管理。经过这么几个世纪，丝绸没有成为市场主力，国内的市场供应量很低，丝绸的品类也很单一，但是毕竟这是技术进步。

凭借着国内巨大市场，消费人群的数量基础，服装设计上已经成熟，也在于面料的多元化。不同的面料决定裁剪方式，新加的面料融入了原方案，形成更加丰富的服装样式。西域市场没有取得多少收益，有的时候不及所动用的军费。国内服装市场得到满足，丝绸的出口数量被限制，处于国内生产收益边际，国内市场不靠外部资源。所以没有坚持多久，汉军主动撤出西域。

在跨洲际的大宗贸易上，欧洲产品占据主要份额，埃及和中东均生产玻璃，玻璃产品丰富艺术装饰，两地成为市场竞争对手，又被后起的罗马国抢先。罗马发现玻璃的可塑性，用吹制法取代古老工艺，玻璃从此成为廉价商品。玻璃用在建筑上，市场销量扩大数倍，它变得十分珍贵。欧洲人出门之前，要摘窗框防止打碎，说明玻璃多么受欢迎，它是罕有的人造物。

丝绸之路很少货物交流，主要为了满足人员往来，实现人类思想上的交流。东汉需要西域出产的战马，而不关心其他的民用产品，没有形成国际贸易的盛况。随着制造业飞速发展，漆制盛器代替了陶器。纺织品、漆器、纸张，汉朝这些主要的商品，传到了日本和东南亚，消费对象大多是贵族，出口量因而受到限制。

由于手艺人的收入不合理，即便形成了巨大市场需求，手工业还是无法获得资金，也无法转移到广大的农村。工业由于技术革新进步，而农业技术陷入了停滞。保持市场竞争均衡，农业必须提高亩产，而耕地负担过重，导致当时地力下降，更多的农民失去收入，土地兼并成为主流。这方面不能依靠法令，即使法令规定不许售地，却无法遏制土地交易。

农业发展比工业缓慢，农民的收入不断降低，失业为工业创造条件。而工业侧重资源扩张，例如对西部的扩张中，钢铁资源多用于武器，木材原料多用于帆船。各地出现许多煤矿，造成产业布局失控，不久被弃之不用了。市场发展依赖数据处理，这不是单纯的技术问题，数据来自社会结构整合，让所有环节均提供数据，凭借经验决断变成计算，如此士人才能作出预判。

随着产权飞速发展，土地相连成了庄园，大地主在广建豪宅，土地大多圈入园囿，富人占有上千顷地，这是很平常的事情。地主的契约是非法的，带来生产效率的损失，交易对象主要是富绅，这些人不是官员本身，便是官员的亲属朋友。这些人的财富剧烈变动，政权更迭伴随财富易主，刘秀的舅父有三百顷地，他成为当地最大的地主。

他们更愿换成黄金，积蓄黄金的收藏品。黄金成为筹资方法，劣质产品持续流通。不仅如此，他们生活奢靡，广泛购置瓷器，瓷器是奢侈品，崇尚重金嫁娶，在洛阳购房产，造成房价高企，百姓买不起房。如果消费者的意见被封杀，市场规则被政府官员垄断，价值系统被生产活动打碎。

当时采购尽量用货币，而教徒极端自私，老百姓非常反感他们。由于各地教徒在控制货币，市场出现形制不一货币，货币的铸造权落在地方，币制的变动频繁且混乱。这反映了当时企业的状态，在很大程度受到政府影响。百姓的想法需要权力支持，谁能帮助百姓办事呢，可能性来自遥远的皇帝。

百姓记录自己的情况，递给皇帝派来的官员，期待上面获知这些字，拯救这里的黎民百姓。救百姓于水火的是纸张，纸张产业起到了作用，蔡伦的造纸技术推广开。政府用的纸张量多，民间的用纸量很少，故纸张价格相当高。在推广纸张业的初期，皇室投资没想要收回，是作为公共消费品的，故动用财政支持生产。

纸张作为书写的工具，本身含有交流的意向，市场为交流支付越多，消费者的意识越清晰。从麻纸进化到宣纸，每次带有原料升级，不在生产系统内部，投资来自皇室供给。皇室收集消费意见，为了文字表达得体，不断向此产业投资。纸张距离生理需求很远，却可以决定民生的市场，因此发展为庞大的产业。纸张的市场价格下降，让文字传播成本降低，人们接受此方式规范，它对文明产生了影响。

这些产业指向社会福利，福利会提升生产力水平，生产系统得以良好运作。这一阶段在构建社会道德，社会道德取决于政府意识，政府会不定期发布信息。这些信息关系普通生活，百姓故意制造各种舆论，而且期盼得到政府确认。语言表达也是一种创新，货币可以核算出来边际，科技创新处于市场边际，舆论才符合逻辑和实际。

所以在货币作用小的时候，政府可以操纵舆论的导向。某些说法符合政府，舆论变成稳定形态，成为一种道德规范。皇帝深知政府作用巨大，要求政府不仅照顾老人，还要负责审核社会道德。汉朝的政府规模在不断扩大，行政、军事、监督三位一体，构成了低成本实现政治权力。

这是一个物质匮乏的时代，百姓的日常消费需要赊购，而短缺意味消费货币短缺，国民亟须改变这样的处境。消费者要主动控制货币，敦促生产系统足量供应，便可以得到足够的货币，即增加货币的采购能力。消费者相信自己的货币好，在消费与生产间找到平衡。百姓安心于节衣缩食度日，消费货币分配不足情况下，产品价格得不到充分表达，这样不利于市场机制作用。

虽然家庭支出的费用很少，却需要人们投入大量精力，需要男人们抽出很多时间，用于家庭日常生活的消耗，在极大地消耗社会的成本。因此也增加了军工成本，影响军事产品的市场价格，没有市场预期的情况下，他们投入巨资加大军工，当产业的规模超过极限，产业利润迅速归为零点。

经过了这个均衡点之后，贵族无需自己经营产业，生产调度成为任务转包，即以计件方式核算工资。所以劳工收入一直下降，降到养不起家人的地步。工资分配不涉及家庭情况，负担重的人不会减少工作、不会得到更高的工资待遇，这些差距必须由福利弥补。

士人深知百姓疾苦，他们支持底层人，与官僚形成对立。皇室维系着帝国的税收，他们力图消除社会阶级，可是阶级观归责于税收，于是斗争转到减税上。经过大型减税运动，百姓失去福利保护，皇室失去供养来源，权力运行失去依靠。

皇权是帝国运转核心，皇室开支由少府管理，少府是政府序列机构。政府在力争扩大决定力，皇室与政府发生冲突时，皇室的消费则受到影响。贵族是风流倜傥的才子，他们需要获得皇室认可，以此保证垄断收入方式，享受社会意识上的承认。但是这种情况有违皇室利益，降低皇室在百姓心中的地位，平民才是需要皇室帮助对象，皇室必然一直站在百姓角度，周全安排帝国的财政与行政。

只有老皇帝死后，新皇帝才能继位，这段空隙留给外戚。母亲最容易控制儿子，对女儿不用控制手段，而是直接代之做事。这个道理在皇宫存在，皇帝经常被母亲控制，造成精神上一直郁闷，东汉皇帝均嗜酒如命，正是在摆脱心理困扰。嗜酒恶习致皇帝早亡，皇室也无法控制民间。政府放松对铁、盐、酒的控制，要求各地商人自行管理，商人非常欢迎这一形式。

过去严格控制这方面，买酒要到酒类专卖店；买铁必须找当地铁官，出铁之地设立官营厂，无铁之地设立销售点；食盐也是如此的情况，盐官负责监督私人工坊，食盐由官府统购统销。它们是市场的抢手货，加上这些物质不变质，可以左右货币的流量。只有保证商业盈利，皇室释放出的货币，进入商人的贷款后，资源进入采购名单，而不影响资源的利用，稳定其他产品价格。

市场当然可以自由采购，却不能让垄断现象发生，因为垄断只对资源有效，没有人会垄断最终产品。皇帝也在采取对应策略，比如可沿途严查货物，发现这些货物加重征税，此类税收称为"算缗"。税款要上缴中央政府，摊销地方官员的成本，官员工资由中央支付，由中央审核运营费用。如此松弛的市场管控，被重新施加外部压力。商人是灵活的经营者，任何有利可图的机会，他们会钻营进入其中，可以将税收变成贿赂，成为减轻监管的成本。

于是市场出现伏击战，商人的活动在游动，趁着官员不在之时，他们偷偷运输商品，在分散的地点销售，如此增加执法成本。商人有储备商品的本能，每一个地方出现短缺，成为商人囤货的动机，这些判断是盲目的，却不断引发物价波动。

政府的管理总是被动的，他们不能预先设计方案，只有等问题出现的时候，官员们才会想办法解决。官员如同瞎子摸象一般，不断尝试各种错误解释。政府控制的这几项活动，并不是要操纵商业运行，也不是在操纵消费意志，而是重点监控商业上的行为，监督操纵资源配置之人，不许他们搞乱市场的秩序。

皇室最关心市场的状态，它的对立面是各级政府，如果见到社会状态混乱，必然会加大皇帝的疑虑。皇室在对政府施加压力，必然作用到政策的高压。中央政府出新政策，鼓励乡民揭发告密。市场经济规则之下，个人可以隐瞒财产，称为个人隐私保护。而前端生产交易隐蔽，如果没有票据的转移，政府无法获得此信息，无法征讨这部分税收。中央需要掌控交易，当时的人没有觉悟，习惯了对政府隐瞒。

汉朝的法律如此规定：隐瞒的资产全部没收，瞒报者发配戍边一年，将一半款赏给告发者。西汉皇帝加强了管理，却招来贵族强烈不满，贵族的背后是大量暴力，直接威胁着皇室的安危。皇室不是绝对安全之地，如果他们处理不好关系，贵族可能联合废除皇室。

皇室的婚姻关系被绑架了，皇帝失去自由结婚的权力，必须选择贵族女子作皇妃。即使这些女子相貌品德不佳，皇室也真的不敢于拒绝贵族。皇室的婚姻被控制后，皇权的控制大幅减弱。贵族资财来自生产，皇室资产来自权力。如果有更大的权力，皇室必须控制货币。

若不持续给外戚提供贷款，皇室自己的利益受到影响。持续贷款引起不良反应，让外戚的产业过度扩张，各地更难收取回流货币。皇权是绝对独立的，皇室可以发行货币，贵族虽然有的是钱，却依靠皇室的贷款。货币积聚在外戚企业，官员选择与他们合作，外戚自然控制了政府。控制政府官员之权，是皇帝的基本权力。随着小皇帝的成长，威胁在逐渐增加。

外戚与皇帝在争夺政府，如果皇帝输掉这场战争，则由外戚操纵国家政策。皇帝借助太监抑制外戚，太监本来没有任何权力，因此拥有凌驾政府之权。他们执行官员任免制，成为控制官员的机构。全国一共有七千官吏，只要皇族外戚控制一半，则控制帝国的经济走向。外戚展开与皇权争斗，变成了争取太监支持，太监一心要操纵政策，立场必然与官员对立，并且与外戚形成仇人。外戚借力于地方官员，而皇帝借用太监撤官，形成了宫廷内部斗争。

汉朝有一个外戚豪门，家族的产业遍及天下，可是不用他亲自经营，有许多人在为他工作，他只是躲在暗地拿钱。此人是大富豪梁冀，他是汉质帝的舅舅。梁家先后有七人封侯，三位皇后和六位贵人，其势力可谓鸡犬升天。悖逆他的官员，他会派人刺杀，如果诉诸法律，会被满门抄斩。所以百姓不满皇帝，认为皇室没有治乱，皇室出于腹背受敌。

小皇帝要除暴安良，与众大臣密谋反水，梁冀下药毒死了他，指定汉桓帝继位。梁冀的权力逐渐增加，受到皇室的奖赏渐多，更加肆意滥杀无辜者。等桓帝长大以后，他弄清楚了事实，下决心铲除恶霸。桓帝公开了其罪行，逼迫大臣帮助自己，结果军队杀了梁冀，剿灭其家族和手下。

皇帝杀人通常是不得已而为之，因为这个位置没有真正的仇人，没有国民胆敢威胁到皇室利益。而全部官吏皆为恶霸，皇帝不得不杀死他们。此时朝廷官位空了，政治权力恢复原状。宫廷斗争着眼决策，不仅不是制造混乱，而是建立规则秩序。

贵族的利益来自于暴力，贵族家庭是社会的少数，所以它的暴力能量匮乏。货币在划定皇权范围，发行区剥夺贵族收益，自然引发贵族的反抗。暴力更多藏在民众底层，贵族只有调动底层暴力，才有机会对抗皇帝权力。皇权的背后是货币发行权，因此享有的权力及授权。

皇族本身也是少数，必须将权力授予各地，实现国家层面的收益。分权是统治的基本特征，少数对多数的决策认可，多数对少数的利益保护，全部体现在这份授权上。皇帝与太监如此关系，太监是后宫内的奴隶，主人要求阉割奴隶们，怕他们生多了养不了，皇室也要求太监阉割，以防止后宫乱性失信，导致查不清皇帝后代。从此太监才是阉割的，后来太监的工作扩大，承担帝国人事任免权。

皇室掌握全国人事任免，中央集权脱离生产独立。世家大族封锁社区，皇权在表达执法权，遭到世家大族反对，百姓跟随世家行动，不表达自己的意志。代际更替一轮又一轮，资财集中到四大家族。皇后均为功臣的女眷，功臣与外戚集合一体，影响力甚至超过皇室。大家族控制意识形态，同时掌握官僚和教育，并且使两大系统合流，用意识形态控制社会，当然也控制军事力量。

精英全部不关心现实，因为那里有错误显示。每次遇到生产棚顶，回头查

第四章 货币政策时代——汉朝

找事故原因，发现均为大族作弊。产业方面生产停止前进，并不意味生产收益降低，销售量不再增长情况下，生产者反而会增加收入，因为货币只是相对运动，不能绝对核算生产收益。两大集团在相互杀戮，却没有任何进步意义。百姓对社会绝望了，时代呼唤平民英雄。耕地是基础的生产资源，必须市场解决资源问题，市场上有合格生产方案，这些人须获得生产资源，他们须有相应生产货币。

如果政府没有举措，一定造成暴力事件。各州牧利用天下大乱，名正言顺在地方割据。未改州牧的刺史郡守，乘机扩大权力和武装。行政规划变成州郡县三级，本来郡以下级别官吏任命，均由郡县一级的长官负责，如今郡县之上增加新上司，如此一来中央的控制打折，此举宣告东汉政府的衰亡。东汉全部依靠曹操支持，所以不断加升他的职位。

国家陷入了泥潭，很多人饥寒交迫，需要各地的归顺。国家武装为私人作战，体制陷入空前的分裂。中产者也在组织叛军，他们在大肆圈占土地，进一步剥削当地百姓，攫取大量的社会资源，从而引发底层的反抗。东汉这种乱局反复重演，没有力量可以维系国家。此时不需要武将保家卫国，而是需要头脑清醒的文官，国家利益不在于技术高低，必须放弃对技术的崇拜，才有可能重新组织生产形势，这是国家政策的拟定过程。

对于这一基本的治国理念，皇室内部可以感同身受的。汉灵帝继承质帝皇位，在后宫仿造市场摊位，让宫女扮成商人叫卖，让嫔妃扮成客人买货，太监提供市场的资讯，模拟市场交易的混乱。在这个模拟的市场中，有吵嘴、打架、厮斗，有顾客与店主的纠纷，太监在一旁做记录，汉灵帝现场给出解决办法。

汉灵帝非常清楚地意识到，国家的安危系于市场秩序，而市场秩序来自生产结构。这个结构不是技术形成的，它是在外部市场压力之下，在生产系统内部自动形成。什么是市场评价压力呢？这是监督者评价的总效果，评价自动推进了生产发展。

为了体现实干的精神，汉灵帝发行铜制货币——四出五铢和四缺五铢，这两种钱均有光芒线，表现皇帝的伟大作用。皇室需要商业发达起来，摆脱技术推动生产僵局，这是从根本上解决问题。商业真的起到自动调节作用，外戚的权威则立刻土崩瓦解。

为了达成这一目标，拯救国家危局之际，必须有一些人牺牲，甚至或是皇室自己。东汉皇帝对商业着迷，他要给生产施加压力，若市场没有优胜劣汰，不可能表达消费偏好，不能用规则淘汰落后，技术自然不可能升级。但是解决市场纠纷，必须通过官僚系统，官僚负责信息处理，只有专业人员参与，才能最终解决问题。

这种演练是没有意义的，市场规则是大数据处理，没有生成相关处理技术。这些数据很容易误导人，各地市场情况千差万别，不可以用固定方法处置。解决市场的方法只有金融，放贷可以改善生产品质，如果控制不了放贷，单纯修订规则无效，不会降低市场价格，不会推动市场起步。

生产货币支持生产收益，消费货币变成旁观者，价值判断未调节人力，生产者好似艺人竞争，需要卖弄手艺的空间。人不是世界的例外，与其他的产品相同，全部是生产的结果。在生产旺盛的产量面前，任何产品数量超过销量，商人会毫不客气销毁它。

市场供应的商品只针对贵族，百姓的购买力比生产能量低，自然会被作为冗余产品销毁。在这种生产模式下，所有组织充满暴力，连皇室也不能例外。汉朝皇后和太后粗鲁，不关心自己家庭安定，母亲反而支持破坏性，对庶子进行等级压制，不许其享受同等待遇。

太后在背后扶持嫡子，他们享有特别控制权，货币收益不用于福利，社会矛盾在逐步加剧。汉皇室淘汰了庶子们，这是可以利用的控制力，他们被遣送到边远地区，与皇室从此断绝来往，由于无法得到全国的信息，皇室的控制力在下降。在当时的社会，普通人生活艰辛，有病了无法就医。

由于中央政府规模小，不直接控制地方官员，无能力执行控制程序，只能由丞相一人控制，从而削弱皇权的作用。此时丞相要求平等，政府的强制力很大，丞相可以否定皇权，否决皇帝下达命令。还没有等到汉灵帝死，道教力量便强盛起来，教徒组织了黄巾起义，底层对中产者的搏杀，已经不姑息自己性命。汉灵帝前脚刚驾崩，董卓后脚进京抢位，与曹操发生了厮杀。汉族已经不能独立建国，整个市场陷入深度混乱，必须重新组织超级帝国。

汉族的贵族维持现状，胡人武装要改变现实，双方的努力方向不同，于是对立情绪在增加，导致各豪强参与战斗，南北方各地独立建国。后来豪强袁绍响应，兴兵讨伐逆贼董卓，一把火烧了洛阳城，挟持献帝西迁长安。

经过长年的割据战争，中原大地上烽烟四起。百姓急切希望皇帝解救困局，由负责的政府照顾日常生活，民意会以各种方式形成合力，传到武装力量的行动决策中。公元220年曹丕称帝，随后刘备和孙权称帝。帝国的最后一抹余晖，终于消失在历史尽头。

第五章 货币波动时代——魏晋南北朝

贷款利息反映生产货币状态，所以国家不应控制民间放贷。实际上政府也控制不了，如果民间出现高利贷现象，说明生产货币已经短缺，必须马上补充货币投放。此时的货币没有统一机构，各地发行自己的货币，有利于激活地区资源。如果总量上无法满足，必然引发民间的借贷，民间高利贷成为常态……

第一节 魏晋时的世族大户

曹操时期货币混乱不堪，政府下令禁止铜钱流通，改用布帛、粮食、实物交易。市场已经脱离货币核定，则会出现价值错乱现象。当货币被禁止流通后，农村的粮食也不够吃，城市的市场也在萧条。后来决定重铸五铢钱，恢复了货币全国流通。民众非常期望外界的消息，他们到处寻找求生的机会，通过口头传播各地的消息。

不论是在社区中，还是政府组织中，有很多人在一起，要事先认可对方，才能和谐地生活。消费过程充满感情，需要认可多样人格，和谐来自接受别人，认可不同人的品格。生产过程没有感情，岗位对应行为品质，职业之间相互排斥，这是正常生产状态。竞争关系不能带入消费，消费关系不能带入生产，两者是相互隔离的系统。两个系统相互关联，彼此很难分清界限。

消费和生产有各自利益，他们的货币品类不同，消费追求消费货币增幅，生产追求生产货币增幅。消费者研究实现目的，生产者研究实现手段，消费者获得货币收益，从而保证目标的实现，而生产创造基础价格，只会带来贫富的差异。若博弈没有均衡，一方利益的增加，必然损害另一方。市场博弈产生均衡，得到双方受益结果，排斥了赌博的现象。

魏国在三国中最大，可是也没有决定权，此时的政府被化小，它们的自主权提高。政府自觉地核算成本，如果与贵族合作的话，百姓得不到福利供应，他们的资财被限定了，没有起来造反的本钱，此时的管理成本最低。在同一个市场之中，三个地区无法分工，各地必须全部生产，满足基本生活用品，可是没人可能做到。

但是从长远的收益来看，百姓一直处于贫困之中，才是维持统治之大成本，所以一个负责任的政府，必然选择与皇室的合作。当时三国的劳动成分多，人们的主要精力在劳动，而交流互动的机会减少，社会的人情味变得淡漠。

很多无法生存的人，被迫流亡其他地方，自己的亲人吃不饱饭，精神上也是不自由的。出价高者得虽是市场普遍现象，其背后却隐含着另外一层意思，商品价值是被消费者独占之物，若没有市场对价值的约定条件，生产活动必然导致损害性结果。

此时的市场相当普及，日用品依赖市场交易。一旦地区利益冲突，兄弟友情立刻破灭，变成冷酷无情杀戮。只有货币充分表达价值，陌生人之间才建立友情，产生服务与被服务关系。为了修正人们的思想，士人创造了大量的作品。比如《三国演义》的桃园三结义，幻想出一个靠兄弟情维系的社会。金钱对任何人产生压力，不论此人是否已经富足，生产收益的品质比较差，则会出现生产者的焦虑。

货币排斥救济式的情感，货币参与囊括一切价值，无需要增加情感的损耗。货币充足意味投资扩大，可以从中取得足量税收。税赋可以建设基础工程，解放生产者的简单劳动。所以市场供应充足，社会关系自然和谐，人类情感获得满足。如果倚强凌弱地争夺资源，竞争必然剩下三个大企业，对应产品链的上、中、下游。

三国最终形成竞争的均势，共同承担起完整产业布局。企业形成条件是有限责任，赔付的损失上限是出资额，所以必须受到规则的控制。展开各国经济发展史，古希腊也有三国时期，雅典、斯巴达和底比斯；朝鲜国也有三国时期，均为中央无法调控状态。这是中央集权比较弱的表现，生产系统的成果被战争破坏，无法形成稳定的消费者收益，所以各方国不得不保留奴隶，以此维持市场内的总体平衡。

这段时间发生了三场战争——官渡之战、赤壁之战、夷陵之战，每一次都是以少胜多，每一次都是以弱胜强，不是军事策略的作用，而是由于资源不均等，造成战场调度的偏见，导致资源错配的后果。货币不能解决问题，怨气则会生成杀戮。三国交战死亡甚众，只剩下极少的人力。赤壁之战烧掉大片森林，长江一带环境破坏殆尽。这些财富未用于民生，白白地毁于战争当中。

没有稳定控制的集权，发行的货币量不足够，则无法创造更大投资。各地的生产出现萎缩，贵族在想方设法限制，阻止人们跑到外地去，建筑了很多城墙关隘。各国要节约货币成本，希望减少货币的流通。货币负责的市场循环之中，每一件产品均要测度价格，放在货币的数值尺上标价。如果相邻的整数已经用完，无法完全排下全部的商品，说明货币总量供应的不足。

所以中原地区发明了小数，即规定消费者的采购数量，增加消费采购成本的方法，解决货币资源的短缺问题。随着价格测定越来越精，市场信用问题被提出来，大宗贸易中积存的结余，必须依靠长期合作结算。但是，这些精细测度影响垄断，贵族为了保护生产收益，需要不断作出无谓妥协。三国因言而无信时常火并，魏国居于代替皇权的位置，但是承担的维稳费用太高，终因经济实力衰落而灭亡。

各国君主在攻击世族，扩张皇权的控制能力。曹操位于皇权的正统，被后人称为一代奸雄，他不是皇帝胜似皇帝。丞相代表生产系统利益，假借民意带动政府对抗，驱动国家政策转向世族，此时丞相代表政府利益，生产系统可以照顾政府，世族推动丞相独立决策。

三国风云汇聚的时代，皇帝失去丞相任命权，而丞相任命全部官员，由于官员享有职分田，按照职务高低分配田。土地价格一直被推高，由于货币发行在萎缩，生产营收成为政府目标，企业由此具有谈判权，对政府产生隐形债务，因此推高不动产价格。官员只愿效忠于宰相，政府系统承认丞相权。曹操凭借这个道理，挟天子以令诸侯，后来曹丕逼汉献帝让位，自己坐上皇帝位置。

曹家总结了经验，极力笼络生产者，实行九品中正制。借鉴围棋的规则，设置更多的等级，可以包容更多人。过去只有世家大族控制，现在小的世族获得贷款，并且其子弟有机会做官，世族内部财富得以均衡。随着世族的控制力增加，控制力沿着家庭线传播，家训成为主要代际交流。

生产资源总是有限的，必须集中在较少的企业，才能发挥产品复制能力。曹氏好景不长，丞相再次篡权，司马废掉曹芳，独揽政府大权，魏国至此灭国。当时皇族死亡率非常高，他们之间经常刀光剑影。背叛是感情难以接受的，忠诚是货币稳定的表现，兄弟感情呈现垄断状态，目的还是维系自身利益，不过是以强者利益为主。人际关系表达消费联系，它的背后显示市场价格，市场变故均为货币问题。

在事物的运动中，货币处于隐秘状态，也是最稳定的关系，它决定着其他关系。战争是高端的生产活动，突出表现全部生产特征，可形成局势的瞬间转变。需要指挥者不可出现错误，否则引起无法挽回的损失。各国君主急于战胜对方，因为他们掌控不了货币，各国货币呈现无序波动，无法利用政策调整价格，货币的供应量失去制约。

各国君主特殊优待将领，建立的是表面的兄弟情。一方面是由于军队需要，兵刃器械发展速度滞后，指挥谋略占有重要地位；一方面是军人收益失常，他们的职业损失相对多。但是军人的能力有限，他们难达到规定目标，又必须极力讨好君主，所以失去独立创造性，军人依靠情感的要素，躲避军事承担的任务。因此，各国军事投入很高，而相对收益却很少，拖累其他行业进步。

生产者在相互比较，全部处于被照顾中，只是照顾程度不同。生产系统由上而下控制，消费系统从下向上控制。社会生活需要情感的交流，却被军队的控制模式代替，两个独立系统融合为一体，双方均失去了自己的特征。

社会生活已经军事化，却没有强势的战斗力，反而让百姓感到恐慌。降低所有生产的压力，每一项生产受到照顾，无端放大了生产错误。农业是受外部影响高的行业，错误导致了整条产业链衰败。

世家大族负责的是农业，魏国非常重视水利建设，改造过三千顷盐碱地，在三国中粮食产品最高。农业的收入相对最高，可是世族还是不满意，他们不关心生产升级，不提升生产方案品质，他们在加紧掠夺资源。农业资源最易枯竭，没有其他产业配合，耕地很快就板结了，农业最先进的魏国，战场上却一败涂地。

南方蜀、吴控制优质资源，因缺少支持导致生产落后，诸葛亮七出祁山争夺资源，却没有计划重构货币体系。影响各地发展的要素是投资，没有资金完成地区基础建设，从而影响了已有的生产计划，这才是各方角逐的真正原因。人类是一种理性的生物，必选择有利于己的局势，若没有政府的基础作用，取消惩罚错误的生产行为，生产者必主动选择错误。

围绕市场规则的制订与撤销，士人占有了无可比拟的能力，所以形成了不同的服务对象。他们都在为规则提供解释，企业的士人着力破坏规则，国家的士人着力建设规则，双方从不同角度获得收益，均享有其他人没有的特权。这已不再是道德问题，道德被货币收益捆绑，行为符合收益的边际，除非是改变

第五章 货币波动时代——魏晋南北朝

社会制度，否则不可能改变道德。

企业的士人接受质询时，以无知为借口开脱责任。他们从不表示抗议，时代特征是随大流，观念上永远不升级，士人理性选择无知。无知是有害的能量，相对人类已知部分，人的无知带来损害，它将阻止认知努力，妨碍探索新的知识。

等到曹丕称帝之后，政府救济贫家子弟，尽力保证社会公平。政府在直接放贷款，供应无资本的贫户，农户可以开荒种地，他们精心耕种土地，相对产出更多粮食。世族用土地置换货币，所属生产被货币限制。刘备开始发行大额货币，一枚值一百文五铢，这个叫做"值百五铢"。

蜀汉政权不在古巴蜀地，不含铜矿丰富的金沙江，从九克减重到三克左右。蜀国政府征收粮食税，将各种粮食上缴政府，政府要负责供养军队，这是货币的良性循环。皇族背后即是世家大族，世家大族的背后是矿产，矿产是在决定铸币能力，金属货币体现在矿产上，谁能够控制矿产，谁就赢得控制权。

如果国家矿产业很弱，它只能铸造少量货币。这些钱一进入市场，便会被储藏起来，发挥不了货币作用。在这种情况下，国家允许私人铸币，直到市场饱和为止。蜀汉的国库很快充实起来，接着吴国效仿这种方法，铸行"大泉五百"，隔年铸行"大泉当千"，重量在十克左右，当五百和一千枚五铢。

吴国比蜀国更加激进，升为大泉二千、五千，资源更为严重短缺，故两国联合征伐魏国。出现值百五铢以后，没有废止原五铢钱，在刘备建立政权后，发行一系列大钱，比如值百钱、犍为五铢、太平百钱、定平一百铜钱，提升蜀国的产业结构。

蜀国需要改变运输质量，故创造了最高效的车辆。蜀国的产品备受欢迎，它的提花织锦技术优秀，备受当时奢靡风气推崇。虽然人口数量相对少，蜀国的人口非常密集，适合大规模刺绣作业。故货币被周边认可，货币品质扩大十倍。蜀国从中受益，可用之发薪金，加速货币流通。

蜀国可以持续发展，主要功劳是税收。如果政府不收税金，货币放贷需求锐减，生产货币储积增加，生产资源价格上涨，即可引发通货膨胀。而此时的世族企业，已经停止扩大生产，资本收益不受影响。而各地不得不扩张职权，自己组织生产资源生产，满足市场上的基础需求。利用市场是最合算的，蜀国官员在涨价之时，则会出售官府的粮食，世族看到粮价太低了，不愿意继续囤积粮食，必然加入售粮的队列。

世族不小心地获得货币，却不知觉改善粮食供应，这就是市场自动调节作用。但是随着战争经费的高涨,政府也没有钱采购粮食,失去了干预市场的资本。战争需要的资金越来越多,压力全部在政府身上,导致后来政府的失控,官员介入了所有商业。如果政府介入商业,商人竞争不过政府,政府直接控制物价,可以惠及所有消费。合理的商业定价在于竞争,政府控制的交易没有竞争,市场价格不随着消费波动,而是完全符合货币供应量。

各国政府负责供应货币,他们又是从世族中产生,商人与世族是竞争关系,此时商人也与政府竞争,故政府只是向世族放贷。从表面看,似乎是官员决定价格,世族生产在实际定价。既然生产系统订立价格,贷款付息和税收已确定,这是销售收入的分配权,这项权力代替货币发行,生成等同货币收益权力。一旦世族有发行权力,则不希望皇权的存在。于是世族加强对佃户控制,他们要全面负责生产收益,必然掌握人力资源的状态。

各国中央控制黄籍,世族势力控制白籍,奴婢归属世族管理,自由民归政府管辖。黄白籍是户口管理,针对不同的要求。黄籍登记人口全部信息,个人的情况和家庭地位,服役、逃、病、死情况,在为核算税收提供信息。白籍由生产系统负责,由于南北人口的流动,为了生产系统用人的,当时考察的是执行官。

为了保护世族税收特权,白籍登记家庭做官情况,与世族通婚及门第等级,但不统计世族的隐匿户,登记的项目为免役服务。庶族可以通过联姻,获得世族特权待遇。此时的政府管理项目繁杂,超过统一王朝的项目范围,以此维持着市场不公的状态。政府是吐纳资本的机构,当税收负担转给了佃户,自然无法广泛发展工作,形成了单一的市场结构。

在完整的皇权控制下,政府在监督企业生产,发现错误并及时纠正,而且要给出一定惩罚。自从放弃了中央政府,不再监督企业的生产,政府官员具有公信力,可以为企业行为辩解,而此时失去这个机会,小型企业发展更加难。此阶段的农业水平,生产效率大幅下降,亩产粮食刚好纳税,一户耕种一百亩地,无法维持社会安定。

不光是在民间的行为模式,君臣之间也讲究兄弟情感,因为在重大的利益关系前,国家权力在保护富人利益,所以皇帝与富户结成友情。当司马炎失去控制之后,宗室在各地的成员夺权,史称"八王之乱"。八王之乱的十六年,参战诸王相继败亡,民众被杀害者众多,社会经济遭到破坏。最后胡人回到原住地,从而平息了这场动乱。

接着历史进入十六国时期,匈奴、羯、鲜卑、羌及氐,这些被称为少数民

第五章 货币波动时代——魏晋南北朝

族地区,已经不再是孤立生存状态。儒家文化的胡人进入中原,推翻原有的世家大族统治,引入行业分工和生产协作,中原地区重新获得生产力。但是中原没有形成统一,生产系统重新陷入混乱。必须对所有人负责,市场中的所有成员,生产活动需要审批。

在金融控制体系下,投资只负责一部分,不需要对结果负责,所以需要审批程序,如果没有机构负责,相当于自己发货币。生产系统自己发放货币,形成了普遍的生产收益,生产者得到平均化受益,而货币支付的成本增大,将生产错误损失推卸掉,转给支付成本的消费者。

如此可以得出一个结论,经济制度设定了控制力,市场必须执行统一控制。而此时处于多中心状态,各国政府处于中心地位,各国政府之间陷入竞争。自由竞争的政府不合法,消费系统自下而上控制,竞争状态的政府要收益,从而散失了社会福利总额,它们不承担消费的责任,所以各国不保护国民。

政府必然在排斥竞争,多头管理是危险信号,只要市场失去控制力,政权转手的频率加快,无能者只好私下妥协。三国曹家占刘家,西晋司马占曹家,刘宋占司马家天下,南齐占刘宋家天下,萧梁占南齐的天下,南陈占萧梁的天下。表面上是和平交接,其实皆因皇权过小,强权趁机占有政权,但是持续时间不长。

西晋南北朝时期,很多小国根本不铸钱,而沿用囤积的五铢钱,世家大族有太多货币,被用在了生产资源上。生产活动好像是游戏,一个不断升级的游戏,需要更优秀的参与者。由于当地资源的优势,生产者失去提高机会,资源丰富地区发展慢。生产发展需要新增货币,而新货币进入富人钱包,没成为促进生产的要素。

这些货币在维持旧产业,直到维持不下去为止。生产进步的重点在能源,能源表示生产能量级别。利用能源需要复杂操作,因为能源本身无收益,需要注入生产链条之后,由相应的生产方案产出,国家才可能得到收益。这便涉及政府的控制,皇权第一个发挥作用,其次是政府发挥作用,接着才出现生产系统。

价格的审核程序出现疏漏,形成不合乎逻辑的审理,错误的前段在审核后断,审核者忽略自己的错误,每次审核出现同样结论,造成最终审核结果失真。人们发现了这一类错误,人的理性是永远存在的,它成为社会福利的基石,无论何时人都是重要的。

人才是最宝贵的资源,可是人没有得到利用。北方的渤海地区落后,可是聚集了大量人才，他们发明了煮盐法，但是那里的资源非常少，沿海地区产海盐，四川等地区有井盐，他们必须设计好设备，开发自己的资源产业。

在魏晋政权交替的时期，食盐制造技术处于高端，仅靠光照的生产效率低，人们在想办法增加产量。空白的土地都在新添人口，过去的荒山野岭都被占据，人口膨胀导致食盐需求剧增。食盐生产必须突破技术，于是天然气被用来煮盐。

自从有了天然气之后，人们打出很深的盐井，利用滑轮提升卤水，将铁盆伏在井口，点燃上溢的气体，卤水就凝固成晶体。这份工作过去集中皇家，因为木材或煤炭的价高，制盐的成本又实在太高，制盐被转移到企业当中。

食盐价格没有降低，民众的生活未改变。此时应当增加税收，将稳定物价的费用，变换为福利的形式。可是盐税没有改变，制盐企业成为豪强，进而霸占当地税收。豪强垄断天然气，新能源没有公开，不能以货币采购，这便限制了竞争，相关企业未受益。

豪强在控制生产能量，生产货币不受到限定。暴力无法持续控制社会变化，它只在一个时间段发挥作用，暴力体现贵族占有资源边际，一旦贵族无法低成本地占有，一切暴力将被市场行为终止。

随着货币的核算越来越精确，贵族对自然资源的控制减弱，在自然资源转入生产资源时，应当支付的成本变得清楚了，贵族控制也注入了文明因素。过去的天经地义的占有，于今开始有了一些松动，他们变成有文化的士族，对自己的侵占行为辩解。此时生产不受政局影响，随着对生产的控制减弱，造成市场物价普遍上涨，生产能量低于铜币成本，汉朝五铢钱被自然淘汰。

由于五铢钱的储备太多，世族用它大量购买土地，于是转移到市场的末端，一直到隋朝才消耗殆尽。货币核算越来越精确，贵族对资源控制减弱，自然资源转化为资源，应付的成本越发明显，贵族也无法随意行为，他们以士族方式出现。

消费系统需要权力，通过民意取得权力，军队可以消除民意，军事系统镇压百姓，这是一种破坏之力，对国家的负面影响。随着消费系统控制力衰落，战争在一步步逼近家园，大量新货币用在军队，百姓市场的资金短缺，生产系统为军队负责，它们之间形成了均衡，货币供应量即为边际。

市场日用品供应减少，百姓纷纷在家里生产，政府也没有对此征税，打破了市场机制效果，必须对落后生产征税。家庭不会添置设备，自给自足无关道德，只是从事低级劳动，它违背了价值运动，是在破坏生产系统，形成消费上的损失。无论是家庭还是社会，均需要人的理性认知，人对货币价值的认可，

第五章 货币波动时代——魏晋南北朝

自觉执行社会的秩序，表现为对社会的敬畏。

为了维持原有的经营，世族让少数子弟做官，其余人过着奢侈生活。而百姓生活普遍艰苦，市场处于自由的状态，价格随着货币而浮动，如果货币的供应量多，市场价格一定会上涨。如果货币减少供应，自由贸易被迫中断，政府出面控制一切，百姓买不到日用品。

可是两种变化背后，百姓均不是受益者，受益者是生产系统。生产资源的价格上涨，世家大族成为暴发户，他们不求助政府官员，其收入依靠贸易取得，经营与政府权力脱离，向标定交易方向跟进。

由于政府按照财产征税，先评资、定出户才征税，百姓会隐瞒自己的财产，虽然他们的家庭财富少，但是更加注意征税额度。民间开始秘密交易，躲避政府资簿记录，在用自家产的丝帛，交换生活必需商品。长此以往，政府也被改变，修正征税标准。丝帛为市场选定货币，后人称之为"帛币"。

丝帛的生产成本处于边际，多项产品组合的价格边际，按照权重的方式计算而来。帛币是家庭劳动结果，此时的资源集中使用，已经从家庭生活退出，帛币只计算家庭劳动，不能核算企业生产量。北魏政府铸造铜钱，参照标准也是丝帛，一匹绢值铜钱二百。但是发行的货币，缺少统一的规范，很快被市场抛弃。

此时的知识不再私人所有，更多的知识进入公共领域，成为国家控制的社会共识。人的意识对应生产，生产格局设定思维，对豪强的崇拜迷恋，对暴力的妄念颂扬，成为时代的主旋律。随着资源价格的升高，百姓自觉地生产货币，他们去没有经济收益，经济失去基础动力，城市处于荒废状态，农村也变成垃圾场。

在如此情况下，各国的内部不太平，内部经常发生战争，不能统一对外政策。政策在表达长远效果，必然反馈利益的得失，背叛者得到了高收益，必然逆转政策的方向。所有政策制定过程，被群体利益所左右。内战脱离政府性生产，让生产活动归于民间，恢复官员到裁判角色。新产品刺激大脑的兴奋，提高了人的精神注意力，促使人的精力投入生产，消费系统完善生产系统。

在货币的对抗中，丝帛成为最大公约数，丝帛生产靠家庭模式，成为市场认可的货币。丝帛最早可追溯至殷商，这项生产涉及桑树种植，不占用农业用地，女性参与养殖家蚕，并且承担缫丝的工作。此项生产在家里，与家庭生产比较，世族生产无优势。

丝帛货币的生产能量，全天手工劳动的能量，此能量维系了四百年。丝帛业需要城市作基础，一是消费市场需要比较，城市按照消费格局布置，农村保持职业布局居住，所以同一村子贫富相同，且由于从事相同的作业，消费习惯上基本上一致，非常不利销售丝帛服饰。服饰选择突出了个性化，城市生活追求个性消费，所以坊墙逐渐被废弃了。

服饰也不再是自家缝纫，而是制成衣服之后出售。白帛作书写材料消耗，个人储备一定量丝帛。丝帛产量超过铜币发行量，更正了过去铜币不足之缺，实现社会福利的快速补充。坊墙阻碍社会福利分发，每个职业单独住在一起，其福利与行业资源相关，不会提升生活绝对品质，并且造成各区意见对立。王室看到这种情况以后，下旨推翻了城市的坊墙。

王室并非放弃管理责任，政府必须区分各类家庭，比如隶户、伎作户、绫罗户，佛教寺院有僧祇户和佛图户，均不属于民户类的户籍。这些户籍不能随意改变，否则政府无法统计生产，例如兵户子弟世袭当兵，僧尼和其家属不得增加，政府单独设立僧官管理。这些措施为了对抗生产系统，防止它们自己给定市场价格。

政府无力完全控制交易，私下交易难以防范，这些交易处于竞争中，确定价格符合竞争性。这些价格不符合市场标准，它是单个生产能量边际，这一能量决定产品数量，形成产量高的售价高。贵族技术即暴力惩罚，迫使百姓为他们打工，却不能真正改善生活。为了不向本国贵族屈服，拒绝对贵族的生产投资，各国在战争间隙组织贸易，并且吸引对方的人力入境，保持本国生产人力的充足。

丝帛贸易促进南北沟通，北方具有人才技术优势，南方具有气候人力优势，双方有配置资源的动机，很容易结合成为新组合。有教养的富有家庭，可以造就完整人格。如果只有权势扩张，造就的是华而不实。企业与个人非常相似，生产成长要供给养分，若没有得到国家支持，很快达到国内的饱和。市场服从货币的调遣，需要特别的军备贷款，用来消化世族的生产，如果长期遇不到战争，世族的企业可能破产。

随着国家实力的增强，临时军变成常驻军队，国家的投资扩张很多，当时的军队只是陆军，而且已占有大笔财政。各国政府要求减少军费，市场却无法配置好资源，高昂的军费一直下不来。比如三国时期，曹魏的优势是农耕和畜牧业，东吴的优势是造船铜铁冶炼，蜀汉的优势是植桑养蚕纺织。只有整合资源的企业平等，合作生产者在企业中协商，不需要市场上的价格竞争。

如果货币供应不足，没有生成消费货币，市场交易转向实物，货币增量此刻为零。货币增量为零，表示不需要决策，国家政治停下来。一旦国家无法统一决策，南方资源成为争夺焦点，北方地区肯定丢给胡人。故北方汉族向南方迁移，南北各民族融为一体，南方有机会追上北方，合并南北成为历史大势。而人类社会的变化趋势，全在于货币增量的推动，增量预示着生产的进步。

由于社会福利空位，各地资源失去核算，均在尽力放大经济。生产围绕世族展开，世族构建全部行业。但是这种方式组织生产，各自消费系统生成标准，争取自己利益的最大化，各地形成不同语言发声，方言可以加密生产信息，维持世族控制区的平等，却给外来户制造了麻烦。

由于方言表达思维模式，对应产生一种控制方案，即便各地没有统一规则，也可以维持生产型决策，这是语言在社会的作用。随着世族声誉的进一步提高，为了表现在人前的显赫地位，世族的称呼中多了"字"和"号"，用来进一步产生人格的差异，社会阶层的分化被迫加剧了。

由于世族之间可以交流，他们内部生成特有词汇，以人格特征排斥其他人。百姓的语言品质在下降，世族不愿与老百姓对话，以"阿堵物"代指铜钱。方言和普通话的并存，证明地区一体化进程，生产系统依然在一起，必然生成统一的民族。

> 由于各区缺少中央调度，货币量远小于市场需求。表现为士人的多愁善感上，整个社会的情绪波动很大，大脑记忆了过去的货币标值，当市场失去货币的作用空间，人们依然持续感知商品价值，并对产品间的差异作出反应。这是货币价值性能，一旦货币来过一趟，再也不能随意除去……

第二节　南北朝的货币分治

商业剥夺了富户的盈利，富户人家非常厌烦商业。虽然富人拥有生产，可以组织商业收益，亦可低价策略入市，但减弱了盈利部分。增加收益需要投资智慧，以现有生产强求高回报，必然带来市场的总损失。贵族企业人力多，制造产品成本低，产品价格必然低，商业欺负小贵族。商业调动各个阶层，联合民意推动上层，认可自己民族优越，形成了地区统治权。

所以在市场竞争中，贵族和商人相互伤害，政府设立了爵位等级，爵位表示资源的多寡，爵位可免于法律处置，也是取得官位的依据，而官位可以占有山林。而在一个民族的内部，全部依赖集体化生活，压制货币对生活改变，这种集体充满了挑逗，可以提供人的征服欲。

在这种集体生活中，人们习惯于武力解决，凡事均由上层控制。政府为了保持威信，建立独立的传递形式，官文于是有自己的格式，从而控制社会活动模式。而且这种方式十分有效，可以迅速振兴局部经济，造成失业率为零的假象。随着资源被消耗殆尽，经济发展失去了后劲。

虽然发展方法很多，经过市场经济选择，最后只能选择一个。完成这么复杂任务，需要利用语言资源。连家庭也服从这一原则，家庭关系以丈夫为核心，已婚女子改为夫家姓氏。人类社会传承的是智力，而不是当地储藏的资源，这些资源本身没有意义，必须在智力作用下生效。

生产发展带来许多谜团，老年人会存留很多疑问，对更多事物抱有好奇心，并将这些问题转给青年，教他们破解谜团的方法，才形成了一代代的进步。团结最终表现在家庭，必然反映出国家状态，家庭内部有强大福利，不以收入核定消费量，而根据情感设定关系。这种设定具有扩张性，不断向国家上层反馈，推动皇帝权力的生成。

在国家未统一之前，各地大量浪费资源。由于中原资源丰富，可以支持衰减很久，才会影响社会制度。魏晋南北朝改变了选官制度，开启四百多年的九品中正制。这种体制运行下去，则形成阶级的固化，资金运转成死循环，技术发展越来越慢。企业有权策划价格，资源价格成为主体，推动世族大户成功。

九品中正制确立世家大族地位，到西晋初颁行品官占田荫户制，政府规定按官品高下占有田地，国家以立法形式承认他的奴民。在封闭的庄园里面，奴隶没有人身自由，可以被买卖或杀死。世族均不提供货币，庄园之间以物易物，可以满足世族需要。虽然实物测定价格不准，加上世族消费过于主观，奴隶在承担浪费的损失，他们承受交易上的压力。

世族根本不屑于保留货币，他们愿意直接用物资交换。世族子弟均饱读诗书，均有过人的文化素养，为了否定百姓的货币提案，世族无数次蛮横地拒绝，之后他们利用复杂的语言，排斥百姓的平常便。这种标准过度的表达。即使受过训练的百姓，也说不出那么准确的程度，更何况他们已经被排斥，世族根本不听他们说。

对于一个普通的百姓，一生只能为世族打工，赚取很低的劳动收入。国家很久没有开科取士。此时的生产系统，劳力需求已饱和。皇帝司马炎上位，即宣布裁减人口，减少生育的数量，三年内不准结婚。从上而下进行的灌输，造成女性的生育减少。皇室后嗣无人，控制力下降，没法控制边疆。

皇权控制的减弱，给国家带来负担。为了强化皇室权力，司马炎扩大后宫规模，结果找来上万嫔妃，需要他坐着羊车临幸。社会系统提出要求，不断地对政府施压，要求清除生产错误。这些消费要求分散，很难达到控制目的，会推选一个谈判者，他负责与政府谈判，这个人便成为皇帝。

皇室负责国家投资，它与企业投资相反，需要长期关注经济。由于税收的减少，与国家投资减少，与货币品质下降，很多种效果相同。对于皇室的控制，这些是干扰因素，需要上层排除掉。错误思想来自底层，只考虑自己的利益，便失去统筹的视野。

到了晋惠帝的时期，皇室与百姓的关系疏远，百姓多不赞成皇室控制，市场经济需要百姓自私，但是必须接受货币控制，而此时的百姓以物易物，体现生产意志的破坏力，货币的作用在逐渐减少。晋惠帝说："何不食肉糜"，便是要求政府提供福利，消除市场的错误要素。

可是面对强大政府系统，皇室力量显得势单力薄。官员受到世族胁迫，一致反对增加福利，官员享有固定薪俸，主要收入依靠世族。只有官员放弃自我收益，才可能行政上秉公执法。而官员丰裕的资本，有强大的执行能力，而皇帝只依靠亲人，各地封王出面保皇，演绎了无数的血战。

官员为世族服务，得到较高的奖赏。于是群臣一起在抵制圣旨，他们经常集体与皇帝辩论，皇帝被辩得面红耳赤，且成为被嘲笑的对象。世族垄断经济命脉，官员关心财政收入，却从未关心过百姓，国家必然持续贫困。

皇帝照顾不了百姓，则由佛祖照顾他们。中原本土宗教是道教，道教没有介入金融业，故宗教品质没有提高，道教信仰的人数有限。金融业需要减少禁忌，照顾更大范围的人群，随着生产活动的扩大，对生产质量提出要求。道教不调整经济政策，而佛教主张改善生活，要求社会上层多付出，付出即为收获的道理。菩萨是福利济世之神，主动介入俗世的生活，推动货币运行的质量。

佛教起源于印度，当时的社会大乱，没有人审核技术，生产收益被高估，企业经营难维系，而销售非常困难，造成上下的压力，王室介入了市场。佛教主张输出社会福利，社会福利没有影响收入，只是重新确定市场价格，市场价格准确反映生产，决定机制不掺杂技术性，完全凭借人的价值判定。

印度国王舍弃王位，在艰苦的环境修炼，幸福来自生产成功，构成断续的时间段，消费体验构成人生，这是长时间的痛苦。释迦牟尼领会了它，形成了佛教的理论。佛教让印度恢复稳定，印度社会出现共同富裕，没有看到饥民的现象。

此时中原人心情烦躁，贫困人家得不到投资，无法改变生活的处境。而士族的心态不稳定，他们负责特定的生产，而且在控制社会思想，为此支付巨额的成本，精力上快坚持不住了。这些费用很不合理，不对应他们的收益。世族继承家族行业，而且没有选择机会，这种做法不是错误。可是各行业有不同收益，世族之间在无规则竞争，让这些人全部心怀不满。只有统一的消费标准，由此产生平等的规则，作用所有生产者身上，才会让人们心情平复。

教徒用白马驮着佛经，从新疆徒步进入洛阳，中原立刻接受了佛教。百姓愿意选择精神的力量，以个人消费角度解决问题，佛教教义迅速稳定了社会，成为中原信仰的自觉行动。但是道教不愿意退出，道教依附于古老玄学，玄学充满了知识碎片，消耗大脑的工作能量，降低大脑的逻辑分析。

世族的资本是过量的，对本地项目投资过度，投资收益的边际下降，生产者的收益感迟钝，市场的议价空间增加，产品的价格边际模糊，消费感知也变迟钝了。玄学是此现象的表现，玄学意欲对儒学改造，之后佛教与儒学合并，成为一种本土的宗教。王室极力倡导佛教，各地开凿佛窟寺庙，两种宗教发生争论，其实是在辩论政策。道教要求长年辩论，可是它被民间淡忘。

这种对抗皇权的现象，在世界范围普遍发生，罗马建立军功爵位制，与这种暴力直接相关。那里的社会秩序不好，还不许法官进入领地，靠个人暴力实现公平。故罗马从时已经衰败，欧洲随之进入黑暗期。皇权支持新兴的佛教，它的背后是底层意见。皇室给僧侣提供住房，提供活动所需的经费。

佛寺照顾无家可归者，为他们提供日常饮食，百姓恢复了社会信任。这些工作原本皇室负责，现在被佛寺的僧侣完成，皇室成员非常感谢佛寺。为了答谢僧侣的成绩，皇室集中所有的财力，在洛阳建造了白马寺，一座布局规整的庙宇，专门提供信众们活动。

这些活动对世族有益，救赎其中良心发现者，他们将自己的钱捐掉，以后再也没法作恶了。佛寺推行这些信念，越来越多的人相信，为入天堂放弃眼前，佃户们不再反抗了，世族减少维持费用，他们也相信了佛教。稳定费用一旦消失，皇权立刻回到社会。当皇权得到了民众的信任，可以大量发行铜钱的时刻，佛寺再次释放铜料到市场，僧侣得到了很多建筑材料，保证皇家发行货币的资源。但是因此产生了矛盾，佛寺与政府发生冲突。

佛寺是有信誉的，而政府没有信誉。在这段四百年时间，各国君主轮番更替，政府没有赢得信誉。皇室没有管控佛寺的权力，却不能授权政府发行货币，政府此刻的信誉实在太低，自身可能负责的生产有限，若官员组织人力投资生产，效率定低于市场平均水准。信誉的问题是绝对关键，连当时的国号借用前朝，借助于前朝的威信立国。

相对来说，世家大族有生产控制力，他们有良好的市场信誉，生产链条有巨大覆盖面，这些人只认可市场信誉，即拥有生产资源的实力。世家大族有社会声望，一方面，他们的控制范围广阔，生产者表现了占有欲，占有数量庞大的良田，有佃户和隐秘的劳力；一方面，他们养着很多的食客，他们的工作不用缴税，而且是一些隐秘之事，食客随时会得到赏赐。

世家大族也想赢得民心，可是他们只救济少量人，这些人是破落的生产者，破落的原因是生产衰败，他们应当承担失败结果。一对一的资助没有普遍意义，阻碍皇权对社会福利的改善。皇室被迫将货币交给世族，让他们负责货币发行业务。世族大量投资佛教建筑，佛教也被迫屈从于世族，世族的形象被塑入佛像。从此佛寺开始供奉偶像，违反了佛祖最初的教导。

陈朝皇帝推崇佛教，自从皇室信仰佛教，内宫生活大为改观，皇帝不吃荤腥、不近女色，甚至祭祀用蔬菜，完全的廉政干部。可是没法控制政府，货币收益均被劫走，根本没法提供福利。皇帝没有解决办法，将自己舍给了佛寺。可这一招早有人用，寺院已有相应对策。

恢复皇帝的身份，需要捐四亿铜钱，寺院拿到了献金。不久之后，施舍开始产生影响力，皇帝的威信开始上升。只有提升货币控制力，才能去除人际的暴力。与此同时世族的财富增加，生产收益上有超级的利润，每年放贷还产生巨额利息。世族是不给皇室返利的，皇室的发行量一直很小，这份货币权力没有落实。

放贷利息应当供应穷人，皇权负责发行全国货币，利息应当全部返给皇室，再由皇室分发平民百姓。贷款利息是社会福利，皇帝愿意听取意见的，这是测验皇室的能力，皇室此时没有供应力。世族不供应社会福利，民众富裕会损害世族。

世族对自己企业赏赐，给这些员工提供福利。市场属于测定机制，一旦形成市场价格，所有收益在临界点，不可再次分配收益。皇权比较弱的时候，调节的范围比较小，市场价格具有弹性。而当社会加强皇权时，市场价格失去了弹性，利息和税收同时浮动，通过权力调节其定位，价格回归合理的位置。故生产收入无余地，不可得额外的赏赐。

赏赐降低了产品的品质，同幅度降低生产者品质。世族的人格明显降低，为了保持世族的特权，他们形成了近亲联姻，世族的思想更加接近。由于世族内部通婚，加上需要门当户对，则是财产数额匹配，婚姻的选择机会少。世族与平民产生距离，如同不同的物种差异。体能是生产者的特征，女性不追求男性健壮，这是不合经济的做法。

女性比较男性更少的成本，这是生产系统提出的要求，故对她们的要求比男性高。而女性被动选择伴侣，她的精神在受到控制，她们的行为素质降低，故通奸成为普遍现象。选择标准决定结果，女性变得唯利是图，男性变得柔弱无力。他们平时要丫鬟伺候，上下车要仆人抬起来。由于经常吸毒寻欢，所以只能牛车出行，牛车才能坐得稳当，速度慢而且颠簸小。随着穷富差异加大，富人的基因在改变，他们出现退化现象。

世族没有真实控制力，这套社会制度的背后，维持力量是意识形态。世族需要强化此制度，生产者制造一些麻烦，造成其他生产者损失，形成自己的相对收益。当时的名士宣扬黄老哲学，比如何晏、王弼、夏侯玄，以"无为"规则约束政府，无为而治是为了虚化皇权，由此消除普遍参政的机会。

皇权是儒家文化的核心，文化是社会发展的核心。儒家不断修订法律，这些人不畏强制力，不断扩宽福利范围，成为儒家七十二贤，进入孔庙接受膜拜。儒家的核心是善与恶，最高的善在消费系统，生产系统负责产生善，但是此过程可能有恶，消费系统防御这种恶。社会被世族控制，法律变成了宗法，宗法在消除人格。例如，古代用刖、膑、宫，此时用配、流、刺。未顾及到人格，将人视为动物，法律价格为零。

若法律只顾及制定费用，则无视礼仪入律的成本。处罚必须保证人格，礼仪的形成成本低，法律的形成成本高，两者是不能相通的，相同必然损害人格。此时法律强迫认罪，并且在审讯中施刑，可以抽打鞭杖二百，可以用礌砺车恐吓。相当于每次交易定价，均由生产者一方决定。法律的控制源自生产，生产系统才需要控制，故生产管理追求控制，上级绝对地控制下级。

由于司法事先定罪，自首可免罪或减刑，不自首重罪或杀头，不认罪的可以加罪，逃跑的则要加重罪。由此引发刑罚上的交易，刑期可以按照人情确定，法律因人、时、事变动，可以随时减刑或者改判，故官员的权力不受约束。

在如此的社会，被人深恶痛绝的，不是危害市场秩序，而是危害生产福利。因世族负责生产福利，若他们犯罪会被轻判，他们的法律责任很小，与平民或者奴婢不同，法律系统有三套刑罚。货币核算的标准模糊，企业的规模不断膨胀。

法律禁止家族另立门户，保证企业维持一定规模。而且禁止平民嫁给世族，从而散失世族资本积累。这些法律规定，史称"八议制度"。皇室的利益是独立的，不许佛教向司法渗透，佛寺必须向民间奉献，不可用司法欺诈民众。

佛寺要求信众来奉献，反而向信仰民众要钱，这是减少民间的福利。官员在积极限制佛寺，他们侵占民间的资财，这里聚集了大量财富。由于汉人建立了政府，内部连年战争屠杀，人口在迅速减少，很多耕地落荒了，给胡人机会进入。胡人来后重建了秩序，他们在突破世族社会。世族必须对人控制，父母对子女的控制，世族剥夺人的尊严，形成家庭暴力根源。家庭是暴力之源，生成暴力型人格，对自己亲人施暴，却是最重的暴力。

当胡人军队进入之后，树立佛寺的立法权威，皇室在授予佛寺权力，提供意识支持和认可。北方胡人开始介入中原，大范围推动法治化进程，社会秩序有了初步模样。在胡人建立的国家，政府设立大理寺，将司法归入正轨。佛教在建立威德时，树立社会上的地位，决定了佛教的兴盛。税收就是国家责任，皇帝代表百姓利益，有了皇帝才能纳税。

而此时的欧洲，提出"无代表不纳税"。基督教组织裁判所，加强对犯罪的审理，重建皇权法律威严。宗教组织介入司法，可以听取多方意见，让意见变化入司法。民意是活动的价格信号，表达消费者的边际收益。边际收益随时产生，必须随时做出调整。

此后的历代政府中，司法系统用"寺"。新生成的法律，一直沿用隋唐。那些灭佛的国家，军队战力在萎缩，被周边国家占领，最后集中到一起。这些国家的进程，留下许多的机会，改正错误的机会，但是均没有生效，最终成统一王朝。

此时士人追求金钱，不想涉及政策问题。士人活得非常潇洒，不必遵守儒家规则，他们蔑视礼教约束，反对传统道德约束。士人可以约束皇权，约束货币发行数量，造成西晋短暂统一，没有几年国家灭亡。所有辩论形式，无关社会福利，只有个人得失。

所以百姓中间没有争论，士人的争论与他们无关，士人不仅创造无责环境，而且让百姓也缺乏担当，社会心理进入个人体验，体验不再具有社会性质。人们想要世外桃源，在躲避所有的烦恼，这种想法不符现实，百姓没有消费体验，思维处于麻木状态。

消费体验尤其重要，价值判断有包容性，主要是体验的丰富，它在评价思维质量。消费者同时感受更多，体会不同材质的属性，需要多利用生产资源，将生产资源融为一体。货币的退步阻碍消费，让人们失去消费体验，即失去感知未来可能。假若没有货币的支持，社会无法恢复到文明。

故魏晋社会普遍造假，竹林七贤是比较夸张，这群人的小弟叫王戎。王戎因玄学得官位，到处收购水磨田产，并以此为人生乐趣。与他们抗争的士人，比如孔融或者杨修，因为真理丢掉性命，他们单枪匹马抗争，不与现实错误妥协。

货币发行必须有确定数值，它是由士人确定的上下限，这些决定来自市场的信息，社会福利遍及社会各角落，它表示为一个综合性价格。士人必须发现福利的价格，为不设限的货币给定边际。士人不能将现实虚化，消费信息不受到蒙蔽，才是士人的社会责任。

司马睿建立东晋之后，士人提倡不要问政事，将矛盾归入人际关系，描述社会固有的矛盾，形成了阶级论的观点，人与人之间失去信任。许多因此受益的士人，揭起玄学的启蒙运动。玄学掩盖生产错误，依靠故事方式传播。为了掩饰真实逻辑，编纂一些虚幻故事，消除了人心的幻想，生产上没有了奇迹，国民变成平庸之人。

玄学是防检测系统，它不具有认知意义，消费产生检测机构，负责研发检测手段，生产系统也有投资，开发新型的防检测，消除中央集权干预。平庸者不宜生产活动，简单生产在消耗资源，世族企业在平庸状态，生产者对消费者冷漠，表现出来是人情冷漠。社会上缺乏同情心，企业内缺乏向心力。

士人要求给予民众自由，他们垄断了语言解释力，而皇室要与全体人对立，取消生产目的全民自由。士人整日聚众炫富斗富，或者酒肆中无休止宴饮。有感情的地方是寺院，这里充满人类的情感，情感就是信用的产物。浙江的沈充自铸钱，所造钱只有三铢半，钱文上却是"五朱"，此伪币称"沈郎钱"。贷款需要核算单位，必须选择诚信人群。

到了南北朝时期，寺院的质库经营贷款，负责货币的发行工作。著名的质库有：南齐的招提寺、南梁的长沙寺、东晋南朝的抵店，寺院得到了社会认可，即信仰通过信用验证。在南朝的时候，特意对贫困者免债，贫户获得无息贷款，灾年发放特别贷款。

到北朝的时候，寺院不再承担责任。贷款原则需要按需分配，一旦生产得到足额贷款，大小企业可以足额缴税，所有企业处于平等状态，生产者以相同

第五章 货币波动时代——魏晋南北朝

标准成功。在公平的社会，放贷的标准是品行，贷款给品行端正者。

佛寺是受到认可的，尤其是平民的认可。僧侣的消费很低，根本用不到货币，故他们很难控制投资，他们没有生产收益体验。

生产收益表达了价值取向，它与僧侣的生活恰好相反，僧侣不理解为何出现剩余，而且剩余在源源不断增加。货币发行是集权效果，它必然产生巨额收益。一切货币控制机构，不可接触货币收益。所以僧侣失去了节操，这是道德败坏的源头。他们在繁华区建寺院，在边疆修建佛窟工程，寺院的生意开始增加。

放贷具有很大的风险，僧侣不知道能否回款，大家想出来一个办法，要求贷款者抵押物资，以此保障贷款的回流。面对流通货币的增加，寺院可以增加抵押量，调节货币的增加幅度。抵押物一定可以变现，比如坚固耐用的房产，贷款具有免风险特征。而抵押生产资源的对象，基本上是世家大族子弟，他们开始退出实业领域，进军收益更大的金融业。

如果实业得不到合理贷款，贷款的利息高于资金成本，导致下游对上游增加投资，金融贷款风险扩张到全部，只要某一行业的资金断链，金融风险扩大至全部实业。世族将实业承包出去，并利用资源抵押贷款，再次放贷获得高利润。而寺院无法与其竞争，世族在大量占有贷款，连寺院也被他们征服。

世族在背后支持寺院，他们依靠寺院发横财。南朝皇室的兄弟，这个人叫王萧宏，看到贷款的好处，也想要从中渔利。他对自己的劳工说，可将住房抵押给我，我给你们提供贷款。可是，世族的产业资金丰裕，当然生产方面没有问题，而劳工创业的投资很小。小企业没有竞争力，劳工普遍还不上贷款。

可是合同期一到，萧宏来收房子了，劳工变成了流民。这件事惊动了皇帝，下旨禁止他收房。这段时间寺院增加四倍，全国达到三万多座，有僧侣三百万。寺院经营很多田产，需要大量雇佣人力，失地农民到寺院打杂，很多贫民愿意来。因为佛教普度众生，僧侣不应成为富人，人们开始怀疑寺院。

寺院的经营非常高效，生产扩张到世族地盘，世族组织奴婢砸佛寺。僧侣不懂得经营，自然是粗放管理，只是因为货币充足，才有了丰厚的收益。而低效生产扩大，生态环境开始恶化，生态压力到达顶点。在寺院管理方面，一些寺院在推广高利贷，一些寺院否定这种形式，他们经营房地产增收。

高利贷反映货币品质，货币收益从皇室脱离，进入资源控制者那里。若货币的供应匮乏，必然形成金钱社会。翻译的经书一直在增加，各寺院的解释不相同。经书都是非常抽象的原理，需要僧侣们解读这些知识，变成现实可以对照的信息。可是货币发行后果不同，信徒中间产生意见分歧。

　　寺院在满足世族收益，供应皇宫的高额支出，故上层普遍认可寺院。但是贫户没有得利，而他们是信徒主体。寺院给出新的投资政策，对于每个家庭平衡投资。如果不能保证家庭平等，社会宁愿放弃全部投资，人不愿意接受社会不公。人的本性不想取悦人，迫于生产资源的短缺，人们愿意为自己活着。

　　在宗教进步的压力下，中原重新形成共同体，均愿意讨论社会问题，以全体人受益为标准，组织完善的贷款机制。僧侣负担的工作，实在勉为其难。于是佛寺主动退出，佛教开始吸收玄学，追求玄学思维领域。佛教也是多神的，两者有思想的相近，一些名士转投佛教。佛教思想开始模糊，福利供应含义消失，信徒的意志在衰败，修炼变为明哲保身。

　　寺院在贷款事业上的退缩，令各国的统治者难以应付。寺院向社会释放田产，推动了土地的货币化，农业将要进入新阶段，世族面对巨大的危机。土地资源被货币化，皇室调整能力暴增，税收用在世族身上，生产的成本被调高，保护了农户的利益。皇室限制世族的生产，要求避免生产军用品，政府在禁止军品交易。

　　军品生产执行潜规则，即用征服的土地换军品，如今土地已经货币化，军品采购也必须用货币，为此皇室大量发行新货币，有了永光钱、景和钱和孝建钱，"四柱"五铢和"二柱"五铢，当十个五铢的"太货六铢"。这些货币没有测量精度，没办法服务百姓的市场。两年后停铸"常平五铢"，还停止铸造"永通万国"，其价值当五百枚五铢。此时的货币种类非常多，各国均在尽力研发货币，以此增进自己国家实力。

　　货币的真相是没有人知道的，市场参与者是凭借经验行动，所谓只可使由之不可使知之，积累出操作货币的经验即可。此时到了北周末期，市场交易的公开化，市场收益得到公平。生产者无法断定价值，均不知自有资源价格，只有通过市场的标价，才能获得合理的补偿。而战争的目的也是收益，军品销售必然追求利益。国内产业负责基础研究，而军工产业是应用研究，后者可以收到市场回报。

　　此时不用限制军品生产，只要军品符合交易法则，以货币的形式进行交易，可以家庭方式组织生产。资源的货币化产生产权，获得产权的小企业增加。这些重民生的国家，一旦进入战争状态，产业迅速转为军品，生产的武器质量好，很快逆转战争形势。但是货币不满足需求，必须发行强大的货币，赢得各地区和平共处。新货币呼之欲出，这是建国的信号。

第六章 技术货币时代——隋唐

生产需要赋予等同机会，随着市场规则的完善，每个人都有收入机会。有些商业是违法的，却不能限制其生产。只有等待货币测算精度提高，限制其生产的理由才能成立。隋炀帝的管理之策，是先进还是落后，其行为是否正当，需要社会价值评说……

第一节 隋炀帝的外贸平台

当时诸侯实行集权，军事贵族控制实权。杨坚父亲是大将军，被西魏封为随国公，杨坚也是北周将军，被北周封为随国公。西魏控制者是宇文护，他与杨坚都是鲜卑族。鲜卑族从孝文帝开始，全面学习汉族儒家文化。各民族有各自的生产，其生产可以完成任务，却无法形成最终目的。而儒家文化的存在，激发了士人的想象，他们给出最终目的，这是各民族需要的。

货币不是中性元素，价值判断提供控制，控制力表现在货币。作为面积第一的新兴大国，百姓对福利的要求在增加，隋文帝潜心弥补各地落差，尽力禁止消耗资源的产业。它率先获得生产资源，减少市场资源总量，相关资源价格上涨，淘汰了先进的生产者。如果如此生产，资源很快耗光，造成地区动荡。杨坚统一了全国，称自己为"隋"。

货币投放量已经很大，价值测量精度在增加，一部分生产进入司法，受到法律条款的约束。随之重新设置政策，转向资源少的地区。只有地区间经济平衡，才有帝国长久的稳定。统一是为了执行货币政策，货币渗透到生活各个层面，它们在监控每一个人成功。之前是经营者圈子的成功，经过统一计划的货币政策，政府对各生产者进行控制，实现全民均等成功的机会。

此后独立的个体屡获成功，大家都有机会展示天赋。隋朝政府为三省六部制，军事、财政、行政分离，有利于扩大皇权的力度，建立高效制度管理体系，隋文帝亲自控制御史台，节省了大笔的行政开支，建立了事必躬亲的传统。地方大臣不再有独断权，他们必须在决策的同时，抄送一份备忘上交皇室。

地方官吏收入有保障，分配他们相应永业田，可以传给自己的子孙。各地刺史负责监察工作，他的职责是监督政府，监察权力独立于政府。明确了政府的责任，这是行政民主形式，民主区分责任范围，排斥了生产者决策。杨坚当上皇帝之后，军事贵族无法决策，否则引起全国骚乱，影响其他贵族利益。生产者必须纳税，消费者必受福利，两者责任落在政府。

这个政府不同以往，它未沿袭北周做法，此前一直是六官制，它在独立创新制度。六官制是根据周礼设计的，而当时王室尚未控制政府。在政府强力管理下，产品市场得到分散，企业活动半径增加，资源市场相对集中，商业环节逐步增加，商业定价权在加大。但是企业没有扩大多少，资源的控制力有边际值，而金融系统缺少规则性，货币不能沉淀企业资源，企业用料只有租的形式，相当于每次生产后归还，企业活动缺少固定资源。

在市场规则清晰的情况下，商人并不会压制消费者，因为这样会失去竞争力，他反过来压制后端生产者，引发后端生产上的竞争，令制造者在价格上让步。价格已经在体现福利，各地区享受社会福利，极大调动了语言表达，日常的生活活跃起来。人们在寻找新的资源，落后的地区人口稀少，人均占有的资源量大，吸引很多人移民到那里。

农业生产主要靠人力，人口增加达到极限之后，生产者的收益便会下降，极限就是均衡点。此时的中原地区，农业生产已经饱和，随着生产数量增加，生产收益加速下降。生产收益遇到了极限，这是生产系统的特征。言官不仅可以节省行政费用，还为政府监控市场提供条件。

如果政府对生产负有责任，则必须不断扩大生产收益，生产系统出现了扭曲现象。市场存在种桑养蚕户，他们自己穿不起丝绸，丝绸市场表现出过剩，富人的丝绸超量使用，很多丝绸被用来包装，说明市场有很大空间。

贷款按商业收益核定，商业运输以重量计算，以重量和体积来测算，运输丝绸是最划算的，丝绸业成为投资首选。丝绸市场很快饱和，无法持续扩张投资。生产收益要相对扩大，固定的不变动的工作，收入上不会持续增加，因为出现了新的行业，带动这个行业的升级，生产收益才得以增加。

第六章 技术货币时代——隋唐

皇帝鼓励世家大族开矿，在荒山上建立冶铁工厂，皇室可以无限增加货币，便在后面收购这些产业，世家大族不断增加消费，皇室内部设立工厂生产，世家大族抢购新颖产品，山林和矿山皆归入皇室。

皇帝拨给各级政府土地，允许官员自由租赁出去，并将收息作为办公经费，这些地称为"公廨田"，利息称之为"公廨钱"。文帝发行新货币，即标准的五铢钱，同时禁止旧钱流通。隋文帝公布货币方案，政府不负责发行事务。寺院负责发行货币，世家大族开采金子，到寺院中换成货币。前者扩张了生产，后者得到了金子。对应货币的金子用于佛像，一部分货币退出生产系统。

每一次增加生产货币，均会带来新增的压力，世家大族付出代价，在更新产品增加收益，新生产留下纳税空间。富人高消费没有带动穷人，富人接受很多佣人的伺候，生活的各个方面均有照顾，感觉自己生活在天堂一般。局部上的货币消耗过度，可以导致商品服务集中，但是这种微观上的改变，不能体现价值的社会性，绝不会对价格产生影响。

奢侈消费削弱了富人的资财，这种方式的资财不是积攒的，而是通过反市场的手段获得。富人的奢侈是在保护自己，否则他将被权力排除在外。皇帝名义上占有自然，却无法在生产前交易，贵族不愿承担此费用，政府等生产结束收缴。在贵族投产时需要审批，皇室在争取这份审批权，皇室与世族的矛盾升级，后者联合抵制皇权干涉。

世家不能代表民意，虽然他们声名显赫，但是不关心百姓，他们与百姓对立。皇权发现这些问题，开始设定经济政策。隋文帝要求设贷款利息，寺院是货币放贷的单位，皇室将这个任务交给它，寺院具有了决定利息权。尽管生产被世家控制，他们都在争取贷款，谁能支付更高的利息，谁有可能优先获得。

只有创造更好的矿产，挖掘市场急需的金属，世家才能偿还高利息。在世家大族的内部，出现货币上的竞争。生产货币的特征是流动性，须让世族的财富流动起来，平民的消费才能控制市场，经济活动具有民意的支持。消费的大部分是平民，生产的大部分是平民，平民是经济活动主体，他们必须在决定位置。

只要平民释放消费意志，生产投资即可迅速放大，世家大族产业获得资金。世家与平民命运连接起来，世家才能有持续的收入。货币核算带动了产业，平民拒绝用丝帛交易，男性就走出家庭劳动，将各项生产组织起来，形成社会的资源整合。

收取了贷款利息之后，寺院的货币蓄积增加，寺院又设定另一利息，对平民设定存款利息，平民不购买生产资源，却可以从存款中得益。货币不阻止思想产生，思想在这些平民脑中，平民参与更多新产业。但是平民却没有资源，贵族的财富越积越多，平民永远为贵族打工，自己不会形成新产业。

平民的生活余物换成货币，寺院负责接受这些物资，建立了油坊、磨坊、酱坊等，乡村内部形成经济的循环，从而改善平民化的生活。由于市场供应范围增多，对居住条件的要求降低，城市和乡村的规模变大。城市多了染坊、旅馆、饭店，大量货币涌入生产领域，极大地调动了城市闲置劳力。

民间投资是非常分散的，当时寺院没有上级机构，完全属于随意性的选择，给寺院的管理带来麻烦。另外，民间投资回报需要周期，寺院需要增加人手记录，而且当时没有户籍制度，经营不利的商户会跑掉。

大家十分缺乏经验，寺院不断请示皇室，皇室内部不断研究，货币如何快速作用，调动全国资源发展，塑造一个全新帝国。宫内的太监构思大工程，工程可以收纳全部劳力，快速提升帝国产业水准。大部分投资转入皇室，各地矿业被分配任务，必须完成一定铸币量，发行"置样五铢币"。

帝国工程非常庞大，比如防止北方蛮夷，中央投资修建长城。中原与鲜卑的生产不同，中原大量消耗木材资源，一些木材资源严重短缺，鲜卑族以保护水土为先，主动大量栽种树木造林，两地的接触会引发冲突。故隋朝投资兴建隔离墙，两地市场交易彻底分离。帝国的都城在洛阳，洛阳位于领土中心，这里是商品集散地。帝国修建了大运河，利用原河道挖运河，这是很节省的方案。

北方储备军事武器，南方储备粮草鱼米，运河可以沟通南北，实现帝国物质交流。运河通达南北沿岸，数座城市拔地而起，帝国终于重振雄风。投资大型工程是无奈之举，皇室的投资测算能力极低，甚至没法了解帝国的版图。但是工程的投产，为帝国创造了收益，劳工即刻得到收入，马上可以转入消费。这类工程有一大益处，可以迅速地放大消费。人们普遍拥有货币，市场产生巨大的需求。

家庭的第一需求是住房，全国各地均需要建房。木材资源储量很有限，隋朝的人口增长极快，已经达到了近五千万。房子需要木材建造，家具需要木材打造，器皿也是木材制造，所以木材是主原料，它的消耗数量庞大。

皇室不得不研究新情况，若这些财富在全国铺开，将一次性消耗木材储备，帝国面临着一场大灾难。隋文帝决定建都城，可以集中全国财力，大兴城的项目巨大，调动移民的全部资金。居民的移动是消费系统互动，商品移动是生产系统的互动，人的基因与内外的环境互动，神经活动是调节互动的反映。人类

第六章 技术货币时代——隋唐

自创的生产模式，可以达到身心的和谐。

大兴城经过严格规划，设计为世界最大城市，城中有城的严密布局。皇室负责投资内城，百姓负责投资外城，激活了停滞的货币。在大兴城的结构中，城墙是土砖结构，夯土外包着青砖，中轴线左右对称。有水源流经城内，由水渠清洁街道。城内设计独立小区的坊墙，居民生活在封闭性的街坊。

宫殿大量消耗木料，城中设立两个市场，从市场上采购材料。建筑工程不是问题，最大的问题是能源，当时主要在烧木材，温室效应非常明显，大量烟尘覆盖上空，城民生活在雾霾中。

在北方的广大地区，需要开采大量石灰石，各地出现许多石灰窑。北方不用石头建房子，石头被用来修建陵墓，全国都在用木料建房。木头在传统文化有灵性，这是后来形成的传统文化。石头的热交换率实在高，不适合冬天的居住要求。木作技术已经成熟，可以做出复杂造型。北方民居在木头上抹泥巴，再用石灰防腐的糯米灰浆。

石灰的用处非常广泛，它是印染和医药原料。除了民间用来炼丹外，战场需要石灰来消毒，用石灰烧伤对方士兵。石灰是超大型项目，带动帝国经济发展。虽然平民获得普遍富裕，但是工程效果恶性循环，南方人口依靠木工作业。

而北方的市场很快消失，建筑业的产能无处消耗，只好用来建造大型船只。同时建造几十艘大船，有的工坊达上万劳工。东南沿海贸易有限，渤海内的风高浪急，造成商船经常倾覆，海洋贸易机会减少。渔民很少使用渔船，可是工坊停不下来，建造巡逻的大型帆船，控制近海渔业的动态。

皇帝害怕南方造反，用大型船攻击中央，船只市场出现饱和。皇帝常年驻守南方，主要精力用于监督。通过巨型的工程建设，带来增发货币的成效，手工业人工成本下降，而带动手工业的发展。

由于劳动投入减少，工作时间普遍缩短，皇室设立全国假日，利用这些假日采购，可以扩大市场规模。当时政府没有税收规划，拟定基础产业税较容易，政府首先采用这个方案。按照出售产品类型征税，不同行业分别设定税点。这些产品尚未交易，征税额属于增值税，必然包容部分错误。增值税不是对工资征税，投资额的全部转为工资，无法核定劳动性的收益。造成上游企业积累错误，生产资源被低效率消耗。

政府的工作不靠谱，皇室转而重用寺院。农业是易于创新的行业，可以从贷款中赢得收益。寺院的存款利息为零，且不断增加贷款利息，农民愿意更多地贷款，而不会选择存款方案，以此推动货币的回流。政府开放山川河泽，允许百姓开荒种地。

　　劳力集中用于农业，按照土壤深浅耕作，一边使用耙磨保墒，一边用绿肥和踏粪，轮作或套作的农耕，终止了原来的休耕。因为隋朝不设常备军，皇室没有设立农牧场，所有产品均进入交易。农业承担大部分贷款，也给环境带来了好处，市场出现了粮食富余。

　　隋朝设置大军区体系，地方长官兼任主管，士兵便是种地的农民。不要小看这些农民，他们受过军事训练。军粮不需收缴，在军官监督下，役者集体耕作，收获上缴官仓。官仓是属于政府的，由政府的官员管理。以劳役回报交换垦田，实行耕地的有偿获取。

　　时间到了开皇五年，为了应对庞大的军费，政府在各城创立粮仓，知名的有兴洛仓等等，储粮皆在百万石以上。这些粮仓建在地下，粮仓面积非常巨大，具有通风和防虫功能。如果遇到灾情紧急，地方官可开仓赈济。粮食储备即社会福利，它与政府有密切联系，政府的投入在增加，形成消费品价格下降。

　　百姓也自发筹建粮仓，平日捐献一勺米，遇到灾年免费领取，应付突然洪涝灾害，储粮称之为"义仓"，大户多出小户少出。储备的粮食足够多，到隋亡也没有吃完。消费需求是发展的动力，福利供应影响消费水平。有粮食作为保障，皇帝的威信倍增。

　　消费构成了生存环境，消费是人类的本质，表达全部社会价值。寺院的投资有标准，选择新的技术产业，这些行业需要创新。年轻人是创新主力，需要延长学习时间。前朝强制百姓劳作，十五岁便是成年人，开始接受货币控制，必须取得工作收入。如今强制性慢慢减弱，不再对年龄设定税收。

　　隋文帝日夜操劳，梦想着开拓市场，为百姓谋取福利。生产者排斥免费部分，皇权固化这部分支付，成为社会的基础部分。皇帝为百姓着想，百姓在推崇皇帝，这是一个互动过程。皇帝不断推动政府进步，政府官员负责执行规则，他们必须强化修正自己，隋文帝设定了言官岗位。

　　言官没有任何具体工作，专门负责监督政策实行，便是站在消费者的角度，评价政策实行的好与坏。皇室的威望大大加强，百姓信服皇室的权力，开始配合政府查人口。皇室对全国情况清楚，知道资源匮乏的前景，文帝的心里非常着急。

　　皇帝以货币决定全局，故国家不可一日无君。皇帝并非高高在上，皇室要与平民通婚，避免外戚控制权力。皇帝追求与百姓平等，在节日里与百姓同乐。在这个利益基础上，皇帝之言才有威信，才能调动政府行动。

故皇帝与众不同，说话自称"朕"，下指令称"诏"。隋文帝立刻下诏，运河畔种活一树，赏务工者一匹绢。木材的消耗量巨大，运河两岸森林消失，不断缩减森林面积，已经威胁运河安全。而皇室在控制城市，对农村的调控不足。

皇室没有供应农村福利，只在负责供应城市福利。当时在城里建设寺院，寺院成为生活的中心，城民有更多消费货币，从而降低家庭的负担。社会可以供应家庭产品，解放了家庭内部的劳动。这是城里手工业的成果，城民的生活以寺院为主。不论是哪种宗教，均主张清贫度日。

僧人每天要外出化缘，走出很远去结识信众。寺院很需要扩散教义，不断与外界建立联系，他们在频繁传播信息。佛教戒律限制饮食，几乎没有生活消耗。所以皇帝选定寺院，转交僧侣控制货币，他们适合操作金融。

金融需要高度自控，僧侣符合这个要求，可是完全脱离生产，僧侣难以辨别优劣。僧侣选定投资对象，具有相当大的挑战，这是一件困难之事。僧侣最后敲定对自己投资，他们负担福利性质的项目，比如救治疾病的医学。

由于投入了巨量货币，僧侣创造了高超医术，为社会免费医疗服务。在传播佛教的过程中，印度医生远道进入中原，他们的医书被译成中文，僧侣也从边疆取得药方。在寺院开设免费医疗，成为家庭的重要保障，人们可安心成家立业。

和尚多是契丹医生的学生，著名的药王孙思邈是道士，他们开发出很多传世药方，形成了传统中医理论体系。孙思邈创新了经络学说，正确分析很多疾病的成因，提出正确治愈的方法，总结弘扬了饮食治疗。当时已经可以手术，出现了外科和内科。皇室首先有专门医生，皇帝的医师是巢元方。他著作《诸病源候总论》，其中记述一千七百种病。这些技术有效地抑制了细菌，却没有直接消除细菌的办法，生产系统达到观测微观环境，才能构成医学手段的大进步。

虽然生活环境很艰苦，僧侣们创造出新产品，而引发产生新的行业。例如在荒山上种蔬菜，选择可食用的野菜。后来百姓纷纷效仿，城中间到处是菜田，成为重要农业副产。道士投入了巨额资金，花费毕生之精力研究，医学目标是长生不老，实验许多种炼丹方法，偶然发明出来的火药，可以对伤口进行消毒。

研究成果用在生活中，激发百姓的购买热情。寺院的收益迅速扩张，皇室也清楚这个情况，这种控制力属于皇权，而皇室无法收回权力。僧侣的创造服务家庭，调节百姓的精神关注，家庭内部的服务增多。

僧人精力全部用于计算，核算帝国各类贷款收益，特别要求他们无欲无求，以达到心智高度的放开。在皇室与百姓的监督下，皇室派出太监监督社会，寺院提高对僧侣的要求。此时在寺院戒律中，因为货币要求严格，僧人不可结婚生子。可是凭借僧侣努力，没法大幅增加税收，公共产品供应不足，无法启动市场循环。

　　市场经济需要调度资源，资源要在全国范围流动，市场价格才能普遍降低。商业的时代迟迟未到，兴国计划遇到了障碍。僧侣生活非常严谨，他们受到教义的约束，但是不能限制国民，普遍生活需要自由。谈价还价的自由可以，但是不可以强买强卖，人们不习惯市场交易，市场中经常发生冲突，造成很多次城民伤亡。城市生活需要设立规则，城民需要接受普遍教育。

　　消费系统末端是教育，教育是消费价值认同。如果教育内容出现错误，将引发错误的社会认同感。教育的末端在生产系统，这里是生产知识的出处。所以国家负责教育的责任，而生产系统负责知识供给。只要国家加大教育投入，生产自然得到更多投资，那里产生更高的收益值。生产依赖逻辑思维，需要各环节的关联，知识产权建立关联。生产知识转为科学知识，补充国家的基础教育中，因此形成全民素质提高，这是教育对于人的作用。

　　为了农业的精确性，皇室需要完善历法，天文学科需要科技，这是对消费者负责。精确测定时间收益值，可以推动货币的进步，但是需要工具的支持。天文为海上航海服务，星象为生产周期服务，它们需要数学的帮助。政府设置了数学教育，在科举中设立明算科，是为了增加计算能力。

　　计算是社会活动的基础，人们从而摆脱记忆负担，社会需要的是创新活动，而创新与记忆没有关系。消费是为了未来收益的总和，故记忆只是基础的生产行为，而不是行为投入的理性选择。记忆的努力是不必要的，无法增加人的理性认知。国子监是免费的教育机构，主要是培养人的计算能力，也是政府分析问题的工具。科举让背景关系变淡，关注程序问题的人，很容易被选择出来，进入官员的系统之内。

　　政府负责部分公共投资，集中建设一批皇家学苑。公共教育体现平等性，此前世家大族也考试，但是形式上是不同的，他们考的是人的记忆，记忆好的人适合奴役，善于重复性质的生产。隋文帝设立科举考试，由成绩好坏决定官位，平民竞争得到公平性。

　　全民素质教育之后，法治观念深入人心，政府清理腐败官员，得到了全民的拥护。从此皇帝的诏令有效力，国民开始自觉服从皇权，皇帝的控制力不断扩大。随着城区文化的兴起，民众对政府要求渐高。此时政府高度依赖皇帝，只有皇帝积极思考问题，不断提出更高福利要求，政府才能精确执行政策。各地私塾飞速发展，形成城区文化中心。

国民素质在于文化氛围的塑造，货币测量精度反映了细腻情感，品质上佳的货币成全消费情感，才会产生丰富的民族文化传统。皇帝职位也是平等的，虽然此岗位不签合同，但是要求决策受制约。此时皇帝执政期缩短，很可能随时被人替代。

皇室严格控制秩序，当时社会藏富于民，富人将货币换珠宝，藏在自家的地窖里，珠宝有玉器和龟甲。虽然当时的货币减少，却没有遏制物价上涨，物价的数值是相对的，它不是一个绝对数值。恶意减少货币之下，物价反而快速上涨，最终也连累了富人，他们要的资源渐少，生产配置越来越难。

珍宝充当大额货币，用以采购生产资源，但却容易招惹盗贼，皇室负责惩罚窃贼，维持社会安定团结。皇室拟定的国家政策，不是皇帝一个人的决定，而是市场规则的作用。皇室负责拟定市场规则，市场规则制约所有行为。在市场规则面前，所有人待遇平等。故接受教育越多的人，可减少依靠家族背景。例如死刑的审核，过去由地方控制，现在由皇帝批准，设定三级审批制，皇帝负责终审意见。

可是皇室并非天才，他们需要学习经验。士人积累的治国经验，加上士人自创的部分，构成治国的经典书籍。为此皇帝需要事无巨细，需要探查百姓的意见，还要士人收益文典，不断充实皇室的教学。

隋朝的做法也是借鉴了外界，古罗马向各地大量派遣官员，地方政府大笔投资当地工程。贷款达到一定规模，才能保证帝国平稳。放大贷款是罗马经验，恺撒释放了大量货币，因此享有了中央权力。随后屋大维扩大放贷量，沉重打击了元老的势力，成就了辉煌的帝国经济。

但是隋朝官员人数很少，贷款上的帮助非常有限。隋朝的州取代郡地位，成为最高级行政建制。因此扩张了政府工作，为了加强中央控制力。这是行政建制的标准，在此基础上增加的，全是货币控制机构。中央建立考核机制，一共有两千多官员，在地区间定期轮换，降低了贵族的影响。

郡守是从社会中选拔，县官则是由中央直派，两者的关系形成制约。过去上贡特产的现象消失，特产成为疏通关系的礼物，成为官僚系统的特供产品，这些商品与百姓消费无缘，它们的市场价格不断上涨。

地方与中央失去礼物联系，双方齐心协力建立税收制。随着政府规模扩张，沿海地区受到控制，政府不断加大投入，那里设立行政机构。所以宗教达到那里，专为渔民提供贷款，渔民开始近海捕捞，渔业可以快速增收，回报率远高于农业。大帆船有了用处，捕捞贝类、大虾，通过腌制海鲜品，可以供应全国会场。渔业成为重要产业，丰富了内地餐桌，为中餐作出贡献。当时流行吃的生鱼片，由遣隋使带回了日本。

  政府可以推动经济增长，这是政策对市场的作用，货币涉及生活上的细节，生产货币收集消费意见，消费货币收集生产意见，货币才区分消费与生产，权力的边界得以明确化。寺院的投资能力已到顶，没有办法再次扩大范围。木工的行业还在持续，无法被寺院有效制约，因为森林资源无偿用，这是当地的贵族产业，在不断放大膨胀当中。

  关陇集团要对外攻击，抢夺日益减少的资源，他们只占有极少比例，却可以决定国家政策。国家政策关联货币，货币控制全部利益，此时只要货币充足，可以产生足够判断。因为百姓的呼声日益强烈，呼声表达多数的采购意向，逐渐成为一个国家的政策。

  关陇集团的收益是福利，他们不用领取工资收入，各行业在争取自己的福利，破坏了市场收益的自然分配。此时的工作依靠人力，各行业的效率都很低，上游生产的税收很少，工资的支付部分很少。工资收入是核算标准，实现收益的核算对比。关陇集团不领取工资，则没有劳力收益对比，而非法收入变得合法。

  在市场机制的作用下，生产收益没有剩余，企业分配产生剩余，这是生产者的强占。因为百姓不支持皇帝，皇权也没法办法决策，关陇集团成为控制者，他们抢夺北方的木材。不必当面的争执，如果皇帝不同意，帝国很容易破产。

  只用了三年时间，北方各国被打败。战争带来丰厚回报，不仅扩增新的领土，且带来大量战利品，隋朝皇室犒劳军队，对于有功劳的将士，会分配一部分耕地，抚恤慰问阵亡家属，家属可以继承犒赏。战争带来很多人的痛苦，帝国在痛苦中寻找机会。为了组织区域贸易往来，隋炀帝也是煞费苦心。当时已发明雕版印刷，利用政府渠道通知民间，为了这些准备工作，政府实行了科举考试，从民间广泛招录官员。这些人具有文化修养，以积极心态服务大众。

  隋炀帝亲自来到边关张掖，召见西域二十七国的君主，中断百年的贸易重新开始。隋炀帝在都城召开洽谈会，将优质产品展现给各国客人。这一时期商贾云集于都城，游人及车马绵延数十百里，迎宾路两旁树木缠绕丝帛，满朝的官员穿戴华丽的服装，连商贩都用精美的草席铺地，热烈欢迎来自各国的商人们。

  周边宗藩和平相处，各藩属国定期朝拜，现万国来朝的恢弘场面。国际贸易调动的资源，释放大量积攒的丝帛，中原的丝帛极其便宜，各色丝帛竞相比试。西域的商人来华，住店吃饭不收费，隋朝亟须市场推广，所以用力拉拢客户。

宇文家族需求木材，丰富的森林在辽东，辽东是高句丽领土。在军事实力的比较下，只有高句丽是小国家，中原在扩张生产系统，向朝鲜半岛外面扩张，由此确定了进攻方向。战争的受益者是宇文家族，可是其他小世家不追随，则会受到各种方式惩处。世族向隋炀帝施压，隋炀帝承诺高酬劳，组织一百三十万民工，全部的青壮年男子，攻击北方的高句丽。

隋朝实行的是府兵制，它可以高效调动战力。可能儿子奔赴前线，而老爹在后方补给，后勤效率极大提高，借用血缘的凝聚力，形成作战的组织力。但是大运河尚未修整好，粮草供应不上前线所需。为了募集战争费用，世族政府开始铸钱，所以战争尚未打响，百姓已经陷入贫困，生活上陷入了负债。随着战争的爆发，经济上失去了控制力，战争规模越来越大，资源消耗在急剧增加。三次进攻高句丽，消耗了隋朝大量物资。

国内资源越来越少，接近于被耗尽状态。政府强化了税收力度，但是农民交不出粮食，他们拿到手的是烂钱，无法交换到农资产品。府兵制的成本太高，需要皇室分配耕地，农民负责交纳田赋。赋是税收减去还贷息，相当于已经提供贷款。赠地表示国民待遇，国民才肯义务参战。于是各地农民在暴动，评书瓦岗寨的程咬金，描述这一时期的情况，是其中的一伙起义者。

宇文家是当代富户，可是他们一分不出。贵族之间在相互攀比，关陇的几大贵族竞争，宇文家族超越令狐家，成为隋朝的第一大姓。隋炀帝有先进的政策，与世界各国通商贸易，让老百姓获得收益，而伤害的是贵族利益，尤其伤害宇文家族。宇文家族不想出资，而其他家族也不出。

战争是国家的义务，如果大族肯于出资，受益者主要是他们，对市场不造成影响。但是此时增发的货币，被平均分摊百姓头上，不符合消费货币生成，没有改变市场的效果。市场开始出现混乱，一些人在打砸商铺，抢劫店铺里的食物。中央政府非常着急，急令各地补充货币。于是动用一切可能，找到的所有东西，甚至铁叶、皮革、纸壳，统统拿过来造币。

货币的信用在流失，市场大量注入劣币，大家自然保留良币，愿意花掉那些劣币。所以皇室收获的是劣币，皇室为了维护金融信用，不得已忍痛将它们销毁。这是市场汰劣存良，皇室损失了良币的成本，如果皇室不愿意损失，法定货币信用破产。而在这一刻之前，隋炀帝还被歌颂，北方尊为圣人可汗，愿为藩属永世归顺，可是一转眼，内部分崩离析，隋炀帝被谴责，各地农民起义，这是可怕的信号。

士人相互攻讦的过程，放大了皇帝的缺点，一旦启动政治活动，舆论不受政府的控制。民众开始怀疑政权，贵族考虑自我保护。贵族要求农民服从，却不管农民的温饱，由于大量军人死亡，前线的军力在下降，妇女也被派上战场。

山东地区出现一位士人王薄，创作了《无向辽东浪死歌》，从而激发了各地民众的反抗。贵族武装在抢占粮仓，却不允许百姓抢粮食，军粮不负责供应百姓，饿死的人口不计其数。公元618年，宇文家族杀死隋炀帝，隋朝的荣光戛然而止。杨坚从鲜卑皇族夺位，鲜卑贵族从杨广夺回。

宇文和长孙是大贵族，他们要推翻中央政权，所以他们杀死隋炀帝。隋炀帝的表弟起兵造反，这股军事反抗目的不同，李渊要求的是中央权力。李渊必须平息国内局势，而他只有地方军事实力。首先他拥立隋炀帝之孙，宇文家拥立隋炀帝之侄，首都洛阳拥立炀帝之孙。

面对皇权的大乱局，必须快速弥合分裂，才能稳定国家疆域，故谋求与突厥合作，双方建立亲戚关系。但是杨家失去权威，无法重新构建皇权，在突厥大力支援下，加上新招募的士兵，李渊剿灭了各股叛军。突厥的军力相当强大，在隋朝的十几年当中，突厥军攻克了国防线，深入大唐的内地滋扰，将人和物掠走了许多，故中原军队不战自溃。

人们对历史的了解出于文献，而文献的记载出于文人，文人受制于权贵们的态度，又根据这些感受描述历史。所以历史形成的价值观念，展示的是文人与权贵的感受。历史上最重要的人物，需要的是成功的光环，尽力摈弃隐含的因素，努力将自己与金钱拉开。而这一切对事实的虚伪修饰，将在货币运行中显露真身……

第二节　唐太宗的文化战略

李渊世袭唐国公，故取国号为"唐"。李家在商朝时逃离，成为北方少数民族。当历史进入了隋朝，世家的产业被打烂，他们逃到蛮夷地区，融入了当地的文化。所以北方注重中原文化，受到儒家的深刻影响，制度也在延续汉制。

第六章 技术货币时代——隋唐

这些有力地文化力量,推动北方经济的运转,积蓄起来巨大的军力,已经超越中原的军事。

北方的突厥迅速膨胀,还有西部的吐蕃王朝,这两个地区军事上强大,他们的金属加工业先进。这些地区的矿产资源,还有其他生产资源,与中原的资源不同。当地人习惯节俭,过日子非常节省,如若生产上需要,他定会全力投资。

生产系统是规律的,消费系统没有规律,消费调动的生产发展,必须破坏这些规律。这种支配力量是信仰,这些地方教育水平低,可是那些人能歌善舞,只在文化上非常活跃。发展出唐朝高度发达的艺术,展示各民族融合的价值判断。文娱是一种基础教育,它直接表现人的情感,这是价值产生的理性。

民众文娱活动多的地区,情感的表现能力比较强,可以增加政治选择力度。中原的贵族带去技术,成熟产品的技术方案,在自然条件恶劣之地,快速转为生产能力。西域文化与中原交汇,对于同一类型的产品,两个民族有不同设计,此时在交换设计思想,由此产生创新的产品。虽然中原具有技术,而战场上一直在输,中原人从轻视蛮夷,开始认真审视外界。

世界是非常多变的,由于生产资源不同,产品设计差异很大。在差距非常大的情况之下,生产者相应得到更多尊重,如果在原有的方案上创新,他的独一无二的地位加强,这是民族自信的根本源泉。所以民族不应自大,只要眼光放远一些,会发现外族的优点,蛮夷也有很多特长,值得中原地区学习。

迈出了这一步,唐人开始否定历史,开始深刻检讨过去,自尊心完全被打碎。美的标准也在变化,生活观正在被重构。国民在潜意识之中核算,皇室也在核算总体收益,与之前在分裂的情况下,各地的总管理费用比较,统一后的行政费用降低。为修正税收制提供条件,大唐中央实行租佣调制,全面有效保障国家税收。

国家教育投资增加,学生主动建设国家。唐朝人非常重视教育,要通过教育实现复兴,百姓也非常愿意学习,但是并不是抱残守缺,李渊非常尊崇儒学的。李渊创立公办学校,县里设立县学,州里设立州学,中央设立国子监。学科设置比较全面,各行业的基础知识,全面培训职业技能。

投入水平低的时代,很难实现通识教育,因为需要全科教师,而专科技术的教育,则执行的成本较低。唐朝的教育规模超前,五六岁男女进入学校,直到可承受劳作为止。在纺织品生产方面,帝国经济依靠女性,为了确保女孩坐稳,协助制造纺织商品,社会要求女孩裹足,从而保证家庭收入,女孩需要为家庭付出，作为结婚前提条件。

因为教育系统在储备人才，社会上出现很多文化人士，皇帝选择官员的标准提高，士人的比例占了官员一半。中央投入巨量教育费用，主要原因是大规模减税，前朝乱世企业负担加重，唐朝的初期释放了空间。由于中央实现了总量控制，农业种植规模化的基础上，中央在制订统一种植方案，过去分散的农产品一体化。

开垦的农田连成一片，可以组织规模劳作。农业技术可以相互借鉴，通过职业信息传递全国，技术的投资额降低为零，农业生产效率提高很多，人们从农业中解脱出来。所以农田的劳动大为降低，农业人口的工作时间延后，各地出现大大小小的集市，消费决策力得到发挥空间。与同期世界各国比较，唐朝达到了最高水平。

欧洲气候条件恶劣，天气寒冷土壤贫瘠，需要深耕汲取营养，需要在岩石上开渠，促进冶铁业的发展。美洲和非洲环境极好，均对政治局势有影响。非洲的土地条件非常好，雨水充沛作物常年繁茂，农业需要极少人力劳动，故非洲没有形成的帝国。美洲的动植物非常丰富，甚至侵犯人类的领地，他们随时可以获得食物，故历法不涉及农业。

玛雅历法在反映物种的兴衰，它在计算生物品种的生存周期。但是当地的局势不稳定，只要发生天气异常状态，部落内部的食物不够吃，必然引发内部大规模械斗。当地生产需要儿童工作，而且不提供教育机会。公共教育的本质是自由，不为国民设定职业方向，让每一个国民广泛学习，即便针对成年人的教育，也是扩展其他行业知识。只有伊斯兰统治的埃及，国家帮助穷人而非富人，摧毁高利贷控制的模式，经济生活才焕发了生机。

此时伊斯兰世界强盛，占领部分基督教地区，依靠自己的货币能力，建立许多新的大城市，突厥地区皈依伊斯兰。突厥的贵族进入内地，与内地贵族和亲并族。突厥和吐蕃没有公共教育，那里的儿童没有任何工作，他们每天享受舞蹈和音乐。舞蹈主要是旋转形式，反映当代的生产方式，用旋转方式加工产品。这些活动表现消费意志，脱离了生产条件的束缚，可以直接展示福利状态。

随着消费体验丰富起来，音乐的形式也花样翻新，中原和西域经济一体化，两地不只简单交换商品。西域用中原货币，中原冶炼业富余，正好可以代加工。两国在同一个生产方案，双方生产收益连为一体，两国分担产品部分工序。中原与突厥发生武力冲突，双方无法解决当前的局面，而中原被打得无招架之力。

李渊主张隔绝双方联系，中原重新构建经济结构，内地的市场格局是分散的，如果各地不能各负其责，则没法形成竞争的优势，以此构成经济复苏环境。借助中原文明兴盛之势，农业破坏了生物多样性，原有生物群落彻底消失，失去生物间的良性互动。农民不仅有粮食上的要求，还有照顾生态平衡的责任。如野生动物逃离田地，农田的虫灾反复泛滥，这是对农业系统的破坏。

充分权衡国家利益之后，李渊违背借兵时的承诺，严禁突厥商人入境经商。这惹恼了突厥可汗，突厥大军进攻中原，占领了大片的领土。强大的外界压力下，全国人民同仇敌忾，确立教育兴国之志，教育也是基础理论，让生产者普遍受益，生产能力得以均衡。

随着生产者的能力强化，生产活动趋向复杂，工作程序变得复杂，生产能力极大加强。在生产系统的大变动中，思考和研究的时间增加，工作的时间在相对减少，社会性交流的时间增加。交谈是社会的基础，交谈增加人的思考，促使人们的新思路，才可能有生产突破。有了新的生产思路后，对农业的投入在增加，农民增加了田间管理，农业产量在迅速增加。

因为成年人忙于生产，无暇照顾自家的孩子，而公共教育适时出现。唐朝投入大资金，不论公办性学校，还是私立的学校，学校规模均很大。教育给孩子提供训练，重复表演生产化场景，消除对生产的恐惧感，人的潜意识需求教育。李氏家族是鲜卑族，热衷于胡人的文化，尤其是二儿子世民，结交的是上流精英，即突厥贵族及子弟，他们控制国家资本。

无论相距多么遥远，贵族之间是通婚的，上流社会连成一体。贵族享受相对优越的消费，不愿破坏现有的比较优势，他们失去想象未来的空间，不会设想货币带来的好处，一个完全想象不到的社会。由于中原的农业过大，挤压其他产业的资源，没有为创新留出空间。那么什么产品盈利最多呢，那就是消费者关注的地方，那里是消费者想象力所在，即消费增长最快速的地方，也应当成为生产的追踪点。

创新是捕捉消费目标，虽然生产系统普遍作用，却没有对准过一个目标。现在情况发生逆转，虽然双方距离很远，但是观念迅速扩散，大唐国民完全知道，没有受到空间影响。突厥文化深刻影响中原，服饰上模仿波斯的风格，如同敦煌壁画上的样子，饮食模仿西域的调味，引入很多植物新品。创新给生产带来大好处，国民普遍学习先进文化，他们接受突厥文化形态。

西突厥对唐朝很强硬，中原民众也趋向强硬，支持李渊的封锁政策；突厥组织生产求贸易，大唐国民便趋向和解。东突厥靠近大唐边界，要求与大唐经济合作，李世民得到民意支持，制造了"玄武门事变"，杀死兄弟逼退父皇，皇室成员在反对他。太宗在后宫修建了禁区，专门为太上皇建筑豪宅，唐朝的制度改革停止了，随着金融权力转移出去，制度的创新已经停下来。

为杜绝李氏家族反悔，东突厥攻入首都郊外，强迫签订李家"渭水之盟"。并献上三千马万口羊，以此见证长久的合约。皇帝必须作出重大决策，这些决定位于价格边际。价格影响要素极多，局部没有充分理由，所以需要多方辩论，福利涉及货币供应，关系增加税收压力，所以皇权需要沟通，皇帝时刻掩饰情绪，目的是让各方表达。

唐太宗受到的很大压力，他在压力面前一直退缩，在社会制度没有创新下，政府工作反向施加压力，皇权在行政管理上减退。唐太宗在背后怂恿军队，将领积极出兵占有地盘，太宗的表现反而不积极。并未敦促设定强力政府，去控制已经占领的地区。虽然太宗得到了普遍拥护，但是体制变化是不完善的，无法持续执行对地方控制。

自唐太宗执政以来，国家政策发生转变，大唐为西域供应粮食。唐朝建立的大型作坊，或者大型的皇家庄园，均为巨量投资的产业。西域为大唐生产工业品，西域地区迅速富裕。大唐的政策被迫开放，这种被动体现于思维，内地没有主动的思维，只有工作收入的增长，没有市场组织力完善。例如纺织技术上的进步，是从西域直接引入设备，而没有自己作出创造，所以唐朝的规模巨大，却未改善纺织机技术。

技术在填补方案层级，生产方案有很多层级，每一个层级都有空间。技术可以依靠教育提高，这种填充不引发进步，消费增长可以引发进步。消费者急于表达自己的想法，只会形成主观感受的艺术，艺术是生产活动半径的扩张，它先于产品到达服务的地区。这一时期艺术得到飞速发展，连皇宫内部也组织歌舞乐队。艺术表达生产系统的信息，随时产生遍及社会的数据。

生产扩大促生货币需求，大唐有着丰富的铜资源，政府发行信用货币——"开元通宝"，"通宝"意指通行的货币，铜钱从此与它的重量脱钩。唐朝人没有了功利心，更加沉稳大气的气质，这是货币充盈的结果。中央政府发行一种货币，禁止地方非法铸造货币，此时地方已经没有贵族，货币的设计被中央垄断。

精英学习过很多知识，生产方案有空白层级，将现成的知识填入方案，完善产品的生产方案。技术不会生成文明，甚至可以破坏文明，最终导致国家衰败。大唐长期与西突厥交易，尤其是倾斜的产业政策，导致商品价格之低超常，西突厥在依赖唐朝经济。此时唐朝拥有巨量兵源，唐朝政府发兵攻打突厥，突

第六章 技术货币时代——隋唐

厥人被迫迁移到西亚。

突厥的收益主要来自商业，他们武力阻截过往的商人，以此垄断归属商业的利润。商业交易只是实现价值的途径，这个过程中商品价格没有增长，商业费用在资源配置成本边际，所以商人无法获得超高的利润，利润对应自己承担的商业风险。因为突厥的非法收益，反过来投资唐朝产业，维持自己的商业帝国。

在唐朝的内部经济中，通宝含铜的比例很低，大大降低了货币成本，故唐太宗被汉族推崇，中原世族普遍接受他。开元通宝支持农业的发展，积累起来巨大的粮食储备，对于军队而言是重要政策，军队成为大唐社会的基础，军事将领构建社会的稳定，这一政策影响了政府建制。开元通宝发行量巨大，基本保存在生产系统，进入消费的只有一点。这些生产在集聚资源，形成了超大型的企业，例如大型的皇家农庄。

生产组织超过一定规模，地方政府无力控制它们。在州县之上设置道，道即是监察地方的，它受到皇权的控制。经过一段时间发展，中央财政不支持地方，进一步放权给地方，道则成为地方割据。剩下中央官员的消耗，通过货币发行解决。

经过隋朝的货币改革，佛教得到了迅速的推广，寺院中的财富也积累起来。寺院有自己的意愿，僧侣不愿接受财富。宗教需要否定现实，才有对未来的追求。很多贵族也皈依佛门，他们受过高等级教育，更容易理解佛教经典，具有更多的发展潜力。他们可以接受黄金，因为黄金易于鉴定，没有同比重的金属，黄金不是生产材料，不对生产形成影响。从这一时期开始，皇室可以发放货币，用这些货币换黄金，交换地点是在寺院。黄金的色泽特殊，不容易对它造假。

寺院发出的货币权，后来独立经营柜坊，货币发行不受控制，市场则逃出了受控。如果生产系统维持水平，必须消耗更多人工成本，所以市场急需生产货币。黄金供应量决定生产货币，生产系统失去了应对能力，由于中原地区较缺乏黄金，货币的发行量受到了限制，也开发了非黄金货币类型。

士人支持外向型经济，汉族文化一直在输出，引发了汉族的自豪感。隋唐时形成书法艺术，书法家欧阳询书钱文，让开元通宝畅行天下，构建起大唐文化样式。连续的战争强化了军队，但是军队影响生产之后，生产系统失去了独立性，唐朝政府的控制在减弱。军队严重依赖大型企业，其管理者成为新兴贵族，在资源的集中调配当中，生成了不少新兴的贵族，也造成了金融系统动荡。

处于中间阶层的人暴增，构成了唐朝的世家大族。这些家族可操纵经济，造成皇室权力的下降，唐太宗重新确立贵族，命令下级修纂新图谱，打算用行政命令推动。这些措施是修复式的，以技术标准选择人才，忽略人们可能的创造。这是对人才的逆向淘汰，所以没有产生正面影响。世家大族开始攻击货币，贵族必须通过垄断货币，才能长久维持非法利益。

垄断可以形成巨额的收益，一部分人快速暴富起来，而不需向社会支付费用。货币控制推动了资本聚合，因为货币可量化资源份额，对应着两、钱、分、厘，货币计算统一使用十进位，金属货币脱离了重量约束。生产者特征是强迫症，对任何资源绝对统一，执行相同的处理程序。中央由此设计控制程序，所有地区处于同一市场，必须服从统一规则，规则即是皇帝指令。

保证圣旨畅通很重要，政府不能有独立权力。中央政府和地方政府的关系，设立平级的处理事务流程。中央首先建立财政核算制度，以三省六部制取消个人独裁。每个部门都有实权，独立设定市场规则，独自处理市场纠纷。财务需要核算具体成本，涉及全国范围的统一，数据处理按照统一标准，产生了很多种解决方案。

处理事务先后进三个单位，产生相互牵制的流程控制，全部准确地执行市场规则。例如公元726年，尚书省第一，门书省第二，中书省第三；公元767年，门下省第一，中书省第二，尚书省第三，这是中央在调度处理程序。政府机构不断调整，适应中央集权需要，底层官由中央任命，这是货币充足表现，决策服从市场指令，社会表现趋于正常。

主导生产方案的不是生产，决定进步的不是生产系统，所有信息均被藏在货币离，只要按照生产的标准选择，所有优秀的人一定被淘汰。生产活动处于潜意识，真正设计先进产品的，却是人类的主动意识，人类否定动物的意识，那是一种自主的意识，表达自己的理性选择，不受货币价值的驱动。人类的判断是主观的，这类选择即是选官，技能高者成为官员。这份选择被转移到政府，政府出具选择依据，官员成为规则制定者，通过订立规则获益。

国企是在补偿中央权力，在调动资源的去向方面，中央没有实际的控制力，便需要一种直接调动力，认可生产任务的重要性。国企特征是资源聚集，资源聚集说明能量低，资源滥用且低值消耗，不能按设计完成任务。唐朝的教育不支持节约，国企不许底层修订规则，底层员工用来付出劳动，曲解传统文化为绝对服从，造成生产方案固化到冰点。

若生产方案维持不变，生产者进入抑郁状态，脑分泌的多巴胺减少，这是大脑在对抗生产。生产活动是简单重复的，最终均会变成这种形式，让人的大脑进入潜意识，即昏昏欲睡的催眠状态。而生产行动具有危险性，令生产者处于极端痛苦，他们随时努力摆脱受控，完成心理自我觉醒程序，否则防御机制将被攻破，人的大脑可能醒不过来，即更加接近于死亡状态。

人类在努力摆脱生产，生产催眠人进入死亡，而心理上出现不满足，大脑中多分泌多巴胺，是在调动人的精神振作。全民幸福是不好的，导致社会意识麻木，国民要不满足现状，才能有创新的动力。皇帝非常害怕国民造反，一旦不能满足市场需要，大部分民众会起来造反。皇帝要求建立私企，私人企业节约人力，而且可以分散人力，实现更好控制效果。

私企职位与收入不对等，造成生产方案失去方向，无法积累长期生产效果。企业家负责人力的配置，贡献大者需要更高收入，需要准确核算资源成本。一旦开放国境线，外部的民族进入，统治的成本增加。这些新来的国民，全部要求皇权照顾，皇室没有那么多钱，容易造成离心离德。所以皇室下发了规定，要多元选择政府人员，更多挑选新来的国民，不断地引入少数民族。政府的规定很多种，以便适应各类人群。

资本对多数人起作用，所以企业家进入政府，带有一种强制的必然，也是一件正常的事情。因此生产系统获得控制力，更多时候在服从生产收益。帝制是社会基础，所有矛盾压上来，只能由皇帝扛着。两江流域的气候适合两季作物，但是大量消耗土壤中的养分，农业需大量的水利工程支持，水淹式灌溉让底层营养上浮，不休耕的轮作效率加大。

此时中央应当采取高能量货币，以货币投放量减少资源投入。欧洲因为减缩货币投放，用白银代替了黄金货币，保持强大私企生产能力。这些企业聚集在威尼斯，形成共和制的商人城邦。货币收益归入商人所有，他们在想方法保护私产，所以创造第一部专利法，利用法律强占货币收益。

因为在欧洲缺少皇权，威尼斯垄断法定货币，所以聚集了欧洲商业，商人带去了大量财富，造成了其他地区贫穷。加上其他欧洲独立城邦，威尼斯的经验足以证明，在一个自由市场结构中，可以存在割据的经济体，并且保持它的相对富裕。

从各地大量经营效果看，生产货币调动生产潜能，必须为生产提供足够货币。由于犹太人生活封闭，信仰专一的人看书少，不接受其他民族文化。犹太教符合宗教的传统，日常生活受《塔木德》指导，灵活解释犹太教的戒律，形成民族强大的创新力。犹太人充分发挥想象力，以白银的形式设计贷款，他们在金融领域的创新，进而占有皇权控制空间，所以其势力扩张到欧洲。

西域与中原通商，不断进口铜铸币，唐朝无法控制边界，造成铜料不断流失。唐朝政府非常被动，不得不减少铜含量，于是通宝的铜减少，比前朝的降低很多。青铜的材料很普遍，属于家庭用品级别，用它做币材不合适，很容易被私人盗铸。这是证明技术上衰落，没有及时研发新材料，即更高级的铸币技术。

由于经济形势下滑，货币的能量在降低，一直无法通行全国，造成周边抵制唐朝。皇家企业得到了控制力，它们充分借用军事势力，为驻扎的军队提供给养，而皇室则没有这类能力。

社会必须由消费者控制，这些人不善于生产活动，他的思维处于活跃状态，不受到生产状态的局限，只有这部分人可能创新。国家的用人与生产不同，这些标准是为国家服务，这些人属于人才的范畴，而不是接受奴役的技术。所以选择标准不设前提，这是市场定的择人标准。企业要求铸币用自有材料，引向企业占有的天然优势，生产系统的利用率不饱和，则会形成生产的特定要求。

军事生产重点在铁资源，固定币材扼杀创新能力，军事的特征在地方显现。军事活动控制社会，形同大军区的藩镇，军阀是放大的宗族。由于大于乡村范围，藩镇形成地域经济，反中央的货币控制。内地政府长官变成黜陟大使，边远地区的长官称为节度使，少数民族地区长官称为都护，这些官职构成"羁縻府州制"。

内地的长官一般是文官，边关的长官均为武官，这些武官要全面负责，顺便承担日常的行政，比如负责官司的审理。形成法律需要多层的社会结构，这种简化的管理层级破坏法治，无法形成市场边际的法律条文。由武官负责全部，行政管理项松懈，政府职能被限定，没有产生大笔税收。

这些武官的控制地区，由经验积累管理方式，逐渐演变为官位世袭，地方官位会传给子孙。军队不可以控制财政，必须放弃垄断货币权限。由于唐朝的州范围缩小，政府官员负责公廨本钱，行政的收益与官员相关。

政府内部用私房钱，财政处于自我经营，形成政府的封闭性，成为独立的利益体。公廨本钱在考验信用，政府不能够欺骗百姓。此时的社会发生变化，生产者被聚集在一起，一同接受市场的审核，很难达成欺骗的目的。欺骗是生产的心理状态，在生产尚未数学化之前，生产方案处于无知状态，生产者必然在欺骗自己。

皇帝令太监控制货币，太监在内城设立机构，远程汇兑皇室的货币。这是一种纸质凭据，如同飞鸟啄食效果，故命名为"飞钱"，飞钱是纸钞的雏形。这是一款新产品,在三年之内兑现。

各地可利用自身资源,但是都有相近规定,比如金、银、铜、铅,制造满足市场的货币,飞钱增加了扩张自由。由于铸币上的方便,币材选择也很自由,极大地支持了军队。得益飞钱的作用,为了突厥和朝鲜,唐朝有数次征讨,且次次凯旋而归。

皇帝派出大员控制,设定对应部门"道",这一级官员表达皇权,工作重点放在货币上,道富有宗教组织色彩。个人选择会影响货币,每份货币在影响选择,故只有皇帝有权规范,源于大公无私的品质。"道"是本土宗教的概念,即为表达消费行为的过程。消费行为表示人际关系,带动人的态度的改善。

老子曰:"道可道,非常道",意思是超出了人为的操纵,市场价格的出现是信仰,必须通过信仰取得价格。这就是社会心理状态,消费行为在预见未来,个人的心理是稳定的,处于货币核算效果中。信仰是构建未来状态,所以信仰是人必需的,未来是无法看见的,人类则是生活在未来,一种建立思维的生物。

"道"表现了皇权的特色,工作重点在金融上,货币控制难度增加了。太监负责货币发行的总量,如果节度使地区多铸货币,太监可以在京城增发飞钱,交给京城去边镇经营的商人,由他们到藩地兑换成货币,从而吸收了边关的货币量,从而遏制节度使的权力。由本道进奏院负责。全国设九十九个铸币炉,每年铸币三十二万多贯。

设立超级的大企业,可以自动吸收贷款,外地不认本地货币,从而限制了货币外流,保证每个地区的货币。但是节度使不负责管控,当地可能铸造外地货币,从而运到远方获得暴利。每当出现私铸币增加,政府不去抓捕私铸者,中央相应增加投放量,当地货币的币值降低,使得私铸的货币亏本,节制住地方上的贪婪。所以在很多时候,私铸不属于犯罪,这些现代的罪行,当时不算成犯罪。

公廨本钱总是支持商业,货币经营本质是商业。虽然商业得到飞速发展,但是供应服从底层产业,产品被强行推入各地区,而当地消费者无法改变,不能根据自我意愿定制,这种商业是比较落后的。所有行业由商人负责,他们在实际控制政府。商业扩大了产品销售,市场的覆盖面积增加,生产系统在迅速膨胀,而且企业要求大工程,相对的军事是大工程。军事组织也在扩大,唐朝的军队在扩张,也占领了很多领土。

新的领土上有很多资源,由此遏制资源价格上涨,平衡了国内生产的波动。由于官员负责制造规则,官员的犯罪行为影响大,在所有职业偏差中居首。犯

·货·币·缘·起·

罪是生产偏差的边际，职业技能成就犯罪行为。为了表彰商人的贡献，中央政府作出大决策，各地特许商人入仕途，金钱成为进仕的资本。

官员利益关联税收工作，税收满足政府支出部分，生产系统直接供应财政，如此操作大大减少压力，政府官员不必操劳收税。在政府官员的位序上，每司设"令史"九人，这类岗位针对商人，只要家庭资产充足，交四十到五十贯，而月纳息肆仟贰佰文，均可成为职业化官员。

如果一年的收益五万文，吏部立刻为他授予职务。这些工作十分简单，主要是寻找放贷机会。如果按月上缴利息之后，再交足十二个月的利息，捉钱令史可以参加遴选，吏部根据业绩授予官职。其他平民也会有机会，例如管理财货的小吏，设立负责收税的民户，每年有品级升迁机会，民间与官场是相通的，可随时调换官民位置。

由于当官成本的增长，于是形成"京官债"，就是为新选官吏放款，待他们到任后再还款。唐朝人认可这一原则，当时设立了七千岗位，纳满一年可一人当官，而此官任期只有两年，快速增加了地方的收入。官职已经成为商品，当官需要疏通关系，社会理解贪污腐败，必须打点上下左右，非法行为得以畅行。

由于地方暗箱操作，编制外有雇员充任，弄得编制不断膨胀。单位设定编制数量，为了节省财政支付，中央财政是有限的。中央政府设立了新税制，针对企业的高薪养廉税，政府成为企业包养对象。故帝国缺少收支预算，引发了唐朝的政治危机。中央必须控制这笔钱，直接管理地方的财务。

生产方案的设计需要智力，而生产过程则是体力投入。生产中增加生产能量，助生产过程的自动化。生产者是一种高级能量，人力劳动一定是越来越少，机器在不断替代人的劳动。每一次供给生产能量，下一次只需少量劳动。机器可以代替生产者，永远代替不了消费者，且更加依赖消费评价，由此增加了国民自尊。大唐的生产模式相反，这种生产规模越发达，对人的劳动需求越大。

此时皇室控制军权不合法，法律约定主要考虑贵族利益，贵族是军队资源的供应者，他们需要独立意志的军队。皇室需要借助外力平衡，需要设立独立执行机构，军事行动属于机要事务，必须交于可靠的人手中。政府功能一再减弱，人口统计不够准确，直接控制不可实现。唐朝到第八代皇帝，在后宫设立枢密使，起用太监控制军权，扩大了皇帝的权力。

因为中央控制了军权，作为收益的交换条件，政府负责管理社会事物。于是，中央放弃对州县的责任，官员转而负责生产收益，其工资由生产系统支付。因为产生独立收益，唐朝政府关心生产，却不关心百姓生活。官营的产业普遍开放，酒和茶放开自由生产，而且政府给予特殊贷款，私人的经营者全部暴富。唐朝税收竟比前朝还少，山泽税、盐税统统作废，撤销官道上的很多关口。

在管理的另一方面，酒和茶列为奢侈品，政府征奢侈消费税，且是强制性高税收。饮茶属于佛教的传统，可为修禅打坐者提神。葡萄酒属于天主教，咖啡属于伊斯兰教，作为各自贷款依据，这是有相互联系的。唐朝茶税太高了，始为十之取一，后为十之取五。政府禁止擅自的经商，城池中没有设计街市，百姓购物到两大市场，这样限制了销售行为。而且搜查茶农的私货，城市之中极少有交易，平民生活非常不自在。

城池一旦被贵族所控制，各种不应当的限制增加，城民的生活质量被降低，成为破产之户的聚集地。如商人私贩的茶叶，则要受到严苛重罚，一百斤以上是死刑。政府严格控制商业，这不是商业的管理，而是禁止选购自由。比如对食盐的控制，生产和零售在市场，政府控制批发环节。政府保护生产自由，却剥夺消费的自由。如果去除税收压力，官员思想得到解放。

在经济学说的教化下，唐朝人变得贪婪敛财，且富人乐于捐助穷人，以此维持富人的威信，提供管控制度合理性。慈善不是生产行为，不应当获得赞赏。慈善必须小心谨慎，等到国家无力之下，才可以暗地里捐助。由于皇权受到了遏制，他们不兑现生产收益，由此限制智力的发展，虽然生出了怜悯之心，却不关心乞者的尊严。

这是盲目的怜悯，幸福降低的表现，政府应检讨错误。长安城的居民贫富悬殊，堆积富人丢弃的食物处，大批乌鸦在空中盘旋，它们在抢夺乞丐的食物，也成为乞丐们的朋友。如果在一个社会中，乞讨者损失了尊严，行为失去正当性。当时代开启了慈善的风气，社会必然隐含巨大的不公。慈善形成虚假收益，充实虚假消费体验。随着货币测算的完善，慈善现象将越来越少，最终被社会进步淹没。所以，慈善是对不公的罚款，是对自我缺陷的宽容，这种风气不值得提倡。

> 宗教生存的基础，要让所有人信服，而承担社会责任，便享有了公共权力。宗教对社会现象要作出合理解释，社会现象又必须符合其价值观。"价值"包括行为、品质等，亦要求符合市场品质。这些品质是教徒追求的，是宗教活动的生命力，由此构成国家信用……

第三节　寺院在大唐的作用

　　唐朝生活发生巨大变化，长安城民吃阿拉伯食品，医生使用古罗马的医术，整个国家呈现了多元化。在基础的手工业上，加上吸收波斯艺术，形成唐朝特有风格。如果不模仿设计细节，唐朝工匠便无法工作，因此唐朝的织锦超强。波斯文化源自经济贸易的交融，巴比伦与印度文明的陆地交汇。因为货币的流通性增强，当地的产品才能广征博引，取得世界的众家之长，达到自己的艺术高峰。

　　唐朝生产依靠外来信息，不断从外界吸收新技术。国内用东罗马的金币，以及波斯王朝的银币，制造的工匠难以自主。这些错误压在宗教上，信仰构建社会的倾向，对某类事物设定意义。受到错误投资的诱导，寺院不能正常地运作，失去了道德规范能力。投资行为在重组价值，只有百姓拥有余钱，大家在寻找投资机会，此时才会有价值更新。

　　因为寺院不为大众贷款，底层民众缺乏投资机会，国家自然缺少经济活力。有神论没有挽救大唐，社会向失控方向滑去。如果唐朝的皇权强大，便可以控制教育系统，由皇室出资赞助教育。可是皇室富可敌国，却不愿出资办教育。寺院负责教育投资，宗教组织控制教育，这是社会的自然产物。唐太宗要支持者出资，解决帝国的教育事业，这份责任落到了寺院。寺院要尽力吸纳盈利，四处开辟挣钱的渠道，久而久之形成产业。

　　寺院一旦涉及收益，便失去道德自控力，造成寺院内部的腐败。僧侣的生活不再朴素，他们与皇室联系密切，于是皇室的收入大增，他们陷入奢侈生活。由皇室发出控制指令，可直接设置发行收益，消费欲望迅速膨胀。国家还不富裕，而奢侈风盛行。军队的将领酷爱应酬，到处炫耀着珠宝马匹，形成长安城酒肆林立，各种应酬场所火热爆棚。

　　宫廷内生活更加奢靡，皇室成员时兴玩马球，内城养了许多波斯马，马是托运布绢的工具，皇室的大量饲养马匹，也可以用在运输业，为皇室争取更多收入，因此推动了商业发展。在这样的生活环境下，长安充满金碧辉煌的宫殿，城外建设雄伟壮丽的陵园，帝王死后随葬的金银珠宝，无不显示帝国的奢靡无度。财富极大刺激了国民欲望，后宫的佳丽添置绫罗绸缎，整个社会陷入物质疯狂中。

第六章　技术货币时代——隋唐

　　为了保证高级生活水平，皇室大力笼络寺院僧侣。僧侣占有重要的社会地位，他们有能力独立兴起文化，并且为社会增设道德标准，故这类道德强化歧视穷人——道德败坏才有穷命，穷人形象变为猥琐。实质败坏的是富人群体，宫内的太监也纷纷供佛，宗教开启了贫富分化风，对佛教信誉产生潜在损害，真正信仰佛教的人减少。剩下的信徒只是为了利益，教义之中添加了很多欺骗。

　　寺院的供应对象是企业，但是同时它在收取存款，企业必然产生货币聚积，这些是资金周转的剩余。贷款收益分给存款者，而风险落在皇帝那里。存款的对象是消费者，国民的决定权在滋长，寺院的决定权在下降，皇室收回了货币权限，利息的决定权回归皇权。

　　经历过隋朝的金融失败，寺院愿将账务统统交出，寺院已经完成边际测定，只需要顺应边际的走向，则可以成功地确定利息。皇室学会如何确定利息，可以大致估算贷款利息。皇室负责全体臣民的福祉，他们希望贷款利息的增加。存款利息与贷款利息连带，生产者在争取低贷款利息，故只有他们希望货币贬值。因为利息可以降低，生产收益自动增加，金融矛盾落到货币。

　　僧侣是没法最终决定的，而是皇室调控利息高低，皇室借僧侣的威信控制。生产货币只供应大型企业，这种生产不比较智慧创造，而是比较资本的堆积效果。如此盈利是典型的犯罪，这是脱离控制的生产，属于生产的自然现象，必须防止资本的堆积，这是金融控制的责任。此时的生产意志超强，可遮蔽生产上的错误，没有人愿意承认错误，民众在争相推脱责任。

　　大型企业容易盈利，它们不愁贷款数额，凭借工人的数量多，它们占据道德优势，通过舆论压制对手。于是发生群体攻讦，人们相互指责对方，自己却不检讨过失。唐朝的国力变得衰落，多次遭受突厥的攻击，几乎没有反抗的能力。在此后不久，又遭吐蕃骑兵多次攻破，掠走河西、陇右的领土，许多人成为吐蕃的奴隶。

　　吐蕃人厌倦战争，战争有巨大损失，他们只控制贸易，要从贸易中得利。于是吐蕃占领都城，威胁皇室服从指令，且为唐朝设定皇帝，进一步控制了政权，而让皇室失去控制。为了保护皇帝安全，唐朝设计两个都城，一个是首都长安，一个是陪都洛阳，准备好随时逃跑。

　　国家利益在军事实力，一些世族出生于国企，不负责国家安全利益。官员已经退出企业，负责人是皇亲国戚，他们的生产不计消耗，只要满足市场的需求量，达到按时供应市场，这些企业便完成任务。

　　这些亲人在为皇帝工作，企业全部收益上缴国库，他们自己没有收益可言，所以也不会产生节约性。长安的环境受到了污染，允许资源消耗大的生产，导致资源利用效率降低。水资源是城市基础，长安失去安全水源。

生态污染是严重问题，导致很多动植物绝迹，这些是重要生产资源，产品链条自然断裂了，相关的工艺就此失传。内地人文环境不好，世家大族虐待老婆。故皇室愿意公主出嫁，嫁到很远的地方落户，甚至嫁到西域的王室，当然不是王室的正妻，那里的生活水平较高。

货币决策的范围在扩大，行为越是受到货币影响，越要增加皇权的控制力。问题一定反馈到货币上，唐朝货币减弱消费权力，它自己也是一直在贬值。大家只顾着眼前的繁华，却无视于事物背后危机，佛教对此也是无能为力。家族必须齐心协力，共同完成家族目标，如果亲人不能辅助，外部势力乘虚而入。

国家事务也是这样的，必须遵循同一个道理。货币代表国家实力，货币贬值意味衰落。道德标准不是单一形式，宗教负责补全道义缺失。玄奘法师整日忧心忡忡，他在想法解决社会问题，但是他改变不了总趋势，这是大师们的一个心病，宗教必须承担社会责任，须给出解决问题的办法，玄奘到遥远的印度取经，则是为了找到那个办法。

唐朝的边关非常封闭，不允许国民私自出国，玄奘选择偏远的路线，绕过西域进入了印度，一路上遇到很多险情。因为印度未与大唐通商，玄奘一行用白马托着黄金，走到一地便要兑换当地钱。这是唐朝的货币状态，还没有加入国际货币。印度也是封闭的经济环境，印度教适合农业小型贷款，它的原则是组织血缘联盟，实现贷款资金的分级配置。

印度产生很多宗教，佛教处于衰落状态。如此有利贵族控股，建立低级产业模式，乡村劳动成为重心。而佛教否定了印度教的不公，它符合城市化的大规模贷款，故受到广泛的农村贵族抵制，所以印度的手工业被遏制了。

皇室要收集民众意见，唐朝社会需要工业品，要立足国内解决问题，新货币应满足此要求。皇室决策的投资方向，成为新生行业的中心。皇室选择的大企业，没有新的生产方案，其生存不需要创新。产品不适合本国的市场，如此持续越久产量越多，国内市场需求越是短缺。

纯粹的生产活动异常简单，它是大脑活动的直接反应，不需要主观作出价值判断，而人的消费行为非常复杂，需要全面地认识社会问题。因为生产越多消费越少，生产者的盈利持续下降，生产活动最终自动停下。唐朝的职业水准较高，投资重点转到大企业，就业也跟着转向那里。

农庄一直有收入保障，庄园主的认知范围小，只有周边的一些地区，生产

第六章 技术货币时代——隋唐

者不关心消费者,其诉求不是系统表达,而多数农民没有保障,却未成为国家关注点,严重影响了政治决策。士人缺乏宣传手段,当时的士人数量少,加上印刷成本极高,书籍需要专人抄录,故有人以抄书为业。

士人的影响很有限,士人的决策力很弱,只要士人脱离民众,生产脱离货币控制,农民生活状态很差。上层依照利润组织投资,经营活动则不需要负债,没有负债的经验是错的,货币收益来自生产压力,所有产业必须负债经营。所以这一特殊时期,道德标准趋向单一,法律也变得很模糊,造成民众思想混乱。大企业效益很差,不断被官营兼并。

如果政府控制生产,直接调拨资金土地,相当于侵占金融权,失去寺院的货币监督,由于投入不计成本,无法独立核算税收。政府与寺院是分立的,两者必须建立互动关系,以此实现数据共享,并且各自负责核算。脱离财政收支上的核算,官员群体必然陷入腐败,这个局面是控制不了的。

大企业是扩张型模式,它要求政府加大投资,这个主意有利政府,故各道官员放松贷款,以此维持地区的经济。各地区又在限制商业,商业增加政府核算难度,政府需要估计物质移走,反过来调动企业生产,这种难度无法想象。长安城只有东西市,有严格的时间限制。在长安城的西市,聚集两百多商户,他们从寺院借贷。长安城虽然负责金融交易,但不是自由而开放的城市,而由隔离的小区组合而成。

大企业指定产品的类型,即生产资源在控制企业,企业失去灵活变动能力。增加贸易机会自寻烦恼,通过政府控制贸易实现,符合大企业的销售目标。所以各地严禁摆摊销售,提供大企业销售机会。各个城市棋盘布局,由坊墙包围的格子,街道在官员控制下,居民活动在坊墙内,官员监督昼开夜闭。上升到中央政府层面,便设计成国企式生产,最大限度地供应市场。

在偏远的西域地区,依靠军人稳定政权。因缺少公共建设投资,驻军当地的经济落后,军队配置是军户人家,政府事先提供帛币,用来转移家室人口,帛币缺乏流通的能力。鉴于土地产出的匮乏,虽然他们不需要缴税,军户家庭的生活艰难。因帛币不能留住女性,军队女眷逃回了内地,军人失去了婚姻保障。虽然军事占领广大地区,却不进行有效管理,故唐朝疆域不稳定。

中央拨款时常减少,将领率兵退回一段,那片领土让予外国。大唐停止了向西的扩张,为阿拉伯留下空间占有。他们创造了实用货币,有利于观察货币流动。阿拉伯人非常聪明,因为他们走南闯北,没有固定在生产上,所以思维比较活跃。

寺院在投资的时候，首先考虑大型私企，只有私企完成不了，才会选择国营企业。此时的国企变得很大，目的是要为私企服务，承担私企的基础产业。这种方式组织的生产，经营者处于一个环节，依靠市场的兴起成功。国家如此为私人服务，成为私人利用的工具。企业经营和政府行政融合，政府官员在控制经济取向，决定产业结构的基本特征。

唯一不能解决之处，是市场销售的问题，出口可以解决销售。国企继承隋朝的技术，开始投资航海的船舶。海运可以大宗货物运输，而陆路运输的成本太大。国企要与政府分离，它需要大量的投资，必须经过市场核算，寺院系统牵连进来。柜坊没有独立决策权，生产投资机构叫柜坊，柜坊名义上归属寺院，实际被宫内太监控制。

当国企积压太多货物时，柜坊便大量投资运输业，以极低的价格向外出售。太监的工作代表皇帝，政府要求增强控制力，但需得到皇帝的许可，皇帝充分地表达权力，极大增加了工作量，太监是来分担工作的。皇权是独立市场存在的，它必须有效地节制交易。自然状态的生产和消费不平衡，皇权表达的是市场核算的结果，它全面负责法定货币居中运行。

世家大族在构建血统，重组自己的宗族势力，它与没落的贵族无异，因为没有体现先进性，没落贵族也不满意。货币收益不是生产收益，生产收益没有社会意义，不能解决社会总体问题。生产收益看重短期利益，消费收益看重长期收益。官企负责出口产品，外贸皆为官营产品，官企的生产效率低，但是收入却非常高。太监只能与官企联系，选择的机会非常有限，国企即是特殊的世族，他们获得极高的福利。

国企之间没有竞争性，官员与生产资源联系，这些人不在公平竞争。它们之间呈线性关系，货币现象中没有线性，这种分析有两个结论，所以不适合线性回归。这不是表面上的关联，而是上下级指挥关系，上游企业具有决定权，享有更高的福利待遇。人类通过调度货币数量，实现对市场价格的控制，而没有引起同比例增幅，此为社会价值实现过程。

所以这一时期确定了一些福利，寺院为官员群体提供福利待遇，这部分福利可视为官员养老金。如果官员年老或家庭负担，暂时出现生活上困难的话，遍布全国的寺院承担费用，保证官员家族无后顾之忧。

太监想不贪污都不行，对应国企的官员强迫，必须长期接受其贿赂，否则难以屏蔽其他人。如果太监不接受行贿，生产系统已经有提成，承包方将获得高利润，进而破坏掉市场秩序。很多小型私企要求突破，打开垄断了的市场僵局。

　　于是西域收集的珍宝，全部落入太监的囊中。后来太监更加放肆，而且四处炫耀财富。一旦太监与相关企业失联，所受收益瞬间便化为乌有。太监也娶妻纳妾，甚至与公主通奸，打乱了社会秩序。这不是思想开放，而是自由大溃退。

　　但是没有成本地复制产品，无限制地扩张产品的产量，将瞬间引发社会重大灾难。生产系统控制了皇权，遏制了皇权下的道德。虽然投资机构是寺院，投资效果由政府控制，政府的作用是决定性的，货币的控制力走出家庭。

　　为了完善政府工作，政府组织了科举制，针对广大农民群体，选择合适的人为官。这些官员有法治责任，将社会信息传给皇室，经过皇帝决策层研究，确定全国统一的法律。

　　当时很多民办学院，民间人士投资教育，努力录取寒门子弟，学成后为军队服务。这类学校有很多科，包括数学、兽医学等，以及技工类的教育，这些为了尽快就业，在军队中有所作为。数学从生产事实中归纳，在消费系统被破解开来，因为它隐藏得极为深入，所以需要大量研究时间。早期的数学科目很简单，为了解决生产实践问题，这是一个生产问题集合。

　　士族子弟在太子监，这是由国家投资的，学成之后成为官员，教材也是士族编的，内容涉及很多典籍，主要是经学的注释。因为太子监没有研究项目，学校投资成本也是最低的，故教学质量没有评定标准。唐朝开始进行规模投资，对大型企业的超大投资，形成了企业能力的超级强大。

　　企业管理对人的自身要求高，技术方法在抑制人的幻想，生产指挥者必须有想象力，唐诗是非常好的训练方法。语言和文字是思维的工具，这是生产行动的预先阶段，它们在大脑生成图像意象，反复演练生产程序的图像。

　　考察这些能力是政府职责，需要分析全民的生产控制力，自然成为科举考试的内容，学生必须熟练掌握唐诗的写作。如果士人熟练运用诗文，他们可以设计多样式产品，并将管理调整最佳状态。

　　因为投资项目太偏激，导致生产的品质下降。投资活动需要解释说明，对社会现象的进行解读，说明何处值得人们关注。因为不需要解释，社会缺少了争论。唐人失去好学的品质，学习气氛上因循守旧，产品上长期维持不变，因此产业的格局停滞。

　　管理方式也变得粗暴，士人的品格发生突变，转入了歌颂政府模式。政府强迁了一些农民，到偏远之地垦荒，这些地不收费的，自然生成一批地主，这部分人享受投资,却一直不产生回报,他们肯定这种政策。

士族庇护现实错误,失去了更正的可能。士族的智力不知觉地下降,他们的大脑正在变得迟钝,因为长期在自我角度思考,无法转换为对方角度核算,所以他们自己也不知错误,依然在维护贪婪的占有者。

此时市场上出现旅店,但是客人不得随意住。旅行者在家乡取得门券,旅店必须审核身份证明。故居民无法自由开店,必须与官府密切关系,否则容易被处分治罪。官府为了减少其支出,一切成本由百姓自负,百姓要主动上门请示,接受官府的各项审查。官府给出了若干条例:与凶手搏斗营救人质,发现火灾要报告扑救,这些都是政府设计的,定下来的不明确责任。随意穿戴和违背建筑定式,皆要接受官府的行政处罚。

为了官府需求的生产,这种生产免掉了税收,而且提供场地和设备,只要退出时返回国库。面对两种不同市场待遇,大多数城市居民不适应,很多人逃到西域边疆去。在这个荒唐的时代,很少有独立的控诉,唯有一批傲骨的诗人,对世俗世界发出呐喊——"安得广厦千万间,大庇天下寒士俱欢颜,"杜甫借款盖的草房,被一夜的秋风吹翻。大诗人无处居住,帝都房价如此高,挡住了平民的去路。

政府必须依靠寒士,不能依靠世家大族。政府的规模在扩大,政府的功能在缩减。市场的资源在贬值,人才资源也在贬值,天下寒士找不到出路。寒士通常在关心百姓,他们的表达构成价值,构建政府的工作追求。世族固化资源走向,严重误导人的判断,干扰皇室安排政策。

此时唐朝减少手工业,大量投资发展畜牧业,因为农业所占比例过大,市场消耗过多土地资源。建筑物价格无法下降,影响百姓的福利待遇。大唐百姓付出巨大努力,却不见生活水平的改善。丝、瓷、茶是低值易耗品,保持人力投入的简单劳动。

欧洲掌握养蚕技术,但是它不适合欧洲,欧洲的气候十分寒冷,养蚕的成本比唐朝高,故没有大规模生产。经过与大唐的贸易,唐朝产品迅速饱和。市场收益高的是金属制品,突厥和吐蕃均为不毛之地,却在出口优质盔甲和武器。

唐朝引进生产盔甲的设备,却无力推进技术上的进步,生产规模不可能持续扩大,生产收益相对的物价下降。中外产品的价差在变小,故世家大族的收益减少,政策引起帝国上下不满。平民工作非常辛苦,却挣不到几个小钱,生产者指望企业福利,时刻在寻找就业机会。扩大生产需要更多土地,平民需要资本购买土地,而皇室也用黄金买地盘。

第六章 技术货币时代——隋唐

　　土地被新兴的世族垄断，他们不怕人力上的短缺，但是如此经营增大风险，农村生成很多庶族地主，城市出现高利贷的形式。虽然长安城内歌舞升平，官员富贾大户日日狂欢，而欢庆活动与百姓无缘，百姓生活处处受到控制。市场稳定的标准是没有高利贷，高利贷是货币供应不足造成的。

　　城市的资本在倒卖商品，但是要负担积压的损失，平民的收入期待在降低。随着时间的推延，当收入低于福利边际，工匠退出而回归家庭。没有孤立存在的家庭，家务劳动与企业相关，企业的产品退出家庭，提高了家庭劳动负担。由此很多资源带入生活中，长安城的坊墙内拥挤不堪，年轻男性在争夺居住面积，不断激化出邻里产权纠纷。

　　大小企业集中在城市，由此产生了市场规则，消费系统拥有权力，生产系统拥有权利，这些是规则生产的基础。生产资源分配完毕，已对应特定生产者，这是产权稳定状态。别人没有理由占有，否则属于侵占权利。为了实现产权的界定，人类设计了货币样式，由此生成了市场关系。

　　纠正错误的力量，来自官场的权力，力量存在于社会，官场由皇室支持。各个城市中都在建寺院，寺院负责控制生产规模，如果生产规模扩大过度，寺院没有办法提供贷款。市民的扩建在所难免，将范围扩到坊墙之外，占据很多通道的面积。政府负责管理市容，出力清理这些市民，双方经常对峙相扑。官员的态度很凶狠，百姓的反应很鲁莽，由此产生相扑游戏，以此讽刺官府无能。长安城住着各国人，相扑项目传到日本。

　　玄奘出国万里求学，在那烂陀寺待五年。当他回到大唐首都那一刻，发现腐败情况更加严重了。玄奘对官员失望至极，他不接受当官的邀请，闭门翻译带回的佛经。太监可以遏制政府的腐败，而玄奘不能遏制寺院腐败。发行货币任务艰巨，只有太监可以胜任。

　　投资者需要精于计算，经济发生的周期危机，需要有人来料理后事。皇室派太监到各地调查，太监收集了很多社会信息。官员难以确定货币量，城市和农村需求有异，单独控制货币的发行，并不能操纵货币存量，也不能控制货币流量。货币核算工作交给太监，他们被锻炼成金融专家。

　　皇室在提供社会福利，提供更多的免费产品。迫使皇室下令增发货币，以提高资源投入产出比。发行工作存在问题，给一些人增加债务，取得了良好的结果，却给另一些人借款，肯定得到破坏效果。这种倾向性的选择下，带来前者的竞争优势，也造成后者最终被消失。免费产品创造了市场需求，但是它不是生产者必选项，皇权必须迫使其作出选择，必须接受产出免费的商品。

货币在不断增加中，社会问题得到解决，百姓信任官员行政，是为了自身的福利，所以也定制了货币。如果官员达不到目标，皇室有理由增加权力，强力敦促政府做好事。皇帝在背后指使太监，由太监监督货币总量。如果发现货币过多，太监用黄金铸造货币，去交换市场上的货币。只有皇室拥有黄金，通过外贸归入皇室，从皇室发出的金币，可以减少货币总量。

生产系统有独立追求，若皇室控制不住经济，国内资源将输出国门。大企业优势在于资源，它们在比赛资源耗用量，从而降低资源产出比，市场供应的总量减少。所以黄金遏制了大企业，提升小企业贷款的比例，剥夺了庶族地主的收益。

而庶族地主的势力强大，他们要求得到政府保护。此时城市的规模在扩大，留下供应人生存的空间，快速减轻对血缘的依赖，对乡村的依赖也在减轻，过去的很多关系在解体，而庶族地主在依靠血亲。

金币在减少皇室资财，必然遭到皇帝的反对。但是皇帝受外戚干预，外戚全部是世家大族。市场价格一直在增加，尤其平民百姓的用品，工资相对在大幅增加，原因在于外戚的利润。民怨暗藏在心底，而生产遭受破坏，反映了民意取向。意见在不断聚集，逐步靠近决策层，外戚利用了民意。

唐朝在短短三百年中，由太监持续提供决策，在重大经济危机时刻，太监杀死过上千官员，一共杀死过两位皇帝，一共废立过七位皇帝，历次解救皇室于水火。这是皇权与民意的对抗，皇权每一次都取得胜绩。太监执政是在代偿皇权，失去权力的小皇帝很怕，会被掌权太监吓尿裤子。

人人在争取利益，却不会直接获利，皇帝在分配货币，选择给予的对象，坚持皇权的威信，才没有任何偏向，保证社会的公正。一切遵从货币调遣，所有事物必然顺利。撤换一个皇帝很容易，却不能换掉全部官员，两者坚持的成本不同，官员占有强大的优势。在作出选择的成本上，变更皇帝的可能更大，只有在司法独立之后，才可能一直维持皇室，而彻底变换整个政府。

若国家不承担司法费用，司法成本推卸给加害人，造成司法活动充满暴力。官员职能变成了生产收益，捉钱史官在比赛贷款收益，所以变成生产在左右局势。大企业的控制范围广，这片地区思维须相同，遵守相同的生产方案，如果私人企业范围小，控制的资源不在当地，即利用货币调动资源，就不会影响人的思维。

国企官员既要懂中央，又要熟悉当地的情况，后者是为了对下征税，企业利润须全部上缴。前者是为了核算成本，完成中央交办的任务，留在自己的行政开支。因为那是货币收益额。但是中央未作规定，致使大型国企膨胀，故矿业不支持黄金，如果自己开采黄金，外贸需求必然降低，将影响对国企投资。

青铜的铸造工艺相对简单，用木炭加热即可烧制。青铜剑达到九十厘米，已经增长到了极限。铜的过剩并未显现，佛教需要铜铸佛像，减少对货币的冲击。武宗拆毁全部寺庙，铜质的用品收上来，用来各地区的铸钱。

但是中央很快发现，货币发行量超预期，通货膨胀严重起来。当儿子宣宗上台后，立刻恢复了佛教合法性，大部分新钱改铸成佛像。唐朝对外屡屡失败，便是因为武器落后，当时主要的战场角逐，已经不使用青铜武器。周边各国都不发展青铜业，而是重点投资黄金矿业，用黄金到唐朝交换青铜，铜被加工成为优质产品，运回来取得巨额的利润。

一旦有了工业基础，生产黄金不是问题，黄金可以换工业品，故黄金的产量大增。所以开元通宝越来越弱，在西域不能充当货币，唐朝派军队到西域，所带的军饷是帛币。帛币不是好的货币，它的单位是"匹"，只能粗略核算价格，没能满足家庭福利。帛币是未印染丝绸，不是用来做衣服的，驻军带着帛币到西域，与当地人换取生活品。

士族是官员家庭，世代在朝廷做官，形成官场的裙带。通过裙带关系连接，官员群体联结生产。由于货币收益变成薪俸，行政职务的责任消失了。但是唐朝的外部压力增加，世界范围的商业开始复苏。阿拉伯世界设立准备金，由此生成金融扩张体系，对应产生了基础性货币。非基础货币由准备金产生，处于法定控制手段的边际，中央在随时注入金融规则，将扩张中的货币纳入管理。

而承担这部分重任的，可用来构建国际贸易，它的准备金竟是胡椒。胡椒容易携带运输，它的价格超乎寻常，带动阿拉伯的金融，大力推动商业活动。阿拉伯开通了海路，他们凭借造船技术、海洋知识的积累，特别是地图的绘制，形成强大的贸易实力。

唐人用陶碗盛饭，穿硬且涩的麻衣，没有饮茶的习惯；欧洲穿粗布衣服，用木碗盛装饭菜，使用银制的餐具。唐朝的经典产品，均不是新型技术，南北朝已经有了。若唐朝政府主持贸易，欧洲贵族穿上了丝绸，用上青瓷和白瓷餐具，而唐人也能穿上布衣，用上精美的工业餐具。

唐朝的政府还不完备，生产发展维持低能量。面对巨额的外贸需求，国内企业却无动于衷。人们在努力维持自己的尊严，让自己的生活变得更好。丝绸不是技术工作，棉布需要纺织技术，带有较高生产能量。但是，丝绸用来出口，取得很高盈利，增加政府实力。陆上通道负责人往来，重点在文化信息交流，组织的使团定期朝贡,基本上是宗教的交流。

海上的贸易要求技术,帆船在大洋经常翻船,唐朝没有海上贸易。路上的对外贸易量太少,生产能量差异非常明显,唐朝外贸处于吃亏状态。唐朝税收因此提高不了,一旦提高引发大量破产。女性体力不如男性,她们更善于计算工作,例如对作坊的记账,制造一套虚假数据,女性可以顶半边天。

唐朝不再限制女性,因为需要大量会计,制定市场规则需要数字,但是只需要很少的人力,唐朝需要大量计算工作,体现经济自身的混乱性。生产统计核算税收,税收随之发生错误。这些记录隐瞒财产,影响国家政策制定,在为犯罪订立基础。

生产质量没有要求的市场中,不需要特意表现男性的特征,社会生活开始围绕女性展开,女性的偏好主导了权力决策,政治活动中的权力控制减弱。没有市场监控的情况下,不会产生价格上的竞争,生产信息封闭在企业内。政府在自由地生长,它既否定外来文明,又否定本土文明。

政府设定经济目标,用利益的方式思考。没有人对皇帝提出意见,既然政府嫌皇帝管得多,皇帝则会撤出产业布局。如果国家不供养军队,增加地方政府的税负,自然会遭到地方抵制,这是节度使焦心之处。节度使与官员不同,他的岗位随时流动,军事管理没有成效,会被中央政府撤换。

节度使不设军粮仓库,军粮是从市场采购的,由财政保障军粮供应,为农户提供巨大市场。但是中央没有这个能力,只好推给地方政府负责,地方财政减少公共投资。减少公共服务投入,必然产生通货膨胀,官员会求助节度使。

而地方官是固定的,一般多是武将出身,强迫百姓纳税,不服从者会被捕。节度使要讨好地方,用军队为地方创收。军队和地方的联合,照顾双方各自产业,市场不是竞争关系,军民生产合为一体。因此破坏了税收体制,一里地设立一个里正,由里正负责乡级税收,出现纰漏要里正负责。

节度使享有征税权,形成了地区控制力。于是出现特殊职业,陪巡查官喝酒的公关。工作质量上没有压力,男人便会围着女人转,大家在博得女人欢心,女人成为控制局面者。这些女性才情均好,深得军队官员赏识。她们是政府工作人员,公关成为政府的日常。对行政的评价与审核在州县级官员,里正负责惩罚上报错误信息的百姓,百姓对自家的情况每三年上报一次,如果有错误将受到里正的严重处罚。

因为州县级官员没有责任,对他们公关成为必要手段。这些不正当现象的出现,在于金融设计上的缺陷,地方官吏在从民间取利,分出部分收益输送中央，作为默认其发财的代价，从而构建起来分赃机制。市场上缺乏货币投放，潜意识感到缺乏本位，交际场时兴劝人喝酒，目的是为了催眠对方，让对方丧失主动意识。

皇室为了遏制这股歪风，特别设立很多编外官员，负责审查各地官吏作风，名前加"守"、"判"等，造成官僚机构快速膨胀。在官场的日常往来中，经常发生礼物相送，官场一片和谐之气。这些官伎长期与官员交往，她们比官员的位置稳定，接任官员还需要巴结她们。

货币信用立在生产承诺上，如果承诺不足以规范金融，则会出现消费货币的短缺，生产货币被迫用在生活上，来不及通过工资转为消费，这是我们所称高利贷现象。说明消费货币条件不良，货币流动的秩序被打乱。武则天虽然是一位女性，却懂得如何构建信用，将王室从崩溃中解救……

第四节　武则天的经济谋略

武则天成为唯一的女皇，主要由底层民众推动的。大唐政局一直动荡不定，如果皇族站在贵族一边，社稷会被底层民众倾覆。高宗再三权衡之后，选择武则天来执政，这是经过充分考虑，得到皇族内部认可的。也有其他的皇族人选，可是没有人愿意接手，男性背后有强大牵连，涉及各集团利益争夺，均将导致政权的瓦解。

上层均为精英贵族，有自己独立的利益。士族想要垄断政策，百姓必须默默地忍受，所以需要皇室打击士族。皇室可以重用清廉的官员，到各地抓捕违反法纪的士族，控制唐帝国的基本社会秩序。可是，士族与皇室有千丝万缕的联系，皇室内部没有人敢追究责任。维持国家政权方面，人数起着决定作用，百姓是国家的主体，只要百姓奋起反抗，上层必须被迫改变。

女性不能进入权力核心，女性角色负责消费部分，时刻处于心理满足状态，对于生产者的基本要求，永远不满足现状的心理。武则天的性格十分自恋，处于对集权的迷恋状态，此性格对男性产生吸引。权力展示逻辑处理能力，需要时刻处理大量数据，及分析这些数据的关联。由于唐朝货币品质下降，男性逻辑分析能力降低，女性成为家与国的核心。

此时的男性已经退化，失去了总览全局的气质，他们需要女性维护权利，所以中央必须女性控制。由武则天负责皇权，皆因她的逻辑能力。高宗开始了一场表演，皇权在退出原有格局，贵族力量在侵犯皇权。高宗说自己头晕和背疼，文武百官减少汇报工作，如此反复折腾两年左右。

属下在不断追问政务，大臣只好到内宫探视。高宗的两臂麻木，自己决定不再理政，大臣们只好屈服了。从生产能力上比较，女性并不弱于男性，尤其在简单劳动中，纺织业主力是女性。但是没有对女性征税，故女性财富多于男性。

武则天走向政坛时，女性获得空前解放，两个儿子无法执政，武则天亲自坐上皇位。武则天对付世家大族，由于世族垄断了原料，生产系统完全依赖它，没有核算世族的税收，严重落后于公共需求。唐朝社会现贫富悬殊，富人与穷人越分越开，似乎没有弥合的痕迹。

国家与家庭相对应，国家政治出现问题，各个家庭一定出事。大唐社会风气骤变，男性的基本特征消失，军人性格自私暴躁，男性妆容花枝招展，男性出门戴着簪花，走路时候扭动腰肢，且涂着彩色的唇膏，还要故意露出刺青。官场全是中性男，性格上乖张暴戾。

男女差异是最大个性，模糊男女差异的目的，是为了减少生产负担，减少消费行为的成本，对人格造成巨大破坏。这些装饰的美丽，后来全部专属于女性，终被男性世界排斥。唐朝的女性变得豪放，女性服装非常暴露，刻意突出女性特征，这并不是一件好事，这是风气败坏的迹象。很多里巷改成妓院，良家妇女被逼为娼，反而受到社会表扬，鼓励这种自力更生，道德认可女性牺牲。

生产活动需要自力更生，消费行为需要借助皇权。科学负责消费质量，消费行为不需重复，科学无需重复工作，需要收集最新信息，减少研发的工作量。官员直接控制投资，发明权被归于官员，底层失去发明动力，社会创新活动停滞。

女性在细节不拘小节，丧失细腻的心理活动，放弃主体判断的地位。最后女性也丧失审美，钟情无思考力的男性，暴力男成为社会主流。社会风气为之改变，男性官员的性格暴躁，男性市民却柔弱不堪。在社会舆论支持下，男性抛弃家庭责任，许多男性吃喝玩乐，巧言令色享受快活。

语言可以改变社会面貌，社会舆论可以脱离价值，借助个人收益诱导因素，同样达到交流传播作用，只是传播的内容是收益，而不是影响情感的价值。由于社会风气转变，士人的职责发生转变，士人经常出没伎馆，到处留下风流韵事。政治事务由男性控制，男性有更强逻辑能力，可深刻批评社会现象。但是男性承担压力，易于丧失自卫能力。

在大唐的长安城里，住着很多西域商人，商人是主要的移民。西域比本地收入高，他们在长安买房子，而本地人却买不起。为官多年也买不起，更何况是普通百姓。收入高的职业是武将，他们占有大部分财富，却从不批评市场失误，社会好似失去了男性。

如果士人只关注家庭，便没有文学上的创造。文学创造的特点是批评，消费者时刻提醒生产者，可能哪些方面出现问题，何处可能发生消费灾难，生产系统特意回避错误，社会便可正常运转下去。

消费系统一味隐瞒事实，编造虚假信息美化错误，生产系统必然出现错误，社会呈现灾难性的后果。文学作品不为批评人，而是批评社会性错误，排除生产错误合法性。士人活动的意义在事前，生产活动发生之前改正，此时是改错的绝好时间，生产后改正需变动系统，此时消费系统承担损失。

故士人具有审核职责，活跃在企业中的士人，他们不承担社会责任，由于均为大型的企业，可以容纳很多的士人。而在知识的供给链上，士人可得到最新知识，具备审核知识的能力。主张减少社会福利的说法，不需要士人付出参考意见，即减少了士人的生产成本，他们是这一说法的受益者。故士人回避社会责任，他们制造了错误知识，自己也遭到舆论攻击。

文字狱有民意基础，导致大批士人死亡。由于士人遭到屠杀，民间产生知识恐慌，不愿意接触新知识。知识需要新成分，需要局部的新生，只有活的知识存在。但是体制一旦形成，不这样定义知识，士人认为是死的。

士人只在搬运知识，这类人士荣当教师，则不会研究学问。将知识从西域搬进来，再转由学生搬到企业。虽然增加了士人岗位，而知识没有作用效果。一旦社会知识处于僵局，文化的魅力减弱了，社会也不讲文明了，社会舆论围绕金钱，皇权被暗地嘲弄，社会风气加速衰败。

皇权在风暴的旋涡当中，很多贵族子弟蠢蠢欲动，意欲联合起来推翻皇室。穷人不买低级产品，总体生产投资减少，既遏制产品的产量，又影响高级品质量，从而压制低级产品。只有所有穷人买得起，新产品满足社会公平，福利才能波及底层人。

由于穷人在货币上的匮乏，遭到社会恶意的攻击，缺钱造成的窘况被放大，低品质的行为成为道德证据，官场和商场拒绝他们，让贫穷困境更加艰难。真正的道德制约的是富人，富人意味着资本控制者，他们是接受监督的生产者，由于市场价格产生的机制，会令生产者战战兢兢。唐朝开放了边界，胡人大量进入中原，他们成为生产主力，带来很多新技术，但是也带来风险。

胡人的金融系统落后，需要吸收先进的制度，衣食住行也传入胡地，中原的儒家文化流行。胡地的皇室也在权衡利弊，通过消化中原的意识文明，实现自己的器物品质提升。而汉族普遍反抗皇权，甚至造成皇族内混乱，必须有人来清理现场。武则天杀人是替天行道，对手伤害的是国家利益，出于维护国家的目的，处罚具有绝对正义性。

若法治不彰的情况下，必须清除生产执行者，全部清理敌对的势力。这是考验人的意志，若不立刻杀死他们，他们在扩大高利贷，用高利贷杀死对方。武则天首先规范法律系统，让法律重新运行起来，这是在恢复市场秩序。通过修正市场规则，来保护百姓的利益。没有人敢于挑战制度，改革才能在全国生效。

武帝开始整顿金融，消除寺院的高利贷，寺院的行为被规范，社会行为多了礼貌，大家说话轻声细语。如果皇权贷款不足，形成生产货币短缺，产生了高利贷现象。若无限量供应货币，民间放贷将会亏本。武帝指令寺院负责贷款，且免于投资大型企业，转而选择较小的农户，重点是对畜牧的马场投资。

前朝军队占用了大片土地，那里已是野生状态的草场。因为周边土地全是农田，中间的空白成为狩猎场。这些措施有利百姓，百姓已经厌烦政府，期待皇族打破僵局。人类熟练掌握植物之后，牧业成为产业升级趋势，控制动物需要更高技术，牧业和农业的合理结合，一同构建国内生态平衡。

唐朝政府借用佛学观，单独重视农业的发展，导致投资方向上偏误。农业得到极大的发展，没有给牧业留下空间，造成中原野生动物消失。从战争的基础条件评价，中原地区已经没有马匹，回鹘等地政权相继兴起，进一步侵占了内陆的草场，传统的西北马场也没了。

中原过去有很多马匹，因为运输不再用马车，养马业自然减少许多。官营商品由大宗运输，可以用官方文件证明，而严格限制民间商业。官方驿站有马匹，驿站是官营产业，城镇集市上没马，他们用驴来运输。在小件的运输上，驴的保养费用低。

由于贷款供应量差异，大小企业的差距拉大。失去了宝贵的牧业，百姓餐桌上没有肉，影响了身体的健康，站在国防的角度上，军队也无处采购马，军事实力落后西域。经济增长不在数字上，而是在百姓的餐桌上。

第六章 技术货币时代——隋唐

武帝的政策很快见效，市场出现马肉的销售，很多地区在制作熏肉，供应国内广阔的市场。戍边军队得到充足补养，逆转了对立的军事局势，因而边塞百姓安居乐业。后来，武则天照顾唐朝的百姓，拒绝外界进入唐朝地界，收复了龟兹、于阗、疏勒、碎叶。

这些地方政权亲和匈奴，在龟兹与楼兰的干预下，楼兰曾经送王子当人质，最后却归顺了匈奴一边，与西域的交往因此断绝。这些地方非常重要，位于国际的中介点，从双向贸易中获利，却屡屡战时被灭掉。武则天攻打突厥和高句丽，并且灭掉了百济和高句丽，却故意保留新罗一家政权。

这些改变没有触及世家大族，世族控制着帝国的基础能源。由于铜料价格高，私铸货币不合算。政府几乎垄断铜料生产，从生产投入与产出比较，政府生产铜币收益更大，对铁币的生产便无兴趣。铁币标定为小额货币，百姓很愿意收入铁币，积铁币融化制造工具，市场上铁质工具急缺。

寺院不愿意投资铁产业，寺院佛像消耗的是铜料，地方官不主动检查私铸，因为私铸有利地方经济，所以除了铸造货币之外，其他的产业用铜量很少。官方控制的铜矿效益差，从来没有主动增加产量，这种情况造成铜价居高，铜产业的创新成本增加，铜和铁产业均没有发展。

唐朝铸币量很低，大宗贸易以物易物，国际贸易用丝帛币。论及调动的手工业人数，所有地区不及大唐零头，这种丝帛多到成为货币。但是货币通过手工完成，说明所含生产能量超低。还在汉朝和晋朝的时候，棉布已由印度传入西北，由于中原缺乏投资，无力推广棉花种植。

而养蚕技术传到中亚，出现粟特锦和波斯锦，丝锦的定价权在外商。佛教需要消耗很多铜，政府要铸天枢和九鼎，一共消耗五十六万斤。铜的生产成本很低，可以向钢铁业放贷，民间有了冶炼能力。铁矿从最初的五处，增至后来一百多处，将铜价提高了一截，而大幅度降低铁价。

因为铁的市场价格降低，唐刀的质量得到了提升，在制造工艺上不断地进步，工艺是市场价格的边际，没有投资上的倾斜，便不会产生严谨的工艺。在这一个时代，工匠专心制造刀具，工匠需要专注于技术，故佛教要求信徒剃头，消除生活信息的干扰。由于弘扬大唐民族精神，唐刀和雁翎刀传入日本，成为日本制造业的国宝。

在佐政三十年后，武则天能力超群，获得民间的威望，终于在众人期许下，武则天晚年才登上帝位，改变唐朝的国号为"周"。生产能量提升之后，官府再用铜铸币，经济收益上不合算。有了货币的测定标准，生产系统出现竞争局面，生产者关注了技术的提高，当时世界各地都如此，天主教修建高耸的教堂。

武帝在各地修建很多佛寺，大雁塔是最高的砖砌建筑，大众的关注点落在技术上，技术低的项目得不到认可。宗教建筑成为古代的重点，成为技术竞赛的关键项目，后来推动静力学和工程学。唐朝产品是仿制西域的，水平甚至低于西域产品，拉低了贷款的利息边际，这是生产水平上的退步。

武则天逆转了这个趋势，开始正向推进经济发展，百姓感到自己发生巨变。所有的生活细节逆转，原有的道理不再适用，新的社会规则在形成，可以更好地维护利益。武则天努力推动宗教信仰，这是经济发展的基础事业。贷款利息是预期收益，属于消费的虚增价值，这些价值找不到出处。

只有承认佛祖的功劳，才能作出合理的解释。这时段经济飞速发展，一年一个台阶向上走，武则天每一次改革成功，变换年号励志下次改革，第一个年号是"光宅"，意思是使居住之地光彩。

武帝在寺院设立了质库，这是执行国家政策机构，垄断所有的贷款工作。于是僧侣贷款压力减小，借助货币数据分析技术，为决策者提供参谋服务，生产收益在货币收益后，此时生产者已失去控制。寺院不再收取利息，生产货币良好运行。这些富人不仅得到财富，他们还要求国家尊荣，他们还想控制国家权力。

长孙无忌修订的《唐律疏议》，反映生产系统的严格要求，法律支持奴隶型的经济制度。奴隶等同牛马的贱民，可以打骂甚至杀害；鼓励女性自主婚姻，维护财富控制婚姻，将金钱婚姻合法化。许多国民支持这种制度，他们都是制度的受益者，他们依靠这些错误生存，取得相对百姓的高收益。

世家大族全面控制社会，自然形成贵族共和体制，类似于吐蕃的土司制度。法律得到贵族的肯定，它延续了贵族的生产，严重阻碍帝国的发展，武则天必须阻止这些。宗教可以为皇权服务，也可以为贵族服务，为贵族服务的时候，则表现为精神强制。接受贵族控制的国民，失去社会福利的待遇，百姓宁在大理寺审判，也不回乡受族规制裁。

武则天鼓励奴告主，限制每户奴婢人数，赎买奴隶加入军队，从而废止了奴隶制。她打破了官职垄断的局面，以严厉法令斩杀大批贵族。只有消费权力平等，市场才能重新启动。因为取消了对民众的限制，不许地方官员防堵流民，允许店铺开在坊内，市场景象为之一新。政府不必再进口钢铁，大宗兵器制造用煤炭，木材比煤炭的成本低，冶铁作坊普遍使用煤，发达的煤炭保证钢铁。

因为货币制度的调整，僧侣的精力用在研究上。比如引进了新作物，在作物栽培上实验,取得了可观的成绩。在同一个市场竞争,各行业投资被限制,必须通过降低成本,取得竞争上的优势。如今由寺院负责投资,生产者转向高额贷款,由此取得完整的项目,市场竞争在良性循环。

没有过去多长时间,北方吃到南方谷物,唐朝早餐变成稀粥。因为农具由民企制造,曲辕铁犁得到了普及。造船业普遍使用铁钉,铁质军事装备配置齐全,使得战斗实力得到强化。

如果这种形式延续下去,中国可能超过欧洲水平。欧洲处于战国的时代,皇权被基督教会控制,领主拥有土地和税收,实际瓜分了国家资源。领主必然控制金属,必然选择金属货币,欧洲货币是金或银,这是由贵族选择的。

于是平民无法消费,货币发行权在领主,日常用品以物易物,领主是不用货币的,农民全部变成佃农。欧洲的手工业衰败,繁华城市几近废墟。政府的用人不拘一格,设定女丞相上官婉儿,重新规范了官僚作风。政治意见须符合导向,以民意作为正确方向。政治活动必须规范化,以儒家的理念统领。

儒家禁止精英教授方式,做人方式属于自由意志,不可直接教育对方做人。自由意志是客观世界产生的,它是人实现自我价值的决定,价值判断是人体优势的策略,人代表总体上的收益作决策。所以这方面不可教授,否则会解除防御机制,即人体出现异常状态。

因为出现不同理解,官文出现文学倾向,从此不认粗俗语言,那是生产上的暴力。语言是信息处理结果,公告自己的行为目标,通过公布自己的收益,让对方测算自我收益,可以获得对方的许可。文学艺术可塑造文化,也可以改变文化形态。

生产者在追求短期利益,这部分生产扩张了货币,投资项目也是货币实验,超低成本生产带来风险。世族与生产收益捆绑,若继续扩张这种生产,货币投入的风险加大,必然引发侵略战争。而一旦发生战争,世族肯定被冲击,释放国内的仇恨。事物的意义即是价值,比客观要求标准更高,货币是价值的实现,以投资的方式出场,交给实现价值的人。

发行程序也是生产科目,必须符合生产上的要求,所以技术解释构成舆论。由精英控制的舆论,体现生产的控制力。舆论是强大的控制力,货币发行出现的差错,便是背后舆论的影响。皇帝处于舆论的上端,受到舆论的左右最多,是错误民意的受害者。货币发行错误影响竞争,让民间的舆论趋向暴力。

每一个人都用暴力对抗,在暴力对抗中取得平衡,这些人都没有受到伤害。真正可以开发产品的人,便是理性成分多的人,他们清楚自己的错误。这部分人完全被抛弃，他们成为社会的底层，深陷于道德上的围攻。市场状态长期停滞，主要依赖富人消费，商品价格都在边际状态，虽然富人拥有更多金钱，但是他们也是边际采购，不会盲目采购无用之物。

更难能可贵的是，由于她的曲折身世，武则天体谅百姓，没有沾染暴戾气。皇权与货币收益密切相关，它承担着匡扶正义的天性。必须解决市场供应的问题，这一社会现象涉及所有人，在现有规则下没有人违法，所以不能惩罚犯错误的人。贵族控制下的社会，需要控制人的情绪，他们严厉训斥百姓。

所有情绪包含货币上的信号，这是消费心理的无意识调整，应当立刻获得货币政策回应。强制生产破坏了美学效果，大唐的语言品质越来越差。在一个正常运行的社会，贫富差异在黄金分割点，差异大则失去消费美感。消费系统所调整的美感，由资源分离的特性决定，不是消费价值目的决定。

革新重点改造政府，自太宗给政府自由，百姓不仅不找麻烦，反而有求政府官员。最得意的是中央政府，不需要操心百姓生活，低劣企业也没有担心，地方官员主动保护它，保证私企的安全运行。虽然私企需要对上贿赂，而相比低廉的生产成本，这些费用相对非常的低。

武帝亲临现场主持考试，大量增补各地公务人员，冲淡了世族的官员比例。但是世族控制着很多人口，这些人员均不用交纳税收，他们占全国人口三分之一。由于世族的消耗，政府负担太重，实际赋税过大。世族不断奴役百姓，反过来教育百姓，使得民间怨声载道。

国企官员负责养老金，养老不再由子女负责，解除家庭巨大的负担，极大改善了家庭关系。社会之中建立信用，民众生活安心舒适，暴力家庭从此消失。女性因此得到了解脱，她们在生产决策之外，适于打碎男权的结构，修复紧张的人际关系。

由于经济政策错误，政府实际控制减弱，征税户数持续缩小，边疆不断丢失领土，几个方向都在失控。唐朝政府控制投资方向，过去家庭内部生产减少，这些产品成为投资方向，长久投资形成低廉价格，家庭用品得到充分满足。由于女性的劳动负担减弱，女性的社会决策影响加大，左右了生产系统的形势。

国家财政负责军人养老，西域边塞紧张局势缓解，节度使的自由发挥减少，家庭内部关系趋向缓和，政局可以有效控制社会。武帝用的依然是开元通宝，可是她此时规定统一材质。佛教理论在民间的深入，让人们开始思考哲学，向生产的本质认知事物。生产源自抽象的思维，必须赋予丰富的含义。自从女性承担起责任，经济起飞便有了基础。

第六章 技术货币时代——隋唐

　　经过一段时间整顿，卖淫嫖娼现象消失，不见酗酒行乐之徒。西域的黄金产量较多，内地对黄金需求很大，与西域进行黄金交易，世族失去生产控制力，边塞变成了出口之地。黄金替代了消费货币，又可以充当生产货币，填补农业投资的缺口。在太宗管理时期，外国人进来很多，成为长安城居民，他们可随意喝酒，大唐百姓不可以。面对诸多问题压力，武皇帝到寺院修行，引导僧侣履行职责。

　　皇室依靠自我力量，修复了佛教的信誉，百姓真心笃信佛教。国民受到相同的待遇，经济政策上一视同仁，社会进入了昌明时代。对事物存在意义的探索，回归新的生产收益上，此外不存在其他价值。而《氏族志》记录的世家，每一户世家均有广厦千万，积累的资财多到擢发莫数，其子弟全部是高级的士人，所以这些世家同时是士族。

　　皇室急于削弱世族的实力，禁止氏族向社会发布消息，且审核他们的舆论控制力，所以皇族子弟与氏族联姻，并且不断赐予其家族爵位，要求氏族服从皇室的控制。同样的情况在欧洲，中世纪的欧洲各地，教会负责誊抄书籍，垄断舆论上的道德，也是由于失去约束，教会内部多有犯罪。

　　基督教以大麦酒贷款，为贵族生产提供条件，却没有照顾百姓生活，因此引起百姓的不满。伊斯兰世界很富裕，宗教戒律接近世俗，与伊斯兰的对抗中，百姓倒向穆罕默德。伊斯兰善于学习技术，从印度取得纺织技术，他们的生活非常富裕。

　　伊斯兰教开始兴盛，它主张正义的战争，占领了君士坦丁堡，最后打败了东罗马，纺纱技术进入欧洲。矛盾表现利益冲突，即贷款原则的矛盾。教会利用黄金转移财产，是在争夺百姓的生活费。在底层的民众生活中，劳役一天收入一便士，盗窃十二便士为大案，可能被判车裂或绞死。骑士领田一千五百英亩，年入五十到一百磅，相当于六十人的收入。

　　各国有自己的利益，指向生产系统得失。货币由两种意识表达，消费意识在控制结果，生产意识在表述福利。武帝天马行空的风格，激发了文人的想象力，参考《山海经》的妖怪，吴承恩创作了《西游记》。武帝号称"则天大圣"，百姓呼唤出现一个改革者，打破经济混乱的现状，指望权力者全力协助，助百姓度过所有劫难。武帝让市场焕发生机，让李氏宗室逢凶化吉。

　　孙悟空吸收日月精华，横空出世，武则天日月当空、普照大地，两者合成一个"曌"字，指向武帝的名字意义。市场的基本规则，只要交易了商品，便不可以再缴税。贵族生产不合市场要求，市场经济追求平民公平。武则天将皇位禅让，几个月后武帝归天。政府清理她的影响，破坏这段历史记录，墓碑上面只字不留。新的政府要全面复辟，恢复旧有的生产模式。

富人极力推广佛教，他们亲身示范效果，寺院开始收香火钱。随着政策倾向私产，私铸货币问题重现，开元通宝开始贬值，政府增大私企投资，私企精算生产资源。资源的消耗速度放慢，过剩的产量释放出来，市场秩序得到了稳固。可是问题没有解决，政府的亏空在加大，官员的规模在增加，政府不能提供住房，便以仓储保障官俸。

政府供应寺院田产，寺院雇佣农民种地，也不愁粮食短缺。虽然财政越来越困难，但是官员的腐败加重，僧侣也恢复腐败生活，官员的赃款存入寺院。寺院不对货币流量负责，造成存贷款利息的减少，出口企业在加速扩张。于是国内局势紧张，市场粮价爬上新高。僧侣为官员保护私产，政府出现很多项目，代表僧侣身份的度牒，也成为政府出售之物。官员和僧侣从中渔利，而加重百姓生活负担。

在如此险恶的市场中，不断在生成新的富人，富人们不很关心价格。富人关心的是子女的前程，他们的子女熟悉钱权交易，一部分人顺利地进入官场，为家族的事业发展铺好路。其他子女在兴办实业，虽然政府开放交易过程，交易的信息被掩盖起来，执行过程依靠背后交易，实际交易被大家族垄断，他们的实业营收非常高。而这不是标准的市场行为，由于交易对象已确定，市场价格竞争停下来，无法产生能量高技术。

> 物质运动受人的意识控制，虚拟思维运动方式既多又快，不是物质文明可能跟得上的。我们从历史中不断看到，货币进化淘汰了技术性，包括落后的生产收益模式。安禄山的成功不在于控制物质，他是通过控制虚拟的法定货币，调动大唐生产资源的定向移动，造成一场不期而至的金融风暴……

第五节　安禄山破坏了体制

唐朝开始没有多久，战争已逼近了国境。唐朝生产处于膨胀状态，周边地区也在抢夺资源，双方交火的机会相当大。本来唐朝资本不多，还要应付战争消耗，财政更加捉襟见肘。皇室依赖各地节度使，十位节度使分别负责，控制帝国疆域的安全，这些地方长官兼将军，他们的军队多于禁军，禁军只负责长安安全。帝国的疆土十分辽阔，除东边是一片大海，其他三面都在作战。

皇室收不到多少税，依然坚持放大货币，不断增加铜料消耗。于是节度使成帝国核心，错误政策导致局势失控，消除了官僚体系的作用，放任安禄山的违规行为，从而加大对地方的放权，帝国财政脱离核算体系。皇室为了笼络各地驻军，杨贵妃收安禄山为养子，安禄山是最大的节度使。早期节度使的权力小，为了控制军队的收支，中央专门设置的职务，随着国际交易争端加大，节度使的责任也在加大。

因为军费依赖中央拨款，从安禄山任平卢兵马使，开始改革军队财务系统，各地驻军可以自筹经费。筹集经费的办法并不高明，首先与地方企业武装结盟，节度使负责清缴地方武装，需要消耗大量的军事实力。由于安禄山是粟特人，此民族善于商业经营。安禄山在当地歃血为盟，不费口舌控制广阔区域。地方武装由此取得控制权，通过奴役当地人获得收益。

他们支持安禄山，从地方到中央，都为他说好话，赞美他的德行。于是其控制范围扩张，基本上控制了北方，管辖了一半的军队。唐玄宗对安禄山很满意，皇室不再为资金困扰，玄宗鼓动杨家与之结拜，让他们以兄弟姐妹相称。随着皇室运行资金的扩大，需要进一步壮大了皇室声誉，驱使各地服从皇室的决策，而税收的压力越来越大，皇室必须迅速弥补上缺口。

皇室并不真心相信节度使，有一句著名的唐诗："一骑红尘妃子笑，无人知是荔枝来。"皇室非常担心听到假消息，因此杨贵妃每日快递水果，暗地测试边塞信息的真假，对比验证地方官的忠诚度。边疆是不安全的地区，当地官员有自身利益，为了操纵中央的决策，官员只汇报部分信息，或者制造虚假的信息，引起中央政府的焦虑。

唐玄宗也被蒙蔽了，如果不付军队给养，必然消耗地区资源，肯定导致局势失控。安西四镇的破坏非常大，西域的绿洲被过度开垦，沙漠中的绿洲已经消失。以前即使战争期间，民间贸易也未中断过，可是如今途中不见人，生意机会已完全消失。只要按照价格配置资源，即便最粗陋的核算水平，尚处于部落文明的时代，人类已经可以保证衣食，而唐朝末期的情况有变，由于节度使对资源控制，市场价格扭曲一定程度，衣食的问题便无法保证。

由政府机构负责的体制破产，只有太监可以承担重大责任，户部、度支、盐铁司均负责，却因为多头管理而没有实效。盐铁是帝国经济根本，这是造反的生产资源。太监是皇室的奴仆，全身心为皇室效力，不吝惜自己的生命。之前收取十分之一费用，如今全部被节度使控制，地方政府无处取得收益，严重影响地方财政收入。更为关键的问题是市场，地方生产严重依靠官员，他们在取得生产资源时，必须借助各级官员权力，取得低于市场价格资源。

由于低价资源减轻压力，生产系统拖延基础生产任务，老百姓买不起日常用品，经常抱怨老天爷的不公。而地方官员不承认错误，推责杨贵妃的生活奢侈，导致百姓不再信任皇室。地方政府不愿意承担价差，拒绝兑付京城派发的飞钱。但是边关不能不守，货币供应不可停顿，否则可能造成独立。

唐朝铸行乾封泉宝，一文当旧钱的十文，必然引起通货膨胀。货币旨在防止通货膨胀，新钱树立不良示范效果，等同于脱离中央的监控，各地区纷纷效仿安禄山。皇室再开出飞钱，地方会推延不付，货币控制机制失效。因为拒绝法定货币，货币收益留在地方，仿佛自己制造货币，成为大唐的政策。

利用西域的空旷场地屯田，这是最低成本地生产军粮。货币控制的是物质变化，如果可以直接控制物质，货币的存在没有意义，皇室也自然不会发货币，由此改变了皇室想法。在节度使的控制下，各地开垦十四亿亩，而亩产也只有两石。唐人的主食是面食，因为水稻的成本高，小麦的种植条件低。

生产活动受到货币控制，但是决策依据综合分析，不可根据单一价格信息。价格是一部分货币信号，它只在生产系统内流通，而反馈信息在消费系统，才是最重要的货币信号。成年人通过智力分析，获得充分的货币信号，可以综合性安排农业。如果农业没有安排好，说明人的智力未成年，其思维处于幼儿阶段。

如果市场促使增加稻米种植面积，更重要的是缩短了食物准备时间，人们可以抽出更多时光用来消费。而且粮价太贵，不会种植蔬菜，增加粮食消耗。只有增加了粮食品种，粮食供应才是安全的。农业是所有产业的基础，必须围绕着农作物需要，不断改善农业环境要素。

百姓的餐桌很简单，严格地说，由于没有满足需求，市场尚有很大空间。农作物也得不到尊重，没有人精心种地，造成粮食产量锐减。由于缺乏食物保障，造成唐朝人以胖为美。很多地方的粮仓也空了，人们不相信货币的兑付，所以新货币很快被抛弃，次年停铸时仅有八个月。人类社会已经成熟，没有可能遇到饥荒，食品属于社会福利，必须得到安全保护。饥荒对应政策错误，政策靠经济学确定，错误学说引发饥荒。

各地节度使在存储黄金，用来应付大宗军品采购，可是储备的黄金量越多，开元通宝贬值速度越快，军费开支愈发捉襟见肘。由于粮食价格不断增长，鸡鸭的养殖量也在减少，后来基本上只剩下羊肉。百姓餐桌的美味少了，蔬菜主要在供应贵族。再往后，养殖业开始衰落，养成本低的山羊，山羊的生存力强，其繁殖力也很高，吃树皮荆棘即可。

只要资源持续减少，产品肯定会持续涨价。这还不是最坏的情况，环境破坏才让人绝望，这是遗祸子孙的大事。解决环境问题在于投资控制，边远地区产生很多贫困人口，官府通过修建水利工程，控制失业率和减少流民。可是中央无相关政策，官员都不关心老百姓，地方政府脱离了管制。

佛教徒在负责投资，要对生产后果负责。当人际关系陷入对峙，百姓贫困状态被忽视，一旦教徒在负责生产，他们比常人心狠手辣。经济政策只考虑富人，很容易引爆社会危机。百姓处于封闭的信息中，没有心态上的不适感觉，他们在现实压力的面前，必须每日付出繁重劳作，且难以保障一家人温饱。

需要改善的是消费状态，良性消费依靠国家实力。农业需要的是优选作物，生产系统改动环境要素，才能作物转向良好状态。如果生产投资减少，变动的是作物本身，改变了作物的食用性，便是破坏作物自身。

社会经过政策的折腾，耕地的大量水土流失，水利工程反而助长水患，地域环境承受不了压力，黄土高原四处沟壑纵横。黄河经常改道亦或泛滥，泾川洛川渭水逐渐干枯，西北野生动物消失，原有森林已满目疮痍。随着各地土壤的破坏力度，气候也变得反复无常，过去野猪遍地的关中，达到不宜居住的程度。

这是城市开发失败的案例，由于强行转移了水利投资，在乎风力和水排的成本高，便不去购置和使用工具，而是奴役耕牛完成工作。由于耕牛太多工作，大部分耕牛被累死。因为官府控制下降，导致牛疫快速扩散，畜力也退出了农业。

牧民与草原在共生共存，气候挡住牧民向北发展，草原局部的载畜量过多，超过牧草自然更新能力，草场质量在严重退化。所以黄河流域经常泛滥，地方政府疲于治理水患。消费者之间没有博弈，针对取得同一个资源，生产者之间才有博弈。如果消费者达成一致意见，可以减少消费的相同支出，生产者定价对应判断差异，即消费者之间的观念分歧。

如果所有消费的看法一致，生产系统会进入自动状态，由社会福利支付这部分钱，前期的投入成为沉没成本，成本积累进入公共服务中。由此国家得到最大好处，所有消费者均得到益处。唐朝的情况恰好相反，个人消费支出在增加，家庭负担在不断加重。

皇权需要的是消费系统信息，政府掌握的是生产系统信息。在唐朝的行政系统当中，增加了许多女性决策人，女性的人格特征是服从。唐朝政府需要女性决策，杨贵妃的权力是隐形的，各级政府也是如此运作，背后是女性在左右局势。从中央到地方，实际决策者是女性，造成政治权力削弱，社会福利控制减少，鼓励民间的互帮互助，却不愿意施加中央权力。

政令不能通达全国，经济形势迅速跌落。中央在减少财政负担，地方得不到货币投资，没有马匹和粮食保障，地方被迫降低企业税收，增加地方的经济发展能力。这一时期人口被迫增加，由于农业对劳动的需求，加上中央放弃社会福利，需要增加人口数量。只有不断补充人力，才能保障老人利益。

与青年的生活状态相反，老人享受的是消费模式，青年按照生产组织生活，两者需要分离独立生活。男性一旦放弃家庭责任，便去控制家庭成员，利用家庭资源谋求利益，男性不再关心社会。

企业消耗青壮劳力，却不负责老年的福利供应。此事涉及政府的本质，政府不是提供服务的，如果此服务涉及收益，必须进入到生产系统，接受政府的严格监督。为监控生产者设立政府，政府不会满足个人要求，它只接受消费系统控制。老人无力介入生产，需要积存货币待用，造成消费货币滞留。

此时，生产系统应当作出调整，拖延特定时间供应市场，即生成管理养老金的机构，统一安排所有老人的生活。在国家金融体系运行中，如果选择错误的贷款者，他们获得贷款没有意义，可能搁置家中不用，只有真正需要的生产者，才能利用货币获得利益。

此时江南出现粮食危机，寺院遵守生产决策，贷款给生产组织者。货币必须具备甄别能力，为生产者设定市场标准。寺院只能简单存取，不能鉴别质量差异。组织生产显示资源效率，生产系统对它形成压力，造成寺院人事逆向淘汰，要在生产系统获得威信，越不守规僧人越受欢迎。

宗教系统内部也在竞争，僧侣普遍贪恋钱财，劫掠资材四处挥霍。如果一个生产项目，没有引发投资热情，不能成为市场增量，无法进入统计数字。可是大部分生产在家里，均被官府统计进来上报，致使皇室掌握情况不准，以为市场交易非常红火。

暴力者的资财迅速增加，遵守规则的人没有变化，富人四处寻找消费机会，依然消费不完积存货币。各种奢侈品泛滥成灾，发展势头一直持续着，货币价值超过市场价，富人必然多积存货币，用坛子盛满铜钱掩埋。

到了宪宗时期,皇室忍不下去了,要清空全部存款。由于没有货币监督体制,没法记录金属货币交易。只要生意足够大,肯定是有钱赚的。皇帝迫不得已发动群众,举报存钱不消费者有奖,不花光的货币要被没收。

地主和官员最有钱,地主的财产是粮食,官俸也是分发粮食。一品京官有10万多斤,地方官的俸禄低一点,经过长期的横征暴敛,自然积蓄出大量资产,家里囤积了千贯铜钱。况且官员数量很大,外省官有二十六万,纳税二百四十万户。

政府发布新的规定,存款不可超过五千贯,此法令产生负面效果。各大城市的房价暴涨,官员群迅速消化存款,资源的价格随之暴涨。国家资财在官场,不改变政府职能,无法解决此问题。很多房子变成出租屋,官员存款获长期收益。

只要官员个人不吃亏,他们会创造许多恶行。通过拖延科举成绩公布,官员主动延长租房时间,便于考生完成贿赂过程。官员的控制是限制生产,限制破坏性的生产,经营者必须获得许可,许可是官府的批准。

如此形成权力泛滥,官员可以从中牟利。百姓不愿意告知详情,因为事情说得越详细,官员可以有具体理由,限制参与生产的机会。这种情况也蔓延到皇城,皇室内部没有真实信息,世家大族各自支持一派,政权运作信息支离破碎,造成皇室内部相互虐杀。

皇帝最后拒绝内部消息,转而求助身边的小太监,太监由此获得控制力,并被皇帝权力所认可。为此设立特别职务——转运使、盐铁使、租庸使等,独立于户部之外,为太监设立品级,与官僚品级对应。支持皇室的是世家大族,只要地方上有群体反抗,世家大族肯定出面镇压。皇室认可生产利益,成为大世族的后盾。

世族与太监形成合体,以供养太监影响政策,政策变成太监选边站,太监失势则世族失败。虽然太监人数很多,宫内养活千名太监。市场对皇室的压力加大,公主须嫁给世家大族,皇室的公主失去自由。

如果生产力在持续提升,宫内的服务员可以减少。在生产系统的控制下,人没有独立存在意义,人力资源价格在升高,完全是因为人力减少,人力排除在生产之外,得到了自由发展机会,人才得到了社会尊重。市场在商品方向进步,则需要减少人力服务。如果生产品质下降,必然增加人力服务。

有一个高级的太监,大名鼎鼎的高力士,每次世族发动政变,均会给他提拔机会。高力士是世代官宦,深受皇室家族恩宠,他对皇室忠心耿耿。因为太监群体衷心拥护，皇帝给了太监很大权力，皇帝拒绝了无理的要求，世族不理睬道德的约束，开始在生产上破坏福祉。

比起这些被杀的情况，还有更为惨烈的吃人。在一个施虐的环境下，官员品行会变成暴虐，品质不知不觉地堕落。唐朝的经济持续恶化，百姓之间已经人相食。社会不尊重个人，不论他处于上层，还是卑微的下层，一旦环境失去控制，底层人会加倍报复。

人在催眠的状态下，可以修改脑中记忆，意识失去心理防线，人类似乎忘记过往，文明规范瞬间消失。当物资不再显示社会地位，文质彬彬的人开始吃人，将见到的东西全部吃掉。商业带来了人肉交易，饥民将田产置换鲜肉。

战争需要的是男性，形成女性地位卑贱，市场上开始买女人。消费需要道德支持，唐朝的消费系统破败，人的生命低于物质价格，所以粮价一涨再涨，米价涨到每斗三十缗，最后市场断了供应。中原和淮南广大地区，人们形成吃人肉组织；在河南和两淮的地区，爆发大规模食人现象。

为了消除饥饿感，所有人都在吃人，不分族群或信仰。尚存隋朝的储备粮，被政府军队控制起来。人们认为这是正常状态，政府必须拥有巨大贮备，所以没有人站出来反抗，大家没有感觉非常痛苦。由于政府加强隔离，只知道所在地问题，不知道邻村的情况。

各地吃人的情况持续发生，食品价格与需求同时上升。首都长安也在发生，并且在连绵暴雨下，水深竟达四尺以上，所以出现严重疫情。雨势始终未有停歇，终于酿成洪水泛滥。劣质环境创造劣质人，这些人又在生产劣品，经济良性循环解体了，活的生物接近于消失，这场疫情终于停下来。

穷人已经没有吃喝，富人还在囤积资财，人们感到财物危险，放弃了家园去逃荒。政府为此设立寄附铺，有偿保存私人的财物。各地的粮食紧张，富人开始抢粮食，生产收益无保障，没有人愿意种地。一旦粮食断供，制造业也停止，所有人在抢劫，没有人在干活。

货币是在暗中贬值的，金融系统保持承诺，依然按照原有比例兑换，社会则不会意识到危险。而金融危险正在逼近，当信用低于偿债可能，金融系统则拒绝兑付，法定货币则停止使用。市场的货币交易消失，随之带来商业的消失，民间开始了以物易物，动物交换是按需分配，不测度交换物的价值，它们才可能以物易物。这个情况几乎瞬间发生，从过去的市场交易行为，立刻变成相互交易人肉。

妇女和小孩最悲惨，此时出现大盗朱粲，专门烹吃妇女小孩。人肉粮食被卖给军队，且按照人的肥瘦定价，军队也到乡野去捕人。屠户像对待牛羊，抓了人切碎卖钱，人们被捆绑出售，由于他们有信仰，没有任何的反抗。不仅在贫地发生，扬州是第一城市，也有无数人饿死。

政府加大力度整顿金融，将一些地方的官员处死，但是没有解决市场问题。文官的职位逐渐让位，各地在起用武官行政，动用武力控制社会，这是迫不得已的办法，在当时情况下很有效。皇室面对反对意见，他们需要接受挑战，经过一段时间调整，强行调拨基础物资，各地经济平稳下来。

南方相对恢复得好一点，但是无法获得行业贷款，佛教系统难以统筹安排，他们无法区分行业差异。恰好武帝控制了局势，开始改变金融的规则。武宗下令停止寺院贷款，没收寺院的公共财产，整顿寺院的腐败现象，将政府与腐败脱离关系，政府重新找到道义支撑。

经过这么一番折腾，僧侣数量大为降低。民间开始转向了道教，而道教提倡山里静修，如此减少政府的负担，有利于减少城市人口，所以得到政府的支持。人道的核心是医学，医学需要国家投资。当时生产管理粗糙，人体容易，没有青霉素的时代，外伤死亡率非常高。行业得不到足够投资，唐朝皇室没办法控制。

在封闭社会环境下，医学水平不断下降。所以从武帝交出政权，唐朝的情况恢复混乱，唐朝后期又出现吃人。如果没有政府支持，民间杀戮无法扩大。《本草拾遗》的医方，有用人肉治病的，在父母患病之时，子女割肉作药引。在医学这个领域，如果不限制暴力，医疗福利性降低，医生的行为冷酷。当暴力顺理成章成为好事，坏事则披上了合法的外衣。

经济崩溃总是断崖式逆转，从极端活跃的投资和生产，跌到物价上涨和市场停顿。一切秘密在货币上，货币的本质是债务，消费系统负责借债，生产系统负责还债。如果人类的思考停顿，社会信息受到操纵，人可能失去主观意识，只用简单的经济理性——动物大脑作出判断。

此时市场物价上涨，同时资源单价下降，虽然资源用量猛增，生产总的成本增加，但是生产收益暴涨。对应于货币的变化，它的品质在变坏，还债的信用在减少，直到根本还不起。军队出征不带粮食，将活人绑在一处，一块块割肉来吃，活人被炙烤而焦，或者将尸体腌制，用车拉着作军粮。唐朝百姓被杀之时，竟然一声也不喊叫。当人的视线低于现实，社会将沦入地狱之下。经过一代人的时间，唐朝人口减少大半。

市场情况决定了内部矛盾，此时已具备一切内战条件，民众在等待意外情况发生。经济恶化的时候，军队的压力最大。安禄山的压力最大，屯田变成了农场，草原彻底毁掉了。他的军队数量最多，军事经费更加拮据，起兵造反不可避免。经过安禄山治理，户籍不呈送京城，税收不上缴国家。

但是节度使所在之地，税收一直没有增长过，经济后备上虚弱不堪。帝国处于四面危机，各地军阀坐卧不安。安禄山联合各军阀，否定中央的合法性，打起清君侧的旗号，在短短的一个月内，攻陷帝国东都洛阳，杀死数百皇室宗亲，并在北京建立政权。

由于军阀与世族联姻，他们的婚姻为了财产，富人子弟之间相结合，很容易形成利益联盟。由于中央政权的空位，发生严重的通货紧缩，人们被迫用实物交易。农户种地交不上税收，资源价和产品不相配，让不少人去贩卖私盐，很多人被抓到判死刑。安禄山独立发行"得壹元宝"，于是可以从回讫采购马匹，管辖地的居民使用这些货币，发展了本地经济的民族产业，这些地区默许起义的合法性。

各地民众过去不断反抗，被节度使军队反复镇压，民众认可节度使合法性，，各地节度使纷纷效仿，并且超出了这个限度，卢龙铸永安一十到一千，将所有铜料搜刮过来，完全不顾一切地搅局，造成民心的全部丧失。他的儿子铸造"应圣元宝"，这是以一当十的货币；后来铸造"乾圣元宝"，这是以一当百的货币；再后来铸"应天元宝"，这是以一当万的货币。

唐朝贸易让欧洲贫困，持续地供应低价产品，欧洲遭受了不明损失。人们都有生存的本能，会过度放大生产损失，而不愿为了消费改变，从而赢得较少的收益，消费收益是收益增量。欧洲经济需要皇室纠正，查理大帝集权统一各国，货币的发行权归还皇室，变成了政府的创造力量。

可是宗教的控制下降，各地组织的贷款系统，带来发展的矛盾冲突。他们将欧洲分三部分，形成法、意和德三区，呈现出三足鼎立局面，每一大区进一步分裂。货币调解不到的地方，转交给宗教负责调节，从而打消错误的生产，宗教提供道德合法性，从而避免观念的纠缠。

承认货币便是认可政权，中央政府铸造乾元重宝，筹集对付安禄山的军费。可是发行成倍货币量，仅仅增加了生产货币，没有创造总体的福利，只提供低级生产福利。他们本身感到很幸福，大脑处于被抑制状态，他们占了别人的便宜。新钱一当十枚开元通宝，伤害了穷人而有利富人，不接受新钱的穷人逃离。

另支反叛武装是史思明，发行货币"顺天元宝"，新钱很快被当地人接受。唐肃宗也没有其他办法，下年铸行重轮乾元重宝，以一当开元通宝五十文。中央长时期不铸造钱，缺少铸币的主要材料，所以新钱的数量减少。且要向商人借资，商人不愿意借资，中央的信仰全无。

节度使的收入很差，军人的薪俸被拖欠，军队内部怨声载道。政府放弃了市场数据统计，不知当地农户的土地变化，而是一直延续之前的税额，兼并土地的富户交纳很少，相对土地少的农户纳税高。百姓的积蓄全花光，农户贷出来的种子，不得不当每日口粮，一斗米涨至七千文，更加可怕的是市场，到处找不到一粒粮。此时没人关心货币，有钱也买不到东西。

开元通宝被市场放弃，民间在使用粮食交易。但是不到三年时间，停止铸造新的货币，货币体系宣告破产。肃宗恢复唐朝建立的场景，再次向周边借马匹和军队，回纥是唐朝北方第一强国，回纥要求洛阳的美女财宝，肃宗完全应允对方的条件。唐朝仅用丝绢交换，欠下回纥巨额债务。肃宗没有兑现自己的诺言，只好放任回纥兵进入洛阳，他们抢劫之后再纵火焚城。

安禄山不是正义的，他既未提出好政论，又没有给百姓造福。虽然自己建立了政权，却被儿子派太监刺死。安史之乱是唐朝的转折点，八年战乱捣毁了产业格局，但是唐王室没有接受教训，叛乱平息之后恢复原政策。据说杨贵妃逃到日本，为日本宫廷官讲汉学，日本形成了文艺复兴。

消费货币进入市场之后，未按预期出现更多消费，只产生更多的工资收入，无法实现足值消费货币，货币游离自动调控状态。货币是维持道德的基础，没有货币调控失去道义，只有消费货币供应充足，商人预计到新产品短缺，他们会马上囤积产品获利。

很多时候皇室需要面对民众，压制这些普通人的违法行为，而这么做却不是在对抗民意。皇室珍惜的是国家荣誉，很可能百姓全部犯错了，他们集体违背国家信用。而这个时候的情况，一定是生产系统颠倒，破坏了整个社会道德。皇帝不怕大众联合起来反对，而是害怕自己主观判断错误。

如果击毁社会道德指标，皇帝制度会被社会抛弃。道德是主观上的判断，需要客观数据的证明，而消费系统没有数据，只有生产系统有数据，需要生产者自我举证。从一个国家的变化看，民众通常是消费角色，不可能提供政策数据，只有政府有责任举证，证明自己的行为没有错。可是唐朝政府没有回音，各级政府一直没有解释，他们失去了执政合法性。

突然之间平静被打破，有一个人站起来呐喊。黄巢生在盐商家庭，故不愿意走向仕途，没有通过科举考试。但是从小习文练武，锻炼出来强大能力。政权变化对穷人影响小，他们没有可剥夺的资产。可是穷人最能坚持，他的忍受

· 199 ·

没有底线。经济衰落激怒了富人，富人具有社会组织力，带领穷人起来反抗。他召集许多农民兄弟，横扫过去的经济格局，经过多年的艰苦抗战，终于迎来了成功的希望。

公元881年，黄巢大军攻克长安，起义军的纪律严明，并向贫民散发财物，受到百万群众欢迎。黄巢没收富户财产，将皇室赶出了皇宫。转过一年，居民与唐军里应外合，打得黄巢军狼狈不堪，城民助唐军站稳脚跟。黄巢军队夺回长安，这支军队愤怒至极，疯狂屠杀全部城民。但是黄巢未追击唐军，给政府军喘息的机会。城市中爆发了瘟疫，已经深陷进入地狱，看不到天堂的位置。高力士悲怆地死去，大唐百姓纷纷倒毙。

唐军散布虚假战况，黄巢用巨舂碾死人，反抗军在吃活人肉。亏得他们想得出，如果不清洗内脏，吃人会传染瘟疫。也源自百姓愚昧至极，唐人皆认为穷人该死，所以不支持黄巢军队。最后，黄巢被叛匪朱温所杀，粮食耗尽起义军投降。民间和学界反对福利，失去最后的拯救机会，国民几乎全部死光了。大量人口迁移进来，历史临近第一个千年，唐朝终于走到了尽头。

第七章 货币调整时代——五代十国

国家梦想着产业升级，但光做梦是换不来的，发明也是由金融控制的，需要多批次的贷款组合。发明是在推翻原有生产方案，生产方案具有多个行动层级，这些层级的底层是社会福利，改变它需要最大额度的投资。创造发明的实现过程，逐层推翻原有的设计，但是逐层投资在递减。所以需要有效使用投资，同时完成相关产品升级。产业升级是产品升级的集合，只有按照预定的次序投资，才有可能完成如此复杂的升级……

第一节 五代时期的产业升级

用了半个多世纪，中原领土被分解，成为一个个小国。而且南方的资源丰富，十国当中富有的地区，变成麻烦最多的国家，贫穷成为当地的标签。这是一个分裂的时代，各国君主走马灯地换。在这些小国控制下，市场核算费用增加，各地更难和谐共存。各国建设更多监狱，负责社会治安方面，保证贷款数额增长。

在中原地区，法律执行收益边际，法律不再保护佛教，教徒承担相同罪责。由于重建了货币标准，佛教在吐蕃转为黄教。社会受到佛教负面影响，而信仰为人类带来希望，新组建的国家中的佛教，国王同时兼任佛教领袖，他在实际控制国家军队，信仰的对象是国王本人。

由于屡屡被外敌打败，民族自尊心受到打击。但这不是一件坏事，事情也有好的一面。造就人才辈出的时代，海外生产被引入中原。凭借日积月累的知识，从灾后重新恢复力量，各地出现独立的想法，考虑建立自己的国家，故各地藩镇建立国家。那些唐朝留下的藩镇，以及前朝已有的藩镇，不断扩张自己的领地，形成大大小小的国家，北方形成了五个大国，南方形成了十个小国。

在失去宗教的帮助之后，政府要求金融维持秩序。货币在市场中运行，具体地接触消费者，消费者不控制货币，没有加入任何控制。中央政府负责财政，地方服从中央安排，货币从上而下传递，完全接受权力控制。所以管理货币发行，出现了商业的特征，分销商与包销商的关系，放贷终端交由商业控制，中央政府是监督机构，派员到各地巡查，检查各地铸币的账目，按照生产统计事实。

此时佛教转入民间，人们不到寺院祈祷，而在家里供奉佛像。"大乘佛教"成为主流，之前的称"小乘佛教"。佛教在百姓中间尚有空间，而世家大族因此鼓动民众，预借佛教夺回货币控制权。中央政权容不得这些，宇文护是当时的大族，周武帝诛杀了宇文护，召集僧侣和百官对辩。

皇帝不求助寺院的兵力，也不求助寺院发行货币，皇室可以独立提供福利，具有全部的国家控制力。成年人不会乱说乱动，主要是节省人的精力，以便更好地核算收益，所以禁止影响社会的佛教，可以极大地节约社会成本，故周武帝决心毁掉了佛寺。从此货币机构变成柜坊，柜坊负责上报货币情况，不允许隐瞒资金的流动，隐瞒者可要被发配边疆。

在皇室重新操纵金融之后，北方的胡人族群重返家园，原住民重新控制中原。成功又一次抛弃资本标准，胡人的模式优化大脑结构，让人们可以深入思考问题，而不是中原经济式的傻干，于是管理产生了贸易优势。中原无需这么多农民，胡人的统治产生影响，一部分投资转向牧业，黄河中下游成为牧场。

经过若干年水土涵养，流域生态恢复了平衡，黄河不再改道或泛滥。北方国家的政治体制，变成新型的决策程序。皇帝身边不再聚集官员，而是围绕一群智囊学者，这些学者提供计算能力。

皇权与政府会产生矛盾，皇帝的核心表现为观念，皇室追求国民生活幸福，而政府向百姓征收税款，政府的重点在实际行动，在工作方法上出现冲突。北方五国重视国家利益，规定全部商业交由官营，官营商业获取行业盈利，这是市场提取的税收额。

如果职业超过价值认定，这些从业者有很多剩余，购买相关方案外的资源，类似携带货币越境采购。政府知道此职业收入过高，会增加此职业的征税比例，数据利用建在社会基础上，超出了企业这个局限范围。

在金融作用下，柜坊要求抵押，穷人没东西押，传递代际贫穷。佛寺控制贷款，变成信用贷款，无需证据证明，只要忠实信仰，便可获得贷款。由于柜坊对贷款人区分，所有人处于不平等地位，信仰是难以分辨的事物，谁有诚心而非表面可见，如此形成了相对不平等。

国家实力在增强，人们创造新观念，表现在语言方法，故设定金融标准，以语言淘汰差者，价值便趋向合理。因此皇室威信在增加，皇帝随时加大征税额，商业可以增加急需品，可直接决定采购对象，这些产品弥补了福利，在改善家庭内部关系。

北方家庭关系非常和谐，家庭关系反映国家制度，国家状态也体现在家庭。胡人的女性回归家庭，她们要在家相夫教子，不去埋怨丈夫收入低，而丈夫肩负家庭责任，努力地增加工作收入。调动起来的北方内需，让北方女性更多参与，女性为家庭福利发声，这些声音被士人关注，很大程度上影响决策。

士人聚在皇帝的身边，这是一个特殊的群体，士人来自帝国的各处，可以收集全面的信息。士人与皇帝关系亲密，他们不担任政府官职，也不介入生产性活动，负责拟定专业的政策。

士人用市场信息核算，指导国家的大政方针。当皇室出现错误的时候，士人群体表示反对意见，自然现象的规律不适用，社会必须导入机械规则，皇室的思想无法探知到。皇帝负责民众的福利，所以他愿意听取建议。经过士人群体的劝勉，北方皇室投资于技术，将黄金用在这个方面。

贸易弥补了南北资源差，北方具有技术上的优势，矿冶、造纸、造船方面，转化为北方的出口产品。但是北方需要南方产品，茶叶是南方的出口产品。吐蕃是西域的富有国家，他们生产金币和金属品。北方和西北民族嗜茶成风，喝茶成为百姓的日常所需，吐蕃人一天也离不开茶叶。

各国都用自己的货币，但是不能在西域使用，西域用战马交换茶叶。这是一笔划算的买卖，因为茶叶是环保产业，大为改善中原的生态。少量的北方生产者控制了经济环境，北方的政治家被派往各地执行使命，以便人们理解这种社会秩序的好处。

百姓欢迎这种社会制度，货币作用潜入人的意识，人们愿意遵守生产秩序，调整人与物的关系模式。产品的智能化即是与环境交互，而具体交互模式是货币设计的，货币首先吸收人与物的关联性，传给生产系统设计成物质形态。商品由此进入社会秩序，让人类享受优化的便利。

南方的政府取消了徭役，农民的群体感觉很轻松，部分交易发生在国境上，所有的消费者属于双方，决定两地的生产数量。为了一次采购到所有资源，古代的国家通常规模很大。交易对象形成一个整体,擅自减少生产者的成本,造成互贸国家利益损失,让对方失去工作积极性,从而干扰了生产的品质。

而徭役是针对生产者的,它是一种本质的累进税,徭役只涉及成年的男子。取消了徭役之后的国家,丧失了数据核算的精细,近乎平均增加生产负担。此时生产力已超过农业,农业产品大量进入福利,应当大幅减少农业劳动,即便农业上的必须劳动,也不应当支付很高工资。

在这种市场规则下,生产含有伤害成分,高工资有很大危害,迫使人们增加劳动,让新来的生产者沮丧,让底层生产者失业。生产者不必负责的,可以降低产品的价格,但是扩大了奴役程度。故工资必须在边际上,用来维系生产的均衡。北方有强烈的计划性,北方国家虽面积不大,没有囊括所有的资源。但是通过贸易的补充,经济的运行反而良好。

官营商业要很多官员,北方就业率也比较高。官营商业可以说无所不售,开通与吴越闽的海上通路。在粮食的生产方面,北方气候相当不利,可是经过政策调整,加之百姓严守法制,北方粮食不仅自给,还转售南方一部分。

战乱留下大片荒地,北方征收高额地税,生产系统推出能者,只需动用少量耕地,便可供应城市粮油。在城市的管理上,购买闲置土地者,必须半年内建房,若超过半年不建,转交其他人使用。执行政策需管理工作,这是高效运作的目标,有了明确简单的目标,官员失去腐化的空间。

北方的官员很清廉,没有租赁权力的贪官。原因在于百姓意识,只反贪官不反皇帝,留下制度改良空间。政治上出现有效措施,老百姓认真履行规则,各产业兴旺发达起来,城市边缘现蔬菜种植,有家底的农民种水果,高价供应城市的富人。

从这一个时期开始,养殖业有着显著增长,政府不禁止出售牛肉,其它畜禽有专人饲养,市场可大量供应肉类。有人在城中大量养鸡,城市中可以吃到鸡蛋。北方人食用的肉类较多,茶叶有帮助消化的功效,故北方养成饮茶的习惯,而南方只有富户才饮茶,为的是展示高雅的情趣。

南方分裂为很多小国,生产丝帛等大宗商品,北方不需要这些东西。北方出售铁器和皮制品,通过海上船只运抵南方,北方与高丽和日本贸易。并与阿拉伯的大食通商,全国各处的港口非常多,东南沿海出现很多港口。

阿拉伯负责远洋贸易,在古老航路上的港口,均有大食的商船往来,大食便是今天的伊朗。由于商业条件改善,商人群体迅速扩大,商品类型扩展许多。南方是粮食的主要产地,很多品种可以一年两熟,但是由于劳力集中农业,农业知识收益高于离市场，农民为侵占收益的主体。

北方的农业人口稀少，本来不应当有比较优势，但是北方创造出奇迹，荒废的土地产量富余。由于南方的粮价很低，北方大力建造粮仓，政府出资购粮备荒。北方政府并不补贴粮食，灾年只要平价售粮即可。建造粮仓是技术，南方政府做不到。北方可以封存粮食，气候适宜储藏。

唐朝大部分种小麦，各地区种特产作物，有了南方粟和小麦，北方形成了畜牧业。北方的水稻用来酿酒，当时水稻是低产作物，故南方人不想种水稻。小麦属于耐旱作物，在北方平原上种植，不需要补充很多水，于是引发土壤碱化。战国时期修筑郑国渠，秦国修筑了这条水渠，是为了冲掉田里盐卤。

黄河流域属季风气候，水分分布非常不均衡，由于土壤水分蒸发快，会将盐卤留在土壤中。实验需要巨额资金，北方政府投资研究，一代一代优选稻种，将水稻成本降下来，农民才会选择水稻。从市场的效果来看，这份投资是值得的。

牲畜粪便有利水稻生长，将北方平原变成了耕地，实现国家军粮供应方案。由于地理限制，南方产的很多水果，北方依然不能栽种。需要商人供应农产品，比如核桃、竹笋、萝卜，还有用糖腌渍的果脯。此时蔗糖传入中国，制果脯的技术成熟，糖果保证人的精力，促进生产力的增加。过去用蜜制造果脯，现在可以规模生产。

甜食的分布范围，显示经济的强弱。北方地区盛产各种蔬菜，例如茄子、菠菜、白菜，而南方种植药材和花草，物产全部经由海上运输。北方用香料盐渍鱼类，用烟熏方式制作腊肉，成为远途贸易热销品。

消费对经济有重大意义，消费者花掉自己的货币，清空市场的滞销产品后，生产进入了创造高峰期。市场探索货币最大收益，于是生产进入化学领域。化学工业必然造福人类，汉朝的士人发现了石油，主要的产区在陕西一带。此前已经开发出来石油，重油部分用来润滑车轴，如今对石油的开发深入，石油被用来照明和燃烧。由于资源用量增加，南方需要进口资源，为战争升级做准备，而转向热武器时代。

由于生产能源升级，行业收入都有提高，国家可以加大税收。从此开始，生产者的收益突飞猛进，税收核算引入了所得税，由此设计出来更多税种，对征税的核算更加详实，如丁口钱、牛皮税，还有屋税、酒曲税等。税收增长表示生产力增加，技术的提升带来生产能力。

此时国家未限制人的流动，技术处于生产收益的边际，如果生产者对收入不满意，可以自由转变自己的职业。在官营商业的统一调度之下，如果市场出现商品不足的情况，政府提高官营商业的收购价格，这部分生产就有了较大的提高，市场空缺的部分很快被填补上。

此时税收已发生本质变化，在尚未产出时刻统计数值，征税的对象指向生产过程，那些正在组织的生产之中，向生产资源的所有者征税。这种方法保护生产，容忍生产上的错误，不限制生产的内容。由于所得税的征收方法，工业农业成为纳税大户，工业生产者成为受益者，劳力越多征收税款越多，这是国家税的一个特征。

工业刚刚发展起来，冶铁的收益比较低，因冶铁投入成本高，比炼铜成本高多了。如此限制了铁币的用量，让铁成为测定价值的尺度。铁制品的市场价格很高，铁币可以买很多铜料，铁币数倍于铜币价值。所以政府找到均衡点，以此控制货币的总量。

此时出现很多种货币，后唐的"清泰元宝"，后晋的"天福元宝"，为了达到发行的总量，均可以酌情减少重量。与石油的能量相适应的，铁成为货币的法定材质。各国都在发行铁币，行业利润立刻减少，各职业者被迫转行，直到全找到了工作。

职业成为收入的核算标准，收益变成对物的控制能力，消费收益是脱离物的控制，这个控制过程让北方强盛，南方想通过货币主导市场。可是由于没有定价力，货币很快析出市场。降税收增加生产利益，既然北方核算出税收，南方各国直接拿来用，可南方政策鼓励生产，减税在降低服务品质。

北方的货币依然在通行，南方在货币上失去主动，由于政府无力储备粮食，一到灾年南方大批死人。每次灾难换一个朝代，每个朝代均发行货币，一大堆的货币样式，铜钱不够便换成铁钱。由于各国遵守规则，国际贸易趋向合理，企业加入国际竞争。

由于调动资源量增多，企业家的控制在增加，他们在核算可能概率，即找到资源价格边际，但是他们无法控制它。楚国的生产任务加重，矿业企业追踪丹砂，丹砂是广泛的涂料，耗用在十万斤以上，但是工资成本较高，被楚国逐渐淘汰了。

企业家力争压缩职业收入，职业者与企业家情绪对立，用公开信息博得消费信任，各个职业在争取收入增加。人类一直处于信息过量状态，需要一类特殊的人清理信息，所有的职业只关注一类信息，实现产品信息组合的有效性。

经济发展靠规模的扩大，没能改变茶业手工状态，企业大量投资蚕桑产业，并且采购家用的纺织机。丝绸的市场盈利率较高，被选作出口的主力产品。通过市场竞争的努力，楚国取得各行业发展，企业收购了濒河的滩地，在涝地上开垦出圩田，从而保证了粮食产量。

本地的木棉产量超过北方，可以满足平民市场的供应，因此楚国成为织品出口地。楚国鼓励对外贸易，拒绝其他小国封锁，它在地理位置中心，各国来此地贸易，政府刻意扩大市场，以此吸引外来客商。楚地茶叶成为贡茶，年上贡二十五万斤，这便是国税的由来。茶叶是远洋运输货品，船员不喝茶得败血症，欧洲才会出高价收购。

由于频繁水路往来，欧洲的货物体积小，人员得以搭船来华，得以详细比较货物。中西通过语言交流，构建观念上的进步。但是这种贸易无进步，只能增加对外的福利，而减少本地人的福利。欧洲制造更好的丝绸，建立起来丝绸加工业，其质量超过中原地区。

南方十国的规模都很小，却有很多的士族大户，他们是迁移来的外来户，将希望寄托于南方的经济，因为有丰富的农业资源。但是他们会站在码头上，等待每一艘北方来的船只，那些船只装载贵重金属。货币构建在外来资源上，南方担心北方经济出问题，而南方处于货币不足状态，由此引发后周的统一战争。只有不断统一的市场，才有金融的控制能力……

第二节 士族设计的十国经济

在五代十国的时期，市场竞争更加激烈，一些旧的行业消失，变成了数据的形式，融入了新创的行业。南方的经济发生衰落，这是一场全国性灾难，安南由此建立了国家，成为独立的"越南"。在中原的大版图之内，南北阵营正发生冲突，各地普遍在争取独立，军事在检验生产能力，间接检验了国家政策，所以集中在军事较量。

货币失去控制的时期，宗祖的教条不再适用，皇权失去了神秘光环。各节度使变成诸侯，节度使朱温灭了唐，建立的梁被唐取代，从此中原地区混战，政治格局彻底打烂。政权更替速度加快，打赢的一方占皇位，各帮派轮流当皇帝。

在这个发展过程当中，北方的契丹不断壮大，形成独立的军事见解，重点放在外交离间上；南方保持将领作决策，还在研究《孙子兵法》，琢磨战场的地形变化。南北战争的核心是货币，货币收益是国家的利益，必须审核对方的生产权，根据货币亏盈决定攻守。

南北战争不是盲目攻击，南北一边战争一边谈判，双方不断明确国界划线。由于北方占有燕云十六州，包含长城一线的燕山山脉，长城一直在隔绝塞外骑兵，此时骑兵已进入平原地带，南方的防御投入巨量增加，形成了疆域南北统一之势。

按照当时生产模式，疆域分为三个区块，分别对应东部季风区、西北干旱区、青藏高原区，三部分组成一个市场，而没有完整文化沟通。农耕和游牧的生产收益值，都没有达到理想收益状态，如果货币不能统一地采购，双方的精力总是无故消耗，而且经常打断其生产程序，根本支撑不了长期的战争。

政府出于执行上的需要，接受增加社会福利要求，而士人工于文字写意，善辞令士人跻身政坛。在南方十国政治中，升职条件不需要考核，大小官不由科举产生，全是词臣家族的官职，故谋官成本很低。而官位收益很高，北方士人来到十国，纷纷加入翰林学士。

在十国沿袭唐制之际，各国政治出现混乱，有的百姓起来造反，有的是士族起来造反，一部分君主死于非命。国家治理是系统集成，平衡各方面的利益，让生产系统得到收益，皇室受到的严重压力，主要来自系统破坏力，一方利益得不到照顾，均造成这个系统破碎。各国外交需要谏议制度，提供翰林参与政权机会。

翰林学士参与制定政策，此机构握有最终审核权，对抗政治活动中的暴力，成为政府外的权力要素，两机构在程序上相互制约。士人的地位被抬高，没有人可以批评他，成为道德的尊贵者。翰林学士发出恐吓，维持现有错误生产，甚至左右君主废立，国民普遍感觉危险。社会角色不受批评，便会成为邪恶力量。

士人在耗尽权威，扩大自己的收益。这批士人不但在参政，且积极发表宫廷文学，著书立说为士族立威。士人的知识很落后，若不能开发或创新，这些知识起负作用。翰林学士参与部分行政工作，比如出任使节或者司法。这种制度作出大胆改革，政策令为官员设定职级，借助职级从国库中取利。百姓交不起税款，不得不外出逃荒，在路上哭泣哀号，翰林学士无动于衷，生产力是见利忘义。

学者知识生产扩张，超出知识范畴获利，这是经济制度错误。货币在决定人的全部直觉，生产决策需要人们的直觉，直觉是站在消费者的角度，设计处于边际状态的创新。因为货币由科学标定边际，从生产状态切换消费状态，是人类的直觉感知的过程。货币的出现遏制了生产力，这与科学的出现不谋而合。科学不会直接促进生产，科学投资大量浪费贷款，是最低效的货币利用率，所以需要低利率的环境。

在每一次商品饱和的情况下，货币的利率已增长至高峰值，生产系统主动拒绝无效投资，此时总是皇室出面干涉金融，通过增加规则限制调低利率，从而推动了民间的科学发现。

所以人类出现直觉现象，特殊性的直觉表现科学，体现出不言自明的真理。生产者负责探索生产空间，发现设定方案的市场收益。而消费者负责评估决策，社会是一个可以学习的网络，学者可以从中发现价值。如果学者群体因循守旧，没有发现新的价值奇点，他们自己则成为危险物。

位于广州的南汉国，它的官员全用太监，所有官员都阉了，政府用两万多太监。中央利用太监放贷，太监是最势利眼的，造成该国户户经商，国家没有富裕迹象，之后南汉国被消灭。

国家建设必须加强生产，控制规则的是翰林，而翰林学士的想法，百姓无法接受这些思想。真正的控制主体是货币，货币本身是社会问题，需要首先解决货币，再解决其他的问题。从生产领域取得效益，这种违背常识的逻辑，须经过翰林学士推荐，才有可能出现相信者。

翰林学士给出证明，北方是胡人在当政，胡人没有文化传统，南方不用那些做法。在南方的各个地方，呈现出独特的景观。十国破坏了传统儒学，儒学核心是皇权建制，国家对于国民无要求，国民无需为国家做事，国家照顾国民的生活。

散乱的状态不构成统治，也不是儒学的国家状态，这是不符合中华传统的，肯定被民意的大潮淹没。北方生产是自力更生，进口不能提高福利。南方人鄙视北方胡人，中华民族在混居状态，各族民之间普遍通婚，没有纯粹的汉族血统。由于刚结束战乱，男子的大量死亡，女人更多承担劳务。但是政府关心生产，却不关注法律公正，造成法令剥夺福利。政府做出额外规定，女子满十七岁结婚，不然政府指定夫婿，后来改成了十五岁。

政府关心劳力空缺，不关注生活的质量。这一时期黑社会横行，黑社会替代宗族经济，因为宗族失去了势力，族民不再受到其约束，增加了就业的自由度，扩大了职业的选择性。虽然是制度上的进步，却造成许多帮派的暴力。加上女性生活不检点，还伴随着混乱的同性恋，造成社会风气的倒退。国家限制黑社会活动，因为这些行为收益低，不满足国民福利底线，由于这些生产不合格，需要国家限制他们。

一个社会风气的败坏，一定表现到女性身上，女孩不甄别对方的品质，只看重男性伙伴的资财，让伴侣失去家庭控制力。家庭是生产的背景，这一状态反映到上层，变成简单的处理办法，以后女性必须裹小脚，不得随意出门做事。

人类情感追求的和谐社会，产生先进带动落后的机制，这份工作是由货币完成的。由于市场让生产者谋求更多收益，货币因此带有人类最先进的思想，也带入最新物质综合信息的效果，先进的信息随着货币进入消费地。内地的居民非常崇拜胡人，此时突厥可以大规模锻铁，掌握金属冶炼和机械制造，在木器和车辆制造上领先。大家在学习突厥的鱼胶技术，以及操作简便的纺织技术，没有对胡人产生任何歧视。

但是官方歧视无处不在，人们已经习惯言行不一，政府一直竭力贬低胡人。如果没有设定社会福利，生产系统品质持续下降，便会模糊生产资源差异，造成劣质资源取得收益，一个完整的生产方案中，必须严格区分资源品质。技术发展便是这个目标，不断筛选真实有效资源，避免资源供给上的欺骗。

随着市场经济的进步，歧视现象在不断变弱。如果没有政府支持，小商人很容易破产，经营有突发的风险，果蔬储藏容易烂掉，皮革成分容易腐朽，各地供应可能重合。百姓为了逃避徭役，采取各种欺骗手段，影响到官营业发展。

货币模仿的是大脑作用，人的智慧解决新的问题，从未见过的新社会问题，货币正在承担这个角色，需要我们创建新的算法。一旦市场供应过量，小商贩便会倾家荡产。如果免费送商品出去，销售前景会非常暗淡，最后南方人损毁商品，逃到荒芜的北方地区。

加上没有控制流动人口，逃荒的难民动辄百万人，再大的城市也承担不了，法律松弛之地盗匪横行。节度使温韬是个大盗，在他任上的七年时间，一一光顾唐十八陵寝，只留下武则天的干陵。在盗掘的过程中，《兰亭序》不幸失踪。

在南方十国战争中，生产资源价格上涨，消费产品价格上涨，各国无法扩张下去，军事竞赛达到均衡。人类善于利用工具，货币是推进的工具，只有北方货币增加，消费货币相对增长，形成市场价格下降。只有价格低到一定值，国家才可能生产武器，这是大量消耗的生产。

第七章 货币调整时代——五代十国

北方地区少量使用土地，保留更多的开矿的空间，故北方创造了火器时代。在火药武器的推动下，战争格局被大大改变。战争可以检验政策，如果实现战争收益，生产系统减少损失，可以低价持续供应，战争必然赢得胜利。北方在大量进口石油，军队配置了猛火油柜，只有铁器制造成本低，新武器不被市场淘汰。而南方各国注重文学，这个战火风云的时代，推高文学的鉴赏标准，这是士人群体向往的，也是灾难的前期预兆。

这是一场全国比赛，看谁先使用高技术。技术增加带来高工资，生产者是最先受益者。可以核算职业的收益，市场标定的岗位工资，这是可信的市场核算。如果生产者不满意工资，这个企业无法配置资源，他们在淘汰先进技术。企业家选择的确定，不是一种随机结果。

只有征税超过市场水平，迫使缴税取自职业收益，工资总额被市场束缚，企业家才能感知价值，创造出来产品新需求，从而开创新市场空间，回避无为竞争的局面，将企业带入新的阶段。这类型税收称为所得税，生产者至此进入公平环境。

北方的五国也不太平，面对强大的利益诱惑，后周发动过多次战争。因为市场贸易已经展开，此时国家很难组织战争，不仅是在规定的市场内，各条街道两侧均有店家，战争首先破坏百姓消费，那些消费保障百姓日常。出于战争需求强行增税，后周对交易品平均征税。

市场要求消费者平等，即取得商品信息平等，而不是对生产者平等。这是职业支配环节征税，即对生产中的零件征税，整个税收是在重复计算，等于在各环节重复征税，所以产品售价均被提高。

耗下去会用尽资产，从而危及皇帝地位，后周君主不知有错。各国君主下令禁止信仰，政府提倡勤俭节约风气，并忍受制度的错误后果，官员教导老百姓少花钱。限制政策加重危机，导致商业活动受阻，百姓无法获得资金，没有百姓主动创业，店铺一直无人问津，市坊租价不断下降。南方开放各国的经济，市场的决策者非常多，大家均追求融入市场，市场经济在追求合作，思想和行为处于边际，人的行为不会有自由。但是规则是分散状态，失去税收的统一核定，每个行业的税收少了，优秀企业的压力剧增。国家只承担少数行业，君主的背后没有智囊。

此时社会舆论趋向开放，士人群体批评意见增加，民意对皇室产生影响力，错误生产系统将被淘汰。若失去税收的压力，没有好坏企业之分，坏企业有更大优势。赵匡胤看到了危机，他不允许和平共治，虽然已是天下共主，需要武

· 211 ·

装统一全国，必须统一市场规则。劣质生产被推崇，若他们终身任职，扭曲了市场竞争。

一些人在制造错误，错误传导至货币上，引发全局性的动荡，需要消灭这部分人，以保全更多的生命。王室成员联合执政，决策主要服从军队，这种方式非常危险。赵匡胤立志改变大格局，一个人要改变自身处境，必须努力改变社会制度。历史需要有人替天行道，内在动力促使事物骤变，赵匡胤顺应了这一趋势。各地将领也希望统一，没有认真对抗起义军。经历统一战争的十年，全国迎来了永久和平。

后周的皇室讨好贵族，企图将生产炒作起来。如果国家持续原有税收，每个职业承担巨大负担，则不会出现技术的动力。如果生产资源价格高，不满足职业操作要求，影响了企业内部流程，降低职业对应的水准。翰林学士的意见统一，只要求降低国家税收。军队的消耗很大，现在反而要降税，双方的矛盾加深。军费必须满足需要，这是最大生产量。

朝代更替是继承关系，前朝积累的一切成绩，便是下个朝代的起点。货币处于均衡状态，功过均已得到回报，故不应谴责任何人，没有良心受到责备。国家税收降低了一大段，但是没有增加生产收入，却造成社会福利的损失。在这个急需劳力的时期，却不能集中建设大产业，生产者转而抢购生产资源，国家对生产失去控制。

军队有自我利益追求，一旦起动了军事行动，必然对生产提出要求。此时的军队应当中立，不影响政治决策结果。中原的人口有二千五百万，国内市场的消费空间很大。国家政权失去控制之时，地区之间纷争变得激烈，很小的地区都要求独立，民众对生产的要求在提高，减税在等量增发生产货币。

可是随着军队的壮大，产生军事增加的需求。皇室对军队充满恐慌，帝国的雏形已经建成，可是皇室结构不合理，实施程序得不到规范。后周征伐北方各国，皇室与旧体制隔离，脱离原有生产系统，全国很快安定下来。

对于皇室的统治而言，从秦朝直到唐朝以来，一直借助于宗族势力。宗族是社会的基础，划定血缘连带范围。宗族源于家庭结构，依赖血缘建立连接。而它为社会提供服务，无法回避消费性关联，消费是社会关系表现，不需要任何血缘联系，这是社会关系的错位。

在一个市场结构之中，家与国的结构性偏差，从宗族行为释放出来，族产是自由的对立面。它会演变为各自形式，排斥货币的作用效果。在民间的生活中，如果货币收益消失，需要父亲承担投资，需要儿子承担养老，双方肯定无法承受，父子关系急剧紧张。强迫货币在小范围作用，货币便会失去社会责任，体制的作用强加到个人，所有的人格均将被压垮。

这种社会结构存在问题，家庭高度依赖宗族财产，女性在宗族中没有贡献，她们的未来是必须出嫁，嫁到很远的血缘关系中，带走了宗族支付的成本，所以她们会被宗族排斥。出嫁对于宗族是一种损失，所以接受的宗族要求嫁妆，这是对宗族财产的补偿。由于女性加入资源配置，与市场的资源配置相反，产生错误市场价格信号。

有一些家庭违背道德，落下父慈子孝的名声，有一些家庭尊重道德，却落得伦理纲常失信。宗族经济降低消费力，人们的思维变得弱智，人际间关系幼稚起来。货币先在家庭中作用，这是最小的价值尺度，由于血缘的作用效果，很容易忽视货币偏差。

当货币进入国家层面，军事将领再如此行事，将影响到国家的安危。货币在大范围作用，才能看到它的效果。为了一个稳健的货币政策，后周不得不持续扩张领土，国内的生产需要更大市场。

但是皇室付不起经费，军队系统的战争军费越高，剥夺皇室权力的机会越多，皇室无法对生产下达指令，生产系统受军队控制。故此时皇室的旨令很乱，国防部长的官员被免职，连皇室内的人都不信任，皇权的内廷结构解体了。

赵匡胤是新任最高统帅，他没有前朝皇室的背景，也没有军队脉络的背景，关键没有家族产业背景，可以做出最清白的决策。此时的生产水平已经相当高，市场核算须精确到家庭用品，家庭用品不再是村庄手工业，而是流通全国的手工业商品。

社会总有穷富之分，穷人不占富人之财，无论穷人怎样设计，无法转移富人财产。而富人有侵占能力，可以随意欺负穷人，只要停止收税还贷，可以不动声色侵占，根本不必作出解释。

这种破坏力重点在契约，生产系统内部产生契约，表达共同认可消费意志。出于保护个人利益考量，生产者之间的冲突加深，造成生产系统无法持久。官员的特权来自生产系统，生产局势给出强制理由，因为犯罪收益源自于生产，若生产系统利益出现亏损，必然反过来施压官僚体系，这是官员生存艰难的背景。

官僚系统需求保护，官僚在寻找新支点，新任皇帝会照顾他们。开国要放大皇权信号，选择前属地作为国号，以示区别旧有的文化，此模式给权贵以希望，赵匡胤得以和平接权。赵匡胤自小家境贫寒，恰好符合称帝的要求。宗族的争斗异常残酷，容不下其他宗族当权，唯有普通人可以平衡，同时照顾所有的宗族。在少数民族强势的时代，赵匡胤的突厥血统得分，获得全国上下普遍认可。

随着契约逐步扩大范围，上升到国家权力的层面，便生成类似宪法的约定，大家普遍认可中央集权，这是社会法治化的开端。后周皇室选中了赵匡胤，知道他可以解决问题。于是赵匡胤履新之机，他自编自导一场好戏，将副官调到前线作战，掩护了自己起兵造反，结束一个十年期王朝。

过去相互之间的征战，是将对方作为异族的，赵匡胤要求改变规则。军队暴力对外部有效，有了行政和司法系统，不需要军队对内施暴。如果军队变成了军阀，若不接受皇权的控制，必然变成一个施暴者。皇权可以扩张领土，可以控制军队行动，可以平息国内仇恨。

战场上互殴的双方，如果并入一个国家，被统一在皇权之下，服从皇帝统一指挥，立刻结成同胞友谊。市场经济不是一手交钱，一手交货这么简单，政治是在遏制这类现象。市场交易涉及价值判断，才会有规则上的进步，职业者必须控制自己，交易品质要高于数量。皇权必须出面限制，自己也要接受外界制约。

消费系统要控制皇权，形成了对政府的控制，政府有理由控制军队。在这个机制生成之前，军队扮演决策的力量，直接表达消费者意志。赵匡胤召集有经验的人才，设计符合各族利益的方案。平民只在追求生活享受，若没有歧视和战乱干扰，他们会依靠职业化收益，创造自己的小康化生活。

所有的平民期望集中起来，社会总体追求存在的意义。在市场实现统一之前，缺少货币运行的能力，消费者享受部分收益。现在需要给出新解释，所有人纳入市场机制，消费者享受全部收益。从赵匡胤领导国家，混乱终于走到尽头，市场回归正常秩序。

第八章 货币扩张时代——宋朝

价值成为衡量一切的标准，评价人根据自己的利益。一对一的利益博弈下，盈利方造成对方亏损，好人成立于社会评价。而货币参与到评价之中，就有了独立的价值系统，好与坏变成社会评价。社会评价是贷款的标准，好人与坏人利益不同，金融系统给出不同的待遇，从而推动了文明的进步。皇权是农业走向工业的过渡，在放大货币数倍的过程中，皇权否定了不计后果的贷款……

第一节 赵匡胤起用士人治国

在战争硝烟散尽后，崭新的时代开始了，人们都在期待改变。货币推动人类智慧，由于司法审核扩大，生产系统错误减少，贷款的规模在扩大。社会成本被迫增加，很多士人加入核算，负责制订法律程序，其费用由政府支付。生产成本在增加，皇室的压力在加大。皇室遵循天命的安排，决定了国家未来的命运。

赵匡胤原为宋州节度使，如今黄袍加身创立国家，金黄色表达了财富向往，它也是铜币散发的光泽。突厥也在儒家文化圈，希望自己的货币通行，从而降低统治的成本。货币带来地区的和平，对所有国家均有好处。

人类史是从思想实验开始的，每次思想实验引发集体思考，推动各级生产完善自己方案。国祚的决定者是货币控制力，金融系统实际决定统治能力，金融数据可以提前知晓结果，从而争取时间消除负面影响，这种控制决定国家的走向。

武将此时的作用很小，只能负责阵前的布置，无法决策国家事务，政权无需武力镇压。尝试了所有可能后，金融措施均不奏效。随着生产能量上的升级，生产系统的知识在扩张，知识分子的比例在增加，他们的社会决定力扩增。

皇室可以借上力的，最后的一点希望，落在了士人身上。士人普遍知书达理，熟悉人造物的逻辑，有信息处置自然物。宋太祖启动枢密院的体系，经由官方投资建设的官驿，邸抄每天快递士人的信息，由递铺兵士负责传递文件，快速送达枢密院的各官员，他们决定在哪些地区放贷。路主要供应商人和士人，信息的传递速度非常快，金字牌递日行五百宋里。皇室系统借助快速邮递，广泛连接了帝国各地士人。

帝国的梦想是统一全国，一直没有实现武力统一，宋朝属于南北分治时期。过去的枢密院负责行政，如今宋太祖改变了结构，设立参知政事负责行政。财政决算具有问责机制，士人参与金融控制系统，让更多底层人介入决策，底层百姓参政成本降低，他们的生活也变得简单。农业知识的长期积累，致部分人口长期失业，培养士人的成本降低，由士人征集社会信息，实现了帝国金融战略。此系统为货币发行服务，农村贷款相对比较简单，差异在于作物品种不同。

宋太祖发布了规定，全国农村的粮食税收，一部分留作饥年救济，其余送京师或储运点，地方政府没有决定权。差异在大城市的贷款，宋朝的商品经济发达，城市生活主要靠货币，服务业进入了大时代。宋太祖要求对全体人，包含部分女性成年人，均需提供足够的贷款。仅东京开封一座城市，几条超大型商业街区，构成人口百万级别城市。

宋朝的税率各地不一致，福利多的地区纳税积极，百姓获得更多免费产品，对中央的反抗相对较弱，核定的税率自然比较高。以征收的粮食建立军粮仓库，由文官的中央财政统一调拨，从经济层面取得军事指挥权。在农村控制政策中，不用亲自到农村去。根据全年上交的实物核算——小麦、丝绸、麻、棉数量，再次投放既定的生产贷款，形成科学的货币管理。

放贷工作与税收大体相同，中央不可能再建一套系统。士人的思想控制货币，货币简化了理解过程，市场的货币要求加深，每年录取的士人增加。大部分人进入学校读书，高阶士人控制低阶士人，在官俸非常高的情况下，金融决策朝向士人倾斜。

官和吏分开设置，官享有社会福利，有品位和俸禄，而吏没有品级，不由政府供养。品级是由短缺形成，官僚不能承担放贷，由此影响资金投入。当然皇室有制约办法，地方官员由中央任命，中举者立刻获得官职，派遣到各地政府做官，而且每三年调换一次。

仿效唐朝的开元通宝，宋太祖铸造"宋元通宝"，钱币的形制固定下来，以后统称"小平钱"，不论包含折几的铜钱。其弟宋太宗年间，铸造"太平通宝"铜钱，开了年号铸钱的先河，"年号钱"从此后成为惯例，比如淳化通宝、至道元宝、淳熙元宝。货币是生产信用的尺度，消费系统规定还款条件，只要生产系统承诺实现，国家便可以发行新货币。

文官成为社会的管理主体，同时士人的组织非常有效，这是社会管理的程序化。从经济总量上比较，宋朝经济超过辽金总和，三个国家同属儒家文化，均遵守帝制文明的规范。三个国家的货币经验，后来集中到蒙古帝国。纸钞在儒家文化圈出现，是中央集权的必然现象。对于政权来说，重要的是税收，有了税收之后，才能提供福利。故税收不是主动变量，要观测货币发行状态。

在货币控制方面，钱铺分布在各地，负责核算发行量。只要钱铺没有独立收益，只是拿到经营上的收入，那么社会福利没有损失。货币离开政府权力的控制，形成私人机构的控制形式，这是金融史上的巨大进步。多半士人在官府，用传媒夸赞自己，即为了这份权力。

商业活动的基础是道路，道路已经不能满足需求，政府没有完全履行职责，未修通全国联网的道路。只有干道和漕运，政府不承付漕运。由于政府控制了物流，国内的需求则被控制。南北方经济互为补充，南方愿意尝试奶制品，它们来自蒙古草原，蒙古还有咸鱼出口，沿海发展显露机遇，可是被长城屏蔽了。宋朝如果复制蒙古生活，资源可以满足所有生产，但是宋朝士人闭关锁国。

按照县级规模放贷修路，地方政府可以化小地块，国内贸易带动筑桥拓路，商人愿意支付过路费用，可以很快归还修路贷款。当时的货币是铜和铁的，便利交通才能承受得住。货币可以承担多大风险，相应开创多大发展空间。

贷款方式的改变，带动道路的发展，道的区划改为"路"，处于地方行政地位。路的四大部门，它们互不隶属，直接对应中央，对应中央三司。中央直接控制货币，地方还是两级制，基础的一级为县。

政府的设置充分符合皇权，皇权的执行中心是枢密院，这种政府机构设置结构，充分剥夺了行政的集权。军队的指挥权在三衙，由武官统领全国禁军。政府官僚应对皇权负责，"路"是货币制度上的转变，钱铺代替寺院发行货币，控制力从宗教转入哲学。

宗教是平民的哲学，哲学是士人的宗教，这是我们说的文化，两者同属意识形态。决策的人群规模大了，儒家文化是遵从意识，符合放贷的性格特征，依然没有确定的标准，士人担起模糊的责任。钱铺设在士人聚集的地区，钱铺的数量一下增加很多。

因无法测定学问价值，不能排列士人的贡献，需士人设定一个标准。出于士人的社会地位，不论男女均接受教育，教育的规模空前扩张。当时交通和通信落后，义务教育的经费很大，政府投入的资金不足，主要靠士人资助办学，士人控制了文化方向。

此时父权开始膨胀，父权的标志是家训，不断增加家庭教育。国家建立四大书院，也是在扩大父权，太学也扩张到各地，私塾教育随之兴起。教育上士人投入甚多，精心编纂了童蒙教育，从小到大的教学用书。

技术是待验证的信息，生产活动在注入技术，物质中保留某些规则，即生产者的技术信息。必须通过审核程序，获得公众生活认可，才能将其投放市场，随机提供消费者使用。士人不能自定标准，如果士人设定文化，文化变成纯粹辞令，失去与生活的联系，自己形成封闭群体。

民族文化是消费现象，消费冲动无法被禁止，消费群体在边际收益，决定了市场总体价格，表现的是选择公约数。文化是人类普遍现象，当时兴起了三种文化，发达的科学在伊斯兰，伊斯兰文明注重记录，积累丰富的图书资料，宋朝士人知道这些书。

士人不承认其他文明，若这些知识用在宋朝，可以检测出生产错误，引导宋朝获得大发展。科学的本质是检测能力，宋朝产生防检测的机制。此时世界主产业是绵花，而宋朝这方面完全落后。宋朝当时陷入利益之争，学术只是深究古典文献，放弃对科学的钻研机会。宗教退出了货币组织，僧侣的责任立刻消失，宗教获得了更多自由。宗教是自由的产物，它也是需要自由的。

人的心情是人的核心利益，宗教表达的是社会的心情，即控制了社会的核心利益。随着货币制度的完善，宗教获得了更高自由。僧侣负责时间的控制，这是消费节奏上的要求。在已有的知识基础上，士人制造水运仪象台，为城市居民准确报时。每当清晨来临鸣钟，僧侣们沿街敲击木鱼，木鱼发出清脆的声音，提醒城区的居民起床。

皇室的宗教活动增加，可以低成本调动士人。只要人的心理正常，因果关系自然发生，货币控制全部结果，形成最佳收益状态。信仰可以打碎系统的封闭，宗教提供信徒反思的仪式，可是这些活动不限定内容，反映了市场价格变化趋势。市场价格是动态产生的，政府要为消费设定标准，所以要求市场标定价签，以此避免消费信息丢失。宗教信仰上不受到约束，为思想解放铺平了道路。

但是信仰未远离货币，货币需要高尚的道德，有信仰的士人在增多，可以理性地审视市场。于是城市生活变得自由，住店不再需要登记注册，帝国内自由行走和迁移，带来观念上的无数碰撞，激活了很多休眠的行业。实现国家富有的方式，必须是强化政府功能。由于士人的行事作风，对皇权的绝对支持下，皇帝坐在宫殿的中央，他与群臣面对面独立，面君时臣要下跪磕头。如此构建政权内部的关系，皇权要绝对控制政府工作，关系错位会造成国家错乱。

士人集中在城市中，大部分是富人子弟，只有他们不用挣钱，一生少于生产担忧，只是关注消费体验，不断探索知识领域。士人负责放贷管理，皇室一面提供优厚待遇，一面强化对士人的要求，导致文坛出现宋明理学。宋明理学杂合多种意识，主要是借鉴无为思想，包容佛教和道教的标准，实现价值判断上的综合，而阻碍皇权自我扩张。由士人构建货币体系，有效阻止外来的威胁。宋朝保持边疆的贸易，无法封锁边界的联络，外国可通过贸易获利，如果货币扩张力足够，则不会武力侵犯宋朝。

宋朝的文武官职可分离，军队负责驻防应付外敌。从隋朝设立科举制选官，地方治理就离不开军队，宋朝地方事务交于文官。武官不愿自动放弃权力，宋太祖巧用杯酒释兵权，和平地免去武官的权力。宋太祖没有玩恩负义，皇室与高级将领联姻，让军队宣誓同心同德。而皇室时刻防备军队，军队采购用的是纸钞，只能在官办渠道采购，纸钞上记录姓名日期，留在国家财政的档案。

至此文官构建政府基础，官员开始提供公共服务。士人负责放贷之后，公共服务的压力倍增。对市场的控制不到县级，则无法准确核算服务量，只好通过逐步官营企业，为公共服务设定专卖制。生产系统持续增加，征缴国家税收之后，全部用于公共服务，它不区分国民品质，提供的是相同服务。这种供应不符合规则，商业规则是专供富人。

商业会生成生产福利，专门提供内部生产者，按照地位的高低供应，生产者努力争取地位。士人控制贷款是巨大进步，士人也是从百姓中出来的，他们对百姓的生活有体会，也愿意为百姓的福祉操心。由于金融的保护作用，放开了一些行政控制，将控制权交给货币，也带来一系列问题。

前朝的百姓很少见官，民间纠纷在工坊解决，因士人提倡积极政策，官员要主动服务百姓。由于士人的影响力扩大，学术理论也介入法律，讨论关于公平的尺度，形成了广泛的干预能力。故此时官司迅速增多，民告官的现象增加，说明皇权在基层落实。

宋朝铸造巨量货币满足市场，平常一百到三百万贯，多时达到五百七十万贯。从这些数字上看，宋朝的矿业异常发达，丰富的矿产支持经济，也抑制了工业的创新。工业发展源自资源节约，从畜产业到农业便如此，从农业到工业还是如此，产业升级的基础是节约，即有效地利用产业资源。市场价格出现巨大波动，而皇室负有平准的责任，铜钱与白银兑换比悬殊，全国经济接受铜币调动，白银便具有平准的能力。

枢密院控制巨额收益，享有超级的平准能力，用金银储备平抑市场。皇家在各地建金银铺，收购市场上的金银器，并规定民间不许买卖。平准库属于皇家所有，它是皇家的私有财产，因为要补救发行错误，故皇室账务经常亏损。士人独揽市场收益，不是宋朝独有现象。

在古罗马共和国，皇权被贵族控制，产生了全民公决，公决是简单选择，不是真实的民主。由于生产福利集中在威尼斯，税收全由商人承办下来。威尼斯不是古罗马的一部分，它是垄断贸易的独立共和国，威尼斯的货币储备来自债务，它发行的债券只能半价回购，甚至被长期压低到五分之一，通过犹太金融家的蒙蔽作用，威尼斯的债务链上千年未断。

故罗马的市场价格持续走高，最终导致罗马帝国经济崩溃。皇权的关键在于税收，皇帝态度如水流向下，需要照顾好百姓生活，政权兴与废取决于此。投资需要税收的稳定性，税收额取决于生产水平，只要生产方案保持不变，原则上不应当变动税收。

所有的生产领域进步，均需要更多精力投入，占用照顾生活的精力，需要市场照顾私人生活。生产控制每个行动，士人控制思想品质，皇权需要士人提供思想，生产需要士人抑制思想，这是两个对立的运动。当时乡村势力强大，当农业成为核心产业，乡村成为社会主体。而士人很快深入到乡村，成为乡村经济的决策者。

只要士人控制着钱铺，所在地一定接受士人。而乡村应当作为士人的对立面，乡村是落后生产的标志，士人应当推动乡村升级。市场竞争变动生产方案，如果生产者留在原地，需要不断地提升技能，这种行为是"工匠精神"。

工匠集中在基础行业，此行业对设备要求低，对生产者的要求多。在高速更替的行业里面，从业者需要长期的学习，知晓更广阔的生产知识，自然没有多少工匠精神。士人对乡村的控制，开始介入财政系统。行政记录在师爷那儿，师爷均是本乡的人士，属于管理技术的工匠，所以得到乡民的信任。

官员是上级委派的，随时可能调换地区。本县土地和人口情况，官员只能够询问师爷，用它们核算各户税收，村民服从的也是师爷，经济控制程序在外部。宋朝使用文官治理社会，中央没有县级的控制力，通过设定更多行政区划，且在各地区间建立级别，强化皇权的政府控制力。

如果中央没有提供财力，地方势力扩大覆盖面积，衙役和捕快从地方创收，他们在与非法人群博弈，而占有大部分非法收入。很多社会活动受到影响，实质上脱离了中央控制。皇帝计算统治成本，地方官员不会算计，这种费用越多越好，税收转移到了地方，变成地区福利供应，增加地方的威信。可是福利剥夺公共服务，全体国民都会受到损失。

此时出现制度的误区，地方上可以截留税收。地方政府认为，税收是地方企业所得，应当留在地方使用。由于各地负责铸造货币，首轮循环盈利叫铸币税，资金循环还有后续收益，地方政府占用这些收益。但是这部分是皇室的收入，需要支付全国的社会福利。地方政府侵占福利，经过一段时间运转，公共服务支出减少，盐铁的税不降反升，一直涨到无法容忍，破坏效果显示出来。

公共服务不限区域，全国只有一个市场，要接受统一的调度。公共服务将生产项目合并，合并是劳动成分多的部分，所以公共服务在减少劳动，但是它在威胁地方的利益。既然地方留下税收，它已经变成特殊供应，谁服从地方利益，谁就可以合法得到。

这是一场逐利比赛，地方在快速扩张自己，更多人进入这一范围，接受了地方财力供养，却放弃国家财政供养。如果公共服务降低，便会影响基础价格。后续周转的货币收益，全部未上缴国家财政，变成柜坊的信用担保，提供商品的延期支付，贷款风险移向商业段。

官府负责国家税收，核算工作涉及广泛，需要士人协助官府。收税是为了去除错误，若核算出现绝对错误，则应当对此全额征税。错误生产线性增长，肯定失去税收核算。如果错误发生关联，造成某些事物损失，才有证据显示错误。关联在一起的消费，反映相关损害情况，产生相关生产税额。这些表达错误的方式，便是各地的价值判断，也形成各地不同文化。

民族文化应当丰富，文化的核心是士人，展示出士人的思想。为了测定士人资格，皇室改变科举命题。科举成了检测理学的手段，脱离测试官员能力的目的。底层官员应当具有科学知识，以便识别基本的生产错误。宋明理学进入考试标准，朱熹推动了严格的标准，遵照四书五经的观察点，检测士人是否符合标准。

每一种正确的道德标准，均会随着社会发展变化，这是市场边际变化效果。

如此设计的货币政策，士人成唯一受益者，官员也屈居第二位，一旦跨过科举的门槛，便可享有贷款的资格。

由于公共服务的聚集效果，士人通常生活在大城市，故钱铺也集中在大城市。可是贷款是有限资源，一旦被士人全部占有，其他的群体失去机会。只好找到士人借款，士人成为再次放贷者，保证士人的高额收益。城市的平民借钱以后，他们自己没有消费力，他在寻找挣钱的机会。绝对消费主体是士人，只能为士人提供服务。因为士人热衷于娱乐，娱乐成为发达的产业。

这种情况在全世界发生，欧洲基督教放弃贷款权，英国在体制上实行共和，以抵制教权的货币控制。宋朝的货币发行很多，尤其是铜币发行量大，用于大宗贸易的进销，由于铁币的发行量少，但是铁币的面额也小，符合集市贸易的特点，铁币一般用于日用品。

钱铺不是普通民间机构，它是有货币权力的机构，它的上级主管是市易司，从皇家粮仓支付经营费。它不仅负责发行货币，还负责测算发行质量。由于士人负责投资活动，起始于唐朝的印刷技术，在宋朝得到了充分利用。

政治产生金融进步，制度让货币数据化，精确体现市场信息。加上士人内部的平等性，激发了知识传播的动能。宋朝从北向南逐次征服，归附的理由全在于文化，南方人认可中原的文化。而南方没有共享货币，因为涉及利益的问题，南方不愿与北方联合。宋朝的印刷没有提高，技术水平与盖章相似。货币表示本国能量级别，国际上存在货币差异，若不能构建统一市场，贸易会产生相互伤害。

在消费开放的市场，消费者评定产品价值，要求产品独特美感。只要消费货币超过需求，消费者之间的差异消失，货币自动抹平贫富差异。国家间的竞争关系，不是在比较武力，而是比较结构优化。市场结构失调的国家，若不打仗内部则会乱，打仗又造成外部危险。如此的战争必然失败，失败才可能纠正错误。

宋朝的货币负责福利，使政府进入市场核算，政府的结构复杂起来，机构间形成均衡关系，维持社会福利的稳定。皇室也失去了控制力，如果要变动官员位置，必须经过政府的认可，皇室向政府高层施压，由政府高层作出决策。战争消耗了大量资源，因此政府借很多债务，需要长时间抵销债务。

由此成了一定的压力，政府关注生产的状态，制定合适的政策诱导，让生产系统获得盈利，才有机会偿还债务。中央政府制订了长远规划，多数人适应手工业的劳动，大部分人都可以参与进来，规划手工业超过周边国家，这是最

第八章 货币扩张时代——宋朝

佳的一种强国政策，鼓动百姓领取制度的红利。随着消费状态改善，百姓不必外出务工，女性从此回归家庭，家务活比务工轻巧，而且减少生产错误，这对货币收益有利。

女性负责家庭改善消费，产生多元化的消费需求，生活周围是高品质商品，消费者的感知变得灵动。此时出现精致的生活——花道、茶道、香道，女性表达强烈的个体感受，给予高级生产者极大尊重。枢密院由此了解情况，国家则为此追加投资，要求产生预定的回馈。

企业不能粗糙做法，政府控制生产过程，不是官员管理企业，而是运用市场法规。政府脱离了企业管理，因为责任和义务分离，自然让企业自由破产。企业家责任相对独立，他要负责企业的兴亡。企业独立于生产控制，每一个企业都有局限，调动有限的资源能力。

生产配置的调度超限，企业家的价值感破灭，企业进入了自毁阶段。对企业提出更高要求，也是对企业家的高标准。企业经营的范围扩大，产生很多新工作项目，比如桑户、漆户工作。这些企业有严格账目，随时等待政府检查，政府也建立台账，记录每次检查结果。从这段建设时间开始，一座座建筑拔地而起，城市布局形成规模，宋朝开启了官营时代。

宋朝组织官营的炼铁业，设监、冶、务、场四级衙门。这里是官营的重点，政策限制铁的用途，政府需要尽量节约。士人认为铁业不重要，需要国家重视农产业。工业是被忽视的产业，没有得到足量贷款，未进入市场调节范围。政府认为消耗铁是浪费，约束对铁产业的投资，国企负责农具生产，对铁制品实行专卖。

如果特意发展铁产业，将影响铜制品的销量。地方作出严苛的规定，每件农具上都要标号，节制对铁制品的消费。又通过限购进口铁器，进一步缩小国内市场，拉低国内的消费水平。剩余的铁用来制造铜，化学置换消耗大量铁。铜的产量相对富余，辽金需要宋朝铜料，威胁宋朝铜币供应。

西亚成为铁的出口地，西亚有工业技术，由于过度开发土地，农业十分落后。最终形成一种均势，中原生产粮食、绢帛，吐蕃生产种马和马具，辽国生产铁制品和煤炭，三个地区分工协作生产，减少各地资源所受压力。中原急需辽国的铁制品，日本锻刀和辽国铁锅，全是受欢迎的产品。辽国需要欧洲的产品，白银是欧洲的主要货币，黄金和白银构成主辅币。

此时已经实现远程贸易，欧洲可以来到宋朝交易。两地产品差异非常大，玻璃的原料非常便宜，但是加工要非常精细。烧制瓷器使用木炭足矣，温度只有一千二百度，烧制玻璃要一千七百度，只能使用处理过的石炭，引起两种能源价格波动。先进产业需要高级能源，能源升级需要价格驱动。

玻璃生产需要行业配合，它关联了很多化学知识，所以引发生产全面进步。开始烧制的玻璃浑浊，里面含有很多杂质。玻璃业均为私人所有，采购者是皇宫和教堂。比如礼器中的铅钡玻璃，这种玻璃没有进步意义，可是随着此产业的发展，玻璃制造成为关键行业。

威尼斯垄断玻璃产业，这个产业历经八百年，研究经费一直短缺，制约了欧洲一个世纪。直到接受皇室的投资，积累了大量的经验，才得到技术上的飞跃。此时可制造多种玻璃品，比如杯碟、瓶罐、建材等。欧洲生产钠钙玻璃，四百年前玻璃很少，荷兰用一把玻璃珠，换来一座曼哈顿岛。科学在创造美好生活，导致市场价格的下降，好的生活即是好的产品，价格是市场边际的反映。

首先消费者提升权力，消费者可以决定价格，生产者便会来讨好他，价格自然降低到边际。只有生产者处于被动，只好剩余生产的能力，才能在产量上满足对方，这是价格边际的原理。

在宋朝企业中，加入很多的士人，官职标定管理范围，品级负责职业收入，这是两种控制体系。品级改变政府行为模式，行政活动变成生产控制，从而降低消费决策影响。品级只为争夺仕途机会，达到士人群体内部安稳，但是它阻止了系统开放，屏蔽了外部的人员进入。

政府起着保护作用，类似人体免疫系统，需要不同人格特质，并非只有士人适应，多数人被拦在门外，士人内部形成亲缘。品级对应职位，但不对应工作，无需市场评价。品级作用是技术控制，以技术强势压制科学。由于印刷技术的普及，全球信息已完全开放。欧洲知道宋朝的情况，宋朝也知道外面情况。

若技术停在瓷器水平，不会再有技术性创新，可是底层开发新产业，士人将失去丰厚收益，故士人尽力阻挠创新。由于各地钱铺投资规模巨大，小企业的创造力被调动出来，在与娱乐相关的产业中爆发。技术调动了资源使用效率，巨大销售量引发价格归位，形成宋朝四百年技术进步，成就一个时代的大国盛世。

宋朝的娱乐业建立在铜币之上，金属货币造成的膨胀更严重，没有外在交易的情况下，通缩损失是金属存量的边际，而增加存量需要更大投资。而加入国际贸易之后，通缩损失加上资源流出，这部分是单向的流动，所以永远也无法弥补。只有局部地区发行交子，也只能服务于地方政府。在宋朝的总体安排上，如果解决通胀的问题……

第二节 士人推动娱乐业发展

在枢密院的缜密决策下，不再需要皇帝亲自指挥。但是经济格局变得复杂，全国汇集的数据量暴增，而枢密院官员人数很少，没法统计全部经济数据。信息均由士人提供，士人首先进行筛选，若士人不联系生产，便是闭门造车研究。多数士人关心吃喝玩乐，认定这些产业需要投资，并将意见传递给枢密院，形成枢密院下达的指令。

枢密院在代替皇帝的工作，如同代替人类的一台机器，在机器面前人不需要动脑，故皇室也没有干预此进程。钱铺的工作非常简单，因贷款执行相同利率，只需要它控制发行量。根据这些指令，钱铺发行货币。在沸腾的表象之下，潜伏着严重的危机，各行业出现垄断。垄断意味生产方案停止更新，生产方案更新是市场自发的，一旦消费者的思维得以突破，便会激发生产方案集群更新。

国家投资朝向哪里，这个领域很快上涨。士人将资金投资艺术，艺术在补偿福利不足，人从世上感觉不到爱，便从艺术中寻找感受。消费系统越是发达，消费需求越是匮乏，艺术越是呈现丰富。在枢密院的坚持下，货币供应量不受限制，几乎是要多少给多少。足量的货币供应市场，产生巨大的就业机会。

平民产业集中于服务业，服务业的类型快速增加，前朝已经建设很多酒肆，可是还没有全面的服务。宋朝的酒肆和茶楼遍地，已经形成单独的娱乐区，在东京开封的夜行街上，数十里遍布铺席的商店，中间夹杂着官员的宅舍。市场上有各类服务，服务项目非常周到，一边唱曲一边卖货，叫卖之声优美动听。

在威尼斯共和国，此种情况正相反，商人在独裁专制，控制商船的使用。这是在垄断前端，向前端推移收益。只需要控制住金融，不用直接控制生产，即可汲取全部收益。管理者出让货币发行权，犹太人将工作承包下来，他们中间有很多金匠，可以提供金银保管业务，由此扩大金银铺网点，形成与货币的兑换业务。

犹太人的财富来自利息，全部处于非法的状态。这种利息不是新增货币，后者是生产系统债务，此利息取自货币存量，减少了消费货币量，新增货币小于债务总量，则必然产生社会暴力，对消费系统产生压力。这些是囚禁奴役的力量，实现了贵族对很多人的控制，奴隶们不需要金钱资助，而是需要突破这种金融，获得市场经济的自由。

由于收费的保管业务，犹太人有大容量仓库，控制的货币数量增加，却是贵族在背后操作，通过减缩的货币发行，从中获取极高的收益。犹太人从事高利贷，这份工作是有罪的。从一个不毛之地，变成高利贷泛滥，吸纳大部分货币，搞得欧洲一片狼藉，这是自由商业效果。共和国处于恶劣环境，却可以延续一千多年。

天下没有免费的午餐，高利贷必然造成剥削，威尼斯商人逐步垄断，武装护航商业运输，军事控制海上线路，推动利率增三五成。但是在较少贷款下，精英集中在各地企业，后来英国兴起工业革命，制造优质透明的玻璃，可以制作温度和气压计，了解气温和气压的变化，这是开发蒸汽机的基础。

玻璃能够控制光的变化，诞生了望远镜和显微镜，精密测量推动各项科技，开启了近代科学大门。此时的士人代表科学思维，科学确保事情按计划发展，理解整个世界的运行规律，并将理解融入于实用技术。市场价格取决于贷款公平，这是科学标准的市场公平。

在世界贸易的中心位置，有三大伊斯兰国家——奥斯曼、萨菲和莫卧儿，东欧也依靠伊斯兰贷款。三个帝国有发达的农业，他们有丰富的化学知识，农业变成一类高效产业，他们能制造硝酸盐肥料，有效抑制土地酸度上升，皇室也积累了超量资财，可以供应信仰国民福利。

伊斯兰教传播非常快，传教者同时也是商人，凭借自己富裕的外表，很容易引起人们尊重。国家内部设立皇位，皇帝是权力最大者，按照统治论的逻辑，皇帝是不受到制约的，可是事实上被制约。那些皇室拥有财富，买得起昂贵的武器。宋朝的问题在枢密院，枢密院没有下设机构，无法得到基层的支持。

为了提供贷款服务，士人设立专门的机构。比如，管理冰窖的冰井务，为酒肆提供冰盆；管理燃烛的油烛局，为礼仪庆典提供安全。它们兼具政府责任，直接控制钱铺贷款。士人设机构负责贷款，同时建议对项目征税，故多数被枢密院批准。技术是暂时的表现，如果产业得以升级，技术即刻失去作用。

人类社会是一体的，文明可以相互借鉴。儒家地区推进伊斯兰世界，伊斯兰推进了基督教地区，最后基督教地区兴旺起来，事实证明虚心善学的好处。在放大贷款的推动下，宋朝加快城市化进程，距离二十里设卫星城，城镇由政府衙门管理，数量超过三千六百个。大量人口聚集城市，士人对此心花怒放，却少了国家的担当。

在数量众多的城市中，娱乐场所叫做"瓦舍"，十几个"勾栏"同时开张，较大勾栏可容纳几千人。这些剧场中每天上演马戏、杂耍，还有一些说书人和玩魔术的艺人，这里有蹴鞠、武术、弓箭、傀儡的演员。这些人的背后有家庭，这些家庭的福利很差，反映出国家富裕程度。政府几乎不照顾他们，故女性也要出来挣钱，以前女性没有出来的。

宋朝的娱乐业非常强大，为女性就业提供了条件。最早的女性职业是厨师，与整日做家务没有区别，但是已经有了工资收入，女子命名的店不计其数。餐饮不适合规模生产，成为最早的服务项目。酒肆消费不仅品尝美味，还有男女歌舞伎的助兴。其次是青楼里的女子，这是适合女性的职业。

士人一般选择青楼聚会，这里组织各种社交活动，他们的妻妾在家中宴请。家庭类型的服务，比如美甲画眉、药物香薰、明矾净水，丰富多彩的食品，可由"四司六局"承办，他们直接到府上服务。此时餐饮是高水平，加上火力非常旺爆。

宋朝已经用上煤炭，这是高能量的热源，因此促进了烹饪业，全部加工方式出现，形成独立中餐体系。青楼是纯粹娱乐场所，大都市建设青楼万家，营造适合士人的氛围。因为女孩能够挣到钱，城市家庭喜欢生女孩，平民生男婴便会送人。女孩结婚可以收取彩礼，故女孩的身价比男孩高，导致性别比也是女性高。

娱乐业非常欢迎女子，尤其是二八妙龄女子，甚至还推出女子相扑。艺伎受到全面欢迎，而这是女孩的专利，需要培养高超技能。经济链条一旦形成，则有更多的人关注，必然出现配套生产。专门培养女孩的机构，教她们丝竹管弦作乐，教她们歌曲词牌绣工，这些营业场得到贷款。

城市生活需要文化，吃喝玩乐皆为消费，宋朝接管前朝铜矿，控制货币生产原料。宋朝的货币发行充足，消费能力有了保障。仅燃烧蜡烛一项管理，便有相当可观的税收。比如，饲养造蜡的虫子要缴税，制造烛台的工匠要缴税，多种类型商户均在缴税，加起来财政收入不菲。

城市可容纳许多人，当夜晚降临长安城，夜市通道灯火通明，酒肆茶楼通宵达旦。就连提瓶卖茶的小商贩，也要通宵守候官府下班。宋词是因为音乐而生的，它放弃单调的诵诗方式，形成自由活泼的曲调，催发士人的生活感受。

音乐是收益极快的消费，以个人方式创造新方案，消费者直接参与生产中，投入产出的比例相对小，可以立刻引起人的兴奋。可以表达丰富情感，词牌在青楼受欢迎，这是当时流行歌曲。

青楼女有很多身世，他们有自己卖身的，也有被丈夫休掉的。当时结婚需要聘礼，私人财产需要保护，聘礼是采购的价格。当丈夫不要妻子时，理应索回这份聘礼，这是市场交易规则。如果妻子娘家不愿归还礼金，丈夫可以将妻子被卖给青楼。从产权的边际分析，食品支出占比很高，食品制约婚姻选择。

物质因素的影响力越小，婚姻的幸福越是自由的。食品消费反映农业，应当反哺农业资本，可是贷款利息较高，类似于一种高利贷，因而无法提升农业。娱乐业消耗巨量的粮食，却没有提升消费者心智。由于娱乐业资金压力小，不足以增加消费者体验。

在宋朝的富人家庭，女人只是一类商品，可租养姬妾和情人，合同期满后退回去。这是对女子自由的鼓励，穷家的妻子依赖性很大，他们本身没有工作收入，所以更加依赖丈夫生活。进入了富人家庭之后，女子获得了更多自由。而女子的才华超越士人，如千古第一才女李清照，不仅是宋词婉约派代表，还撰写数学方面的手册。在悲苦的命运面前，她们创造精美词曲。文艺是社会的反映，补充消费感受之缺，这是所有人需要的。

宋朝女性接受义务教育，她们的创作成绩非常高，却没有展示才华的机会。豪放派词人辛弃疾，供养不少歌舞伎。文化支撑社会，调动智力资源，实现消费升级。在外面吃喝玩乐后，士人要求妻妾守贞。为了嫁给达官显贵，女生从小裹住双脚，直到脚趾变形扭曲，这是评价女性标准。

虽然女儿接受残酷迫害，但是主持迫害的是母亲。女性在控制道德的体系，道德扭曲惩罚不改变者，对价值的破坏大于男性，道德可以深入扭曲社会。其实在工作和就业上，农业可以容纳女性的，而农业的品质那么差，已无法承载那么多人，而影响女性正常收益，女性处于被动的地位。女性容易受到诱惑，不确定的消费刺激，可激发其择偶欲望。女性天生不愿意开放，不愿接触外来的信息，性格严重倾向于保守。

士人获得超高的收益，让宋朝艺术达到巅峰，皇帝也积极创作，宋徽宗发明了瘦金体，文化的创新非常活跃。宋太宗亲书钱文，开了币制的先河，徽宗御书最美观。家庭消费是理性的，需要得到不断规划，平稳取得消费货币，必然减少意外刺激，女性自觉遵守规则。

人的生活面对很多问题，问题的终点是社会福利，只要社会福利囊括之处，所有人不再面对此问题。此时社会意识封闭，汉族不再学习国外。士人的妻妾裹脚，造成门第优越感，平民家庭在模仿，自从女人裹小脚，汉族不再善歌舞。中华舞蹈已成型，具有强烈民族性，艺术在追求动感，而此时开始倒退，民族的快乐消失。

家庭似乎是封闭的，货币穿透任何屏障，货币联系不分家庭，在全社会作用一致。年轻人奋斗一生，目的是为了晚年，可坐享安乐时光。但是到了晚年之后，房屋的税收照样交，年轻时积攒的金钱，相对工资增长而言，根本没有可能跟上，养老金在相对变少。积攒养老金的方式，本质上是商业保险，它只能保持现实感，保持现有生活水平。

人的生活是在寻求快乐，养老属于消费上的进步，依靠的是消费货币增量。养老问题是社会福利，社会福利是消费增量，所以人们的工作成绩，必须产生社会福利。在一个人年轻之时，社会全额积累福利，通过货币方式解决，才可能出现养老金。皇室也在为此想办法，老人的房子是继承的，这些房子要传给子女，如此构建家庭向心力。

家庭是养老核心场所，支付老人的养老服务，王室需要负责养老金，而资金的核算与传递，需要巨大的政府机构。故王室作出决定，国家无条件地供应资金，以房地产税抵销养老金，这是国家向心力的渗透，到达家庭继承上的实现。生产系统的产能越大，承担的社会责任越大。这份责任首先在养老，养老金不足形成施舍，这是在逃避市场责任，也是剥夺了老人的尊严。老人的积蓄存到钱铺，或者埋到地下罐子里，期望得到资金的保值。

养老在于货币信用上，对应生产和消费系统，分别生成存款和贷款，新增货币出现还贷前，它是金融的贷款利息，利息是货币核算工具，相应市场分布的形式，两者体现了金融信用。所以养老金这份福利，不是在年轻时的收益，年轻时的收入水平低，落后于当代商品水平，故无法支持养老金。当生产随之进步后，老年人无法接受它，商品必须跟随时代。

社会是否保证养老金，不在于老年人的收入。一旦货币系统遭遇崩盘，所有养老金将一扫而空。过去由当地控制的贷款形式，虽然宗族可以减少交易费用，同时遏制向外传递货币信息，这种金融无法提供养老资金。养老金积储在金融系统，在枢密院控制的钱铺中，王室不断追讨这部分钱，用来抵销养老金的部分，故房地产税应归属皇室。

消费系统的债务可以拖延，甚至国家可以直接取消它，而生产系统的债务是资源，拖延或者不付将导致停产，发生连锁的货币信用解体。每个机构针对所有的生产者，而皇室控制的金融符合要求，可以辐射到很远的地区需求。虽然其运营费用迅速增加，但是业务符合低利息要求。皇室得到了发展空间，让社会福利供应充足，市场发展进入快车道，新的产品和服务出现，市场匮乏也更加明显。

市场有更多的失业者。为了弥补失业的损失，宋朝人口快速膨胀，人口生育居高不下。农业与军队在抢男丁，军队消耗了大量粮食，粮食被集中运输过来，但是长期见不到收益。军队驻扎在城市里，需要农业产品加工，但是巩固的是农业，建筑业得不到好处。城市中有很多无房户，他们无法取得养老金，不得不参加军队为生，这是恶性的用工环境。

随着税收水平的加大，职业上的压力在增加，宋朝政府开办典当所，救助濒临破产的企业。不断出现新的匮乏，钱铺利用资源盈亏，调整收贷利息高低。限制手工艺的依然是人力，低级产业在追求集群效应。农业长期得不到补偿，水利设施增加了徭役，而不是货币直接解决。这样减少农业收入，农民容易脱离监管，农民可以自给自足，但是这种落后生产，将进一步缩小市场，从而压低产品供应。

农民与市场若即若离，导致生产资源的退市，货币在农村作用减少。这一时期的政府工作，重点在运营典当物品，收集各地的生产信息，把闲置资源配置得当。政府操作这件事情，不再负责生产投资。土地兼并产生了庄主，导致普遍的减租运动，过去是一家一户农业，农民向上缴纳农业税。

只有形成农场之后，地主没有受到压力，将税款转化为租金，他们交纳的是租金。由此农业生产脱离税收，工作所得全部归属地主。可以高价出租耕地，源自经济制度错误，如同金融的高利贷，出于借贷市场错误。此时的农产品的边际，已经接近零收益状态，耕地不应设定高租金。

城市中出现贫富分化，平民的居住条件很差，还要负担一些农活。比如在前后院种菜，还会在院子里养猪，所有粪便用于肥田，植物净化生活污水，形成封闭循环系统。除了房前屋后的菜田，城市还有鱼塘和肥堆。而士人居住的区域，不仅酒肆茶楼林立，而且夜市灯火通明，商业服务非常完善，连皇帝都羡慕他们。

城市的士人在忙于享受，大量消化农村剩余劳力。仅种粮食无法维持生活，随着生活费用普遍增加，每户留下一两孩子种地，剩余的人力到城里谋生。进城农民有很大压力，他们见缝插针地建房，成本是地方政府地税。

底层在设计房屋款式，士人只钻研琴棋书画，他们不接受底层工作。居住边疆地区的士人，受到开发新产品压力，外来商品上带有信息，要求保证内陆的生产，必须增加内地的技术，他们开发了新的思想。

城市只能承受少数人口，大约二成的人口在城市，外来人口只好自己建房，城市住房基本是砖瓦房。为了规划城市空间，政府提供施工手册，民间建筑得以规划。尤其在杭州地区，竟然建有十层住宅。在争夺生存空间上，宋朝百姓开了先例，他们临街建筑店铺，通过缴税获得合法。

街道越来越窄，政府控制不了。例如丞相开了邸店，一处货场的交易所，知州进行街道整治，被告扰民破坏产权，政府官员只好作罢。宋朝法律支持私人产权，官司以丞相胜利告终。丞相维权是小概率事件，民间的维权是普遍的。在房屋的搬迁中，会经常发生暴力。产权规则倾向富人，这是清理贫困人口。产权必须随着市场扩增，市场不会包括全部资源，肯定余下一部分无产权，因为没有参与生产过程，无法清晰划定其产权。

人类尚未划定天空产权，不知个人占有多大天空，源于天空未经市场核算。福利扩张才有人口流动，如果流动不按市场规则，农村富户强占大量住房，城市贫民不想离开，城市扩张则在所难免。城郭扩张涉及补偿问题，有的时候达不成协议，造成城郭七扭八歪的，没法按照规划建设。由于货币核算越来越精细，产权的划分更加符合标准。

政府应当免费公证房契，但是一直在收取费用，而且费用设定相当高。谁花的钱多，谁就有决定权。穷人被迫采用私下交易，其后代多被挤出城市。忙碌的穷人不争取政策，富人觉得他们没有智力，不应当参与政府的决策，所以他们从来不被保护。在如此荒谬财政政策下，生产资源直接获得收益，城市底层没有任何资源，所以他们是最贫穷的人。

长此以往，只要丧失资源控制，社会便会陷入贫困。老年人成为社会负担，养老成为政府的心病。如果可以消除养老金，老人便不对自己约束，会变得比年轻人愚钝，激发更多无理性行为，相信自己丧失了能力，成家庭和社会的累赘。在这些政策作用下，家庭关系变得紧张，邻里之间不再和睦。预测未来收益非常渺茫，邻里同事之间恶意诋毁，均想在心理上战胜对方。

老人的第一需要是住房，老年人已退出生产活动，农村房屋供应农业者，城郊房供应作坊主，远郊房屋供应采矿者，生产分配了部分房产。城市的核心不是生产，它集中各种高效服务，非常适宜老年人居住。居住要求随着年龄变化，老人来到城市选择住房，要求在城市取得居住权。唯一办法是提供住房，建设单独的老年住房，不分贫富贵贱地分配。可是设想是虚幻的，与当时的产权矛盾。

产权制度尊重私人财产，住房必须通过货币购买，多数人的积蓄买不起房。老人控制所有资源，主张采购城市住房，没有人可能阻止。老人在家庭中施暴，依靠子女的协助，会出现打手角色，致家庭关系破裂。

这是老年人的暴力，阻断青年调动资源。城市房价在逐步上涨，由于产权上的进步，民间土地纠纷日益扩大。相对于迟缓的老人，青年具有更多收入，他们不愿退出城市。而城市扩张需要资金，对于货币紧缺的市场，这是无法解决的矛盾。

建筑业看起来接近手工业，可是能量级别在工业水平，因为烧制砖头的石炭要求，必须构建强大的工业基础。政府向市场大量供应铜币，却无法产生技术竞争升级。工业生产保持旧的水平，即便低值产品销售过剩，企业不会自动停止生产。铜对应低水平的社会，铜料从国企出来后，加工铜镜、铜盆、铜盂，用简单工具即可，而且只产出少数产品。产业结构影响了货币发行，钱铺的主要客户是小企业，较少人的私人小企业。

铁业具有产业链条，关联到焦炭的产业，其发展涉及重工业。铁有广泛用途，工具本身也是铁，铁会激发新产业。例如制造手术用具，使用工具减少人力，剩余的人力在铁业，欧洲已有类似产品。宋朝没有对铁产业投资，资金集中在娱乐业使用，娱乐业的生产链条最短，资本产出的效率也最低。娱乐业表面投资回报率高，这是限制工业投资的结果。

欧洲具有科学优势，船只上使用铁制品，让欧洲进入现代化。船运不是一夜发达的，而是货币长期的效果。经济是社会历史过程，政策对它产生影响，欧洲的劣势在于皇权。欧洲爆发了大瘟疫，却得不到政府救助，威尼斯在发放货币，其他地区承受负担，政府无法供应福利，瘟疫造成大批死亡。而在同时期的宋朝，先后发生多次瘟疫，一半瘟疫出现首都，这地方人口流动大。

由于政府发福利，顺利渡过了难关。在所有都市里，政府设立福田院，针对无家可归者；设立漏泽园，针对没有墓地的；设立施药局，针对施医散药者；设立安济坊，针对乞丐和孤儿；设立慈幼局，针对不孕家庭的；设立居养院，针对供养老人的。这不是对所有人的，只是供应士人家族。

士人有很高的福利待遇，只要是考取了功名，虽然没有走上仕途，也会给予相当待遇。随着经济情况变差，这些供给没法持续。政府提供的部分福利，只能建设好商业环境。但是宋朝缺乏尖端科技，宋朝的铁除了供应国企，其余出口换取辽国盔甲，民间冶户买不到铁矿石。虽然周边局势安静下来，但是还是不敢解散军队，宋朝的就业形势紧张，解散军队可能动乱危机。

黑社会形势在加重，军队吸纳闲散青年，一些青年占山为王，专门抢劫过路商贩，他们称为绿林好汉。在南方广大地区，犯案人逃入水路，基本上无法追捕。这是得益于道路畅通，以及地方政府的放任，好汉抢劫完容易逃离。故政府增加军队编制，竟成为安定局势的手段。

官员处于监督之下，不可以随意行为。宋朝士人在负责维稳，他们只是在竞争当官，不会对政府构成威胁。官员是皇帝挑选出来的，选择标准就是科举考试，需要皇帝保证科举公平。士人掌握贷款标准，排斥其他人的标准。此时的贷款标准，已与民事权结合，形成统一的标准。

民事上有法定义务，以立法树立民事权。随着士人进入官场，价值判断也被垄断，要求书籍符合标准。人们的知识是有限的，价值指的是知识空白，由此构成人类的追求。士人的功能是创作，创造新理念和知识。书籍可以刺激思考，让人们接受新事物。

贷款系统的失常状态，将影响相关的行为，当官是为了高收入，学习是为了当官，这一理念一旦确立，市场秩序出现混乱，市场供应出现萧条，官员生活也在降低，他们出租房子增收，而自己住在公房里。富商们可以买商铺出租，这是对地价增加的赌博，只要维持社会意识不变，则可以一直赢得高收益。

枢密院负责皇室的财政，这是财政权的公共化，有利于控制政府行为，不过此时的权力很弱。由于帝国的资本回报差，枢密院的权力扩张受限，用于军事的资金很有限，长期得不到枢密院支持，反过来也不支持枢密院。帝国的矛盾日益增加，在士人中间出现反对者，他们意识到问题的严重。

这些意见反映到枢密院，政治领域发生思想争论，政治决策上出现了党派。党派是政治意志的集中，政治决策需要严格审核，党派将意见带入大辩论，政治成为测度价值工具。没有办法保证党派正确，通过自由竞争表达政策，由获胜的党派主持政务。

宋朝生产表面很强，因为生产者规模大。可是掩饰宋朝问题，宋朝市场也缺货币，数亿铜钱流入周边，甚至一些流到非洲。每年铸币一万吨，如水入流沙不返。货币的流量不达标准，导致生产能量的不足，成本高于铜料的价格。于是宋朝有了交子，但是它还不是纸币，它只负责一次标价，之后退出金融市场。这是继承前朝模式，用凭据代替金属币，继承金融传统做法。

宋朝的交子是准纸钞，没有达到纸钞的能量，只有福利向外辐射国，其货币才能通行世界。纸张非常便宜的时代，生成面值很高的货币，说明生产含有高技术。高技术推动货币增值，一直到用纸表达价值。在商业发达的城市，百姓生活变得开放，市场交易环境稳固，商人因此具有信誉。有信誉的商人开办铺户，商人乐意将现金交给他，由铺户出具存款的凭据，一张写着数字的楮纸券，但是要收取一定保管费，这是交子的最初原型。

商人愿意付保管费，说明交易活动成本高，富商用的是大额币，这些交易的风险更高。有了交子充当货币，商业行为非常顺畅。在交子没有通行前，一匹罗价值两万钱，重量一百三十斤，搬运费用相当昂贵。四川后来成为特区，境内全部通行铁币，杂质铁做不了货币，需要成分纯正的铁，而且铁币容易锈蚀，需要不断补充缺损。

四川地区在通行铁币，此地的铁价格很低廉，证明当地的冶铁强大。为了消灭南汉、南唐，宋朝从四川掠夺铜钱，不得不改用铁钱货币。川府曾经铸的铁钱，当十铁钱庆历重宝，以及当十的大铜钱，均不可以承担重任，铁币的成本相当高，引起官府尝试交子。

交子的背景是个人信誉，而不是法定机构的信用。市场的核心是商业环境，商人对现金保管业放心，说明市场管理得非常好。由于铺户恪守信用，客户存款随到随取，逐渐赢得高度信任。民间运行交子二十余年，期间多次出现信用危机，均为皇室出面帮助铺户，全部由中央修正了错误。这些事实教育人们，金融系统责任重大，不能没有中央控制。一些铺户没有相当的铜币，却在印刷发行大量的交子。

铺户只是货币经营者，对应的是货币材质，在不同材质间兑换。它不是货币的发行者，不可以具有贷款性质，它必须恪守经营准则，不可向市场虚增货币。如果铺户不能全部兑现，说明已经超出范围操作。商人可能贪图便宜，肯定变成金融欺骗，但要同时肩负责任，否则造成金融动荡。

放大货币的能力，是中央财政责任。为了保证交子安全，出台一套管理政策：用铁钱作为保证，这是金融的规则；设定三年为一界，到期更换新交子，因为楮纸易破损；十六家富商主持，捆绑了民间资本。从发行程序上，这是周全的方案。

在交子发行的五十年，货币的价值比较稳定。中央政府也严格管理，逐步试探地放大数量，不仅降低了发行成本，而且对物价影响较小。公元1023年，政府设益州交子务，在城西净因寺印刷，交子得到社会认可。交子只接受官方监管，民间是不允许介入的，造假者视为伪造官文，属于非常严重的犯罪。

交子促进了宋朝经济，减少了生产系统压力，节约了大量的铜矿资源。交子改善了市场环境，增加了对政府的信任。交子从富商到政府，管理对象发生变化，产生法定货币信用，可以动用部分存款，直接支付贷款部分。所以经营的广度大了，吸引更多地区参与，两淮地区发行淮交。

有短缺就会有商机出现，自发而成为交易市场。生产系统消耗大量知识，交易市场需要补充新的知识，政府由此扩大士人的资源。宋朝的士人深入社会各层，他们不光有独特的审美，塑造民族性格的总体偏好，还带来延续三百余年的商机。如果士人表现得超凡脱俗，对金融运行深恶痛绝，将最终导致货币的失控……

第三节　货币危机引发的变革

从庆历皇帝开始执政起，教育责任升至战略高度，社会决定权在士人手中，必须培养素质高的官员，政府系统强化控制税收。官员语言表达受到限制，无论怎么争论是非曲直，用的总是儒家经典语句。儒家对于官员修养很重要，但是宋朝不是市场化经济，儒家的评价标准无法适应。

官员要对上阿谀奉承、对下巧言令色，完全有违所学的伦理，造成心理上多重人格，陷入自我迷恋的情绪。士人的决定力是隐藏状态，他们很容易推卸工作责任。而官员的决定力暴露在外，官员性格更容易变得自大，会将自己的权力估计过大。

科学是决策力的标准，凡是符合科学的决策，必然形成巨大的产能。但是什么考评科学呢，只有市场才有资格。社会效果是市场参数，官员无法加减税收，税收是一个确定值。投资行为是货币增量，税收设定增量的标准，因为其中有淘汰机制，每次生产都是新问题。

生产者希望保持原样，按照原方案延续生产。一旦标定的数值有误，生产系统均会出现震荡，这种破坏力导致税收的减少。生产系统的士人负责数理逻辑，消费系统的士人负责哲学逻辑，只有两个系统的知识汇总为货币边际，才能生成整个市场的科学性。

但是如果推崇科学家，百姓相信了科学成果，市场机制则不再作用。生产结果均是物质，不可代替价值判断，虽然价值判断主观，唯独不具有局限性。对于自己不懂的领域，官府不可以得出结论，这是对民权越俎代庖。

皇权的结构发展越好，越可以远离独裁专制。所以皇权必然是开放的，其决策受到全方位限定，政府官员不断向上谏言，为皇室决策提供边际参考。如果政府自定规则，则不用向皇室谏言，政治活动由此停止，中央权力被分解开，变成受制约的状态，从而否定政府合法。

也由于这些错误的存在，导致皇室必须修复错误，出现皇室独裁决策状态。政府负责履行市场规则，如果失去市场规则，受害的是全体百姓，而生产决策者没有损失，反而获得更高收入，此时关联生产决策者，需要惩罚生产精英。皇帝的权力必须超越政府，不论政府发展到多大规模。此时非常需要科学鉴定，随着生产方案的复杂化，政府必须具有鉴别能力，甄别出来产品质量优劣。

在制定政策的过程中，枢密院负责征集意见，由政府处理各方意见。关于私人产权的问题，如何介入生产的问题，发生党派的激烈争论。党争就是市场利率的表达，利率取舍影响未来的一切。政策是一次程序设定，消费和生产存在矛盾，矛盾上升到政治格局，变成争夺皇位的斗争。集中民意选择政党，政党决定政治决策，这种方式代表进步。

这种政治思维引领世界，政党终于出现政治流程，导致了后来的欧洲革命。欧洲不再科学至上，而是相信价值判断，这是思想界的问题，东西文明开始分界。此时不能提供政治理念，没有合格教育提供人才。官方教师不必从市场谋利，只要培养既定标准的官员，教师可以从学生身上取利，学生父母成为谋利的对象。教学成为作秀行为，学生变得自私自利。

皇帝负责国家货币收益，需要每个国民消费核算。评价产品状态表现自私，朋党的大公是自私自利，他们要求平民无私消费。这种宣传改变了传统文化，他们要求皇帝自私自利，要求平民大公无私。

人们只考虑自己的利益，市场价格便会畸形，市场价格的破坏程度，便是自私自利的边际。朋党已经不仅是官僚，还包括民间经济学者，这些人更卖力气吆喝，改革派将思想转移来，目的是迷惑百姓意志，误以为来自百姓声音。

在此次政治意见交锋前，丞相赵普设立知州制度，大规模扩招知识分子，扩大了科举录取的名额，不使用其他途径招人，杜绝官场腐败的机会。这种设置让财、政、军分开，法治结构脱离行政上下级制约，所以这些人决策是自由的，不需要从教育添加的强制。

道德的标准转向富有的人，积累资财是官宦子弟长项，资本具有自动增值的能力，官宦子弟依靠雄厚的家财，交际场合豪放阔绰而扬名，考官便为这部分人开绿灯。富家子弟没有真才实学，整日结伴游山玩水，在各处名胜壁题；贫家子弟苦读寒窗，父母亡故丁忧三年，三年官场变幻无常，不贿赂肯定被排斥。

丁忧在新陈代谢官员，随着官员责任的增强，这种方式淘汰落后者。如今变成胁迫官员的手段，处置不服从上级的官员，官场没有不听话的人物，官员均执行相同的暴力。这一设计加速了贪腐，再加监督也无济于事，任何贪腐均需生产辅助，为贪腐设计出此流程。

皇帝知道这种情况，他的事业受制财政，为了减少审计成本，大凡工程采购材料，全部交给太监承办。太监原来是内宫主事，过渡到了皇宫之外，他们干了不应当之事，负担不应当的责任。监督工作是政府的权力，而此时政府被排除在外，太监成为贪腐链的棋子。

太监有时拖延时间，让承办方交不了差，被迫顺从行贿要求。错误程序导致政府暴力，而政策由生产模式决定，中央要消除政府的暴力，首先要调整自己的政策，控制生产模式变得合理。

由于科举考试的制度，官场内部很多师生情，又有十年的同窗关系。这些关系不利于行政，官员有权力违背政府，不对任何权威的畏惧，才能解决百姓的难题。枢密院无新任务注入，市场运动出现了空挡，中央则要求简化政府，官员多造成财政赤字。说明枢密院符合民意，随着消费体验的变动，不断推出更高的要求。官僚系统在不断扩张，甚至裁减人员的工作，也成为一项重要任务。由于政府没有转变职能，不能利用市场边际核定，设立合法行动的执行力。结果，精减人员变成了扩张，牧马监有三十六个，超过和平年代的需要。

生产企业负责生产方案，各个生产方案均不相同，产生差异大的生产行动。生产系统无法统一意见，必然强化政府独裁意志。生产系统越是发达，个人感知风险越难。富人们积蓄的货币，形成生产资源失控，这些货币脱离消费，短期内不产生消费。商业在如此的环境成长，政府从中抽取很高的税，商税已经超过了农业税，造成中央财政显示剩余，中央政府不知如何处理。于是枢密院控制不了，富裕的士人移民海外。

宋朝货币流到高丽、日本，在那里建立聚居区，高丽王城有华人数百，交趾的华人占了半数。日本受到宋币的外部效应，宋朝的技术免费供应日本，极大促进了日本产业规模。虽然抑制日本货币效用，却让日本产业粗具实力，日本土企业退而求其次，各类产品全面模仿唐朝，今天日本依然充满唐韵。富人带走的资财不是自己的，而是剥削多数劳工的血汗钱。各国之间存在资源流动，而流动的取向也有规律，资源受到货币配置驱动，向着制度好的国家流动。

枢密院也在讨论此问题，如果全国阻止低劣商品，京城汴梁出售优质产品，被精明的商人运到远方，引发市场运动传递价值。生产者们尽情开放大脑，想象出更好的生产创意，市场的难题便可以理顺。于是新的解决办法出台，驿站被用来传递销售信息，沟通各地商品短缺的信息。这方法起到相反作用，京城市场被劣品占领，遭弃后转入小型城市。

宋朝的地域如此之大，足以养活许多的奸商。在中央权力的两级对抗中，钱铺的控制能力输给政府，士人在集体努力挽回局势。农业是帝国的基础，但是大规模地开荒，造成原生水系消失，沼泽全部变成耕地，这一问题推到极致。

宋朝的主力粮食是小麦，可是小麦单产无法提高，只有改种水稻可以增产。于是对南方乡村定向贷款，提供选种水稻的农户，可以得到政府的帮助。种植原产越南的占城稻，这是二个月成熟的稻种，优良的水稻生长在水中，避免肥力丧失和盐碱化，南方气候也得到了改善。越南相对于内地封闭，未受到北方战乱影响，再利用候鸟雁鹤捉虫，极大降低了农田人工，率先实现生态型农业，水稻的种植面积扩大。

虽然南方持续稳定增长，却没有北方的生产增量，因为没有增加北方税收，这份责任则转移到南方。这样造成一种现象，越是工作勤奋的人，他们的收益没变化。一国家不可用两种货币，货币是用来核算收益的，两种货币意味两种税收，产生了不同的国民待遇。人们自觉花掉品质差的货币，南方人则将资金用来建庙宇，南方地区的资金在流向宗族，这种投资增加了乡村约束力。

统一的货币必然产生法律效果，那是全民价值上的综合效果，而乡约对日常生活的强行控制，产生一系列错误的政策强制。地方政府执行方田均税，即相同面积的田税一致，农村溢出收益用于自身，强化了乡村的宗族势力。族长的消费水平奇高，在疯狂采购进口产品，而族民没有很高待遇，即使粮食一直在增加，却没有增加人口生育，农业生产失去了后劲。

钱铺的调节能力是有限的，它必须高度依赖货币回流，农业的资本回报率相对差，政府又不对稻田加大征税，货币的回流效率大打折扣。由于没有充足的货币补充，钱铺只能照顾低成本投资，农业是典型的高成本项目，钱铺金融普遍撤离了农业。农民对农田的依赖增高，农田保全需要不断增资，投资的萎缩造成农民失地，大批的流民制造了混乱。而农村多半是老人，他们无力完成耕作。

这种情况不断循环，中央政府抛弃钱铺，中央依赖存款维持，这是货币静止状态，贷款利息一直增长，这是典型的高利贷。高利贷不一定对应私人，如果政府控制不了金融，官方的贷款也是高利贷。面对高利贷的压迫，皇室成员是慌了手脚，帝国民众情绪在失控，变革的声音不绝于耳，各地相继兵变或起义。高薪养廉降低了官员品质，让他们失去敏感与机智。而纠正的力量来自皇室，需要皇室时刻保持警觉。宋朝的各地时令不同，遇上天气突变的灾年，铜和铁的价格会大涨。

士人提高存款利息，想要促使民众存款，但是民众没有钱了，这些做法不起作用。由于钱铺扩充货币，随着法币质量下降，各地冒出来夹锡钱，造假技术飞速发展。青年是需要钱的年龄，政府不提供特别贷款。若延续旧的生产模式，平民生活将无法持续。

人是感知价值的生物，只要在小圈子里取胜，则抵销掉心理失败感。但是生活中充满假相，人们不得不假装快乐，此时没有真实的幸福，只是不敢于抱怨政策。封闭环境可以假造出幸福，幸福的感觉是在自我催眠，一旦信息公开则立刻消失。若要改善人的处境，必须借助政策修订，只有物价逐步下降，才能实现社会安定。

铜铁涨价影响手工业，受影响最多的是纸业，宋朝的纸张行业退步。金国的造纸业最佳，已经从制造业独立，独立核算行业收益，实现了技术的完善。解决问题的是政府，官员开始大显身手。中央政府在六路设置发运使，针对商业环节加大征收税额，压榨出交易空间的全部利润。税收没有商量的余地，否则便不是税收边际，违背制订税收的原则。但是商业最集中处是京城，这里汇聚了全国消费实力，皇室从这里征收巨额商税。

宋朝官员一直在涨薪，正是在保全自身利益，京城的税收高于外地。很多官员没有职能，照样可以领取俸禄，而且官俸逐年增加，除了货币粮食之外，还有各种职务福利。而枢密院也在想办法应付，皇室将家庭分为四个等级，每一个等级对应一个税级，通过这种方法保护了穷人。但是此事扩大了官权，因为各地的情况不同，需根据当地情况调整。

一方面，行政一旦脱离程序，由具体官员来完成，会形成贪腐的机会；另一方面，官员要有绝对的权力，必须抛弃上级的控制，独立完成行政的裁决。官员与当地打成一片，他们勒索居民的贿赂，为服从者划定较少税额，所有家庭被拉入体制内，他们的利益捆绑在一起。

只要价格核定准确，生产者便不会行贿，那样损害自己收益。行贿说明税收不到位，或贷款利息设定低了，给工作收入留下余额。行贿官员受到拥护，如果贪官出现问题，行贿商人上表朝廷，建议这位官员留任，证明这位官员清廉，以免自己重复行贿。由此生成一种怪象，贪腐的官员更安定，官员自觉追求贪腐。

贪腐产生一系列影响，官员的利益结成整体，上级有责任保护下级。官场本来就人浮于事，贪腐减弱政策的效力，即便枢密院政策正确，却要时刻受官员责备，这是侮辱皇权的威望。如果政策不能产生影响交易，市场中只剩下产权维持秩序，官员的职位也可以成为产权，宋明理学成为构建产权，官员对提拔者认亲，如此形成裙带关联，这种现象叫"恩荫"。

如果政策上在认可恩荫，州县的官员均恩荫上位，由此引发官员裙带关系。下层官员与上层结盟，达成各自小圈子组合。生产系统主张的自由，本质上是争取人事权，恩荫是其实现的方法。百姓没有这份好处，他们效仿这一模式，在民间搞起来裙带，宗族内部也是这种模式，受到官府强烈反对。民间的恩荫形成团体，将减少政府的控制力，所以得到官方的阻止。所以在这一段时期，人们普遍感到不公，民间街坊盗风日盛，底层民众提心吊胆。

若公平获利的机制破坏，人们不再追求职业收益，职业知识收益差异消失。在政府的官员如此，民间的职业也这样。职业对应技术能力，而此时不要求技术，转向政府定的目标，按照政策设计技术。政府无法控制生产，因为没有生产目标，它不能制定生产计划，无法给出生产的规划。政府开始控制生产，由此产生技术的标准，各行业以此测算收益。

所以在这个畸形的社会，社会生活出现了混乱，官员责任界限开始模糊，中央和地方不明确责任。当陕西需增加战争经费，中央要以货币支付军费，各行业不愿投入准备金。各行业的资金量不同，可动用的准备金有异，若行业自主决定资金，强势者永远扩增下去，与市场公平法则脱节。

准备金制是控制手段，与钱铺贷款相互制约，如果政策增加准备金，贷款的利息将被提高，钱铺的放贷总量减少。如果没有这种控制，贷款必然一直增长，数额由本行业操纵，无法限制债务风险。全部准备金提供给皇室，皇室用来支付社会福利，这部分钱已被消耗掉了，由此限定了钱铺的放量。在这个设计基础上，发行了六十万贯的交子。

所以无论如何设计金融，金融风险处于后续位置，而之前已发生新增货币，如果皇室不能控制金融，则为以后违规立下基础。陕西和四川竞相超发，造成当地企业拖欠款，长年累月不支付货款。在这种危局的情势下，皇室不得不出面干预。新旧交子兑比是一兑五，交子瞬间贬值了一百倍，市场的状态自然好不了。

官府制造了巨大灾难，在皇帝面前立失信誉。皇帝开始启动枢密院，强调钱铺的调节能力。士人们开始有所作为，想办法恢复货币信用，减少通货膨胀的损害。消费者追求更低市场价格，即消费货币存款利息要高，生产者追求更高市场价格，即生产货币贷款利息要低。

利率受到两种力量的牵扯，在市场的状态下达成均衡。钱铺可以利用消费追求，自动达到预设国家目标。可以贷款的生产组织，均为控制力强的单位，它不还款政府没办法，而且下一次还要贷款，继续还不上更多款项，结果越积越多被减免，所以钱铺放弃平等观念。

放贷工作追求倾斜，对某种价值的倾向，形成产权的边际平移。对于家庭钱铺不作分类，而对生产组织必须分类，否则无法跟踪贷款走向。为战争服务的生产，需要提供特别投资，宋朝非常短缺马匹，四川是马匹交易地，钱铺对经营户放贷，大笔资金流向四川。

但是商人都是聪明的，只要产生政府的关联，一定会得到商业优势。他们冒着政府收购之名，进入四川采购军用物资，这些物资当然可以民用，政府采购推高当地物价。四川官府干脆自己动手，组织人专卖军用物资。专卖制度肥了官员，节省对民间的投资，但是也苦了老百姓，百姓贫穷代代相传。

官员创收是错误的，政府必须是被动的，若政府变得主动，社会会发生裂变。后来不仅倒卖军品，象牙、犀角、乳香，市场什么货品紧俏，官方立刻组织倒卖。由于官府具有生产控制权，可以调动全部的生产资源，从而变成超级强大的主角。政府操纵的市场中，它在控制竞争双方，而控制竞争的结果，与政府结合的必赢。所以必然一些人支持政府，而另一些人非常厌恶政府，这是市场内斗的两股力量，他们争取的目标均为不当得利。

国家需要从容的生产系统，所以士人出面维持秩序，他们通过编造虚假伦理，达到迷惑人心智的目的。针对消除市场的紧张，官方本应提供公共服务，现在变成贪腐三位一体，他们在提供狡猾的辩解。由于买的时候价低，官员以成本计算价格，这个不是市场化定价，卖的时候环境变了，由此市场物资减少，引发了大面积涨价，官员从中不当得利。市场的品质也在变坏，随着外地官员传授，京城的官员学会倒卖，他们可以倒卖进京的物资，这是更大的一笔收入，而秩序在倒卖中陷落。

这种市场格局影响了生产收益，影响了为军队服务的军户收益，他们不愿意再将产品卖给军队，民间对官府的交易中一直吃亏，皇帝和枢密院均对此非常担心。这些关于市场的矛盾，引发官员与士人争论，他们全部是学者出身，以经典伦理攻击对方。文化经典有多种解读，这是经典存在的意义。学者从经典寻找依据，经典可以有多种解释，需要甄别具体的货币，设定不同的货币政策,产生完全不同的效果。钱铺是运营的终端,它的影响范围广大,必须保证货币公平。

政策可以起到决定作用,存贷利息通过政策调控,它们之间产生联动关系,政策可以推动同向波动。有些地方需要得到贷款,皇室就此解决当地贫困。产权的基础是市场规则,保持相同的处置待遇,富人必然成为受益者。富人借产权保护自己,同时保护了穷人利益。经济原理暗中运行,钱铺可是新的行动,它们在寻找好职业。

好的职业有利于国家,有利于皇帝的利益。职业维护福利方案,军人职业无法贷款,他们恢复积极生产。但是维持娱乐业后,再次增发的货币量,依然造成通货膨胀。这么一堆难解的问题,统统压在政府的肩上,意见被反馈到枢密院,于是精英们开始改革。

在全球浪潮的变革中,宋朝用远交近攻之策,意图遏制周边的经济。货币自动甄别敌我,排除外界的干扰。而宋朝邻国剧烈变化,契丹民族建立了辽国。辽国沿用唐朝的道制,全国置五京各为一道,用文武官员并行治理。辽国意识取自中原,政府设立叛逆罪制,如果官员不服政策,可以免去他的族籍。

辽国擅长铁业加工,大量出口宾铁刀具,因为缺少资金投入,冶户的经营很艰难,加工产业先后凋零,生产积累巨额债务。与此同时,西域其他国家纷纷崛起,西夏的冷锻甲质优价廉,在世界贸易中无人可及,西夏的良马不仅供应多,且价格低于别国普通马。商业不存在安适状态,随时比较价格的差异。

女真部落生活十分原始,辽国不愿将其纳入版图。女真的信仰非常强烈,他们用信仰构建生活,改善生活模式的状态。辽国随着利益而急躁,将损失推到文化上,给信仰造成麻烦。改革强行拉高贷款利息,造成货币短缺的假相。女真部落信仰萨满教,发放的贷款均匀分布,完全满足了生产需要。

女真部落有了发展基础,在等待转化优势的机会。而宋朝政府的举措,按照教育改革思路,官员必须死背政策。官员照搬书本知识,以此原理断案判决,失去市场变化依据,颠覆了社会伦理则。

辽金宋同为儒家文化,辽和金先后称霸北方,女真族借鉴宋朝货币,设计自己的货币体系。辽国模仿抄袭宋朝,他们逐渐放弃信仰,以钱铺控制代替政策,主导国家的总体经济。

辽国的货币系统中,女真族备受欺负,统治者不关心此地,却从这里大量征税,女真人当然要反抗。女真人自己强化管理,部落酋长提供控制力,供应市场富足的货币,加上宋朝逃来的工匠,极大地发展当地经济。过去这里有青

第八章 货币扩张时代——宋朝

山绿水,现在有很多宏伟建筑,掩映在山林溪水之间。

在宋朝的本土,湿法冶金污染了家园,生态失去了再生能力。所有产业依靠资源,一旦资源低效毁坏,必然影响所有产业。若政府没有税收保证,也无法提供公共服务,各处的马路泥泞不堪,一遇暴雨便无法出行。

每年都有泥石流滑坡,还有突如其来的洪水。在没有规则的控制下,宋朝的工业进展缓慢,虽然火药由中原发明,但是一直作为燃烧用,而没有制造爆炸装置。直到经过金国的改造,成为攻城的重要武器。

金国比辽国更强大,金国的文化是儒家。儒家主张逐步解决问题,这些思想被女真族吸收,此民族精于马术善弓箭,经过跨越式的文化融合,发展工业产业之后不久,已经具备了军事战斗力。信仰提供确定的选项,减少人们的决策成本,这是两种控制体系,形成了不同的结果。

而辽国官员定期索要贡品,贡品却是悬崖上的海东青。女真是勇敢的民族,有抗击自然的能力。因为两国均向外销售,不想采购对方的产品,必然形成利益的损失,加重双方的对立情绪。后来阿骨打攻打辽国,取得了军事上的胜利。

经过很多年之后,女真人建立国家,但是经济比较差,未形成对外贸易。自由贸易即为竞争,必然带来失业现象,金国的资源不完整,竞争失败失业扩大,将导致民心的涣散。金国希望与宋朝合作,开发自己资源的存量,为宋朝市场提供服务。而宋朝一心出售产品,防止本国的民众失业。

女真的民生信贷充足,可以投入更多的资金,对比这些基础的产品,金国产品的价格较低。福利在设定投资边际,随着社会福利的增加,市场价格在相对下降。金国形成对宋出口实力,已经获得冶金油漆技术,尤其是建筑材料的供应。他们迅速掌握武器技术,成功建立起来工业体系。

宋朝对面是辽国,不断遭受辽偷袭,辽国和金国相似,在要求扩大地盘,必然来抢夺资源。战争在树立本国威信,偷袭是因为实力不够,以事先冲击达到目的,金国不屑于这种战术。宋朝向两国上贡岁币,类似于边疆财政补贴,因为宋朝物价比之高,正常贸易会导致逆差,宋朝不得不供应岁币。

岁币转移了宋朝福利,效果没有保持独立好。和平换来了士兵安全,死亡的却是普通百姓。辽国和金国没有闲着,在抓紧时间学习知识,从宋朝士人那里学习。今天的普通话,出于辽国故地。宋朝经济在飞速发展,凭借超量的人力资源,超过了周边国家。

但是改革搜刮城市贫民,之后又盯上底层的农民。政府抬高公租房价格,用税收杠杆增加房价,将城市平民赶出城市,剩下多户挤在一院舍。这些人只通过种地挣钱，而农资被官商垄断起来，故在春季高额赊欠官商，秋季被索取高额的本息。通过这种金融资本设计，基础税收转为资本收益，市场公共服务出现空位，在一个信息开放的社会，普通民众的生活很悲惨。

民众的生活应当由皇室负责，货币在理论上收益归属皇室，故皇室负责社会灾难的救助。而皇室生活水平最高，高端消费会激发生产，这部分多出来的生产，源自皇宫出售的贡品，市场上消费货币增加。由此生成的生产技术，在相同的资本扩张后，可更多供给平民市场。皇室担忧底层的贫困，没有皇族过涨薪记录，却有放弃年薪的记录，仁宗退还一千二百贯。

宫中所有人有工资，由专门的机构监管，这是一项基本规则。但是皇室还是没有资本，皇室内部依靠大量贡品，宫廷人力资源浪费严重，他们可以识别生产优劣，属于帝国高素质消费者。

到了宋徽宗的时代，皇室财务更加拮据，竟然没钱建造皇宫，皇陵要等死后再建，陵墓建在荒野山地，甚为简陋毫无气派。为了打通京城物流链，激活全国的经济动脉，打破宫门消费的局限，宋徽宗收集天下奇石，通过运河送到京城来。除这些辅助性工作，还有国家祭祀工程，皆由太监蔡京操办。

为了帝国最后命运，他拼尽最后一口气。但是他们皆无好评价，百姓容易被传媒误导，只有皇帝一人高消费，无法带动总体的发展。皇室的压力越来越大，内部受到政府的否定，政府在扮演慈善角色，这是一个错位的功能，官员无法履行的职责，自然造成他们的怨言。

面对四面击攻之敌，金国已经发展起来，它不抄袭宋朝制度。金国借助宗教放贷，政策倾向普通百姓。宗教传播依靠的是书籍，金国的印刷产业很发达。金国以武力消灭辽国，形成了宋金两国交战，宋朝处于绝对的弱势。战争是人力消耗战，战争可以检验生产，宋军伤亡高于金国，说明宋朝生产力差。来自政府的压力，反映士人的意见。经济停滞因由货币政策，而士人不仅不反思政策，还要将此责任推向皇室。皇室消费相对于产值，小到不可能影响大局，当时无生产总量统计。

政府的位置留给士人，士人与政府结成联盟，他们为政府利益考虑。消费感知是一种幻觉，信息会影响价值判断，左右大众的认知结果。政府选人的标准固定，儒家已经给定了标准，符合此标准的人很多，基因决定了人际关系，这些人天生适合做官。经国家这个比较平台，在同一参考物面前，会生出不同消费感受。只要将消费环境开放，这种错觉会自然消失。

货币是不等价的，相对国外的消费，国内消费力低。市场开放的关键在货币，必须发行自由流通货币，超过本国人的消费界限。相同重量的铜币，各国采购力不同。对方消费水平高，不会用弱国货币，这是纸钞的原则，在排斥材质成本。一旦打开了国门，则面临幻觉破灭，人们会选择纸币，或放弃差的铜钱。

士人对抗皇室的目的，是为了禁止皇室消费，从而消除更高的价值，从而封闭比较性信息。皇室消费推高能量级别，处于消费增长的边际值，消费系统需要这个标准。皇室消费是最好参考，为消费评价建立平台，为扩张技术提供支持。

而此时税收在加重，政府规定按时缴税，不缴税者坐牢服刑。不担役的女户和寺观，也要交纳半数的税款。为了消除市场性比较，宋朝国税变成了白银，人们模糊了价值感知，人们不关心资财之物，全部心思在关注货币。税收变成白银之后，不再需要运输物资，中央财政支付少了，而增加了商业成本，运输费用大步提升，商业在进一步萧条。

皇室强行执行人道政策，宣布对贫困的人家免税，但是没有帮到真正贫户。低息贷款条件苛刻，没有贫户符合要求，关系户才可能得到。税收负责公共服务投资，税收货币化不影响投入，反而可以减少生产成本。在生产总量充足的情况下，政府不应当减缩税收额度，政府强行操作的减税计划，反而造成赋税标准的增长，总水平上占到收入的六成，最底层的生产者无法承受，所以将部分税负转为役工。

没有白银可以出役，而穷人们没有力气，吃不饱饭哪来力气。由于官员的慈善角色，造成百姓的艰难处境，农民没有作任何反抗。政府设计出新的办法，不服役可以当掉旧物，缴不起税的可抵财物，换来白银用以缴税款。各地建立了抵当库，要求多户家庭联保，邻里之间经济关联，构成相互监督的效果。

而政府出钱雇人应役，虽然提高了办事效率，也可以从中获得收益。而抵当库赚钱之后，财政资金投向这里，政府从中获得利润。抵当有了理财功能，生产资金快速升值。贫穷如同疾病在四处蔓延，很多人外出打工补贴家用，却换不来阖家团圆的机会。

不论使用什么言辞标榜自由，社会对弱者的攻击日趋激烈，仿佛施暴行为结果永无报应。穷人不是财富的短缺，而是缺少市场化秩序，只要他不屈服于强暴，必然得到公平的收益。货币的功效不在小范围，一旦货币生成运动方式，则有了独立的超脱意识。在一个封闭膨胀的社会中，货币数量很快达至最大值，但是工业的资金不见踪迹……

第四节 王安石变法货币困局

　　枢密院不能够弹劾皇权，他们在保护皇室的权力，士人要求改革之声涌现，士人与枢密院有些隔阂，他们的服务对象不相同。真正作用民间的是钱铺，钱铺要求扩大民间控制，却不要求提高货币品质，于是爆发一场经济改革。枢密院的行为不同于士人，一切政令必由枢密院发出，枢密院要求政府服从自己。

　　士人的理想是改变政策，必然在政府行动上变法。政府不应屈从于皇室，获得公平的长期效果，必须服从市场化安排。王安石有新思想，司马光也不保守，两人都是世袭士族，从小接受错误思想，故成为变法主力。变法依赖的是民意，两人有大批拥趸，这些人都不是思考者，他们寻求背后的暴力。

　　官员的数量这么多，必须想法养活自己，再为国家创造收益。故需要借助民意发挥，制约消费对生产干预。人的生命重点在于思想，思想价值上作出的贡献，它表现了与众不同之处，都是为了人类更大利益。王安石要求完全市场化，设定官营商业经济政策，要求各类单位转为私营。

　　官营是官员和商人合营，收益边际出现两个走向，前者位于金融收益边际，后者位于垄断收益边际。双方的收益各取所需，合伙吸纳底层的劳动。他找到增收的捷径，过去国企制造武器，现在交给私人打理，官员负责监督执行。由于价格没有公开竞争，价格可以出现大幅偏差。

　　巨额收益进入官营企业，官员的受贿空间更大了。为了实现市场公平，政府公布许多法律，不仅征求全民意见，还有专家们的意见，再经过皇帝批准，各州县张榜公告，再次征求各方建议，最后才生效颁布。这种法律不能形成规则，支持的是新生官商腐败。变法扩张法律，富户接受法律，贫户反对法律。王安石用法家思想，实行宗族株连政策，从上而下推行改革。

　　政府为了牵制贫农户，强迫贫户与富户结对，由富户提供抵押担保。由于经济政策错误，用新债还不起旧债，贫户房产转给富户，以此偿还所欠贷款。这是一次道德运动，制造道德上的歧视，贫民变成了落水狗，更加无人帮助他们。这一政策减少了流民，市场价格一直在降低，由于投资针对小企业，不论是官营还是私营，均为规模很小的企业，它们展开残酷的竞争。市场价格是非常低的，尤其平民消费的用品，这些产品技术含量低，成为私人小企业首选。

私企没有资源控制权，它们在通过货币取得，产品资源产出比例高，市场价格肯定在下降。市场规则却被迫降低，产品的质量必然下降，综合起来让价格上升。社会局势激化社会矛盾，民间意见不断向上汇聚，枢密院围绕变法在争论。士人应当参与这场争论，因为他们负责信息传输，也负责有效信息的筛选，必然关心信息处理结果。士人要创作美好故事，带给人们美好想象力，未来的一切非常神秘，因为大家都没有见过。王安石一锤定音，不准再讨论此事。

政策是讨论出来的，没有讨论的不是政策。规则在市场运作中形成，禁止社会扩大意见讨论，即为禁止规则形成决策，从法理上消除法律公义。王安石总结变法理论，弘扬了彻底自私精神。按照这种标准衡量，上层争论的两派人，双方均很符合标准。这种争论没有意义，不涉及公正原则。王安石的改革措施，阻断了改革的进程，打乱事物因果关系，让动机与结果分离，拆解经济运行法则，彻底断送经济改革。

如果市场价格出现混乱，均为从测定不准的后果。结果不仅影响财富分配，而且影响了深层的法制，连士人自己也被连累了。政权需要不断跟进，它的存在即为变法，只有改变政治结构，才能提升金融控制，由此生成放贷能力，实现经济发展增量，充分体现帝王亲民。变法遇到这么大的阻力，原因还是在于法治不彰，臣民害怕受到再次侵害。中央要减轻司法成本，这是朝相反方向发展，执法是社会成本边际，它是制定规则的成本，规则成本由政府支付。

王安石一派提出变法，这是在违背市场核算，对违反者加大惩罚。政坛上出现对立面，保守派站出来反对，也是为了自己的私利。士人间相互残杀，政坛上消除异己，很多士人被排斥，或者被构陷入狱，或者被贬官放逐。士人负责设定伦理，生产收益相互关联，哪个人生产品质低，不应当取得高工资，消费失去货币压力，由此平衡市场运行。

货币负责监督市场，士人又在监督货币。故士人的生产能量最高，他们可引发巨大破坏力，在经济形势下降的情况，士人的精神靠近物理性，讲求的是经济现实理性，他们引导了社会的错误，故士人犯下的错误最多。这种制度被平民反对，因为破坏了国运升平，许多平民被无辜杀害。

任何行为成本降低，均将引发更多错误。皇室的权力没有保证，不能保护士人的生命，群众便成为乌合之众，皇帝在禁止无故弑杀，保证法律的人人平等。如此才能构建和谐社会，从理性上否定生产意志，获得建立法制上的程序。

这个士人信心膨胀时代，他们既有特殊的经济权，又有思想领域的影响力，故得到社会的普遍尊重。士人必须注重仪表，保持自身的健康形象，保持激扬的精气神。由于极重视社交礼仪，士人起床后去香水行，这里每日需消费十文，士人可以在前室喝茶，喝茶之后到后室洗澡。普通人没有此待遇，浴池水会污染河道，所以必须限制人数。梳洗后的士人去游乐，他们组织蹴鞠游戏，也会观看女子蹴鞠。

还有一种贵族游戏，类似高尔夫的捶丸，其中含有输赢成分。士人需要用古法制的香皂，需要使用进口的金鸡纳，这些产品都属于奢侈品，普通的百姓是用不起的。在士人的丰裕生活之下，市舶司得到很高税收，故政府上下支持改革。普通人也学着娱乐，不过是在采购间歇。

购买日用品的时候，消费者不用付全款，可玩关扑赢得大奖，关扑是投掷奖游戏。销售行为中如果含有赌博，一定对应较差的货币品质，这是人对消费货币的轻视，以随机方式分配消费收益，是在体现错误的生产方式。

一旦市场出现空隙，商人不会放过机会，走私的通路暗中打开，产品的售价被提高了。在一个封闭的经济体中，一部分人可以获得超额盈利，而要对所有人形成好处，必须通过政策设定货币，实现更低的市场价格。士人一旦垄断科学投资，各类宗教信仰受到批评，宗教负责向科学上投资，研究事物之间因果关联，是在寻求证明神的存在。

宋朝有一批公认的科学家，《梦溪笔谈》的作者沈括，竟然不知道大地是球形的。其中记述的很多基础学科，均为士人封闭情况的创作，不具有横向比较的科学性。沈括的贡献非常有限，因为他出生官员家庭，幼年曾随父周游各地，具有常人没有的见识。

可是没有严格推导证明，发现过程只是描述器物，不是纯粹意义上的科学。在技术层面，只知勾三股四弦五，那是工匠的经验总结，尚未形成可推定公式。若没有工业发展，不会形成几何学。在这些科普书里面，充斥神秘主义解读，这是宋明理学思维，没有调动人的理性。

理学禁止百姓研究天文，天文学关乎朝廷的命运，这类书籍不会下放民间。所以宋朝历法低级，与实际观测有误差，如果没有天文知识，不会产生基础科学。科学代表思维的高度，可见当时的认知水平。企业认定的是技术，生产知识晋升科学知识，需要被市场验证合格。

此时产业结构复杂，个人终其奋斗一生，只能掌握其中的一点。从一个案例可知，宋朝未进入油画阶段，油彩是利润差的产业。油漆是欧洲的重要产业，主要原因是油画的贡献，降低了原料的市场价格。宋朝士人很重视水彩画，消费系统建立了表达空间，在艺术上构建新的意义，生产系统从中领会趋向，获得生产系统的决策力，水彩画引导了产业方向。

欧洲有了油漆后，实现远距离探索，远洋航海需要季风知识，身处何处需要定位知识，西方发现了几何算法。这些进步帮助超越距离，从价值的角度计划未来。这是中央权力兴起象征，而只有西班牙和葡萄牙，率先建立起来皇权制度。在金融量化风险的帮助下，欧洲开启了一个航海时代。

只有基础的数学知识，形成完整的知识体系，没有几何知识帮助，无法在大洋上定位，指南针发挥不了作用。磁石可引导行军或撤退，根本没有在航海上用过。宋朝的地图是经验，不是几何知识的产物。绘制地图是基础科技，表示生产能量的级别，它是国家实力的表现。

货币不仅需要制度保障，还要算法上的分析能力，数学是货币量化的结果，任何进步均与经济相关。科学推动了生产升级，欧洲发展瓷器技术，发展出很多新形式，珐琅只是其中一例。后来珐琅彩引入中原，成为一个重要的类别。技术知识均传入宋朝，经过士人的广泛传播，全国民众均有所耳闻。但是枢密院限制技术，不愿意这些技术进入。

宋朝有全球最多的士人，每个士人都是学富五车，而他们都是政府的工具，用完之后全部被抛弃了。这些士人发明很多理论，用来为各行业争取贷款，设定只符合自己的解释。各个产业均需要贷款，西方产品的贷款链长，虽然可赢得更高收益，且愿意接受更高的利息，但是其还款周期也长。

如果没有特殊的规定限制，钱铺依然可能提供它贷款，钱铺很难查清贷款的用途。存款利息在社会福利边际，新产业贷款占有福利存量，将闲置消费货币转为投资，故这些金融操作有利贫户。而多数士人接受宋明理学，虽然自己也多半出身于贫户，却愿意社会区分等级身份，让贫户持续保持匮乏。

大众的决策选择容易盲从，他们在复制拷贝士人语言，完全复制士人的思想意志。东方的社会合为一体，思想观念上没有差异，社会意识上心如死水。而西方社会出现分裂，民众与士人观念冲突，形成思想界出现人才，哲学语言表达精确化。

如果每个人均放弃亲身体验，放弃表达自我体验的价值，所有消费只能遵从货币算法，货币算法构成人的潜意识，这是人类确信存在的部分。存款利息是贷款利息的边际，负责设定贷款利息的上限值。而货币算法是由士人控制的，他们通过贷款原则修订算法。

新产业将增加工作成本，提高服务业的工资标准，富人享受的项目将提价。

所以士人集体设计陷阱,借鉴了南唐时期的对钱,开始规定钱铺对钱收贷,对钱是一对同版本铜币,只有钱文上的字体有别。这是技术上的壁垒,链条长的产业难以完成,两环节的产业顺利还贷。

随着服务业的链条加长,宋朝士人的措施变本加厉,又设计出来一种"三体钱"——同版本三种字体的铜钱。宋朝皇室看到此情况,也是忧虑得心急如焚,他们对付士人毫无办法。宋朝处于信息时代,士人有强烈创作欲,却没有生产的任务。处于市场收益边际,才会进入市场核定,从而获得贷款机会。

而士人创造的文字,不是一种具体产品,没法直接供应市场。他们创作元宵花灯游戏,同时完善了象棋游戏。当时发明的叶子戏,后来成为欧洲的扑克。这些发明口口相传,没有进入真正生产,所以没法推进科学。

如果科学得不到检验,则会变成破坏力量。所以发明不全是好的,如用水力驱动大风箱,加大了熔炉的木炭量,导致北部森林的消失。木炭和石炭有差别,对环境的损伤差异,石炭的能量比较大,却得不到市场供应。随着经济规模的扩大,生存环境遭到了破坏。

时常出现扬沙天气,使空气污浊不堪,这是空中的情况。在每个市民的脚下,城市垃圾排向沟渠,废物倾倒在街路上,各家均在河边洗涤,河流上布满了垃圾。在广大的农村,远离河流的用井水,井水被地下水污染。有时河里有尸体浮出,污染形成了恶性循环,无家者找不到藏身处。

在全国经商的气氛下,军人不愿意为国捐躯,国家责任慢慢消失了。税收的核算机构被统一,彻底销毁市场机制的效果,依赖政府救济的人增加。财政数字无需公开,私下控制预算收支。由于百姓不了解,没有发生货币危机。由于财政决策独裁,官员一味增加工资,用掉了大部分财政,造成社会成本大增。财政资金紧张,社会控制力下降。

为了弥补这一缺陷,司农寺制定保甲法。按照这些国家法律,乡村每五家组一保,五保为一大保,十大保为一都保。凡两丁以上农户,选一人当保丁。保丁平时耕种,闲时接受训练。"丁"指的是男性,十六岁到四十五岁。富裕户担任保长的位置,贫困户被全部控制起来,这种控制方式成本最低。由于财政压力增加,枢密院反驳变法无力。

社会受到拘束之后,贫户反对声音消失,依据家庭资财投资,富户享有更多资金,生产收益也必较高。政府在推行《保马法》,富人领养的马匹多,消费比穷人家庭高,市场供应转向他们。富人是不吃马肉的,更何况这些是战马,市场没有它的需求,其他产业没有受益。解决手段没有落实,多数穷人没有受益，军马供应规模受限。

后勤保障若跟不上，军队自己解决战马，军费用来购买马匹，挤压了伙食费资金。军人连饭都吃不饱，战争肯定遭到失败。社会是一个保障系统，政府不提供老人福利，青年承担父母的养老。底层的家庭负担加重，难以保证事业的成功，压力转化为精神颓废，青年追求自由的生活，成为政府限制的对象。

由于改革的时间很长，贫富分化在日渐严重，维持安定的花费加重。保长和大保长相互配合，暗地支持对方欺负保丁，保丁的收入被层层敲诈。后来保丁自残逃难，以致逃跑日渐增加。这些人经过军事训练，他们聚起来占山为王，抢劫过往的商业货物，从执法者变成违法者。

随着控制成本加大，政府设置复杂税收，以此调整成本负担。南宋设了许多税种，均是增值税的性质。如借口粮食损耗的"耗米"，提供当地的额外收入，边关官员借口白银损耗，借机瓜分地方的税收。生产和流通的白银损耗，无论如何也弥补不了的，这是一种自然性的损耗，是地方政府剥削的借口。调整税收需要生产者认可，税收必须处于价格的边际。生产者不断降低价格，直到消费者同意购买，如此生成价格的边际。

而此时生产者也处于成本边际，如果政府增加税收额，将导致生产者破产。一切生产收益影响货币，货币收益有一个平衡点，它受到消费总倾向调控，从而拒绝单独性的决策。官员无法确定价格，产品之间关联，所有消费关联，消费者分别决策，才能形成价格。价格是市场公认的结果，所以政府不可确定税收，它只是按照市场核定数额执行。

价格最终表示在价签上，税收是价格测定的工具，增税不仅不损害生产者，而是给定了价格标签。宋朝官员的定税方法，损耗部分推高了物价，将税负转移到消费者。经过官府的管理，市场规则被破坏，市场价格不正常，由官员随意设定，税收成了可变量。一旦税收可以改变，市场没有正常竞争，官员的待遇也变了，官员可以提高待遇，给自己创造好处。

例如从北宋的改革后，为官员提供轿子服务，王安石有一个大轿子，需要二十多人一起抬。若税收没有征收到位，受害的肯定是老百姓，他们扮演消费者角色，承担帝国的消费损失，故百姓的生活很苦闷。如果政府工作是压制，镇压百姓的造反意志，无论多少雇员均多余。

百姓要减少政府冗员，只是自己的一种错觉，而资源处于不足状态，管理资源不会多余的。由于官僚系统的不作为，民众的生活水平在下降，北宋的运夫每月三公石米，南宋的工钱每月一公石米。

王安石的税制改革，充分照顾世族利益，一直做强大的宣传，为世族税负鸣不平，主张增加百姓税收，虽然减少税收类别，却增加增值税额度。市场必然走向竞争，只要消费出现差异，便会形成市场均衡，生产呈现分散状态。市场只有一个评价指标——价格，价格信号是基础性的，其他信号可以折成价格。

转移这个评价指标后，肯定造成控制体系失衡。而改良思想含有玄学成分，这些人迷信于无政府状态，社会各环节可以自动调节，达到互不侵犯的理想程度。司马光是标准的改良派，他要求国民相互帮助，可以持续减少政府人员，否定政府设立监管范围，强化生产者的自主行动，从而逐步取消政府职能。

司马光从小聪明过人，有他砸缸的故事为证，王安石与司马光对立，他们两个谁更加聪明？比较一下对税收的看法。两个人都在努力减税，国家税收由市场核定，免除农民的赋税徭役，破坏了生产任务计划，抹去投资收益的损失。这是为暴力敞开大门，为生产免税是无效的，只有一种免税成立，那是为了扩大投资，对资源的产业免税。

如果生产者不担税收，地方政府的收费增加，局势比高利贷还猛烈。比如布匹的生产，商人在高价收购布匹，而布匹供应越来越少，布匹生产得不到投资，市场消耗在持续增加。收购布匹的商人急了，到西域地区增加采购，造成西域的棉花增产，规模甚至超过了内地。

内地的市场似乎平等，实际上采购很不随意，销售对象需要作区分，由官员决定卖给哪位，资源被快速消耗殆尽。因为士人决定投资，若将资源卖给平民，他们生产平民用品，造成士人收益损失。官员核定的税收负担，减少了基础产业税负，增加了下游产业税负，以此降低征税的难度。

世族产业均在上游，故平民得不到资源，他们总在底层挣扎。《水浒》对平民的描述，即是当时的社会情况，生产长期处于停止状，民间强化对资源争夺，造成各方利益不平等。如果民间的纠纷增加，出于发达的道路系统，路上要时刻提防老虎，舆论崇拜打虎的英雄。

士人非常尊重老年人，这是对生产经验致敬，而市场法则淘汰老人，才有创新产业的可能。若资源被老人垄断，他们严苛对待青年，这是一种严重歧视。在南宋的军队里面，严格区分身份级别，底层青年经受虐待，时常遭到敲诈勒索。他们失去社会参与感，心中的正义无法宣泄，社会正在摧毁价值观。这些军人开始随波逐流，加入黑社会逗留城市中，以此控制娱乐业的收益。他们当中的失意者，则会跑到深山劫道，组织拦道抢劫团伙。

帝国的交通密如蛛网，村子之间有小路相通，路边的林中藏着劫匪，给商货运输带来风险。商人雇佣保镖护卫，增加了运输的成本。宋朝官府任由匪帮发展，他们的利益深入地方经济，地区财主开始组织匪帮，一同对抗市场化秩序。民间的暴力风起云涌，匪徒竟成了梁山好汉，得到士大夫们的认同。

人们全部反抗专制，富家子弟领导反抗，从而保护自己家产，因此制造更多穷人。贫家子弟参与黑社会，制造富人的生意亏损。经济经不起大折腾，财政支出超过收入，为了平息社会动乱，非常支出有一亿缗，中央财政长期亏空。为了减少财政开支，中央减少禁军数量，而且裁撤军队编制，战力弱的降为边兵，或降为无编的乡兵。

老人消费产生导向，构建市场供应特色，生产紧贴家庭需要。市场需求决定生产追求，采购目标决定生产设计。例如丝绸细而且薄，轿子做得结实轻巧，油纸雨伞清新高雅。这么多的文化要素，产品特征形成风俗。政策是对社会福利边际的调整，它总是针对数量最多的那群人。中央政策应对地方差异，而不是地区间经济差距。一次调整一处政策错误，变动的对象是基础价格，它引发所有价格的变动。

国民必须选择政策，没有人放弃过选择，只是另外一种方式，默认当前政策执行。司马光取消社会福利供应，产品供应出现了紧张局势。司马光改私立学校公立，王安石改私立学校公立，学校机构变成高薪职业。公立学校应是研究机构，为了产生新生产方案。

公立学校负责产业进步，国家给它划拨巨额资财，全民参与革新创造环境。如果仅仅组织教学，传授的是生产知识，是收费的私立学校。此时世界各国建立大学，即国家投资公立学校。政府成为构建关系的核心，社会看到贫寒子弟的用功，所有活动均认可体制身份。这里的体制是贬义词，指的是垄断资源能力，排斥货币调配的方式。

如果不考虑体制对外的影响，生产系统的收益被纳入体制，所有人的收入成为体制产物，只要想在这个国家营销成功，必然要以某种形式进入体制，这些收益均为不合法的状态。借助发达的运输系统，富户的子弟快速增收，这种榨取劳动的企业，迅速产生贫富的分化。

宋朝是古代社会的现代化，古代社会是远古的现代化，现代化不是物资量的增加，而是生产层级的丰富多彩。表面增量只是成本的反映，比如减少建筑投资的成本，宋朝出现民间的多层建筑。

由于纺织市场萎缩，纺织品的价格高涨，市场表现供大于求，百姓消费不起布料，这种现象的普遍发生，源自市场机制被否定。百姓的主要消费在服装，平民虽然掌握纺织技术，但是他们自己无法创业，他们没法取得生产贷款。宋朝的生产不合理，抑制了最大的市场，富人虽衣着华丽，却没法扩大市场。

贫者就是纺织品用户，他们多数买不起布料，削减了国内纺织市场。百姓衣着还不如初期，服饰上追求简洁质朴，色彩运用上淡雅恬静，尤其是女装拘谨保守，不似前朝的张狂夸张。由于人工价格的下降，服装的裁减有所进步，衣服款式趋向于繁复。

司马光认为，资财增长靠百姓努力，政府管理会适得其反，不可以扩大政府规模。由于消费节俭的测算结果，必然导致发行货币量减少，加上农户须及时取得货币，以便用来交纳政府性税收。于是商人可以控制农户，从而压低农产品的价格。如果想要解决问题，必须减少政府控制，必须裁撤政府人员，减少浪费节省开支。

司马光主张勤俭度日，以最低成本维持生存。当时的乐器非常昂贵，如果女子不识字填词，可节省大笔乐器费用。而且女子消费经验少，自然减少与他人攀比，自然不会淘汰消费品。生活水平是生产力的边际，降低生活水平制约了消费，而增加家务服务的劳动。

消费是一种市场行为，符合价格边际的节约，低于价格边际的浪费。艺术和文字都是表现力，体现其货币的测算精度，减少音乐上的费用支付，会导致市场活动的萎缩。而音乐形式远离了汉族，至今没有生出现代音乐。

司马光更加坚定地认为，百姓不懂得经济原理，必须让官员规划他们。宋朝多次改革教育体系，培养民众服从精英意识，一切行动听从政府安排，一切道理遵从政府解释。国家政策由精英决策，读书直接与收益关联，士人遵从精英的意识，按照政策的走向解释，所以百姓总是不得利。精英不从事任何生产，他们制定致富的标准，制定积攒资财的方式，所以他们倾向于富人。

富人需要持续的收益，这是由自由市场带来，富人消费带动了周边，令穷人提高消费标准。自由经营对政府有好处，可以减少管制社会费用，政府应当理性看待问题，富人可以充分表达意愿，他们保持市场竞争优势，政府才能得到更多税款。理性政策是政府的动作，政府不与富人争夺市场，便可以轻松地得到所愿。

司马光也找不到原因，只好推责百姓不消费，导致货币量相对过多，引发恶性的通货膨胀，他觉得百姓有很多钱。于是设计市场涨价，利用政策强化涨势，逼迫守财奴去购物。首先取消供应的机构，政府责任机构被裁减，政府财政收入在减少，枢密院无法分配资金，令皇室被迫取消福利。

皇室的财政权被限制，无法阻止破坏政策。国内市场没有内需，商人指望官员的消费，社会需要腐败现象，这是激活市场手段。这些民意的汇聚，进入了皇室的压力。可是没有地方行动，迫使皇室加大消费。徽宗爱好特殊的石头，各地的奇石成为贡品，激发远程运输的活力。

一切都是为了市场活力，皇室为此伤透了脑筋，宋朝将交子务改钱引务。钱引的单位是"缗"，一缗等于一千文铜钱，这是大额的商业货币。中央需要大量发行钱引，以调动老百姓的消费。虽然纸钞满足生产需要，但是生产货币扩大同时，带来货币回收难度增加。

政府设计盐引提前变现，既可冲抵大量生产货币，且回流大部分消费货币。每张盐引价六贯，可领一百多斤盐。钱引也是按照这一原理，它的作用是对商业环节。由于政府直接控制盐产区，而且规定按照区域化销售，可以形成盐价的持续走高。盐引不同于官营盐业，它是在控制商业利润。由于生产货币一直短缺，盐引一直延续清朝末年。

丢失了铜储量丰富的地区后，南宋将铁钱改为白银准备金，增强百姓对法定货币的信心。百姓手里确实没钱，不是兑换出现问题，而是市场持续疲软，生产系统没有动力，妨碍生活用品供应。司马光在放弃政府责任，而面对更加困苦的农民，他认为责任在他们愚昧，放弃了固守田园的责任。农民在向城市流动，在司马光的设计中，农民必须厮守家园，捐献粮食建立谷仓，防止粮食歉收之灾，并且向国家贡献粮食。

改革的两派水火不容，双方找不到辩论平台。两派官员均认可财产继承，强烈维护遗产的合法性，企业主的资产来自利润，不需要继承父辈的遗产。他们消费的是企业利润，企业福利波及广大范围，覆盖了全部的各级官员。而官员全额退休，由于薪金比较高，他们不愿意退休，多数官员到终老。

那么，市场上没有穷人在花钱，必须找到可以消费对象。两派选定企业主消费，他们有着超高的能力，厂主招待各种关系户，可以激活服务业市场。当时都是小企业主，场主也是继承祖业，一旦他们放开消费，各种娱乐场所爆满。

经过这场运动式的改革，市场留下质量差的企业，它的形式符合黑帮法则，投资很少而且收益很高。司马光一派坚持认为，百姓必须忍受改革痛苦，普世上缺少体制完美者，政府不必控制商业自由。商业不会散发任何利益，所以它没有保护的作用，其他生产者也是这样的，所以此要求是不合理的。

对企业强行收取这笔费用，将造成生产系统内部摩擦，会形成生产上的高压环境，阻止其他生产者思考创新，达到消除新生需求的目的。而且为了说明这个道理，创建了生产周期波动说，市场物价必然周期兴衰，生产者有自我修复能力，自由经济必然恢复正常。

社会管理的费用是必需的，没办法将这笔钱减掉。经过这场改革的基本运动，政府已经卸下大部分责任，地方管理费由当地企业出，百姓在生产面前永远弱小，必须由政府提供安全保护。可是带来巨大的弊端，政府失去定规则机会，法律由当地企业制定，让宋朝法律非常混乱，监牢狱卒可以严刑逼问，司法官吏可以秘密杀囚，可以无限期关押嫌疑人。例如一些诬告案，有人会诬告女性，捕快便会抓人。

法律错误导致社会逆行，生产反而在不断退步中，那么这个社会变成猎场，富人相对穷人享有特权，他们可以占有法律漏洞。歧视的现象自古有之，一定从指控盗窃开始，这种罪行指控难分辨，捕快在制造犯罪现场，穷人因此被富人牵制。

因此捕快成为受欢迎者，替人打仗成为择夫标准。穷人无生产组织能力，盗窃资源便没有意义，穷人普遍成为受害者。捕快可以肆意羁押，将女性拷在街上，有人趁机侮辱她，造成自杀的情况。

宋朝的行政管理部门，对犯人家门钉上标牌，一直伴随此人的一生。错误生产增加劳动，经济总体移向负值，最底层的人便会死。司法属于政府工作，必须接受规则限制。需要政府提供捕快工资，宋朝政府不愿支付这些。所以社会法律的管理上，买通捕快成为司法惯例，他们占有很多非法收入。为了追求司法的公平，人们希望出现包青天，以超常权力实现公正，超常状态即皇帝权威。

面对百姓发出的怨言，司马光认为小题大做，百姓要学会忍耐感恩，忍耐之下情况会变好。卑鄙者的人生追求，只是不断侮辱他人，永远不会修正方向。社会秩序的混乱，影响了经济发展。宋朝再次违背了承诺，宋与辽曾经签订合约，又与金签订海上盟约，在灭掉了辽国之后，金国开始大举进攻宋。

宋朝军队仓皇迎战，指挥官是太监童贯。宋朝经济得以发展，且是民生项目成绩，主要贡献者是蔡京。他要求皇室扩大采购，尽力表现皇室的气魄，由此形成了市场压力，顶级产品向皇室供应，并且标准被不断拔高。

在皇室消费的带动下，民间的消费趋之若鹜，随着生产创新的提升，全国生产被调动起来。金国的军队装备优秀，主要是工业基础优秀，金国的手工业很落后，可是渔业和农业完善，为奴隶生活提供保障。金国在大批使用奴隶，在偏远的地方搞工业，其领土面积与宋相当，却没有建设大型城市。

宋朝皇帝知道官官相护，只好信任自己身边太监。太监只能调动禁军，也没有钱扩充兵力，结果战斗出人意料，金军围困东京汴梁，等待消灭外来援军，皇帝父子被迫谈和，到金军账下被拘押。士人集团控制了军队，皇帝则失去了军事权，被士大夫们当作弃子。

徽宗父子被掠金国，得到金国善意款待。金国俘虏辽和宋的皇帝，则是为了防止边界骚扰。皇帝父子成为人质，宋朝自动断绝交往，在边界增设军队把守，不许物资和人员流动。

移民是一个市场现象，由于社会福利的差异，移民要支付成本费用。儒家文化圈的国家，相互厮杀一塌糊涂，它们陷入囚徒困境，处于全部损害状态，无法获得总体赢利。宋朝的保甲、保马和民兵，均在恢复寓兵于农的古制，乡军负责社会治安和消防，对修造军事工程愈发生疏，在战争中发挥的作用很小。

宋朝的国防布局上，军队主力调至边界，防止百姓越过边境，金国方面压力顿减。这是国家利益总体算计，形成外交政策上的决策，金国发挥中央集权作用。金国拒绝自由贸易，因为宋朝人力太多，若不禁止人力外流，金国经济很快崩溃。金国想与之贸易，而规则由金制定。经过这样一场战争，宋朝向金称臣纳贡，宋朝禁军集中京郊，占有一半宋朝军力，驻扎京郊方便给养。

  一国货币想在国际竞争中取胜，成为主导经济趋势的通用货币，必须以国内强大的工业为基础。南宋追求强大工业产能，一直采取负福利政策，由此造成执政转向反面，最终丧失了政府属性。在此市场基础上，货币难以维持平衡，致使国家实力衰落……

第五节　南宋货币信用的丧失

南宋只有北宋一半领土，生产资源的供应也减半，需要精细的分类和核算。熙宁变法不是私有化，这种私有不关联制度，所以核算标准变粗糙。生产资源被国家所有，已经拒绝了市场核算，养活一半人口成难题。

如果市场利益损失，相关的产品在涨价，而且是持续地涨价，永远不会戳破泡沫，民生问题永远无解。人们尝试突破局限，核算出来资源价格，才能形成配置方案。市场化需要精确控制，职业知识需要专业化，生产设计也需要专业，只有专业才可能精确。

决定收入的精确数值，需要国家机构的测定。例如，槽户、冶户、窑户，这是行业角度的分类，还有从产业角度的，孤贫户、女户、军户。不同类型的生产模式，造成巨大的收益偏差，所以需要制定所得税，针对不同生产者征税。

没有生产者通晓全部技术，各项技术随时面临着落伍，所以只有在封闭的生产中，才可能持续提高工资待遇。社会总有很大封闭性，所以政府征收所得税，是对封闭损失的补偿。政府用这些税款调节货币，生产资源得到均衡的负担。

中央特意发行钱引，从钱引中析出利益，相当于富户的负担，让他们缴纳所得税。可是到了南宋时期，贫富分化扩至全国，东南地区在强化征税。改革没有解决征税问题，将税收压力转移到皇室，由此引发货币上的变化。东南地区通行铜钱，中间地段两钱并行，东南地区用会子汇兑。而且为了阻断外贸用铜，专门收归民间的银会子，负责长江三角洲的生意，从而限制商人出洋日本。

政府面对庞大的军工业，必须发行更多货币支持，扩张货币带动产业转型，军工的收益期非常长远，新增货币可以支持这段时间消耗。人类管理好货币，便可以控制时间。南宋生产越多铜币，消耗越多资源，市场价格升高越快。由于生产总量过大，铜料资源不够用了，需要新的材料加入。铁钱只适用于四川地区，四川是一国两制的特区，由于盐商多半出于此地，需要大量货币应付交易。

南宋政府接管会子，会子发行一百多年，发行近十四亿贯，比交子发行更多，节省无数的铜料。会子与交子相同，多为大额的面值，流通期一般六年，以铜钱为保证金。纸钞大幅度推动了算法进步，好的新算法又推动制度进步。

税款超过一定数额，必须以会子方式交纳。这些纸钞的用户是商人，均是为了商业贸易而用，故兑换手续费没有增加。纸钞成为政府控制手段，每当商人大量囤积物资，政府便发出增值的信号，逼迫商人快速低价销售。

这种设计针对富人，会子务发行最高峰，达到六亿五千万贯，造成南宋纸张紧缺。最后桑纸印光了，改用差的纸印刷。此时不再出版书籍，出版是教育的基础。政府要求全民兑换，为此制作金银凭证，税收军饷使用白银，推动市场认可会子。虽然宋朝士人苦心劝说，会子的价值依然减弱。这是制度弊端的负作用，后来南宋各地通行会子，以此降低了财政的负担。

人为改变不了货币，必须用制度改变它。具备纸钞条件的是金国，纸钞的制度成本非常高，没有责任政府无法实现。在犹太人的帮助之下，金国发行纸质的交钞，成为首个纸钞的国家。犹太人也曾经到过宋朝，但是没有地方发挥才能，只是被当地人招待一番。

金国的纸张业先进，造纸涉及多个学科，需要不断投入研究成本，而且形成独立的产业，用工人数也不够多。这些行业的收益偏低，故只有皇室肯于投资，皇室的审定标准特殊，他们看到了其中的科学，认为科学可以带动产业，这是未来的收益项目。

金国缺少工匠精神，当地产品比较粗糙。社会加大对工匠的压力，是奴役程度增加的表现。但是组织大规模生产，重点是金属制品加工，这个行业依靠矿产业，而不是依靠技术工人。男性的工人用在冶金，女性的工人在造纸业，她们接受过普及教育，却没有专业技术能力。金国的造纸业按照程序走，造纸程序是从宋朝引进的。金国的纸钞基础牢固，大批供应优质的纸张。故金国发行交钞，交钞分为大小钞，大钞以贯为单位，小钞以文为单位。

为了遏制富豪的私印，金国钞制度有严格规定。纸钞受到行团控制，行团组织叫"行人"，从事货币流通兑付，调节各货币兑换率，接受政府市买司控制。后来交钞贬值严重，被迫改发"贞祐宝券"，不到一年贬值千倍。以宋朝的经济体量，拖垮金国没有问题。之后改发"贞祐通宝"，五年后又贬值一千倍。纸钞发行量是边际现象，既不能多发也不能少印。

此后金国铸造铜币发行，"元光重宝"、"元光珍货"、"天兴宝会"等，全部没有担起货币责任。将银锭铸成"宝货"，这是金国的法定银币，由此政府控制了钱铺。为了维持先进的货币，金国政府大兴科举制，用公办学校普及汉文，当时很多士人到宋朝，在内地区域居住多年，一部分人回到了祖国，他们精于儒家的学说。

士人以儒家作为榜样，为高技术产业增加投资。消费追求低价格，这是消费者的本能，消费货币增加同时，生产货币增加多倍。如果市场价格增高，消费货币便会积蓄，它在等待自己升值。滞留货币是危险的，货币是为了测定价格，积蓄货币停滞流通，市场价格失去准度。

金国皇室是完颜家族，完颜家族热爱汉文化，在各地兴建孔子庙宇，培养熟悉技术的人才。在接下来的百年发展中，金国不再提供社会福利，不再组织构建大型城市，资源用于军事上的扩张。金国的生产需要膨胀，处于资源的饥渴状态。金国快速超过宋朝，其纺织业非常发达，京城有二十二万家，主要负责纺织行业。

纸钞对皇帝有非常大的好处，皇室可以从中探知货币信息，知晓停滞货币的数量和位置，这对控制生产规模尤为重要。因为纸钞不返回生产系统，不能变现生产需要的资源，生产系统不急于得到它们，从而减轻了金融贷款压力。

如果生产资源采购停滞，说明生产货币供应不足，应当降低金融贷款利息，释放出更多的生产货币。能够知晓其中原理并不难，而通过权力博弈实现它，却是一次非常艰难的斗争。所有决定与皇室有关，皇室内部有意见分歧，能够选定某个决策者，实现国家层面控制权，这是艰难的奋斗过程。

南宋在强敌环伺之下，不断被周边各国欺负。吐蕃影响到四川和西夏，而南宋不愿意与之贸易。南宋选择工业弱国交易，这些地区的产品质量差，不会引发南宋生产进步。如果南宋联合吐蕃抗敌，与吐蕃形成经济共同体，必然消灭北方的金国。

吐蕃是藏传佛教圣地，它的货币由寺院发放。面对极端恶劣的气候，藏民靠社会福利生存，没有国家不断地救济，高原上无法生存繁衍。藏民自愿交出多余货币，哪位藏民需要生产投资，寺院再无息贷款给他们。年轻藏民得到平等待遇，他们充分发挥聪明才智，开创各行业的创新成果，形成了强势的钢铁产业。

南宋联合西夏灭金，结果南宋一方战败。南宋又求蒙古帮助灭金，金国中都被蒙古人围城，金国迅速增发大额钞票，马上解决百姓消费问题，可是市场只有不断消耗，却无法实现生产的补给。造成每贯大钞贬为一钱，金国政府没能挽救百姓。

对于防卫北方国家，南宋的投入多一些，因为军队机动力差，必须布置战略纵深。西夏的金融制度模仿吐蕃，它在推动藏传佛教的传播，佛教后来进入金国和蒙古。西夏和金国的发展短暂，没有足够的时间发展，便先后被蒙古国灭掉。

所有的问题都平铺在那里，各国的皇室可以做出比较，定可以晓得如何改善政策。可是决策者可能站错了位置，如果从某项生产收益的角度，作出视野局限性的应对策略，自然会受到社会规则的惩罚。

为了实现对错误的惩罚，随着货币测算精度提高，市场规则慢慢出现细分，出现了两个适应的部分：一部分是法律规则，一部分是政策控制，法律规则针对个人，政策控制针对组织。它为个人管理时间，为企业管理资源，提供了行为上的指导。

人类的本质是不受生产束缚的，技术的标准终将从社会上淘汰，剩下一些关于价值的细微判断。生产技术越来越发达了，生产系统在改造宋朝人，人的大脑比之前更糊涂，反社会的思想形成体系，不断打扰人的正常思维。

如果产业失去货币支持，生产内部的暴力被释放，其中的人失去社会责任，对传统的文化提出挑战，反过来要改造社会自身。宋度宗绕过二府下诏，御史刘黻上一道奏疏，强令皇帝废除此办法。士人给出的否定理由，皇帝违背了太祖遗训。

士人具有巨大的精力储备，他们的意志能量是无敌的。皇室的感受主要来自于艺术，这是与进步技术的专场竞赛，只有超越了技术的发展水准，才有可能实现对生产的限制。人类的智能在此受到挑战，到底谁才是理性的认识？

皇室没办法辩过士人群体，士人在供应政府行动规则，皇帝想要对抗自己的政府，必须迈过士人群体的阻挡。而经过这个模式生产，错误的现实早已显现。创造力的源泉依然在宗教上，只有人类具有创造力的智慧，皇室想出的各种尝试被扼杀，宋朝的生产处于不断重复中。

生产方式已无可撼动，科学自然也无法进步，科学需要重复性实验，都被精英们绝对禁止。祖宗之法真的不可变吗，犹太教与基督教之悖逆，这是意志力的最强表现，从最尊贵位置跌入谷底，耶稣仅仅凭借信念成功。这种信念是对卑微的尊敬，宋朝的士人不懂这个道理，认为贫穷代表人的品质差，用更多劳动弥补这个缺陷。

为了对付皇室代表的意念，士人创造同样强大的学说——宋明理学。这种类似宗教狂热的理论，正在营造一个集体的梦境。婚姻与家庭受到巨大束缚，宋朝的人口量停止了增长。同时代的蒙古人重视国民，劳动的报酬比邻国高很多，由于支持生产者的力度大，蒙古的牧业服务者品质高，可以辐射很大的工作范围，从总量上减少了生产成本。

文化需要市场边际的推动，从而产生社会行为的规范。宋明理学与宗教完全不同，宗教将躲避政治的人卷入，强迫所有人针对现实表态，而理学禁止评价政治问题。灾难引发社会意识狂热，这些社会意识非常含糊，其中存在大量暗喻成分。只有货币清晰表示选项，从而简化人的思维难度。

密集生产容易出现奴役，宋朝的娱乐业过度膨胀，用人的数量超过了边际，士人等富人相对收益大，对底层的奴役程度加大。宋朝的生产系统有奴役，生产者主动建立奴隶制，以对自己剥削换取生存。理学极大地束缚了思想，防止人们做出任何反抗。几个大国的生产依靠奴隶，宋朝的奴隶实行自我限制，金国的奴隶处于被迫状态，他们有希望随时得到解放。

金国的生产系统内部，不承认人与人不平等，承认人与人有差异性，而且这是本质的差异，在思想品质上的差异，其他方面则没有差异。所以金国人很少有背景，不论谁犯了罪都有惩罚。奴役是对罪犯的惩罚，接受惩罚会成为奴隶。罪行比较小的奴隶，可以成为军人一员，转为军队服务年限，可以回到自由之身。

生产成本进一步降低，更多奴隶被解放出来，从而形成良性的循环。所以金国没人拼命学习，没有那么多人争取做官，皇室决策也不受到约束，它的发展明显快于宋朝。在生产和城市方面，宋朝占有绝对优势，而战场上接连失败，不仅败给了辽、金，还输给新起的西夏。

由于军事实力的软弱，南宋要不断扩增军队。南宋应当强化军事生产，保持官僚系统的控制力。生产与行政存在关联，如果官员素质普遍差，官僚不为百姓生计担忧，生产系统的质量变差。官员的任免由士人决定，枢密院接收士人的评价，不接受百姓意见的影响，那么它则没有进步可能。

欧洲也在普遍限制皇权，而且由教会册封皇帝，皇室无法形成独立权力。故货币得不到有效扩张，市场一直被高利贷压制。虽然皇室负责货币发行，却不负担金融投资行为。金融投资是生产行为，生成独立的生产系统，承担全部的生产风险。生产活动必然带有风险，因为货币测量越不精确，主观价值判断偏差越大，投资活动的亏损也越多。投资处于风险的边际，货币测量精度在增加，即投资吸收更多风险，降低生产系统的损失。欧洲长期的高利贷，承担损失的是皇室，欧洲皇室全部空置。

此时的神圣罗马帝国，分成许多独立的地区，表现的是无政府状态。欧洲各国的货币很少，圣殿骑士团负责发行，天主教会管控着货币。货币站在上帝的视角，因为教会持有审判权，即把持欧洲司法系统，故教会垄断货币发行。武士们一生坚守清贫，任何个人不保留财产，建立理想的金融机构，为欧洲各国运送钱币。

可是货币发行含有福利成分，没收无法偿还的国家抵押物，骑士团的资财被动膨胀起来。教会的选择标准与皇室冲突，各国皇室开始起来组织反击，真的夺回了由此生成的权力，骑士团被审判而成员失散了。皇室因此拥有司法权，开始收取农场的租金，由此建立契约合法性。但是，英国贵族胁迫国王，以法律保护其产权，王室被迫签下《大宪章》。大宪章将产权制度化，这是一项巨大的进步。

但是为了贵族的利益，为产权设定如下原则——以采购价格来决定产权，出价高者合法占有资源。产权与交易是对立的事物，产权对非交易状态的保护，

第八章　货币扩张时代——宋朝

形成生产要素价格的独立。生产要素价格对应所在生产系统的能量级别，一旦它移动到其他生产系统或其他的归属人，因为生产者归属于不同能量级别的生产系统，生产要素价格会随着环境变化提高或者降低。以静止的交易价格标定产权，将生产系统的暴力注入价格，必然造成资本的收益被固定。

欧洲宗教推动科学，新兴资本投资基础科学，教会在探索金融的数学。斐波那契的《算经》发表，这是真正科学的研究成果。数学研究上的进步，降低了生产的难度。负责控制投资的人，负责投资科学研究。宗教是开放的系统，可以创造科学知识。战争因货币而起，若货币供应完全，绝不会发生战争。金国有了发达的纸钞，可以消灭愚蠢的辽国，宋朝的局部有了纸钞，可以长期对抗金国。

随着宋朝货币的扩张，铜币增量超过供应力，货币的发行成本增加，国家的实力逐渐衰落。但是蒙古充分调动了货币，创造相对最高的货币增量，货币的发行成本降到最低，这是相对发达的货币体系。随后蒙古赢得战争全面胜利，各国的孤立状态逐渐被打破，国际间的经济贸易来往扩大。

人类的评价是主观的，而货币是客观的尺度，它可以评价国家状态。一个素质好的国家，必然通行优秀货币，这是国民素质表现，两者是同时出现的。由于皇室不提拔官员，皇权失去了实现空间。如此的暴力政策，节约了货币发行量，消耗更多的资源，让南宋法律松弛，人情味越发浓重，最后淹没了法律界限。

金国有丰富天然资源，东北盛产动物的毛皮，可是不论是传统宗教，还是新兴的藏传佛教，不允许产生私心杂念。他们尊重本地的生物，保证每一个生命尊严，保护祖辈留下的家园。他们不去开发矿产，他们也不兑换铜币，根本不需要货币。

金皇室是完颜家族，他们熟知汉族文化，故引入了造纸项目，不断吸收宋朝技术。金国长期用宋朝铸币，思想意识上深受影响。纸张是容易扩展的材质，它会链接一串相关生产。从生产的工艺上，生产纸张比较环保，纸张的用途非常广泛，扇子、书画、包装等，是可以回收并利用的。

纸品是金国出口产品，金国在改进生产工艺。对于纸钞的技术，需机械制造的防伪标志，比如纸张暗纹中的水印，防伪技术在于设备水平，可以比较工业水准高低。金国的纸制品发达，不全因木材质地好，主要是技术的先进。宋朝的纸钞落后，流通环节损失大，保存下来的极少。接近宋朝灭亡，用的竟是竹纸，它的质地很脆。

纸钞需要更高生产能量，要求生产方案扩大智力，要求提高企业控制水平。在金国的企业中，创造新技术的人，有能力解决问题，他的工资比较高。工人享有大量自由时间，可以琢磨提高技术。官员随时进入企业，发现新的技术出现。金国人不唯唯诺诺，不怕得罪自己上级。每次创新得到很高奖励，他们可以自由选择企业。金国组织有一种怪象，劳工比庄主收入高。

产业升级的重点在生产方案，作为管理层的推动作用很小，而一线的实际操纵作用很大，需要快速提供他们风险投资。况且庄主也是普通人，他的权力是生产权利，可能冒犯劳工的人格，故庄主不受大家欢迎。

企业家只是一种职业，复杂程序有多生产者，生产者联合起来行动，需要领导的协调动作。南宋的劳动强度高，需要极听话的劳工，所以庄主驯化劳工，劳工不仅行为屈服，还要在思想上屈服，如同人控制的动物，他们失去了判断力。

人类统治一些动物，我们带去一些福利，产生统治的合法性。人类符合这一情况，提供福利的皇室，有权力统治社会。统治是驯化的过程，即货币发行的程序，人类从未脱离统治。虽然生产平稳进行，生产方案没有进步。如此会造成巨大灾难，三角洲湖泊改成耕地，江南气候特征被改变，影响农业的总体效率。

由于百姓要求日渐提高，金国大力铺设各条道路，每隔不远地方设立补给，政府出资购买这些补给，形成了优秀的公共服务。金国率先提供免费教育，翻译汉族经典供应学校，金国孩子得到平等教育。金国生产力快速提高，最新知识还原现场。虽然生产量不及宋朝，而金国实力超过宋朝。

经济不是重复简单生产，而是提高生产能量。宋朝相应的生产规模巨大，不仅造成资源的高度浪费，而且生产不了高技术产品，需要向精度高的金国进口。比如钢盔需要非常薄铁皮，金国不仅可以生产薄铁皮，还用极小的铆钉连接起来。材质的问题困扰了宋朝，而这个国家与世界脱离，许久未从国外进口资源，生产未入外来价格信号。

士人消费不涉及高技术，只有老百姓的生活需求，才会触及高科技的产业。市场核算失去了价格信号，宋朝的技术也停止了进步。军事实力体现生产水平，宋朝与外部的距离渐大，国际形势对宋造成压力。而皇室被经济理论困住了，士人要求皇室不干涉政策，生产系统不可以外力作用，自己负责调节的生产状态，实际上是转移给政府指挥，宋朝是上帝之手的创立者。

南宋社会持续闹铜币荒，错误贷款造成货币短缺。贷款时刻受到存款影响，贷款利息影响存款利息，它们是一对调整工具。存款是国民未来支出，取得未来产品的福利，故应当获得福利补偿，这是存款利息的缘由。南宋必须禁止民间铸币，虽然铸币成本高于价值，南宋政府依然不许补充。

在南宋政权的初期，由于缺乏信息技术，中央指令难达边疆，此时生产节奏已经缩短，一个月的工业变化很大，政府指令不能控制生产。由于铜矿资源的重要性，宋朝开始实行藩王制度，让皇亲具体控制矿产业。藩王只控制少数产业，控制规模不会再扩张。藩王有都城办事处，专门传递经济文书。

中央设置各郡监御史，设置丞相史出刺制度，中央政府在对下巡视。这些官员监督造钱，缺钱造成交易萎缩，中央也在加速造钱。江浙的房价持续高升，新增货币多流向那里，铸的钱越多缺得越多。

丞相秦桧技巧过人，放风旧钱将被废止，临安豪富纷纷出手，金融暂获喘息之机。要解决国内经济问题，一定参与国际竞争，必须打开国际市场。唯有秦桧看清楚了，三国的冲突在货币，三国不能统一货币，必然出现产权纠纷，大家都在争夺资源，没法保证贸易公平。

秦桧致力于统一规格，各地的文字形态不同，金国刻意模仿瘦金体，而秦桧创制规范字体，对文化传播起到作用，新字体是今日的宋体，书籍成本得到了降低，人们才能买得起书籍。在战争失效的情况下，南宋开始建经济特区。宋朝经常使用太监征伐，军人都在忙自己的生意，没有时间关心军事成败。

太监童贯曾经攻打吐蕃，每一次出征均有所斩获。太监拥有了战争指挥权，将领却得不到国家信任，所以征伐行动出尔反尔，与辽国结盟却助金攻辽，结果自己要向金国纳贡。对辽的战争不占上风，各路军队在纷纷败退。皇帝对军队软弱很愤怒，军官无所适从胆战心惊，唯有太监顾虑国家命运，并且真的舍命担当责任。

太监的工作都是临时的，没有赋予实权和配置，官僚系统具有封驳权力，而太监连辞职都不可能。南宋的赵构继位后，对外贸易转为逆差，暴发户从国外买货，如香料、药材等等，所以货币一直外流。中原不占有技术优势，士人群体排斥先进。在与先进事物的比较后，真实的状态被显露出来，而揭穿了精心编造的假话，士人群体立刻失去信誉。

瓷器用焦炭烧制的，煤燃烧逐层加热煤，黑色浓烟升上天空，造成严重大气污染，而温室气体的破坏，最后也落到了江河，江水也被污染变色。比如西湖被生活水污染，河流的鱼类数量减少。不论污染多么严重，地球依然照常运行，污染淘汰部分物种，这是物种自我选择，人类也包含在其中。

战争对手一定实力相当,即资源的储备大体相等,战争竞争的是生产实力,比较两国持续生产效率,即相同成本下的产出比。青苗法规定春天放贷,到了年底再还本付息,而利息要二三成产量。普通农民还是种不起,多数人卖掉自有土地,去租种地主家的耕地,此产权方式称为"租佃制"。农村不限制土地兼并,年轻人的消费比较高,成为农村的失业大军。

官兵的待遇比较合适,募兵解决了农村失业。枢密院在嫁接广大士人,对经济的宏观调控有效,但是对农村调控力很小。国际上愈发趋向复杂,随时有可能爆发战争,因战争成本大为下降。装备对胜负的影响增加,军官的作用退居装备之后,装备包括头盔、盔甲、石弹,需要攻城器械和挖掘工具。

金国善于在江河水战,故需要大量战船和火油,而宋军装备比较简单,主要是步兵的长矛。宋朝不缺石炭和火油,只是没有工业化利用,反而多用于战争之中。火油的利用很简单,只要制造一个铜柜,里面注入石油即可。战争暴力是社会的本质,越是早期的人类社会,越是充斥暴力的扩张。可是士人在农村的贷款控制,成全了其家族日后控制军队,这些投资如何赢益是个问题。

人的直觉是潜意识活动,所以人一直在寻找机遇,发现自己成功的机会。投资是人类的天性,想要挣大钱的人善赌,愿意用金钱交换机会。投资是操纵数学游戏,赌博的恶习由来已久。故一批踌躇满志的军官,他们依靠家族势力上位,他们希望通过战争证明,自己是人生的成功者。战争拼的是军事装备,后勤是否可持续补给,这些完全取决于资本。对于一个游牧民族,战争大量消耗马匹,与民生的需要冲突,它比农耕民族危险,对资源的要求更高。

对于这些军官来说,战争意味着收入倍增,他们从中赢得高利润,岳飞是其中的佼佼者。宋朝的绝大部分农民,只是饥寒交迫的穷人。岳飞出生在富有家庭,成为军官之后更有钱,资财中有很多不动产。对一个农村青年,岳飞是学习榜样。从贫穷到富有的故事,属于生产收益的张扬,从无知到有知的故事,属于消费价值的弘扬,这是不同的价值评定。

四川之前生产茶叶,为军队制造铁制武器,岳军深入四川经营,四川产业一落千丈。军官只负责作战资源,无权力全国调度战备。四川政府被迫增发货币,导致金属加工业衰落。四川毗邻发达的吐蕃国,它是贸易的周转地。衰落带来一个恶果,宋朝无法进口战马,吐蕃出口优质战马。阻碍进口的还有士人,进口商品将减少用工,增加回流货币的难度。

其他军队的装备很差,岳家军可以迎战金国,装甲步兵对重甲骑兵,战争持续了一百多年。由于军队需要装备,国家负责军器生产,金国取得大部分胜利,主要是工业布局合理,占领区城乡差别很小,金军可随时补充装备。岳飞没有创新战术,仅赢了两场小战役,无法颠覆战争全局,宋朝失败已经注定。

高宗改编岳家军,形成四个正规军团。主体分散驻守城市,依靠城市补充装备,如果岳家军不服从调度,全军守势将一溃千里。金国在统一调度军队,而岳飞却要突进冒险,故高宗急迫召回岳飞,为的是保持战略优势。宋朝无法更新装备,一直处于战场下风。

按照正常议事决策程序,军队和政府服从枢密院。岳飞不服从中央的指令,调手下到江西经营商业,江西的信州有最大铜矿,利用铜料可置换出铁器,消耗了一半铁和大量铜。枢密院的决定不容更改,高宗最终决定处死岳飞,三个月内百官无人抗辩,官员可是善于批判政策。

枢密院负责统筹全国经济,这一时期算盘被充分应用。装备需要消耗大量原料,军队的装备不齐全之下,需要设置复杂管理层级。宋朝的军费开始扩张,大到社会福利的三倍,占到财政收入一半多,故枢密院坚决反对增加军费。

虽然社会不再世袭武官,武官子弟习惯角色扮演,职业素质也是非常到位。士人群体垄断货币贷款,不需要获得价值评判,他们将自己斥于市场外,他们自己的错误被隐藏。战争还要比较科技利用率,金国的技术实力比较弱,但是他们善于吸收外来文化,根据中原的宗族传统,他们创造了猛安谋克制,以宗族势力为军队主力。

宋明理学成为治国理念,士人群体出现多重人格,表面上沿袭理性的选择,实际按照另一原则行动。官僚子弟每天吟诗作画,募兵法排除官僚子弟。前线的战争形势紧迫,可是士人在弄古玩。钱来得太过容易,精神上便会空虚。

南宋文物市场很大,大量剩余资本泛滥,需要投资增值藏品。市场出现仿古铜器,造成各地盗墓成风。当时大部分人有信仰,但是社会风气不纯正,没有人可能暴露真实状态,信仰也成为一块遮羞布,他们比俗人的道德更坏,倒卖文物的正是他们。

假文物泛滥说明社会失常,消费货币无法标定价格,这是生产货币混入的表现,消费品变成了投资的目标,生产技术取代价值判定。生产系统的失控状态,则会表现为技术变异,将采购上的直觉判断,变成复杂的心理活动。社会事物必须遵从直觉判断,而不能遵守理论的逻辑分析,未发明应付复杂情况的理论。

在这么错综复杂的信息当中,只有货币信号是真实有效的,而其他信息均为它的衍生物,表示不同消费者的应激反应。只有对此综合性地加以分析,才成为精确的消费价值判断。同时期的欧洲大陆，发明了水利天文钟，可调节速度和周期，模拟太阳运行节奏，成为可编程计算机。

因为核算的边界模糊，政府职能的界定出错，官员的控制下行为偏离。自然造成官民冲突，而且冲突日益扩大，一些省份发生内乱。典型的有方腊起义，只是占领荒凉之地，从百姓处掠夺资财，而没有对政权行动。若底层发生混乱，并不会动摇上层，而且越乱象纷呈，上层控制越稳固。

法律应当由皇权制定，它负责测定市场边际，法律针对的皇室权力，此权力处于市场边际。此时立法原则为恬适，达到底层不反抗为准。到徽宗时刑法已严峻，到理宗时已无法可言。南宋恢复了五代法律，为放弃法制提供条件，这是在毁灭时代人格。刺面者失去工作机会，流放者失去回乡机会。由于得不到底层支持，枢密院的人员很迷茫。决策造成不良后果，政府要求国民承担，要求恢复男耕女织，以抵抗环境的污染。

宋朝在减少生育福利，百姓在根据福利选择，家庭福利在决定人口，福利减少增加了压力，生育人口自然会减少。人类历史不断发展，生产形式复杂起来，需要及时修订政策，所以朝代更替缩短，宋朝的统治更艰难。经过士人群体策划，南宋的小皇帝决定，先联合蒙古打金国。蒙古是善于学习的国家，金国和宋朝的经济实验，取得的成果被蒙古吸收，形成了蒙古的强大实力，金国被蒙古打败而亡国。

宋与蒙订纳贡条约，签约后政府不履约。蒙古使节来，要么关起来，要么被轰走，要么被灭口。蒙古大汗下令伐宋，劫掠南宋财物抵账。军事力量的对抗，由背后货币决定。很多小企业在破产，他们跟随皇室逃跑。他们不愿意承认现实，不断否决皇帝的妥协，政策在不断变来变去。皇帝边逃跑边毁约，那些破产的富人，最后跟着皇帝跳海，十余万人葬送海底。

政府说太多假话，没有百姓信真话，最后死在假话上。儒家构建权力的依据，那是货币信用的结果。这是理学的失败，后代人恢复儒学。而蒙古大军攻城占地，利用政策安定了局势，统一了儒家学说地区。

第九章 发行策略时代——元朝

蒙古帝国攻打都城之时，恰是构建国际贸易之际，城镇的发展完善相当迅猛。攻克城市的成本很高，控制城市却很容易。这些大城市需要不断添加资源，城内居民的生活方式是市场化的，用货币构建城市资源的生命线，所以打得起战争的少数国家，全部具有超强的货币操纵能力，而这项任务落在了蒙古人身上……

第一节 蒙古帝国取胜之道

此时，世界正处于大风暴的前夜，各地的环境已经达到极限，社会格局已经被资本固化，社会底层酝酿巨大的变革。全世界的核心问题已改变，必须大范围消除这种制度，才能解决人类共同的问题。如果此时依靠各国的修改，根本不可能更正制度错误，大部分国家金融死气沉沉，各国百姓更是在负债度日。百姓知道所循伦理，却没有人可能做到。民间崇尚的是破坏社会的人，但是那些行为收益不合法律，社会矛盾让此时代的人纠结。

成吉思汗建立大蒙古国，开始了征服全球的行动，当时作战主要依靠骑兵，蒙古骑兵是世界第一。在实际作战的程序上，由炮兵轰开一个口子，骑兵部队从两翼包抄，快速冲进去用刀砍杀，从而打乱对方的阵型。集团作战的特点是消耗大，骑兵的马刀和马匹，炮兵的火药和炮弹，一切后勤补给必须供应，绝对影响战争的胜负。军事上成功来自经济，源自先进的金融技术，构建发达的工商基础。只有发达的商业基础，运输的成本不断降低，才有实力大规模战争。

战争背后是债务，借款必须有凭据，其承担还款责任。当时的国债需要金银，得到金银储备的认可。蒙古创立了货币的信用体系，将货币扩张与生产质量连接，确立了自由市场的基础部分，自由市场带给蒙古帝国繁荣，而不是人口数量多少的因素。人们约束自己的自由，制造麻烦的行动自由，给货币运行创造自由。发行货币的根据是生产方案，生产方案是不受国界约束的。

正确生产方案必然获得持久收益，而错误的生产方案造成长久损害。投资者根据自己的判断进行投资，投资行为脱离了金银控制，蒙古从国民那里取得贷款。既然国民对战争行为投资，他们便要保护投资的收益，此时的军队负责清理邪恶。没有人是永恒的富有者，人类进入知识竞争时代，蒙古正是因此成为胜者。

战争带动后方大生产，国民投入数倍工作量，生产借助自己的规模，等比增加投资和收益，形成增收与投资互动。所以蒙古大军一边推进，一边迅速恢复社会秩序，随之用原货币发放贷款，快速组建生产代替蒙古，这些生产组织符合标准。而当地经济快速恢复，由于大家多关心生产，娱乐产业逐渐萧条了，手工生产变成工业化。通过整合征服地的生产，军事行动的供应链缩短，战争的费用在大幅降低。

蒙古帝国发动的是一场金融战，他们在用公平法则打垮旧制度，这些变革给当地人巨大的震撼。新的政权对富人群体强烈冲击，仗势欺人的富户背后只是有钱，他们习惯不讲规则的行为模式，所以这部分人均得不到新贷款。金融改革带来巨大的社会变化，所波及的政权一个接一个崩解，当地的民众热烈欢迎蒙古军队，蒙古军队如上帝之鞭摧枯拉朽。通过培训当地管理人才，打造出来一个中央集权，遏制了当地的内部争斗，非正常死亡数大为降低。

殖民地的生产恢复正常之后，大量的产品反而倾销到蒙古，银锭在从蒙古国向外部流动，对蒙古的生产形成巨大威胁。但是由于依靠蒙古金融支持，这些没有妨碍蒙古帝国运行，国民的社会福利供应照常，蒙古货币的价值得以确认。因此节省了大量蒙古劳力，赋闲的人更多关注军事，为军事的进攻出谋划策，给军队提供了智力支持。蒙军到达一个地区，首先控制生产资源，不服从的人被赶走，必须阻断敌军后备，接着组织自己生产。

蒙古从传统的军事弱国，快速进入军事强国之列，蒙古军队提高行动效率，迅速平定了占领区叛军。随着蒙古的金融扩张结束，国内战争的积极性在减弱。蒙古帝国从资源贫瘠之国，变成调动全球资源的大国，没有经历太多的战争波折。蒙古国民在扩大投资，从而占有新领土份额，由此形成蒙古国统治。

农耕民族胆子很小，不及游牧民族灵活，无法从容面对变局。农耕文明非

第九章 发行策略时代——元朝

常危险，在干旱季节很艰苦，会造成大面积死亡，造成频繁政权更迭。生产资源不是国家资本，生产方案才是资本之源。所以在丝绸之路上，抢劫成为国家行动，很多国家参与其中。在蒙古军队征服亚欧期间，各国军队首遇重甲轻骑兵，军事将领无计可施而大乱。

此时普遍有宗教信仰，让蒙古军队从容应付。信仰者不相信表面差异，而是相信背后的精神力。信仰提供一套价值判断，大众相信未见之事实，节省人形成判断的成本。蒙古军队没有等级制度，军队职务可以随时变动，将领身先士卒冲在前线，造成四代可汗均被杀死。窝阔台征服大部分地区，蒙哥带兵征服南宋之时，突然发生了意外的情况。蒙军围困一座小城市，连续攻打五个月无效，它便是著名的钓鱼山。

钓鱼山位于巴蜀地区，境内有丰富的铜铁矿。蒙哥被一发炮弹击毙，帝国需要选择新皇帝，启动盟旗选举制度，忽必烈成为新可汗。阿里不哥起兵造反，故经过四年的内战，叛军全部被消灭了。蒙古有传统军事护卫军，由一万名精壮青年组成，他们负责守卫皇权制度。征服行动全部停止，帝国占领大片领土，囊括所有文明地区。政府工作转为赎买，收买征服地的贵族，他们在组织反抗军，贵族得到很多承诺，不会破坏那些祖产。

只要钱可以办到，皇室便不会为难。国家停止债务投资，没有人为战争负责，汗国在经济上自治，投资更高生产项目。各大汗国脱离中央自治，相当于蒙古的后代分家。元朝首次统一南北，长城不再作为疆界，中原货币统一全境。蒙古皇族控制的区域，先后发行各自的货币，各汗国建立在理想上，如同没有长大的小孩，形成相互间合作关系。

加上不使用相同货币，没有共同的利益诉求，各汗国是相互隔离的，家族内部的合作破裂。自从忽必烈迁都中原，蒙古军进驻长江以北，公元1271年建立元朝，与大蒙古国同时存在。蒙古不是初始强大，而是经过市场演变。蒙古用什么军事实力，征服工业强势的欧洲。蒙古高原处于亚洲内陆，冬季是亚洲大陆的冷源，不适合野生动植物生存。

放牧牛羊是高能量生产，控制难度比控制植物大。从生产的总格局上，蒙古草原比较原始，没有好的生产条件，需要大家同心协力。在控制生产的过程中，蒙古生成了独特的宗教，信仰负责监督人的行为。人们追求信仰，要求货币测度，肯定获得平等。只有皇帝控制了局面，才有人人平等的可能。

原始信仰在普度众生，社会的现象得到平等。例如为了取得奶制品，需要隔离母牛与牛犊，牛犊也是需要吃奶的，它们的生命需要尊重。蒙古生产有时令，羊群在春季出生，羊羔在夏日成长，到了秋季被宰杀。蒙古有秋季典，从这一天开始，牧民不再挤奶，并去掉了禁叉，脱去它的笼头，放开牲畜缚绳。蒙古人对生态无微不至，高原始终保持在原生态。

可汗公布了诸多法律，约定不可以破坏草地，草地比耕地更加脆弱。蒙古的传统颜色是白色，白色象征草原的纯净，搬离蒙古包的时候，什么变化都没有，如无人来过一样。来到蒙古草原，无论人们在哪，环境总是洁净的。草原民族崇尚树葬，这是成吉思汗的葬礼，大树中间劈开挖空，即可成为一口棺材，至今没人找到墓地。人们用生命诠释自然，生与死均不破坏草原，蒙古族从平民到可汗，不会将坟墓修在地上。

宗教不区分社会地位，作用通达社会所有人。蒙古严格审核生产活动，一切生产必须政府批准，例如伐木必须说明用处。围绕资源形成城市，相关产业集中一地。放牧活动有统一规划，春夏秋冬轮值指定牧场，所以，需要牧民随时监控广大地区，及时了解草场变化情况。蒙古有这么高的控制力，自然能够控制军事行动。

信仰带来众多祭祀活动，祭祀是社会福利的时间，由于皇家信藏传佛教，宫廷的庆典不能杀生，所以上层的生活节俭，为百姓作出道德榜样；而百姓信仰萨满教，大量宰杀牲畜欢庆，大家聚在一起吃喝。文化活动围绕信仰进行，信仰表现为福利态度，符合标准的文化才能成功，推动社会的总体进步。

儒家讲究上善若水，为皇帝明确了导向，要从中央到各地方，从国家财政到家庭，一直处于向下趋势。蒙古没有征服中原之前，已经全面接受儒家文化。所以有了很多优待，政府每年为老人祝寿，孤寡老人更有人照顾。这是普遍的国民待遇，不针对任何特殊群体，故蒙古草原难见乞丐，乞丐很容易得到救济。

蒙古祭祀均由政府出资，政府负责的面很广泛。这是皇权的含义，既不代表多数人，也不代表少数人。由于产业升级很快，减少了生产性竞争，增加的是消费竞争，商业信息加速流通，社会关系变得和谐。

各个产业容纳不同人数，产生多数和少数的争论，这是产业化收益的交锋，将会引起新旧产业更替。决定力在生产背后，在消费决策的一边，消费决策服从价格。价格是系统的成绩，对所有人具备好处。价格是用货币表示的，货币本身在显示数值，金融则收集这些数据，并利用这些数据改变。

蒙古地区初始不强大，长期未设立统一货币，村落被外人反复抢劫，造成人口的大量损失。没有天然优秀的民族，部落为独占资源战斗，生产系统缺乏共融性，必须消灭对方的人口。在如此环境下，蒙古部落变得虚弱，经济没有

第九章 发行策略时代——元朝

任何起色，蒙古被周边看不起。

铁木真所在部落最弱，他的父亲是部落首领。铁木真小的时候，部落女人被抢走，部落成员流散，亲人背叛了父亲。铁木真被押在囚车里，度过了屈辱的童年。这段时间他领悟政治，清楚国家的运作原理。很多大的部落，被攻击而散失，一些小的部落，经济却变大了。

随着铁木真成长，他在重整自己部落，构建新的政治关系。在他的部落中，脱离自己家庭的贫富差，青少年得到相同的待遇；老年人受到相同的待遇，执行养老的统一政策。蒙古发展不是线性的，而是呈现几何倍增加。经济不可依靠武力，武力的本质是精英，精英想要操纵社会。精英熟练运用技术，也用相同手法交际，处理社会人际关系，形成人整人的场景。

精英可以占有生产组织，但是绝不可以占有社会。社会进步在于创新，必须走出技术框架，重新构建知识结构，颠覆原有生产方案。生产进步必须依靠大众，底层人有不同的思想，可以创造出新兴产业，只有出人意料的发明，才能突破原有的成绩。

蒙古人对制度设计，建立在货币基础上，货币需要权力调度，需要权力高度集中，为了控制设置制度。可汗召集盟约大会，部落契约产生政权。这是典型的货币制度，各部落分配一定货币，首长具有货币控制权，故部落都有发言机会，即集体利益部落均沾，所以政权得到了认可。盟约大会是政治决议，这个会议是常设机构，可汗是不可以取消的。首先在部落内部竞选，再由盟主选举出可汗。

部落征集的意见来自女性，盟主要定期拜访每户居民，了解每位家庭主妇的想法。因蒙古女人参与畜牧，负责管理牲口和挤奶，生产家用的基本食物，女性的家庭地位很高。蒙古女人不仅操持家务，还负责子女的家庭教育。蒙古女人是习文者，文化水平比男人高，成年男人都要参战，而女人留下来学习。择夫标准变成教养，恰好刻意回避精英，王室也不选择贵族。贵族变成了社会边缘，他们的人数越来越少。

蒙古的女性生活幸福，她们的生活是自由的，一有时间女人教丈夫，丈夫从外面带回消息。比较两个国家的文化高低，主要审查国民的精神面貌，所以文化典籍不是目标，宗教信仰蓄积消费信息，文化典籍存储生产信息，蒙古高度发达的信仰，让国民具有判断能力。

市场价格由消费者定制，只有政府取得税收回流，供应社会福利公共服务，与消费者购买同步到达，才能形成正确市场价格。消费者具有价值判断，让市场价格更加精确。技术和产品变化快,不能整合到教育中,蒙古社会传承经验,依靠的是货币核算,后代服从货币价值,可以沿袭经济收益,获得不少社会福利。

家庭是社会的基本单位,思想活动围绕家庭展开,如果家庭的总体氛围好,社会总体自然便会安定。因为政府机构控制贷款,而贷款的对象是家庭。铁木真对货币做出规定,蒙古的商人可以破产,但不可以借此逃避债务,破坏商业信用体系。这方面蒙古家庭表现突出,贷款机制牢靠了家庭关系。因为需要夫妻合作还贷,两个人同心协力,关系上自然融洽。

成吉思汗看到战争效果,他要动用战争解决问题,和平时期积累很多沉疴,草原生产无法统筹安排,部落不用货币解决矛盾,导致大部落欺凌小部落,而战争大幅度减少暴力,可以解决这些经济错误,故战争带来安全和富庶。

铁木真边打仗边谈判,最后统一了所有部落,成为大蒙古国的可汗,大家尊称其成吉思汗。社会控制以福利供给为基础,蒙古政府不断尝试增加控制力。比如成吉思汗推行会子,由于政府控制不合标准,很快被临近的金国仿造,只好快快不快宣布停止。

扩大政府的控制力,需要强化规则力度,犯罪行为也有成本,政府供应层次齐全的福利,相对于犯罪分子的损失,普通民众的社会福利越高,犯罪行为的相对损失越大。经过一番比较,蒙古犯罪率降低。在牧民的蒙古包,以及拉运的铁车,可以不用门闩防盗。

蒙古发展非常迅速,超乎想象超越各国。蒙古人向身边一切学习,放牧要发达的情报工作,牧民像狼一样巡视草原,当时只有人和马的配合。男人要出去传递信息,需要快速奔跑的马,牧场要转移蒙古包,需要驮行重物的马,人在马上不能休息,于是学会忍耐颠簸。

这里需要适应速食节奏,于是蒙古发明方便食品,经过千次捶打马的瘦肉,将鲜肉浓缩装到皮囊里,皮囊则用马的膀胱制成。首先倒出来一些马肉,加上茶饼浸泡几分钟,肉质便快速膨胀起来。牧民发明了很多技术,如蒙袍适合任何气温,袖子可充当枕头睡觉,可以方便地脱去上身,可以快速用皮囊渡河,饥饿时还可以喝马奶,皮囊的水可坚持几天。

这些成就不是随机出现,所有事物均可以数字化。数据随着货币传递出去,进入社会生活的成果,变成数理逻辑运算结果。只要认可货币数字运算,可以提前预知事物结果。蒙古人可以应付难事,作战无需大规模补给,只用一匹马侦察地形,或者寻找合适的草场。蒙古人在马上吃饭,也可以在马上睡觉,故

第九章 发行策略时代——元朝

可以避免被偷袭。

蒙古高原临近北极圈，那里可以储藏冰冻肉，牛羊肉不必全熟食用，速食提高了生活节奏。由于蒙古草原消费旺盛，所有的马驹均留下来，一家的马群很快爆棚，如果部落不断扩增草场，必然引发部落之间战争。各部落的生产要受到控制，不仅对马匹饲养数量有限制，对所有的捕猎活动都有限制。

当时金国也出口马匹，抑制了蒙古的出口业，但是蒙古经济未受损失，反而是草场更好的金国，反复遭受经济危机之苦。虽然周边各国生产力低下，它们还在拼命地扩张规模，以交换产品支持对方发展，风险全被金融系统吸收掉，一旦爆发危机便连锁反应。

蒙古人如同一匹马，具有强大的忍耐力。由于蒙古建立大政府，蒙古马可以大范围交配，形成自身强大的抗病性。在冬季的蒙古高原上，蒙古马刨开冰雪和覆土，找到食用的草叶和草根。蒙古马不适于军事行动，它的体格小且爆发力差。极端环境造就蒙古马的韧性，狼群经常出没期间，必备持续奔跑能力，酷暑严寒快速交替，必须忍耐漫长的冬季。在蒙古的高原上，人与环境融为一体，形成了高度的和谐。

蒙古政府经常组织运动会，比赛牧民的劳动能力，淘汰低劣的行动能力。例如那达慕大会，费用均由寺院出。低级的劳动进入免费成分，对应贡献社会的劳动。只有高级劳动才有收入，产生可比较的竞争阶梯。环境锻炼了蒙古人，让他们理解政治，设计好政治事物，故蒙古重视承诺。公平的竞争产生公开的信息，每户家庭都是信息节点，一同构建国家信息网络。牧民骑马将消息传递下去，让信息沟通成为生活主体。

消费信息含政治意向，技术信息是不相通的，而消费信息必须沟通，汇合可以产生开发力。牧民联通几百里范围，保持信息的高效传播。蒙古统一战争之后，成吉思汗发行白钱，兑换比例却非常高。白钱的单位是"枚"，与重量和质量无关，比一边货币还小。白钱加入了铅和锡，全铜的货币并不耐磨，加入一定的铅和锡，熔点降低且易于熔铸，变得更硬且更加耐磨。这种少用料的工艺，直到清朝后期才有。

货币品质不在材料，而是其对应的制度。白钱理应为通用货币，锡铅合金与白银近似，两者具有相同的比重，是货币的合理替代物。阻碍货币的要素很多，金属货币难以被替代，无法产生金融衍生品，属于其中主要的部分。现代金融得到了巨大发展，衍生品形成货币乘数效应。蒙古普通人生活富裕，代表人类的价值走向。

蒙古的商品品质极高，推动白钱信誉的传播。白钱成为世界最佳货币，可以精确核定消费需要。但是自从白钱发行之初，受到周边各国集中堵截，蒙古被迫无偿释放福利，以低货币价格组织贸易，蒙古社会有很大的损失。消费者需求差异大，消费需求要求不均衡。

依靠高超的货币控制，蒙古经济进入快车道，生产系统消除强制力，生产超越了周边各国。这里集中的小企业，起着举足轻重作用，此时蒙古工业齐全，不乏各种矿产资源，用巨型鼓风箱冶炼，钢铁产量急剧增长。由于政府照顾弱小，小企业的水平超常，大大超越其他国家。且由于国际贸易的牵制作用，白钱的自由发行遏制了扩张，从而有效控制了产品的产量。

白钱宣示了货币的价值，表示的是蒙古帝国实力，由于当时没有国际兑换，无法实现国家汇率平衡，同样的产品蒙古价格低。货币表达的是自由意志，所有物质均有产生过程，创造者与被造物的关系，不是意志上的控制关系，生产方案产生某种物质。

生产方案不属于造物者，也不属于被造物的未来，生产方案独立存在于世，它不单独作用于某一物。由于标准货币的作用，蒙古人理顺内部关系。父母与子女之间、神灵与人类之间、产品与人类之间、机器与人类之间，都不是接受管制的，它们有自由的意志，均需要得到尊重，社会环境平和了。

金融放贷规则必须改变，原有的投资对象要变化，投资向工业的基础扩张。蒙古时代实现养老保障，家庭关注短期生产收益，政府关注生产长期收益，组合为社会的分工协作。牧民家也是生产单位，它的消费全是随机的，市场供应肯定多样化。蒙古人获得巨大自由，而资源成本却在增加，生产专业化得以提高，企业不追求规模效应。

蒙古食品很多品种，纺织品有很多种类，市场上产品异常丰富。集市上摆满了商品，各种日常用品都有，例如毛织物、亚麻布、天鹅绒。相关产业总是聚在一起，疆域内形成多元化生产。由于蒙古家庭待遇平等，蒙古包里面充满了欢笑。蒙古的餐具非常丰富，皮囊壶可以储奶茶，煮茶用的铜制器皿。蒙古发明了火锅，还有烧烤的做法。

消费品的核心是饮食，蒙古吸收汉族的烹调，成为世界三大菜之首。由于物资供应充足，人们注重精神生活，提高对自己的要求。蒙古成年人负担很小，每个家庭有生活保障，政府负责结婚的用品，故女性是体面地出嫁，绝不需要向婆家索取。这里的寺院派发免费食品，凡是饥饿之人均可以领取，形成了蒙古国看不到乞丐。

由于寺院的持续而大量的采购，市场上基本上没有多余产品。放贷会获得很高收益，存款利息支付一部分，剩下的则是货币收益，这些钱全部给了牧民。蒙古人性格温和善良，家庭消费是有选择的，不断地淘汰落后技术，撤销危害的生产方案，生产方案快速迭代，总是保持生产创新。

养老发展为直接供应，允许消费者自由选择。个性消费打乱生产布局，消除了资源优势的影响，从而改变了生产的决定。原有价格低的产品，可能迅速提升价格。如此形成主观决定，消费者可以主观决定，避免了盲目跟风采购。草原生活有流动性，追踪犯人成本很大，增加福利相对成本，增加了处罚的力度，法律保障社会福利。

后来福利成为专业工程，一方面，控制某些产品成为福利，设定这些产品供应标准；一方面，政府不直接供应福利产品，而是调动接受者自己选择，从而减少福利供应的成本。尽管社会福利在增长，但政府没有代替采购。评价是市场核心，只有评价正常运行，经济才有效发展。

蒙古控制了大片地区，如果不满足当地需求，他们早就起来造反了。蒙古让殖民地百姓受益，全部功劳记在货币身上。货币危机席卷世界，邻国之间战事频发，蒙古带去了政治制度，这些地方获得和平。在与蒙古交战之前，它们的武器数量多，但是没有开发能力，导致了军事上失败。蒙古凭借相对少数人口，控制了世界大部分国家，证明其政治的先进程度。

蒙古的生产力很弱，政府多方限制产量，市场供应种类很多，但是产品数量不多。若当时有统计数字，蒙古经济是最低的，而生产方案最先进，各部落很少人务农。农业迅速破坏草场，影响可持续的发展。即便对主体的畜牧业，蒙古政府也多加干涉。

马的生长周期是五年，如果不受到政府限定，只要付出一代人努力，高原全部被马匹充满。这是马匹之间的争夺，马与其它动物的竞争，草坪很快便会消失。蒙古草原是世界最大，可是资源却非常稀有，蒙古的生活非常节约，他们不浪费一粒粮食，已经养成了民族习惯。良好习惯也是沉淀成本，可以大大节约时间。

这里戈壁滩大漠荒原，只有少许草类和灌木，草原却供养大量人口。牧民不仅肉类丰富，还从中原进口茶叶，蒙古民众相当富裕。如果比较生产方案，畜牧可以比农业高级，管理牛羊的工作难度，远比种植农作物复杂，农作物是静止不动的。牛羊马是活动的生物，狼群随时威胁牲畜，当时的狼群比较多，牧民没有防狼设备。牧民从来不屠杀狼群，遇到草原干旱季节，狼群吃掉一些牲口，牧民接受如此的事实。

生态圈有自己的规律，如要改变生物的状态，不是由生产强者决定。生态圈本身是消费系统，消费系统决定淘汰对象。生物的生存艰难，依靠的不是能力，而是对规则的态度。狼吃鼠、兔、羊，如果牧民死光了狼，那些动物繁殖过度，必然吃光了草皮，让草原风沙弥漫。

草原的生态非常脆弱，晴朗的蓝天与沙尘暴，主要取决人类的选择。蒙古生产有严格约定，即使对基础性的产业，在这些规定中，有很多沿用至今。例如禁杀幼畜，禁杀母畜；按照时令捕鱼，不捕幼鱼。蒙古人不仅不杀狼，而且刻意扔掉剩骨，留给野外的狼群吃。对付狼群的是蒙古犬，负责生产环境的防御，生产本身也是一种防御，阻止破坏它的社会活动，通过生产得到的高度服务，减少了蒙古牧民内部的矛盾。

社会中劳动的成分减少，暴力强迫的现象减少，生产状态得到持续进步。设定好的经济制度，导致内部关系和谐，只有坏的经济制度，才会残酷对待同胞。蒙古人有生产素质，研发高质量的产品，但是资源已达极限，无法再增加一点点。在这种情况下，蒙古生活受到限制，需要放开国际投资，他国的资源价格低，可以获得相对收益。

企业的盈利能力表现为营销范围，销售的活动半径与成本盈亏相关，控制活动半径的成本是信息控制。蒙古帝国首次在全球范围实验统一市场，这是人类历史最大的一次建构自由市场，但是自由市场不是简单地运货到岸销售，而是需要以货币方式向销售地提供福利，即必须形成全球化的货币信用支持系统……

第二节　纸钞全球化的失败

蒙古优越的生产能力，国民超高的消费水平，让周边各国羡慕不已。它的内部争论声音很大，表现了独立的精神追求，故蒙古领导了世界贸易。可是出于收益的考虑，各国不愿意让出市场，拒绝销售蒙古的产品，导致蒙古企业的破产。而且它们禁止投资，蒙古人用白钱投资，挣回去的却是铜币。蒙古的产品不断升级，各国的消费根本不够，所以白钱不断升值，这些投资企业在亏损。

第九章 发行策略时代——元朝

随着投资受到的限制，蒙古的人口没有增长，周边各国的经济落后，无力购买蒙古的产品，故蒙古的发展被抑制。蒙古人有强烈意愿投资，只有建立国际市场竞争，自己的优势产品卖出去，改善国内资源价格环境，才能出现更高级的产品，才能有更好的生活品质。国际投资展示生产相对优势，不同国家生产货币相对扩增，反映了蒙古帝国的总体利益。

如果国内资源充分配置，没有增加生产货币空间，国内与国际投资一体化，必然需要增加国际投资。这是给予落后机会，可以趁机赶超先进，此法威胁当地贵族。贵族不对总体负责，其利益在当地生产，形成资源配置方案，产生有关资源信息。民族文化负责消费形式，产生有关投资的信息，这是两种不同的信息，它们相遇时需要协调。蒙古人对权力的忠诚，家庭内部的控制弱化，大家愿意服从公共秩序。

蒙古犬在维护主人，即便对手是一狮子，也敢于冲上去搏斗。蒙古人对待利益时，不会采取妥协方式。蒙古族内部很团结，都城大营不设城墙。可汗是核心秩序，蒙古人能够忠诚，原因是没有歧视。蒙古教育不推崇职业特征，不培训孩子职业好坏观念，这样的社会有价值修复力，可以快速将生产错误消除，达到社会处于顺畅的状态，社会的顺畅证明价值合理。

在新伦理的作用下，蒙古族没有优越感，民族接受信仰规范，官民的关系和谐。在帝国的大发展时期，喇嘛负责国家贷款系统，全国各地都建有喇嘛寺，寺院体系分为三个层级，分为大学、学院、宿舍，每一层机构独立地核算。寺院格局是平等的，没有身份等级差异，这有一个特大优点。

喇嘛寺不以营利为目的，它可以调度生产货币。生产货币来自皇室，无论经过谁的支付，均不能改变其性质。故帝国不再投资私企，新增货币均投入国企，国企只负责新项目，市场上没有的产品。

新项目涉及很多资源，引出来很多新的方案。方案细节处于生产层级，这是私人企业最擅长的。大量工作外包私企，私人企业飞速发展，最后承揽全部工作。如果牧民积蓄过多的货币，喇嘛寺主动降低存款利息，调动全部货币回流市场，只要牧民没有滞留货币，寺院可以调整货币投放。

牧区春季容易出现瘟疫，而冬季容易出现暴风雪，这些灾害均是毁灭性的。即便寺院及时派出救护，也难以防止灾害的破坏，提供贷款是直接的救灾。因为僧侣不贪分文，寺院收益返还社会。通过压低贷款利息，扩大存款上的利息，牧民的自救力增强。帝王有品德，国家便兴盛，老人有品德，家庭便兴旺，是这个道理。当然，蒙古官员也有作用，他们中间协调关系。

贷款与税收核算是对应的，行政对应设立管理机构，设立百夫长、千夫长等，统计和核算居民的收入，并将这些信息汇总处理，返回到寺院的贷款系统。寺院可以保证贷款的公平，满足每一处合理的需要。蒙古的税收额不可商议，商户无任何决定的权力，政府不断加大税收额度，一直到经营者濒临停业，才是测量真实的税收额。

贷款请求五花八门，只有经过认真鉴别，才能确保不偏不倚。国家贷款的原则是公正，由于寺院不在生产系统，没有任何生产收益背景，它以公正无私接人待物。牧民家里没有滞留货币，货币处于市场周转状态，寺院可以统计贷款利息。生产进步取决于投资控制。

先进的投资驱动生产转变，不受投资控制的生产落后，受落后投资控制肯定退步。蒙古不能扩大生产，因为缺少国际投资。其他国家的资本被控制，贵族掌控大量自然资源，没有经过生产货币核算，减少投资抑制生产水平，增加投资遏制生产进步，皇室的货币失去作用力。

这些国家依靠自然资源，生产货币用于自然资源，行业间的投资现象消失，全部行业依靠皇室供应。生产货币决定了投资额度，贵族拥有生产货币，补偿生产链的不足，只是稳固原有生产方案。由于大量的国民专注技术，成为专职的技术开发人员，蒙古占据了世界技术首位，由此具有领导世界的能力。

蒙古的技术留在国内，一旦遇到充足的资源，这些技术会迅速膨胀。农业技术已经达到边际，市场容量达到饱和状态，故农业无需重复投资。但是农民收入持续积累，消费货币需要扩充市场，需求转向了工业化产品。在市场有限发展的环境，产品与资源价格相关联，相关产品价格同步涨落。如果要投资工业化产业，农业产品价格必须下跌。

蒙古高原储备丰富资源，于力亚山谷发现了铁矿，当地开始引入冶铁技术，而且引进中原的鼓风机，还有欧洲先进锻造技术，很容易转型为军工企业。波斯需要大量武器，那里工匠技艺高超，但是产业能量很低。波斯地区盛行拜火教，土地产出为投资对象，所以影响了皇权地位，当地的生产能量很低。

由于生产资源价格高，但是人力价格却很低，没有适合的资源配置。市场被国家投资操纵，实现国家意志的倾向，投资决定人力资源流向。蒙古的高技术产品卖不掉，波斯的低质产品畅销全球。暴力规则控制世界的时候，世界版图随着武器量变化，可是蒙古不买波斯武器。波斯用白银做货币，先到宋朝兑换铜币，再来蒙古寻找机会。

蒙古工匠的工资高，但是企业用人较少，生产机械化程度高，人力成本比波斯低。波斯工匠留了下来，他们善于打造餐具。生产收益不促进幸福，消费收益增加幸福感，因此工匠选择大蒙古。移民为蒙古有好处，蒙古青年让出岗位，他们进入研究机构，开发高级的工业品。钢铁进入百姓生活，体现出工业化水平。筷子是手工业杰作，刀叉是工业化产品。手工业创造了剩余时间，而工业的剩余时间更多。

蒙古历史少技术积累，而蒙古的生产在开放，向世界快速学习知识。蒙古在各地开办刻坊，为客户刻印书籍，每当有新书出版，波斯人即来刻坊，定制印刷图书。而政府资助刻坊，让刻坊积累知识。蒙古可以开发先进产品，例如驰名的蒙古刀，用的是百炼钢技术；蹄筋翎根铠的防护，利箭射不穿它；能张合的叠盾，属于盾牌的新发明。虽然蒙古产品质量好，但是各国对蒙古封锁，国外几乎不知道这些。

最好的工匠被吸引来，给西方造成巨大冲击。国家之间的竞争点，集中对人的态度上，重视人本身的尊严，人力的价格在增加，物质价格相对下降，经济趋向好的方向。蒙古全面落实了匠籍制，这是一种工资控制方法，不同工种对应不同工资，避免工资上的剥削现象。由于这套制度的优越，政府一直沿用到元朝。

蒙古的最终产品价格低，市场含有更多福利成分，波斯人在蒙古生活更好。波斯人入境采购，被蒙古政府限制，此时在通用白银，只有蒙古国拒绝。蒙古帝国使用白钱，白钱在西方不值钱，只有蒙古自己承认。如果西方出口产品，必须购买蒙古产品，故白钱有升值压力，而白银却一直贬值，西方贵族无法忍受。

西亚有一个花剌子模国，觉得蒙古强大影响自己，未经思考发动对蒙战争。这样的经济依赖外部资源，政府和公民联合起来冒险，以此维持自己的借债生产。此时的中亚地区，居于世界的中心。花剌子地势低，水力资源丰富，农业非常发达。其它地区游牧，经济互补性强，但它拒绝交易。

花剌子引入新技术，这些是免费获得的，技术来自贸易强国。因为生产投资上没变，只好表现为虚拟增值，增值部分叫虚拟资本，未对应货币供应扩张，造成市场价格的扭曲。进入国际贸易的蒙古，它的产品非常受欢迎，始终处于贸易顺差中。由于对方用黄金白银，可汗积攒大量重金属，却在国内找不到用处，可汗强令用蒙古货币。

对于贸易国的民众，白钱是最差的货币，只能购买蒙古产品，而且需要兑换白银。伊斯兰地区实行政教合一，率先进入宗族的经济模式，百姓用品价格低于市场价，生产膨胀消耗大部分资源，遏制了富人用品的生产量，这部分商品价格高于市场，伊斯兰经济陷入全面衰退。

花剌子模贵族不认可白钱，纷纷要求政府中断外交。战争的胜负由货币决定，花剌子模失败是注定的，波斯从此退出历史进程。脱离市场价格的定价，无论如何都是有害的，将社会推到危险当中。

先进的民生产业，推动了军工的发展，依靠庞大的手工业，蒙古军工领先世界。可汗必须维护蒙古利益，强迫周边国家承认自己。公元1220年，花剌子模被蒙古击破，木干草原成为蒙古领土。之后对不服从国家，蒙古大军开始讨伐。蒙古帝国地域很小，货币通行量也很少，但是经济实力强大。此时阿拉伯垄断海上贸易，主导印度洋、东南亚市场。

中亚地区全是游牧民族，因为精于运输成为商人，他们掌控泉州海上贸易，这些人是阿拉伯的后裔。伊斯兰这个新市场，受新价值投资驱动，新规则代替旧规则，新贵族消灭旧贵族。经过科学家的勤奋努力，蒙古相对周边国家先进，承担了维持和平的义务。但是没有经济干预，各国之间主权独立，如果不去干预生产，对方存在生产错误，经贸中不会有正义。一旦生成干预机制，则不必直接的干预。

成吉思汗改革蒙古制度，从此枢密院控制了政府。枢密院在调度货币发行，因为控制的是货币总量，生产货币流向新生资源，减少错误使用旧有资源。只要错误生产得不到资源，无知的生产者便会停下来，此政策称为"无为而治"。

如果认为货币发行量过度，一些行业的价格畸形发展，可以不单独调整这个行业，而是采取停止放贷的措施。以上是伊斯兰的情况，欧洲的基督教也如此，欧洲的钢铁业发达，但是由于贫富差距，只有贵族有重装盔甲，将人和马匹全包起来。

这套行头的价格，相当于十六头牛。这种装备很落后，装甲越是厚重，移动速度越慢。人藏在盔甲里，冬季如入冰窖，夏季似进烤炉。蒙古开发出来皮甲业，皮甲毛皮是高级工业，因为它涉及化学产业。皮甲的主体是皮革，外面是钢片的保护，大大减少了重量，增加快速突击力。任何资源经过加工，可以改变原有性状，如木材经火的萃取，可弯曲成车轮形状。

伊斯兰世界感到了威胁，他们开始准备与蒙古开战。蒙古不需要战争准备，在蒙古的生产活动中，已经含有一切战争物资。当时普通的蒙古家庭，已经富裕到普及铁器器具，藏有坚固轻便的皮具，很多银光闪闪的餐具。军工业推动了民品，蒙古从宋朝进口矿石，自己的工匠冶炼钢铁，宋朝从蒙古进口羊肉，供应酒肆的肉类菜肴,所以蒙古有很多皮料。但是军工业规模小,没法与欧洲军队相比。

欧洲没有视蒙古为对手,未觉察武器创新的作用。进步需要内在动力,创新处于边际状态,进步需要整体提高,虽然波斯也在学习,但是他们无法提高。中东地区的地理位置优越,各国的新技术在这里汇聚,可是因为波斯和突厥传统,还有阿拉伯人的传统文化,各方势力不愿意放弃权力,伊斯兰教争夺货币发行权,排挤犹太教和基督教贷款,搅乱原有各国的贷款格局。

生产皮甲需巨额资金,通过增加生产投资量,蒙古发行了"大朝通宝",它有银、铜两种铸币,后来为了节省铜料,又铸造"大朝合金",加入很多铅成分。元以前的蒙古称大朝,这些铸币上面是汉文。发行需测算资源用量,小平钱足以实现目的,测算之后便沉淀下来,从此失去了调动能力。贷款方式的改进,带动社会的进步。

技术成分变成生产程序,由严密程序控制的生产,必然降低生产操作难度。一些人对企业流程的控制,不仅不是技术能力的表现,而且是技术被抑制的效果。生产者容易陷入认知误区,误解生产控制的形成机理,技术实现前采用人为控制,这些人动用的是暴力能量,只是表面似乎含有技术性。技术信息的本质是程序控制,只对本生产方案有效的技术,可以占有生产收益的大部分,却未产生解决问题的通用性。

蒙古没有太多工作,竞争带来产业升级,很多简单劳动移出。蒙古生活轻松,除了喝酒摔跤,就是读书学习,抓紧时间学习,装备自己大脑。每一次面对生产任务时,他们利用所学研发程序,将其变成一本管理经验,详细记录每个检验步骤,生产控制力已消化在内,不再需要加以人为限定。所以在这样的企业当中,不需要技术和管理人员。

这些充满技术的控制程序,成为各行业通用技术文档,加速生产信息的交互流通,实现行业整体的发展飞跃。蒙古人消费者关注自我匮乏,有动力研究相关领域,这样便促进所有科学。如果有人全天劳动,会被市场立刻淘汰。

蒙古建成了首都哈拉和林,这是一座建筑艺术博物馆,各国的技术精英云集于此。由于政府尊重产权,文学艺术得以强化,艺术表现消费意志,感受消费不同体验。在蒙古城市中,所有产业同时出现,铁铺鳞次栉比排列,形成初步产业集群。生产增长聚合人才,各国均有人才投奔,这里多了外国面孔,弥补劳动岗位空缺。吸收劳动力有利于安靖,周边国家因此受益不少。

蒙古对国民严格管理,一些人被迫收押监狱,市场减少了不当行为,经济发展才会有底气。人才聚合产生新想法，新想法是创新性知识，蒙古白钱支持新产业，它制造生产上的压力。蒙古形成很多市场，各类产品独自经营，形成各自的交易市场，也推动基础产业发展。生产者面对压力应变，自然在丰富产品种类。

畜牧技术得以升级，蒙医广泛使用盐法，盐成为基础的手段。欧洲多次暴发瘟疫，大大削弱经济实力，蒙军进攻欧洲腹地，欧洲在爆发黑死病。人类的很多疾病，比如天花、流感，皆为牲畜传染的。欧洲医学非常落后，源自欠缺社会福利，凡是社会福利低处，医疗水平肯定很低。因为投资医学研究，初期便在福利状态。个人的实力不足以投资，只有国家投资医学研究，才能生成普遍的收益。

蒙医一直在借力国家，大量从宋朝学习知识，它的理论是五行学说，表现中原的思维本质。因为蒙古扩大组织力，所以从未爆发过瘟疫。与中医手法相同，蒙医也论证阴阳，采集自然之物质，进入治疗的手段。在蒙古行军记录中，曾经流行过瘟疫，医生用大黄控制了疫情。人和自然是整体，对总体好的事情，对个人也一定好，对总体坏的事情，对个人肯定不好。

医学需要不断投资，若男性不参与生产，可以进寺院学蒙医。小孩到了入学年龄，喇嘛会来接到寺院，接受免费义务教育。寺院不是只讲宗教，而是全部的教育。不论想学什么，只要感觉兴趣，喇嘛均可授教，由政府出费用，且学习者免税。寺院是公办的，学习多于生产，社会矛盾减少，学习环境宽松。

蒙古人赞成福利态度，与其他民族形成差异。在和谐的社会里，生产竞争在于创新，创新来自刻苦研究。野生动物数量太多，军队组织大型狩猎，以此减少人畜疫情。这是一个共享的社会，充分使用了货币收益，货币收益即贷款利息，应当弥补消费的缺陷。

消费缺陷是货币问题，只有通过货币的解决，才能表现公平的效果。社会福利没有转移资财，无法对应任何利益损失。蒙古的官员不是上级，而是反馈意见的下级。官员地位反映市场秩序，生产者要对消费者感恩，这是市场化的策略互动，设身处地站在对方角度，为对方的消费利益考虑。

消费者不必感恩生产者，老百姓只应当感恩皇帝，不会感谢农民生产粮食。这是基础的社会伦理，儒家设定为官员品质，内地官场不认可品格，官员在接受百姓感恩。如果这种道理成立，皇室便对生产负责。皇权与政府失去界线，皇室必然在助纣为虐。而在蒙古地区，官员对百姓感恩，可汗对官员感恩。

蒙古遵从中华传统，给孔子的封号极高。孔子的声望升高，愈发被皇室推崇。儒学强化税收能力，提供中央政府信用，强化皇室政权安定。可汗受到极高尊崇，成吉思汗被视为神。一切信息通知可汗，于是全国设立驿站，建立最早的公路网。驿站形成网状分布，不是中心向外发散，而是全部相互关联。

因为有这个意识，在征服的过程中，保留了政府人员，维持当地的秩序。征服追求利益回报，多杀人不符合收益，只会增加战争费用。蒙古的征服为了商业，恢复各国的贸易往来，所以军队先恢复政府。当地百姓可提出要求，形成政府的工作压力。如果官员努力工作，会得到积极的评价，如果工作没有到位，可汗敦促他们履职。

驿站不仅服务帝国，还延续到服务战争。商人可以免费住驿站，这笔费用由财政支付，驿站里有向导和牲畜，在每个节点均有驻扎。如此培养了蒙古人的性格，遇到不公正愿意出手帮助，这是市场发挥作用的效果。可汗的权力来自货币，由于货币超民族范围，可汗对国民态度一致。货币在产生巨额收益，而这些收益归属民众，可汗是为消费服务的，消费是人的本质特征，消费是为人性化服务，全面照顾每个人生活。

由于没有后顾之忧，生产者在安心工作，精致加工每件产品。消费者可以认真生活，消费激发了研究兴趣。郭守敬是当时的数学家，数学是基础的科学知识，随着商业核算发展起来，可以用来测算货币边际。学习者均要求上进，进入科学研究状态，国家投资研究活动，牵动生产淘汰落后，可以产生货币收益。

老人积蓄了许多知识，保护老人是蒙古国策，喇嘛保护老人的同时，向老人学习传统医术。喇嘛负责传承生产知识，工艺复杂技术需要记忆，而不是简单书面的描述。凡是尊重市场的国家，一定尊重每一个公民，不允许任何形式的歧视。城市主体是公共服务，城市是服务共享之地，温度比周边的地区高，符合老年人养生需要，非常适合养老的地方。

人口流动带来养老的困扰，喇嘛寺没法管理流动人口。喇嘛定期来访蒙古老人，为老人准备生活用品，持续为老人提供服务。养老只是其中的一部分，社会福利涉及所有国民。每当新婴儿降生，均会馈赠一笔钱；每当蒙古青年结婚，均会送去一套帐篷；如果家里有老人，免费提供生活品。老人支持产业投资，支持公共设施建设。

有了公共服务的保障，老年人有独立的生活，不与青年人争夺资源，愿意与青年分享知识。人们享受的福利越高，品质越服从社会规则。蒙军的纪律非常严明，因国民年老有人照顾，故军人不用劫掠财宝。蒙军一边征伐一边建设，修筑了数以千计的桥梁。蒙古人没有这么多知识，青年人不断学习新知识，他们像草原的狼群一样，在知识中寻找微小痕迹。没有成年的压力和烦恼，小孩子变得快活了很多。

蒙古人有很多合作生产，他们按抓阄的方式分配，保持合作关系上的平衡。抓阄用的是嘎拉哈，老年人用它来占卜，小孩用它创造游戏。好玩是人的天性，是创造力的表露。这样的家庭教育是先进的，父母希望自己的每个孩子，并且制造玩具给他们游戏。蒙古人在自然状态成长，没有受到生产系统压力，人的性格则变得和平了。老年人不对青年人施压，青年人可轻易修正知识，通过自我辨识建立认知。

学习的过程是感悟知识，生产知识可以举一反三，因为知识具有消费关联，只有通过寻找这些关联，人们可以找到知识效用，知识结构得到全面升级。如果企业不能随时更新，则不能跟上时代的进步。蒙古发展的优势在智力，而经济竞争比的是智力。军事行动也是如此，若盲目服从指挥官，会陷入被动的处境。

蒙古军队能以少胜多，控制超过本土的地盘，不光依靠作战勇猛，重要的是信息收集，这是一支信息化部队。蒙古军的参谋是流动的，平时为各部门提供信息，战时派遣小队探查消息。拟定计划之时，有战斗经验的，在当地生活的，均可以任参谋。蒙古企业有设计部，军队设立了参谋部。依形势调整作战计划，达到出奇制胜的目的。工匠用青藤和皮革，创造一种空降伞兵，成就了战场的奇迹。

作坊内部各种管道，原料通过管道传递，到达生产的末端。蒙古的生产严格监控，可汗有权动用货币收益，政府有权订购公共服务。公共服务属于中间产品，本身不能产生生产收益，被其他企业利用来生产，政府税收这些企业盈利。动用政治控制力，国家如一支乐队，由皇室调整节律。

蒙古军工在民企基础上，由中央武备寺统一控制。如果前线需要什么武器，会铺天盖地运送过来，不论有多少人投诚，均可快速武装起来。市场和政府同时采购，故总体消费数量庞大，可以细致地设置分工，原料采购完全市场化。

在战争的征服期间，先遣部队发放旗帜，只要敌军举旗投降，蒙古军队不杀对方。蒙古不是好战民族，每次看到和平希望，军队便会主动撤兵。此时主张和平的人群，无视引发战乱的要素，当经济秩序打碎之后，只有战争可带来和平。

蒙古生产系统的先进模式，突破能源与产量线性关系，能源的消耗比数量增长快。当地的工业进程相对比较快,超越其他国先进入工业国家。这些成绩完全依赖政府控制,政府的超强控制如同推动剂,推动整个蒙古社会高速运转。

不论政府控制的自然资源,还是采用实物税收的方式,均严格遵循货币交易规则。蒙古独立建造高轮大战车,装配的部队号称铁车军,成吉思汗征服世界,令欧洲军团望风而逃。这种车原来是民用的,铁件外表涂上黑漆,非常耐用的交通工具,蒙古家庭均有几辆。

取得欧洲的远程投射装置,又有南宋的火药制造原料,蒙古成为军事研发的大国。蒙古的火药技术很强,为热兵器创造了条件。铸造远程铜制火炮,这是最先进的武器,它的外壳是石头的,里面掏空装入火药,炮弹可以破坏城墙;近距离有火焰喷射器,有燃烧的凝固汽油弹。

在蒙古帝国组建的军队中,这些热武器成建制使用,蒙古军队设有"炮手万户府",组成一支五百人炮兵部队。在这样的军队里面,各种武器不计其数。只有先进的武器,才能够横扫亚洲,超越几万里险途,进攻强大的欧洲,且以解放的神威,保护那里的居民。

大汗国的纸币通行全国,对于西欧的旅行者,这是实在的震撼力,这些消息传到欧洲以后,欧洲人以为元朝遍地黄金,剩下的只有羡慕、嫉妒、恨,连小孩也仰慕大汗国。儿时的马可波罗倾慕中国,长大后想象《马可波罗游记》,描述了元朝的盛世传奇……

第三节 忽必烈的政府攻略

忽必烈坐上皇帝宝座,举目遥望庞大的帝国,全国一片萧条的景象。规模小的中央政府,无法应付繁多数据,元朝没有大型政府。北方得不到发展机会,而工业资源在北方,人口便向南方流动。国际贸易环境要求很高,为了建立统一市场秩序,需要皇室无偿帮助弱国,元朝皇室不愿承担责任,元朝帝国至此不再扩张。

蒙古国的发展经验可知,通过学习中华的传统,蒙古地区在快速跃进,跳过了很多历史阻碍。如今在大帝国的疆域,各地市场规则被破坏,市场需要平稳的秩序。这些纠纷来自规则冲突,治国之本在于规则公开。

非法行为处于竞争,所有的生产不合法,当地官员涉及违法。此时官员是不能执法的,必须由独立的司法管理。充分考虑了所有因素,忽必烈照搬蒙古法律,新法律是比较简单的,但是更有效发挥作用。

政府又被新法律监控,所以迅速稳定了中原。南宋的官员未被录用,成为社会的闲散人员,散布一些不利的信息,忽必烈没有禁止这些。南宋的政府控制了枢密院,政府不断出台经济政策,照顾一些行业的生产者,造成行业竞争不充分,资源分配集中到南方。

各地居民是流动的,西域在向内地移民,创造出来新的需求。宋朝有强大的贸易能力,却始终未从外贸中受益,并非国际规则违背常理,而是宋朝国内政策失误。虽然生产的重点在南方,可是当地资源已经枯竭,全国经济不能统一协调,将造成资源的高度浪费。忽必烈意识到市场定价,为各职业设定工作收入。如果职业收入不合理,恶意推高官员的收入,势必影响生产的情绪。经济得不到发展,将导致政权垮塌。

元朝印发"中统元宝交钞",它是以白银作为储备金的。纸钞首次超越刀枪的力量,中央政府信用度空前高涨。纸钞降低了货币发行的成本,极大提高中央权力的自由度。此时政府没有会计记录,政府尝试全国运行纸钞,纸钞减少了获取的代价。但是纸钞很容易被仿制,如果不能提供会计核算,便很难保证货币的安全。每一个地区信仰不同宗教,提出不同的福利待遇要求,所以必须以宗教控制投资。

在元朝广大领土上,建立了各宗教的教堂——佛寺、道观、清真寺,教堂均负责发行货币。元朝政府按照其控制地域,逐层提供生产货币的供应。例如丘处机进入中央,指挥全国的道观工作,遥控南方的正一道,及北方的全真道。自此,道教负责底层小额贷款,佛教负责上层大项贷款,道教是多神的信仰,迎合百姓的日常需要,佛教是长期的回报,迎合大项目操作运营。

但是多宗教控制的金融,产生很多关于福利之争,政府被迫取消公共福利,改由单独对贫户发货币,这种方式破坏社会福利,直接捣毁了社会价值观。宗教容易产生群体意识,会以小群体利益为核心,而做出违背公益之行动。在南方农业发达的地区,农业上需要的融资很少,其资金集中到手工业,为了照顾这些小企业,中央承诺纸钞可兑丝,故纸钞是以锭为单位。丝是南方手工业的原料,这是对南方富人的支持,南方这些富人雇佣平民。

皇室敦促政府发布的政策,是为了建立事件的合法性,倾向于收益即承认其合法。丝帛被地区的贷款政策垄断,富户不愿抛弃人力密集产业,而这些产业不适宜扩大投资。投资转向煤炭、畜牧、木业、马具，对新兴的手工业产品增加生产货币。柴火只需要少量生产者，煤炭是集约型生产组织，需要大量生产协作关系。哪一个产业获得更多投资，自然增加行业的工作收入。

当然，为了确保社会福利的供应，元朝政府特别发行供养钱，它的背面是八思巴文干支，养老人群固定在城市地区，他们普遍认识这些文字的。而且，元朝加大政府养老的宣传，强化国民文化的敬老意识，随着货币信号的不断扩大，人们的理性得到相对增加。

由此明确了成年人的界限，少年心理意识中只有自己，需要不断询问别人的意见。而成人根据货币收益决策，从而固化了成年人的标准。社会福利对皇室是压力，皇室很难提高自我收益，因为皇室收益来自生产，如果皇室不能精确测算，如果生产系统拒绝支付，皇室根本无法提供福利。

这些措施保证货币安全，货币必须自身是安全的，不受到生产系统的控制，它表达的价值包含计算，所含有的计算越是精确，生产系统越是难以造假。这是制造金属币的原因，金属的基础产业很广阔，吸收的数据核算非常多，这些数据得到相互验证，在交易时刻很难被篡改。但是随着产业的扩增，金属产业是其中一个，如果各产业依靠文字，纸钞则涉及更多产业，更加适合数据的监控。

忽必烈的货币发行受阻，筹划的都城设想将落空。蒙古地区没有令他失望，都城哈拉和林接纳纸钞。为支持都城的建设，老城的资源拆迁过来，留下一堆元朝纸钞。货币发行是债务，预定福利的债务。社会福利不是随意设定的，需要设定一系列环境条件，留作实现货币的预设效果。纸钞印蒙汉两种文字，牧民放弃原有铸币，改用新式货币单位，没有发生本质变化。纸钞出现表现生产进步，金属不再是稀有的资源，不再适合承担货币责任。

没用多长时间，牧区重新组织生产，转型畜牧的深加工，吸引来内地的皮革需求，牧区市场重新热闹起来。由于生活压力小，可以仔细观察细节，价值判断精度增加。在市场进步的情况下，各种产品的差异很小，感知消费的细微差别，将导致生活品质增加，对生产的要求更细致。

如此一来，牧区逐步增加税收，弥补了拆迁的损失，恢复公共服务供应，社会福利得以恢复，蒙古重回安定生活。牧区快速形成三都市，和林、上都、应昌，皆为当时的繁华城市。此时还没有完成全国统一，纸钞受到了各方面限制。

元大都经济飞速发展，因为有皇帝直接控制，生产投资不受当地制约，这里建立超大型工坊，大都保有几十万工匠。企业如雨后春笋般涌现，地毯、木器、铁制品等，成为核心的投资型项目，他们夜以继日辛勤工作，加上整体搬迁的皮甲业，大都形成齐全的产业群。

在所有工厂中间，皮甲厂规模最大，一般有一千多人。如果按照资本实力，畜牧业一定在最前，加工产业肯定落后。而金融打破这一秩序，皮甲业的排名被提前，成为竞相投资的热点，从而推动手工业发展。

随着新行业的诞生，政府需要强化管理。扩大投资产生新行业，而资金仍在旧的行业，不受市场规则的限制，造成旧行业淘汰停止。例如禁止酿造高度酒，酿酒作坊多数在南方，因为北方的消费力强，南方在长途贩运米酒。前朝没有高度酒，也没有酿酒作坊，只有低六度的酒，全部在家中自酿。酒一旦成为商品，品质设定为目标。低度酒容易酸腐，经过一番蒸馏后，酒的品质提高了。

蒙古人一般喝马奶酒，西域各地喝葡萄酒，富区用银制造餐具，白银具有消毒作用。银矿也增加了投入，还在加倍生产白银，这是经济良性循环。此间积蓄的白银产能，一直释放到明朝中期。在新货币收益下，政府加大公共事业。政府在城市设立警察，对社会进行精细管理，警察负责平时的巡逻。设立兵马都指挥司，负责管理城市治安；还有常设的留守司，负责营建修缮建筑。

在社会控制方面，元朝是世界之最。在辽阔的国土之上，几乎没有暴力事件，外国人可以一路走，不用担心遇到强盗。即便在蒙古地区，也设立了畜牧院，凡事皆由专员负责，社会自然安定和谐。警察制度很完善，巡院掌握家庭情况，元朝已经开始国民统计，这是民族史上的首次。前朝政府负责的统计，那是生产情况统计，只统计男丁人数，不统计全国人口。国民统计意义重大，在为福利标定服务，分享人口统计资料，才可能有投资管理。

前朝的部分军户，有一部分负责战斗，一部分负责屯田，军人需要转入行政事务。而皇室不设立常规军队，军队只是完成征服任务，中心是要建立商业秩序，精力必须转到经济上来。很多军户进入煤矿，成为煤矿劳工家庭。元朝的采煤业非常发达，煤对环境保护作用极大，大气环境得到很大改善，改变了人们的日常习惯。经过生产能量的升级，公共澡堂是新兴产业，加大改善了卫生习惯，中原进入文明阶段，社会可以出现新事物，生产上才可能有增长。

政府负责城市管理，旅店住宿都有登记，政府支付管理费用。政府管理的范围越多，越要接受民众的监督，这样可以减少工作量。官员接受百姓的监督，降低了官员决策成本。蒙古政府是高效组织，重要文件必有管理者指印，伪造文件需要负法律责任。出于保护居民的目的，大门口贴着主人名字，警察便可以逐户管理，如果有家庭丢失物品，找到后可以归还失主。

由于有信息收集传递制度，驿站连通帝国的大小城镇，马具和饲养成为独立行业。公共投资决定产业布局，政府无需调整产业结构，政府不必负责生产系统，自然不接触生产性事物，否则涉嫌故意违反法律。元朝开始定政府法规，规范政府官员的行为，这是法律规则的进步。

元朝境内有主要四大民族，蒙古族是人数最少的一个，而它们留在元朝的人很少，多数蒙古人去了四大汗国。由于管理比例悬殊，在管理上追求高效，于是改变行政文体，与百姓的说话相同，如此依然难以扩张。

蒙古人分布在各个行业，后来复用科举遴选人才。在官员的行为和语言上，达到表达和结果一致性，便可以放心用汉族官吏。但是给予少数民族平等，在录取名额上规划比例，不让民族差异影响选择。官员的责任在消费系统，民主制度针对消费公平，必须执行不平等政策，照顾消费系统的少数。

由于货币标定了收益的边际，认可货币的人猜测符合实际，故全体的决策表现群体智慧，可以推动社会得到总体收益。这种照顾不是追求特殊，而是消除消费上的特殊。全世界皆为平常人，所有平常的人一样，均应受到相同尊重。

科举是选择官员手段，不是控制官员的标准，官员要善于表达民意，这就在增加政府压力，官员须完成这些责任。所以随着期望值的增加，元朝的很多官员被淘汰，剩下的少数人符合标准，后来忽必烈恢复了科举制。此时进入官场的多是平民，富人排斥平民的时代终结。经过人文环境设计，社会实现初步公平。

各族人才都有机会选用，蒙古青年也到市场求职，说明人才竞争是公平的。只要市场公平竞争，资源处于竞争状态，最终产品不会剩余。社会发达在于生产效率，积极生产来自内心安定，歧视负影响是国家损失。从蒙古人开始管理，社会风气得到改观，民间可以自由批评。作为统治者的蒙古人，可以接受汉族的批评，尽管有的不符合事实。国民的心情得到极大舒展，讽刺政策的杂剧进入皇宫，各大臣看了之后一笑了之。

元朝设计了行中书省，有效控制的领土增加，国家扩张很多的疆域，包括实际管辖的西藏。政府控制需要蒙古人，一地只有一户蒙古人，政府规模扩张不到位。由于信仰的差异，民族之间不通婚，蒙古人受到拘束。蒙古是一夫一妻制，人口增长非常缓慢，所以在蒙古帝国时，军队只有四十万人。

政府人事排斥竞争，自然也不需要科举，汉族士人依赖科举，故对政府意见很大。此时的政府已足够大,分为行政和司法部分,司法部分由皇室控制,这部分用不着科举制。如果实行科举取士,少数民族受到歧视,那是不公平的制度。

城市居民排斥流民,城民称为"坊郭户",是城市的非农人口,成为法定市民阶层,单独享有社会福利。因此流民成为乞丐,得不到社会的照顾,坊郭户在特定行业,不是接受货币收益,而是行业赐予利益。

特定行业受投资照顾,行业重心是丝帛产业,其强烈反对元朝政策。皇室有很多照顾项目,继承了蒙古帝国传统。在某些节日里,老人们被请进皇宫,皇宫有详细的规定,老人穿上金丝外衣,接受高级别的餐饮。这些老人居住在城市,均为有产者的小群体。过去建立的节日,也是应民众要求,劳动者需要休息,向皇室提出节日,故皇室给定假日。

改成民选官员后,官员的态度骤变,原来穷凶极恶者,则马上卑躬屈膝。官员工作非常简单,只要按照规则办事,遵守各项规则即可。但是蒙古人数太少,根本无法影响决策,第一次纸钞尝试失败,为了保住南方不造反,中央政府发行新货币,尚书省负责回收宝钞,因此释放了很多丝帛。

新钞为"中统元宝钞",褪去了质押品的背景,中央政府承诺兑换铜钱,货币单位为"文"和"贯"。此时元大都建设停止,已经没有实力继续。蒙古传统鼓励生育,现在情况有所变化,鼓励生育政策伴随投资,蒙古时期增进社会福利,不用给新生儿提供工作,工作必由自己意愿选择的。而元朝放弃社会福利,必须为他们提供土地,这项政策鼓励农业,扩大内地耕地面积。

社会管理渐趋严格,汉族知识分子群情激奋,因为包养的资本在崩溃,由此形成了汉法派思潮,与蒙古草原派思想对立。煮盐行业,木炭行业,等老式行业,因为新兴行业,投资被强行转移。他们成为时代受害者,他们要反抗元朝统治。

南方对富户的税收过低,江南粮食失去价格优势。南北海路通畅,大量粮食北运,北方出产铁器,满足南方市场。江南商人精明,争相贩运粮食,结果米价大跌。等到元朝扩张税收制度,粮户感到难以保证收益,他们纷纷选择经济作物,例如西瓜、蚕豆、亚麻,由此粮价也得以稳定。

每个人都想要成功,但是成功不在于工资,因为货币自动调整工资。生产货币流向决定工资,生产者不能破坏此趋势,不可组织人员抢夺投资。此时生产者等同生产资源,被动处于货币的自动核算,工资由市场自动决定,资源流动决定生产收益,资源的流动由货币实现。

第九章 发行策略时代——元朝

元朝继承唐朝的货币体系，货币发行单位是解典库，即唐朝时期寺院的质库，用解帖与中央传递信息，向百姓发放的解帖多了，枢密院也向它增发货币，它在负责调节货币用量。而且，寺院和道观借富人之力，让他们自己开办解典库，提供贷款的同时定利息。若寺院和道观不能放量供应，实业的收益大于解典铺收益。

货币自然向解典库回流，即提供枢密院增发的信息。实业是解典铺资金唯一出口，由此产生了决定利息的能力。经过若干次反复贷款取利，解典铺资金全部转成他的，他们成为金融产业实有者。因此政府又设立解典铺，负责控制金银交易，起到平准物价的作用。

枢密院利用解典铺变相设定利息，利用市场核算机制平衡货币供应。民间储备了大量资财，解典铺是在激活它们，政府控制着大笔金银，可随时置换这些资财，让生产保持旺盛局面。为了生产资源的周转，官营的当铺提供融资，此时的当铺叫广惠库。经过这么严密的设计，生活和生产需要的货币，都有专门的机构负责。

这是为了淘汰高利贷，实力雄厚者才能经营，私营典当业实现盈利，则市场消灭了高利贷。设定利息必须符合边际，高了必入高利贷的范围，低了会造成借者的亏损，借者是不会选择低值的。富户获得了金融资本，但是他们的资源有限，总是希望用自己资源，改变新生的生产方案，从而造成潜在的风险。但是生产者没有决定力，科学生产的监控在皇室。

政府对抗生产系统，不断去除劳动成分，须对富户采取措施。劳动成全了富户增收，但劳动损害生产品质，造成社会系统性损失，被动地降低社会福利。为了控制地方势力，元朝设定了行省制。行省是行中书省的简称，代表中央政权的权力，中书省临时派出的机构，它的职责负责货币发行。

若一地遭遇天灾人祸，由中央负责重建资金，再发行货币回收效益，将局部地区风险降低，分摊到全国行省范围，实现系统的责任平衡。债务融入货币收益的增加，是在证明政府的经济贡献，这是一个良性循环。但是江南有自己的做法，他们不断抗争中央集权。

生产收益相关联，没有更高的价格，也没有更低价格，市场价格处于边际状态。通过地方武装争夺，南方取得市场暴利。货币制度反映了人际关系，借款人和贷款人之间，计算着各自的收益。虽然两者直接交易，却不能独立作出决策。贷款对借款的权力，借款对贷款的责任，汇聚为国家的控制。元朝设置先进的枢密院，这是国家权力决策中心，也是概率论研究的成果，决策建立在科学抽样上，数学发展导致政治进步。

而政府方面设置六部，负责执行政治决策；各个地区有行省，各地设置独立的军事卫所。决策机构是枢密院，统领各级行政机关。为了实现这些政治设置，各地设立军器制造局，生产项目有管理局。这些设计集中了全球智慧，各国政治生态均有贡献。按照法治化的新标准衡量，没有一个汉族官吏符合要求。对于贷款系统的管理，寺院不是具体操作者，寺院的上级是枢密院，枢密院负责审核贷款，他们只负责地区核算，横向比较物价的高低，达到全国物价的稳定。

为了识别贷款者资格，政府设专门户籍——翰脱户，他们受当地政府管理，将贷款分配贷款者。翰脱户区分行业特点，可以把握贷款的缓急，以及行业的特殊需求。贷款的两级分属不同系统，地区放贷由宗教控制，行业放贷由政府控制，枢密院掌握贷款总额。两大系统相互制约，也分散了权力集中，一些地方出现意外，尤其少数民族地区，他们贷款之后不还，地方政府也不追查，造成市场环境不公。

一旦贷款系统瘫痪，影响最大的是食品，这个行业变化迅速，对贷款的走向敏感。所以为了保证食品安全，元朝设立多所国家牧场，畜产品可满足城市需求。这一决定违反贷款原则，翰脱户加大对内地贷款。如果平均地分配贷款，江南的环境肯定污染。蒙古草原没有被破坏，由于寺院节制地放贷，刚好满足畜牧业贷款。而翰脱户不管这么多，他们也要求江南如此。在南方的官窑和私窑，产量越少而价格越高，他们砸毁一部分产品，制造市场供应的短缺，这是瓷器业的潜规则。若加大此产业投资，水土流失已成定局。而环境是市场基础，破坏环境失去市场，企业无法正常生产。

中原缺乏产业的合作，需要忽必烈改革，佛教徒大多出身富户，主张倾向富地放贷；道教信徒一般出身穷户，主张倾向穷地放贷，引发贷款取向的冲突。可汗曾经召集佛道辩论，用以平衡贷款上的公平。贷款指向高端的蚕丝，拒绝低端产品的棉花。

绵花的效用高于丝绸，白绵的田间管理复杂，需要大范围水源浇灌，需要投资水利大工程。如果对棉花产业投资，会拉动大批穷人致富，富户不接受这种政策。穷人只能劳动致富，可是劳动多穷人穷。富人在暗地里致富，用的是黑社会方式，收益向他那里积聚。

贷款落到了丝加工行业，富人占有市场控制力。蚕丝不易存仓，富户以银替代，用银大宗采购，摆脱政策束缚。元朝的法律规定，民间不允许交易白银，金银必须在银铺交割，白银并没有脱离货币，只是转入了平准资金，从而限制江南的投资。帝国各地设立银铺，如果货币停滞某地，银铺高价收购白银，消除富户内部交易。

白银是国际贸易的硬通货，可以代替法定货币的信用。钢铁业得不到投资，便没法更新农具，影响农具的质量。如此形成了恶性循环，文人支持垄断资源，联合富户对抗政府。元朝政府不得强化控制，限制富户的农田兼并，设立官田、学田、职田。

蒙古财政部门是资政院，它必须维持统一的政策，如果这个部门出现分歧，帝国会丧失全部控制力。但是全国政策统一，进行过程非常艰难。河南地区相对富裕，而其他地区依旧很穷，柜坊很难平衡贷款，只能接受地域差异。地域的贫富差异，造成了相互歧视，而且情况在加重。

市场有自动的调节能力，优势行业积累大量资金，会沿着产业链向上扩散，它由各地政策不一造成，故不能算作金融的成绩，只是转移中央放贷资金。地域歧视则从转移资金中产生，双方都会求助于皇室的权威性，所以造成皇室介入到贷款系统，各方力量在资政院中发生角力。

为了真正代表当地的利益，皇族分管各地的人改信仰，比如河北信伊斯兰教，忽必烈孙子驻守此地，阿难答因此改信真主，在元大都建立清真寺。资政院是中央的金融机构，可汗家族全力支持资政院，目的是维持皇权的统一性。皇室的办法只有一个，不断更换合意的宰相，由于各地的矛盾加重，宰相的权力似乎变大，各地莫名其妙赞美他。

皇室必须为社会负责，皇族内部在相互残杀，皇帝的更换时间缩短。政策一直在左右波动，影响了货币的信誉度，纸钞败在了金银之下。没有实现国际贸易的结构，蒙古帝国大一统构想失败，帝国军事实力也随之衰落。

金银不是法定货币，本国的制造业强大，推动本国货币增值，将会减少对外采购。金银消除了货币质差，将各国拉到相同位置，不必对生产智力投资，只需要简单交换产品，便可以维持市场饱和。元朝的生产力被制约，让宗族势力控制贷款，即便底层的放贷者，也在照顾本乡流氓。

宗族是皇权弱化的表现，货币发行过程变得模糊，让宗族介入到发行程序，于是宗族具有隐形权力，产生广泛的社会决策权。因为无法均衡资本，市场价格发生动荡，很多农民家庭破产，幸运者为富户的佃农，而流浪者则食不果腹。富户在抢着兼并土地，宗族抢占死者的遗产，社会上的产权被打烂，穷人家庭越挣扎奋斗，贫困的状态越是严重。

❖ ·货·币·缘·起·

蒙古族官员与皇室同心，他们要求改革帝国货币，防止富户干扰市场价格。但是汉族的军官不同意，其军权来自殖民地扩张，他的地位由皇室授予的，不是市场收益中得到的，他们要求皇室用金银制。皇室不会让货币退步，百姓害怕辛苦的所得，被一些纸片瞬间夺走，却没有想到中原缺银。面对日益贫困状态的人家，蒙古族官员含泪拿出薪俸，帮助这些穷人还清了债务。忽必烈听说了此事，皇室成员大为震惊，命令地方免除公债，皇室出资还清私债。

皇室发行"至元通行宝钞"，可以同时与中统交钞并用。宝钞一贯当交钞五贯，立减富户大部分资财，缩小了社会贫富差距。由于中统钞可兑换白银，虽然只是在理论的设定，中央与地方间用中统钞，民间交易还是用至元钞，元朝货币进入了平稳期。

各地政府再接再厉，于各地设立平准库，负责兑现有价证券。比如发行盐引和茶引，从总量上控制发行量，保证生产货币回流。皇室在全力补救，为平抑物价水平，政府设立常平仓，准备巨量救济粮；又设立常平盐局，强化食盐的救济；再设立酒醋物坊，救济生活日用品；最后设惠民药局，供应免费的药品。

元朝的生产模式没有变化，生产收益在向少数人集中。市场内的纸钞已经泛滥，增发纸钞滞留在市场，加重了金融上的危机。高端产业必须依靠财政，巨额投资支持智力行业，但是皇室没有能力操作，这种企业慢慢变成负担。财政收入依靠货币制度，如果货币没有收益，保证不了财政收入，经过一段时间的积累，肯定会国家财政破产。

于是米价上涨了六七倍，有的地方达到十倍以上。江南富户开始囤积大米，米价增高碾户纷纷破产，当米价抬到一石一百贯，政府也无力供应救济粮。货币控制系统错误，必须得到及时更正。

> 当一个国家经济出现问题的时候，生产系统只有生产力而无力增益，政府失去了持续增加税收的能力，此时的中心任务是出售积压产品。元朝的末期正处于这种状态，各地区开始独立投资与收益，为了保卫自己产业上的利益，形成地区与中央的武装冲突。随着战争局面不断扩大，历史选择了应对正确者……

第四节　绵花兴起与元灭亡

经过很多年的经营，北方经济飞速发展，在很低能源消耗下，实现数倍增加产量。进入元朝的中期，北方的农产不输于南方，由于人数明显少于南方，生产能力已经超过南方。北方仍然是连年的征战地，后被南方燃起的战火焚毁。此时出现了摩尼教，它在南方发展壮大，根据地在河南地区，是后来的明教组织。

明教要求中央停止内战，重新设定新的自由政策。摩尼教是一个传统宗教，它注重文化和生态系统，反对生产对自然的破坏。明教要恢复自由社会，号召废除解典库金融，此地少有上缴税收，后来武装脱离了中央。

河南人急切需要资金，回鹘人视为一次商机，他们大肆在当地放贷，全部取得丰厚的利润。此时黄河经常性的泛滥，虽然元朝政府无力承担，但是出于政府职责考虑，政府依然组织民工疏浚，动用了十五万劳工人口。元朝多次组织运河工程，振兴了帝国的水路运输。这些工程持续了三十年，一直在采用以工代赈，解决了财政上的困难。却被汉族官僚指责，控诉官员劳民伤财。

摩尼教不反对中央集权，他们追求被文明秩序控制，为此提出一套新的规则，即为接受政治上的统治，这些观点得到民众拥护。元朝江山此后风雨飘摇，处于持续不断的反抗中。组织者在河道事先埋下石头，上刻"莫道石人一只眼，挑动黄河天下反"，疲惫饥饿的民工挖出一看，按不住怒火决定立刻起义，由于起义军每人头缠红巾，被当地百姓称为"红巾军"。

皇帝此时是骑虎难下，无法推翻结构的布局，自己则无力改变现状。投资控制在解典库，民众信任当地寺院，不服从皇室的调遣。为了坚持一件错事，必须再做很多错事，用来弥补一项缺失。元朝政府不断更换皇帝，换皇帝即撤换旧政府，重新设定经济的结构。改变政策是容易的，改变经济结构很难，没有智慧很难做到。元朝之前的中原，百姓主要穿麻布，买不起裘皮大衣。可是麻衣不耐寒，遇到寒潮冻死人，冬天百姓很少出门，妨碍了经济发展。

中原所说的文明，指的是人工服务，服务水平越高的，态度越是谦卑的，生产能量越低级。当时绵田技术已成熟，欧洲普及了绵花产业。绵花是一种灌木，每年要重种一次，对水利要求极高，而过去的棉花，出自高大的乔木，采摘非常不方便。红棉树不用浇水，但是红棉产量低，只少量供应市场。例如佛教的木绵袈裟,就是用木棉纺织成的。绵花产业的利润很高,元朝对绵花产业征税,并且设立木棉提举司,可以用绵花代替税收,国内很多地方种绵花。

在伊斯兰的大城市中,遍布营运织布的企业,伊斯兰是绵花的出口地,绵花有很长的生产链条,可以产生后续的很多加工,加工的工厂需要动力。由此产生一系列机械需求,市场创造出曲轴和水轮机。这些铁制机械的使用,极大改变了城市的面貌,铺设自来水和下水道,私人和公共厕所普及,改善了医疗卫生环境。这一切似乎归功技术进步,实质却是生产货币的作用。金融控制消除了货币的停滞,每次生产结束回流全部货币。

建立解典库的目的是测算,货币放贷需要精心的测算,实现完整的货币回流路径。但是解典库已经被官府控制,转变为提供税收服务的工具,它的选择对象出现严重偏差,贷款流向根本不想还款的人。绵花代表先进的生产能量,它能够供应更多的社会福利,这种生产可以改善家庭收入,这种变化是非常巨大的。家庭内部的信息是封闭的,如果家庭成员不能从市场取得收益,转而求诸家庭内部的资源分配,这将导致家庭伦理的丧失。

云南是主要的白绵产区,经过织工积累迅速发展。一切生产始于末端扩张,末端生产会向前端扩张。女性加入生产队伍,生产力得到了扩张。云南还在使用贝币,贝壳特性是耐磨损,在扩张货币流通量。元朝发行纸钞时,规定与贝币并用,故云南货币充裕。云南在滇贝作用下,引发了生产大跃进,因贝币的良好效果,一直沿用到了明朝。

如果当时使用纸钞,并且禁用金银交易,可以满足绵区投资。货币展示了政权信誉,它反映的是消费资财,而不是生产资源储备,经济会恢复市场秩序。在这些发达的地区,政府组建很多国营织坊,近似全部国民持有股份,织坊收益归入财政收入。元朝在北方发展皇家牧场,在南方重点发展织坊。因为资金充足,织染手工细致,工匠云集于此。

由于社会福利的充足,人们很容易找到兴趣点,以较低代价完成消费,所以过上轻松自由生活。随着新人加入企业,技术收益大为下降,完成新老人员更替,工资下降了一大截,生产的成本更低了。金融可以颠覆社会道德,因为男性的决策权下降,女性扩大家庭主妇权力,可以主动采购绵花制品,花掉货币保证家人衣着,由此推动棉花产业发展。

随着社会福利增加,家务劳动不断减少,生育的数量在降低,儿童生活投入增加,这些增加女性决策。她们在家里缝制衣物,将大量时间用于创造,因为没有时间唠家常,社会风气也得以净化。如果女性用金钱衡量人,男性群体

第九章 发行策略时代——元朝

当然排斥她们,一直不许女性参与政事。而元朝女性赢得参与权,皇室非常重视女性意见,这是女权上的重大进步。

在市场竞争情况下,织布的工序在增加,织布的技术在进步,加上云南有多个民族,每个民族均有意象,图案设计的资源丰富。云南的编织和锦绣出名,女性社会地位空前高涨。过去的云南,农业很落后,纺织业更差。政府设立了劝农司,通过增加市场供应,农户之间充分竞争,达到粮价大幅下降。

生产进步提升生产收益,生产收益表示进步成绩,政府有更大的操纵空间,官员也有了考核的标准。在当时的情况下,将辟田作为政绩,但是没有效果,没有投资跟随。等到纺织业得以发展,供给社会福利充足,充分利用外来技术,他们也在创造技术。农业得到了反馈,纺织业增长同时,农产品也在增收,云南出现上万作坊。

在此之前,河南是红棉主产区,手工生产这种布料,不必使用机械设备,因此河南相当贫困。中央政府要求限制红棉,以白绵业替代红棉产业。地方政府不想承担水利投资,依然要保持红棉田产的投资。政府内部出现矛盾,平民要求白绵贷款,富人要求减少棉税。由于中央控制不了,河南农户自发种绵。组织者是一种宗教,他们联合多数农民,拒绝富人收购绵田,保护了一大批绵田。

有很多农民迁至河南,他们是壮大的回鹘人,曾经被蒙古军队击败,他们在故乡种植白绵,对白绵产业深有感情。可是河南灾患非常多,经常闹旱灾或蝗灾,微生物环境被破坏,农田生态失衡之后,食物生产失去保障。故河南出现大片空白,吸引回鹘人前来定居。白绵产业工序复杂,属于高端的生产。要求有公共服务,才会平稳绵布价格。

白绵纺织成绵布,用一年时间获益,对于缺地的农民,是一项创收产品。绵花与种粮季节正好错开,纺织棉布也在农闲时分,棉花产业非常适合农户。由于回鹘信摩尼教,加之双方穿戴相似,常被误认为穆斯林。由于资本家联合制裁人,搞得某些领域民不聊生,很多精干的劳力被搞死,于是出现保护性的宗教,以最低的消费形式生存,避免资本家的群体迫害。

民众得到皇室保护,河南出现的摩尼教,本土宗教增加反抗信心,宗教的目标是保护福利,如果社会失去基本福利,则产生推翻政府的危险。在摩尼教的作用下,纺织业迈入新高度,绵布进入寻常家庭,对绵布的需求扩大,供应能力极度扩张。由于各地持币待购,市场出现攀比现象。河南抓住这一机会,扩大白绵种植面积。

❖ ·货·币·缘·起·

　　提高工资意在产量,若某种产品产量低,吸纳的生产者有限,不会扩大工资水平。在这种情况下,只有少部分生产者,虽然他们的收入很高,但是相对本地的较高,而相对于经济发达地区,这些人的工资依旧很低。元朝的产业很低,必须大规模种植白绵,绵布价才能降下来。此时云南的织工很多,云南与河南形成分工,河南集中人力种绵花,采摘绵花并运往云南,在云南加工成绵织品。

　　当时没有成衣业,只需要纺出绵布。云南集中了大量的织工,他们相互比拼技术,最终成为高超的手艺。黄道婆是典型的劳工,中央政府把她请来,为内地传授织造技术。由于绵花与农田竞争,人力也得到优化,这叫"物尽其用,人尽其才"。河南绵花产业专业化,云南织工技能专业化,织布机朝自动化进步,绵布进入了寻常人家。绵花比粮食成本高,绵田需要大量补水,由此牵扯水利工程,需要政府大笔投资。

　　元武宗着力推广绵花,加大对绵区的投资,为此发行"至大银钞",银钞相当于白银使用,稀释民间白银的价值,防止富户对经济破坏。可是这一做法不被理解,尚书省又专门发布指令:银钞是法定货币,各省必须接受。至元钞作为辅助,尽快兑换成银钞,如果民间缺少小额货币,各省可以铸造铜钱,汉地行"至大通宝";西域行"大圆通宝"。

　　宣政院协助发行蒙钱,在少数民族地区铸造,不同的地区需求量不同,因此有平钱、折二、折三,折意为一当几用。银钞到了江南遇到了阻力,为此武宗在大都设资国院,六个主要省份设立泉货监,六行省所辖的产铜之地,中央设立提举司十九处,专门负责铸造至大通宝,每一文值大银钞一厘。政府规定可用前朝古钱,如此放宽了货币流通量。

　　这是一场私有化比赛,土地的税收增量越大,生产私有化程度越大,私有化是税收的边际。生产者在接受私有化,建立在收益的增量上,土地保持资源的优质,即用在更有效的地方,绵花比粮油作物有效。因为绵花投资的增加,市场新增一大笔货币,粮价更多进入了福利,故相对于物价的下降,土地的价格反而增加。

　　贷款推动了绵花,前期至长江流域,后来至黄河流域。可贷款来自地方,没有中央的支持,造成地区间冲突,瓦解了中央政府,中央控制力下降。国家形成统一信贷,政策不能随意设置,这是中央政府信誉。

　　绵花有三个下游产业——榨油、纺织、服装,不是集中在一个地区,全国在争夺这个市场,必然产生投资冲突。棉籽油不经过精炼,影响食用者的生育,

第九章　发行策略时代——元朝

可是谁都不知晓。贷款在放大产业规模，要求借贷者公开信息，却遇到了地区的保密，贷款在秘密状态进行。

贷款引起了地方愤怒，所有人觉得遭遇不公，生产者内部相互猜忌，形成了元朝内部动乱，接着受到政府的镇压。可是禁言或者镇压，反抗的势头更猛烈。如果在一个开放的地区，对外信息流通比较通畅，人们不可能再忍受欺骗，中央受到大众舆论压力。

金融改革遭到政府否定，三省六部没有相互制约，最后认为河南要求不妥，不用扩大河南福利供应。如此影响了绵花产业上游，绵花生产需投入巨量劳动，未得到福利补偿自然贫穷，棉花产地的百姓陷入困境，引发下游相关产业的萎缩。正确的做法是动用中央财政，为河南当地百姓提供福利，只有超大规模政府采购，一次可以释放很多产量。元朝的市场表现自由，而中央却由家族控制，更新政策的成本太大，政策则一直延续下去，社会组织处于涣散化。

元朝统治者不知如何处理，他们没有适应的管理经验，于是选择二十多岁的青年，这便是最折腾的宰相脱脱。中央没有设定政府合理程序，时不时撤销尚书省的财政权，脱脱时常实验财政扩张政策，帝国的经济控制系统瘫痪。由于政府扩大控制，皇帝退出具体决策。皇室只能关注货币，没有权力制约政府，于是地方各自为政。后来皇室干脆放弃，不愿作出任何决策。

国家发展需要控制力一直增长，混乱是控制力在零点上下波动，一旦中央完全放弃经济控制力，等于经济秩序快速降到了零点。当混乱积聚到一定程度，新皇下令停止发行新钞，新钞只使用了一年时间。至正十二年，一贯宝钞只值十四文，旧钞价值也难以保障。

白绵产业被汉族控制，元朝皇帝能够监督政府，却不能监督生产系统。只要生产系统出假账，政府就失去行动依据，政府也没有责任，生产者也没有责任。国家经济的衰败，唯一责任者便是皇帝。由于需要回收发出去的铜钱，元朝必须加大发行纸钞力度，纸钞发行量在迅速增加，达到了基准年的十一倍。

元朝政府不能控制企业，如果让企业开放信息，只有利用贷款相威胁，强迫企业交出货币信息。生产创造总是追逐小企业，小企业的生产方案不大，可以选择超过边际收益的资源，这在大方案中很难实现。生产创新总在小企业突破，逐步过渡到大企业运营中。

如果政府可以深入企业，哪个企业滞留资源，便启动惩罚性税收，如此才可以解决。可是大业主为了利益，要求政府清理小业主，小业主在触犯资源格局，官员必须证明他们违法。

小企业不容易存活，需要不断获得贷款，但是现在很难得到。失去资金持续供应，企业流动资金断链，难以交纳国家税收，给政府增加了麻烦。政府官员在各司其职，他们强令小企业补税，造成双方的冲突加深。这么多的小企业，大多数是服务业，分散在城市当中，未形成联合行动。纺织业比较例外，它们的规模很小，但数量多得惊人，在帝国广泛分布。

纺织业主身份高贵，因为手下全是劳工，劳工是纯粹无产者，没有任何尊严可言。相对产生的职业差异，导致城市中层级分裂。两种职业差异很大，纺织业主依靠贷款，劳工依靠纺织企业。这些成员很快联合起来，组织追求平等的起义军，他们的目标是夺回土地，耕地作为货币发行替代，成为纺织业的独立象征。

起义军开始发行货币，比如张士诚的天佑通宝、韩林儿的龙凤通宝，一共有八种新的货币。在新货币的作用下，农业和纺织闭合循环，供应纺织业的资源。各路起义军占领土地，将土地化为私人所有，他们瞬间变成了富翁。这些方法本身是贵族思维，这部分起义军失去合法性，他们再用贵族的行动起因，否定贵族生产的破坏结果，自然不会产生行动合法性。

但是持续不了几年，农业产出不足供应，纺织业重新夺回资本。哄抢土地成周期性，富人不断劫掠穷人，上演相同的斗争戏。朱元璋起义不同，他们占领的土地，一分也不分出去，全归入皇室名下。因为没有剥夺国家资产，起义军没有后续的争夺。朱元璋的军队最初非常弱，却很快变成了军力最强大。

明军内部秩序井然，不靠暴力思想控制。朱元璋攻击其他起义军，其他起义军先后灭亡。宗教分发的福利被限制，世界上不断出现新宗教，宗教系统也在不断进步，可以更加精细调节社会。每隔五百多年创造一个，叛逆的新宗教突破局限，将错误的生产非人格化，从而淘汰错误的生产者。

元顺帝要灭这场邪火，宣布停用旧式的纸钞，在各地设立了宝泉司，发行"至正中统交钞"，新钞在减少富户资金，推动商业收益的降低。各代政府连续铸造铜钱——"大元通宝"、"延祐元宝"和"至正通宝"，满足日用品小额支付，减少纸钞对穷人伤害，制止穷人对富人反抗。从这一时期开始，货币机构为"司"，表示与中央的关系。交钞一直持续用到元末，为帝国事业作出了贡献。

日本依靠元朝的发展，承担元朝进出口业务，将绵花产品输送中东，形成元朝的贸易顺差。日本的银矿丰富，不断向输出白银。印度的主要产业是绵花，并由当地部落贵族控制，不许国家开放国际市场。元朝认为自己实力强，如果用纸钞统一市场，可以占领印度的绵花市场。

日本坚决拒绝这个提案，元朝决意干预日本经济，二次调集重兵攻打日本。因为高丽人与日本亲近，元朝要求高丽建造战船，他们故意制造劣质战船。虽然在陆战上打败日军，因为无法在滩头安营地，元军的船只被海浪击碎，二次讨伐日本均告失败。

元朝政府失去局面控制，民众也失去选择的自由。问题没有难住摩尼教，朱元璋从生活中悟道，形成自己的思想体系，带领摩尼教兄弟创业。其中一位学者是刘伯温，朱元璋要刘伯温跟随自己，随时记录整理他的思想。朱元璋自小贫困，被社会生活排斥，做了摩尼教和尚。但是不被邻里所容，又被驱赶流浪乞讨。

国家层面歧视弱智，家庭层面歧视穷人，均表现在宗族层面。朱元璋讲解经济原理，描述自己的建国思想，具体分析其中的关联，再由刘伯温整理出版，在摩尼教的地域推广。他们相信自己能改变世界，最终他们真的改变了世界。经济学在解释因果，刘伯温熟悉了道理，自然可以料事如神。经济学的研究对象特殊，所有事物沿着边际运动，只要进行细微地观察它，是可以预知发展结果的。民间传闻的刘伯温，是一个半仙的神人，也是有事实依据的。

刘伯温依据所学判断，危机由江南富户造成。江南丝织厂很有实力，而丝绸制造是耐用品，富户用不完所购丝绸，而贫户又买不起丝绸，导致价格和收入降低。所以中央必须增加皇权，减缩生产货币的投放量，控制生产规模过度剩余，或者通过增加货币供应，提升日用品的生产数量，变被动接受为主动调控。

起义军帮助百姓生活，这件事听来十分新鲜。朱元璋第一个修水利，积极修造平底的船只，向帝国各处运输绵花。当他开始铸造铜钱，发行铜币"大中通宝"，得到百姓迅速认可。劳动不会带来资源增加，只有货币才能做到这点。他在占领区征税，提供政府性服务。此地的百姓比较富裕，货币可以回流地区财政。百姓的工资用在消费上，消费货币扩大选择机会，生产货币扩大成就机会，放大了社会活动自由度。

自由带来生产上的进步，百姓的消费在选择产业，放大这些产业的能量值。经过政策的调整，他可以操纵债务，军费为远期债务。元朝的皇帝反而无权，江南富户将蚕茧上交，阻止发行的纸钞回流，控制全部的生产货币，构成物价失序的因素。反叛武装由富家恶少领导，他们不能理解仁政的思想。

信仰者认可皇权关怀，信仰仅为个人的理解，国家尊重个人的人格，便要尊重其宗教信仰。朱元璋设计国家的未来，禁止国民与资源的连带，需要土地等资源用钱买，没有钱的话向皇室贷款，贷款需要支付一定利息，使用土地等资源要交税。信仰者理解建国的含义，这是具有逻辑性的方案，所以值得大家充分相信，因此将起义军团结起来。于是社会开始规范，市场开始产生效益，中央政府养兵打仗，各个地区出现分离。各地由特殊货币支持，生产投资上各自为政。

因为得不到消费者认可，至正钞的运动范围缩小，货币的身价也随之骤降，以至最后需要大船运输，十贯纸钞不抵一斗粟价。纸钞严重影响外贸，如果坚持使用宝钞，根本买不回来东西，国际贸易复用白银。此时经济已破产，效仿元朝的国家，均先后放弃纸钞。这次货币的衰败，形成五百年退步。

货币改革减少消费负担，改革可能引发全球进步，这是全人类的共同理想。因为他征收高额的税款，朱元璋可以大批购买武器。阿拉伯的金融发明高级，形成了更大的生产能力，波斯的火炮取得了进步，人类进入了热兵器时代。

火器是一种高能量武器，可以瞬间提升个人战力。武器在提供暴力，为控制提供机会，而企业需要控制。管理者控制企业福利，他们控制对象是员工，必然对员工释放暴力。管理只是一个岗位，在一个进步企业中，所有岗位均不胜任，均处于待提高状态。

只有国家需要控制人，国家设立监管的警察，警察在消除暴力现象，警察控制力必须强大。劳工的工资标准越低，管理的效果越发明显，管理的额外收益越大。对劳工表面没有征税，从他们的工作情况看，征税对象应是管理者，劳作体现操控的效果。所以管理者工资奇高，却没有相应的高额税，这是在制造贫富分化。

只对工匠设定税级，不对管理者确定税，这是元朝制度失误。管理者获得不义之财，自然转变为暴力控制，以此达到管理的效果。元朝企业的管理越严，劳工反抗的力度越大，对朱元璋的支持越多。他们自造武器，并且素食度日，省下钱买武器。朱元璋的政府供应福利，得到当地百姓积极拥护。

元朝各地的通货膨胀愈发严重，发出的军饷没有商品可以兑现，哗变的军人冲入京师抢劫皇宫，蒙古的皇族悄然退回漠北草原。宗教的意义仍然在，让人类默默地忍耐，坚持等待神的救赎。朱元璋占领中原的领土，开始着手组建理想之国。

第十章 货币谋划全球——明朝

政权更替均为风险投资，投资风险存在边际效应，反抗面积越大风险越小。当金融系统提供更多货币，却没有给市场造成压力，投资者不必增加人力成本，因为物质资源可以重组，此时风险投资没有风险，成为一次无成本的押注。而当有限次的押注之后，必然命中技术进步的项目，这些项目便是创新产品，朱元璋的社会改革开始了⋯⋯

第一节 朱元璋重新启动金融

经过许多次的失败，综合东西方的经验，明太祖设计新货币，构建一个全新金融。随着商品全球化趋势，消费体验也需要升级，消费者提出更高要求，生产者必须时刻关注，保持生产跟进消费者。物质处于自然进化中，人类也是被当作资源，以牺牲状态完成任务。

自然模式有投资方案，人类必须将它们转换，变成人类的生产模式。世界进入金融时代，金融负责测定代价，经过很多步骤贷款，经历步骤越多的钱，测定的精确度越高。

皇室不能信任某类人群，只用他们形成贷款利息，而采用责任制分发货币。纸钞需要分级承担贷款责任，而这份责任不对应特殊收益。皇室对货币的责任推卸不掉，法定货币必须具备这个条件，需要皇室随时兑换货币价值。

钱铺不再对民间直接放贷，而交给有信誉的民间单位，这一层的金融机构是钱庄。百姓可以开设钱庄，并且承担兑现业务，通过经营取得收入，但收益与利息无关，钱铺实际控制利息。

金融系统内部产生逆向流动,从钱庄回流钱铺部分准备金,以保证钱铺发行的货币信用。准备金重置金融系统,对应不同行业的资本,出资的钱铺提供贷款。依靠钱庄控制小钱庄,上层的钱铺控制钱庄,可以更精确核定利息。

货币实行准备金制度后,对各产业提出不同要求,基础产业需要支付更多,而对服务行业要求很低。它们对应不同规模钱庄,承受的压力肯定有差异,不得不接受中央的政策,实时地调整货币供应量,均衡各产业的货币品质。这是货币制度的革命,精英治国的时代结束,开办钱铺的是老百姓,他们在主宰国家命运。

明太祖总结了经验,生产责任在精英,他们获得高收入,应当控制好结果。前朝没有处罚精英,处罚了无过的平民。如果生产系统出错,必须相应承担责任,故罚没精英的收入。安定来自百姓心理,百姓才是国家的未来。生产决策扩张到货币系统,精英的过度收益可以测定,只要修订金融领域的规则,可以消除精英的过度收益。

皇室和政府有各自任务,皇室增加福利是公开的,政府增加税收秘密进行。官员是主要的反对者,因他们负责具体征税。可是若没有税收保障,无法真实落实福利。此时的工人不局限在城市中,乡村贵族开始建设中型市镇,新兴城镇比乡村更适合居住,而且可以同时经营乡村经济。这里积聚数量庞大的工人,他们既不属于大城市居民,也不属于乡村养老的模式,由出口企业保障他们养老。

但是乡村贵族是商人,他们贩运自己的产品,由于乡村收益关联,商人结成封闭的社团,拒绝国家税收介入。故此时的商业在私下进行,税收负担转移给农村,再强迫失地农民加入工厂,为他们提供廉价的劳力。所以家庭的负担非常重,老人需要留给子女财产,子女很难得到社会福利。反之,国家也得不到税收保证,因此国家税收越来越少,税收为零意味政权垮掉。

此时欧洲养老责任在国家,生产系统不承担这类风险,政府为了核算出风险大小,发展出来统计学和概率论。政府首先布置中型市镇,对修建园林的富户征税。为了节省生产资源,政府批准土地免税,私人建设住房免税,政府没收闲置住房,加上采购很多住房,提供大城市无房户。

实施这些政策之后,住房价格快速降低,民间普遍建造瓦房,房价降到三万多元。中央政府依靠金融系统,货币制度不是在求平衡,而是必须追求打破平衡。皇室承担得罪人的角色,政府工作是在被动收税,需要皇室随时施加压力。

第十章　货币谋划全球——明朝

皇室信任的人群是太监，明朝皇室赋予他们职责，太监在负责二十四衙门，从此他们具有政府官衔，他们履行金融监控职责，成为有重要作用的宦官。因为钱铺控制的行业不同，各地钱庄的规模范围不同，明朝宦官设立复杂的结构，每个机构都对应一类产品，广泛负责各地的贷款业务。宦官一般出身卑微，没有士族知识背景，但他们能承受压力，可以完成精确核算。

金融是复杂风险分析，需要人才推升分析技术，再放回系统中实验，生成普遍的推动力。朱元璋鉴于元朝的经验，决不允许宗教插手货币，要求皇室扩大管理机构。皇室承担最终责任，为此建立了内阁制。内阁负责货币的总量，而政府负责货币品质，内阁具有极高的权力，控制全国经济的运行。但是内阁受到交通限制，他们无法随时进入基层，研究供应货币反馈信息。初始的皇权表达充分，追求的是平民制约力。

平民的普遍选择标准，便是皇室要求的目标。内阁也是如此设置的，选用的是小级别官员，而政府必须选用高官，对应接受小官的监督，如此形成的制约平衡。金融系统需要推力，不然货币操纵固化。为了宦官胜任金融业务，明宣宗特意设立内书堂，这所学校招收两三百人，学生年龄均在十岁以下。教学重视实战能力，而不可以夸夸其谈，还邀请翰林院辅导，司礼监总督任校长，这些机构都是监控，监控帝国的财政权。

宦官的工作地点走出宫门，他们需要定期回到宫内汇报，但是平时分布在帝国各处，负责当地的货币运行质量。明朝宦官数量增长很快，已经达到了数万人以上，宫内是不需要这么多人。宦官只是为皇室服务的，政府是为生产者服务的。因此钱铺服从宦官，还是服从政府指挥，这是时代的重大问题。

宦官注意收集百姓的意见，他们可以实现公正贷款，而政府的信息来自生产，他们要求生产内部的公平。明朝依旧是资源不足，全国生产在争夺有限资源，必然对钱铺投资的争夺。能够决定一切的是皇帝，皇帝下令的机构是内阁，此时内阁是关键的环节，可能导致整个国家变故。

由于保证城市居民住房，手工业有了发展的空间，农民生活上的压力顿消。遇水灾旱灾流亡的人，给田十五亩、牛和农具。有志青年投身生产，各类企业收入很高，而且在住房待遇上，官与民的待遇相同。建筑业上游缺乏资金，很多建筑材料无价格，对土地平整者加大贷款，加大对运输企业的贷款，由此形成巨大造船产业，负责南北方近海的转运。

政府投资大型工程，烧制红砖修葺城墙，各大城市整修一新。随着建筑产业扩大，政府在出售不动产，过去黄土无人问津，如今引来很多买家，也是一笔财政收入。大量投资长城，以前无法做到，用青砌砖长城，修整城关堡寨。由于砖窑生产的兴起，砖木企业的规模扩张，巨大规模提升了产量，普通建筑的成本在降低。

为了维持大好局面，明朝制定很多规则，限制官员多占住房，不得在工作地买房。政府查到违纪者，重则杖刑五十大板，轻则开除官员公职。经过这么严格的制裁，官员再不敢伤害百姓，工作态度也温和多了。

可是商业未从农业分化，从而形成独立利益，这是农业政策的失误。卖粮收入流回农村，商业的收益必然很低，故无法生成商业集团。说明农业资源为货币化，货币测度资源性能，如果生产争夺资源，此资源应当货币化，测哪个方案占优势，对优势的方案投资。但是货币的测度广泛，调动世界范围的资源，才能实现充分的配置。明朝成为贸易大国，与所有的国家连通，需要统一使用纸钞。

此时改变货币制度，必须世界统一行动，才可能成为新现实。如果没有国际性谈判，没有达成规则的统一，无法实现单一货币制。纸钞交易成本最小，用铜钱买国外产品，本国自然流失铜料，导致国内市场紧张。明朝政府亲自出马，控制对外贸易的品种。明太祖也想用纸钞，这需要先决条件，必须建立标准市场，政府控制生产系统，皇帝需要的控制权，可以打造出高效政府。

个人命运与社会相连，如果社会价值低落，所有追求均在衰落。个人价值也被拖累，价值至零值时死亡，自然失去社会发展。货币产生社会事物，形成命运共同体。个人的决策含有随意性，可是生产任务不能随意。很难探知个人的动机，作为放贷的末端机构，钱庄要控制货币放大。元朝败亡于货币失控，从最初的寺院控制，被各地的势力颠覆。

明朝货币经营师从波斯，波斯柜坊保管贵重钱物，根据对方的经营项定费。产业贷款的要求不同，如果不测定贷款额度，则没有真正行业公平。事业可以做多大，由借贷数值决定。而货币运行中的问题，在生产货币的回流上。货币在生产系统不停流动，当生产结束货币退出市场。

随着生产的进步和完善，一个周期不能完成产品，生产周期是消费货币期，高级产品对应多环节，甚至超过单个企业。此刻企业未与消费者交易，而是排斥他们的封闭状态。企业在与商人交易资源，商人以低成本运抵资源，企业配置这些生产资源。对应此供应时间的是大额消费，消费者积攒多次工资用于支出。

这段时间不必对生产货币控制，较大的生产方案获得较高贷款，保证它长时间后供应大额产品。与大货物多交费一样，钱庄要求交纳保证金，生产额度越大的企业，完工时间越久的项目，交纳的保证金就越多。

收取企业的保证金后，钱庄将货币交给钱铺，钱铺取得货币发行权，它对户部的支付负责，准备金用于国家投资。纸钞必须完全兑现，中央承担兑换义务。中央的责任表现在白银上，只要中央出具相当的白银，可以承担纸钞的法定信用。

准备金制度说明，生产系统没有信用，危机造成改朝换代，这解决了信用问题。货币制度改进是改革，制度设计皆为收益，货币运行是社会边际，单独的人不能改善现实，必须通过修正货币机制，达到总体的进步效果。因为这小小的改变，引发明朝社会巨变。

皇帝给予臣民社会福利，百姓认为这是巩固统治，皇帝为自己的江山社稷，而如果换成百姓这么做，肯定被骂做无赖和傻瓜，百姓这么选择没有道理。自从货币连续扩张，失去利用货币取利的机会，富人的优势越来越弱。开始粮食作质押，当所有人吃饱，粮食退出质押品；所有人有绵衣，绵布退出质押品，现在轮到住房，房产进入钱庄视野。

政策相关联到钱庄之后，地下的高利贷消失了。钱庄为城市富户服务，或者为各类企业服务，需要跟踪潜在的资源，所以广泛分布各行省。钱铺的性质决定了做事风格，它在选择更多保证金的企业，如此只是在放大原生产方案，创新企业还是缺少货币支持，钱庄在融资竞争中失去优势。

生产系统的进步，重点在信息识别上，为避免晴天送伞的情况，钱铺经营纳入中央控制，明太祖特意设立了内阁，负责评定生产方案品质。此后将房产设定税收，房产占有一定的土地，农田也占有一定土地，由此核算土地的边际收益，农民须为此支付税款。赋税意味着土地归属皇帝，由此令城市居民承担徭役，这是对应房产土地的税收。

徭役是干什么活呢，负责修建基础设施，负责地方上的修路，负责城市居民收费。只要城市居民出钱，则可以免除徭役。明太祖作出规定，所有住房不可闲置，如果没有人居住的话，地方政府可以没收。可以出租或出售住房，不是为了购买所有权，而是保持其资源利用。经济核算在于推动进步，当然可以通过税收调节资源状态，而为了准确核定资源收益边际，帝国的税收增加很多类型。

只有皇帝有权政治决策，内阁学士分析价值判断，为皇帝的决策供给辅助。若缺少内阁职员的运作，宦官无法形成投资意向，明朝将会重复元钞命运。宦官的金融控制下降，各钱铺集中投资私企，对私企是难以监控的，它们在偷偷破坏环境，而钱铺贷款不做区分，将导致劣势企业得利。由于能量不提高，政府不敢发纸钞。政府与生产互动，制约生产行为之时，政府尊重生产收益，政府反被生产调动。

纸钞不能转化生产资源，企业用它采购生产资源，除此之外没有其他用处，所以企业抗拒接受纸钞。私企需要更大监控力，负责它们的生产品质。全部用纸钞采购资源，将会形成采购的成本，同行均处于成本边际，生产者均被牵连进来，不轻易脱离竞争环境，大家需要理性消费者。技术控制权在生产者，他们得出利己的解释，这些解释不适合现实。

明朝政府发行纸钞，没有任何质押担保，属于完全信用货币。宝钞只有洪武年号，纸钞面积世界最大，一贯钱等于一千文，或者当白银一两，四贯当黄金一两。伪造者将被斩首，举报者酬以重赏。明朝宣布停止金银交易，不许民间金银兑换宝钞。行政事务不能自主，官员必须服从皇权，这是借鉴元怯薛制。

皇权在对抗生产控制的政府，政府接收钱铺的决策信息，这些信息维持货币的停滞，内阁补偿受损的社会福利。明太祖撤掉了丞相，行政合为条状管理，政府遵守内阁规定。

内阁大学士在定官俸，考察各种监控数据后，发现政府的效率太低，故规定的官俸非常低。较大城市的人口不拥挤，很多青年流向边疆地区，他们响应国家号召屯垦。军屯是军人屯垦戍边，过去国家疆界不清晰，要用福利值证明边界。

军人在争议地耕田，仓储大量粮食物资，则有百姓迁移过来，享有这份政府福利，于是边界有了标志，国家的边疆出现了。军屯是典型的国有化，它缓解了内地的住房。居民的选择权在扩大，社区的理念影响人们，如果有人家买地建房，必须征得族人的同意。所有人在问账上签字，这笔交易才算成功。

明朝时期的街道规整，各项生活习惯很统一，建筑格局也遵守风俗，例如皇宫、寺庙用黄琉璃瓦，民间的建筑可以风格不同；官员用杂色纶丝、绫罗、彩绣，平民不得用锦绮、纶丝、绫罗；规定官服的颜色和绣品。技术建立在生产成绩之上，技术知识必须有知识基础，必须找到支持的基础理论。

而科学是创新活动，没有理论上的地基，无需找到某些证据，它是一种逻辑存在。而政府关心生产技术进步，它要保证法定货币的安全。工业生产含有很少利润，说明它交纳的保证金不足。

在竞争贷款的企业行列中，一家企业在生产较大产品，其供货时长超过工资周期，钱庄可以安全回收其贷款。可是还有一些企业环节，一个产品涉及很多企业，那么，上游企业以总生产取得贷款，它的销售收入含有很大利润，利润不是它的收入，自然不会由它控制，利润转投下游企业，下游企业接着生产。

下游不接受上游控制，控制它的是生产方案，生产包含在总方案中，企业自己无法实现，在小的封闭的环境，比如几个乡村联合，乡绅暴力转移利润，直接转移下游企业。全国通行的货币下，这种转移是违法的。如果不能转移企业利润，则会引发生产者的转移，生产者会随着贷款移动，如果贷款转向国外，他们也会跟着出国。

为了稳定生产者的情绪，用户籍制束缚人们移居，政府设立黄册和鱼鳞册，分别登记复核人口土地，可以清晰知道田地买卖。这种束缚不利资源配置，一直在被国民普遍抵制。内阁让钱铺直接控制，生产结束即回收货币，大项目不能截留利润。

从总量控制生产规模，防止资源的超量使用，此要求超出市场范畴，故只有皇亲可能实现。中央派藩王驻扎各地，建立特大型皇家仓库，集中储蓄皇庄的粮产，以此供应社会性福利。明朝初期的大规模供应，主要借助于藩王的仓储。

藩王负责工业化生产，当地的国企负责铸币。有些生产项目非常大，比如挖掘和疏浚河道，需要每年耗银百万两。经过数年休整，南北水道通畅。明朝继承元朝体制，在各地设立宝泉局，而且增加了宝源局。宝泉局隶属户部，宝源局隶属工部。两部门针对财政，但是由皇室供养。

在财政支付的范围，户部负责民生领域，工部负责工业领域。由各地藩王监管，若出现经济问题，皇室要拿藩王试问。这种方式控制货币，剥夺私人侵占收益，全部转入社会福利。所以不论纳税项目，大明宝钞必占七成。

通过经营国企，藩王获得高收益，生活处于奢靡状。如今权力被剥夺，精神上相当苦闷。江浙富户的矿山，专门挖掘高岭土，奴婢深入地下很远，危险系数前所未有，而且破坏了环境。这些是大型工程，需要货币的照顾。政府贷款是为了扶贫，如果私人资本已经充足，自然不应当再得到贷款。

积极贷款的是江南富户，他们要求增加出口规模。贷款要有利于产业，分散贷款上的风险，孵化新生生产方案。这些产品专供富人，全是一些奢侈用品，销售对象非常有限，企业的总收益很少，不利于税收的增加。贷款机构在减少放贷，一直减缩到只剩富户。

富户凭借江南封闭，私下运营地方货币，此货币系统为钱号。富户在隐蔽山区铸铜钱，铜钱样式仿造大中通宝，明太祖早期设计的货币。江浙一带发展不经济，由于私人货币的垄断，公共服务供应被限制，富人得到特殊的服务，比如玉石的价格奇高，但是货物质地很差，欺骗性的诱惑增加，所以富人加倍浪费，而日用品供应紧张。

若为富户大量生产，市场肯定不利穷人，穷人失去基本保障。生活费用普遍高于北方，平民不愿意使用铜钱，多数人以米易茶、以茶易盐、以茶易马，这种交易加重了贫富分化。江南富户以铜钱交易，为了逃避朝廷的税收，为此明朝恢复茶引制度，商人到产地买茶，必须先缴清茶引，一百斤茶纳二百文。

经济变得复杂起来，北方赞成自由经济，坚持保证金的制度。以保证金获得贷款，有利于富户经营，得到文人的支持。藩王们支持国企，此制度不利藩王。此时的制度依然严密，藩王的经营受到监控，本身得不到超额收益，也不输送利益给权贵。政府对它征收高税额，这些钱均用在福利上。

在产权设计本质上，所有企业均为私有，只是针对不同政策，产生不同社会效果。明朝皇族信仰摩尼教，摩尼教虽不控制贷款，但是维持皇族的安适。贷款有一定倾向要求，摩尼教主张定向贷款。如果价值判断不能共存，必然强求信奉同一宗教。

在多民族和多信仰下，宗教和皇权发生联系，贷款权力便转给皇权，各宗教信徒可以杂居。价值观融合有利发展，推动生产更加的精细。这件事情非常复杂，若宗教同时控制贷款，各族的判断需要对接，各民族遴选出合适的，宗教思想要求有交流，需要强大的政治控制。

摩尼教退出货币信贷，形成了意识形态空位，道德对立造成贷款冲突，使宗教退出道德舆论场。信仰者处于生产弱势，在设定贷款的理由上，他们在寻找教义支持。在这种情况下，宗教表达的道德，变成为生产诡辩。宗教提供考验过的价值，面对政治的不合理处境，各教会主动撤离舆论场。

北平不是首都，这里集中知识，属于文化中心。太祖的第四子，燕王朱棣驻地。北平的国企规模最大，背后的资源非常丰富，成为帝国的主要财源。燕王按照汉族设计，国家成为了生产目标，设定生产的增加速度。这套思想与摩尼教冲突，宗教思想反抗生产意志，皇室成员均反对朱棣。在微观的经济之中，厂长负责处理产品数据，调动各岗位提供新数据，由此生成各岗位的标准。

在宏观经济模式中，居民负责处理消费数据，日常生活便由数据组成。这些数据无线性关联，体现市场的逻辑关联，由此产生哲学和伦理，为皇室提供逻辑参考。皇室负责综合推演逻辑，所以需要集中所有数据，并建立更加复杂的逻辑，处理愈发复杂的数据流。江南企业没有在竞争中，他们完全封锁生产信息，从而模糊市场资源差异，促使自己占有市场优势，小型企业无法正常运行，市场在创造普遍匮乏感。

经济活力体现在小企业，若市场不包容多元价值，产品相同而原料在集中，增加生产资源的紧张度。资源短缺对小企业有害，最终造成江南企业衰落。为此王明阳心学兴起，个人心理为哲学基础，设定自我中心的思想，排斥市场核定的客观，教师再将它教授出去，不断推广江南的模式。货币信息被技术保密，科学知识变成了技术，教育的内容变得玄虚，学生不可能彻底明白。

朱元璋设立的权力机构没有扩张，如果没有一支庞大人群参与议政，中央的控制权得不到充分的保障，独自承担的工作量肯定压垮皇室。朱棣的经济政策源于此，他从根本上逆转了明朝的核心目标，从一个为国民提供安全的地方，变成一个为生产提供后援的地方，因此社会状态发生了彻底变化⋯⋯

第二节 燕王朱棣的经济政策

公元1403年，朱棣走上历史舞台，成为明朝的新皇帝，藩王开始全面衰落。明成祖迁都北京，扩建元朝的都城，却没有资金建设。重建工作断断续续，一直到明朝灭亡。由于行业进入发展期，轻工业与重工业脱离。水利与地方经济关联，也从中央控制下脱离，需要对应复杂的税收。朱棣的新政需要承诺，承诺百姓的生活变好，新政府重新构建政策，力图振兴国家的经济。

税收核算体现的是权力，地方本来不具有税收权，由于部分公共服务转移，让地方享有部分征税权，但是此权力有任务前提，企业必须交付足量税款。由于朱棣将权力下放地方，削弱了中央财政核算能力，企业在依据减税选择项目，从而全部变成质差的企业。

在各个生产行业中，资本对应多投的贷款，生产能力被政府控制，企业生存只依靠贷款，企业家竟成为资本家。人们将目光移到货币，谁拿到了更多的贷款，谁便具有收益的机会。当生产依赖政府决定，政府控制贷款系统，所有人的福利收益，所有人的工作收入，全部来自政府决策，日常生活依赖体制。

只要政府设置错误规则，所有的收益都是错误所得。

经营不善反映到市场上，一石米由一贯涨到十贯，大明宝钞瞬间贬到一成。政府却一斤盐卖一贯钞，算下来食盐提价三十倍。三年之后，永乐皇帝规定，将宝钞直接贬值：按金价贬值一百倍，按银价贬值八十倍，按米价贬值三十倍。将涨价原因推给其他，中央政府的习惯做法。让有钞的人向政府买盐，出售政府储备的薪柴，本来征收物的是芦柴，改变为收取昏软旧钞。

京城的对面是北元，蒙古那边称为大元。自从退守漠北，蒙古的宗教统一，遵守同一贷款标准，各地没有意见了。货币制度失去外部压力，货币运行需要价值判断，若没有这些麻烦和障碍，虽然表面上是一团和气，货币制度停在低级水平，经济不会自主获得进步。蒙古的经济严重衰退，失去工业化生产基础，又回到原始游牧状态。

在这么强烈的对比下，与当时的欧洲对比较，明朝的货币制更进步，促使文人们富裕起来，给予极端思想以信心，他们在维护这种货币，将收益方式固定下来。城市文人多如牛毛，出版刻书的人增多，但出版主力是藩王，由于印刷成本很高。

木刻活字刚刚出现，它是用水墨印刷的，过去印刷用的油墨，用的是植物的油脂，成本一直居高不下。藩王支持出版行业，赞助私人刻坊工人。这些资金的益处不大，出版物集中技术领域，没有普遍关注的图书，故图书出版业收益低。活字印刷可随时变更，不符合东林党的教条，东林党继承玄学传统，在意识层次加以控制，士人将自己交给了它。士人用知识危害社会，从而控制政府的行动。

官场信息变技术知识，反而在限制自由创造，出现很多翻刻前朝作品，古代的贵族精神被弘扬。贵族对老百姓不负担责任，贵族精神有碍于社会发展。藩王大量印刷《管子》一书，这是战国时的经济著作，为全民学习的经典教材。市场接受雕版图书，久而久之，活字印刷术停滞了。

在这种务实的风气下，每个家庭在重复样式，子女重复父母的做法，平民在重复上一代人，这种学习没有创新力。生产系统考察的是创造力，由于学习没有实际的收益，官学和私学全部萎缩状态，只有文人的规模一直扩大，书苑成为疏通关系的通道，成为文人社交的专用场所。书苑传授的是一套语言，设计好的混淆性的语言，它在恶化人的思维方式，造成人的行为上的错乱。

人的素质处于消费品质边际，个人与社会处于关联的状态。如果设计改变消费品质，必须调整生产系统结构。国家教育是提高方向投资，宗族教育是降低方向投资，由于太学系统由皇室控制，宗族需要建立新教育系统，通过对旧知识体系投资，创造出来新的暴力形式。

教育是边际成本固定的商品，不应当采取收费的形式销售，而是应当从生产收益中支付，即由政府收税转移教育系统。宗族的书院借口传播文化，以文史知识方式教授学生，又反过来贬低知识的作用，说文史知识不能产生效益，通过不断强化读书无用论，从而贬低了思想的严肃性。宗族很容易控制私塾，利用歧视弱势群体，修改基础的教育内容。平民的子弟只有交费，或在公共教育下接受，或在私人教育下接受，买到对自我意识洗脑，此思想介入宗族经济，取得非市场化的收益。

所以教授的是低级消费品质，这些知识在维持旧式的生产，宗族强迫旧式的生产者出资，而扩大低级产品的市场范围。这种抑制知识的市场之中，人际关系品质变得更差，构建虐待与被虐的关系。如果生产系统落后，无需增加消费体验，社会成员失去个性。社会提供的工作在减少，而岗位制定的标准提高，必须付出更多非法行为，才有可能取得相应岗位。提高和降低行动品质，均需要人的事先设计，必须通过学习实现它。

生产岗位制造巨大心理压力，让就业者不断屈从生产指令，从而不断降低生产系统品质。社会的情况非常复杂，各个方面在无序变化。但是所有事情被生产关联，所有改变须通过货币审核，才能成为永久存在的事实，这是社会环境的意识形态。在这种社会中，上司必然强制下级，老人必然强制儿女，行动遵照他们意志，这个不是传统文化。

所以意识形态有两个方向，市场机制诱导向好的方向，生产决策诱导向坏的方向。社会不断发生意识争论，便是为了选择好的方向。京城知识界表现混乱，江南的资源已经枯竭，这些富户在扩张土地。北方是重要资源产地，南方文人向北方渗透，自由市场学说日盛。

这些富户囤积居奇，操纵市场赢得暴利，国家须有抗灾能力，江南控制粮食储备，灾年政府无力赈济，富贾纷纷抬升物价，人为形成了大饥荒。明太祖接过国家权力，但是不想继续用文官，他们要求过高的工资，政府的薪俸超过企业，这种要求是不合理的。

政府只是规则的执行机构，只需要快速而准确的行动，不需要智力上的创造。那些知识是默认状态，不过是熟能生巧罢了，经市场竞争收入压低。而且由于上下都知道，官员的实际收入很高，故均不同意增加官俸。文人觉得寒窗苦读，不应该得到低工资。福利是是非竞争性收益，好的生产者在排斥福利，只能在收入上提出要求。

明太祖设计的社会制度，在追求百姓的尊严，他曾经处于社会底层，体会作为社会边缘人的生存，他体会到工作的光荣。通过全球化教育联系，实现本国的技能提升，他要的是技术性竞争，所有人必须参与竞争。所以必须调整收入，颠覆收入高低秩序，整个社会被倒过来，精英官员收入降低。

明朝的改革遇到阻力，官员们极力否定创新，在回避工作上的风险。工作收益是机会成本，科举只负责选择官员，对生产收益没有好处。另一方面，文人为了考取功名，毕生贡献于古代文献，所得收益却相当低，造成抱怨之声沸腾，文人们不花精力研究。

科举制在破坏生产系统，而最终的受害者是平民，但是东林党极力推崇之，因为他们全部来自科举，倡导直接从读书中收益。东林党只对自己和家族负责，而枉顾国家总体利益的损益，因为科举不能代替生产择人，明太祖朱元璋宣布停止科举。皇帝要为官员负责，政府工作上的失职，都应当归罪于皇帝。所以官员称为父母官，就是要照顾当地百姓。

创新要求付出更多精力，他要求全国人突破风险，制造一个创造性环境。生产活动追求稳妥，依靠反复熟悉操作实现，这不是教育的内容。消费系统负责创新，有意识地拒绝平庸，科举培养的是平庸者。文人不能接受挑战，最后又恢复了科举。

公共教育不可涉及专业，教育内容不能涉及职业。科举的学习是职业的，从开始形成官官相护，入仕者必然保护权贵。文人考取的级别越高，生产系统的返利越多。他们又要回到官场拼搏，一旦进入官位体系之中，感觉自己地位高于百姓，可以直接号令百姓服从，百姓非常痛恨"官本位"。

低级生产方案容易掌握，但是非法收入难以隐藏，虽然生产系统成绩很小，却可以得到很高的报酬，一定引起消费者的怀疑。生产精英善于设计，回避那些常见样式，他们在开发日用品，市场出现新款商品，流行的梳子和帽子，还有一些高雅香店。

多数百姓消费很低，富户的购买也有限，所以市场容量很低，市场可以维持高价。富人们凭借低级工业获利，却集中资金投入农业生产，在乡村购置大片土地房产，过着世外桃源的快乐生活。文人追求生活上的高品质，经济理论却与此目标相反，他们在开封建立出版中心，这些新书支持富户的企业。

国家的货币制度需要设计，在法定货币的发行程序中，必须注入倾向性价值判定，生产精英掌控微妙的判定。而文化界的玄学回避了问题，市场供需交织成复杂的网络,这种知识不能准确控制投资,还会造成知识领域思想混乱。

玄学的假象没有被揭穿,主要是因为底层的沉默。在贵族控制的生产系统,生产方案含有劳动最多,底层的相对收益最大化,而在皇权的有效控制下,底层劳动者的数量锐减,生产者多聚中高层生产,由此底层获得较多收益。

农业是最低级的生产环节,主动追求货币的错误收益,此时农民站在江南富户一边,由于农业人口占据最大比例,央行决策顷刻间被意识覆盖。金融在躲避意识形态,企业得不到足量贷款,造成实体在原地踏步。但是尽管劳工在努力工作,市场价格却一直没有降低。市场价格是联动的,没有人可能变动它。不论生产者多么聪慧,个人所知只是一部分,货币影响所有的生产,需要评判所有的知识。

平凡不是指向庸俗,由于认知上的局限,人们回避无知领域,制造了平凡的人生。在有限的空间,在熟悉的领域,充分表达价值,供应政策边际,这些人不平凡。社会由平凡的人组成,数据汇总结果够用了,不再需要出类拔萃者。而总体政策上的错误,货币的偏差不可原谅,拉低了全体人的智力,却一直没有办法修正。

明太祖的执政时间长,为了连续自己的政策,决定自己的孙子继位。太祖的政策抑制江南生产,江南富户的家族接受不了,四子朱棣获得了很高民意,他站出来为富人解决矛盾。富人需要暴力取得收益,朱棣率领全国农民造反,并且成立了新型的政府。这场战争异常惨烈,各地官民顽强抵抗,在河北山东的战役,战争死伤五十六万。

新的政权建立伊始,朱棣开放民生市场,取消藩王的经营权。所有工厂全部私有,一场经济运动下来,市场徒增很多货币。而且以商业收益优先,取消酒禁令和矿禁令,对富户产业给予照顾。保证金决定生产货币,保证金必须交给钱庄,钱庄按比例上缴钱铺,钱铺按比例缴准备金,储备最后被进入皇库,预防经济危机的发生。保证金退出流通,敦促货币的回流。

沿袭货币的传统控制,白银成为法定准备金。已经消除了藩王的国企,钱庄可给予小企业照顾,所以江南小厂遍地开花。各种产品粗制滥造,明朝政府管不过来。国内市场消化不了,江南企业转向出口,利润却一直在下降,又堆积到国内市场,强制市场价格低位。低收益拉低贷款利息,变成生产收入留下来,而消费者得不到实惠。故这些企业没有信用,只能对外采购奢侈品,比如大食国的龙涎香。

国外消费者需要信用,不认没有法定的货币,货币的市场信用问题,不针对国内消费利益。准备金成就生产信用，保证贷者到时返贷款，而随着出口规模扩大，户部更加依赖于白银，反而给国内企业施压，必须交换回更多白银。白银在市场流通，与铜钱并行使用。国内的资源日益减少，逐渐变成出口的产品，这是单向的资源输出，无法实现资源的互补，导致出口的质量下降。

产业政策受到文人的影响，他们的研究方向引导产业，形成了各行业的鉴定方法。比如一斤芽茶采八万次，采茶女的双指一下下摘，而劳动被渲染和推崇，变扭曲为强制追求。将繁重体力劳动合理化，并不是为了解决低工资，那些工资抵不上生活费，也没有照顾这些人生活，劳动型奴役状态被掩饰。文人利用写作发了财，采茶女的情况变差，很多女孩被卖为奴婢。

受益的只有富人，他们享受的更多。因为茶叶价实在便宜，茶农选择很多种花朵，在花期采下它的花瓣，利用花窨炒制成花茶。丝绸业也不太景气，丝绸业属于手工业，桑树无需水利建设，对生产投资要求少，消耗的是人力资源，宗族鼓励消耗人力，女性均被宗族控制，她们养蚕的成本低，即人力资源价格低。由于从业人数多，单位丝绸盈利少，影响了丝绸质量，落后于欧洲丝绸，外观也不如欧洲。

明朝不断出口丝绸，涌入了西班牙市场，导致当地绸业破产。明朝的丝工收入低，销售被市场范围限定，造成明朝丝工失业，丝绸供应出现过剩。先进国家生产链长，在等量货币驱动下，先进国家的工资低。金银受到贵族控制，欧洲维护贵族利益。欧洲产生强烈购买欲，商人要消耗白银货币。贸易带动了宗教传播，以出口换来思想交流，僧侣掌握着最新信息，他们在传递科技知识。由于企业不需要科学，天主教没能继续传播。

欧洲的白银存量减少，对经济活动施加压力，促成欧洲学习东方知识。虽然欧洲钢铁业成熟，钢铁业可是巨型产业，钢铁产量资源数字大，不可以作为货币使用。若民间铸造肯定超发，当时欧洲的皇权很弱，市场的货币必然超发。西罗马帝国灭亡之后，欧洲发生民族大迁徙，希腊人也来到了北欧，与北欧各个民族混居。希腊是欧洲的文明之都，希腊半岛均匀散布银矿，将货币扩张力带到当地。

欧洲有很多蛮荒之地，城邦和皇庄没有连上，贵族承诺市民自治权，市民则提供军事支持，人们用粮食作为货币，从而形成封闭的经济。人类社会安定之后，粮食不再算作消费，它是一种保障物品。粮食进入社会福利，已经包含在工资内，或者皇室直接供应。但是皇室无此能力，一直需要工资支付，这是企业额外负担。

第十章　货币谋划全球——明朝

　　在贵族的生产计算中，奴婢的消耗是大问题，生活费成为生产负担，生理消耗变成负收益，由此改变消费关系。为了维持家庭安稳，老人限制子女消费，保障成年男性消耗。于是在欧洲的大地上，没有形成交易化市场，希腊的白银成为废物，希腊发动了抢劫活动，抢劫对象是活的劳力。

　　这一系列的市场变化，客观地标定劳力价格，欧洲货币转向了白银。一旦白银当欧洲货币，希腊文明马上衰落。印度也是产银大国，由于行政系统落后，白银没有带来富裕。虽然贵族掌握白银，可是贵妇消费太高，收入总是不及消费，终于她们忍受不了。印度的贵族带着家眷，坐着大篷车来到远方，可以买到更多奢侈品，这里的物价非常低廉。但是生活得漂泊不定，她们在集市表演杂技，而形成了吉卜赛民族。

　　最早的金融家——犹太人经营货币，由于宗教的聚合力效应，犹太人内部形成了合作，宗族经济负责慈善事业，从而实现了内部的团结。构成合作经营的形式，最后占领了欧洲市场。基于欧洲没有中央政权的现实，犹太人将食物消费纳入工作收入，制造欧洲大陆长期奴工状态。

　　宗教信仰有恐吓作用，圣经开篇是蛇的故事，让人类远离蛇的诱惑，这是较早的生存经验。能快速发现蛇的攻击，这样的人便活了下来。人们屈服于内心的恐惧，便服从于教义上的金融。

　　此时北欧发明远洋船只，使得行政效率大大强化，北欧是"维京海盗"的天下。出海是为了贸易，当然偶尔也抢劫，航海收益不确定。维京海盗擅长制造业，给各地带去特殊产品。维京人的器物精美，在上面雕饰的花纹，属于最早品牌标识，品牌表示北欧产地。由于他们均善于制造，用铁钉固定船的龙骨，打造的帆船可以远洋。

　　依靠发达的农牧业，维京人踏遍了欧洲，到达寒冷的北极区。维京武器遍布欧洲，这种贸易已全球化。他们是一群热爱生活的人，他们会全年享受蒸汽浴，当地主要工作是种地养猪。北欧文明这么发达，不是因为拥有白银，而是承认各地货币，白银自由兑换货币，产生货币扩张能力。各地白银调动起来，充当远程交易媒介，可以容忍货币短缺。

　　维京人在威尼斯集中贩卖奴隶，用奴隶交换俄罗斯蜂蜜和毛皮，用毛皮交易巴格达丝绸和香料，用香料交易伊斯兰珠宝和首饰，让每一地负责当地的特色商品。经过三个世纪的奋斗，维京人有自己的货币，也用其他国家的货币，金钱延续了维京文化，他们分散于欧洲各地，消失在历史变迁之中。

　　在所有的奴隶交易当中，阿拉伯的贩奴生意最大，奴工是工资的边际现象，贩奴只是基础资源流动,是在支持经济持续发展。奴隶内部生成权力结构,如同正常社会一样运行,与皇帝控制的国家不同,要求其他国家放弃原则,按照奴隶制的模式交易。

曾经出现马木留克王朝,由奴隶控制的军事实体,军事将领进入中央权力。奴隶禁卫军深得器重,他们统治埃及三百年,成为伊斯兰世界中心。埃及最早形成王权,最早形成统一王朝,可是没有中央集权,它不断被外敌入侵。因为宗教控制体系完备,伊斯兰的经济出现腾飞。宗教分裂失去统治,各国关心内部事务,从而降低了影响力,伊斯兰开始衰败了。

在一些伊斯兰地区,重新生成了奴隶制,主人控制了政权,导致宗教势力反抗。为了修正社会秩序,宗教重新控制国家,造成控制系统错乱。市场经济意味竞争,在价格争论不休,商品才有发展机会。欧洲经济被外力限定,此力量便是白银产量。明朝经济制度的转变,无偿对欧洲供应商品,欧洲解除了白银依赖,白银是成本低廉产品,为经济提供基础动力。欧洲产生强烈愿望,抛弃与伊斯兰合作,来到亚洲腹地交易,由此开启航海时代。

科技实现了货币的精确,消费期待放大货币信号,一种新的货币体系诞生——生产者预定相关的资源,组织设定好的一项任务。政府增加生产货币,组织更大生产规模。由此产生巨大的计算需求,英国数学家发明对数运算,计算尺推动了工程的进步。生产货币流出国界,于是白银突破国界,成为对国外的投资。但是明朝没有这个需求,货币系统无需更加精确,所以没有引入数学工具。

明朝的地缘格局发生改变,俄罗斯利用债务向东扩张,逐步占领西伯利亚等地区,当地生产的白银流入明朝。从蒙古统治脱离之后,俄罗斯形成中央集权。伊凡大帝从莫斯科开始,莫斯科是东正教的基地,俄罗斯扩张为一个大国。

邻近的日本变化更大,日本曾经的一千多年,人口数目一直非常低,只有南方有城市群落。这些城市保留唐朝风格,日本皇室信奉佛教,而百姓信仰佛道神。因为模仿唐朝文化,京都城内遍布佛寺,寺院负责发放贷款,形成巨大的生产力。

当时间流入宋朝之后,日本由于缺乏铜资源,特意建造深底的大船,日本商人收购小额钱,大量运回宋朝的铜钱,从而限制了实力发展。而明朝经济有利日本,日本的白银储量丰富,占有世界产量的二成,输入明朝几百万两。日本得到明朝物资,北方人也穿上绵衣,日本人口迅速增加。日本南方增加人口,带来经济上的回报,北方诸岛有了人烟。

准备金的白银亏空，导致全国经济停滞，急切期待扩大出口。明朝要找国际合作者，它们必须用白银交易，符合明朝的交易规则，并且改造本国的政策，以此适应贸易新规则。本国货币含有社会福利，如果特意生产白银货币，新增的只是虚值纪念币，作为储藏物被高价炒作。

朱棣组织编撰《永乐大典》，这是在有意设计历史，修改重要的历史记录。货币创造了现实，货币创造了历史，货币创造了人类，包括朱棣的行为，也纳入了货币中，从而改变了历史。新典籍展示生产期待，从生产者的角度审视，扭曲了现实社会逻辑，明朝进入了倒退时期。但是与官方的记录相对应，民间一直存在口述的历史，尽量保持百姓福利的视角，保留下来许多珍贵的史料。

人是有感应意识的生物，可以催眠自己改变行为。事物重要性由消费者定，必须通过货币形式认可。人类愿意为自己讲故事，故事情节反映消费期待。在国内消费减弱的压力下，明朝政府想办法扩大出口。郑和受命出使各国，世界最大舰船编组，航行大洋上三十年，建立广泛经贸关系。宦官认真研读文献，产生远洋贸易信心，率领船队游历各国。明朝与欧洲贸易，用不了多长时间，将失去成本优势。

郑和的家族是穆斯林，穆斯林善于经营商业。在摸索一段时间后，郑和作出一项妥协，创立新型朝贡体系。外贸关联着国内生产，涉及富户或藩王收入。藩王的工作是进贡，他们的收入是回赐。而外贸独立产生价格，此价格不符工资边际，远远高出皇室的核定。各国可以收入白银，明朝以政府信誉担保，各国派遣使者到明朝，可以用白银采购商品，政府保证市场的供应。

之后郑和的靠岸地，均受到了热烈欢迎，他广泛宣传自由贸易，树立明朝贸易形象，明朝对外征税非常低。这是诱惑人的机会，外国商船加一倍征税，税额只及农业社会。消息很快传到各地，迅速达到贸易容量。拥有庞大船队的郑和，由于完成了皇室任务，没有继续向远方探索。这是明朝人的恐惧感，在黑暗丛林隐藏自己，反映当时的自闭心态。

七下西洋产生的巨大效果，让各国商业远洋而来经销，税收固定而财政涨了五倍，郑和成为大明朝的大功臣，也是大明最后的远洋使节。为了强化白银的地位，政府对用纸钞者刁难，县官不接受纸钞缴税。由于旧钞不断磨损，政府停止以旧换新，不收新的大明宝钞，农民只好上缴粮食，税收被迫转向实物。对于弱势的生产者，这是一种无责生产，从根本上降低成本。

只要交纳固定比例产品，可以保证生产上的收入，如此产品直接成为成果，市场则由各地政府保护。中央机构及很多地区，在直接用稻米发工资，高官薪俸四五成是米，低官薪俸七八成是米。

纸钞遏制了高档品，江南的交易量最大，在交易中失去优势，对富户的生产不利。内阁力图保证人民的满足，市场剥夺消费货币的地位，加重了内阁审核的工作量。在闽浙粤设置三市舶司，港口城市重置管理规则，当时内阁通宵达旦工作，他们要审核外来的船舶。货币可以自由兑换，则形成命运共同体。虽然白银作为准备金，成为国际流通的货币，可是不执行央行政策，还是无法体现生产力。

国际贸易需要统一格式，所有国家按照规则生产，企业谋求的是价格边际，必然尝试消费承受极限。厂长否定采购报价，将价格提高到停售，再去维持最低额度。双方谈判的过程中，翻译变得重要起来。为了取得对方的认可，限制对方的货币入境，自己的货币限制出境。货币身上的信用，只是福利的体现，无福利政策伴随，此货币将被淘汰。

随着外来人口的增加，观点的种类也在增加，会自然支持相同观点，形成更大的意见团体，造成政府官员的恐慌。政府在聘请各国翻译，增加很多翻译人员后，取消了商人自由沟通，交流业务由翻译负责。后来由于形势紧张，这些波斯人被赶出境，"四夷馆"业务由此没落。皇室不断增加回笼手段，人才和机构也复杂起来。自从设置翻译制度，中原失去与世界交流。这是经济的转折点，元朝经济的开放性，加速了经济全球化。

纸钞的施行也有一些弊端，增加了终端扩张的趋势。在不被监控的情况下，金融终端可以超额发行，为对方提供信用担保，从而扩张货币的总额，由此制造监管的真空。但是，皇室也是有办法的，比如用自己的亲人，操纵国家重点资源……

第三节　藩王与特殊资源配置

至此明朝形成的决策体制，官员意志为中心向外辐射，文人围绕着官员服务表态，政策停在维持两者利益上。没有国民关心被俘皇帝，官员和文人远离了皇室。皇室只剩下军队调度权，军队由职业军人组成，在各大军区屯田守备。此时生产系统在壮大，他们的后勤保障被撤。军队作为国家的重要资源，它们控制了巨额的生产资源。

国企受到文人官吏谴责,只有低工资却固守家园,造成富户劳力无法补充。国企是释放技工的地方,年老奴婢退出生产一线,增加新人扩大生产任务,由于没有设定税收标准,再经过激烈的市场竞争,企业纷纷降低工资标准,市场留下低工资的劳工。

在内外压力之下,技术劳工转入江南厂,私企的养老金制破产,不再提供企业性保障。屯田的军人失去保障,他们的生活受到威胁。为了供应卫所的支付,兵部指示商业化运营。在没有战斗的时间里,卫所提供农具和种子,这些资源可世代相袭,它的主要任务是屯田。

军人在务农中备战,战争决定权在皇帝,由皇帝派出军事将领,接受战区的指挥权力。军区之间会调换将领,以此防范与生产关联。这套系统如果运用得当,应付局部战争没有问题。

可是皇室失去责任,不再负责福利供应,开始冷漠对待国民,放弃原本免费产品,每次接受社会福利,会被迁徙到远方。此时皇权的存在,未完成货币任务,调动了实物资源,变成破坏的力量。

如果经济政策不妥当,军队的经营不经济,会与市场的价格脱节。一份田缴粮十二石,军田设定三十五亩,加长官的六石薪俸,军屯成本是十八石,即上缴七五成收成。因为部分粮食需要调运,而负责的部门却是兵部,履行和监督商业在一家,其中环节自然出现问题。没人上报实际的交易量,自然灾难信息不入统计,没有作为皇室决策依据。

从经济效果上考察,军人屯田没有利润,不是标准商业活动,所以普遍贪污腐败,军官偷占很多耕地,成为超级富裕阶层。因为军官的权力过大,军田民田混杂一起,很难分清是谁的田,可以转租给平民种,从中取得很多租金。这造成军官对士兵残暴,他们封锁当地军屯信息,军队的设置在仿照元朝,军队内部纪律非常严格。

军屯不是放任生产,军人必须服从命令,完不成任务受处罚。随后的私有化打破了平衡,卫所出部分屯田租给平民,这份军田只需上缴六石,并且这些农民没有徭役。这是一个获利的时机,只有部分农民抢到,多数农民受到挤压,在市场竞争中失利。

市场经济的关键是公平,农民之间也出现不平等。农业税确定的时候,考虑到元末的破坏,已经定的最低限度,希望之后得到提升,可是后来却越来越低。对于温饱线上的自耕农,减少税收可以保全家庭。所以屯军大量逃走,且逃走者持续增加。在十五世纪末，西班牙也开始设计藩王制，任命皇亲到各地建立国企，成为欧洲皇权集中的国家。

藩王企业也在剥削，剥削力度小于私企，国企将剥削合理化，而私企将危机集中，堆积到了商业环节，国企也在集中危机，将危机堆积在财政。在南美洲的地区，藩王垄断银矿开采，八成收益成为税收，留下二成才是工资。美洲白银不是货币，在那里所用的货币，与征税计算不相同。

白银是欧洲的标准货币，计息和纳税都在使用它，由于欧洲白银存量巨大，白银作为资财计算工具，带来了欧洲的繁荣时期。此制度实现经济繁荣，但没有统一投资控制，这是各国的通用办法。

边疆军屯开始荒废，军人需要留守京都，耕牛的数量锐减，被迫让商人负责屯田，并将盐引作为中介物。百姓用生活物换盐，也可用盐交换纸钞。为了开放私人生产食盐，所有的生产由私企负责，故沿用盐引的管理方式。政府给出有限许可审批，取消市场的无效竞争。

所有的生产都需要贷款，而政府控制了贷款取向，只有与政府建立联系，才能发展自己的事业。有限的盐商之间竞争，形成食盐的市场价格。盐引是标准的收入所得税，征收对象只能针对盐业。现在平均到每个行业，模糊了税收核算对象。元朝税收是等差序列，按照固定的职业分派，随职业收入差而增加，这是合理的税收设计。

明朝盐需求量十八亿斤，官盐销量只有五亿斤，其余部分由私人偷运，这部分根本未交过税。在反对税收的舆论下，各地明目张胆偷税。如此的市场形势改变，职业竞争趋于白热化，生产专业压力减轻，行业内部收益平均，入行的资格趋于严厉。模糊税收的差异性，降低高端产品的责任，使生产者放纵生产成本，国家税收趋向一致。

同业者均想淘汰对方，但是理由越来越弱。要想纠正税收的不合理，必须重新执行纸钞制度。可是税收标准改革，成人纳钞一贯少儿减半，强迫民众使用贬值的纸钞，随着纸钞被政府边缘化，一贯纸钞不到一文，价值跌至千分之一，从白银兑宝钞比率看，价值不足两千分之一。于是，百姓大额交易用白银，小额交易用铜钱，纸钞被交易自然废止。

藩王有皇亲国戚身份，但是没有被授予实权，经营国企的全部收入，必须全交于皇室管理，皇帝工作的核心是钱。战国的诸侯有税收权，秦汉的封王有贷款权，藩王仅仅享有管理权，虽然所有权都是皇帝，他们之间有本质区别。藩王在明朝的社会地位，是皇帝委派的经营代表，只负责皇家资产的增值。

各地藩王都是亲属关系，只有国企实现横向联合，才能保证完成国家大项。国企之间的资源调动，是不需要动用货币的，它们是在平级的调拨，可快速生成巨大规模，而此种状态威胁私企。面对利益损失的时候，国民连皇亲都不认的，私企收益争不过国企，便联合起来声讨宦官。皇室也知道骂的是谁，于是朱棣令政府调节。政府当然倾向私企，它们是生产的主力。于是宦官被剥夺监控实权，只好以为皇宫备货的名义，暗地设定钱铺的经营指标。

一旦脱离金融系统，无论社会地位多大，不会有很大影响力。可是在政府角度上，没有能力调整金融，希望将事情简单化，最好全国统一格式，全部变成私企经营，这是最低管理成本。藩王控制着超大国企，遍布防线周边的军屯，控制服从天职的军人，而且要负责生产军品。

可是藩王服从改革，必须拆散军队企业。对配合改革的藩王，政府保留其待遇。企业转入私人之手，变成了帝国的现金，但是没有增加货币，只是冲减消费货币。藩王从中得到高回报，当然不是受害者。真正的损失在军事上，帝国从此缺乏军备实力。

藩王退出皇家企业之后，私人矿主不会扩大投资，采掘设备始终维持原状，随时间流逝均老化腐烂，由于得不到设备新订单，设备生产企业早已散伙，矿产行业最终所剩无几。工业链条环环相扣，如果前端受到破坏，后端的成本被提高，因此抑制工业进步。

明朝严重依靠手工劳动，工业化积累的成果消散，钢铁产量退到唐朝水平。在明英宗被俘前的市场，罚金赎金官俸折银政策，折现银的政策不断出台，白银的货币性慢慢增强，形成朝野皆用银的格局，只有民间集市上用货币。明朝失去了工业基础，战争当然是失败结局。

于谦僭越内阁，命令誓死守城。这是政变行为，于谦打破政局。内阁表达皇权，六部各不相属，权力彼此平行，均对皇帝负责。过去皇室动用军粮，平衡各地物价水平，如今皇室丢失权力，无法救济各地灾民。于是皇室在建立银号，用其他办法收集金银，用金银平准各地物价，削减货币控制的失误。可是此法作用有限，皇室消耗量很微弱，经常默认物价波动，不会亲自调整市场。

兵部尚书作出决定，军权高于行政权力。于谦是真正掌权者，集中政府军事大权。土木之变给于谦一次机会，实质僭越了皇帝的权力。明英宗被送回来，立刻抓捕并抄家，刑部判为谋逆罪，在闹市上被斩首，这是在恢复皇权。一次科举定终身，成者王侯败者寇，极度歧视失败者。

皇室设计内阁制度，不是为了取消皇权。内阁与皇帝是搭档，内阁在为皇帝工作，皇帝必须批复奏折。明太祖在努力工作，每天五点起床工作，每天批阅二十万字，要处理四百余奏折。接着他听取大臣面奏，接见各地来京的民众。太祖要忙到午夜，全年没有休息日，这份工作非常辛苦。

为了帮助明太祖办公，宦官巧妙发明了纸贴，皇帝忽然想起了什么，顺手记录在纸贴上面，往衣服或者柱子一贴。私礼监掌印宦官呈送完毕，再把这些条子取下来。皇帝需要勤奋工作，证明内阁辅助作用，此时的国务太繁重，少数人完不成任务。国务需要程序解决，利用程序达到目的。

建立内阁制很有必要，集体可以发挥智慧，人员聚合产生新思想，增加研究突破的可能。阻挠内阁的决策，破坏了国家制度，这是官员的重罪。于谦独揽政权后，其他同僚被排斥，有的还入狱受刑，而提拔的却是酷吏。

这些人出身贫寒，不愿扶持百姓，极端歧视穷人。通过效忠似的选拔，行政官员都不专业，他们调离原来岗位，换到不知情的岗位。行政官需要专业人才，行政变成了专业技术，失去灵活运用的空间。而于谦要求必须变通，官员必须要灵活处事，用经济手段解决问题，彻底改变了行政职能。

帝国的各位官员，包括请战的将领，均尽职尽责工作，皇帝找不出错误。战争输掉了政治老本，这个责任让皇帝承担。逼迫上位的新皇不情愿，小心谨慎处理一切政务，不敢大刀阔斧否决提案，这种做法不是皇帝的风格，皇帝逐渐在政权中退隐。内阁本质表达价值判断，它的内部需要平等表达，首辅可剥夺普遍的意见，从而消除内阁制的意义。

明朝的货币改变了文人，文人也在改变政治制度，政治制度改变人的追求。精英的利益被于谦控制，牵连官员形成一个整体，于谦是超越古今的圣贤，相关人员绝对臣服于他。因为他长期掌控的地区，关系到帝国边防的主力，长城沿线有一百万军队，从人口稠密的山西迁来。

于谦任山西巡抚多年，在半个世纪时间，山西多次向外大移民，均由于谦决定去向，去北平还是修长城。北平的工商业很大，需要大量人力资源，这么大范围的移民，牵扯的人员数之多，均为历史罕见现象。山西的大移民成全了于谦，成为全国人脉最广的官员。这些耕地可以供应移民，在国家税收上占了便宜。

于谦违反中央财政制度，虚构了税收的核准数字。山西的粮产一直丰盈，临近的山东连年遭灾，从山西补充大量人口，才勉强满足农业劳力。百姓不断被迁出山西，而人口统计数字不减。地方掌握人事权，可发布虚假统计，用造假欺骗上级。皇帝不出紫禁城，不知道底层生活，容易遭到集体欺骗。

第十章 货币谋划全球——明朝

山西的自由劳动者增加，多于农业需要的数量。在全国矿业一片萧条之中，唯有山西私营矿产兴旺，产生的豪门大户也最多。于谦背后是这些财主，他们的商业波及全国，各个地区的名人收益，不同程度地取自此地。山西只有负面效应，汇聚了太多的白银，使得帝国投资减弱，粮食产品受到限制，边防军粮供应不足。

生产资源被货币量化，解决了资源的稀缺性，国家税收可转为实物。虽然方便了宗教控制生产，却导致了行业惰性的增加。只有税收和贷款用货币，生产才会体现货币收益，政府才能提供社会福利。政策效果易暴露，人口在快速增长，征收的米面减少，皇帝发现了问题。

虽然于谦不在内阁任职，但是他掌控了政府实权。经过一场政治较量，皇权被大幅度削弱，内阁制被实际废止，决策程序被破坏了，内阁出现了首辅制，决策无法集中意见，内阁变成执行机构。皇室必须控制内阁成员，仿佛是皇帝个人的秘书，才不至于让权力被悬置，实际的权力转入政府中。

生产者必须可选择，一旦他感觉不适应，必须自由转移地点，只有保障生产自由，生产才可能有创新。皇权遭遇空前的践踏，明朝的实力已经衰落。皇室无法控制内阁，消费权力被迫减弱，官僚群体为所欲为。每次外国遣使来朝，为了显示官员权威，回赠他们大批商品。

此时的内阁左右失措，严厉执法便无法收税，收不上税也无力执法。中央无审核私企的经验，不敢处置强行逃税的人，财政被迫陷入失控状态。资源贫乏的西班牙，当地生活十分贫困。幸好地中海人口在减少，英格兰出口羊毛纺织品，西班牙王室征二成银课，改变了王室缺钱的状态，欧洲皇权重新展示生机。

王室出资开发海外，秘鲁银矿征二成税，剩余部分留给本地。秘鲁是落后的地方，没有能力开采矿山。知识不会无故出现，欧洲此时在储备技术，虽然产能上落后大明，但是技术上超过亚洲。

钟表成为欧洲新兴产业，世界转为齿轮规划模式，对时间的测量更精细化，士人可以精确规划时间，利用业余时间创造科技，也引发了机械的大革命。机械介入了生产系统，成为基本的工作要素，工程师在发明的前沿，而不断发现工业创新。钟表对市场环境意义重大，社会消费得到了时间规划，欧洲获得了经济发展后劲。科学需要各产业支持，各产业贡献生产知识，经过逻辑的综合排列，形成规范的学科序列。

工业化是一次生产精度提升，与传统的手工业收益相比较，需要改善服务水平吸引客户，投资边际收益下降一个级别。这是生产方案的边际成本与收益变化，故这一时期发现了函数这一重要工具。所以世界范围关注科学，人们力主打破知识框架，到更大的范围找到逻辑。西班牙到处创立企业，分享全世界经济收益，又将白银送来明朝，换得巨量的商品物资，使得西班牙商人暴富。

西班牙经济随后衰落，富有白银的国家贫穷，负债国家却开始富有。银矿的衰落导致收入锐减，从每年四亿比索降到两亿，大明的产品提升不了技术，西班牙没有出现高科技。之后西班牙败于荷兰，西班牙舰队不可登陆，送到马尼拉之后返回。这一段海运由明朝的富商负责，他们用的全是小船运输，这些富商来自浙、闽、晋。那里有一些银矿，全部是私人小矿。

伴随白银的炒作高峰，银矿产地进入盗采者，造成国家税收的流失。税收是一个硬性标准，需要保持绝对的公正。只有保持税收上的压力，民众才有动力监督政府，不可因为缺乏解决方法，而特意减少税收的标准。这是国家税收的意义，只有皇室才有减税权，这意味着极大的危险。

经常遭到军队镇压，盗采者跑到菲律宾，他们是一群失落者，到了国外却有作为，最后留在了菲律宾。因华人拒绝纳税，与官方发生冲突。菲律宾由西班牙管理，西班牙派出军队镇压，共杀死华人两万多，当地官员通报了明朝。明朝政府的答复满意，给予西班牙很多奖励，中央痛恨那些背叛者。

在私企繁盛之地，由于出口贸易需要，当地产品质量变差。技术工人数量的增加，不会引发生产升级，由于中央财政衰落，皇室供养的文人少。文化传播非常关键，可以将技术无偿传播，一次性提高生产效率。由于明朝技术封闭，文人加强控制信息，目的在于保护私利，借口传统文化影响。

明朝的产品质量下降，元朝的瓷器高端大气，源自吸收了波斯文化，创造出独特的青花瓷。蓝色是非常昂贵的颜色，瓷器产业得到快速集中，景德镇的名声威震海外。而到了明朝时期，福建瓷器相当粗糙，瓷器表面浑浊灰暗，釉面也非常不平整，但是形成大量出口。

质量退步源自投资，泥土需要大量资金，在烧前堆积几十年，一些资本被沉淀，明朝缺少相应投资。出口瓷用优质高岭土，而内销瓷器用差胎土。后来福建瓷销量很少，日本瓷声誉超过明朝。

经过剧烈的市场变化，藩王的采矿产业易手，江南的富户接过银矿，政府收取三成的银课，却没有施加任何监管。垄断产业背后是宗族，在实际控制生产收益，利用原有的技术能力，实现市场所得的暴利。

提炼矿砂需要巨量人力，原来的员工识得矿脉，加上宗族在控制劳工，市场上没有竞争对手。经过一段时间磨合，所有人掌握了技术。原有管理者控制厂区，他们的暴力变得重要，通过压榨劳力的工资，实现生产企业的盈利，施暴技术由家族传承。

货币是人际交互的媒介，它的影响范围不断扩大，必然改变国际关系。外交政策是国内货币的价值观，这种价值要去影响贸易合作国，货币由此上升为一种交流手段，让人类大家庭的关系不分你我。明朝出现了一个关键性人物，郑和所做的事业意义重大，关联帝国如何设置国内政策，而且关联帝国未来的安全……

第四节 郑和设计的全球促销

江南资财在膨胀，高档产品在增加，带来了国际贸易。很多进口的产品，吸收外部的技术，带来国内市场变化。可是富人无智力，他们的巨量资金，全部用在生活上，却没有形成投资。生产者希望快速获益，生产越短暂快感越强，收入越多快乐感越大。

如果将收益时间拉长，生产过程会变得乏味，甚至产生抱怨和痛苦。货币政策上的失利，会导致一些人失败。政策有利积累，豪宅越修越大。在庭院设计中，工匠构思丰富空间，营造大量山水氛围。虽然社会越来越安全，富户却要建深宅大院。

富人对享受要求高，工匠研究人体曲线，设计合适椅背倾角。西方设计思想传入，带来了木雕的美感。美是人体收益的结论，由货币测定并发表的，所以是劳动者的创造。明朝家具材美工良，宅院内饰十分精巧。

工艺创造大多来自穷人，穷人普遍在为富人服务。由于南洋无中央管理，失去投资控制的能力，南洋的工匠做不出来，只好将木材出口大明，大量花梨、紫檀木料，不断从南洋诸国运来。明朝在北方设立禁伐区，并且派人栽种速生树木。

建筑市场出现竞争，最终形成均衡格局，府邸宅院特定规格，私企按照差异供应，并且垄断这个市场，而形成市场的均衡。私企积聚很多人才，他们完成技术积累。明朝的建筑形式多样，充分利用斗拱结构。

富人越有机会富裕，官员越有特殊利益。例如设定严格的食盐法，禁止相关官员经营盐业，连官员的奴仆均被禁止。官员普通反对法律，加上文人帮助官员，商人敢于倒卖盐引，官员从中得到收益，再反馈利益给文人，三者形成互惠关系。而私下打点的费用，占到总收入的一半，也引起商人的不满。只需要支付贿赂，商业没有竞争性，市场进入无序化。

手工业的重点是工匠，他们创造精美的产品，自己却是多数沉默者。没有组织维护工匠，他们皆出身于贫穷，工作收入只够果腹，艰难养活着一家人。收入需要开放比较，任何社会均会比较，工匠得不到社会福利，其劳动促进贫富分化。富人要求更好产品，工匠专门为其设计，因此形成价格偏离，等于得到工匠特供。

政府在为穷人征税，这触犯了富人利益，故工匠们挺身而出，为了那点可怜工资，代表富人攻击民意。江南企业在竞争成本，为强化对穷人的歧视，需要不断压低福利值，工匠在主动减少要求。尽管工匠有很多发明，没有得到文人认可。

欧洲的情况恰好相反，英国在大力强化皇权，建立《王位继承法》。英国的皇室将全部精力放在政治上，广大国民才有可能将精力投入经济。在英国皇室的支持下，私人英格兰银行开张，因为皇室将税收抵押，可以大量发行金银币。为了遏制犹太人金融，国王发明浮木棒金融，规定必须用木棒缴税。这是用密码放大货币，从而回收皇室控制权。皇室不需要实际权力，形成议会形式的内阁，实际执行的是共和制。

一切的行为在于理念，而理念不是投票数量，它体现到投票方式上，反映货币收益的目的。借助政治上的变化，也促成银行股份化，发行部分脱离贵族。这是金融上的重点进步，甚至差点成功发行纸钞，埋下了超发货币的隐患。但是议会执行票决制，每一个贵族均有一票，票决分散贵族控制力，每一票代表地区利益，贵族为当地利益代表，负责争取本地的收益。

货币控制力扩张社区层级，在社区范围执行民主决策，无需额外设计宗族化信仰。欧洲没有形成宗族，货币反映地区利益。教育重点是公办教育，藏书集中基督教学校。由于教育水平相似，有的贵族也不识字，如此有利生产创新。文艺复兴是创新的，伊斯兰解读古典文献，重拾基督教的文明，是货币扩张的效果。

明朝的铜币不被认可，民众无法采购外国货，更加依靠江南企业。中央作出最终决定，远洋运输的国企被分拆，出售给那些花花公子，他们没有办法建

第十章 货币谋划全球——明朝

造新船,以致明朝海军出现空白。这些发明不是为了实践,只是富人的任性的喜好,用火药制造大量的爆竹,却不愿意用来制造武器。

他们不知道化学原理,故操控不了复杂生产,最终从元朝继承海军,天下无敌的木制舰队,因为没有继承其工艺,海军舰船全部废弃掉。两个地区发生竞争,必然体现在货币之上。

赞美文人的书籍遍布市场,这也是炫耀财富的方式。他们控制帝国财政,故张狂到为所欲为。很多人被折磨致死,因为他们没有工作,他们没有找到岗位。明朝的全球贸易安排,对自己是非常不利的,因为国内被私企控制,没有企业执行政策。这是非常危险的,出口企业吸引投资,工业品严重依靠进口,工业企业得不到发展,慢慢地全部退出市场。

失去工业发展机会,外国产品覆盖市场,自己没有生产能力,这种布局延续下来,一旦国外市场变化,或者专门陷害明朝,将带来惨痛的代价。社会资本的积累,关键在增加产量。随着私企规模变大,富人开始控制社会,明朝的法律不管事,只要规则不明确,人们依靠宗族的保护。这是控制上的问题,生产不愿受到约束。任何生产均很复杂,需要不断增加难度,成本低意味难度小,长期之后总体衰落。

在利玛窦教父的帮助下,徐光启翻译《几何原本》,但是这些书未被普及。科学研究需信仰支持,阿拉伯人钻研炼金术,后来成为欧洲的化学。明朝人远离宗教信仰,他们只是在模仿科学。因为教师的身份,宋应星作《天工开物》。记录技术信息没有用,技术不会自动成科学,科学前提是消费问题,获得知识结构的飞跃。

书籍必须有启发性,促进人们积极思考,才能发现新的知识。明朝印刷书籍是浪费,浪费巨大的人力投入。此时信息量大增,可是政府的记录,只能指导简单生产,不能提升生产品质。不去劳动是可耻的,可是依赖人工服务,则不会出现新设备,机器用来代替劳动。

在普及教育上,宋朝开始倒退,删减数学内容,盛行珠算技术。虽然成果显赫,没有一项实用。自己的船不适应远洋航行,明朝只能等着外国船只来。而欧洲囿于威尼斯垄断,路途中间被奥斯曼阻断,其他国家集中投资航运,用少量木材造坚固船只。欧洲经过长期的沉淀,在几何知识的推动下,可以在大洋之上定位,这是人类的重大进步。

这一格局为欧洲的扩张,完成环球航行奠定基础,在海外寻找殖民地发展,提供了不可替代的条件。欧洲产生两个大国,均为市场开放国家,西班牙向西寻找出路，垄断了美洲的生意，葡萄牙向东寻找航线，垄断了欧亚的生意。

人类已知地球是圆的，各国的货币也是圆的，圆形代表包容的一切，也代表涵盖一切所有。随着人类的计算力突飞猛进，世界已经从局部扩张到整体，海盗已经选择放弃原本职业，加入贸易满足采购欲的队伍。

大陆沿岸星星点点的停靠处，变成了日夜繁忙的装卸码头，两国的皇室仅仅依靠许可证，已经迈入了欧洲首富的位置。欧洲当时热衷于冒险，跟随极不自在的远洋，每一次均会获得暴利。两个贸易大国制定新政策，为远洋商人提供超额贷款，促使商人们尝试更大可能。

西班牙促成全球贸易，为此让一部分人暴富，但是毁灭了两个帝国——阿兹特克和印加帝国。印加帝国盛产黄金，纯金用来建造教堂，却虚弱得一碰击溃。采银是一项非常艰苦的工作，会接触有毒的汞蒸汽，汞用来开采精炼银矿。矿工下七百英尺竖井，用麻袋背上来石头，在坠落塌方上的死亡，每周都有十人左右。

但是这些值得肯定，西班牙的货币因此独立，足量的货币推动了生产。世界第一大生产国，大明的全部生产力，贡献西班牙和日本。西班牙生产急需劳工，黑奴的贸易由此开始。两国将白银运到明朝，换取明朝的大量商品，成为世界的富有国家。位于欧洲的德意志，白银资源已经枯竭，此地曾经生产白银，白银引发通货膨胀，让它成为饥贫之乡。

远洋属于高级生产，江南负责简单加工，产业集中在丝绸上，他们不会挑战技术，也不设想从中盈利。出口产业的迅速膨胀，造成这些产品的成本降低，明朝的出口价格必然很低。明朝打的是价格战，没有国家可能胜利。明朝的出口产品价格，只有欧洲价格的三五成；到了北美洲的墨西哥，价格只有西班牙三成，只有秘鲁的不足一成。

富户不愿意缴税收，他们皆由大员支持。各部的开支由内阁拟票，户部不批准其他部工资，造成政府总体上的压力，要在支出上开源节流。江南绸缎变成雪花银，只要海上的商路通畅，货物运到波斯印度一带，每年可以收入一千万两。外贸不会改变现状的，非洲出口象牙木材等，让中东地区建造房屋，可是他们未因此富裕。

在巨大的经济压力之下，皇帝派出郑和出使各国，到达了非洲东海岸，利用远洋贸易整合资源。远洋贸易需要商业承诺，各国不要设置贸易障碍，明朝要给世界一个承诺。明朝是最大生产国，明朝承担金融责任，贸易都用白银交易，白银不是明朝货币，但是承担白银兑付。

相对外国的优势产品，只要国家不收取关税，国内产业会慢慢萎缩，最后完全消失在空间。此时各地政府不敢于行政，百姓均处于违法边缘。在法治昌明的社会，百姓的潜意识提醒自己，集中注意力防止违法。而法律不起到作用时，人们随时准备范围法律，否则自己无法保证收益。如果增加进口关税，增加竞争产品投资，保持本国企业税收，相当于对企业减税。

企业在税收压力下，实际收益在下降，单位产品收益降低。明朝说到做到，浙江只收取六两，这是一船商品税，几乎免除了关税。郑和到当地寻找商人，与外国商人洽谈生意，由此组织了全球促销。为了应对低价策略，中国瓷向低端发展，日用成为出口方向。

欧洲瓷向高端发展，保持了利润的高位。欧洲的人口数量少，那里富人并不突出，江南富户夸张炫富，凭借的是巨量劳工。国际贸易的基础在国内，国内设定政策决定结果，不是单独贸易可解决的。富人控制了帝国权力，商业呈飞速发展趋势，各国的商品让人眼花，文人势力进一步扩大，而要求内阁起用精英。

内阁不负责行政，在设计行政原则，要意识清晰的人。官员均为科举出线的，各地多录取江南学子，教师自然是江南富户。因为家族垄断师资，科举限定范围，只考四书五经。内阁初期是五品官员，只要价值判断的正确，不需要设定高品级。

只要程序设计有漏，金钱趁机钻营作弊，因此考场抄袭成风。金箔纸写蝇头小楷，一千文章厚一二寸，藏入毛笔管入考场，这些均为富人专利；内衣大氅微缩抄本，靠的是与监考熟悉；还有乌贼汁的显影法，作弊手段成为高科技；或者直接请他人替考，请来同一考场的穷人。

官员与富户的合伙经营，考试成为一场全民作秀。相对多的穷人陪考，构成一道社会景观。一个人长期处于暴力中，自己也变成暴力的部分。经过考试这一关口，富人子弟合法上位，穷人子弟全被淘汰。很多国家没有科举，它们的政府规模小，不需要大范围扩张，但是没有影响经济。

此时欧洲文艺复兴，货币表达消费取向，宗教参与日常生活，开始量产情感成分，于是出版业被解放，每个人均可以出书，分散表达消费价值，自然开创出新知识。欧洲表现出强大的生机，而亚洲脱离经济快车道。剥夺对知识的垄断，出现新知识的前提。明太祖亲审试卷，南北方分别录取，避免只剩南方人。富户需要证明收益合法，证明信贷方案符合正义，他们强烈反对平等制度。

如果站在皇帝的立场上，必须主持考试的严肃性。后来按照地区分配名额，录取数与人口比例相当,保证各地进仕的可能性,平息民间对政府的怨气。古代科举考试取士制度,与国家政策的程序相关,必须构建意见表达机制。江南富户当官的越多,政策拟订越有利于他们。富户生产被迅速扩张,民间窑产量高于官窑,官窑每次生产几百件,民窑一次可烧上千件。

作坊的人数占优势,民间丝织能力加大,反而超过了织染局。四分之三地区产绵布,遍布明朝的南北各地,这些农民采购当地布,可以不出县城的范围。故价值判断缺少比较,纺织技术一直未提高,没有出现纺车或飞梭。明朝投入纺织的人多,富户一般有两千奴婢。

奴婢靠出口企业生存,富户照顾他们的生活,主持生活大事的仪式,宗族的势力无法介入。官员自觉保护富户,保证私企正常运转,保证它们的商业收益。老龄的奴婢退出生产,为了不泄露生产技术,富户给他一份封口费,这笔钱相当于养老金。国企没有这个待遇,这些员工多是技工,由于家族固有身份,必须进入国企工作。

供应城市的绵布好,织布环节需要作坊联合,这是商业运作过程,需要突破行政地界,商人的社会作用增大,增大到影响政府行政权。自由织户被宗族控制,工资收入由族长安排,族长负责与商人议价,决定族内的生产项目。族长与族民相互合作,各自取得最多的收益,但是宗族总收益为零。

由于不需要审核长期的收益,族长的智力水平都是很差的,总是族内智力最低的人充当族长。全国各地形成宗族组织,所有组织由东林党控制,且自主地形成行为准则。宗族势力的扩大影响了皇权,皇帝负担着照顾百姓的责任,所以需要放大法律的约束力,那是一种普遍开放的约束力,而不是没有标准的宗族管控。但是明朝后期没有控制力,皇室只好借助于宗族势力管理。

此时地球处于小冰期,北方的农业受到影响,需要依赖南方的粮食。可是江南的农业减产,市场供应量持续低迷,却着意发展手工业,手工业消耗闲置人力。江南信奉东林党理论,而这些知识没有价值,只是一些碎片化信息,没有完整的思维体系。江南子弟普遍炫耀财富,炫富可以更多取得贷款,因为按照资财供应贷款。

富少同时是后备官员,官员职责是扩张白银,白银适合收受贿赂,不会留下任何证据。他们将白银铸成元宝,上面刻有文字说明,证明它的来历和成色,以银匠的签名作保证。如此一来,江南真的富甲天下,只是道德逐日滑坡。

按照明朝的立法规范,设立了比较轻的刑罚,很多罪设计以役代刑,设立疑罪从轻的原则。东林党实际控制法律,司法职能含在行政内,所以控制了政府部门。这股力量是在对抗皇权,对抗司法积累的控制力,官员出自一个教育机构,由东林党负责组织理论,统一指导官员们的行为。

皇室在克制非法手段,集中有识之士在军队,用军事力量制约民间。皇室建立一支特殊军队——锦衣卫,由他们负责国内的司法,抑制官员们的司法腐败。由于锦衣卫是军队组织,它的行动符合军事要求,打击力度超过司法水平,故有效稳定了国家秩序。

东林党没有办法了,他们的思维是固化的,除了释放暴力方式,他们没有其他的解决思路。暴力的释放方式有两种,一种是放任社会自由施暴,实现国民内部的自我消灭,一种是政府有组织的暴力,用心灵恐惧限制人的自由。锦衣卫的行动是秘密的,缺少法律上的震慑效果,法律需要公开化的表达。在杀光新来的官员后,新的贪官又一次出现,贪官永远不会杀光的,因为清官被贪官杀掉,剩下的官员只有贪官。

这些都是皇室的补救措施,他们没有将货币精度提高,这是皇室控制权力的空转。中央要求行业控制成本,落后的行业寿命在缩短,落后的职业者则被淘汰。市场时刻需要规范,如果市场变化太快,法律上会出现漏洞。随着市场规则的复杂化,司法机构也变得复杂了——刑部、大理寺、都察院,各自承担部分司法工作。

通过社会信息的集成,社会总体进步变快了,虽然每个环节动作慢,但是相互的联系增强,最终的效率大大提高,这种发展是实在的。锦衣卫的规模在扩大,曾经有过十五六万人,他们监督审案和财政,打听官员情况及民情,遏制富户对政府渗透。政治暴力在集聚,帝国的所有暴力,对付百姓的暴力,皆为实现此目的,维护错误的货币。

此时可以制造黄铜,货币材质选用黄铜,只要向铜料添加锌,货币变得美观耐磨。但是货币不在于外表,它的意义在内在品质。明朝的国力在亏空,财政收入在下降,福利的范围减少。农民的生活在变差,他们的社会福利少,所以遇到天灾之年,很多农户则要挨饿,要求政府负责就业。

朱棣决定修建紫禁城,营建出宏大的建筑群,调动这些资源的过程,自然资源入生产状态,却没有经过市场测算。为了扩大国内需求,朱棣征调上百万人,浚通京杭大运河,保障北平的物资供应,又组织人疏浚吴淞。

消费货币越多越好,生产货币越少越好,两种力量结成收益。官员群体可以从中渔利,北方因此冒出很多富户,这些工程被一层层转包,私企免费获得资源贷款,却以市场价格出售产品,他们也由此一夜暴富。所以工程完工之后,平民生活仍无保障。潜意识知道事物的真相，暴躁是在展示不满情绪，故穷人的脾气变得暴躁。

没有大规模基础教育，则没有普遍的创新力，造成企业经营低起点。产品价格相互联系，没有大批优秀企业，不会产生创新发明，生产效率保持低位。可是现在没有天灾，却要照顾千万饥民，尽管政府想尽办法，终究扭转不了颓势。

政府执行减税政策，减税带来了大麻烦。此时物价在疯狂上涨，政府在学习商业知识，书店满是商业教科书。如果资源不能被货币化，后端生产依赖前端生产，控制基础资源者获利多，农民是最稳定的受益者，所有国民愿意从事农业，不愿意在工业领域冒险。

虽然种地保证了基本衣食，但是对国家税收的贡献小，这样的财政无法抗击风险，农民实际的基础收入减少。贷款政策对富人有利，而不利于小本经营，不利创新的小企业，这种政策无法持久。

这是国内的情况，国外的情况更差，安南不服明朝规则，安南或交趾即越南。由于经济强盛，安南加快边贸，加入明朝贸易。明朝要求统一货币，此时安南出产铜料，正在流通大和通宝，故拒绝明朝的要求。朱棣调军队攻占，将安南并入版图，可是只有二十年。安南毕竟是一个小国，它形成了自己的语言，以及利用资源的方式，独立建国对它有利。使用暴力维持商业，不可维持通用货币。此理延续到对日政策，造成明朝与日本对立。

日本过去是资源贫乏国，出口刀具木材和工艺品，造成自身经济持续衰落。明朝出口日本高档商品，降低了贵族的生活成本。贵族经济即为扩张，武力掠夺生产资源，日本屡次侵犯朝鲜，推动造船业的发展。明朝更改货币制度，日本逐步释放白银，白银保持较高价位。朱棣曾经派兵封锁日本，但是中日经贸无法中断，民间有强烈的交易需求，仅仅是日本对铜料的需求，足以引发边境贸易的火热。

日本人用白银换铜币，城里的白银瞬时短缺，明朝一两银换七八百文，而日本换二百五十文，双方商人均走私铜钱，省去转卖商品的一步。故明朝为出口产品，却损失了许多铜钱。日本每隔十年朝贡一次，每次来访不超过二艘船。明朝寻找新的白银源头，才有了持续的抗倭战争，明军打击海上货币走私，没收走私交易用的白银。由于日本武士的功夫，战争双方都雇佣他们。

保证市场上商品的畅通，必须首先保护货币流通。发行货币的基础是信誉，货币不限制生产者是谁，只要满足货币回流条件，任何生产者均应当得到。故不能禁止货币交易，会形成二级交易市场，否则破坏市场的信用。此时缴获倭寇大量白银，福建招兵打赢倭寇，戚继光成了大英雄。

日本武士来抢东西，部队领头人是徽商，他们的领袖叫汪直，一位地道的明朝人。当时明军的编制不整齐，一卫只有百余老弱残兵，故经常被倭寇打得大败。明朝没有切实的贸易政策，只是为江南生产扩张规模。江南人原本不善于丝织，可是通过扶持种植桑树，浙江稻田一半改为桑树，可以多产蚕丝一千万两，多纺织出二十万匹丝绸。那些可是良田，造成农民失业，粮食从外调拨，增加漕运费用，劣质田地种植，农业效率低下，出现粮食危机。

从对朝态度上可见，朝鲜夹在两国中间，没有独立工业系统，百姓靠吃咸菜度日。原因是使用宋朝货币，此前高丽在信仰佛教，仿效唐朝的发行贷款，维持皇室统治五百年，需要皇室的事先计划。明朝免费供应朝鲜产品，百年无私奉献朝鲜政权。故得到朝鲜国民的认可，导致大批朝鲜农民失业，他们大量移民东北地区。这不是好事，朝鲜经济停滞，价格维持高位，失去生产实力。

北元政府坚决反对明朝，明朝要北元入朝贡体系，改变北元对外贸易规则。北元出口畜牧产品——马、羊、毛皮，希望得到铜矿资源。若北元发行铜钱，对双方交易有利，可是明朝不同意，明朝限制铜出口。明朝要求使用白银，只有与中亚贸易后，才有可能获得白银，北元被迫放弃贸易。

朝贡塑造了人格不对等，市场核心是人格对等，尊重才能合理得收益。朝贡是政府对个人，明显不利朝贡一方。朝贡者为此贪图小利，不惜损失自己的人格，很多王子随船来大明，一切服从大明的安排。双方矛盾逐步扩大，宦官起到调节效果，他们要求边疆藩王，采取隐秘方式贸易，输送少量商品入蒙。

这些商品专供贵族，因为贵族手中有银。北元总体上没有改善，由于单方增加奢侈品，没法扩张高端生产，低端产品价格上涨。奢侈品是供应量过大的产品，其产量超过应有的价值标准。

因为经常发生贸易摩擦，明朝曾经五次派兵北伐，而且明成祖在归程猝死。此前，蒙古在外部压力下分裂，西部以瓦剌部落为主，东部以鞑靼部落为主。明朝发动了三次战役，辽东和漠南军民投降。但是明军打不过蒙军，送还了北元昭宗之子，并且采取防守的策略，在险要地段修建边墙，形成著名的明长城。

由于观念的激烈冲突，北元政权进一步分化，在东部蒙古遭到重创后，瓦剌迅速兴起并东进。明朝利用金银、布帛，诱使东蒙古归服汉族。之前有一些蒙古人留在中原，不讲蒙语不穿蒙服，全部改汉姓嫁给汉族。瓦剌是东蒙古和明朝的公敌，东蒙古兀良哈的汉姓为乌氏，他们与明朝形成统一经济体，这些东北土著混入了蒙古族。

经贸往来不能解决问题，没有达到降低成本目的，瓦剌部落的经济困难，只有与明朝贸易得益，而明朝禁止他们贸易，明朝不买瓦剌的皮毛。双方军队对比悬殊，英宗在土木堡被俘，双方人数一百比一，由于平时很少训练，结果明朝军队大败。监军宦官成为替罪羔羊，还是无法挽救大明颓势。

也先挟英宗攻北平，兵部尚书力主抗战，立英宗之弟为新君，组织军民死守京师。首领也先久攻不下，双方议和送回英宗。蒙古不是交战方的赢家，因为频繁的内战和征战，蒙古高层失去福利意识，由此带来国家失败命运。

如果一定将社会成员分层，居于上层的人在发行货币，他们忙于层级的权力分配，因此底层可以发掘出财富。社会中间层的人总是居多，他们是货币设置的受益者，也是分配不公的得利方，随着货币测算精度的提高，中间层的人数会迅速减少。位于社会中间层的人，处于比较呆板的状态，否定一切制度性错误，但是这部分人的冷漠，导致他们的危险境况……

第五节 海瑞与一条鞭法改革

银矿皆由大富豪经营，深山的矿洞密集分布，他们赚到了第一桶金。随着贫富差异的加大，大量资财被地产占用，矿山资本量相对降低，富户失去了经营能力。于是降工资成为常态，而降薪逼迫劳工逃跑，地方军队控制力矿山，维持那里的基本秩序，慢慢由军队进驻矿山。

很多矿洞被富户废弃，劳工组织起来继续挖。盗挖作业风险非常大，官府在派兵抓捕矿工，故矿工纷纷携银外逃，到南亚取得居住条件，白银应付了初期开销。留下的矿工在反抗，队伍增加到上万人，双方发生激烈斗争，矿工杀巡检和知县，附近百姓纷纷投靠。明朝为此增设了兵栈，封锁各个矿区的要道。随后设立军队企业，让守备军人当矿夫。

国家负责矿业投资，故产出也应当国有，但是现在行不通了，军企要先扣除消耗，剩余的部分交国家。所以皇室特别规定，军企交纳定额银课，不足定额必须赔纳。军队银矿的管理混乱，因为没有市场化监督，军人只服从军官指挥,他们的行为肯定较差。

军队企业向中央交付,却不利于当地的财政。晋、浙、闽的白银,进入了全国的市场,白银货币易于出手,而且通常使用碎银,保证交易双方信用。由于白银高于合理货币成本,中央通不过高能量货币法案,低成本的货币可以正常运行,表示这是一种高能量的货币。

白银金融停滞了发展,明朝将银子铸成船形,五十两的称为"元宝",五十两以下称为银锞子,有十两二三两不等,三五钱称为"纹银",还有五百两大号银锭,"镇库银"藏于内库。元宝铸造十分简单,此时上面不再刻字,工艺水平反而降低。由于碎银显质地,鉴定的方法简单,流通的碎银较多。市场在大力回购白银,商业环境又非常松弛,富户一直在狂热投资,他们根本不考虑风险。

设定社会福利的情况下,金融压力是最大的限度,也是合理的接受程度。如今国家没有社会福利,金融上的压力完全消失。部分省份所征课税,视商人的态度而定,采取了浮动的方式。商税低于农业税,而且照顾小生意,营业额低的免税。后来内阁失去控制力,政府系统只控制收益,官员让商人自报收入,只要完成一定额税收,之后开放缴税的关口,不要求商户交纳税务。投资在设定产业规模,税收在设定产业等级,金融手段已全部失效。

这样的一个政府,一面为企业投资,一面在减免税收,地方财政肯定亏空。官府经常征不到税,每年税收四百万两,二百万两收不上来。为了减轻百姓的负担,皇帝也是迫不得已,赦免一些年的陈欠。如此鼓励欠税者,民间产生一行当,替欠税人受杖罚。社会风气鼓励抗税,学界的人全部认为,减少中央对下监督,增加百姓自主能力,这是治国的合法手段。

明朝的问题越滚越大,政府如何也解决不了,政府负责处理的程序,而皇室负责设定权限,这是双方制约的关键。现在内阁的控制力失效,只好不断添加监督机构。浙江和福建的银矿,皇帝为此派出宦官,在成砂时即刻抽税,银课增至四至五成,堵住了偷税的漏报。银产量才五六百万两,每年征银课十万两左右。若从竞争角度分析,这些课税不够定额,私人企业没有竞争,它们必然粗放生产。

政府极度重视这些白银,派海瑞去云南司主事。户部是财政权的部门,是真正中央财政部门,内阁首辅多出自户部,户部在负责国家税收。户部对县府的监管严格,县官一年领四十五两,包括县衙的办公费,而且三年调换一次,必须离家乡五百里,且不能携家属上任。如果兄弟也做了官,双方至少离五百里。

明朝县官高度依赖火耗，行政事务需要火耗维持，火耗是白银重铸的损失，此数据未经过市场核算，公私财产界限变得模糊。微小增幅不会改变大局，中央宣布基准兑价之后，由于枢密院准备金控制，各钱铺的经营费用不同，会形成不同的兑换比率。县府的费用也不同，地域之间差异很大，最后偏离中央预算。税收未用于社会福利，经费不属于国家税收。

之前的四百余税收机构，到末期只剩下一百多个，征收的钞银仅一百多两。由于失去税收控制，各项税率大大提高，为了相对降低负担，详细划分赋税项目。为了减除税负不当，削减很多税收机构，因为无利可图关闭，不是市场运行结果。在这么严酷环境下，海瑞可以争取官位，凭借反福利的文化。海瑞的一生依靠福利，他的小时候依靠福利，供养他长到读书年龄，接着得到国家的福利，公费培养他读到举人。

而他毕生反对福利，这一思想释放暴力，打击人类良知道义。百姓生活支付在增加，比如政府给房契备案，备案要购买格式合同，上缴不相同的契税。大明没有废除宝钞，一直银、钱、钞兼收，给不法牟利提供条件。在交纳税款的时候，把钞价大幅度提高。无钞者被迫高价买入，炒作者赚得盆满钵满。

白银限制税收征缴，没有皇室操作空间，皇帝长期留在后宫，却找不到事情可做，皇权失去追求目标。外界传言皇帝享乐，政局愈发地不平静，连续几任皇帝困惑，如何管理国家政治。道士在为他开解人生，要求他放下一切执念，此工作应当无所作为。

道士为皇帝制造仙丹，而仙丹中含有重金属，结果毒死了几个皇帝。生产者有保护工资的冲动，市场起到遏制产量的作用，市场竞争的重点是价格，这便是消费者决定权。生产者处于被迫状态，须以降价为前提增产，于是生产引入先进，增进生产方案质量。

钱铺以白银为基础，而投资由钱庄完成，钱庄运营的是铜币。在维持生产方案的情况下，各类生产者的收入未减少。市场竞争水平下降，生产货币集中农业，其他的产业在衰落，蔬菜的生产也很少，百姓生活日益艰辛。粮食销路广泛，富人获得暴利，白银不断增加，一直没有贬值。

官府兑价稳定，所以粮食贬值，迫使农民买进。在粮价大幅波动时，政府无法调动投资，而晋商向外国售粮，本地居民却买不到。投资方向由白银控制，可是白银集中到城市，没有对农业生产投入，严重影响粮食的产量。

之前的政府力图海禁，只有官方的商船出入，限制百姓的商船出洋。由于生产资源降价，当地人的工资下降，人力与物质是相同的，属于同样的生产资源。如果放开海洋化贸易，必然形成国内的竞争，富户必大量出售奴婢。这些人会离开中原，中原的劳力在减少，出口贸易更难完成。

政府帮助市场用工，为了实现社会稳定，不许奴婢脱离富户，并且强化白银标准，规定白银支付工资。以白银代替现有货币，即是在消灭货币功效。货币促进了人的智力，社会生活的一切自由，货币供应提供的自由，白银的体制限制智力，必然导致自由的减少。

海瑞虽然是穆斯林，却已经加入东林党，东林党是乡村士族，覆盖面积非常广泛。士族子弟在刻苦读书，却是维护其二代私利。他们提倡剥削的思想，要求老百姓不得失业。在产业衰落的时代，乡村的收益最稳固，享有税收优惠特权。乡村积蓄基层暴力，由于暴力日趋普遍，被无为的政府忽视，成为免于制裁之处。

帝国的资本全在他们那里，故东林党内部争夺非常激烈。海瑞是一个举人，在拼文凭的时代，举人只能当县官。升官需要依靠价值观，官位随价值变化升级。陕西的知县满朝荐，与监矿的宦官斗争，为当地争税收利益，竟然载入明史流传。

如果按照产量计征税收，银矿的主人很容易作弊，但是遇到宦官严厉监督，要求矿主按照矿石纳税，采出矿石之后马上称重。海瑞冒死向上进谏，要求皇室处死宦官，竟然获得官场承认，吏部被迫给他升官。

海瑞生活非常艰苦，因为他有三位妻子，后来又纳三个小妾，纳妾需要一百两银，家庭中的十多口人，全指望海瑞的工资。对于穆斯林的传统，海瑞需要公平对待妻子，所以家庭消耗非常大。他任福建户部主事时，设计执行一条鞭政策，意为要时刻鞭打百姓，让他们加倍努力工作。户部在负责财务管理，它塑造了从业者性格，海瑞不知觉变得残酷。

福建在元朝时很富裕，泉州是当时的第一港，很多西域人迁徙至此，印度人也来学文身。文身是人力资源管理手段，黑社会对成员流动的控制。这里经贸繁盛，关税不到一成，运费只需三成，大型货船云集。白银拉平了市场差异，商人必须扩大运输量，使用超级船只运货。可是大明之后，这些人陆续回国，留下的融入汉族。

福建的口岸通向琉球，属于重要的外贸基地，可是它已经相当衰落。矿工的田产也空着，没有人愿意租种，因为负担不起徭役。徭役是税收方案之一，适用人力价低的情况，而明朝人力成本过低，市场核算不出来价格，税收包含了无偿徭役。

明朝组织五十万人疏浚黄河,加重了中型市镇居民的负担。因为种地只能勉强过活,百姓想出来一个好办法,将一些田附在官员名下,官员的田产可以免役。海瑞严厉禁止此现象,进一步逼迫百姓逃离。

改革是从福建开启,海瑞事业从此起家,当地有很多次反抗,均被海瑞打压下去。减税收的必然结果,便是减少公共服务。若农村减少公共建设,维持低效的生产形式,农户的劳动投入增加,土地的使用年限减少。

这些因素加在一起,制造大量温室气体,福建气候不堪重负。由于天气异常变化增加,不断引发各地山洪泛滥,造成生态水土流失严重,尽管受灾的农户在增多,却不见政府救助的影子。

更多的困难还在城市,城市居民的收入更低,在农村可以卖地增收,而城市贫民一无所有。由于城市缺少公共服务,迫使生产活动一直粗陋。洪水过后是严重干旱,在明朝的几百年中间,多次发生瘟疫大流行,农田和果园颗粒无收。此种情况应当政府赈灾,可是海瑞不要上级拨款。

海瑞指责当地人刁蛮,力主打压民众的反抗,并且没收农户的资财,没收的资产救助灾民。为了保证农户全力生产,宣布山塘地封禁数十里。可是没有阻止上山,基层政府无力控制,灾民摘取野生食物,解决家庭日常饮食。

为了惩罚当地刁民,海瑞重新设定标准,凡是到县衙告状者,不问事由先打一顿。当地衙门前摆着木枷,后来朝堂脱裤打板子,皆由这地方传播的。官员因此热衷板子,挨板子打表示忠诚,底层刻意取悦高层。同时得到新的伦理,官员负责挑战皇权,每天都会怒斥中央。海瑞树立忠诚的标准。

官员们不问及效果,不触及本质的批评,也不触犯皇帝尊严,而且得到宗族认可。明朝官吏如此忠心,只是为了得到好处。海瑞获得绩效好评,他没收的白银最多,死者家庭的资财归公,所以留下很多白银。

在皇权威严下降时,需要强化辅佐之力,皇帝明知虚情假意,也不更正这些错误。情况发展到后期,皇帝想增加福利,对内阁行贿不成,宦官求情也不行。内阁封驳皇旨成常态,内阁成为政府的奴仆。这是在架空皇帝,皇帝不轻易放弃,内廷重用锦衣卫,到处查找新问题,监管全部的政务。他们可杖责大臣,直到问题被解决。

帝国各处伸手要钱,普遍缺少生产投资,却不敢于增加放贷,没有改善户部状态。明朝铸币工艺先进,官吏努力提高工艺,首次采用黄铜铸造,加入了新的成分锌,让黄铜币更加耐磨。明朝的官俸很低,海瑞工资十二石,还有三十两白银,再加上一些纸钞。一贯钞值一文,价值形同手纸,可以忽略不计,所以他比较穷，平时买不起肉，死后没有钱埋。

皇室知道官员受贿，所以不设定退休，退休后免除徭役，附加不多的赏赐，如果不贪腐的话，官员的生存较艰难。由于缺乏必要的经费，政府的规模日益缩小，县府编制不多于四人，行政基础工作有很多，赈济、安全、抚恤，没有设定专人负责，更没有发展的计划。

明朝改革持续一百年，税收的错误暴露无遗。时机巧合，此时皇室内部极弱，万历小皇帝才十岁，并且患有腿部疾病，受到他的母亲控制。皇后需要外廷支持，自己无力修正政策。因此，张居正兼任太师傅，控制了皇室的决策。张居正控制了政治决策，作为内阁首辅独裁权力，内阁变成一个执行部门。

文官集团控制国家的目的，便是实现生产系统的要求，于是张居正支持一条鞭法，为了集中官员的总体意志，协力实现文人官僚的复兴。与海瑞的行为一样，张居正也是老好人。只用丁口和田数计算税收，消费者不相信生产的福利，发明生产者预交准备金制，税法成为虚构信任的工具。

白银税收未减轻负担，只是对表面进行修饰。东林党组织了研究，其社团设立在江南。其中一位是顾炎武，要求县令用当地人，称职者可终身任职，变成独立政治实体，各地共同维系稳定。

单纯从表面上看，东林党针对政府，实质是针对皇权，皇室的信息封闭，必须借助于外力，东林党控制了皇权。自从控制舆论之后，道德服从政治规定，故内阁不再有党争。因为没有议事程序，争论无法维持权威。皇帝回避党争较量，未给党争提供空间。

政策的议定过程，只扩充议员人数，却不见政党迹象，内阁制到此终结。这场经济复兴的改革，一直处于权力对抗中。民间不需要关注政府，政策关系百姓的利益，必须对政策作出反馈。对于东林党的腐败现象，皇室的监督是免疫系统，百姓监督没有实质意义，因为百姓没有组织机构，没有合法的工作程序。

在皇权的严密监督之下，传统社会没法制度腐败，那是官员们的分赃系统，已经打碎了皇权的监督。东林党搞的反腐败运动，只是在转移百姓的视线，老百姓不可能得到好处。因为百姓依靠借债度日，没有债务则没有钱铺，钱铺依靠百姓的欠债，这些债务在滚动生利，这是真正的错误所在。

而百姓只关注反腐工作，却不能查看政策性信息，结果是减少行政性支出，百姓的生活受到影响。百姓生活在自我为中心的，官员行政影响生产，决策涉及货币流向，官员限制错误生产，会影响富户的利益，富户会觉得不公平。因为他们觉得自己创造财富，政府必须通过政策照顾自己，而政府必须照顾穷人的生活，白银则流向有利穷人的方向。

这种政策被富户指责，东林党批评此政策，认定政策误导公正理念。交易全部使用货币，每个决策位于边际，行为也是符合边际，规范整个社会事物，均衡每个人的利益。于是张居正禁止书院讲学，斥责公学聚徒党空谈废业，造成百姓愈发愚昧和无知，东林党自设讲堂宣传经学，违背市场机制的经济伦理。东林党人蔑视法律，张居正为舆论站台，要求资金多投入生产，考核生产单位的效率，政府可据此提供投资。

由于不遵守皇室信念，投资的总量变得随意。富户积蓄大量白银，由于不受政府控制，自己开办钱庄运营。富户有两个途径，一是从日本走私白银，日本缺少铜矿资源，但是富有银矿资源，它用白银交换铜料，回国后铸造成铜钱；二是通过广州交易会，与马来西亚贸易。

明朝如此组织交易，耗光民族产业能量，贸易对西班牙不公平。西班牙国王曾三次颁发敕令，限定每年输出五十万比索银，力图遏止美洲白银流入中国。若没有政府的管控，没有发布贷款政策，钱铺无法控制总量。已有二万多家钱庄，对应钱铺规模更大。金融控制力出自宗教，故皇室需要借助宗教，而摩尼教一直在衰退。

欧洲教会实力兴起，建立很多教会大学，他们没有设科举制。科举制考察的是逻辑力，侧重于哲学方面的知识。教会大学侧重于数学，这是更加基础的逻辑，将生产方案关联起来，从而形成了产业布局。皇室向社会推荐各类宗教，所以很多的教士移民进来，他们的生活得到很多关照。

利玛窦的教会进入，他们引入基础性的概念，如"上帝"和"天主"，对宗教典籍作系统翻译，皇帝借助它来修复社会。传播天主教的同时，带来最新科学知识。数学知识对产业有帮助，而东林党控制产业投资，他们逐步排斥这些知识。

社会知识之间相互关联，消费系统生成社会知识，生产系统生成技术知识，两者的逻辑性来自货币，没有货币测定收益边际，文化知识的进步在停滞。官员不代表文人意见，官场的信息是文人的，文人用语言文字表达，选择政治的表达空间，才不至于被暴力阻止。但是东林党官员不讲究，他们全部依靠暴力机构。

在社会福利供应上，皇室承担全部责任，故它需要扩大权力。文人集中咒骂宦官，指责他们干预朝政，没有给官场自由，其实指向的是皇权，皇帝承受重大压力。增进福利需要扩大货币，放贷成为皇权基本任务，在每一个生产方案之中，必须生成新的资源层级，此要求对应新增的投资，增加投资须提供准备金。市场增加商品供应，会形成准备金的膨胀，商品持续不断增加，用来出口海外供给。货币反映如此状态，准备金必持续增长。

社会矛盾上升政治层面，影响皇权与首辅的关系。皇帝要求藩王负责教育，管理日益衰落的国子监，皇族的成员全部有学识，完全可以承担重大责任。东林党坚决抵制这些，他们是生产技术精英，却没有技术上的创造。东林党需要生产记忆，让孩子们记住答案，他们不会出现错误，也失去了创造能力，对于固化的生产，这是非常方便的。

记忆内容成为科举目标，摧毁了科举选人的意义。人类是感性的生物，依靠感知获得进步。而人类建立的教育，则是为了减少记忆。手工业需要对信息记忆，工业化需要逻辑性分析，现代化的企业需要博弈，生产者在其中充分博弈，企业总收益才能高于零，这是信息革命的起始点。所以这样的生产中，每个人的收益增加，不再按照自我决定，没有最大化的标准，工资依靠双方谈判。

东林党禁止观念冲突，而市场进步来自冲突，优秀生产者有破坏性，价值判断上产生突破，必然引起观念的冲突。市场供应遭到消费抵制，收入前景非常不乐观。东林党将责任推给底层，从而稳定获得超高收入，他们全面限制自由言论。经过制度上的革新，藩王后代请爵封赐，均要报请礼部批准，极大地限制了发展。随着帝国财政的紧张，后来礼部全部停办，得不到名分的藩王，入籍、工作或经商，均有非常大的麻烦。于是私下融通打点，或者进入自生自灭。

在国民思想教育上，国家失去了控制力，东林党建立东林书院，要求熟知非法手段，批量生产心灵感悟，这些情绪没有逻辑，政治代替交流用语，讲义变成空泛说教。东林书院的讲会被制度化，招收各国教育界的进修者，成为培养后备力量的摇篮。皇帝屡次要求停止书院，却遭到官僚的集体阻拦，帝国教育水准日趋降低。

税收法令影响所有政策，执行过程必然遇到矛盾，于是引发两派官员火并，双方利用皇权消灭对方。斗争的双方清楚，皇权不能被削弱。火器经过快速发展期，已经简化到民用水平，个人可能私藏小火器，破坏当地的和谐生活。故皇室必须设置监控系统，将此类危险消失在萌芽中。武器的升级带来新问题，需要不断强化政府实力，政府控制力在武力边际，它必须保持相对的优势。

这种争斗不会遵守法制，判决标准距离司法渐远。根据官员与张居正的亲疏，形成道德舆论的强弱对比，双方言语交恶或直接虐杀，官员死亡影响了行政效率，增加行政人员的培养成本。皇帝要独自监管官员，建立监察的情报机关，负责秘密地逮捕贪官。东厂被政府部门否定后，再建立不受制约的西厂，接受皇帝一人直接指挥。

皇帝负责全部的市场收益，据此发表社会管理的标准，此为市场规则产生的法律。这是士人升迁的动力，士人对此有很大贡献，也从中得到很多收益。东林党在阻止士人进阶，他们要将人治变成法治，进取的士人得不到好处。生产系统出现了阻力，防止消费的成本增长，其程序由东林党拟定，由官僚系统执行下去，如同机器在碾压人性，故被称之为"法治"。在政府管理系统中，由于政府建制设置错误，造成官员层级权责倒置。

对于一个普通百姓，他们不知巡抚大人，更不晓得内阁成员，见到的官只有知县。县官位置的处境尴尬，位于官僚层级的末端，没有权力中枢的重视。县官须迎来送往，不送礼无法做官。在这种现实条件下，县官自身不可能安全，他们负责当地的环境，却不需要为环境负责。

自从税收摊丁入亩后，县官不再对百姓负责，百姓生活出现了困难，比如突然少了一家人，也不会引起县官注意。而东厂深入底层，容易了解到实情，并将情报入皇宫，故得到百姓拥护。由于脱离了监管，东厂秘密进行的，针对的皆为官员，故受到官员仇视。

> 国家经济发生危机的时候，已经超过了货币忍受极限，市场可以有一定的容错率。在不正常的市场价格范围，消费者接受少许价格波动，但是不可能长期煎熬下去。这一切反映在货币上，货币的品质在下降。无论对产品还是资源，价格距离真实价值越来越远，消费和生产均受影响，没有人的资财可能幸免……

第六节 东林党规划货币政策

经过熙宁变法的调整之后，政府对百姓生活琐事管控，一个嚷着减少成本的政府，不得不为了牢固控制百姓，变成一个包揽的超级政府。中央集权保护市场核算的结果，地方政府破坏了这一规则，则代之以暴力的越权行政。

地方政府需要新型人才，按照东林党标准培养人，所有权贵子弟进入政府，实现对思想的全面控制。但是最终的控制点在私企，私企用工看起来是自由的，实际也必然遵循东林党要求。

所有的企业受到资源控制，大政府必然通过控制资源，实现对社会的全面控制。首先私企向政府提出要求，它的生产需要多少资源，地方政府按需分配资源，但是不可能完全满足需要，其他的企业也在要求。所以地方政府具有分配权力，可以按照实际需要的数量，统筹全部私企的资源比例，以低于市场的价格供应。

在超级政府的控制之下，所有私企本质变化，人事和收益接受控制，经济的核算能力为零。行政系统通过技术控制私企，私企的生产也是技术控制，较小权贵的子弟负责技术，通过压制百姓子弟的思想，实现对生产程序的操纵。

在这种条件生成的市场，由于经济活动失去创新，市场压榨生产货币收益，激起交易双方的愤怒，士人反而屡向百姓问责。而在士人的追责之下，政府在加大税收负担，百姓每日为生计发愁。一遇到天灾或减产，粮食价格反而增加。农民只好卖地求活，此时政府无力救济。

致贫的因素非常多，百姓更加不敢消费，政府认为百姓守财。百姓的白银极少，为防止意外风险，更不敢随意花光。纵观周边的国家，朝鲜是大明扶持的。大明的出口越来越少，出口产品沦为低档货，大明的国际地位下降。

随着皇室的结构变化，皇权的组织形式复杂，皇权的威力不断强化，随意处置的可能减少，政府更容易自作主张。生产低档产品，还不如不生产。大明域内的满洲地区，人民有充足的生活物资，拒绝与关外地区往来。明朝政府多次派兵攻打，每次均惨败而归，最后皇帝不得不派宦官，直接指挥军队作战，却可以胜利而归。皇帝习惯让宦官监军，因为不信任禁军将领，形成独立信息系统，因此灭掉了北元军队。

张居正主张从源头抓起，大明的生产源头是军事。军事上的源头是武器，戚继光负责研发武器。戚继光只是一个将领，不可能懂得项目开发，他投入了巨额白银，均流向富户和藩王。他们购入土耳其和越南火枪，日本鸟铳、火绳枪、弗朗机，通过模仿独立创造虎蹲炮。

由于东林党无社会责任，不需要投资公共工程，也无需帮助穷人致富，明朝的白银多用在军事上。当所有的资金用光，白银已流入富户家族，而科技水平却没有提高。唯一受益者的是富户，他们进一步扩大土地，保证农业处于过剩状态，而工业持续落后时代，一直得不到资金的投入。

为了调整这种不利局面，皇室要求宦官负责工程，从财政收入上调拨款项，可是遭到东林党的攻击。东林党负责道德攻击，谁的观念接近宦官，谁的道德在败坏。歧视是东林党的特色，歧视可维持额外收益。宦官承担的任何责任，必然通过了皇帝批准，不批判皇帝批判宦官，实际上是在掩饰虚伪。他们只在宫中生活，财产完全暴露在外，除非送给亲属使用，自己没有消费机会。

东林党集中在官场，且几乎全部是富人，但它不是政治党派，不讨论决策经济性，却在控制投资选择。在东林党的控制下，政府只选择企业主投资，而忽视所有的平民。考核管理企业的能力，不考核未来市场变化，便只能选择富人投资。能力是人的智慧表现，只要人的价值观正确，便不断探索生活的意义，自然在走向正确道路。皇帝自有的土地，被称为"皇庄"，这些田租给穷人，租金是国家税收，宦官负责收租金。

皇庄起到非常作用，破产者在重新开始，可能成就一份事业。东林党攻击此制度，污蔑宦官贪污腐败。皇庄土地来源较多，有原官田的牧厂地，或者是功勋的庄田，或者捐献的民耕地，未就藩的王府之地，都归属皇室的范围，皇帝一人占有大部分，名义占有全国的土地。

明朝皇庄面积在缩小，经过张居正一番折腾，从八亿半减到五亿亩，人口总量也迅速减少。富户确定过高的地租，造成许多的穷户逃荒。东林党责难国家政策，要求每户居民多生育，补充人力资源的空位。人口的增加需要时间，必须是社会福利调动，任何一厢情愿的安排，只会起到相反的作用。

还有一些皇帝家事业，受到东林党的攻讦。比如皇帝的封赏，民间人士被认可，宦官在传旨加捧。东林党多次发动道德运动，官员直接发布公告，以公文形式诋毁之。文人和艺人受到道德指控，大多被社会主流排斥在外。他们在真实记录事实，消费信息放大很多倍。

这是对货币的新要求，必须顺应百姓的心声，提供非常丰富的产品。如《金瓶梅》记录的市井生活，从中的每一个人的行为，都在反映背后的经济关系，他们不再是独立的个体，而是社会形态的国民。这些作者形成通俗文学，形成小说这一文学体裁。从这部作品当中可见，一个社会的金融错误，将引发家庭关系破裂，而责任归结女人身上，这是不负责的表现。

皇帝也因此开阔了眼界，知晓社会道德现状，清楚国家议事的重要。对于东林党的荒唐政策，没有平民敢于反对。张居正经被神化，当年未录取他的主考巡抚，出面忏悔自己的错误，解释成刻意不收录，只因张当时十三岁，不想让少年过早成功。这些官员败坏道德，视科举作弊如儿戏。即便可以天资优越,若小孩有政治思维,说明社会道德败坏,道德处于小儿科水平。

番僧接受传奉居其次,他们祈祷祛病和消灾,这些工作看起来无用,其实在规范人的行为,起到深刻长久的作用。普遍给予封号和升授,带给帝国最多的益处,辣椒带入中原的湖南,成为蔬菜的替代品种,在一年四季供应餐桌,节约普通人家的费用。随着番薯、花生进入,番薯适应好、产量高,可以代替稻米作主粮,官定作物品种被否决,农户开始自己选作物。

帝国的经济中心在沿海,白银集中流到那些地方。湖南女性在周边种植,满足了家庭日常需要,大大减轻了生活费用。比较各地经济发展,湖南比沿海还宽裕,生活状态更加轻松,女性处境得到解放。家庭是人的活动中心,女性又是家庭的中心,社会变革重点在女性,女性的生活质量提高,男性得到家庭的待遇,才能留出精力搞发明。

一切发明在细微之处,只有合格的货币制度,将它们从卑微处挑出,放大到整个生产系统,则会生成发明和创造。但是资金被宗族控制,多数发明未得到关注,很多人的心血付之东流。历史提供行动指南,明朝大量修改历史,历史总有相似之处,这些信息全部丢失了,人的心智也变得愚钝。选择标准发生偏离,这是东林党的过错。宗族通过传男不传女,排斥家庭因素的影响,农耕技术不区分男女,女性同样可以有技术。

女性技术实力的突进,形成自己单独的群体,按照隐秘的方式交流,有力地防止族长控制。国家投资给了富人,穷人贷款次次落空,从而失去翻身机会。东林党的道德标准,成为选择教师标准,教师均成为其成员。凭借强大的收益链条,教师截获外来的信息,去掉知识当中的理性,将它转为国内的技术。经过如此的处理过程,先进思想被挡在外面。

产业升级需要先进的理念,国内外的发明全部被限制,保证了东林党的教师收益,他们永远处于真理的位置。明朝人创造了很多发明,如同物种的大爆炸一般,但是因得不到货币遴选,没有符合经济的项目留下,它们慢慢消失在历史深处。政府管理制造了穷人,它又不愿意承担责任,只能推卸责任给穷人,东林党因此获得发展。

东林党公开歧视女性,因她们没有工作收入,她们是被男人养活的,被生产系统自动清理,认为是不劳动可耻的。儒家文化有羞耻观念,与收入多少没有关系。男性如果收入不够高,成为被社会养活的人,这些人感到人格羞耻。为此东林党提出,男子有德便是才,女子无才便是德。这是在束缚两性,男性变成了懦夫,女性变成了囚徒。

东林党是学者的象征，负责社会的舆论宣传，之前思想家一直很少，明朝的文坛突然加力，成批地生产出来精英，其随意表达构成道义。学者是研究学问的，不可负责意识形态，消费系统只认货币，消费者可变动目的，修正新的首要目标，学者是不能干预的。东林党创立新道德后，政府官员的压力顿减，没有官员为民生负责，官员辱骂农民不务农。

东林党是反皇权的力量，底层的官吏均反对上派，皇帝派来的监督权官员，负责矿产和盐业的税收。地方官联合厂矿反对，逼迫矿监和税监就范，完全配合地方上抵赖。税收一直收不上来，财政危机越演越烈，惹得皇帝勃然大怒，严控经济类型著作，这类作品主张私权。为了消除思想传播，制造许多起文字狱，为这些人定惑乱罪，将作者和著作销毁。

为了回避言论控制，湖南女性发明女书，使用隐秘文字交流。女性的反抗精神很强，后来她们遭受迫害，集体逃离湖南地区，跑到沿海地区生活。发明一种交流工具，广泛而深入的沟通，成为保持文明之法。

女人的幸福感觉低落，由于男人有玩乐项目，而女性只能留在家里。加上女性得不到贷款，女性活动受到限制。没有贷款的权力，即失去了投票权，其自由一定落空。女性提供家庭服务，虽然女性消费很少，但是男性得到很多。

社会创造力在降低，却可以从劳动获利，中产阶层生活优越。此生活方式成为主流，逐步推广到政治层面，通过奴役收益定政策，富户加大对奴役奴婢，奴婢的数量不断增加，很多人没有生活来源，主动投入富户的生产。所以一层层地压下去，越是底层的人越艰苦，不堪压力的人自杀了，而活下来的失去人性，在跟随富人一起作恶。

在不开放的家庭中，男性掌控着消费权力，由于贷款的对象过少，男性只负责生产品质，所以投资放到玩物上。准备金是不用来变现的，转变为长期储存的特性，故成为礼品性质的物资。成为馈赠礼品或饰物，成为地方朝贡的献礼，成为朝廷对下的赏赐。白银必然不断贬值，而作为货币准备金，它在货币系统发酵，产生一种反作用力，胁迫富户增加储备。

生产在消耗生产货币，白银的市场存量减少，迫使贷款的数额减少，而市场资源价格未变，富户取得相同贷款时，需要支付更高的代价。在满足准备金需求增长后，白银不断向中央政府聚集，富户的储备资金越来越少，扩大上缴税收的资金比例，而不是用来采购生产资源。因此形成了更大生产压力，生产系统要不断补充资源。

富户缺乏这份软实力，必然转而求助于外力。货币在公开市场通行，必须惠及所有交易者,包括所有的穷人在内。由于牵连人数广泛,每次扩张都很困难。货币发行也需要技巧,如果将货币责任缩小,则可以集中更多货币,于是一些玩物被选中,成为这项金融的工具。

牡丹花是短期进化的花朵,开封王府花园有三十五个,洛阳牡丹名园有二十四个,亳州牡丹花园有十五个,帝国各地都盛产牡丹,各地富户在比拼变种。每一次牡丹花变种,释放富户巨量白银,吸引市场上的散银,由此回收更多白银,这些白银是准备金,可以从中央兑白银。

如此往复循环下去,保持资金链条不断。白银确立了绝对的主导地位,铜被货币体系淘汰出局,它的生产能量太低。由于小额零星支付铜钱,大宗商品大额支付白银,由此形成银铜复位货币。不允许百姓用铜钱,富人到蒙古买马匹,要海外掏珍奇异宝,甚至赏赐外国友人,必须全部使用铜钱,因此皇室不断造钱。

白银需要保持高贵身价,在生产系统内不断循环。北方发明另一种玩物,京城富户在比赛金鱼。金鱼可以短期变种,它从池中转入盆养,并在盆中交配产卵,不断地分盆来喂养,不断进行如此优选,到选出中意的为止。实际这是人工选择,某个品种值得夸耀,属于富人斗富比赛,而白银在北方积累。

生产收益必然是虚的,没有消费收益的支持,一旦货币供应断了链,这种收益瞬间蒸发了。城市从服务转为生产型,集中全国主要生产资源,导致各大城市迅速衰落。城市是福利集中的产物,居民产生高级享受倾向。

还有一种滋补品,成为富婆的最爱。辽东人参价值十六两,北京沙口场二十五两,到苏州一百两银。并且人参一物难求,必须采取预定的方式。人参的形变更快,富户不断炒作它,价格便一路走高,可以与银价竞争。准备金可以用来贷款,白银则被释入生产中,瞬间消耗掉大批资源,令生产系统无法承受。富户自觉选择炒货,这是生产者的自保。女人成为男人的玩物,她们从小被父母教育,需要从男人身上取利。如果福利供应减少,家庭劳动随之增加,由于趋向简单劳动,减少女性工作机会。

消费增加幸福感,劳动带来痛苦感。富人可娶多个老婆,造成老婆间竞争,竞争形成了等级,让她们成为奴婢,故家庭永无太平。缩减女性的消费需求,绝迹的裹足之风回潮。这些对待女性的要求,为了减少婚前性行为,这是妓女的收益动机。夫妻之爱越少,老婆的竞争越大,必然形成残酷性。裹小脚是竞争手段,淘汰能力低的生产者,一定增加人的痛苦。

因为妻子要为亡夫守贞,各地兴起建立贞节牌坊。由于从小接受教育,暴力思想深入骨髓，社会个体相互伤害，他们为了私利争夺，随时制造对方灾祸，社会活动无受益者。收益中有非法成分，为了保住非法收益，他们要主张私有权，造成双方观念冲突。到了医学发达的明朝，女性的死亡率非常高，甚至惊动了皇室成员，皇室传奉药理的医生，特别对女性增加关照。

明朝的女性保守迷信，很多地方排斥东林党，比如湖南的女性生活，多受到东林党的批评，她们在使用女书传信。女书规范了女性的道德，产生巨大的社会推动力，后来湖南人移民福建，在沿海形成客家文化，就是封闭的女书传统。女人承担主要的交流，福建是摩尼教的地区，客家是摩尼教的部分，客家文化继承此传统，为文化复兴保留火种。

在大明朝的后期，国子监已经败落，低级职员每月一石米，高级职员每月两石米。可是东林党有高价出场费，他们的知识阻碍社会发展。县官的工作重心是讨税，负责人却是绍兴师爷，他们均为绍兴籍幕友。师爷和吏员不是政府编制，这是腐败带来的租值支出。在如此压力之下，官员不能拥有良知，上级官员只关心税收，根本不管县官的贪腐。监督贪腐非常简单，他们掌握国家秘密，政府掌握他的秘密，他们自然不敢贪腐。

生产系统负责无意识活动，消费系统负责有意识活动。对于人的内心活动来说，意识活动是主动地想象，无意识是思维存储图像，无意识是有意识的思维，意识活动是直觉的前提。贪腐资金未进入循环，没有构成公共性服务，它则不是标准的税收，类似企业被抢劫一般。由于可以跨地域联合，形成控制超强的行帮，他们的收入一直是谜。

帝国被黑社会控制，海沙帮是私盐贩的，排帮是伐木放排的，江南还有行凶组织，以受雇行凶为谋生，在背后向官府进贡。所以官府受益最大，主张投资给东林党。东林党得到高度重视，便放手残酷迫害异己。

天启皇帝被逼无奈，用木工活消磨时光，但是皇帝明白形势，他只是无办法改变。东林党的产业渐大，没有农户敢去租地，租地被附加了条件，必须为东林党服务。这个国家陷入了无知的境地，皇帝的庄园也受到了威胁，一旦东林党认为自己绝对正确，连皇帝也不放在他们眼里。

没有资源进行分配，穷人失去脱贫希望。天启皇帝心里着急，便起用魏忠贤收税。宦官的所有行动，一定有皇帝授权。当皇帝调不动政府，若政府不同意出资，便需要用宦官办事。魏忠贤在皇帝面前忠于职守，尽心尽力为皇族办事，所以赢得皇帝的崇信。

魏忠贤针对江南富户，制定严格的税收指标，税收的重点转向工商。东林党痛恨魏忠贤，以武当寺院为基地，筹措全国的地下生意，然后钱庄大量转运银元。以前镖局承揽此业务，是货物托运保险性质，现在用会票寄兑白银，钱庄顺势改成了银号，取代皇室的工作职权。

会票由枢密院远程投放，转入武当山的货币系统，武当山可从中转移资产，因此武当寺有大片田产。富户的私下贸易继续，还受到政府暗地保护。地下交易如果出现纠纷，还有以讨债为生的组织，他们分工细密、纪律严格，可以付费解决问题。天启通宝当十、当百、当千，而且各地遍地开花地铸钱，宝泉局几乎有一倍的利润。

此类进步让社会混乱，教师变成职业骗术，帝国上下崇尚暴力。黑社会知道一个道理，这些人不来这里工作，他们连饭也吃不上，工匠们别无选择，只好退入奴隶状态。任何时期都可以有奴隶，只要工资低到一定程度。

帝国进步与工匠收入不同步，工匠的家庭维持温饱。工匠的手艺在下降，他们在忍受轻视，让技艺越来越差。皇帝仅传奉六位工匠，仅两名从事器物制作。在鉴赏器物制造水平上，皇帝是最杰出的鉴赏家，他见识过帝国所有器物。

确立了白银的税收地位，公共工程没有资金可投，如今军费也在勉强开支。而且乡下已无粮可收，村民在四处逃荒讨生。张居正在宫内建立威望，他全力遏制了万历皇帝，不断训导皇帝屈从意识。没想到在十几年之后，万历皇帝决定查处他，李太后要求查抄家底，曝光了张居正的财产。

这位科举的天才，一生享荣华富贵，善滋补保养容颜，门下走狗戚继光，常送春药与美女，中外的美女均有。戚继光在招兵买马，修建了大部分长城，用的全是财政拨款，其他将领没有机会。

在张居正的家中，堆集了万两黄金，十多万两的白银，其幕僚家藏万贯，其集团权倾朝野。东林党人皆为富户，首领即是江南富商，每次收贿不低于两万，而东林党人不仅收贿，还要大肆行贿宦官们。监礼司负责呈送建议，宦官选择呈送谁的折，他才可能作内阁首辅，东林党认为此行合法。东林党人屡屡成为首辅，并非凭借真才实学，而是收贿数额巨大，需要十万两银子，其他人无法筹到。而宦官也非常配合，经常拒绝美色诱惑，获得皇室内部认可，得到更大受贿机会。

在这种场景设定下，内阁欢迎全民投票，被专家绑架的投票，民选反映生产意见，让内阁的决议失效。内阁消除了全民选择，站在消费收益的角度，否定生产收益的增加，形成市场机制的决定。只有内阁本身的人选，才需要通过全民投票。商业依靠贷款业务，第一贷款者是钱铺，私人钱铺突然暴富。商人的影响力逐渐增强，甚至通过钻营仕宦，或通过其代理人，对政权发挥影响，逐渐改变社会地位。由于李太后是山西人，所以才会支持张居正。

生产不受机构监控，一定有危险存在。在银矿的开采中，由于商人图利的缘故，矿工不深入提炼，大量矿渣堆积起来，处于无人监管状态。结果废物越积越多，可能是铀裂变爆炸，导致八十万人死亡。此事记录在地震史，成为风水研究样本。生产项目都会有风险，不论此记录是否正确，人类都应当敬畏自然，高度警惕生产的安全。

技术会产生重大灾难，失去市场机制的测算，技术的企业地位上升，各个岗位在封锁信息，使灾难迹象很难曝光。只有提供失败者发言机会，才能验证成功者是否合格。经过东林党的折腾，大明已经奄奄一息。而由于崇祯皇帝的继位，东林党创造了更大空间，这是帝国最后一次机会。帝国各处向他要钱，军队已经没有粮饷，自然提出战争请求。此时的皇帝恐慌迷茫，完全失去了调整方向。

民间看到内战的危害，不同意战争随意发生。东林党应进入政府，他们在控制各项经济政策，设定辽饷、剿饷、练饷，从上而下施压官吏逼债。过重的税收伤害了底层，他们没有自己的产业，用消费货币交纳税款，那是养家糊口的存款。三饷加派，田赋加收，但三饷所加，不过每亩九厘银。按明末粮价折算，尚不足十斤稻谷，相比亩产量很少，后出现加派名目，未影响富户收益。

税收的灾难在持续增加，富户的耕地也加派税银，但是他们雇佣上千奴婢，可以通过加大劳动调节。奴婢的工资已在底线，奴婢的口粮即为工资额，增税使得富户辞退奴婢，形成了大量的社会盲流。政府需要维持就业人数，保持社会发展的稳定性，县官的税收转向自耕农，自耕农只占农民的一成，根本不可能解决问题，而他们的收益逼近底线。

帝国让贫户承担粮赋，哀怨之声在四方响应，此时富人在一旁观看，抱着幸灾乐祸的态度，或者咒骂贫户的无知。国家税收是综合举措，政府需要增税的时候，希望扩大生产的规模。如果单独设定增税，而不对此产业投资，必然增加生产负担，大明需要协调政策，投资附带税收条件。现有税收政策激起公愤，文官们聚在魏忠贤身边，盼望他修订政策而救国。

崇祯迫于东林党的压力，东林党定期开讲堂，向全国民众发布消息。经过司法系统的安排，魏忠贤被列举十宗罪，他在狱中被逼迫自杀。东林党的舆论工具开始启动，编造很多关于魏的谎言，将政策说成太监的野心，由此找到清理同党的理由。东林党的每一次清算，所用的手法几乎相同，首先假借反腐的民意，诬陷对手为贪官污吏。

　　崇祯诏令魏忠贤死罪，他的人头被悬于府上，相关的官员均被炒家，被鞭打致死暴尸街头。此案的影响非常大，牵连人数多达一千余，包括重要的政府大员。结果贪官们被保护，从人格上消灭清官，随后消除清官肉体，坏事全变成了好事。

　　由于东林党煽动废除矿税，险象环生之财政危机加重，各地首次爆发了农民起义。崇祯下令派出军队镇压，进一步消耗了财政储备，国家财政已经所剩无几。金融状态面临界点，白银积贮超过投资，准备金超货币流量，可又无法对外投资，只能停止经济活动，等待资本自然损耗。

　　作为资本的货币形式，已经停在金融领域。它应当进入实业循环，完成生产系统任务，如此皇权才会有效果。崇祯再次下达一切指令，均无任何官员去执行。相对制度留下的巨大空间，官员们感觉自己贪腐太少，根本不够填满人性的贪欲。皇室难以调动大臣，从内阁到政府大员，全部被利益束缚手脚。指挥官员工作的是市场，市场各方的利益驱动，是行政的合法性来源。

　　　　货币是简洁直观的交易工具，不需要使用者具有知识背景，只需使用者认可其中的价值。货币是全民参与价值的过程，每一层社会机构有相关责任，最终的目的是维护全体收益。皇室是调动货币的总导演，可以创造事物的发展环境，从而修正大明的前进方向。崇祯皇帝是否具有这个魄力，实现国家经济的总体转型……

第七节　崇祯改不了政策弊端

　　崇祯在十七岁继位，发行"崇祯通宝"，分小平和当几两类，与前朝货币无差异。二年之后，已超轻的小平钱，改为更轻的样式，北方钱只重一钱，南方钱只重八分。他不知局势的险恶，白银财政没有欠债，政府没有心理负担，但是明朝倒闭之时，中央无一分的债务，库存只有几百两银。在当时的社会中，没有农民愿意种地，政府官俸发不出来，士兵粮饷也断供了，没有这些消费对象，农民的收入受到影响。

　　只有东林党在坚守，没有任何一人辞职，他们只能做公务员，他们专享这份福利，尽管无需任何技术性。民众仓库没有粮食，帝国没有粮食赈灾，国家税收降为一成，但是还是收不上来。全国水利工程全部荒废，所以西北发生严重旱灾，收获时节没有落下一粒，也不够农民自己的口粮。田里的老鼠也没有粮食，它们与人类争抢粮食。民众吃老鼠啃过的粮食，结果爆发了罕见的鼠疫。

当地的灾民加入军人，冲锋于对日作战中，保卫朝鲜政权成功。老鼠千百相聚，群行田间延至数里。这场瘟疫发源山西，由于干旱之地，蝗虫漫天遍野，鼠群在向南进发，疫情快速传遍全国。患者突然高烧不退，导致精神上错乱，或者突然倒地死亡。很多人家全部死光，村里找不到人收尸，连京城也一片恐慌。大明的人口锐减，从二亿到七千万，经济修复无望。在粮食危机面前，只有满洲有粮食。

外国武器多数在关宁铁骑，军队中找不到国产虎蹲炮，它是唯一对抗满洲的军队。训练此军的是袁崇焕，曾经击退满洲骑兵。袁崇焕请求粮饷以防兵变，甚至不惜动用皇家的私产。戚继光靠父荫做登州将军，登州负责进口女真的皮革，戚及其军队由此发达，在明军中装备最好。女真是上古中原居民，夺取中原政权是回家乡。

明军阻止满洲人入关，这是在断绝国人生路。袁崇焕必须建立通道，用军费从满洲买粮食，解决军民的当务之急。毛文龙垄断了走私贸易，生意覆盖东南亚地区，完全不顾国民生命。袁崇焕也走私贸易，无法给毛文龙定罪。崇祯帝逮捕袁崇焕，袁崇焕将情况说明，得到崇祯帝的认可。

东林党要求寸搽处死，以通敌卖国之罪下狱，袁崇焕的罪名被确定，且有不忠不义的证据，曾为魏忠贤修建生祠。东林党多次编制血案，目的是制造心灵恐怖，也在此地刘瑾被活剐，百姓敲锣打鼓抢其肉。袁崇焕被道德诋毁，在被凌迟的刑场上，京城百姓争食其肉。

崇祯设计整顿经济，首次出台了烟草税，可是各地政府失控，征收工作无法执行。没有粮食打不了仗，军队无法形成战斗力。只有满洲占领京城，不会屠杀内地民众。可是满洲人进京，东林党纷纷投靠，求满洲建立国家，竟全然不似当初，满洲人感到寒心，自动退出山海关。皇帝与民同甘苦，体会百姓之不易。

崇祯要求交出白银，解救国家的大危难，却未得到官员响应。大家心里非常清楚，白银不能充当食物，这个提案没有意义，大量白银流入市场，必然推动物价暴涨。生态系统崩溃情况下，庄稼和储备都被吃光，蝗虫和老鼠突然消失，鼠疫也无声息地溜走，好像一切未曾发生过。

如果国家出现危险，生产系统不受损失，消费系统遭受损失。中外的贸易没有停止，白银仍从马尼拉进入中国，中西的贸易往来频繁进行。政府每年收入均有提高，可是准备金不用来消费，生产者借白银增加投资。当资源全部被占用，白银便没有用处了。大明不是制度特例，所有金属货币国家，重金属成为准备金。

世界贸易用白银结算，拖累相关贸易国衰落。比如土耳其、印、日，这些国家货币为负值，白银投入越多越贫穷。从白银看到希望，也被带入了灾难。认知货币改变了社会，世界正在剧烈地变化，昔日的海上霸主衰落。白银贸易的受惠者是南美洲，秘鲁是相当富有的国家，民族服装也是丝绸的，均由大明的市场供应。

发现美洲是大商机，远洋依靠国内贷款，却无法获得大收益。根本的原因还在于金银，世界上的金银存量有限，不是被阿拉伯世界占有，便是欧洲新贵收集占有，欧洲与阿拉伯商业竞争，因此投资寻找新的航线。

回流的金银助长了通胀，物价变成贸易前的三倍，造成当地民众生活艰辛。欧洲投资国信仰天主教，负责国内放贷的是神父，因此他们不能结婚生子，对他们的补偿是烟和酒。这是对世俗社会的否定，酒类烟草宣告了人人平等。教会支持对所有人贷款，而特意选择那些穷人。

西班牙将烟草运到吕宋移植，公元1575年以后，烟草迅速成为经济作物了。公元1600年左右，福建人把吕宋烟带进大明，葡萄牙在澳门取得定居权，烟草成为它的货币准备金。

烟草改造了非洲农业，后来被带到世界各地，其投资回报扩散出去，到了公元1620年，烟草成为全球的作物。烟草降低劳动能力，消费者限制生产者，所以人类喜欢烟草。但是它不产生福利，各国限制进口烟草，随着烟酒的本地化，远洋贸易戛然而止。

荷兰兴起于远洋贸易，可以远航的国家很多，只有荷兰达到商业监督，独立开创远洋贸易格局。由于政府提供年金，出海贸易成为可能。年金是投资水坝的回报，水坝是全体安全的保证，后变成政府的普遍责任。荷兰开发了印花税，生产者主动购买税，从而减少了征税费用。美洲适合种植甘蔗，白糖的价格非常低，如果远洋运输成本过高，不会出现美欧间贸易。荷兰的公司遵守税收，政府的管理费用降低，挤垮了大多数竞争者。

明朝无法扩张资本，政府花费巨额经费，在监督各级官员上，欲消除官商的勾结。商业行为服从控制，荷兰金融开始启动，将生意转变为投资。荷兰人以打鱼为生，地处湿冷的地带，适合种植郁金香。郁金香成为标的，作为假设准备金。投机商放大货币，实现货币的倍增。郁金香的种源在翻倍，货币发行量也在翻倍，荷兰开始融资大冒险。

北美洲甘蔗园缺少劳力，这里的生产已经集约化，必须提供生产更大能量。而非洲没有投资活动，非洲处于松散的状态，这里找不到有实权的皇帝。没有机构对生产负责，在北美与富裕非洲之间，北美建造社会福利，经济具有持续动力。

商业活动自然选择对北美投资。在非洲这一地区，实际控制者是贵族，他们拥有处罚奴婢的权力，奴隶干活不够好的时候，贵族可以随时减少食物。因为没有中央集权，非洲极少使用货币，奴隶制度延续至今。

非洲的奴隶交易非常活跃，在荷商介入前价格非常低，由于荷兰商人出价非常高，当地贵族开始垄断交易，他们禁止荷商进入内地交易。奴婢的生活接近底线，即人力价格非常低。在一些小岛上开辟集市，如桑岛、格雷岛、奔巴岛，奴隶们被锁铁链带到岛上，卖给荷商可以赚一大笔钱。贵族的市场收益非常高，他们走遍世界推销奴隶，几乎没有一处空白地区。当地这些暴力控制者，用奴隶换火药和武器，推动更大的奴隶交易。

新庄园建立在证券上，分散了庄园经营风险。美洲奴隶干十八小时，为了节约劳动力付出，美洲开始开发机械化。北美市场面临饱和趋势，随着欧洲反对奴隶贸易，荷兰对航运加大了税收，贩奴几乎没有利益可图。荷兰并未提升金融能力，它作为船运业的垄断者，贷款方式维持远洋贸易，必须向参与国发行国债，为它们提供生产扩张力。

由于荷兰不审核投资，开办交易所发行国债。国债是一种商业行为，一百多个国家来投资。金融风险聚集荷兰，滞销商品积压市场，错误集中到股票上。错误投资与此相关，致使股票交易随风漫长，一个消息可能引发狂购。荷兰公司退出奴隶贸易，货币的品质突然下降，国内的债务关系破裂。预期市场收益突然消失，郁金香股市神话被打碎。

于是在某一天，股票一泻千里，资本瞬间蒸发。人们知道郁金香超过正常值，一定要求消费符合价格要求，消费品必须遵守价值性判断，生产者对生产资源短期持有，并不需要生产资源表达价值，故以其营利程度为采购标准。所以金融决策必须是消费者，这些意见必须来自消费领域，而不是生产系统的判断信息。

资本减少决策人数，必须是有经验的人，这笔费用由金融负责，但是寻找也是一项成本，需要设计自动遴选机制。如果所有人在决策，投资质量必然下降。需要淘汰决策者，精选其中优秀者。此时的股票不真实，只是负责生产投资，满足企业资金缺口，这不是真正的股票。商业可以被监督，资本也需要监督，只有完备的监督，才有市场的安全。荷兰市场在使用银币，金属货币不支持监督，股市必然失控和崩溃。在这一时期，郑氏家族打败荷兰舰队，霸占了台湾海峡的线路。

在法定货币运行上，微观经济连通宏观，微观利益受到威胁，反映到宏观权力上，宏观权力失去控制，市场规则发生漂移，会产生微观的不适。股票是在分散风险，货币问题落到发行，即贷款的责任归谁，引入了股东的概念，就是找到了承担者。股市公开展示价格形成，具体测算出来金融风险，价格是过往投资的智慧，股市在执行抽样化调查。

大明经济不需要责任，各个行业都有东林党，东林党维持地方秩序，每一个地区都有党派，在东林党的势力范围。每个行业都有相应的知识，因此产生相对的解释空间，需要东林党作出不同方案。行业对应建立党派——齐党、浙党、楚党等，分别介入思想教育界，扩大了东林党的势力。

东林党的内部全是文人，他们形成自我语言习惯，不再需要向外作出解释，也不需要在内部的交流。只有遵守这些表达习惯，士人可以迅速变成专家。而大明的教育被毁灭，教育转向职业的技能，独立的批判精神消失。这些党是表面的形式，实质维持东林党思想。党派争取一部分皇权，构建政府的行为模式。

党派推销的是政策方案，其中有极强的道德标准，强调道德完善的重要性。脱离货币测定的结论，以道德之名指责对方，否定背后的利益关联，符合社会上恶的原理。正值的货币收益为善，负值的货币收益为恶，这是货币的社会背景。

明朝的宏观统计是密封的，无法看清市场的真实情况，只有东林党文人可以查阅。他们为富户利益服务，绝不会公开这些数据。这些数据至关重要，货币表达资财数量，可是并不是静止的，随着还债能力变动，所代表的资财增减，持有人将受到损益。

清朝是白银存量大国，却没有实现生活自由。大清的反腐如火如荼，小三承担起反腐工作，一位新任的监察御史，未实现家庭内部安定，老婆发现小三惹出事。情报是驿站传递去的，裁撤了驿站的李自成。此事反映市场规则落后，明朝停留在古代驿站上，没有市场要素进入其中。现代邮政是公共服务，需要系统性大量投资，故可以收取预付邮资，邮政已经实现商业化。

大清私企无力设立驿站，他们借用官驿传递消息，与公务员进行私下交易。李自成一路杀富户，抢走粮食分给百姓，起义军迅速壮大。富户也组织了军队，双方发生激烈交火。闯王的军队获胜，起义军迂回前进，分别解放了家乡，带着家口进京城。

起义军中多数是饥民，对社会没有正确认知，被起义队伍裹挟进去。闯王的心不在国家，他们没有治国手段，政权名义上叫大顺，实际一点也不顺利。所以派特使找皇室，要求一地的自治权。东林党不肯让步，要求处死李自成。崇祯与东林党商量，能否迁都到南京，保证皇室的安全，再考虑消灭叛匪。

但是遭到官员否决，只许太子南京监国，保持国家政策不变。此时的决定力在粮食，攻入京城的军队傻了，京城内粮食颗粒无存。崇祯帝已在景山上吊，随从自杀者无数，宦官死者上千计。闯王命令手下拷打官员，从豪宅里搜出七千万两银。

大顺政权无法收税，永昌通宝不能流通，军队与百姓争粮食。闯王彻底绝望了，士兵士气涣散，很快便鸟兽散。另一支反叛军也是如此，张献忠创建了大西开国，起义军搜集了许多金银，铸大顺通宝和西王赏金，可是这些钱都不得认可。看到金银财宝无用，只好将其沉入水下。

起义军只是在等死，但是他们横在中间，北面是独立的满洲，南面是饥饿的大明。只有吴三桂可能解局，其军队在镇守山海关。关宁铁骑粮饷一百万，当时财政不过三十万。吴三桂心急火燎，士兵是不良资产，他没有办法甩掉。穷人否定富人的逻辑，坚信社会福利的公平，虽然生活环境如炼狱，但是一定出现救世主。

表达福利的是皇权，元国玺在漠南失踪，落到蒙古林丹汗手，明朝出资林丹汗打满洲，但三次遭到失败的结局，反而让满洲控制了蒙古。中原的国玺便到了满洲，满洲由此增添一份责任。经过中原地区教育，企业内部阿谀奉承，信息交流通路阻断，消费者讨好生产者，完全失去反抗能力，国民时刻忍受羞辱，还被誉为道德底线。满洲有汉八旗，蒙古有八旗编制，还有自己的八旗，一共是二十四旗。

八旗负责的范围非常广泛，但是核心却是简单明了的，生产系统容易欺骗消费者，所以社会的发展程度越高，人们的思想有可能越愚昧。即便在货币算法准确之下，还是很容易干扰人的判断，通过虚假的信息导致误判。八旗制度优势在于账目清楚，它是一种全民参与记账方式，可以有效控制金融上的风险，个人按照各自经济区域审核，以防止中间环节产生的虚假。

在吴三桂的请求下，满洲实行自治理念，建立新国家的关系，这是纯粹政治合作。满洲提供粮食援助，在未来市场取回收益。吴是明朝武举人，靠父荫升为将领。吴三桂控制大面积领土，新建的清廷不敢轻视他。市场规则设定行为边际，如果国民要求相同道德，按照利益要求他人服从，形成黑社会的事业布局。黑社会控制简单劳力，针对人力资源的使用，降低品质而取得收益。他要的是坐地分赃，新国家成为股份分红。

吴三桂占据关键位置，攻取全国的收益归自己。吴三桂与多尔衮秘密协议，满洲军队开始进攻大顺军，统帅多尔衮特意绕道蒙古，以国玺示传承元朝的国祚，满洲十万精兵不是侵略，而是快速打开救援通道。国家实力上的差异，只在救援力度不同。

在西伯利亚的冻土上，满洲建有巨型的仓库，在地上挖出巨型鱼窖，储备冻肉等战略物资。东北地区资源丰富，女真早已解决温饱，且希望与外界交易，用冻肉换内地粮食。作为控制优质资源代价，满洲人抗击了严寒低温，创造了新型的渔猎方式，具有更强大的生产能级，才可能在这片土地生存。

满洲人的八旗制度，涵盖全部的满洲人，八旗负责货币发放，这些物质等同货币，财政控制社会福利，直接发给八旗旗主，按照规定发放福利，可以照顾特定人群。八旗制代表一种思维方式，保持每个国民的自我意识，从繁琐的生活中摆脱出来。可是中原经济较差，粮食价格经常波动。满洲与内地经济互补，有着强大的市场需求，而内地交通工具落后，造成落地粮价非常高。

金融商向俄国大量注资，俄国是一个巨大的市场。得到了金融商的支持，不断向俄国增加投资，保持沙皇的独裁统治。俄国向西伯利亚挺近，为了占有满洲的物资，俄罗斯一直向东扩张，女真族请示明朝政府，可是政府与俄国交往，给予俄大使很高待遇，却对女真族置之不理，迫使女真族自我保护，因此形成独立的国家。

东西罗马分离之后，分东正教和天主教，后者只有一个主教，东正教有多个牧首，同时控制多国货币，不会损害国家利益。东正教有贷款原则，依托白酒发行货币，货币的发行量宽松。白酒适应长期存储，故经济好过西欧。东正教的影响深远，东正教崇尚圣母，似乎表达母亲意愿，俄罗斯在储备物资，冰天雪地适宜储备，东扩计划得以实现。

大明没有物资储备，取消藩王经营权后，养猪的成本上升，市场的销量萎缩，养猪业衰落了，市场上很少有猪肉。各市镇忙着自治，国家层面没有规划。例如佛山的嘉会堂，全部由乡绅管理，根本没有政府机构。在这一年的冬季，满洲人异常忙碌,八旗编制集中起来,冰爬犁去西伯利亚,取回物资储备。有人去了查干湖,拉开大网冬捕,有上百万斤鱼。若穷人死光了,接着便是富人。满洲涌入中原,分发大批物资,百姓熬过艰难期,历史进入大清国。

第十一章 货币准备金制——前清

满洲建立大清帝国的时候，世界走到了一个历史关口，货币正在变成抽象的符号，经济活动受限计算精确度。沿用汉室的行为规范，确立国家收益的标准，造成与国际金融不和谐，被现代金融秩序而打碎。满洲入关时处于这一矛盾之中，他们承担中华崛起的核心任务，而缺少管理经验难以担负其责……

第一节 满洲人成功的控制经验

女真族灭辽后建立后金，他们生活在黑龙江流域，派出使者主动来开封，进贡宋朝名贵的马匹，宋朝非常缺乏好马，所以免除中间的赋税。当时，女真要从登州沙门上岸，宋朝时拨款修建港口，一切货物免收关税。女真发展壮大以后，受到各方势力挤压。进口产品是逃逸的生产货币，女真加强对进口产品征税，挡住对本国产业的破坏，转而加大资源的进口，强化了本国的生产能力。

宋朝拒绝进口女真产品，女真的出口产品被扣，造成双方贸易停下来，女真三个部落散失了。而到了明朝时期，出于本民族命运考虑，各部落期望中央集权，归附于明朝中央政府，且由奴儿干都司管辖。后来努尔哈赤立盟约，仅凭借极少的几匹马，建立地域广阔的金国。他立刻着手铸造铜钱——"天命汗钱"（满文）用于满洲，"天命通宝"（汉文）用于外贸。

后来女真大量进口产品，内部的投资下降，基础产业受到影响。实力减弱的时期，女真腹背受敌，没有强国保护，只好独立建国。由于不敢对抗宋朝，上层出现亲宋势力，大量产品进入国境。低能量产品具有破坏力，减少了交易方的就业率，金国竟然出现很多流民，时而出境抢劫国外财物，使得金国上层出现分化。生活质量是重心，是争夺权力的依据。

金国采取闭关政策，模仿建立贷款系统，根据技术高低放贷，结果却影响了国力，不久后被蒙古灭国。同一历史时期，土、印、日也陷入技术贷款之困局，这三个古老国家有独特的宗教信仰，全部由寺院负责发放贷款。宗教从消费角度看世界，不接受生产者的准备金，则没有明朝出现的问题。

宗教组织滞后做出判定，所以失去货币的控制力，这些国家保留等级秩序，并得到宗教信仰的认可，但是宗教不能解决，必须通过重建货币，消除技术对投资的控制。在女真组成后金的过程中，努尔哈赤起到了关键作用，满洲经历漫长而艰苦的战争，终于从这个制度漩涡中逃离。

他非常尊敬成吉思汗，可汗家族是黄金家族，他也在赫图阿拉称汗，决定家族姓爱新觉罗，在满语中的金族意思。经过多年的战争，各部贵族完全消灭，一切政令归属中央。仿效蒙古的千户制，发挥中央集权作用，这些林海雪原走出的人，后来创造八旗制度。

八旗制度解决了投资矛盾，金国寺院对八旗发行货币，每年收回贷款并统计结果。核算是完全公开的，统计数与八旗共享，他们使用不同技术，贷款者的待遇相同。生产货币逐次分给男丁，足以支付生产上的投资。经过一年的资金周转，八旗之间出现了差异，政府恢复了实物税收，余下的部分用于还贷。

投资活动是个人行为，还贷部分少于放贷，说明有一部分错误。这个错误由消费者确定，不是政府官员强行指定，所以还贷少者承担损失，次年便得不到足量贷款。通过八旗制消除生产错误，这是满洲的优化投资策略。但是满洲依然落后，需要虚心学习中原。

女真族借助萨满教信仰，完成这一系列复杂操作，萨满教形成了巨大进步，宗教是基于个人判断的，所以宗教进步可以飞跃，可以瞬间完成升级替代。它对贷款不作技术区分，平等对待旗内的所有人。信仰价值负责社会福利，哪些成员应当得到照顾，由宗教思想设定标准。政府负责发放社会福利，中央政府接受意志决定。

宗教提供一套现成的价值，减轻人们建立价值的成本。旗主负责意见的表达，他们与旗民荣辱与共。政府无法约束生产项目，这是生产者选择的自由，政府控制自然资源收益。自然资源属于消费系统，消费系统须控制收益比，这些原则体现在政治上。

江南农业原来很发达，后来满洲农业超过它。由于贷款着眼技术，技术盲目放大产量。富户大量兼并耕地，趋向于被统一种子，加上田地营养匮乏，导致种子品质退化。黄土自动保持养分，品质上优于黑土地，却有许多田地抛荒。江南亩产只有七八石，而在满洲管理的农业，猪粪熟化后施入田地，亩产可以达到八九石。

满洲的农业人口少，清闲者发展手工业，在果实成熟的季节，女真族可以组织三十多人上山，采集人参、松子、蜂蜜、木耳，人参是这里最大的副业，它换来内地的金属，减少矿业开采的投资。他们发明煮晒保存法，代替传统的浸润法，保证了人参的质量。马是作为交通工具的，所以市场需求非常高。控制牲畜疾病难度大，畜牧业需要很高能量。可是养马的收益高，一个人能养十几匹。

由于授田给男性，男性负责耕种，女性负责纺织品。涉猎依然是女真的强项，猎取的皮张供应朝鲜，两个民族的关系密切。女真的皮革发达，女性着白色布衣，男子套上短马褂，腰间系着毛皮带，脚上穿着乌拉鞋，八旗有顶戴花翎，表示其身份级别。发达的手工业创造了女真服饰，出现了朝衣、蟒缎、褂子形式，奠定了清朝官服的基本样式。

女真除了简单手工业以外，还有木制品、酿酒的绝活，他们的日用品不是陶瓷，而是木制的餐具和饮具。出于利用能源之故，满洲家中的大火炕，比欧洲的壁炉先进，总是让人暖融融的。房子用原木建造，院子圈围木栅栏。每旗的领地相当宽阔，各户的生产面积很大，大场地足够调集资源。

由于高粱贮存多，普遍用米来酿酒，这是白酒的起源。有别于欧洲的果酒，这个酒的浓度很高，可以用来治疗疾病，活血化瘀防止冻伤。烟草是享受品，满洲人吸旱烟，可以驱逐蚊虫，适宜寒带生活。满洲的服饰与发式，完全符合生产的特性。

少数民族的发式特殊，与当地生产活动有关，那里的生产要求严格，比如女真的辫发，还有契丹的髡发。女真人前额剃光结辫，爬山时不刮树枝，放箭时不挡视线，这是一些文明的器物。他们可以留这种发式，在于自己铸造铜镜子，盘发需要看着后面做。铜镜的制造工艺较高，需要透气性强的铸范，所以由官方控制质量。女真的铜镜子大量出口，背面刻着检验衙署名，明朝也是从女真进口。后来女真的满洲生产能力强，生活方式被尊重，中原接受此发式。

皇族禁止女真修改姓氏，鲜卑族曾经改变本民族，之前的完颜家族改变，结果融入了中原汉族。故满洲列为禁区，禁止汉族人入内。不是管理保守和偏见，八旗是一种统治方式，以八种颜色的旗帜，来控制投资贷款。皇室由此回

◆·货·币·缘·起·

避质问，消除民众引发反抗。八旗的旗主组织生活，设立许多种考试制度，去除旗内的错误生产。

当然八旗只是身份，不是固定的人身标志，旗民可以选择升降，转入其他的旗下。淘汰的生产项目，减少了资源浪费，而是由民主决策，并不需要强制力。八旗内部实现高度公平，为此曾经设立一个节日，这天各家敞开大门，尽情去偷窃别人家。

由于穷人身体健康，偷窃的比富人要多。富人们也很高兴，日常不需要防贼。后来穷小子开始偷人，见到漂亮女孩抱回家，这让社会更加平等。人是最重要的财产，此节日叫"纵偷节"。人们的精力消耗在生产，家庭内的矛盾就会消失，男性得不到应有的报酬，家庭内部的关系会紧张。满洲的资财非常平均，工作收入也比较高，自然减少了内部的摩擦。

养猪业令满洲强大，满洲猪不同于中原，中原的猪体态丰盈，满洲的猪瘦而健康。肥肉猪起因低血糖，由于生长阶段喂粗料，到了年龄猪会猛长肉。满洲养猪不计成本，猪吃饱了四处跑动，都是很健康的猪肉。猪肉成为日常饮食，在中原是过节食品。猪的全身都是宝，猪油可以食用，皮毛制成服装，猪业有广阔的市场。

养猪是一项复杂生产，可以减少猎杀动物，野生动物得到保护。内地没有这种需求，内地投资照顾贵族，但是内地需要腊肉。保存技术上没问题，满洲全民食用猪肉，放大了猪肉的产量，而养猪解放了劳动力。当时满洲有二十万人，供应丰富的产品之后，市场剩余许多劳动力。若从数字上比较，满洲的人力很贵，时有中原人逃入，最终形成了规模。

在冶铁业的对比上，汉满比例是十比一，这是一项集约化生产，需要的人力很多，在十五世纪的中期，女真已经使用风炉，在阿城附近发现铁矿，此处的作坊有五十处。女真的冶铁业很先进，可以制造生产工具，制造了坚实的舟车，打造高质量甲胄兵器。由于铁制品的进步，女真可以交易所有产品，非常轻松地打败辽军。因为这些管理上的努力，在沉寂了四百年之后，满洲地区实力悄悄崛起。

汉族与满洲一起生活，没有感觉任何不适应，因为满洲有全部宗教，上京地区有很多寺院，包括佛教和道教传统。满洲有科举制、太子监、太学和地方官学，民间不是在用女真文字而用是汉族的文字。汉族人数超过女真人，占到了总人口的八成。这些汉人只是收入低，在八旗中的待遇相同，在法律上享有同等地位。八旗有低收入标准，汉人也被保护起来。而中原本地的汉人，奴婢不受法律保护。中原文人看不起满人，满人在吸取汉人优点。

西域和满洲文化近似，其王室信奉藏传佛教，经济上有独立的货币，他们处于同一个市场。由满洲来控制政权，少数民族自然归附。在意识形态上，中原地区有很多宗教，一旦它脱离经济事物，满洲与内地没有冲突，它们的思想就会趋同。宗教都认可社会福利，在最大限度造福人类。各地自然条件不同，供应不同的福利，宗教思想千差万别。

冲突一定有利益矛盾，在合理的货币制度下，只有宗教可包容对方，你死我活的争斗消失。满洲各族和平相处，尊重所有的信仰，没有人身攻击性，家庭气氛和谐温馨。满洲的货币发行由寺院负责，社会福利也由此供应。喇嘛负责馈送物资，满洲人很少花钱，特殊需要都是福利。到了皇太极时期，先后发行天聪汗钱、崇德汗钱，上面全是满文，此时明满边境已经封锁，避免铜钱的仿造入境。

这一时期，满洲货币由喇嘛寺控制，国家控制表现无遗。货币的铸造技术普及，私企与国家水平相当，只好靠政府控制维持。沿着灭辽亡宋的足迹，皇太极想要扩大权力，改变族名女真为满洲，国号也改为"大清"。为了强化皇帝权力，设定内三院辅佐。由此满洲繁衍起来，总人口增至一百万。

凭借八旗对社会控制，满洲民族浴火重生了，可以控制货币收益值，这是发行货币的意义。如果市场出现廉价外来商品，消费系统又具有强大决策力，必然会形成旅游观光的冲动。人们看到的一切景色，其实是生产的总成果。每个人只看到微观收益，肯定无法视全部生产。

生产成果一定是简单的，而价值判断却是复杂的，价值引起微妙心理变化，这是一次数据集中处理。处理的对象是全部生产，这些数据则是宏观上的，生产者均无法纵览全局，他们在凭借自己的经验，更无法接受相反的观念，他们被动接受权力设计。

徐霞客曾经旅游全国，由于生活上比较富足，满洲人自信自我能力，有更多人在全国旅行。徐霞客需要借用官驿，而清朝人是自费旅行，都扩大了知识的宽度。于是发现了更多资源，发现一些未知的物种。行走观赏的距离加大，扩大了旅行者的视野，货币测算的项目增多，测算的精度也在增加，给未来定下边际收益，创新的空间因此出现。

而转到生产端的角度，移动增加了选择自由，选择自由是市场基础，带来市场的总体收益。大家知道的故事越多，人的认知的偏差越小，审核的标准无形增加，社会总效率被提高了。增加选择的自由度，工资达到边际状态，生产者稳定于一处，才能核算国家税收，形成工资合理水平。货币是视野的边际，人的眼光随之提高，推动对世界的理解。

必须自己创造生产方案，生产系统才能逐步改善。尽管科学免费教学，可以普及各个地区，但是资源是本地的，资源配置依赖价格，便是依据本地价格，产品自然适应本地，没有当地人的判断，不会形成生产进步。由于数学方面没有进步，很多价格无法精确定位。

如果没有生产者的设计，行动层级必是仿造的，即从外国直接拿来。这并没有变成技术，变成生产处置能力，这些地区没有进步。如果没有手工业积累，不会出现工业格局，因此失去发展动力。只有满洲在稳步前进，构建起来完整的工业，很多的手工职业消失。八旗的作用深入企业，记录生产过程的数据，提供给政府分析，由政府发布结论。从八旗制度设置开始，地区省份可以经济独立，中央负责军事和外交。

满洲初始设计的规则，便是对所有人的尊重，人格表示尊重的程度，表示消费对人的待遇。生产对人格有所伤害，所以法律在提供人格，-虽然生产能力的强化，法律处罚核算越精细，犯人得到的尊重越高。人格处于边际的状态，涉及工资的相对价格。八旗制与血缘脱离，政策制定为了经济，只与经济数据关联。每一个组织均有记录，形成社会事物的数据。

满洲是多民族聚居地，各民族从事不同工作，政府从数据中发现，收入与政策的联系，找到投资的对应关系，确定合理的税收值。从清军入关之后，政府承担许多工作。在辽阔的中原大地，若没有强大的军队，绝对控制国家体制，汉族将以人数优势，和平推行野蛮政策。

八旗进驻帝国要害，在京八旗有十万人，不许王公出京经商，政策目的只有一个，由八旗兵负责安定，确保制度永远不变。按照八旗基本设定，三百人为一个牛录，一牛录养马四十匹，五个牛录为一甲喇，五个甲喇为一固山。由于负责军队的供养费，八旗军队有五千七百人，所以进入中原之后变穷，直到清朝解体没有翻身。因为这一制度的优越性，大清完成统一华夏大业，构成最完整的帝国版图。

满洲人控制中原之后，定都北京而保留皇宫，它继承了明朝的传统。受制于明朝的遗老，清朝不敢大修皇宫，积累的建筑技术图，被样式雷家族拿走，成为市场垄断资本。最高技术在一家私企，没有技术升级的压力，建筑样式停止了进步。八旗要全面管理社会，它是货币的核心助手。

八旗平时在负责治安，内部竞争核算出税收，大家认可税收的数值。经过八旗的努力工作，降低公共服务成本。它有一项重要的任务，负责核算放贷的额度，每户家庭在争取贷款，但是钱铺的资金有限，消费者在测定风险值，消费货币被存入钱铺，需随时回到消费系统。

消费货币标注未来的产品，现有产品由生产货币负责，消费货币比例过高是通胀，生产货币比例过高是通缩，但是无法静态地调整比例，只能利用政策调整资金流，实现动态地恢复系统平衡。八旗负责货币上的安全，保证贷款的有效回流。在设定贷款的程序上，一部分产品上缴八旗，作为利息进入了福利，直接发给旗内的民众。由于产品必须达到市场销售的标准，八旗必须负责审核这些产品，淘汰那些工艺不达标的旗户。

在当时的生产水平下，质量检验的要求很低，八旗是完全可以胜任的。旗主在文化上高于旗民，他们有强烈的信仰支持。这项工作进展顺利，满洲因此积累了大量物资。在中央保护下，旗民可以变现存款，如果生产系统失误，或者天灾瘟疫突袭，政府可以释放物资，免费供应福利产品，从而降低全部售价，旗户普遍受到保护。

满洲与汉族区别很大，满洲人用勺子，汉族人用筷子；满洲人见面拥抱，汉族人见面作揖；满洲吃半生的肉，汉族吃全熟的肉。这是表面上的差异，真正差在思维方式。满洲习惯组建大的生产单位，开始推行辽东的编庄制度。比如要组建万丁庄园，加入者投资一定田地，再按照实物分配收益，这是古老的股份公司，合伙制在千年前出现，很多汉人被吸引进入。但是也影响了富户收入，他们需要圈养低价劳工，趋向单一效率低的劳动。

只要开放竞争，总会产生投资转型，进入高级生产模式。满洲的养猪规模很大，相对汉人的生产形式，八旗居民更容易致富。他们与农庄联系之后，先期订购所产的粮食，故他们有稳定的收益，给予农户的货款稳定，让他们首先进入城市。通过货币的渐次积累，满洲人已与土地分离，货币改变了生活形态，典型的生活在大都会。满洲人推广养猪业，城市成为养猪场地。

谷物与肉类的比价，决定猪肉的生产量，市场上的猪肉增加，超过牛羊肉的供应。旗人有过寿的传统，皇帝每年宴请百姓，每逢春节的京城，均会杀掉十万头猪，各家各户热闹起来。清朝开始实行经济适用房，降价供应没有房子的旗人，房子价格比市场标价要低。由于这是政府建造的，减免了土地的使用费。

现代生活没有改变传统，满洲依然愿意聚集生活，用来保持本民族的传统，各族民众混居在北京城。在南京城里有满城，成为优质生活榜样，普通旗人住在兵营,边训练边学习文化。这部分人开始钻研科学,向西方传教士求教知识。若兴趣在生产货币,会探索先进的技术;兴趣在消费货币上,则会发现科学知识。

在错误的经济学指导下,资财不可少的是贵金属,积累金银越多越富强。对外贸易必须保持顺差,即出口必须超过进口,白银才会流入大清帝国。在世界金银总量固定的情况下,一国以金银为中介取得的富裕,是以贸易逆差国的贫穷为代价。大清构建的国际秩序中,贸易往来成了零和博弈,这是政府干预经济生活,强迫金银向国内净输入……

第二节 八旗是控制经济的机构

公元1644年,跟在救援队伍后面,清军顺顺当当入关。清军只有十万军队,无法照顾全国形势。明朝有百万的军队,几乎没有做出反抗。北方官员集体归附,剩下的是南方富户,他们组织军队反抗。满洲保留军队卫所,军队将领多被封赏,各地明军纷纷投降,江南诸城市望风而降。吴三桂一直打到云南,云南是铜矿主要产区。多尔衮率兵进北京,大顺政权宣告灭亡,新政权为崇祯发丧,满洲开始全国运作。

此时在世界范围内,钱铺无法坚持下去,货币是统治的力量,不论人们是否满意,是否感知到不公平,必须接受它的价值,并且以货币为依据,衡量一切事物价值。钱铺是独立的经营单位,它与消费者在博弈价值,过往的社会均比较简单,金融内部的欺骗信息少,一般逃不过老年人眼睛,他们可以识别多数骗局。但是情况变复杂了,经济学在迅猛发展,产生多种欺骗手段,金融产品类型增加,与消费博弈的对象,是一个高智商团伙。

满洲人从封闭的经济体,瞬间转入开放经济体系,面对世界贸易的大局面,完全适应不了新的局势。全世界的应对办法,集中于皇室的控制,皇室有权取消钱铺,而且可以发行新钱,一次取消所有钱铺。只有钱铺联合起来,一起接受皇室监督,一起应付挤兑危机,才有足够金融信用,从而组成银行体系。银行与储户不是一对一的关系,变成了国家信用与国民的关系。

如果设定一个金融系统，按照明朝两级贷款机构，无法防范资源逃逸出国，必然形成本国利益损失。皇室没法阻止危险发生，因为生产系统相互联系，随时发生国际范围合作。在未设定关口控制的情况下，国际自由贸易带来金融难题，生产货币有逃逸的冲动，到国外没有了税收压力，可以直接取得销售收入。

货币逃逸肯定损失资源，资源涨价带动物价增长，国内消费普遍承担压力。故国民可以成为审查者，民间资产监督金融系统，防止生产货币出离国境。八旗无法调度市场信息，这些信息覆盖每个角落，必须保证信息的真实性。面对巨大的金融数据量，八旗管理能力微不足道，当时各国已采用本位制，本位有效控制资源逃逸。

钱铺借贷的是铜币，确定可兑换白银量，钱铺承担兑换责任。储户积极储备白银，以防生产货币逃逸。因为时局的经常动荡，很多的财宝进入民间，大户家不放心自己家，一定要寄存在钱铺里。没有什么人是单纯的，会无缘由地相信货币。只有货币控制力强化，测定的商品价值准确，人们的内心才会相信，货币的信用由此而生。

本位制要求金融系统私有化，皇室过去的金融机构减少了，但是并没有减轻皇室的责任。由于上述这些原因，议政王大会名存实亡，若启动议政王大会，当时明朝官民的状态，所有精英均将失业，被迫重置生产系统，淘汰所有生产方案。现在只有八旗军可用，中央派八旗进驻各地，用政策安抚当地百姓，以汉人形式治理中原。

帝国各地设立许多钱铺，以此保证居民随时兑换，要求中央储备本位，数量为福利损失的边际。皇室收取进口关税，以此保护本国福利，皇室不愿禁止进口，调整自己最佳状态，完成高级生产任务，这是消费升级动力，皇室积蓄一定量白银。

白银成为生产劣势，弱国需要更多本位。大清是生产弱国，大众在蓄积金银，金银在江南积蓄。由于货币的品质降低，人们采取不同的态度，对消费货币严格节制，而生产货币超额浪费，人的日常行为无序化，社会更难以评价个人，也由此造成人格分裂。

清廷对出口不收关税，任由生产货币的逃逸，致使钱铺的利息下降，市场出现了通货膨胀，百姓则疯狂积蓄白银，以便应付未来的局势。本币负责当下利益，本位负责未来收益。

这种局面加剧货币紧张，白银存量超过本位需要，遏制中央新增货币能力，国家生产力进一步降低。关税只是税收的一部分，形成生产货币边际压力，生产货币承受压力越小，社会福利的供应量越少。此时商品被货币标定，消费货币承受到压力，它广泛分布市场各处，生成货币的贷款压力，代价形成利息和税收。

各地乡党提出要求，税收必须低于明朝，乡党控制人力资源，由此控制全部生产，它们可以主导政策。生产能量越低级，宗族势力越广泛，乡党的控制越强，接受的奴役越多，各地的反抗越少。反对社会福利降低，声音并非来自底层，而是皇室无法接受。宗族的族长选举产生，所有的乡村普遍选举，乡民对族长感恩戴德。而皇室制止一切选举，皇室在保全社会方福利。

选举的族长具有暴力，如果成为国家统治者，将会引发全世界动荡。乡党在全国范围造反，鼓动族众反易服易发，清廷不得不做出让步，承认乡党的合法地位。乡党基础是失势的东林党，他们垄断了文化的解释权。乡党顺利进入各级政府，占据满洲八旗外的空间，八旗的二十四盟旗秩序，组成清朝皇室的内部权力，形成相对独立的中央权力。

此时的世界正在加强皇权，英国议会批准《泡沫法案》，为了消除股票市场的泡沫，公司必须取得皇家的许可。这些基本的金融限制，加上皇室垄断了货币，从国库中铸造金银币。由此出资建立皇家科学院，以皇家资产资助科学研究。企业发展绝对依靠技术，技术完全依靠科学理论，但是科学无法进入市场，科学家就没有企业收益。

从来科学不由市场自发，科研收益是无法保证的，投资需要不受质疑权威，所以皇室负责科学经费。此时皇家供养科学家，用消费判断鉴别正误，只有皇家承受住损失，才能准确测定收益，从而调整企业的收益。皇家调整实际生产的能力，原因在皇家出资赞助科学，政府需要消除了这个权力，让皇家失去权力增长机会。

清廷要制造等级制度，维系贵族的绝对权威，此类型等级只升不降，以此保证贵族的优势。满洲贵族心里非常清楚，清廷此时的控制力极弱，无力控制全部内地经济，首要任务封锁各省出口，防止疫情和流民的蔓延。这些限制不针对汉人，只对八旗部分作区分。

皇权集中在八旗制，设定八旗的级别。八旗内部存在退休金差异，有全薪、半薪、无薪之分。因为八旗有差别，产生了求进心理，这是受诟病之处。于是皇室与政府夺权，占有本位白银的能力。满洲占领中原的时候，皇室继承五千两白银，白银只提供放大效果，它不是作为货币使用。江南富户保有很多企业，其中存留大量白银资产，所以富户才是争夺对象。旗人不是富户，它是政治身份，富是身份标识，富户是资本家。

皇室无法投资科学，科学是穷人的专长，富人精力用于产业，只有穷人可以付出，具有与低成本优势。旗人要遵守很多规则，而普通百姓没有要求，非满洲的百姓称为民人。清廷派驻的八旗人数有限，他们的控制力依靠国家制度。八旗是自发的意识形态，它的对立面是宗族势力，汉族地区金融业在萎缩。故穷人群体被道德排斥，穷人的反对是破坏政策，穷人屈服导致了衰败。穷人成为怀疑对象，却又没有资源解释。

八旗是地方议会票决，这是超时代先进制度，议会在延长决策程序，逐级表达市场的核算。由于内阁没有票决，底层票决没有意义。此时的欧洲形成底层票决，地方议会由票决产生，从而脱离宗族的控制，表现强烈的宗教情绪。

在宗族的强烈对抗下，八旗没有取得控制权，设立了四位省级大员，负责货币发行的机构。宗族在中央控制汉族官僚，形成独具特色的乡党政治。满洲陷入被动局面，在内阁不占有优势，在所有政治决策机构，满人都处于弱势地位。内阁成员的比例相同，满洲王主管各部事务，但是在政策的履行上，没有实现预先的布局。皇室设立内阁制，国家由军队监控，军队由内阁指挥。政府机构超过皇权规模，政府机构增加控制程序，直接向皇帝一个人汇报，而且工作程序变得复杂。

清朝皇帝勤勉，每日批阅奏章，奏章是密送来的。宗族势力控制政府，政府反而影响皇权，这是清朝政治特征。为了应对皇室的审批，政府划分更细的区域，中央到地方设立层级，管理的精度进了一步。由于不断吸收新文人，行政系统变得非常大，否则无处安排科举制。通过进阶获得满足感，文人没有其他的用处，没有生产研发的场所，帝国未给文人留出路。

但是有一部分进步，从明朝的内阁票拟，从内阁随意的布置，变成皇帝独立的意志，皇权的控制力被强化。清朝是部落政治体系，没有办法构建统一决策，因为各地独断福利供给，消费信息不向中央传递，皇帝没法决策市场规则。市场决策便是公认的决定，如果皇帝没有国家使命，他便没有成绩可言。皇帝不想独断事务，因为独裁责任变大，损害皇帝个人利益。

知识分子明显感到问题，创作很多作品限制生产，比如《聊斋志异》的描述，鬼的形象相当贴近生活，更详细描述坏事的原理，这是货币精确核算标准。人类一直试图运用文学方式，将某一类的行为设定为异类。消费系统产生价值歧视，这是可以被社会容纳的，而生产系统也产生歧视，绝对出于消费货币差异，这是不保护消费的结果。

皇帝希望内阁唱白脸，自己在公众前唱红脸，因为皇权消除错误生产，必须保障实现货币收益，货币能否充分自然表现，需要看皇帝的工作成绩。在棘手的国家政策上，多尔衮与太后没主意，皇室内处于迷茫状态。皇室聘请神父汤若望，负责制定大清国制度。

德国视皇权为技术，汤教授小皇帝知识，顺治当时只有六岁。在天主教控制时代，为了争取法律平等，教皇发行了赎罪卷，让西班牙兴盛起来。西班牙过去信奉伊斯兰，平民得不到平等的待遇。国民待遇取决贷款权，如果贷款得不到保障，没有实质的法律平等。新教荷兰独立建国，它比天主教更较真，教徒的工作时间长，知识的教育水平高，这是投资扩大的结果。西班牙与荷兰发生战争，西班牙与整个欧洲作战。

新教否定了前技术标准，技术标准由生产者选择，必须接受消费系统否定，才是市场标准扩张投资。荷兰战胜了西班牙，在市场竞争占有优势。西班牙的贷款制度下，没有抵押肯定没有贷款。天主教有货币发行收益，修建了壮丽雄伟的教堂，教堂不受生产系统控制，它是消费系统设定标准，大多数需要修建几百年，打破了产品的消费等级。

神父也生活在痛苦中，为了维持国家贷款权，他们不能正常结婚。茶叶影响人的神经，如果失去货币联系，肯定成为涨价要素。大清未让茶叶联系货币，没有成为国家的基础储备。清朝皇帝在路口徘徊，汤若望懂得技术知识，皇室组织八旗协同工作，将西方技术翻译过来。

国内的茶叶储备减少，价格却一直处于高峰，市场经济衰败的迹象，便是储备物资的涨价。这种分散无序的供应，已经脱离了货币约束。英国政策不理技术，不针对技术贷款。英国决策机制是议会，议会与内阁是一体的，代替皇帝一人决策方式。光荣革命造就君主立宪，皇室动用宪法约束议会，控制议会履行皇权意志。

由于英国最先进入工业，生产系统出现劳力剩余，新产业由财团负责扩张，股份代替生产货币增量，从而解决生产货币缺口，剩余生产者在移民海外，形成适合英国的殖民地。清廷发行了顺治通宝，铸币由当地八旗发行，钱背铸有地区的铸局。无背文的在北京铸造，专供控制边疆的藩王，藩王可以在当地放贷。

这种货币本意君主立宪，但是没有明文规定程序，货币操作与审核相脱节。清朝有三大藩王，均在入关时立下功劳，被朝廷授予相应军权，为地方独立埋下伏笔。儒家文化强化家庭，成员参与国家事务，而生成家族亲和力。军队不能直接参与经济,它不能介入经济决策,不能有独立的经济供应。清朝沿用宝泉、宝源局,负责控制生产标准,比如钱范和原料,以户和工字来区分,后来用满汉文区分。八旗负责监控工业,汉人负责监控民生。可是按照贷款规则,这种区别没有意义。

经过一番精心的设计,八旗测定了贷款流向。贷款流向较小企业,回款率的实效很低,小型企业争夺资源,产品结构大体相同,市场供应迅速饱和,并且超过国内需求。民生不再是前提条件,技术成为贷款的条件,中央的控制变得多余。

各地铸局增减频繁,最多时有五六十所,少时只有北京一所。铸局越来越少,最后全被裁撤。这段时间货币投放量激增,导致铜价快速上涨,竟然超过了铜钱价。铜钱一定高于铜价,因为铜是它的原料,而清朝铜资源枯竭,不断进口日本铜料。日本铜精炼水平高,政府派船赴日购铜,顺治通宝的质量很高。

清朝政府努力经营,希望就此遏制对手,占有全球贸易优势。控制的方法是储存对方货币,若储备对方新增货币的数量,相当于控制对方的全部金融。因为未来的一段时间,可以控制此货币投放,如此直接遏制了对方,如果在投放货币的同时,对方要自主地增发货币,这个国家就会出现通胀。

但是明朝时期开放贸易,对方商品自由进入国界。清朝时期禁止商品进入,西洋货物有更大吸引力,具有更大的货币决定权,于是清朝政策变得被动。此时大清银价最高,西洋持续运来白银,江南货用白银采购,自然成为贸易对象。江南商品有价格优势,那里剩余大量劳动力,就业造成政府压力,出口动机不断膨胀。

英国有先进手工业,英商获得低价产品,回国变现大笔白银,再到菲律宾换成商品,回过来又供应了英国。清朝无法限制菲律宾,在国际交易陷入被动。国内生产处于边际,产品价格处于边际,如果没有全球贸易,无法体现质量优势。英国质量超过其他国家,手工业得到了解放,大批人力流向工业,为工业革命确定基础。白银扩大了江南生产,却未带来货币收益。伊斯兰教地区用白银,饥荒降临君士坦丁堡,那里依靠进口粮食为生。

之后的伊斯兰世界分裂,国王与宗教在独立控制,一国存在两套贷款体系,导致国家经济严重衰落。郑成功父亲——郑芝龙从事的贸易,是与大明朝对立的走私。明朝在丢失海上控制权之后,郑芝龙通过江南富户的支持,在福建打造了大规模走私船。台湾贸易由荷兰人负责,福建贸易由郑芝龙负责,郑芝龙是本地武装集团,外国商人打不过郑芝龙。

郑芝龙武装消灭各国商船，从而垄断南亚和日本航线。郑芝龙后来不必转运，而是直接收取过路费，每艘商船收二千白银，如此积累了年入千万。郑芝龙富可敌国，他的背后是福建矿业，矿业资本源自富户，营收来自郑芝龙，他们形成利益链条，推动大清政策走向。

世界的变化在加速，各种事物脱离控制，大清慢慢出现裂痕。外国商人进入了福建，临时提高市场的价格，福建商人在控制局面，高出市场价格的一半，而且不能在当时付款，至少需要拖后三个月。正常贸易无法进行，英商资本来自贷款，必须承诺还款日期，此时无法估算时间，也无法向厂家订货。

这些武装在对内施暴，不是在开发国际市场。所以各国向清廷提议，由八旗来处理郑芝龙，解除这一棘手的麻烦。商业在国际上日益重要，英国商业在向远洋发展，库克船长圈定的殖民地，沿着海岸排成远航锚点，从而稀释掉过剩的人口。由于英国增加社会福利，殖民地成为经济的累赘，英国人口数量出现膨胀，导致产品价格总体上涨。

欧洲普遍存在这种情况，对进口产品的需求增大。随之带来不安定的因素，藩王借口打击海盗扩军，藩王面对巨大财务压力，他们的子嗣已经非常多，需要扩充家族性的收益，向出口型企业大量放贷。商人开始依附藩王，断绝中央政策控制，这是一个危险信号。

在文武百官的反对下，摄政王确立重大决策，下达沿海居民迁海令，中断民间的海外贸易，所有贸易由政府控制。沿海居民内迁五十里，彻底烧掉所有房屋，不允许再出海捕鱼。这一政策针对江南富商，他们在竞争中已现颓势，中央的目的要分而治之，将江南分为江苏和安徽，增加对此地的政府控制。

由于各地贷款注重技术，流向遴选技术的商业，技术在为商业服务，商人被这一标准选定，商业模式因此被固化。商业以收益区分优劣，商帮如雨后春笋涌现，各地形成很多的商帮，首先形成徽、晋、陕，随后形成粤、闽二个，接着又出现五大商帮——山东、宁波、洞庭、江右、龙游。

各地蕴藏着大量商机，家庭作坊要出售产品，还有很多的农品特产，但是商帮不负责这些，他们是宗族经济工具。商帮构建在手工业基础上，宗族经济的特征是消耗资源，而且产品处于质量的低谷。东南沿海有苏杭丝织、松江绵纺织业、芜湖浆染业、佛山矿冶业、景德镇制瓷业、西山造纸业等，成为市场的主导力量。

其实，在世界各地均有商帮，商帮是资本集中产物，欧洲有五大城市商帮。商帮的背后是白银收益，它们的运作质量极差，经营手段是依靠技术，所有商人都是技术专才，设定产品的技术标准，以小代价生产多的产品。

这一标准在降低品质，生产方案层级被简化，产品特征展示模糊，拒绝消费感知的评价。消费评价是主观的，表示产品内在品质，即生产方案资源层级，生产过程的行动品质。商业管理者负责技术，造成管理者数量扩张，大部分岗位是管理者，负责生产技术的审核。

宗族内设立许多控制环节，通过技术控制族众。宗族经济要求扩张模式，宗族是一个封闭的组织，族长在控制其中的技术。货币是全局性的精确设定，任何宗族均无法完成任务。技术指令有绝对服从性，商业和宗族强化控制力，在极力推动技术的地位。由于清朝皇权的散失，宗族完美结合商业，形成稳定的意识形态。

因为需要不断变化解释，培养文人进入这一体系，通过否定前者建立威信，实现后续的生产者追求，由此产生一种特殊文化。生产系统需要推翻前者，国家意志是永远不变的，儒家文化是一成不变的。但是儒家被逐渐改变，经典文献被误读，反过来形成政治意志，全社会对政策的否定，多尔衮的前途面临考验。江南富户在重新兴起，各地商帮也迅速兴起，对经济安全构成威胁。

消费货币必须安全，即它一定可以保值。若白银流进商业领域，低价的白银流入本国，等于生长出来新货币，此交易不受财政控制，它的收益不计入税收，对大清产业没有好处。多尔衮横下一条心，一定死拼江南富户。

经过一段时间准备，清廷开始发行纸钞。自从纸钞跨入了市场，白银和铜钱不再兑换，因为两种原料有价格，江南地区在使用白银，造成铜钱货币的贬值，铜钱兑换比率上升，两者不能淘汰对方。纸钞不是如此运行的，必然销毁其他货币，纸钞的成本非常低，金属货币无法自然兑换，否则立刻被耗光了。

铜钱在持续流通，政府不能收购白银，否则白银必然涨价，提供走私的空间，富户获得了暴利。外国银元流入清朝，全是机器压制银币，由于欧洲工业发达，十五世纪开始机制，银元产量比大清多。从这一点，纸钞是政府的控制利器，纸钞可代替金属货币，实现皇帝单方面控制。

在纸钞发行过程中，江南富户对抗货币，各地宗族对抗八旗，两者之间发生武力，江浙一带构筑工事。民间倡导自行裁定，各地自发组织钱庄，钱庄内部有了等级，大钱庄控制小钱庄，行业内部自定规范。金融行业的基本走向，要求分散贷款的风险，更多受益者承担责任，以此保证总体的安全。

这些机构之间的关系，不是行业协商的约定，而是必须与皇权看齐。汉人强调公共利益，满人强调私人利益，满洲处于弱势地位。行会武力攻击八旗，八旗军人败下阵来。可是白银不是财富，它在表示私人财产，私人利益需要牺牲，用低贱者的生命保卫。于是集中对纸钞发泄，各地政府焚毁掉纸钞，宗族势力痛骂多尔衮。

国家经济活动中，投资者有选择权，谁在用货币投资，谁拥有政治权力。不能统一国家货币，政治权力便是虚的，追求民生便是空话，收益必须通过货币。政府维持货币的稳态，目的是控制政治投票，让所有人拥有这份权力。

白银被重新启用，各地铜价在变动，再通过白银平衡，白银成为准备金，这是危险的状态。多尔衮立刻出台政策，规定兑比为一千比一，强行限定比值的波动。但是硬性规定没用，银和铜是生产资源，价格跟随存量波动。货币价值反复震荡，难以预测停止位置，交易自然缺少诚信，经济受到严重冲击。

小皇帝在一天天长大，他被政局搅扰而烦躁，这种政治势态很诡异，没有人可以预料未来。在皇家资金的支持下，汤若望的工作很出色，他完成经典翻译工程。在接受科学信息方面，清朝与世界是同步的，但是被生产系统淘汰。他们翻译理化知识，编纂武器制造图书，唯独不看政治体制。

汤若望到罗马学院进修，将知识与本土意识结合，技术与宗族观念结合，生成强大的乡党文化，让双方利益达到均衡点。西方宗教传播过程中，之前有其他神父来过，如意大利利玛窦神父，汉人只关心科学知识，不愿涉猎外来的宗教。可是重要的计算工具，没有被介绍到大清来，西方的商业用计算器，工业要素进入了计算，形成非常强大的力量，极大提高了货币精度。

顺治十八岁继位，执政的六年时间，帝国陷入了混乱，无数次创伤身心。首先，宗族势力持续壮大，各地都不放弃方言，官方和民间语言不同，政府的治理极为艰难。皇室迫不得已下，要求旗人学汉语，只能在家说满语，在官场要说汉语。满人科举单独张榜，必须保证双语过关。长期坚持下来，满洲的骑射荒废，生活习惯被改变，失去了文化传统。

满洲人信仰萨满教，死者必须实行火葬，但是汉族人不理解，要求满人死后土葬。丧失满洲特性的统治，给皇族带来心理冲击。触犯满洲人的利益，遭到强烈的反抗。多尔衮的内心很纠结，但是必须杀死反对派。"顺治"意为顺应治理，这是多尔衮的心声。保持倾向汉族政策，成为新的治国之策，大清从此不再清明。

皇室在勤奋工作，可是上朝很危险，有接触天花危险。顺治不顾及身体，结果沾染了天花，又不幸感染爱妃，爱妃再传给皇子。在短短的一百天，两条鲜活生命逝去，顺治经受不住打击，意欲出家却被阻拦。满洲有医术的传统，入关后又关心中医，竭力保护药材产地。

清廷控制名贵药材，要求记录医疗档案，不守规按违法论处。各地保持了原始医术，只有通过工业化投资，老医术摆脱资源限制，才有可能改变化学性，成就现代医学的层次。西方大力投资医术，不断增进医治成本，西医从此超越中医，成为治病主流方法。

顺治皇帝已经豁出命了，他频繁接待各地来访，密会来京述职的八旗。他们带来很多有用信息，帝国治理显示许多漏洞，足令顺治帝寝食不安。这种接触非常危险，皇室的免疫力很差，他们有多人感染天花。清朝对疫情很重视，若出现发烧或风疹，或与天花相似症状，一定将此人赶出城，被隔离到四十里外。帝国地域幅员辽阔，仅靠八旗制度控制，各地出现很多险情。

帝国需要依靠汉族人，在各地建立政权基础。政府的控制力下降，只要防治无人负责，疫情只会反复发作，皇室是疫情的牺牲品。可是不幸之灾不断降临，多尔衮狩猎中意外受伤，皇家惶恐不安乱成一团。汉族御医没有施药，由于错过医治时机，帝国核心人物猝死。

政治是实现利益的手段，生产矛盾引发宫廷内斗，多尔衮已经身心疲惫。神经系统调整动作，一旦失去心理平衡，则会造成意外事故。皇室追封他"清成宗"，肯定了他生前的贡献。在继承帝位不稳定下，汉族官民发动了报复，否定之前的全部政策。多尔衮的坟墓被刨掉，尸体被鞭打并削首级，这是最重的古代惩罚。皇族的亲人遭受痛苦，皇帝眼见却无能为力。

小皇帝的心理在挣扎，他的内心与现实冲突，他被强加了太多信仰，这些信仰否定宗教精神。理论的逻辑没有价值，具体的事物有价值，如果遵守空洞信仰，便失去判断的能力。皇室需要透露金融性信息，百姓据此控制自己的生活，皇室以此获得百姓的支持。但是满朝权贵不允许，这将伤害他们的收益。皇帝面对巨大的心理压力，而且无人体会皇帝的心思，他自己无法表述这些苦恼。

小皇帝颁布了罪己诏，以此责备自己的行为，他陷入深深的自责中，自责的心态非常伤身，顺治终于倒在了养心殿。生产心态是焦虑的，只能时刻关注当下；消费心态是平和的，可以遥望未来景色。按照顺治的遗嘱，遵守其原始信仰，顺治遗体被火化。每一个心灵善良的人，一定期许神奇的出现，故宗教永远不会消失，顺治为帝国献出生命。

在这一次世界快速发展的大时代，借力于《国富论》的作者亚当

·斯密,"错误"的经济学总是充满诱惑,以个人得益保证全体人的总收益。但是相对于当时落后的生产模式,这些思想起到巨大的经济推动力,当然也造成英国发展的暴力成分,这种基本错误最终导致英国衰败。在大清帝国的资本运行之中,无数次证明这一错误的效果……

第三节 宗族结构负责产业投资

康熙是顺治的三子,他继承了大清皇位。康熙的脸上有麻子,因为他对天花免疫,汤若提议立为太子。凭借丰富的知识,汤若望左右中央,皇室陷入了失控。出于满洲政治的传统,顺治托付了四位老臣,辅佐自己年幼的儿子,他们被称为顾命大臣。

鳌拜位于顾命大臣的末位,而那几位老臣在罔顾事实,完全接受汤若望意识控制。鳌拜了解国际社会的时事,如果吸收西方发展的经验,可以取得比西方快的发展,他下决心改革大清的体制,增进国民的社会福利待遇,从而赢得大清百姓的支持。

随着国内市场的衰落,优秀的企业反被淘汰,这是逆向的市场淘汰。鳌拜要逆转市场形势,他要求各地兴建社仓,没收宗族侵占的耕地,以高税收低价格出租,从而盈收大量的粮食,过剩的粮食纳入社仓;鳌拜设立监管制度,八旗负责财政事务,每年造册上报户部,户部可以统筹安排,从总量上实现平衡,这是强化社会监督。

由于有坚实的粮食保障,解放了藩王的管理责任,他们放手巩固国家边防,在各驻地建立市场互补,而保障百姓的基本生活。通过一段时间整顿,农耕地的面积大减,手工业却出现生机,很有希望超过印度。清朝有南北两大邻居,一是工业崛起的俄国,二是手工强大的印度。

鳌拜负责与俄国贸易,俄国通过白银扩张,不断占领西伯利亚,政府向远东扩张控制。大清如果与俄国贸易,则会稳固远东地区,从而阻止俄国的扩张。但是中央政府封闭了东北,皮草制造业生意戛然而止。

大清在强推白银货币,使欧洲基础产业退化,严重依赖印度的织品,印度一直是手工纺织。手工业依靠集约化生产,而印度教支持贵族贷款,生成巨型纺织加工企业,以精良细绵布供应世界,孟买成为绵纺贸易中心,印度的兴起得益于贸易。若大清决定与印度贸易，产生调整国内市场能力，可以削弱江南的操纵力。可是大清错过了调整时机，印度的市场格局转向英国。

欧洲的情况恰好相反，欧洲各国全是银本位。消费者是很小心的，总是担心自己损失，故设定本位的保护，食物适合作为本位，它是人类的必需品，但是食物不宜储藏。本位反映了人的内心渴望，而固化生命本有的不满足。

充当本位的食品是苦的，反映消费体验上的共性，人生的总体上是苦味的。由于全球贸易相连，各国货币不能通行，需要一种保障机制，保护各国财政安全。这个选择是确定本位，它要在世界分布广泛，白银成为当时的首选。

如果货币的作用力消失，白银代之交换他国食物。所以国际贸易之中，白银承担着结算任务，表现出绝对定价权。中国人口占世界的二成，在手工业无可企及，掌握大宗产品的定价能力。即使清朝生产不了工业品，也在贸易中获得较大好处，而欧洲各地逐渐陷入贫困，所有产品的价格都在上涨。

用一个世纪的时间，欧洲谷物价格上涨，谷物消费减少了三成，欧洲的生活水平在下降。西班牙强迫青年男子采银，可是西班牙没有富裕，市场的物价飞涨，粮食要由殖民地供应。白银让它的经济和政治颓废，欧洲人在货币价值上困惑了。欧洲宗教爆发内部战争，耶路撒冷含有权威信用，可以据此发行基础货币，提供欧洲各王室的需求。

十字军要夺取耶路撒冷，基督教会辗轧其他宗教。在白银成为本位之后，欧洲占有了货币优势，但是未解决内部问题。本位制度开始作用，本位的基础是毒品，毒品给生产者幻觉，仿佛自己已经成功，放松在事业上追求。多巴胺的摄取量处于市场边际，按照生产成绩的回报决定多少，所以创造性强的人不需要毒品。

古代社会允许毒品存在，而弥补亏空状态的本位。随着食品供应的增加，毒品所占比例在下降。这个需要全球定价的时代，各国生产者定价更加困难，工资核算的标准靠近真实，越来越表示生产者的贡献。工资更多抛弃掉吃喝费用，社会福利包含多方面指标。

社会福利是工资的基础，没有福利的工资非常低。工作收入的贡献指向智力，而不是没有思考的劳动力。这一趋势让福利成为标准，形成各国普遍遵守的法律。全球共同认可的本位，被社会福利方案替代，这种趋势越来越明显。

当社会道德沦落败坏，宗教的干预是正常的，宗教可以消除败坏者，重新建立市场化秩序。宗教维持自己的金融，却无法统一合作关系，伊斯兰教是出口地区，却一直处于负债经营，所以天主教攻击他们。在德意志各大地区，贵族残酷剥削奴婢，不准他们之间结婚，也不允许他们移居，这是有神论的教条。

天主教重视货币发行，它组织一支十字军，进攻欧洲各地的贵族，扫清他们的势力影响，在各地建立主权国家。贵族的军队七零八落，十字军在销售赎罪券，教徒率先获得土地权。天主教急于在红海建立商业的优势，那是当时世界最大的国际贸易中心。在征服欧洲的过程中，借助货币发行的机会，新贵家族积累起财富。欧洲市场有了强大消费，国际社会贸易重新开始。

俄国借助东正教扩增货币，最终战胜了奥斯曼土耳其，导致奥斯曼土耳其分裂了，这是造成动荡当今的原因。后者的货币依靠咖啡，它的扩张力小于俄国。俄国发展跨越了时代的束缚，它的金融实力推向远东地区，而这些地方保存了很多资源。此时俄国文学进入黄金期，文学家关注的是时空转变。

俄国经历跨时空发展历史，大批的文学巨匠引领时代，进入思想认知更深的区域。而英国君主对贵族斗争，终于摆脱了贵族的控制，实现金本位的货币制度，由此可以放大生产贷款。为英国工业发展提供资金，赚足经济发展的后备潜力。

贵族难以对抗强大的皇权，此时的皇家海军变得强大，英国陆军也是世界的最强者。因此贵族感到非常郁闷，经常酗酒赌博消磨时光。随着欧洲总体的工业化，银本位的弊端显现出来。高能量产品与低能产业，它们之间的差异极大，全部的低能产品的总价，只能买到少量高能产品。

白银很快显示不够用，它在阻碍旧产业淘汰。如将优势变成现实，必须建立交易市场，在自由交易过程中，通过消费确认事实。欧洲获得先进的货币制度，由此产生巨大的风险投资。风险投资来到欧洲，产生国家资本扩张。

本位是皇室信誉的保障，货币的发行者留存本位，意味金融系统公开风险，接受社会全体成员监督。这种货币的基础现象，是伴随货币而出现的。葡萄酒是最早的本位，犹太人由此控制货币，可以控制繁荣与衰败。本位必须吸引消费者，葡萄酒非常容易储藏，但对生产者没有作用，所以用酒窖制约货币。一旦货币发行过量，中央可出售葡萄酒，物价很快回归正常。

若税收比例保持一成，是初级产业税收水平，犹太教无法持续放贷，只能维持简单农业。而随着生产力的发展，无法提供公共服务，也无法供应社会福利，于是犹太教停止了扩张，很多犹太穷人信奉新教，犹太人的总人口在减少。尚在农业水准的时代，必须借助政府的力量，把粮食当作货币本位，所以需要建设常平仓，皇室释放囤积的粮食，收回多出的生产货币，平息货币多发的偏差。本位是不断升级的，它表示货币的能量，每一次货币的升级，均产生更高级本位。

到了手工业的时代，政府储备纺品和铁料，当日用品价格过高，政府便释放出来，下拉日用品价格。只有手工业时代，农业产品成为本位，用来限制货币增长，货币才能自我约束。清朝达到了手工业水平，货币必须符合工业要求，数量达到工业的能量级别。白银金属没有这个能力，白银本位再去限制自己，货币更加脱离运行目的。由于大清国的突出贡献，白银量超过黄金十五倍。

现在工业品变成高级产品，必须在市场使用货币支付。如果白银不对工业投资，不对低级产业形成压力，它的产品价格持续高位，这些产品释放到市场上，脱离了货币本位的地位，阻碍着对工业链条的投资。大清渐渐失去货币本位，政府没有可操纵的物资，本位向自己的反面转化，形成特殊的本位白银制。

南方各省支持鳌拜的改革，因此产生平抑物价的实力。无法供应足量社会福利，八旗必须借助权力扩张，重新夺回已失去的政权。富户资产无法保证经济安全，即便他们将白银全抛入市场，也不能降到物价满意的状态。当生产货币泛滥，富户用白银置换生产资源，对应福利的生产遭到破坏，资源流入效率更低的产业。这个市场调度过程中，富户的资源也在减少，白银换成生产资源，减少了创新支持资金。

鳌拜放弃了不作为的内阁，重新启动满洲的原内三院。经济的核心是社会福利，市场机制决定社会制度。内三院的核心是八旗，满洲不是单一的民族，多元结构是市场机制，八旗军由各民族组成。政府对农业加大税收力度，农民不得不精耕细作，节约生产投资成本。故农民开始深加工，供应的是粮食精品。

市场在不断变化中，深化加工生产资源，对技能的要求增加。这个过程未增加劳动力，生产进步无需增加劳力，但是增加了劳动的精度。生产错误在减少，市场便在进步当中，带来更多劳力冗余。

英国是绝对私有化，土地除了私人之外，全部属于女王所有。藩王是大清的基础，土地除了私人部分，其余均为皇帝所有。大清要与英国交易，必须保留相同制度。鳌拜专制清廷的政权，以强力控制国家政策，成为清朝的铁腕人物。在鳌拜和藩王的主持下，八旗各部积极配合政策，地方政府拒绝富户贷款，以货币方式供应新项目，这些新项目规模更大，产品数量数倍于富户。藩王控制的地区兴起，可支援帝国财政收入。

在皇权运行背后，议政王大臣出席政治会议，阻止宗族操控国家事务，造成上层的冲突表面化。本位的本质是社会福利，货币借此产生收益积累，货币无法借助其他力量。议政王不是受益者，受益者只有老百姓。

康熙十四岁开始亲政，已经了解世界的形势。此时欧洲发生巨变，出现天赋人权思想，这些思想诋毁皇权，让货币表达不清楚。先进国家有先进思想，也同时制造落后思想，而落后国家没有思想，也从不制造新的思想。

虽然社会不断攻击皇室，皇室为了政治付出巨大，他们不愿放弃现有利益，康熙的内心在翻江倒海。没有引入规范的做法，汤若望传递的是错误观念，康熙接受的也是宗族教育，这样影响了他的判断能力。小康熙上台就定下了国策，清朝政府永远不可以增税。英国在积极开拓国际市场，需要每个交易国承认英镑，此时英国皇权议政制成型。女王将政治争论交给国会，自己只要控制决议的结果，她的工作变得非常轻松了。

儒家不是简单的知识传授，而是一套纠正思维的逻辑，儒家以货币收益衡量事物，所以可以阅读错误的书籍，通过现实的逻辑纠正错误。康熙从小享受奢靡，习惯用蒸馏水沏茶，尽情享受西方科技，接受宗族教育之后，竟然不顾百姓死活。乾隆接受太傅的教育，反复接受暴力性惩罚。

当康熙掌握了权力之后，立刻展示出残暴的性格，他当众侮辱自己的老师，没有将素质保持下去。皇家的教育需要开放环境，道德的修养不是固定的，它需要在开放环境中的反思。皇家负责国民的普遍教育，国民教育需要不断进步，教学内容需要跟随价格，生产价格在一直变化中，不可能确定某种好模式，只有经过全民不断讨论，检讨过去的认识错误后，民族意识产生明确方向。

宗族教育的核心是歧视，乾隆内心排斥皇室规则，设立防范机制遏制权力。乾隆排斥正常司法程序，不问缘由残忍惩罚犯人，以此警告政见的反抗者。通过暗地策划绑架，动用暴力擒拿鳌拜。鳌拜被无限期紧闭，不久之后忧愤而死，跟随他的人遭搁置，很多人被判处死刑。从此议政王大会废止，八旗控制体系被限定。八旗遏制了土地兼并，防止出现大的庄园主。

由于八旗系统被削弱，军队需要从民间招兵，复员的旗人受到歧视。穷人没办法歧视富人，只能是富人歧视穷人。汉人说旗人游手好闲，其实是出于贫富差异，旗人被迫失掉了资财，真正变成一群穷光蛋，富户由此摆脱了控制。

市场需要公平竞争，对外贸易需要投资，急需国家财政支出。这一切均与大清无关，大清只有当地的坐商，坐商与欧洲远洋贸易，大清不需要任何投资。这些商人才是富人，藩王是相对侵权者。大清已经习惯富人指挥，富人博得全体人的敬仰。康熙下诏撤藩，而吴三桂不从。

当云南巡抚封锁边界时，激起吴三桂军队的反抗。经过八年的艰苦战斗，吴三桂部被清军击溃。吴三桂病死，追谥开皇帝。紧接着是平定台湾，只有开放所有港口，船舶才可自由进出，才符合出口企业利益。

康熙还在极力强化出口企业，丝绸和茶叶消耗的人力过多，相对工业投资的效益非常低。如果正常核算它们的税收，严格执行国家税收的数额，这些出口企业必然在亏损。商人是作为货币中介角色的，他们的营收全部用在商业上，从而掩饰了占有收益的事实。

这些人之间非常团结，一直占有巨额的利润，进而控制了货币流通。中央政府未投资运河，漕运的河道破烂不堪，为了转运内地的产品，需要大量的人力拉纤。漕运配置很多种体力劳动——水手、运丁、船工、搬运，这些人形成了庞大的漕帮，为大清提高物价做出贡献，并且占有巨额的社会资金。

此时船厂的木匠技术差，根本造不出像样的海船，全靠着人力的拉动，成全帝国产品出口。这些职业无社会福利，他们没有成为失业者，全靠着出口企业维持。出口所得既是本位，又是法定货币单位。大清商人是庞大的组织，容纳的人口超过了实业，因此稳固出口税收政策。

大清半数男丁参与进来，而女丁在出口基础产业，他们均为政策的受害者。商人在增加原料库存，锁定已有的利润水平，进一步强化政策导向。有违出口的政策，被民众视为阻力。皇帝再次扩张货币时，出口企业会抛出白银，抵销了生产资源扩张。资源始终在出口企业，法定货币的先天错误。

帝国的经济系于出口，周边国家依赖大清，主要是为了低价产品，弥补本国福利空缺。比如日本进口的产品，基本上均从大清来——室内装饰和布席，全部在杭州织造的，均由江南作坊生产。日本只出口少量产品——刀、剑、扇、硫黄，大清占据手工业各类，双方交换地点在台湾，暹罗、安南也到台湾，台湾成为大清贸易的焦点。

随着台湾的地位升高，利润额数倍于菲律宾，日本用白银支付逆差，成为最大贸易受益国。所以国内的贵族盯上了台湾，郑成功家族占据了台湾要道，康熙皇帝必须消灭郑成功部。这场内部战争持续了二十年，交战始终处于时战时停状态，说明大清的综合国力很弱小，海军无法完成在远洋的攻击。

为了与明朝通商的便利，明末荷兰武力占有台湾。荷兰成立东印度公司，首家跨国投资的企业，这是在建立新欧亚贸易，防止胡椒利润流入印度。印度在极落后的生产，主要依靠人力收益，印度的胡椒运到埃及，再由威尼斯商人运抵地中海，它是重要肉食调味品，实现生活质量的追求。胡椒抵达欧洲港口时，价格涨到了四五十倍。

由于各国启动了关税，抵制劳动市场收益，威尼斯和印度衰落，成全了荷兰的远洋贸易。这是一场国际规则变更，可是有强大武装的公司，最终败在郑氏家族手下，国际贸易没能改变大清。东印度公司由股权组成，股份是古老的经济形式，欧洲贵族有丰厚资本，又有丰富的政府关系，这些关系介入生产，他们成为生产精英，政府权力变成股份。

郑氏产业不必用股份，他们用海军垄断贸易，自家承揽了全部外贸。郑家纯粹依靠武力维持，它的产业即为走私业。郑氏的靠山是南方的白银，这些收益来自于市场外部，精英们带来市场经营收益，可是这种方式损害了朝廷，为此鳌拜封锁台湾海峡。郑成功要求自治，继续其走私产业。后来的故事情节，水师提督施琅攻台，郑氏集团剃发易帜，郑氏家族投降清朝。

福利只能适用特殊人群，产品不能普遍适用大众，所以设定本位非常复杂，必须积累许多甄别经验。虽然大清流入白银少，源源不断地只进不出，聚少成多而非常可观。中央政府不外采商品，贸易盈余归各地财政。财政储备的白银无用，除了行政开支耗用之外，白银转投基础性产业。政府依照进口量放贷，企业采购出口产业资源，因为白银一直自然贬值，只有这些资源接受白银，无法采购其他生产资源。

在循环一周之后，白银回到了出口企业，为此政府在反复放贷。出口企业没有扩张，却得到了白银投资。这些白银含有货币收益，出口企业可以增加工资，即转移货币收益。出口企业员工得到特殊待遇，他们感到自己的地位升高。他们的技术并未增进，生产投资以此为标准。

货币不是生产系统创造，生产者需要的所有货币，均可以不必表示为货币，相对产生一种交换凭据，用来核算合作关系用量。但是这种货币不会扩张，不会因此产生消费福利，它不激发生产资源增量，其自身的数量永不增加。大清的货币逐渐靠近这种货币，自然不能很好地显示社会福利，成为拖累大清经济的主要负担。

西方科学进入了大清，知识形成新生产方案，投资认可知识的正确。新方案针对本地消费者，出口产品对外国消费者，这些知识被认定无效，均被市场选择淘汰。出口产品的越来越多，覆盖范围越来越大，凡是大清能够生产的，全部接过来继续生产，其价格肯定比国外的低。在技术控制领域，大清的技术员快速增加，技术岗位比例越来越多，技术人员的决定力增加，这些技术涉及方方面面，每处都有专人负责监控。这是反市场的斗争，市场有基本的含义，首先知晓生产什么，才去探讨怎样生产。

一切收益将落实到货币，货币收益汇聚法治规则，而法治提供了精神支持，从而产生宗族的向心力。人类生活在血缘纽带之中，其行为接受价格边际影响，生老病死牵动的社会环境，决定个人生活态度的选择，这个足以失去自由的意志，被动地按照环境变化而动。

原始的基础资源是土地，这是生产资源分配起点，每次生产系统重新组合，必然从土地的分配开始。其他的生产资源要素进入，对它们的核算附在土地中。占有土地资源者，即取得一定贷款，这是在货币供应前，皇室供应足量货币后，土地不再直接供给，而是转变为货币采购。宗族负责组织消费模式，人们从中取得消费自由，所以宗族如果所有土地，则具备灭绝消费的能力。

货币可以生成事物，也可灭绝一些事物。在控制了货币之后，宗族首先灭绝法律，康熙整饬市场乱象，借助宗族消除法治。族内的惩罚力度极重，族众之间是血亲关系，伤害起来却非常残暴。即便宗族引入新法律，那也只是一时的进步，宗法无法随时被提升，它是一种静态的惩戒。

宗族减少了诉讼费用，转移政府承担的责任。惩罚来自于市场合作机制，生产货币只负责合作关系，而不负责市场的博弈关系，所以这种货币产生惩罚权，必须加大不合作者的惩罚，才有充分的货币合作效果。宗族有模糊的规则，因为不必遵守货币，可以缩减产量剩余，这种命令是强制的。货币产生的关系中，没有尊卑上的等级，生产决策是自由的，可以余留生产能力。

而在宗族的管理中，这是不可饶恕的错误。宗族内部的行为准则，遵从族内的身份等级，遇到麻烦要族长调节。宗族鼓励女人自杀，以此保护女性贞洁，即默认对己的伤害。在这种伤害对比下，别人伤害不算什么，人们不会自我珍惜，更没有相互怜悯。

宗法规则本身违法，族众均处于违法状态，而族规又不许诉讼，很多时候先斩后奏，杀了一批怀疑者，方晓得问题并非如此。这是人的命运之悲剧，思想必须有充分自由，表现为个人排斥生产，拒绝固化的生产模式。货币是一个开放性的系统，可以让人际关系变得开放，而不局限在点对点的交易。消费是信息扩张过程，生产者清楚这份需求，全在为满足需求努力，在自己的领域中工作，这是货币创造的世界。

在宗族的内部，族长的势力最大，必须向族长行贿，否则是破坏规则，肯定被逐出族群。生产福利从上而下，宗族献金从下而上，两者在做相对运动，形成了资本均衡状态。暴力在跟随货币发行，随着贷款指定的人群，它渗入到乡村宗族中。随着生产福利的增加，底层人支持生产权力，生产权力扩张到社会，形成聚合的宗族势力。真正解决困局的办法，完全拒绝全部的生产，族长必须放弃现收入，才能恢复能量的升级，形成优质产品的产能。

个人的自由在于创新，每一个人均可能创造，可是创新有先决条件，必须开放生产的信息。生产消耗大量精力和时间，个人受到精力和时间所困，没法接触广泛的生产信息。只有知晓有价值信息，才可能突破生产局限，创新出来人们的期望。生产福利的持续供应，生产者主动屏蔽信息，外界不知道尖端信息，因而失去创新的可能。

宗族社会是按需求出现的，与生产福利供应边际对应，每个人被宗族标定身份，按照此身份分配利益，下层必须按照身份边际，向上传递所得收益。宗族社会改变道德标准，社会崇尚依靠父母的人，族众也认可欺诈型人格。私人产业依靠家族资本，而歧视那些自立自强者。八旗在排斥宗族势力，汤若望积极参与宗族，否定八旗制度的作用，他多次阻止荷兰贸易，维护宗族内部的利益。

乡村暴力比企业还大，乡村的生产不用贷款，可用无偿的人力资源。帝国支柱产业是农业，摊丁入亩取消农业税，将税收变成定额费用，随着宗族势力的扩张，国家的控制力在下降，而税收调节弹性变小，进而控制了农业投资。族长控制乡村经济，例如乡村水利工程，只分给村里的富户，却让族众出工出力，再由族长分配工资。这些工程没有质量保证，富户并不害怕工程失败，因为下次还是由他承包。

自从宗族势力壮大，皇室的供应快速下降，常平仓制逐步退出。宗族有权控制户口，收缴散失的土地，用来救济的贫户，或者修筑防御城墙，或者抓捕逃逸者，全靠宗族的控制。各村均设立里甲和保甲，族长在乡村的威望提高。

宗族自己储藏粮食后，可满足最低食物分配，因此占有土地分配权，而土地可以扩展其他资源，从而束缚所有的资本。无论是否乡村的住户，进入宗族标准的边际，而被宗族的价值控制，思维模式上靠近宗族，进而影响到所有利益。宗族包含所有资源，独立生存概率为零。全体人接受宗族监控，如果有任何忤逆行为，宗族可以断绝其粮食，强迫其符合宗族规则。

此时，族众自觉接受宗族教育，宗族提供四书和五经，这是科举考试的工具。穷人家没有这些书，也没有多少人认得字。宗族负责承担收费教育，附加政府压制本族的反抗，宗族设有族长、房长、户长，族长定期在祠堂训导族众，再一层一层监控族众的思想。这不是正规教育方式，科举考试被彻底破坏。

私塾先生为宗族服务，故不对教学内容负责，因为脱离了市场需求，教学质量普遍非常差。先生的收费一直很低，只需每年一百斤小麦。儒家不再为国家服务，转而为宗族服务。各地富绅建孔庙，只有中一甲进士，孔庙才能开正门。

帝国的贷款权转入宗族，内阁的实际作用失效，康熙重新安排了中央，为了顺应各地宗族，决策转入秘密状态。从清朝中期，康熙设立南书房行走，翰林成为康熙的秘书，信息被封闭在内宫。从此之后，宗族的思想进入皇室，控制帝国的核心事务。

宗族鼓励族众考学，为宗族荣誉服务。每次科举产生进士，会得到宗族的礼物，富者在向宗族捐款，从而获得宗族地位。翰林对皇帝尽职效忠，他们违背儒学的集权，在皇帝死后设立谥号，这是对国家体制不忠。

皇帝后来废止此做法，而效忠之风蔓延社会，鼓励女人保守贞洁，女子裹足之风更烈，由此引发道德堕落。裹足是为了手工纺织，纺织需要持久坐下来，生产系统要延续下去，便维持对女性的奴役。

货币控制力对应文明，已经走出家庭的货币，走回家庭的控制范畴。母亲无法提供公共服务，父亲无法提供投资贷款，货币回归就是增加强制。人们对传统文化的批评，例如家长制或官本位，均源自这个错误现象。

社会动员力集中在货币，而宗族接过货币控制权，族长的动员力超过县官，族众不惜生命护卫宗族。只有增加市场评定，官员才有发展空间。宗族对内部信息保密，消除了官员升迁机制。

县官罔顾本地的消费，不关心百姓生活质量，让宗族势力得到空间。黑社会是在模拟血亲，而宗族是真正的血亲，宗族势力超过黑社会。国家衰败反让文化旺盛，宗族的文人提供资源，康熙组织学者编纂历史。

通过修改历史消除情感，宗族生活成为社会常态，代替人的消费情感文化。对于一个没有文化的民族，可以用最廉价的统治成本，完成需要许多精英的工作。文化工程造成古文献丢失，比如《天工开物》、《武经总要》，这些重要的典籍已无处寻。

康熙每年都庆祝生日，各地官员要来祝寿，礼金康熙帝全部笑纳。福寿局为此发行货币，十二地支的康熙通宝，针对缺乏资金的行业，中央准备好竭泽而渔，对它们发行这些货币。财政走到这一步，已然显出疲态了。

此时英商进入大清，俄军深入西北调查，将贸易触角直抵大清。清军与俄军发生冲突，清朝的军队最终战败，被迫签订尼布楚条约，放弃远东的满洲领土。康熙采纳政府意见，先后两次废立太子，因此囚禁了胤礽十年。皇室应选择仁义的继承者，这是儒家学说给出的标准。

胤礽创作关于清宫状态的作品,被曹雪芹修订为一部《红楼梦》。这部作品详细描述人的情感,情感是人类保护自己的手段。在清朝的社会下扭曲状态下,社会合作关系全部被拆解后,每个人利用情感平衡着一切。而读者自然联想到百姓,没有权力保护下的自己,如何度过这扭曲的人生。理性只需要语言传递,胤礽匿名替百姓说话,这些人没有发言机会,他们只是在等待死亡。

一个国家需要制定的经济政策,需要对应自己的产品扩张范围,预估提供多大程度的福利供应,才可以后续占有相应的资源量。如果强行地多占有生产资源,必须建立以自我为中心的文化,这就是乡党文化的经济意义。中国传统文化是集中和平衡,乡党编造了一个美妙的故事,让社会上弥漫着狂热的投资。衰败的货币与繁荣并行,人们失去了平常的理智,直到灾难于一瞬间爆发……

第四节 乡党经济毁掉传统文化

自从康熙的改革以来,乡党掌控了教育的命运,科举内容变成道德批判,宗族利益成为大局观,宗教的规范力量缩小。道德必须以经济作为前提,道德只能在生产收益边际,而不会随着攻击行为灭失。虽然皇室努力维持外交,西藏文化区被隔离保护,在承德避暑山庄建寺庙,在此供奉藏传佛教神位。

社会福利是最难实现的,是货币发行的唯一羁绊,皇室的一切妥协在货币,皇室没有足够的发行权。科举变成了技术考试,却不敢涉及治国之术。乡党用良知的说法愚弄族众,将人的品质与经济核算脱离,利用技术知识代替科学知识,从而制造了逃避伦理的社会。

社会由消费者认知支撑,不是由生产的认知支撑,大众对产品的认识水平,决定市场出现什么产品。知识对任何人作用相同,所有人对未来均为无知。技术不是一种智慧,集中在基础的产业,应当由下层人承担。由于没有相互争论,上层失去讨论习惯,价值判断要成为事实,就要把认知反复锤炼。乡党实质颠覆了儒家,他们在倡导宗教信仰,用虚伪的信仰改造人。

地方政权不遵从政策,不负责当地基础建设,由于经济责任无人追问,各产业的基础设施衰落。很多地方是民族自治,乡党控制了地方经济。所以社会制度被固化,并且得到百姓的认可,生产被乡党组织承包,执行多劳多得的政策。乾隆时代是饥饿盛世,民众性格孤独而冷漠,为了生存他们忍受着。

社会福利是货币收益,只有中央才可能取得。中央负责这部分供应,地方上负责公共服务,应无权阻止社会福利。一种货币负责照顾这么多人,实时地调用这个规模的数据,对于任何一种金属都是负担。大清的金融系统保持原始状态,还是在追寻贵族经济的封建制。

乡党实际控制了货币,这是由下而上的力量,将大清皇室拖下了水,以此维系奴隶制社会。如果产业能量低于农业,社会便加快生产人口,这是一种能量自我补偿。康熙末年人口一亿,乾隆五年一点四亿,乾隆二十七年超过两亿,乾隆五十五年突破三亿。北方种植耐寒的玉米,很多地区也有了人烟,而当地按照田亩征税。虽然家庭增加人口,没有增加税收负担。刚刚满足农业的需要,社会维持在农业水准。

乡党文化具有宗教色彩,形成普遍作用的约束力。皇室断绝货币供应,只能指望家庭资源,个人无法摆脱家庭。家庭资源只有"人",家庭成员互为资源,利用对方达到目的。它对母亲的角色给予限定,结婚的意义变成了生育,"不孝有三,无后为大",宗族经济需要简单劳力,故特别鼓励族民多生育。按照清朝家庭的生活水平,不会有那么多的自愿生育,因此到处是大开荒的场面,每年产出很多的宗族富翁,强化这个奴役制度的市场。

女性的婚姻是重新设定意义,从家庭的角度设计人生意义。母亲视子女为延续生命物,母亲毫无保留地奉献子女,以此取代社会福利的责任。女性进入娼妓业自谋出路,娼妓被大清道德认可推崇,这一行业养活众多穷人。由此解放了政府的负担,女性的牺牲填补福利。如此促生家庭的母权,由于福利远离需求,每次市场重新授予。

社会的责罚归于家庭,控制在母亲权力下,母亲扮演道德角色。在一个富有家庭,一般是一夫多妻,有多个妾和婢女。因为多妻制的缘故,女人生男孩有地位,这是生育竞争结果,造成男女比例失控。但是母权在控制财政,母亲希望零费用消费。妻是尊贵的,而妾是卑微的,母亲是高贵的,子女是低微的,母亲可处置生命。故常见溺死女婴现象,以及变卖儿女的现象。

因为男孩继承宗族财产,供养女孩变成浪费资金,溺死女婴是在减少损失。在这些压力之下,每个人都被算计,家庭伦理被倾覆,社会公理坍塌了。人无法逃避社会,必然与社会结合,没有公平的社会,人生充满了苦难。

在失去迁徙能力后,乡党组织成为人力中介,因为城市和乡村的生产,都需要重新设定社会福利，需要地域性的政府控制。大清政府撤出了社会控制，这份权力让渡给了宗族，任何时候肯定缺乏人力。当活少人多的时候，不需要人资中介，因为提供社会福利，总有一部分人失业，人力多是市场常态。可是大清出口人力，且以极低价格出口，而国内生产缺人力，违背了市场的机制。由于职业工资偏低，生产组织降低工资，低于市场价格雇人。

对于任何生产组织，内部管理出现问题，无法长期稳定用工，需要借助宗族势力，禁止劳工辞职流出。如果出现这种情况，人力市场呈现活多人少。人力中介的盈利超高，这是宗族势力控制范围，中介在操纵企业工资，并且留一部分给自己。但是这种经济循环不能持续，市场内的货币流通持续减少，最终达到国家经济破产地步。

宗族的背后是亲情，假借亲情实现剥削，但是在这个过程中，必须借助政府之力，协商颠覆经济伦理，以此权威消除抵抗。因为感觉不到亲情在，很多人开始怀疑人生。在大清的灭亡过程中，每个人处于混沌状态，一直挣扎在道德伦理，为了强迫自己的族亲，普遍使用非法的手段。

资源价格控制产品价格，导致生产资源迅速消耗。母亲处于生产上的弱势地位，所以，父亲在家庭中成为暴力者，他帮助母亲维持秩序。乡党帮助父亲暴力，通过族规设定标准。父亲对子女有生杀大权，乡党全力支持子女的孝顺，子女对父辈唯命是从，提供老人的一切福利，将其从精神世界排除。

尽孝须到父母失去能力之后，否则是公开剥夺老人行动权。这是在取消人的生存权，人的生存必须依靠自己，生存是自我意志的表达。而社会以金钱区分，决定个人投资和福利，老人自然不认可子女独立，加强老人的控制力错误，只能让子女仿制他的人生。由此生成的儒学杀人，颠覆传统的道德伦理，这种道德表现越强烈，人格越是得不到尊重。剥夺人的基本尊严，导致丧失市场秩序。

老人对居住环境要求高，而对于吃穿的要求很低。建筑业属于手工劳动，还没有达到工业化水平，住房应当成为福利品。家庭主要消费在住房上，家长要求家人节衣缩食，将积攒的资金用于购房。在山陕和徽州商业会馆，富人们的资金堆积如山，家宅规模堪比皇家园林。

清朝的男女比例失衡，纺织业的劳动强度大，欢迎男性的手工业者，造成重男轻女的风气。而在英国工业革命当中，女性成为主要的工作者，国家立法保护工作权，议会颁布贸易保护法，出售进口棉花是违法。因为女性工作热情空前高涨，发明珍妮纺纱机、动力织机。

纺织劳工反抗过度劳动，男性劳工率先承受不了，他们一起捣毁了织袜机。这是温和的表达方式，没有伤害资本家身体。皇室启动国民保护措施，英国女王介入生产领域，要求工厂八小时工作制，要求医院供应医疗福利，要求学校供应教育福利，而这些费用由政府提供。

世界上出现两类政府，一部分是善意的政府，一部分是恶意的政府，善意的政府保护劳工，了解在企业中的状态，皇室以规则给予帮助。大清也有了工会，只是被乡党控制。例如，苏州工匠组织会馆，若降低踹匠的工资，则会联合罢工（叫歇），保持本行业高工资，维持珠三角的兴旺。

如果没有职业者的流动，生产资源匹配信息受限，货币无法进一步的核算，皇室也无法反馈识别率，所有生产者处于迷惑中。乡党控制的黑暗社会，压抑人的自由天性。但是乡党支持一部分人，维护封建制的经济模式，他们认为这是正义事业，可以就此损害其他产业，故得到这部分人的拥护。

这种社会维持不了长久，货币体系必然出现问题，产业上游是生产的保障，但是很难得到货币供应，在皇室缩小货币发行时，下游在以利润向上投资，出现了反向的货币流动。

这种错乱的金融局势，制造社会行为的错乱，破坏因果报应的逻辑。皇室的金融决策只有少数人知晓，但是所有人体会这种政策的结果，所以强调皇帝个人智慧没有意义，这类决策已经触及社会意识总体。一旦国家发生经济危机，下游企业快速脱离险情，上游企业陷入资金困境，带来对下游投资的损失，货币流通循环陷入死结。这是总体联动的效果，没有组织可能脱离它。

为了保护皇位继位人，皇室不事先公布人选。皇室要保证子嗣繁盛，是为了选择上的需要。皇室需要尽早立太子，太子要承担一定职务，涉及政权的基础事务，全国人观察他的品行。民众不断表达意愿，皇子不断吸收民意，塑造适应性的品行。民意使皇室统治长久，民意成为太子的标准。

在乡党文化压力下，由于过度追求尽孝，家庭失去边际效应，家庭关系变得混乱。这是平民家庭的场景，百姓普遍处于危险中。国民失去表达能力，淹没政治上的追求。

康熙有二十四个儿子，很多选择继位者可能。这个过程必须随机，消费选择随机表达，此基础上获得反馈，消费需求被舆论遴选，进而影响皇帝的决策。政府系统中的官员，均遵从生产的要求，必然继承康熙政策。政府开始负责皇室决策，这是典型的生产性决定，生产决策只对生产负责。

民意是皇室决策的上线，为了证实雍正的合法性，年羹尧和隆科多在举证，

❖ ·货·币·缘·起·

却不被继位的雍正认可，后来两人均死于文字狱。族长的管控不利于皇权，但是皇权一边支持宗族，一边又限制宗族的控制，必然制造出很多文字狱。文字狱通常涉及很多人，造成决策层满洲人减少，使汉族官员成为了宠臣。

社会必须由消费者决策，政府决定形成系统风险。在国家决策过程中，张廷玉是决策关键人物，康熙在决定官员人选，决策目的是政府收益，与百姓福祉完全无关，故要求处于秘密状态。康熙改变了传统，他私下订立皇储，形成圣旨藏起来，等到他死了以后，经政府阁僚宣读，继位人选才成立。

清朝的家庭生活中，父亲为子女之大事做主，代替母亲的家族地位，为自己争取最大的利益。因此生活中没有真实信息，父母不会向子女告知真情，子女被动承受宗族的安排。雍正为此设定军机处，不允许皇族人员进入，屏蔽了内阁制的皇权。

军机处总揽军政大权，决定一切军国大事。在军机处的决策中，重点是皇帝的任命。在确立皇帝程序中，按照秘密方式立储，继位时由政府公布，成为清朝权力规则。张廷玉是安徽人，历经南书房行走。深悉政府行动规律，知晓背后利益输送，与父同为翰林学士，所以可能上升高位。

张廷玉得到乡党器用，成为皇帝的顾命大臣，这是一生的至高荣誉。皇室的利益与生产相对，顾及生产收益导致衰败。乡党在意识上推崇精英，而严重歧视底层的同乡，因为主流处于政治高层，形成了由上而下的暴力，这类暴力不顾皇权威严。老臣鄂尔泰被约束，它在负责满洲地区，引入内地生产方式，创造商品倾销市场。

在内阁决策程序上，鄂尔泰遵从张居正。为了遏制满洲力量，雍正题一团和气匾，挂在军机处的房内，提醒不要妄议政事。由于强化了皇权的执行力，对生产系统的控制力加强，官窑瓷器的生产进入正轨，瓷器产量达到了历史最高。由于社会信息上的封闭，乡党理论内部冲突，造成残酷对待族亲，组织内部尔虞我诈，大清的死亡率快速增加。

张廷玉帮是桐城派，尊奉道家老子为师，朱程理学的扬州派，奉行儒家孔子为师。他们修改了传统文化，道家的核心是经济性，它规定了生产的标准，对应人的一生的长度，而且推崇循环性经济，符合生态的环保理念。这些学派不遵守环保的理念，他们在掩饰服务商帮的事实。由于乡党提携同乡，桐城派出很多权臣，曾国藩属于桐城派。

雍正扩大秘密奏折，范围覆盖底层官员，告密行为有恃无恐，政治乱象加剧党争。如果中央的议事程序有问题，相互的争论不在意识分歧上，而是可以动用暴力手段解决，那么社会的局面则难以控制。

由于政策指令无需解释，不要考虑对百姓的危害，政府限制越发严格。不论情节轻重，只要抗拒即论处，甚至在拘捕时，有人同处一室，或者在旁观看，可以被斩立决。

私企处于市场环境，接受暴力收益边际，故剥削程度有多少，生产者忍受力多大。苏州的劳工要求加薪，罢工行为被严厉镇压，凡三十人以上集会，可以谋反罪论处。对参与者严加惩处，并在民间立碑永禁。这些原则纳入法条，民间的反抗迅速消失。但是社会处于边际状态，反映的是人的生产品质，控制社会降低生产品质，会以任何方式表现出来，导致社会底层乱象纷呈。

将视野移向遥远的欧洲，那里正在发生惊天变局。教士介绍中国文化，引发一场中国风潮，欧洲贵族顽强斗争，围剿中央产生集权。皇室已经接受货币决定，对自己造成的损失赔偿，皇室通过限制自我行为，赢得更大的政治控制力。英国内阁由此否定政府，新教在对抗贵族的共和，女王展开与贵族的争权，英国建立皇帝辅助制度，终于摆脱了宗族势力。

经过长期的议会抗争，原有的《大宪章》废止。议会需要将决策作出区分，善意的建议可以得到全部，恶意的建议失去资金支持。英国女王终身未嫁，防止贵族染指皇权。在昌明的政治管理下，很多聪明人脱颖而出，比如大物理学家牛顿。

消费想法可以公开，政治辩论排斥技术，技术解决生产问题，没法解决消费问题。英国的政治正在走向开明，牛顿的伟大贡献在于货币，由他完成了金本位数字化，本位从实物进入数字核算，金融从潜意识到主动控制，形成人类理性的巨大进步。社会总是在朝向理性发展，从不自觉到自觉设计未来，实现人类文明的进化态势。

英国市场需要巨额投资，市场需要更多的工业品，比如零部件众多的钟表。但是这些需求受到技术限制，英国是一个农业为主的国家，缺少工业化必需的社会规则。此时皇室发挥了重要作用，国家公布了《垄断法案》，确定技术使用专利的传统。

工业所需原料数量充足，缺少的是技术知识支持，重点落在了生产方案上，必须推动市场竞争发生，不断产生更好生产方案。工业化的技术知识几乎全部成为专利，工业革命从资源竞争进化为技术竞争，知识产权优于其他资源建立明确归属，英国的工业格局才逐步成为世界最强。

资本的作用越来越弱，这是市场进步的脚步。军工产业发生转型，军用的大炮失去市场，而民用工业品兴起，出现更大的市场空间。英国的投资转型，打开了民用市场，生产规模大扩张，且快速实现回报。在英国的政治之中，处于议会的监督下，皇室内部约束消费，皇权首次达到顶峰。

议会要求贵金属黄金本位，英商从海外大量购进黄金，保证本国货币的国际信誉，英国的全球化已无法阻挡。黄金的存量大概确定，不可能随着贸易增加，故引发黄金价格暴涨。货币只是表示债务关系，如果全球都在使用黄金，相当于无故对英国欠债。

历史总有重复相似之处，自从黄金成为本位后，到十六世纪末的英国，持有全球八成的黄金，法定货币发行量大增。于是触怒了西班牙，西班牙坚持银本位。黄金相对白银便宜，皇室税收取得黄金，自己是消耗不掉的。由于可以不断收取黄金，皇室可将福利供应国民。"识时务者为俊杰"，葡萄牙看清了局势，它在巴西开发黄金，并向英国开放市场，经济发展后来居上。

市场本质是向消费者提供数据，收集处理来自生产系统的数据，经过科学家的加工整理后提供，所以英国的科学发展非常迅猛。皇室积蓄超量黄金，无法推动货币循环，英国经济陷入窘境。牛顿提出了解决方案，设立监管的本位制度。中央释放货币后，不控制货币回流，只控制货币本位。

中央政府取得本位，获得货币限制条件，这些货币是自由的，它可交给商人经营。货币必须在稳定状态运行，本位的黄金供应是有限的，黄金不足表达缺生产货币。本位部分表达的是基础生产，故稳定了对基础生产的投入，投资的回报也处于稳定状态。

这部分投资可以省略，它构成的是基础价格，它一定生成社会福利，这部分生产不计入价格，它成为所有生产的基础，如同政府工作一样，成为社会活动的基础。宗族将错误之由归于政府，一边建立倚强凌弱的规则，一方面惩戒欺凌弱者的人，这种虚伪的做法引起不满。而政府不执行生产任务，正常行政不会造成损失，故官员工资不交纳税收。英国的皇室权力增加，上下议会的组织形式，将皇权发挥最大程度。

英国用银支付出口，大清不进口西洋货，白银不断流入大清，造成国际市场短缺。英国内阁权力的放大，与议会制度的扩张，在修订立法的争议程序，由此生产系统受到限制。每条法令对应限制条件，人们的行为便被规范，由于法令在驱动利益，人们便自觉遵守法令。而法令之间构成利益均衡，法令会受到相关法令牵制，所有法令处于利益的边际，法令从恶性向良性推进。

法的恶从生产系统而来，它要求自己的竞争优势，要限制对方的行动自由。

生产意志给法令注入了恶性，政府通过自主设定法令实现，自主的货币意志操纵了社会。故国内法不能独立存在，必然受到国际规则制约。

此时苏伊士运河开通，提供欧洲远洋短航程。这条运河由国际投资，收益由跨国财团所有。货币自由要求强化皇权，货币发行以皇权为基础，要求政府扩大公共服务，由此扩增了政府的职能。

金本位的作用巨大，英国经济一枝独秀，引发了钢铁需求量。此时的欧洲，皇权的控制力大增，控制绝大部分消费，人们开始佩戴手表，精确控制了消费时间。德意志地区在生产，这里缺少社会福利，产品全部粗制滥造。

此时学者受到资本控制，只对资本的供给者负责。英国思想进入此地，形成了古典经济学。古典经济学抵制皇权，设计不要皇帝的社会。如果取消皇权的话，社会由资本家统治。生产力表示还债能力，发行量表示还债压力，英国的还债能力更好，无差异的货币有利它。

如此设计的社会，没有人可能幸福。幸福源自努力付出，不努力怎么有幸福。关于幸福的设想，必须符合平等原则。资本家在控制英国市场，缺少货币这一基础资源，导致了全面的资源紧缺。犹太人违背贷款原则，贷款原则是能量选择，必须选择高能量产业，而他们帮助错误的生产者。

罗斯柴尔德家族经营货币，从而占有公共服务带来的收益，这些收益属于社会福利。德意志是矿产丰富的地区，成为它的主要资本供应者，借款普鲁士五百万英镑，当地的生产力迅速膨胀。

贷款原则是意识形态，这是水火不相容状态，普鲁士驱逐儒家文人，限令沃尔夫两天离境，俄国给出一笔高年金，聘请加入俄国科学院。此时俄国引入英国金融，创造了圣彼得堡交易所，科学得到了充分的重视。普鲁士是体力劳动大国，他们为英国工业打基础。苦力的生活处境很悲惨，连基本生活也保障不了。

英国大量投资贫困学生，他们日后成为蓝领工人，取得了丰厚的工资收益，国家也得到巨大的回报。生产系统开始干扰银行业，因此皇室的工作剧增，不再简单地清点货币，而是实现金融性控制。德国文人到英国收集资料，接受英国学界的启蒙运动，开始否定中央集权的经济，谴责英国的经济发展模式，这些蹩脚的文人是犹太人。

罗斯柴尔德家族是德国人，他们的犹太血统成为关键。解密掌握资本运作的诀窍——他们长期与权贵阶层结合，并善于隐秘手段控制金融。此时皇权对私人银行借款，形成最终控制的国家债务，由于英格兰银行肆意发行，此时的英镑没有实物抵押，属于完全的贸易信用货币。

强大的英国金融有问题，资本没有补足财政亏空，造成资本市场过度膨胀。英国的殖民地出现萎缩，而罗斯柴尔德家族暴富，成为金银货币的供应商。他们经营欧洲货币，这份收益不应独揽，其本质是社会福利。

自从这个家族控制金融业，英国的物价立刻涨了一倍，对黄金的崇拜至疯狂程度。某个家族控制货币，形成地域性的供应，只有本地消费属性。由于价值标定范围小，无法取得广大的福利，这种货币是区域性的，不能作为法定货币用。由于无法创造出社会福利，任何建立贸易秩序的做法，都被当地人称为殖民行为。跨越一个半世纪时间，欧亚货币本位发生碰撞，大清的金银比低于欧美，国际上贸易以英镑核算，为货币经营者提供暴利。

此时英国制定《金本位法》，银币完全退出了历史，白银成为普通的商品，大清不再具有定价权，英国出口取得主动权。英国皇室承担责任，负责货币发行品质，货币品质提高幸福。英镑保障贸易风险，它在控制收益公平。英商踏足世界各角落，他们的商船装满货物，于两个大洋之间往来，将英国商品送到各国。英国是首个立宪国家，金融接受国会的控制，各国中央均储备英镑，这是一次划时代进步。

公元1850年，美国和澳大利亚发现黄金，世界的黄金储量突然增加，欧洲和美洲国家接二连三，纷纷从银本位转向金本位。金银均衡了全球经济收益，但是最终决定力不是黄金，而是先进的政治控制能力。英国金融大规模投资美国，形成了超级强大的生产力，每个国家都需要资本源泉。

公元1880年，主要工业国采用金本位，世界接受了英国的货币，伦敦成为世界金融中心。国际金融压力下，乾隆开启了改革。在锐意改革的思路下，精英们拒绝货币测算结果，他们按照孤立的标准行事。官员追求国家大计，不包含平民的生计，所有人在碌碌无为，制造了很多残次品，整个大清没有贡献，反而在拖世界后腿。

语言品质是生产品质边际，大清国民的语言变得粗俗，证明这里的生产失去评定，得不到市场信息正常反馈。生产系统需要升级，成功的标准在改变，儿女一定强于父母，完成生产上的进步，如果家庭变成投资主体，父母成为价值评判标准。父母必然用暴力控制，子女成年后也用暴力，由此解体了父子关系，儒家思想要构建伦理，需要改变投资的主体。

乡党文化影响家庭，家庭伦理变成暴力，这些孩子成年后，反过来控制父母。乡党得到了发展壮大，生活用品的投资降低，生猪存栏数也在下降，猪肉的价格自然上涨,造成家庭消费力下降。商人四处收购生猪,而养猪户没有贷款,纷纷放弃了养猪业,自己家也要买猪肉。

百姓食品没有油水,官员却在大吃大喝,官员养得越来越胖,百姓体质受到影响,国人的观念被改变,主动缩减日常消费。政府已经小到无法运转,工作程序处于秘密状态,没有足够人力上报数据,没有机构汇总分析数据,皇室自然无法完成任务。

乾隆是雍正的第四子,也是秘密立储的结果。人生总会遇到压力,一些事情是转折点,这件事改变了乾隆。乾隆不再相信社会监督,乾隆的做事风格是保密,一切事情处于秘密状态,监督政府也必须是秘密。张廷玉服侍时间久,知晓许多军机大事,为了保持决策的保密,乾隆特意授予其官衔,却不愿意放走知情人。张廷玉已经身心疲惫,只想晚年回家乡养老。

乾隆侮辱张廷玉和鄂尔泰,这两位老臣的下场很凄惨,帮助恶势力没有好的结果。人和人之间的确有差异,而差异在经济价值方面,关于外表上的相关差异,仅仅表示生物性上区别,不能成为评断人的标准。经济价值差异即创造力,每个人都有这方面能力。满洲的创造非常强,创造力受到精力限制,人可以调动巨大精力,以精神推动科学发展。

科学表现能力不足,它表现的是创造力,形成制造系统偏差,使得货币不能充分。人类社会一贯相信精神力量,只有相信未来世界更加美好,才可能集中精力创造新事物。将所有的创造开放,交给市场去评断它,只有经过货币确认,创造物才有了价值。

在大清帝国的范围内,科学思想被文人垄断,其他人没有机会谈论,所以大家不知道科学,不知道如何研究科学,生活质量是得过且过。如果科学处于孤立,必被消费市场抛弃。科学需要为皇权服务,实现社会福利的提高。一旦这个领域被封闭,士人无法真正地研究,工作目标变成了顺服,达到垄断的利益诉求。乡党无端吹捧乾隆,赞美乾隆武功十全,则是这种文化表现。

由于大清在组织修改历史,本朝的历史都是不清楚的,多数国民不知道前期之事。中国有记录历史传统,此时史家已经退出,普通人也在记录历史。历史是士人记录的,写给皇室的人看的,故没有皇室的秘密,只有社会各层反映。从这一时期开始,多层面保留社会信息,减少当时记录的局限,让历史信息接近真实。如果人们没有参照,缺少历史事件记录,人的行为便是自由的,不受到市场边际影响。

在一个荒唐的社会,丈夫在外花天酒地,更有甚者离家出走,夫妻关系极度恶化。文人在相公堂子消费，相公堂子是伶人住处，便是畸形的同性关系，此风从江南蔓延全国。农村的情况更严重，收成好一点的男人，嚷着必须纳个小妾。乡党内部需要和谐，必须转由纵欲释放。

由于道德约束下降，家庭受到影响最大，家族财产纠纷增加。这种生活习惯的反差，造成双方意识的对立，旗人经常训斥汉族人。乾隆从小接受歧视教育，非常看不起汉人学者。在接受教育的时期，他就开始辱骂老师，成年后歧视常规化，常用学问侮辱学者，他经常炫耀数学水平，老师是不懂数学的。

乾隆邀约学究参与毁书，这些学究损毁古代图书，重新修订成《四库全书》，烧毁民间书版不计其数。乾隆要消除历史记忆，编辑在强调历史考据，可是加入了更多情感，编造的记录不符合逻辑，即必须持有古人观点，从而重复古人的错误。这是意识形态的退步，新认知否定修史传统，用最新标准审视历史，后人才能把握住史实。

货币处于人类智慧的边界，虽然它的表达无具体形态，生产领域信息是它的眼睛，书籍的空间是货币的语言，人类需要货币引领的进步，毁掉书籍威胁货币的安全。古代圣贤述而不著，终于对具体的辩论，便是为了区分场景，免于观点偏激而毁。毁书运动积蓄了一场革命，乾隆平均一年两次文字狱，其规模和声势轰动全国，有良知的文人均被消灭。

始皇也有过毁书的做法，这是两种截然相反的作用。国家依靠意识形态运行，必然烧掉对立意识的书籍，通过烧书保全国家。而乾隆烧的是文献，很多朝代认可部分，而且采取阴谋形式，欺骗文人拿出书籍，没有意识上的对抗，故带来了文化毁灭。

大清国为无效的事业耗费了太多社会资源，当国家亟须工业化投资和项目建设的时候，找不到任何机制保障生产资源的持续供应，法定货币失去了国家财政调度资源的能力。和珅的出现是一次偶然，但是从国家经济上考虑，他是乡党经济下的必然，他的死预示了大清的命运……

第五节　和珅为帝国工业化牺牲

公元1790年，徽班进京与汉剧汇合，通过学习西洋艺术，形成进入紫禁城的京戏。而在满洲内地的土炕上，山东和河北文化合流，随着闯关东流进东北，秧歌和莲花落的合成，形成了今天的二人转。由于表演多半在炕上，形式简单且没有内涵，破坏了传统文化模式。京戏演出的全是历史戏剧，却在侵占语言表达的空间，这些设计好的程序化语言，控制了大清国百姓的思维。

此时的大清商业难以为继，而提供民众的语言和思想，可以最低成本地控制消费，造就大清高度畸形的商业。京戏是程序化的表演，自然没有艺术感染力。

只有皇室不断追加投资，宫中定期组织京戏演出，推高了演员大腕的身价，决定了京戏的文化内涵，所有演员遵守固定模式。形成了民间的盲目跟风，才有了脱离市场的艺术，大清上下意识形成一体。世界各国都在跟着市场走，哪里的百姓有购买意愿，士人则积极创作新艺术。

中国有悠久的传统艺术，全部精细而灵活的形式，决定大清艺术的是皇室，百姓无知到只等着接受。大清国还在苟延残喘，因为百姓的思维固化，政府的行为也被固化。这些艺术固化了人的思维，形成了国民教育基本认知，没有人可能撼动大清沙盘。人的行为符合利益追求，货币如同导演设计剧情，社会生活被货币操纵了。

国家制度由价值判断支撑，商业规则主导的政治制度，这是大清政权的代偿系统。一旦商业不受约束，实业则会快速膨胀，数量变得简单重复。例如江南的纺织机，清初只有一万五千台，现在扩张到八万台，规模超过了市场饱和。资源确实存在稀缺状态，这是消费者事先知道的。消费提高一定时间的生活品质，它的运行成本就是这一段时间，也是设定生产任务的所有依据，这种设定已经变成了贷款利息，即提供了生产时间的测量标准。

但是由于皇室的测算，已经对应提供了货币，所以不存在资源稀缺，即稀缺不不构成价格因素，不能因此提高价格。上海绵布质量上乘，领先大清其他地区。上海每户有纺织机，所产绵布足够自用，就没有多少剩余，至今未形成工业，纺织机一直家用，没有生产大设备。每匹布三四两银，米价每石三两多，盐价每斤三十文，百姓采购很吃力。

满洲的封闭被打破，鲁翼地区的居民涌入，商业不仅是消费扩张，还有生产规模的扩张。商人囤积居奇或特权牟利，没有几年便形成贸易逆差，榨取满洲多年的积蓄成果。商帮建立在宗族上，地缘连接社会纽带，虽然商帮盛极一时，通过贩运集聚财富，而商人不投资工业，生产系统品质下降。这个链条节约财力，帝国永远富裕不了。

帝国命运危在旦夕，文化主导帝国的命运，而商业规则控制文化。由于过度开发长江上游，江南生态环境遭到破坏，国家投入财力治理河道。皇室控制货币收益，可以减轻白银危害，可是乾隆无力治国，他自幼受商帮熏陶，延续错误经济政策。旗民被这些政策冲散，普通的旗民生活窘迫，许多八旗兵无法结婚，乾隆还为此赏赐白银，优抚满洲旗民的情绪。

没有文人具有思想，帝国上下一片黯然，当时没有公共媒体，无法提供公共信息。法律限制社会交流，思想失去改善机会。文人必须获得信息，汉人相信商人聪明，只愿接受商人建议，其他话根本不入耳。所以商人带错了路，整个社会思想败坏。

商业规则不能通行政治，社会福利一定有偏袒，制造一部分特殊消费，这些费用是货币收益，只有皇室有机会供应。清朝形态已经变化，社会不接受特殊化，商业规则指定生产，帝国改革几无可能。乾隆有一位满洲侍卫，正是少贫无籍的和珅。乾隆一心扩张殖民，需要制造大量武器。

武器是容易买到的，英商带来了工业品，名义上是来祝寿的，其实是在推销产品。但是白银外流，虽只有极少量，但是对于清朝，已经无法容忍。英国白银价格低，不可能达成交易。那些武器和钟表，被密封在仓库，直到八国联军进京。

乾隆只在广州设立口岸，皇家在组织征税的机构。关税是属于中央财政的，却由"十三行"控制征收。他们只是普通坐商，只是在为皇室服务，关税直接入内务府。其实，内务府控制不了，太监的监督有限，无法监控到商人。十三不是商行数量，是海关机构统称，它指的是广东商帮。

如果在这种经济秩序，国企体系在调配资源，无需消费系统的评价，私企必须市场的准入，服从商业制订的规则。英国商人非常生气，工业品进不了大清，世界工厂地位不保。日不落帝国正在衰落，英国的殖民地在反抗，要求独立地控制税收，金本位体系遇到瓶颈。

货币本位不涉及社会福利，贷款程序没有事先设定，没能遏制生产的膨胀。英国产品数量很大，国内销售跟不上去，只好开辟海外市场。殖民地是低级产业，买不起工业品，英国在做亏本生意。殖民地的货币落后，无法投资高级产业，印度可是一个典型。随着森林面积减少，印度土地供应锐减，土地价格持续增高，新兴行业难以接受。

如果社会无法扩大投资，职业选择因此受到限制，印度教解决了职业选择。按照教义规定的等级，工作成绩的考核失效，贷款按宗教等级供应。印度是绵花的供应国，随后巴西和埃及加入，让英国贵族取得暴利。印度教借机传至英国，有的贵族信仰印度教，两国贵族均吸食鸦片，享受这份与世无争。而在北美行不通，殖民地使用英镑，这些英镑对应黄金，只能置换本地白银。

英商垄断了海上贸易，支付的是北美的白银。为此英国通过货币法案，规定殖民地用英国货币，英商垄断了北美的茶叶，以此承担殖民地征税额，这份税收一直不断上涨。随着英国银行贷款成本增加，贷给北美洲的英镑也在增值，北美人民承受的税赋在增加。

北美洲人没有进入英国议会，他们要求自己发行货币，由此保护自身的社会福利。一群信仰平等的人，被原住地排斥的人，来到一片新大陆上。美洲的贵金属很少，上层召开制宪会议，没有设置任何本位，直接发行了殖民券，这是一种自由货币。

在法国革命引导下，美洲爆发独立战争。法国借出六百万金币，美国政府不购买军资，而是作为硬通货担保，发放二千七百万债券。后来不断重复借债，累计五千四百万债务，直到美军取得胜利。按照贸易和产业的需求，美洲议会自主提供贷款，新的货币取得巨大成功。美国跨过部落经济，直接建立中央集权，通过召开大陆会议，直接建立民主国家。

印第安以烟草为标的，组织原始社会的金融，故生产规模一直很小。美国建立中央政府，迅速扩大贷款规模。美国抛弃茶叶，转而采购咖啡。西班牙参与战争，站到了美国一边，故白银进口中断。英国货币受股份控制，当英国商品进入大清，遭到前所未有的抵制。在十三行的横征暴敛下，英商北上宁波销售产品，虽然私下支出白银货币，依旧无法维持收益平衡。

清廷放弃了货币控制权，户部不再提供公共服务，各省开始私自制造银元。此时货币单位是"元"，元指向元宝的计量，开始制造元宝银元，确定含银的成分量。世界货币正在进步中，美国用银本位的纸币，法国也弃银币用纸币。法国依靠先进的农业，在世界各地推广殖民。法国尚未生成工业布局，中央政府缺乏黄金储备，故假设全部矿产为本位，虚拟资源没有确定数值，造成货币放大比例虚化，最终这次货币改革失败。

接着，法国在继续寻找新方案，俄国改用银本位的卢布，经济实力得以快速增长。大清失去解决问题的机会，公开的政治机制已经关闭，只有私下偷偷地改革才行。商帮协助各省巡抚改革，私铸铜钱解决了货币荒，因为商帮手中持有白银。白银只用来上缴税款，而不能直接变成投资。

由于缺少工业链，消耗铜资源很少，矿业的资金短缺。云南的铜产量递减，市场上的铜价飞涨。白银作为铜钱的本位之后，比价随两者供需上下浮动。私铸直接提供商帮资本，极大地扩张生产货币量，各地商帮因此发达起来。随着铸钱成本水涨船高，铸币量停在一个均衡点。

所以白银成为商帮储备，反而可以操纵福利政策，如果皇室不能提供福利，肯定被饥民起义军推翻，乾隆将此任务托付和珅。和珅熟悉满洲的传统，需要借皇权达到目的。于是和珅开启升职之旅，一切均由乾隆背后操作，所有职位均为事先设定，从专职反贪到军机大臣，一直升到内务总管大臣，一直围绕外交财政大权。

乾隆在不断清洗官员，无能的官员相互残杀，可用的官员所剩无几，和珅获得了出头机会。这项事业在秘密进行，乾隆每年大操大办寿宴，资金运作由和珅打理。和珅也想出了很多主意，借由为圆明园添置字画，投资建设承德避暑山庄，要求各地商帮上缴白银，实际开支皆由关税支付。

军机处设立在圆明园中，这些收入由军机处负责，绕开吏部和户部的控制。由于转入私下收支，外人无法知晓内情。这种操作空间很大，这是工业启动资金，开始谋划工业布局，铺设工业的生产链。

和珅先后投资粤桂贵川，首先完成能源产业，在沿海投资造船业，其次完成运输产业。国内行业多耗能源，低级行业资源充足，新兴行业却没机会。乾隆七下江南视察，要看的就是工业化，可是他住在曹寅家。由此纺织业得到贷款，富户只看重皇帝脸色，并不分析真实的情况。

工业生产需用新能源，工业化国家在用煤气，尝试电力的研究项目，这是在放大原始能量。早期的人类只能借用能源，自然界不经意释放的火力，雷电现象瞬间释放的电能，科学却是分析利用能源的。

和珅预料不到困难，他得不到进口能源，发达国家节约能源，故可以向大清出口。各地商帮均出面阻止，不愿将煤炭运到华北，更不愿引进先进设备，于是形成长期的对峙。煤炭是工业进步的动力，缺煤的大清无法工业化。

工业布局没有落到实处，和珅无法处理这些问题，政策涉及国家基础制度，连乾隆皇帝也解决不了。新行业与各地富户发生冲突，商业竞争触及与国家的利益。例如，山西商帮依靠矿山盈利，和珅开始运作湖南矿山，必然影响山西商业利益。

好在和珅是满洲人，他精通满汉蒙藏语，方便民族之间周旋，秘密状态推进工程。和珅无法想象外部世界，欧洲开始了蒸汽机革命，生产能量得以瞬间爆发。煤炭减少了木材用量，将矿石埋于木材燃烧，才能从中提炼出来铁。为了保护木材，英国工业用煤，因为煤矿渗水，需要抽出渗水，发明了蒸汽机，可开采深层煤。

蒸汽机消耗动力，需要烧煤来驱动，发展了煤矿产业。这是良性的循环，带动所有的技术。乾隆非常喜欢欧洲钟表，巴黎或伦敦一有新款式，权贵子弟立刻托运回国，很快乾隆便收到了产品。欧洲代表当时先进的生产，权贵子弟早已留居欧洲，并且习惯了西洋的生活。

乾隆不断发动战争，扩张国家疆土资源，拓疆扩土是为了工业，以消耗武器推动生产。百姓的生活艰辛，每日只有两铜板，乾隆见工业落后，自己心里也在烦躁。乾隆不愿意承认大清国，还不如几十万人的英国，若生产力不按人口计算，国力只是表示能量级别。八旗战力依然顽强，打败周边所有邻国。武器是工业产品的边际，工业产品落后军力必弱，大清只是增加产品数量，而没有增进产品的质量。

交战方比较的是武器质量，产品质量对应国家生产能量。因为需要增加数倍投资，和珅根本没有办法筹资，但是乾隆不断训斥和珅，和珅变得惶惶不可终日。经过几昼夜的苦思，和珅发明一种罚银制，这是巧用皇权的办法，可以罚没贪官的赃款。官员用奏折上报皇帝，他们在相互揭发对方，皇帝严厉惩罚了贪官。

罚金应当弥补错误处，补偿公共服务的亏空。大清的税收机构瘫痪，缩减政府职能的结果，削弱税收的核定能力。和珅指定被罚官员，对应减少当地支出，实现地区税收均衡。罚银的本质是调整，压制生产上的泛滥。被处罚的地区，官员再罚当地企业，企业损失变成税收。大清减少了生产错误，减低乡党文化的危害，罚银的标准设定极高，最多时一次三十八万。

和珅可以随时支出巨款，甚至买下选中的矿山，比如门头沟和香山煤矿，利用满洲技术壮大工业。乾隆选定在江南，让和珅布局苏杭。和珅安排乾隆去视察，乾隆帝六下江南巡视。和珅的成绩是显著的，为此御赐紫禁城骑马，将其家族并入正黄旗。可是生产出的武器，均被用来发动战争，一共发动十次战争，消耗了所有的储备。

和珅升入三大中堂，表面上没人敢反对，可是官员在背后敌视，因为破坏了原有秩序，威胁富豪的潜在利益，由此解放了民品行业。罚没白银有利于调整格局，它是错误投入的贷款，就是错误的生产货币。新兴私企资金相对增加，出口资金随本位减少。乾隆知道自己摆不平，他接近思维衰老状态。乾隆选择性格相似的太子，他是一个穿西服的技术迷。这个太子便是嘉庆，他继位后立刻改革。

嘉庆时年三十七岁，相当了解帝国的政治，他清楚世界发生什么，知道美国人在做什么。他认为和珅是无用的，投资工业是贪腐国资，把资本用在无效之处。大清只要谴责官员贪腐，不核算社会的亏损情况。这种办法查不出贪腐，如果查明是贪腐情况，六部均负有失察之责。这种贪腐产生在制度基础，只要增加公共服务的资金，便可以快速弥补这个过错。

欧美经验正是如此，美国产业飞速升级，跨过基础农业阶段，经过绵花的手工业，通过构建供应链，全球棉衣价骤降。从这方面积累的资金，将狩猎变为圈养动物，从而获得超量的皮毛，全球的皮毛价格骤降。美国成为蓝领大国，自主投资国内产业，形成创意生产格局，这是货币的大进步。公元1787年，美国订立联邦宪法，规定社会福利方案，政府职能开始转变，不再扶助生产系统，而是全力释放货币。

在世界贸易格局中，英美发达国家亏损，大清却在一直盈利，英美欠了大清很多，他们正想办法盈利。世界进步给嘉庆以信心，嘉庆立志彻底改变大清，他发动了一场咸与维新，咸与的意思是大家参与。

这是生产系统的革命，生产者拒绝市场规则，完全自己意志决策。经过皇室的几代人努力，清朝已经失去满洲色彩，维新是在清理满洲文化。嘉庆率宗室大臣东巡，到盛京祭奠先祖陵寝，大家参观先祖的遗物，听取嘉庆皇帝的教训，领会清朝的创业精神。

通过这些活动，大家清楚了新政，不变动金融设计，将错误保持下去。为统一意识形态，满洲须放弃传统。人类的能量是很大的，不断冲击能力的极限，比如体能运动的极限，以及智力水平的极限，收益呈现几何倍增加。经过一番经济整顿，如果遇到当地问题，只要县官可以处理，不许上级官员过问。

清廷的司法已失效，民怨属于地方事务，中央不可干预这些。福利机构均被撤销，县官权力迅速放大，县官通过加收火耗，直接留下货币收益。中央政府设计的政策，事先预计县官的贪污，预留出来操作的空间，并由此减少中央投入。接着县官失去权力，乡党控制超过县府，将地区事务压下来，由内部的规则决断。

在乡党的族规中，生成了保甲特权，县官在借助他们。如果遇到族众上访，保甲则会大力巡查，抓捕筹资写状的人，驱逐这些无理刁民，或者将其投入大牢。美国要求政府反思，认识自己之前的错，历史不会一帆风顺，美国从落后的小国，逐渐成为经济强国。

美国建立成熟的货币，启动初期的生产投资，政府在推动出口产业。首先供应欧洲绵花，绵花田亩不断扩张，南方形成绵花王国。随后与大清的贸易，创造西海岸的机会。他们猎杀美洲动物，加工成毛皮去销售，没能满足大清贵族。生产者是无意识状态，它总在强化自己生产，当他们发觉错误之时，阿拉斯加的海豹绝迹，夏威夷的檀香木绝迹，均为无法挽回的损失。

美国独立战争之后，全国通行法定货币，经济实力迅猛增加。通过国内外发行公债，美国买下法国的土地，从俄国买到阿拉斯加，其领土面积翻了一倍。美国土地盖满木头房，政府关心居民的幸福。生产需要为人服务，一定产生福利回报。宗教组织快速发展，在各处建设小教堂，一处乡村建立一个，可以经常进行祈祷。宗教负责社会福利思想，它成为美国的社会组成。

与此同时，欧洲在天翻地覆变化，英国大量投资殖民地，发展那里的基础产业，挤占原有的英国市场，造成英国的国力大衰。英国的实力弱于法国，法国在保卫贵族模式，英国在保卫贸易模式。英镑的世界在扩张，法郎殖民地在缩小。四分之一的人类被英镑统治，法国和英国发生全球性战争。英国战争利于殖民地，需要借助当地的政权，而法国维持落后生产，需要消除当地的政权，英国最终战胜了法国。

战争的影响出人意料，天主教失去欧洲势力，德意志地区出现新教，政府与新教组织合作。美国生成新贷款机制，各宗教处于平衡状态，它们在这里不再争论，因为有机会造福于民。欧洲各国不断移民美国，这些人口需要社会福利，社会福利是社会性工程，需要大量人口合作工作。经过一段时间磨合，所有劳工找到工作，社会生产实力大增。

民族工业不是民生产业，资金均被低级行业占据，资源产品便宜也卖不掉，大量资金积压在各环节。而和珅的新产业投资，虽然工业化成绩很小，又没收了中间的资金，释放了民生产业能量。这些企业没有税收，财政无法重置投资，市场产品无法清空，企业无法取得收入，流动资金链中断，资金循环停了下来，大量的企业在破产。

罚银相当于一定税收，给生产者制造了压力，令生产系统启动点火，相关的企业重新生产，避免白银投资的障碍。可是宰相不满和珅，宰相刘墉是山东人，山东商帮是大地主，他们垄断粮食出售，因而积累丰厚利润。而和珅的工业布局，影响了农业的人力。

农田和人力投入太多，不利于大清总体发展，他们一直想报复和珅。和珅虽然事业壮大，但是没有政治背景。刘墉的父辈均为高官，父亲刘统勋也是丞相，他与很多官僚同党。山东富户多为大地主，改革对地主的损失小，山东官吏对同乡残酷，所以没人反抗刘墉。

此时大规模生成地主，地主在基层控制政权，妨碍地方政府的管理。由于农业产出的低下，生产资源无法私有化，地方政府对此难征税。生产系统不能自我完善，它不可拥有组织的能力。由于机器没有抽象思维，它无法理解产品的设计，必须通过人类控制行为，故必须打散生产者组织。

土地资源积累的货币，形成对前端生产投资，即增量相对小的人力。生产货币分布不均，在生产系统的末端，它更多转化为工资；在生产系统的前端，用于提升资源品质。如果生产资源不变，则形成累积的资本。官吏控制之地，轻则贪污腐败，重则聚敛税赋，造成民生之艰难。

消费支付代价越高，说明经济状态越差。乾隆皇帝驾崩之日，和珅被抄家并监押。对和珅的处理部门是内务府，真正的反对腐败是用法律，建立具有司法职能的部门。内务府执行的是家族指令，这是以皇室家法代替国法。

他们透露了贪腐的数额，却没有犯罪的侦查记录，没收的财产归属皇室。这钱本来就是皇室的，只是暂时被和珅支取。和珅被赐予白绫自尽，一切真实的信息被消灭。和珅死了之后，没有株连他人。

嘉庆重新开始改革，必须终止和珅事业。相对汉族官的小心谨慎，过去主要由满洲官建议，重视生产导致不良后果，满洲的官吏不关心政治，没人再提出政治意见。政策固化不可调整，满汉官吏不再表态。作为利益上的回报，给予他们很高待遇。在老北京常见，八旗子弟提笼架鸟，他们故作悠闲之状，好让皇帝放心自己。对于汉族知识分子，悠闲便是碌碌无为，或者读书考取功名。

国民的素质由政府决定，官吏发明了许多装备，用来镇压大清百姓。例如刘喜海发明刑具，进入清朝十大酷刑。这位官员气质儒雅，精通古钱和藏书学，还是著名金石学家。大清国民不受保护，他们动辄被打板子，不招认则遭受折磨。大清国民梦想离开，能够出洋跑路的，到南洋去打工谋生，全部远走他乡了。

多数国民留下来，待在落后的行业，应被淘汰的行业，没有资源的供给，新行业无法生成。若长期压制心理，不考虑人格尊严，自然更加的无知。货币要求精确的控制，本位制抵销测算进步，推动了中央银行出现。

税收核算反映福利供应量，产品的福利供应差异很大，不能产生统一的核算标准。由于各国福利差异，大清的进口零关税。由于资源配置失序，商人无法指挥产业，生产服从基础产业，宗族的控制力加强。此时有很多需求空间，西方的市场经验很多，大清却没有学习这些。中央政府设定高利率，故钱铺承受不住破产，由此生成了银行系统。

银行是股份制的钱铺，可以集中使用更多货币，分散央行下调的风险。由于税收负责回流，而对一种产品贷款，可以扣除回流部分，成为产品的货币政策。财政核算需要区分产品，即区分消费地点的差别。价格含有社会福利，商业移动产品位置，消费者驻地不确定，福利随销售地改变。

产品升级需要几何倍增资，发行大量货币需要成本，各国皇室很难应付局面。生产投资在循环资源，节省的贷款回到钱铺，相当于对此产品征税。为此可以省略部分贷款，在货币发行的阶段省略，大大提高货币扩增效率。一旦金融纳入法治化，皇权可以退出本位制。基础价格对应部分资源，由法治负责这部分调度，法治维持生产方案秩序，余下部分是消费者投入。

如果保证投资对应创新方案，即消费者认可这种创新，可以事先宣告投资的安全，货币的控制程序得以提升。美国已不是金本位，它不需要增加本位，便可以独立增发货币。美国随后加入改革，公元 1811 年，纽约的证交所开业，美国加入对清贸易，美国白银流入大清，变成了大清的鸦片。

吸鸦片可导致死亡，贵族无需考虑这些。鸦片业是内外贵族合谋，尽管鸦片生意不可持续，本质上在出卖穷人利益，转移国内生产系统错误，却让大清经济红火起来。鸦片生产在设计自己，加速进化为独立系统。英国政府寻找新方式，英国在印度大量种茶，英商从印度进口茶叶。而在英国的本土上，伦敦证券交易所开张，铁路运力提高五倍，邮政推动信息产业。

信息进步均会引发巨变，英国殖民地涌入工业品，生产者在极力扩张产量，将产品倾销到各殖民地。这些变化依靠信仰，对社会福利的期待。由于国际贸易复杂性增强，美国脱离了金本位的束缚，转而由金融行业控制贷款，罗斯柴尔德家族没有策略，他们制订的投资方法简单，从黄金高储备国向外贷款。由于不公开资金运行，长期封闭地经营货币，必然造成投资的亏本，不进入美国金融市场。

人类不适应生产者角色，所以才制造工具和机器，只有机器设备不会疲倦，日复一日地为我们工作。生产者与物质一样，决定力的地位一致，没有客观价值存在，价格是由主观形成，所以，生产者做出的决定，如同物质开口说话，它在决定人的待遇。清朝市场竞争比赛技术，即企业内部的控制暴力，技术负责的是局部事物，负责控制局部工作秩序。

但是竞争压抑人性自由，人类是一种自觉的生物，人可以感知系统错误，这就是真实的生产，调整自己符合系统，才成为生产者角色，否则人与物质一样，失去生产的创造力，之所以生产者是人，而不能是一只动物，就是对生产的要求，生产不能是随意的。大清朝做事非常简单，不需思考事物逻辑，只要准确执行即可。

生产活动不依靠伦理，生产上一旦失去自由，生产者自动放弃主见，认可资本一方的意见。此时官场失去伦理规范，官员群体只认可行贿者，帮助那些行贿富人得利。经过市场末位淘汰，剩下一些无业游民，比如南方的天地会，北方地区有白莲教，成为当地维稳对象。

这些地区原本十分富裕，他们不服从洋教的安排，又否定乡党的宗族控制，聚集一处开始新的生活。白莲教属于摩尼教，乡党文化教人冷漠，受到白莲教的反对。由于经常被官府欺负，他们一直为生存抗争。这一次，他们又被打散了，消失在茫茫人海。

当一种明显的错误持续存在，社会所有成员均无法更改它，这个问题不是局部的小偏差，而是货币本身制造的大错误。所有货币发生的错误，必然造成持续的衰败，而且是周期性的发作。如果学者探究其中的错误，一定找到基础理论的瑕疵。鸦片的危害与其归罪国民性，不如归为经济理论出现偏差……

第六节 鸦片成为主要消费产品

嘉庆皇帝登基之后，各局铸"嘉庆通宝"，创造更多生产空间，有利富户增加人力。消费系统会以时间考量，淘汰消费时间短的项目。劳动时间的不断延长，国民没办法控制时间，他们的精力消耗殆尽。创新来自思想的自觉，用科学推翻旧的方案。创新者一定不满旧规则，他要向上寻找正确法则。

在宗族势力胁迫下，人们被迫投入巨大精力，建立生产系统内的关系，从而侵占了消费的时间，也正在改变消费的性质。政府系统创制道德标准，通过创立行政规范机构，对全体人设定道德规范。这些机构代替法律执行，中央到地方的政府行为，构成了自上而下的司法。

道德的审判标准不相同，社会不能构建法治流程，道德标准一定维护体制，体制在表达行政的暴力。这种道德假定体制正确，在冲突者身上寻找错误，故禁止国民向皇帝告状。只有国民不断向皇帝告状，皇室才会去想解决的办法。皇室处理不了全国的案件，控制程序寻求市场的边际，则会形成社会公认的法律。

只有这个边际具有说服力，可以获得全部国民的认可。在这种市场规则作用之下，立法机构才从皇权中脱离，成为独立司法的控制系统。在此之前政府承担法律，可是这种法律未经审核，与市场价格边际不吻合。司法系统的基础作用，提高了市场竞争水平，从而提升生产者素质。

若市场规则永远不变，无法提高产品的品质，市场不会出现新方案，有的是恶意性的争斗。法治环境没有了控制，失去创新的自由环境，则可能再有创新活动。这种市场必然选择奢侈品，一直维持低质的产业水准。茶叶产业需要提高效率，资本可以激发劳工干劲。

富户选择了鸦片，一旦吸食者上瘾，花掉每天的收入，便加倍投入工作。鸦片令人精力充沛，让人加倍关注工资。工资不体现人格，人格是消费品质，得到情感的尊重。

劳工感到人格的压力，大量失业者压力更大，他们急需服务性岗位，认可市场极低的工资。此时有很多新项目，很多产品需要人力，却得不到资金投入。为此吸食者得到认可，感受自我人格被肯定。随着大清的贫富差异加大，茶叶劳工出现报复性消费，高端的消费缓解心理焦虑。

印度有能力生产茶叶，却没有投入太多人力，它的茶叶价高于大清。印度没有限制本国消费，可以买到英国的工业品，虽然市场价格高了一些。茶树是从印度引进的，在大清得到了全面推广，江南地区几乎变成茶乡，山上山下均辟为茶园。大清的茶工增至千万，欧洲人普遍爱喝茶，茶叶成为欧洲奢侈品。相对于大清的模式，日本增加工业投入，俄国增加裘皮的出口。

裘皮是大清的奢侈品，成为炫耀身份的象征。虽然茶叶有国际价格优势，可是大清多数人却买不起，国内产品的售价普遍太高。比如盛产玉石的新疆，采集玉石非常危险，可是玉石价格很低，经过陕西商帮的介入，玉石的售价成倍增长，玉石扳指成为奢侈品。

商帮既控制消费资金，又控制了生产的投资，商帮之间没有了竞争，它们之前在竞争资本。竞争的对象是消费关注，资金必须服从消费选择，生产收益才会体现创造，商业是资本管理的核心。陕西资本来自屯田，屯田收益大于种地，资本源自纳税不足，虽然应当上缴中央，可是却被乡党截留，由此形成当地商帮。

　　资金流向不符合皇室意图,可是皇室依靠内阁的操作,改变不了全国商帮的控制。此时各国竞争局势,印度大量种植鸦片,当地鸦片得以普及。英国是后来的殖民者,在大力发展绵织品业。印度织工的收入很低,却是国内相对的工资,他们没必要改进自己,纺织一直没有工业化。

　　工业化需要行业创新,创新活动需要大投资,且投资可能没有回报。确定工业的项目之后,它的投资几何倍增加,贷款在生产链中沉淀,成为制造领域的设备。由于有准备金的精确测度,本该回流的贷款沉淀下来,成为购买机械设备的资金,企业经营的风险大量缩小。

　　因铜料的价格上涨,依然生产不出货币,工人工资也在增加,生产成本大幅提高。仅仅增加了人力劳动,铜料的产量不会增长,铜矿产业的工人减少。如此影响到铸币的质量,随着铜币数量快速增长,铜料资源终被消耗殆尽。

　　大清急需扩大货币,通过减少社会福利,激励国民更多劳动。减少福利成为政策,必然促使货币贬值。货币贬值属于危险信号,证明消费货币价值下降,生产货币自然普遍贬值,生产系统需要更多贷款。宗族的产业链条短,短链适宜货币回流,贷款的链条越短小,商帮越容易控制它。

　　钱铺全部由商帮开设,皇权被市场否定之后,贷款只由资本家控制。市场在自动均衡所需,钱铺否决了工业项目。鸦片是经济型作物,功效是医用的止痛,没有纳入医药税收。它的收益比粮食高,属于增加小额贷款。

　　茶叶劳工数量在扩张,大部分投资转为工资,推动了另一行当发展,鸦片与妓院生意关联,两家均由各商帮开设,从鸦片馆走到妓院,属于一条龙的消费。后期这两家合二为一,联合起来经营娱乐业。

　　一亩地收五十两鸦片,一两鸦片值铜板一元,一元铜板值四十斤米,亩产稻米不到二千斤,故罂粟的市场收益高。当时没有国家禁止,经营者受法律保护。铜板分元宝和重宝,均为大面额的铜钱,茶工日入一元铜板。

　　对茶叶和鸦片投入,几乎全部转入工资,很快回流到了钱铺,才满足了大量就业。这两类消费的时间很短,行业需要持续供应贷款,但是不会产生沉淀成本,不需要一次扩大投资量,所以放贷的短期收益高。

　　沉淀成本对应的生产,已经核定了所需数额,它是成为生产者标准,而不作为收入的依据。手工业的沉淀成本多了,自然过渡到工业化水准。皇室权力不可剥夺,节省皇室货币发行,剥夺了皇室的权力。

　　工业项目的投资巨大,却不会立刻变成回报,要求不断增加皇权。如果增加皇室的权力，供应的社会福利增加，女性成为消费的主力，鸦片和妓院将会消失。随之男性消费力下降，工业品产业必然增长。

衰败一定伴随奢侈消费，虽然茶叶项目的盈利小，却可以激发国内高消费，生产技术始终没有提高，技术岗位没有存在意义，必然敦促劳工之间斗争，以此表现自己的存在感，他们负责最后平定局面。因为生产成绩不断被推翻，所以生产者很容易被忽视，造成这些精英失去存在感。

大清扩大茶叶出口，形成了白银量增加，资本收益变为负值，造成实质资本逃逸，资本自动流向国外。白银带来世界变化，欧洲的失业率增加，被迫增加工业投资，形成工业上的优势。大清工业没有进步，生活保持原始状态。对每个英国家庭，三餐以肉类为主，满足了基本需求，主要采购工业品，需要多储蓄积累。

英国的市场也有鸦片，属于少数人的奢侈品，而茶叶是主要消耗品，虽然茶叶也是高消费，却是带来高税收项目。一个飞速发展的市场，需要制幻剂增加投资，嗜好饮品均为萃取物，是本质的强效杀虫剂，这些物质在驱散昆虫。毒品和嗜好是有区别的，这个界限依靠市场核算，精细生产排斥毒品吸食。

生产要求是边际区分，虽然同样的加工过程，鸦片在英国价格很高，而到大清的价格很低，说明税收核算有差异。英商改进了销售方式，从食用鸦片变为吸食，简化了消费的过程，大大扩张市场占有率，客户可一次少量采购。

伴随鸦片而生的手工业，比如烟枪、烟灯、烟壶，解决了手工艺者的就业。推动工艺品的产业，其工艺衍生品被纳入，成为大清纨绔子弟的追求，奢侈品一度遍布国土。鸦片业的岗位比较多，上海鸦片馆比饭店多，吸食鸦片由专人伺候，增加了相关产业就业。

在这样的社会中，很多家庭雇人整理家务，劳动者的尊严不受保护，所以可以随意欺凌保姆，放弃自己可承担的家务。服务业的畸形发展，说明公共服务落后。经过一定时间积累，土烟涨到洋烟十倍，收入到种稻的十倍。而且随着货币的精度降低，土烟和洋烟价格差别模糊。

清廷不仅不禁鸦片，而且鼓励鸦片产业，县官增加了鸦片税，占地方财政的一成。随着鸦片吸食者增加，价格降到可接受范围，工人们集体进入烟馆，大清人成为东亚病夫。国家财政实力在减少，商业运作能力在降低，帝国的危机已经显露。旗民不许接触鸦片，北京禁止鸦片进入，犯规者被发配盛京。

单方禁止进口鸦片，终于惹怒英国商人。英商将消息传回国内，引发国内政坛的对立。英国财政依赖海外贸易，贸易的核心是公平规则，大清的不公正市场规则,势必摧毁帝国的控制力。私有制规则一旦设定,理论上永远不可变更。

生产者面对自由市场,不应当对某产品设限,否则投资会出现偏差,市场核算价格不准确。这是本位制的缺陷,本位必然增加储备,而这个增加是外部力量,黄金的供应增加。黄金不会平白无故增加,一定发现了新矿藏,这一机会不由人掌控。

法国错过黄金供应期,法郎在欧洲失去信用,黄金点燃了欧洲大战。皇帝职责是保护民众,任何国民不可以枉死。法国皇帝实现不了,法国人发动了革命,砍下路易十六脑袋,自动铡刀由他发明。皇帝被当众暴力处死,社会失去皇权的控制,法治的环境破坏殆尽,所以到处是杀人场景。因此产生拿破仑,当上了法国新皇。

拿破仑要重新布局欧洲,以武力征服落后的欧洲。他利用货币的扩张,大量使用火炮轰击,全军改为狙击方式,很快逆转战场形势。欧洲联合起来抵制法郎,迫使拮据的拿破仑退位,法国的皇权制度被解体,从此走向经济共和制度,法国在欧洲失去领导力。

英商在平衡贸易逆差,利用与印度的贸易,转口印度的鸦片,平衡纺织品出口。利用与大清贸易,输入鸦片到大清,进而抵销茶叶进口。欧洲各国在找办法,若不借助国家力量,没法平衡贸易逆差。法国人采用极端方式,既然货币固有缺点,那么索性放弃货币,建立无货币的市场。

欧文的空想是错误设计,任何产品只有部分元素,只有货币要素是全面的。欧文的实验去掉了核算步骤,组织提供工作无需贷款核算,可以脱离国家体系独立运行。后来这种尝试不出意外,所有这类实验均告失败。

富强是市场的结果,英国议会态度坚决,力主维护贵族精神,以完美的产权意识,维持国际贸易规则。英国有巨大的绵布需求,远洋运来的绵布不够用,英国商人投资引入绵纺,跟印度人学习纺织工艺,通过市场竞争取得优势。

此时的民主国家,进入信息开放的时代,信息处理程序变复杂,一便士的大众化报纸,进入平民的日常生活。货币可以改变意识形态,主要修正大众的思想活动,至此西方士人走出语言控制圈,他们的随意之言不再影响大众,不再成为口口相传的主流认知。

英国的公共空间属于大众,人们自由任性地发表看法,由士人收集信息加以分析,最后通过文字成为出版物,才会生成大众的公共意识。所以货币推动了意识形态,社会事物的测量精度加大。此时英国主持国际贸易,非洲的贵族

第十一章 货币准备金制——前清

亟须工业品，市场内有廉价奴隶出售，英国政府出资赎买奴隶，也是间接承认奴隶合法。

而议会通过废奴法案，皇家海军在公海巡逻，武装打击贩奴的商船。英国军舰开到哪地方，市场规则推广到那里，经济贸易则达到那里。英国决心私有制的全球化，一切商品必须自由的流通，英国负责印度到大清航线，开始供应超过大清的鸦片。

印度的福寿膏运抵广州，深得内地消费者的欢迎，英国迅速抢占市场，成为鸦片的供应商。进口的鸦片和绵布，均是质量上好产品，市场份额一直在增长，令大清资本极度恐慌。国内的市场已经白热化，若让外国产品自由进入，各地相关业者不能接受，私人企业不想上缴税金。作为一位政府官员，工作即是维持秩序，只能以政策影响市场，不能用暴力禁止竞争。如果有好的想法，他可以参与议政，由内阁形成政策，去限制进口贸易。

而林则徐思想极端，不同意对烟农征税，这些人的辛苦劳动，保证鸦片的低价格，要求惩处英鸦片商，反常识的暴力言词，博得道光帝的认可。林则徐是福建人，福建商帮痛恨外商。福建商人过去垄断贸易，现在却难有大作为。

看到政府的收入情况，林则徐担忧民族产业，白银财政是救命稻草，林则徐为了白银施政。官员的品质是效忠，对皇权的绝对效忠，要为帝国未来负责，林则徐只考虑自己，以及商帮倒卖收益。

林则徐在翰林院七年，被派往不同地方工作，一直是低品级的小官。他加入乡党宣南诗社，结交龚自珍、魏源等。他们研究西方技术，宣传市场自由思想，在官场上惹人眼目。由于林在诗社官位最高，成为乡党谏言的渠道，各地商帮也都依附他。暴力是乡党的常规做法，林则徐晋升为钦差大臣，不惜战争也要阻止外商。

而此时洋烟不到市场一半，即便全部禁止也无济于事。进口鸦片消耗部分白银，若大清可以进口工业品，马上可以维持贸易平衡。到了道光时期，大清的鸦片在成倍增长，林则徐在虎门查扣鸦片，销毁了英商的全部储备。

此时道光帝不代表国家，真正的代表是官员系统。重构税收系统机构，中央和地方的分离，中央税收下放地方，比如取消盐引制度，商业实现有效配给。由于矿产资源归地方，总督拥有经济大权。中央财政只剩漕粮，为防止各省设置关卡，漕运改成海运坚持下来，最后将粮食折价白银。

这些措施瓦解集权，道光传承意识形态，地方获得裁定权力。东印度公司无数次上访，每次在半途被地方阻拦。他们所到之处，挨地方团练打，这不是国家兵，不必遵守军令。

林则徐上报假消息，逼迫英商退出市场，导致英商武力索赔。于是，英军舰封锁广州外海，并分兵北上直取天津，林则徐封锁了珠江口。浙江的渔民组成黑水党，在镇海和宁波一带活动，专门偷袭英军的印度兵。为此闽浙总督号令：袭杀白鬼赏银二百两，袭杀黑鬼赏银一百两。他们傍晚进城袭击英军，第二天清早到军营领赏。大清国民痛恨英国人，因为科学技术的进步，造成自己的地位下降，成为英国工业的附庸。

英商用船堵住运河，大清政府有了反应。清英签订《穿鼻草约》，永久割让香港岛。地方政府反复违约，破坏国际贸易法则。广州的乡党不履约，在三元里追打英军，导致英军继续进攻。英军很快解除了清军武装，广州被迫签订《广州和约》。大清没有动用很多军队，英国也带来礼物相赠。互惠似乎成为交流的主题，英国人希望市场解决问题。

林则徐夸大战争程度，只是为了升官的目的。如林则徐这般职位官员，生活水平都是非常高的，这些人的精力非常旺盛。而且政府不用核算财政，主事官员相当清闲自在。所以他们将精力用于此处，无限度地戏弄和调理洋商。

大清不认可合约，英军继续进攻，切断大运河交通，清廷签订《南京条约》，全面打开贸易大门。条约是在组织正常通商，没有不利的强制条款。自从认真履行条约之后，大清才有了真正的海关，通过市场方式核算关税。

清廷设置总理各国事务衙门，聘请外国人管理海关总税务司，国家财政有了货币收益保障，政府才有能力主张国家主权。朝廷处分了林则徐，而后随着乡党复苏，文化导向瞬间转变，他又成为社会偶像——抗击侵略者的英雄。先后委任多省总督，他的工作非常出色，引进印度鸦片技术，提高大清鸦片质量。

他任陕甘总督期间，罂粟布满陕甘各县，产量增加品质趋佳，因强迫回民种鸦片，造成大面积的反抗。任陕西巡抚期间，华西鸦片流入缅甸，今日金三角地区。任云贵总督之时，贵州广泛种植鸦片，面积占到农田一半，不仅超过了广州，还在向广州输入；云南的纺织衰败，变成最穷的省份。执行乡党的经济思想，林则徐鼓励私人采矿，由于镇压回族有功，皇帝加赏太子太保。

清朝的回汉两族矛盾，便是鸦片经济的结果。云南跃居产量最大省，大片田地被鸦片占领，引发了一场巨大鼠疫。各省的粮仓早就空了，只要田里无颗粒粮食，老鼠便泛滥侵占城市。官吏在丰收之时，非但不择机采购，还借机变卖存粮。鸦片与茶叶相同，生产均有集约性，广泛分布的安排，未提高生产效率。十八省到处罂粟盛开，福寿膏国产率达八成，且鸦片已经开始出口，白银再次成为硬通货。

欧洲各国为确保贸易,纷纷发行贸易银圆,占领大清市场份额。有墨西哥的鹰洋、荷兰的马剑洋、日本的龙洋、西贡的银圆、西班牙的本洋、法国的安南银圆、美国的贸易银圆,只缺少英国的银圆。因为英国禁止货币出口。上海成为货币兑换中心,外国的货币进入大清,货币形制内外统一,烟馆的消费迅速消失,烟馆的经营成本增加。这种畸形的经济,与偿还赔款无关。

战争是在纠正错误,只有偿还战争赔款,才能知晓错误程度,以此设定未来生产。如果保留生产错误,还是造成自身损失。战争赔款形成的压力,改正政府之前出的错,让货币收益用于福利,则本国居民普遍受惠,战争赔款才会有意义。但是大清的皇室停止控制,他们不知道事物的真相,皇室觉得自己受到了侮辱。

战争赔款应当由乡党出,承担生产系统重建费用。乡党摧毁货币控制力,乡党文化生成了政府,地方上推动中央政府,正在剥夺皇权控制力。封闭格局被打碎了,暴露国内价格缺陷,此时的蜡烛200文,平民家庭无法承受。政权运行退回到远古政治,大清社会进入古代社会状态。

于是外国的商品涌入——尼龙、火柴、肥皂,这些看似普通之物,体现出当时的高技术,背后是一群新职业者。低廉的绵花让百姓保暖,终于可以度过漫长寒冬。这些工人组织大工业,关联百万人共同生产,所以在以低价格销售。

在市场经济下,谁供应社会福利,谁就具有定价权。大清有很多土特产品,而相关行业挤兑破产,廉价劳动生产被淘汰,过去的比较优势消散。市场竞争有一定前提,虽然西洋产品价格低,十三行禁止进口商品,但是外贸活动被垄断,它的决定是国家政策,百姓买不到进口商品。

国内价格持续高涨,市场缺少白银货币,地方政府禁止洋元,从而阻断所有进口,江南富户储蓄白银,没有地方消耗它们。这是吸鸦片的原因,生活变得骄奢淫逸。西洋商品进入大清市场,增加了相关产业的投入,为此增加了十余万劳力,各地小商贩数量在增长。

大清对外出口鸦片,尤其自己的殖民地,总体上白银净流入,全部用来购买武器,凡是大清要的东西,西方没有不肯卖的。但是殖民地在丢失,这种情况无以为继。英国并未获得公平,清朝设定开放条件,货物只走五个口岸,而英国是全境开放。

从贸易平等的角度,大清对英国货设限,英国没有对大清设限。进口商品成为奢侈品,只有富户才享受得起,更加重了民间的歧视。在对外的交往政策,大清权贵对内吝啬，对外援助慷慨无私，形成了强烈的反差。有一类人群被歧视，此族群在漂泊状态，不断迁至外地谋生，故称之为"客家人"。他们客居广、粤、赣，一直保持着健康心态，沿海客家人以海为生，从事近海的捕捞工作。

由于常年漂泊海上，失去陆地上的联系，却保留了传统文化。内陆的客家很随和，因为嫌弃他们贫穷，当地人不与之来往。邻村不与他们嫁娶，久之形成封闭状态。客家女在经济上独立，生成和谐的家庭关系。但是他们不种鸦片，遭到各级政府打压。

客家人有自我认识，在家庭里言论自由，所以没有歧视传统。客家人遵守一夫一妻制，遵照传统的思维理解世界，他们在用客家的方言交流，从而保存传统摩尼教意识。摩尼教不是特殊的宗教，遵循传统福利创造方式，此行为与社会环境对立，这些人不断被抓进监牢，而道德败坏者混入社会，从来不会触犯罪刑条件。摩尼教徒被公认坏人，归类盲目犯罪的群体。

但是在客家人的生活圈，摩尼教徒有积极的态度，他们在遇到重大事故时，心里想的是神灵的帮助。由于非常重视友情，个人之间广泛联系，从而排除欺骗成分。所以在市场条件下，必须设立开放的道德，不能隐瞒关键的信息。生产系统有错误信息，必然伤害到整个系统。

客家人无法袒露心迹，因为国民已经在地狱，讲出真相没有人接受。如果封闭人的表达，即是人生大苦大悲。新思想形成隐形组织，成为民间反抗的部分。清朝政府不能接受它，清廷在执行生产系统指令，通过乡党控制政府行为，一直到北洋政府都如此。道光派出钦差大臣，林则徐镇压客家人，引发太平天国运动。

愿意忍受生活清贫，客家人不惹是生非，因此不被社会所容。在咸丰年间，市场发生剧烈变化，农村土地兼并严重，各地涌现大批地主，货币积压到了农业。地主不愿意出售土地，他们依靠佃户的比较优势，形成土地占有的收益。

咸丰帝被迫发行纸钞，这是咸丰银票的来历。在世界经济的对抗下，银本位向金本位宣战，俄国的经济相当落后，却需要吞噬大量资源，俄国去抢夺克里米亚。俄军是在本土作战，英法军队以少胜多，快速打得俄国惨败。

两国有强大的后备力量，因为已经核算出养老金，虽然核算方法上有问题，政府供应国民养老费用。法国制造铁甲舰，取得货币控制权，金本位生成操作力，这些国家在占地盘，发展本国货币收益。这是一场货币本位竞赛，比较货币创造社会福利。

金融控制未来的不确定性，从而找到真正有用的智慧。大清的白银没有停下脚步，它对朝鲜和日本发起攻击，朝鲜被清廷完全控制。朝鲜是人参出口地，自从封禁满洲之后，从山东口岸入清朝，因此政府禁止私营，只能购买朝鲜人参。人参一直保持高价，富人不断进补人参。大清的产品涌入朝鲜，朝鲜政府无法拒绝。

日本产品对清朝出口，比欧美的价格还低，而大清不能用白银支付，白银专供采购武器。乡党在代表政府出击，他们将鸦片偷运日本，供应日妓女免费品尝，由此扩大销售范围。劣质鸦片致人死亡，日本安排治安官调查，在日的乡党袭击警察。日本屡屡抗议大清，要求禁止销售鸦片。

但是清廷变成了跛子，控制力不如日本皇权。在日本的强大干预下，鸦片很快被控制起来。清廷对日本强硬回应，维护山东商帮利益。政府应当处理商帮，他们刺激鸦片生产，却不顾及消费损失。清政府在道光的专制下，自由贸易得以顺畅进行，但是国家收益无法持久，经济活动已经深度中毒。

第十二章 货币本位制度——后清

货币运动打破了人的身份地位，市场交易过程中的高度匿名性，正是为了消除消费身份的识别，消费角色不愿意接受身份歧视。大清的经济政策导致歧视效果，太平天国运动在抵销这些影响，货币成为人们心中的终极目标。可以说这是一场思想进步运动，由此引发的世界思想史的变化，一直持续到第一次世界大战……

第一节 太平天国经济的背后

公元1850年，道光帝在圆明园驾崩，他的四子咸丰继位。咸丰是资质差的皇子，但是他遵循专制的意志，因此道光选择了咸丰，以便延续自己的政策。人的性格与经历有关，环境会影响人的决策。咸丰生于圆明园，年龄还不到十岁，母亲便抑郁而终。咸丰母亲地位卑微，母子尝尽人情冷漠。乡党文化侵蚀了大清，给宫廷生活带来危险，屈辱的经历投下阴影，咸丰帝心怀莫名之恨。

他要求对外强硬政策，罢免软弱外交大臣后，开始向西方展示军力。从咸丰主持政治改革，恢复了林则徐的名声。在强硬外交背后，须有强大的军队。军事发展需要资金，为此融化宫内铜器，各地设立三十铸币局，大量铸造"咸丰通宝"，全力投资工业化企业。不久开滦煤矿开始运作，帝国的工业之门打开。

通过运动大搞经济，货币连接所有事物，运动一定违背市场，违背货币的正常表达。大清财政依靠鸦片经济，若不改变这种营收方案，通过增发货币采购原料，只能引发市场价格上涨。商业选择人口密集城市，因为这里可以配置资源，所有的资源被货币标注。

货币快速反应市场信息，一旦生产资源价格上涨，便要增大生产货币规模。清廷如此大手笔花钱，引起乡党的强烈不满，旧的贷款机构被清理。乡党要金融独立，由山西贵族营运，工作转向私有化，放贷机构为"票号"。票号用于各地暗自的交易，它是自印的兑换票据，官方的纸钞称为银票。

民间随意开设的票号，竟然不必向政府备案，这种融资有利于地方，减少了中央的发行量。票号专为乡党企业贷款，减少铜制货币的流通量，但是垄断国家军事投资，贷款业务波及世界范围。只有少量的私营资本，进入银钱兑换的票号，这是正当的金融业务。所以票号赚得非常多，承担的是货币的发行。

这些票号故意远离皇城，设在乡党方便联系之地，全国五十一家票号当中，二十二家总部设在平遥，平遥嫣然成为金融中心。票号支撑了乡民武装，但是服务对象是官员，不是私人工商从业者，故投资变成长期存款，业内人称"长期拆票"。

票号控制大清的金融，活期的存款没有利息，长期存款有高利息，因为只针对商户服务，故无法显示价格涨幅。政府也要观察票号的脸色，政府允许宁波自办民信局，承担金融业务的信息传递。

票号内设有信房，用来与各地沟通，实现乡党的统筹。货币的流通急剧下降，市场没有足够的商品，百姓没有足够的货币，导致严重的通货膨胀。在各地乡党的票号里，存款高达二三百万两，成为长期取息的本金，这些钱为黑社会所用，全部用在采购武器上。

没有控制投资的机构，大清的金融管理虚置，经常发生企业间拆借，形成多头的三角债务。当真正发生了战争，这些存款也不够用，生产系统也借不到，只好外商银行拆票。乡党要接着开发矿山，承包制造业所有企业，钱铺反而操纵政府，要求政府采购武器。

大清有两类军事力量，票号向乡民武装投资，拒绝向国家军队投资，理由是市场效率优先。将行政与商业比较，私人的工作效率高，乡民武装获得认可。之后乡党武装先后得势，他们等着朝廷核销费用，曾国藩领取三千多万两，李鸿章领取一千多万两，左宗棠领取四千多万两，军费一直占财政的大头，中央一直是欠债的政府。

曾国藩是湖南富豪，受命组建乡民武装，他在家乡招兵费用少，获得了朝廷的信任。有很多人踊跃参军，目的是与权贵结缘，其背后是金融推力。人们相信票号经济，各地收益连带家族，家族上层认可票号。票号一直受控宗族势力，它们维持无限责任形式，却占有先进金融的收益，日升昌占八成大清白银，私人银行资本迅猛增加。

曾国藩大肆采购新式武器，咸丰先后任命四十个团练，将新增生产货币大幅扩张。可是票号没有进入上海，上海是外国资本的天下，国际资本遵循有限责任，票号遵循有限责任形式，背后的风险测算法不同。票号的信用无法支持货币，票号需要的还是铜币信用。

大清不得不继续铸币，各地铸局的资源匮乏，拣选当地的所有资源，随便什么都拿来铸币，让铸币用料五花八门。通宝量很快不及消费，因为风险没有被分散，虽然已有货币衍生品，却没有减少货币存量。低级的生产不适应社会，会产生巨大的污染，这是金融落后能量边际，强迫到皇室加大发行量。咸丰下令铸造重宝，当五十以上为重宝，当百以上的为元宝，逐步升级到千位，这是货币的扩张状态，中央集权进一步退缩。

用尽了所有兴国之策，实业和教育不堪重负，大清的经济仍无起色。经济形势下行，铸币越来越小，而且非常薄。铜料用尽之时，换成铁和铅，也是战略物资。而且产业需求很低，便没有增加的必要。货币的短缺现象，故障在无法回流，进入消费领域之后，货币不能流回产业。

钱铺在依靠放贷收入，而债务不能及时还回，延期的债务越来越多，一部分消费货币还债，从而造成市场的萎缩。还有大部分债务未归还，形成金融系统的死循环。随着情况的加剧，铸造局开始停产，为节省中央开支，只剩下几个铸局，其他铸局被撤销。

白银币的容量越来越多，银币成本此时与币值相同，如果私企没有一定规模，不会达到这个铸造水平，故只有少数私企可铸造。于是中央承认私铸，很多私企加入进来，方孔钱多到两千种，版别竟有四千多种。于是各省划地为界，不许外地铜钱流入。终于在某一天，各地铜料告罄，铸局全部歇业。政府已停薪两月，政府税收越加大，通货膨胀得越烈，铁钱的跌幅最陡。

咸丰不能停下冒险行动，政府不许皇帝改变决策。决定发行官票和宝钞，用于官府的采购任务，中央在北京发行官票，收益用在八旗驻防上；官钞由两宝局发行，大清宝钞不可兑换，两类货币均无本位。官票抢劫企业资产，政府直接购买私企，转而整合为大企业，绿营掌握这些企业，收益支付地方武装。钞票不能全部兑付，需要每月抽号兑付，钞票的信誉大打折扣，只维持了七年时间。

随着形势紧张，各地交通中断，失去漕运粮食。咸丰皇帝规定，各省钱号

第十二章 货币本位制度——后清

可自印纸钞，调度当地的粮食供应。私钞有一定使用年限，到期与抄版一并销毁。货币含有价格的全部信息，它是全部决策信息的表达，个人最大的损失不是抢劫，而是封闭的货币收益信息。消费者必须掌握全部信息，他的最坏处境是封闭信息，封闭信息会造成最大损失，相关官员不通知收益情况。

美国是一个新兴的国家，南方是黑奴工作的庄园，北方是白人工作的工厂。南方地区大量种植绵花，北方地区承担工业开发，而全球绵花纺织在英国，真叫"是可忍孰不可忍"。新兴市场现人资矛盾，南北各自有产权制度，市场分成南北两部分，中央投资与产权冲突，国内的人资纠纷爆发，导致美国立法废奴。

南方的奴隶在反抗，他们要求社会福利。当选的总统林肯要统一，南北产权制度统一起来，生产资源贬值速度相同，使南方保有资金和黑奴，不会继续流向北方厂矿。由于缺乏必要的国家投资，北方的厂矿工人十分贫苦。如果向北方项目投资，生产货币则流入南方，沉淀在南方的庄园中。

北方资本设定保护性关税，阻止南方进口欧洲的产品，而欧洲停止进口南方绵花。银行无法统一政策，资本出现巨大倾斜。统一国家威胁到银行家收益，他们集合起来反抗中央集权。中央银行体系解体，从而威胁皇权实质。此时的民选总统林肯决定，在美国本土发行法定货币，一次印刷4.5亿美元绿币后，北方发动统一南北的战争。

此时的美元依据是社会福利，后来变为黄金、石油和国债，一同承担起美元的本位地位。因为保证前线士兵的开支，北方最终取得决定性胜利。战后的中央银行私有化，中央发出货币没有利息，强化了中央权力控制力。南北方可以坐一起决策，货币发行量由市场确定。

在大清苦力的一生中，他们的收入极为低微。这些人活得非常操心，时刻算计每一寸得失，极度关注自己的利益。因为语言权力被剥夺，他们说的是乡绅语言，他们脸上的表情麻木，一副接受奴役的态度。太平天国是平权的运动，他们的目标是废除奴隶。

此时英国贵族重申大宪章，要求太平天国停止公有化，大清的关税存于汇丰银行，按照关税向大清提供贷款。公有制进程大幅降低关税，造成英国私人资产的损失。英国的观念混乱，这是理性的缺陷。此时要与洋人海上决战，曾国藩到外海大肆采购，重点是西洋的舰船火炮，英国贵族争取这些订单。

鸦片成为清朝硬通货后，鸦片产区的人家不愁吃喝，他们可以放弃一部分耕地，大清粮食产量消耗锐减。只要征收全额税收，即全部的销售收入，鸦片产业立刻消亡。而县府全面照顾烟农，关心他们的吃喝行走，根据销售的不同时节，分别征收不同品货币，以此保证烟农的生活。乡党势力得到强化，使用人盯人的方式，控制住族众不闹事，长年累月恐吓族众。

粤闽赣地区停发货币，客家没有收入的项目，只好通过南洋的亲人，顺路带回来一些银圆。但银圆均为烂版，银号全部不兑换，引得官府来追讨，于是流散于四方。各省只认自己钱票，而不认可外地钱票。客家人身无分文，只能受邻居欺负，做最低等的苦力。由于生活态度严谨，社会无法理解他们，因为社会格格不入，为了融洽社会关系，他们承认信仰上帝。

大清国民喜欢基督教，洋兵和洋炮威力无比，博得多数清人的羡慕。教会救济通过官府，由官员垄断发放权，基督教未获得信用。客家人善于演说，这个信仰快速传播，很快扩张到几个省，组成几十万人的队伍。清廷的上层官员相当恐慌，命令各路武装进攻太平军。其中最大一支是湘军，湘军是宗族化的乡村，军队组织与宗族相似，军人只听从统领一人，只遵守军队内部规则。

军火交易高盈利，全社会支持战争。当时乡绅们经常聚会，交换生产军火的经验，交流对付百姓的经验，曾国藩是聚会的常客。曾家继承桐城派思想，他的事业由湘军支撑，创立了本土的湘乡派。它用古文字表达思想，为富人选择投资项目，拒绝思想的交流碰撞。

创新是思想上的异变，投资的边际影响结果，选择资源降价的边际。这些组织控制教育系统，教师群体扼杀自由思想，抑制了民间的创新机会。生产系统内部持续地斗争，针对社会上出现的新思想，生产者非常想要抑制它们。因为曾国藩的突出贡献，他跃升为乡党领袖人物。

因外部环境越来越糟，各府县没法弄到白银，而咸丰不断催逼缴税。太平军的人数快速增加，乡民与乡绅签约后出国，与其饿死不如出外讨活。华南人去加利福尼亚淘金，美国有技术优势而缺人力，大批华人自发地限制工资，导致当地形成淘金的热潮，金矿枯竭后又去修筑铁路。

乡党文化不适应社会，乡党的家庭非常封闭，家人之间也没有交流。每份工作都是为了收益，人际关系建立在收益上，必须核算收益的合理性。如果工资没有剩余，这些人是奴隶身份。在这个特殊结构中，子女是家长的奴隶，族众是族长的奴隶，工人是厂长的奴隶。

华人爆发道德运动，每次有大批人死亡，活下来的平反昭雪，死了的遭唾弃咒骂。美国的北方集中了煤炭等工业，于是发展出运河和铁路运输网，需要与南方统一使用人力资源，而南方的贵族想要消除民选制，以此保护自己一直富有的生活。煤炭工人的斗争超过企业控制，催生出来美国经济的中央集权，而华人参与南方对中央的对抗。

美国无法容忍华人,渐渐生出些反感来。在开发早的北美洲,华人的收入非常低。在南美洲被开发之后,秘鲁小岛有很多鸟粪,一批批华工来此挖粪,工资却不如黑人监工。鸟粪出口欧洲,滋养贫瘠之地,亩产提高了三倍。

当地的华工叫猪仔,在南亚的收入更低,从江浙偷渡到南洋,沿途被乡党管理着,到南亚也是乡党管,吃住条件与猪相同。这些人不参与当地活动,他们接受的是仇恨教育,他们参与了当地的动乱。有一些华工在古巴起义,结果被打死了三分之二。文明表现欣赏人,乡党文化却要贬低人。西方人相信自己的聪慧,因此真的创造出来神奇,大清国民相信自己愚蠢,结果没有做出任何创新。

乡党文化渗透力强,后来形成湖南商会、农会,俄罗斯研究会等等。洋务官员鼎助乡党,而乡党在各地革命,并得到咸丰帝认可。咸丰有俄、德两种绰号,两国特使长期住在皇宫,与皇帝交流称呼其绰号,通过语言影响了咸丰帝。

皇室不同意战争,不主张强硬外交。但是洋务派控制经济,强迫皇室遵从生产收益,所以皇帝也成为强硬派。咸丰受到宗室的排斥,两个特使在中间调节,每一次咸丰皇帝得胜,都是进一步扩大独裁。这种权力不是皇权,它要超出货币收益,不在货币调控范围,中央无法负责各地,各地不对中央负责。

士兵不是客家招募的,各地反对者先后起义,从而汇合为太平天国。例如江西千刀会起义,湖南天地会起义,上海小刀会起义,闽南小刀会起义,这些活动是单独的,形成星火燎原局势。各地的反抗如此强烈,没有一本书有所表达。普通人是无法写书的,书籍由文化精英创作,表达精英的社会理解。儒家对精英有自己的定义,这类士人必须有公共情操,并且在不断追求社会福利,才会被社会大众奉为君子。

书中的信息取材社会,核心信息是价格信号,是在反映民众的感受。大众的感受即消费边际,而消费货币来自于工资,需要经过全部生产过程,经受各等级生产的压力。消费者知道货币价值,知道工作收入的偏差。由于生产货币的偏差,工作收入有一定偏差,冗余利润奖励生产者,生产者得到额外收入。虽然全体生产者收益,而消费系统受到损失,生产的总收益在降低。

货币调整系统的偏差,它是持续学习的过程。纠正市场的力量失控,将会以暴力形式展示。帝国的暴力依靠体制,工作获得相对高收入,生产者不愿遇到反抗。但是太平天国不依靠工资,行业工人的工资几乎相同,管理者充分使用货币工具,从中央角度调整收入平衡。

天国具有强大号召力,人们内心感到了公平,大家放弃长袍和马褂,换上精干的短衣短裤,组织正规的工业生产。足额税收形成的压力,有效地规范生产行动,工业化要求简单高效。这不是简单化的创业,而是社会制度的巨变。帝国有丰富的生产资源,如果进入了工业化生产,立刻产生出巨量工业品。太平天国中有批评,下级直接批评天王,而天王独揽指挥权,所有王必须服从他。各方管理者称"王",表示具有十足的权力。

　　囿于当时的通信条件,天国分立了多个中心,每个中心在单独行动,却遵守天王统一调度,故没有破坏中央权威。天王直接控制公共空间,制止一切侵犯消费行为。天王的圣旨未经协商,天王认可东王的神位,下旨前需要东王神谕,当执行皇家政策之时,东王反过来接受圣旨。这便是天国的新规则,区别于大清涣散局势,大清官员均不能决策。

　　天军管理社会事物,政府以四季名划分,管理机构身份平等,只是按照流程控制,没有从上而下强制。很多夫妻加入太平军,分开住在男、女营中,女营负责日常和战备,男营负责作战和修造。有的战士之前是铁匠,曾经受雇于广东私企,他们均成为生产骨干。

　　天国与外部有很多不同,这里女性全部参与生产,她们靠自己的收入为生。因为不需要手工劳动,机械化生产取而代之,生产收益不归入家庭,而是拓展到大型工坊,所以女性不需要缠足。天国允许女性再婚,并且带走家庭资财,所以女性是自由的,她们自由选择婚姻。婚姻是市场化现象,提供离婚的可能性,将增加婚姻的质量。军人在挖野菜充饥,他们的死亡率很高,男女比例达到一比二,天王在照顾许多寡妇,她们接受很高的福利。

　　太平军建设小工厂,在附近乡村里隐藏,他们将资财捐出来,从海外购买铁制品,回来改制新式武器。工厂不仅造鸟枪,还可以造大炮,修理西方的火器。太平企业要求增税,可淘汰不合格企业,而百姓要求增关税,有利于军工的生产,但引起西方的反对。按照太平天国的设计,各地金融有自主权,同时上交全部资讯。以此接受中央指挥,而支持军工的资金。

　　如果增加还贷的步骤,受到每一级金融控制,中央的风险是最小的,债务被分解为多次,可以逐级得到控制权。所以生产系统责任增加,农民可以兼顾粮食总量。太平农民要求减税,他们担负全部粮食,保证天国没有饥民。天国的粮价低于外界,造成粮食流出控制区。与其他行业收入对比下,天国农民受到价格压力,故减税的要求是合理的。

　　天国与日本贸易,出口生丝和绵花,换取粮食和军火。当时日本处于明治维新，美国军舰打开日本大门，天皇邀请美国助其改革，请求英国为其培养人才。培养人才是布局未来，新型人才是发展核心，取代贵族的生产资源。日本天皇家族万世一系，因此缺乏中央集权思想。美国在指挥日本政府工作，中央自上而下推行新政策，于是贵族控制的体制解体，皇权控制的经济发展迅速。

自从日美签订《亲善条约》，日本皇室夺回了货币发行权，日俄双方成为贸易的伙伴国。日本维护大清劳工待遇，要求在日劳工周末休息，合同上必须签工作时长，必须享有劳动保护用具，月工资不少于四块大洋。太平天国与这些国家为伍，争取到了英法两国的承认，从日本进口鸟枪等武器。欧洲积极响应思想变革，参与这场民族反抗运动，先后五百人加入太平军。

但是新兴的美国不承认，此时美国处于内战之前，南方的贵族控制经济权，他们在武力上帮助清军。在实力强烈对比下，美国起到决定作用，太平天国节节败退。湘军的围剿野蛮残暴，屠杀手无寸铁的妇孺，摧毁供应产品的乡村，恐吓乡亲远离太平军。他们剖开女人的胸腹，看着她们挣扎着死去；他们凌迟太平国军人，看着他瞪着双眼死去。生产者有自我激励机制，如果错误行为成本为零，便会瞬间激发人的兽性。

英国主导全球贸易，主持国际上的规则，大清没有贸易规则，西方无法接受大清。签署《南京条约》后，十八年间大清未履约。英法希望对大清输出技术，由此开辟大清的巨大市场，而大清连世博会也不参与，放弃向先进学习的好机会。各国生产均需要进步，全世界商品聚在一起，各国消费者充分比较，必然得到唯一的选项，这个便是科学的选项。

货币信号指导社交数据，社交数据产生消费倾向，人类选择某种标志商品，是为了融入相应的人群，如果他内心已有此特征，则不必真正购买此商品，这是艺术对社会的作用。数学在人类社会通行，它的价值审核范围广，艺术价值审核范围小，艺术产品的销售量很小。经由数学核算的产品，可以覆盖全部的市场，款式图案是几何结构，它是经济的生产方式。

世博会是一场科学成绩的认定会，它展示了世界上先进的科技产品，相当于邀请各国消费者参与科学，公众意识到市场规则法制的必要。随后颁布《专利法修正案》，发明人将创造一丝不漏公布，国家保障发明人的特定权利。科学进步促使人类拓宽视野，经济发展建立起来扩张基础。

英国人只可在香港交货，不能进广州直接贸易。这是严重违反商业规则，两国签订的《虎门条约》，规定英国商人可以进城。洋人的商品进入市场，博弈大清企业的产品，国内的生产品质很差，真心不愿意接受挑战。广州人反抗洋人，烧了政府的衙门。道光帝支持民众，撤换负责的官员，保护十三行利益。

十三行的背后是民意，它们提供低廉的产品，虽然产品的质量极差，但是可供养周边百姓。而十三行垄断采购权，采购权有害商业规则，商人被迫服从采购者，才有可能从市场获利。所以大清是特殊的市场，采购权转移到官员手中，官员控制商户的总收入。在这种情况之特殊下，十三行取得上层认可，也获得底层人的拥护。

在对英国的斗争中，大清官民紧密配合，耍得英国人团团转。英国带来的是日用品，而官员鼓动民众不买，市场策略上取得胜绩。民众扬言要杀死洋人，各地制造很多的惨案，外商失去了基本安全。逼得洋人上访，在上访的路上，不仅忍受戏弄，而且遇到攻击。

由于实力上对比悬殊，英法联军死伤了几人，而清军却死亡很多人，清军的仇恨油然而生。道光排斥西方规则，官员遮蔽皇帝意图，为皇帝承担了错误，百姓在为官员担责，这是大清的食物链，上级必然压死下级。

上访增加了恶政的能量，延长了大清暴力的时间，所以最终被英国人抛弃。在市场经济的环境下，国民之间没有这种关联，他们可以随意发生联系，超越等级制度相遇相交，从而影响双方利益分配。英法联军叩响清朝大门，攻占了天津大沽口炮台，要求清朝设立北京使馆。虽然大清同意这一要求，可是英国使团交换文件，却被清廷官员拒绝上岸。英国军人没有做好防备，在大沽口被打死几百人。

公元1860年，英法再次联军攻来，人海战术失去作用，清军不出意外大败。随着战争费用升级，战争的可能性下降，概率是损失的边际。英法要求军队保护公使进京，怡亲王负责与英法谈判，给咸丰皇帝上一份奏折，建议扣押英方谈判代表。

大清不愿遵守规则，根本不把法律作数，于是二十万大军堵路，造成英舰的四沉二伤。多亏美国海军及时救援，三艘美舰掩护公使逃走，才没有造成更大的损失。后英舰攻占海防线，一天消灭蒙古八旗，一次消灭驻京卫队。清军受乡党建议，出下策扣押代表，折磨死二十多人，一部分人被砍头，余下的均有重伤。

代表中有外交官，他们通常是皇亲，而有皇室的血缘。英法代表来谈判，可是找不到皇帝。这些外交上的蛮横，终于激怒英法两国，军队决定惩罚皇族，烧掉皇家私有园林。英军没有带点火材料，周边的百姓拿来火烛，协助军队烧皇家园林。法军劫掠园区宝物，大火一共持续三天，百姓抢光园内物资。

第十二章 货币本位制度——后清

咸丰批示政府签约，西方各国纷纷来华，要求重新签订条约，符合同等条件的惯例，这是市场经济的基础。大清分别签订《天津条约》，西方各国要求最惠国待遇，清廷分别签下《北京条约》。

在这些不平等的条约中，清廷割让乌苏里江以东，开放大连天津多个港口，允许教士租地建设教堂，容许大清国民出洋工作。大清的政权在之后不久，建立了各国驻北京使馆。大清朝有两个圆明园，这个是皇室私人花园，其面积仅有十六万平。另一个履行政府职能，慈禧后来重建的花园，来接待西方各国公使。

清朝统治已经危在旦夕，对内经济政策不变，对外强硬不合作态度。各省不服地方自治政策，边远地区缺乏矿产技术，没法维持正常货币发行。俄国侵占满洲地区，汉族各地都在起义，军阀实际控制各地，中央政权实际破产。

如果大清再次退缩，必然丢失生存空间。此时皇室与政府对抗，满族高官不贪污腐败，他们有了民间号召力，政府出现一批强硬派，肃顺八个大臣代表，挟持咸丰不可回京，演出来一场"辛酉政变"。

皇族均不愿接受政权，恭亲王和慈禧留下来，与外国公使继续周旋。坚持到第二年秋，咸丰在忧愤中吐血而亡，八大臣持诏延续其政策。之前咸丰为了延续政策，蓄意设计了受限的皇权，两宫太后分别持有权力，决策必须辅政大臣同意，皇权基本处于空置状态。

消费权力必须集中表达，否则失去价值控制作用。在万分紧急的时刻，慈禧展示出操控能力，她是皇帝载淳的生母，只有她可能对抗政府。皇权与政府的较量过程，体现社会对小众的尊敬，皇室永远处于小众角色，他们一直在为小众争权，所以产生社会共赢局面。

市场机制必然形成共赢，而不是某一些人的成功，必然带来某些人的损失。那么损失者必然是小众，小众是单独生产的平民，而不是聚集大众的贵族，贵族可以占有多数的资源，所以总是处于大众位置。

在同一段时间内，北欧地区扩张帝制，教会的控制力下降。皇室在照顾小众的利益，这种普遍尊重市场机制，最终变成国家民主政体。政治决策在寻找市场边际，市场价格成为决策的依据。决策市场化即私有制，社会形成法治的条件。

私有制尊重小众，自然会推崇皇室，皇室又推动市场，形成良性的互动。议会在独立决策，若争论双方比例相当，由皇室决定最终选择。因为议会需要决策信息，这些价格信息来自市场，市场上肯定出现矛盾，而且出现在价格边际。所以司法程序开始独立,它在决断边际移动方向。

这一切变化在消费系统,对应产生的市场行为,全部落在了政府身上。政府的职能在负责过程,各级政府在完善执行过程。而大清的政治已停滞,没办法灵活处理事物,这是社会性的极大困局。在不得已的情况下,政权被交到慈禧手中,因为只有她尊重规则,可以获得国际的承认。

慈禧于政治危机掌权,她必须稳定中央集权,故迅速捕杀洋务派——载垣、端华、肃顺,将其余五大臣革职治罪。大臣的背后均有支持者,他们是各行业的决策人。在洋务运动的管辖下,劳动收入成为诱饵,贷款全部被富人控制,货币收息入富人囊中,成为各地资源的存量。所以各地债务非常高,且是隐形的高风险债,贷款成为偿债资金。

社会核心价值在货币上,社会通过货币建立价值,由国家制度树立价值观。慈禧重新规划财政,祺祥钱改铸同治钱,年号祺祥改为同治,停止使用纸钞货币,改为"同治通宝"。发行同治朝的银币,以此回收同治通宝,皇室直接控制白银,操纵金融系统行动。皇室重新承担负债,消除不负债的政府。"同治"意为两宫共理朝政,进而全部废止咸丰帝的政策。

> 货币的短缺会引发人的心理反应,各种不良反应表现为一种窒息感。摆脱窒息感激发了每个人的努力,由此引发多数人参与的社会运动。社会底层涌动着凶险不测的暗流,恰好可以被高层级的专制者利用,达到自己控制全部经济活动的目的。清朝后期出现的正是这样一批人……

第二节 曾国藩领导洋务运动

自从慈禧执掌政权,族众的自由在增加,但是局势已经被固化,洋务派的势力太强大,慈禧只能通过欺骗术,迷惑一些官员做事。帝国各地反抗已成,太平军攻入南京后,马上铸造太平通宝,下发各大行政区域,天王辖区发行圣宝,发行的对象是穷人,选择标准是创新性,通货膨胀即刻消失。

天国建立完善产权,形成上海区商业圈。混乱背后必有产权破坏,法律禁止公开抢夺财物。太平天国处罚违法人群,没收族长的非法所得,为设立新制

第十二章 货币本位制度——后清

度奠定基础。族长是侵占财产的主力,天国法律详细规范罚责。

天国规定交易的规则,军人在负责市场秩序,在市镇上设立公估庄,负责管理各国的货币,销售产品童叟无欺。天国很重视国际贸易,设计外国的银圆标记,再由政府核算其价格,放弃大清的重量计价。盖上净光或折字样,标示品质上的差异。天国准许外资银行,从此放开资本项目,东西方资本大合流。货币可以传递社会福利,对外投资减少国内资本,从而平息市场通货膨胀。

伴随对外输出技术,天国开创的新局面,建立广泛贸易合作,让清廷搭了顺风车。此时各国私立银行进驻,带来巨额的商业投资。商业银行在比较收益,不负责投资产生福利,故天国的请求被驳回,而宗族的请求被核准。天国执行《天朝田亩制度》,政府设定了所得税制。由于田税设立合理,地主破产交出土地,政府平均分给农民。政府与公共服务关联,却远离于所有的生产。

由于太平军补偿装备,一直保持军事的实力。太平军的军工业齐全,湘军耗费许多难攻破,陷落后纳入湘军所有。由于天国被大清包围,被迫实行银本位货币,否则失去市场的认可,生产力发展受到限制。由于双方实力接近,天国只是高出一点,战争的烈度非常大。

在大规模屠杀之下,加上育龄妇女减少,新出生的人口锐减,大清减少了四成人口。虽然农村耕地够用了,但是市场缺乏劳动力。由于战争消耗男性,天国的女性占多数,针对女性工作能力,政府组织生产活动,在天京建立纺织厂。她们成为国企的员工,居于社会主体地位。

在太平军进入之前,南京容不下这么多人,发达的纺织业在衰落。纺织工厂设在甘家大院一带,绣锦衙有女织工七千,将缂织技艺发展到高峰。这些织品即可用于服装,又可以用在书画艺术上。穷人没有其他优势,只有创新吸引投资,这些成绩得到认可,为其他人做出榜样。

与大清的社会风气相反,天国女性参与社会生活,她们可以随意上街采购,自由选择所居住的城市。愿意学习的男女,天国给予费用支持。大清男子识字率弱二成,天国将识字率提高二十倍。即便士人这么稀少,读书费用家庭出,工作机会家族出,士人实际被控制,不受到市场影响。

文化的衰落是明显的,太平天国从文化入手,解决大清的社会问题。由于找不到产业精英,天国废除了四书五经,那些书籍对生产无用,每一次时代的大革新,需要废除书籍和学历。女性可以参加考试,男女均可出任官员,弥补人口少的缺陷。

天国在各地建立企业,这些企业招聘人才,企业给定工资很高,减小了劳

· 431 ·

动强度，增加了休息时间。天国有工作任务，在招聘管理人员，所有人学有所用。当时铁匠数量猛增，各省自主设计考试，科举内容指向经济，为此设置政策服务。

太平军希望重振文化，因此设立了很多衙门，专门负责印刷出版业，审核书籍的意识形态，加强对出版物的控制。文人一边行军，一边编写读物，出版大量普及读物。大清的书籍是假的，全部经过政府审查，或者已经删除真相。仔细看过新的书籍，百姓了解事实真相。天国民间有书信馆，政府设立了新闻官，各地设置了意见箱，寄信业务有了邮亭，组建了全国信息网。

经济政策恢复行业活力，民间出现大量投资意向，于是政府大量培养人才，重新设计科举考试科目。在起点相同的情况下，财政部区分缴税状态，增加纳税高者的贷款。这些经济成效令人眼红，乡军在抢劫天国的成果，重点放在掠夺这批技工。例如天国在安庆建军工，制造和维修枪支和火炮，湘军围困了安庆城二年，饿死的人员数无法统计，只是为了取得城中技工，最后占有天国全部工业。

天国编纂《资政新篇》，文人成为治国的主力，设计全新的国家纲领。通过学习西方的制度，太平军发展近代交通，兴建全国铁路交通网。铁路是辐射性产业，涉及很多生产项目，可以容纳大量人力；在先进政策鼓动下，近代手工业大扩张；允许私人资本银行进入，天国资本迅速超过大清，中央银行成为主导力量。

慈禧后期组织的金融改革，主要是借鉴了天国的方案，引入外资银行介入金融业，在此基础上建立银行体系，才能大量发行法定货币。国家尚未生成金融控制力，可以准确测度和回收货币，必然要接受国际资本控制，这份控制力来自金银信用。国家与个人是信任关系，价值信任的凭据是货币。国家将这份信任交给个人，由每个国民承担国家责任。

天国设立了工商管理，税收机构设置所得税，全面控制了帝国财政。"人人不受私，物物归上主"，这是圣库在表达天国原则，按照收益设置税收阶梯。天国的基本制度，在延续皇权形式，自然资源归公有。由于高标准税收核算，控制区没有贫富分化，也没有贪官污吏存在。在天国的市区，处处繁荣兴旺。

天国在争取纸币发行，开始试行金银本位制，政府发行了金银货币，从民间征集黄金储备，大幅扩增货币发行量，产生良好的社会效果。大清预想白银当武器，以经济实力击垮反抗，由此生成了虚银规则，通行于全国金融系统，根据实银推算价格差，按照当地的虚银标准，折算应记的数额入账。

白银按成色定标准，形成全国四类标准：纯银、足银、纹银、标准银。此时财政匮乏，税收金额锐减，货币存量增加，白银成为货币，产生宝银标准。宝银制度也有四种标准：库平是征税使用的标准，关平是海关使用的标准，漕平是漕银折色的标准，市平是各地市场的标准。

　　大清各地的标准差很多，金融业的发展前景黯淡，宗族构成了看不见的手，控制一切社会制约机制，操纵了政府工作的方向，又影响民众的基本判断。皇室失去实际控制权，由曾国藩提升的乡党，推荐此后的所有重臣。各大帮派垄断商业，南方地区垄断贷款，大清百姓更加贫困。山西商帮垄断钱庄票号，广东商帮垄断外贸行业，可是与太平市场比较，大清商人感到无地自容，在外面办事使用假名字。

　　同时世界飞速发展，英国强化了皇权制，国会通过《银行特许条例》，从而摆脱金属货币局限，自主发行银行券货币，极大扩张了欧洲市场。比如英国铺海底电缆，与欧洲大陆连在一起。美国的电报业普及，林肯在南北战争中，遥控指挥战争前线。公元1860年，美国铁路长三万多英里，成为世界最大铁路网络，美国成为世界出口大国。

　　与国际大形势相对立，德国获得了大笔贷款，原有的金融体系很差，无法为工业提供支持。德国出口欧洲的煤炭，用来进口铁矿石加工。德国煤矿巷道狭窄，出于资本家的自私，所以用的多是童工，每天工作时间很长。

　　劳动条件极差，工作收入极低，生产事故频发，这是德国特征。只要封闭工作环境，工资收入必然降低。而工人无法自我发展，国内的贷款机构很少，全部属于信用合作社，根本不针对穷人借贷，它提供富人流动资金，也是小额的短期贷款。

　　虽然德国的生产规模大，但是资本全部来自外国，它以优厚条件吸引外资，成为当时最大生产基地。德国的形式未变，房价增长千万倍，工人买不起房子，德国工人付不起房租，工人的健康寿命下降。

　　欧洲的几个主要国家，德国的粮食价格最高，工人买食物的钱不足，德国的依赖型增加，它的农产品依靠美国，而工业品依靠英国。在国际市场的作用下，英国采购了一半商品，解决了德国的生产剩余，英国的物价下跌四成，小麦的价格下跌大半，却受到德国长期怨恨。

　　大清的比较优势是人多，这是洋务派强硬的背景，这一点与德国非常相似。如果存在超低生产成本，人力资源的价格不平均，会造成贸易国之间仇恨。人力基数形成贸易规模，可是相互交换劣质产品，并不会带来真实的收益。只要不保护劳动者，生产成本过度降低，生产效率必然在降低。

人口消耗市场产品，即便产品供应饱和，富人还在继续投入。生产系统在评价效率，效率高的人得到奖励，生产者无法停止工作。低等思维在大脑，能量消耗却相同，效率却是低级的。从天国接过了税收，各省设立征税关口，督抚自行掌握标准。税收是不能协商的，否则便失去了边际，不再具有税收特性。

虽然征收的税款很低，只在运输线收过境税，商品产地又收营业税，加上对所有商品征税，地方财政的实力增加，客观改善了社会环境，社会朝好的方向发展。厘金由每年向户部上报，占有财政收入的二成，剩余的部分归各省使用。

此时的漕运不应收费，应当由国家财政支付，遭到大清户部的拒付。税收的高低影响物价，税负的影响程度越大，税收的核算水平越低，征税单位的负担越重，国家获得的税收越少，交纳对象在靠近消费，消费压力自然会增加。

这种税收制度不尽合理，让国家与地方分担税收，会形成税收政策的分立。国家税收必须是一体的，差异在于征税单位不同，各地按照需要设立机构，控制统一的征税标准。大清的税收比例偏低，对生产的压力太小，所以起不到税收的作用。乡民武装用贷款采购，需要中央为贷款作保，中央只剩下这一权力。

皇室还有一定决策余地，地方政府无法控制发行权，慈禧可以动用这份特权，主动策划改变金融政策，利用货币之力修正错误。慈禧派遣安德海外出，对贷款项目进行审核，赋予地方不等的权力，以此调整各地的财政，调动资金投入民生项目，从而削弱军工业的资本，化解各地区间的冲突。

洋务派不甘于受经济控制，后来丁宝桢杀害了安德海，这是官吏对慈禧的反控制。随着洋务派的产业群扩张，需要自上而下的控制生产，洋务派官员需要铁腕管控。洋务改革方案布置全国，一是说明资源总量缺口，同时说明资金供应不足，乡党内部争夺贷款激烈。

慈禧意欲遏制湘军实力，调部分湘军平定新疆，同期组建了一支楚军，分散乡民武装的投资。如此引发资金上的矛盾，受到不同发展方向牵制，乡民武装内部出现分歧。湘军开始放弃陆军，转向独自发展海军。左宗棠出身于湘军，曾经屠杀过太平军，镇压陕甘回民起义，如今负责楚军经费。

大清的局势是这样的，俄国占七万领土，楚军的作战力差，需要加强西北军，故不断增加军费。投资的数额在增加，而投资对象是乡党，壮大乡党非法军队，政权因此失去太平。

左宗棠任闽浙总督时，在意搜刮太平军资财，他创建了福州船政局，全力制造新式的兵船。依靠不断吸纳白银，大清税收用于军事，维持大清江山稳固。各地发展的工业生产，为了军事上的需求，根本不关心民间，所以很快到了顶点。随着湘军实力的大发展，消耗掉四十七万两创办费，所造的舰船装备各水师。这些支出归国家投资，乡党借官场发达起来。

随着太平军节节败退，经济实力大受影响，军费开支开始紧迫。后来开始铸造重宝，用棉纸印天国宝钞，挽救财政上的危机。天国人期待美好世界，可在现实中没有可能，除了乡民武装的围剿，洋商也加入围剿队伍。上海的外商银行多，故上海成立洋枪队，保卫当地商业安全，乡党贷款供应商业。

天国的对立面变大，包括全世界的商人，尤其发达的金融商。金融商从事的是民间借贷，民间贷款利率必高于官方，属于一种金融高利贷行业。这是一种毁灭力量，乡党文化在维系经济，取缔了货币造福机制，力图减少贷款的发生。

在宗族的经济循环中，每个人依靠父辈的资产，其他族众获得货币贷款，将削弱此资本的优势。族长在内部维持剥削，让族亲生活低于自己。在这种思想作用下，消费品质不断降低，家庭关系也在解体。

可是对于真正的信仰者，他们不接受利益的诱惑，天主教也是这样发展的。因为受到罗马政权打击，基督教获得更大的发展。而天国也混入很多假信者，这些人家族有隐秘的财产，需要为此添置合法的身份，所以这些人不断投靠清廷，造成天国内部的矛盾冲突。

经过英国人的管理，海关机构发生转变。过去海关被地方控制，以各种借口截留关税，现设置专门组织结构，专门遏制地方的干预。关税不仅偿还赔款，还成为财政主力。英国商人配合湘军，负责兵力海路运送，让清军打败太平军。天王与百姓平等待遇，他在城破前已经饿死。

湘军攻进天京时，饥饿摧毁了城市，军人均无力站立，被捕者从容就义，将领们自杀殉国。湘军杀死全部妇孺，还在现场剖开肚子，生吃这些人的心肝，一共屠杀十余万人，以至尸体填溢如桥，土地浸染鲜血。曾国藩放火七天七夜，附近村庄焚毁殆尽。

湘军一路追杀天军，他们人人残忍至极，俘虏天军女兵之后，全身剥光双手背铐，捆绑在囚车上示众，最后当众凌迟处死。天军的将领均被凌迟，凌迟是对活人剐掉肉，必须一共活剐三千刀。

太平天国虽然灭亡，摩尼教被保存下来。其继承人在慢慢长大，孙中山此时在广东出生。经过这场革命性的运动影响，慈禧认可西方对自由的理解，西方商人来大清投资和交易，没有受到政府故意阻挠。于是快速恢复沿海生产，商业得到飞速发展机会，这是"同治中兴"的时期。生产方式没有变，宗族在争抢收益，为制衡地方势力，中央在强化武装。

大清国不缺劳力，而是缺少来复枪，兵勇还在用大刀。宗族在发展武装，国内搞军备竞赛。实业均被他们控制了，主要是服务乡民武装。乡党的智力成分，不是提高能量级，西方先进的生产，拿来自己直接用，不能理解其含义。

宗族依靠婚姻关系，婚姻延续了人类生命。宗族负责低级的生产，则负责生育人力资源。宗族不会扩大知识范围，科学是消费扩张的结果，消费扩张过程有所损失，它的控制来自信息变化，包括已经丢弃的那部分。

生产要求消除过往信息，只留现有信息的母本，消除已经中断的信息。宗族生产令人无知，洋务派是宗族关系，通过血缘关联一体，从而绕过智力认知。人格要与血缘脱离，子女继承部分基因，人需要自发的思维，而完成自身的建设。社会需要淘汰落后基因，这样人类才有主体意识，人可以控制自己的命运，而不被基因资源所左右。

随着民族资本迅速扩张，宗族进入更多类型行业，囊括小型的商业和生产。宗族经济模式逆向淘汰，将导致人种的逐步退化。经济上的进步表现在思想上，比较的是先想到的那部分人，而不是抢先盲目做事的人群。宗族经济本质是封建制，为了实现高价采购资源，族长要强制族民的婚姻，资源配置形成独立状态，脱离市场的标价在运行。

乡党的大佬均在中央，在大城市兴建兵工厂，聘请洋人作技术指导。他们管理铁路和矿山，贪污款用于子女留学，回来后创立经济实体。留学是高盈利投资，大清国民依赖他们。障碍创新之处是取得信息，从中可以发现价值的信息，必须通过广泛的市场调查，留学生的价值则在这方面，在信息和智力上帮助大清。

可是他们封闭大清，故之后进仕的要员，必须由洋务派引荐，自己也被纳入洋务。洋务派迷恋的不是技术，那只是生产意志的外表，官员迷恋的是政府控制，修改市场规则的伪权力，可以在垄断下盗用成果。当同治皇帝成年之后，是否可以取得西方的信任，是否可以延续现有政策，成为西方应对的主要事物。

在同治皇帝亲政之后，立刻宣布重修圆明园，向西方释放和平信号，皇室洞见西方的担忧。大清要证明自己，虽然进口西方技术，虽然建造先进武器，可是大清只追求生活，不会武力攻击西方。故皇室成为缓冲地带，阻隔了洋务派与西方，避免直接的武装冲突。

第十二章 货币本位制度——后清

为了制订应对政策，皇室调查世界形势，皇族出洋考察西方，亲见工业革命成果，回国发表详细汇报。同治帝加大民生投资，放弃单独向军工投资，触犯了洋务派的利益，招致洋务官员的反对。李鸿章屠杀太军将领，清廷却对他委以重任，以湘军样板建立淮军，从而削弱了湘军实力，后来他又创建北洋水师。沈葆桢创建南洋水师，沈葆桢是林则徐女婿，湘军不愿与淮军合作，宗族自创新式的海军，创建福建和广东水师。

只有保证投资上的正确，社会才有行动回应设想。海军的投资比陆军多，有利于宗族产业发展。这么多现代化工厂，一瞬间出现在清朝，不是洋务派的能力，而是国家投资效果。个人选购的理性少，每一个理想的实现，均不是个人决定的。由曾国藩提携起来的人，创办了大清的水师力量，而后来全部脱离其控制，各自建立地方的小王国。

洋务官员控制经济政策，生产系统集中服务军工，投资倾向军事工业一边，注定了大清的悲剧命运。人容易受到情绪影响，消费会产生系统偏差，所有人做出盲目决策，这是经济理性的状态，所以经济非常不可靠。同治帝建立新学校，可是学校不教新知，一直保留古代典籍。

宗族势力在重建关系，突破货币价值的边际，人际脱离了现实考量，变成虚伪的文化表象。这类不是传统文化，教育出的是复读机，不能清楚国家大局。宗族势力对同治不满，政府系统非常抵触他。时间定格在公元1875年，十九岁的同治出现天花，一个月折磨后不治而亡。

随着大清军工业发展，不断向外滋生控制力，终于与法国发生冲突。越南原来归属大清，如今只控制其北部，法国控制它的南部。法国介入越南经济，为了资源爆发战争。清廷对法国宣战，经历半年的战争，李鸿章全面失败。淮军的陆上部分不如法军，海上的军事实力相差更远。这样下去大清前途难保，故洋务派官员开始求和，李鸿章签订《越南条款》，打开大清国的贸易大门。

而此时的大清国民，无论高层还是底层，无论长者还是幼童，都是处于婴儿阶段，无法自己作出决策。大清与周边关系紧张，洋务派为了自身利益，不断向边疆界限扩张。四岁的光绪帝上位，大清形势更加紧张，第二年发生大饥荒，皇权面临重大考验，两宫太后垂帘听政。

此时清朝获得机遇，德国低价倾销武器，大清列为销售重点。选择谁来统治国家，应由市场收益核定。国家货币进入市场后，依然具有货币控制权，让宗族控制福利供应，货币脱离福利核定。社会福利联系相关的消费，这个过程必须由国家控制，由独立机构供应每个人。如父母负责子女福利，或子女负责父母福利，引发家庭内利益冲突，此矛盾必然毁灭人性。

德国的殖民地管理模式，比英法两国更有竞争力。英国以海洋贸易为主，扩大殖民地管理权限。法国沿河岸边推进庄园，用药物控制热带疾病，利用土著组成雇佣军，实现部落级别的管理。俄国执行征服政策，不断利用武力扩张，不仅抢走清殖民地，还在继续渗透蒙古。

殖民地与宗主国是利益关系，只是殖民地没有政治决定权，由于商业必须通过投资取得，宗主国输出资本技术帮助它，为殖民地建设必需公共设施。德、俄传教不提供福利，而无需改变当地信仰，也不允许当地人离开，只是强化本地宗族势力，推高宗族经济的地位。如果这么殖民，殖民者在高处，可以独占资源，拿走全部收益。

英国的殖民模式无法维持，它的征税比行政费还少，而殖民的成本越来越多，英国不得不放弃这些殖民地，造成殖民形式快速萎缩。德、俄的殖民地是占领模式，不用政府管理的武装占有，而这种殖民模式获得成功。但是奴役当地人的劳动，未经货币占有当地资源。

法国学界突破了货币理论，认可扩张货币的现实意义，故对皇室的要求也在增高。法国皇帝没有负担责任，遭到法国人民奋起反抗，路易十六走上了断头台。新规则在影响世界，这些规则全世界通用，引发思想的进步运动，而落后思想阻止运动。世界正在生成新科学，形成第二波工业革命。德、俄在吸收革命成果，生成巨大的生产能力，而货币更加精准核算，给出世界局势逻辑性，两国将损失转嫁国外。

由于资源被低效消耗，德国出现了恶性通胀，世界资本集中于德国，落后产能为了淘汰先进，激发了第一次世界大战。这是一次先进打败落后的战争，士兵的生命不再进入战争成本，战争后的国际市场形式，也不再承认人力的优势。市场决策不在人多，消费者总是多数派，货币不靠单个消费。不能放任自由状态，必须确定某种道德，标准便是市场边际。

> 进口商品减少了国内通胀，平复高昂的日常生活成本，但是自然资源的出口趋势，也加重了国内经济的成本。随着世界局势的变化，大清皇室开始坐不住了。开放性政策对百姓有好处，他们得到高级产品的感受，对本国产品提出较高要求。依赖消费而不是投资，正在窒息帝国的生命。光绪是否在经济上有所作为，领导这个庞大帝国走向繁荣……

第三节 甲午之战败在金融上

慈禧十几年垂帘听政，采取韬光养晦的政策，回避与西方直接对抗，取得了飞速发展机会。但是各地需要军用品，此时军事核心是海军，工业国均在建设海军，在矿产地设立机器局，具备大型的加工能力。

机器局必须引入军舰，才能形成大产业布局。大清无力建设兵工厂，表面是生产技术落后，本质是货币控制不足。美国正在发生变化，权力上层发生变革，形成投资的决策力。

生产系统失去了控制力，消费系统接着生成权力，政治权力生成社会福利，在公开的政治空间，议员们通过交换信息，获得核算社会福利的机会，他们的竞争达成均衡，便是社会福利方案。

市场的个人投资消失，所有的投资归属银行，银行行为受严格控制，货币运行消除控制力，而杜绝个人获益可能。企业必然服从投资决策，投资决策反映社会福利，企业必然追求此类方案，民生项目成为优选方案。

经过生产资源极速扩张，德国成为第一大经济体，国民的自信心空前膨胀，铁路从零增到一万公里，钢产量升为英国二倍多，发电量升为英国三倍多，大型机器工厂数量惊人。俾斯麦聚合德意志，军工厂被建在柏林，而军工产品严重滞销，只好送给非洲殖民地。德国在全部生产军品，小麦不满足市场需求，粮食依靠俄罗斯供应。

随着德国市场萧条扩大，英美法市场拒绝德国货，即便克虏伯解雇三成人，开工率仍没有超过三成。当人类进入某一领域，那里便发生利益冲突，人类总是走慢了一步，后被迫设定此类规则。

大清国民处于兴奋中，富人们在赞叹盛世辉煌。大清在制造钢铁武器，尽管是些没用的东西，而国民心情难以平静。此时满洲已经解禁，营口作为通商口岸，东北特产行销全国。此时的满洲已经变成普通行省，通行锦宝银、现宝银、大翅银。

小皇帝光绪已经长大，到了大展宏图的时刻。光绪在仿效俄国，得一外号二毛子——俄国走狗的意思，皇室成员恨光绪，知道光绪不正常，为俄国衰败背书。此时清廷的铜板坚挺，这是进口机器制造的，用的是日本进口铜料，铜圆上面铸有洋文。

❖ ·货·币·缘·起·

铜圆流入市场之后，很快被消费者接受。生产能量已经提高，需要发行大额货币，所以印度币流入西藏，带来经济活动的热度。由于大量发行货币，各省铸局争相铸造，恢复了皇室的权力，社会得以分享福利。

这是对乡党的打击，货币冲散一切享受，乡民每日狎妓酗酒，在各类娱乐场狂欢，在卧榻上吞云吐雾，沉浸在无限贪欲中。乡民不能容忍福利，族长每天收取上贡，已经对此方式上瘾，再也不会接受公平。

为了神化宗族武装，特意出版《湘军志》，国民竞相学习统领。光绪亲自指挥洋务派，各地配合其发展军工，到德国采购大型军舰。此时华北持续干旱，山西等地赤地千里。不顾一切的生产，带来无穷的损失。此前老天敲响了警钟，北方九省严重干旱，灾民多达两亿人，逃亡二千万人口。

农业须以最低限度用水，生成水资源的自净循环，山西煤矿的采空区积水，还有地表的大面积坍塌，说明水资源已遭到破坏。生产系统一直无限扩张，生产技术不会自动停止，直到遇见错误灾难出现，才知道何处是边际位置。可是百姓均没有意识到，这次大旱是人为制造的，皇帝的威信反而更高了。皇室准许外商银行发行货币，支持了国内私企的经济发展。

知识分子缺少限制下，大清没有福利的机构，没法给出生产性规则。法定货币没有监管，族长剥夺福利意愿，族众拒绝社会福利，社会隐含着大危机。这类问题同样出现在英国，维多利亚女王遭七回刺杀。在大清的社会当中，光绪的声望达到顶点，精英们全部拥护皇帝，他重用所有的洋务派，并拨付巨额资金支援，因此发行"光绪元宝"，即通常说的龙洋。

李鸿章决定从德国采购，德国的技术不及英法，却获得大清的订单，这笔钱缓解德国危机。乡党充当皇帝与底层桥梁，康有为组织了乡党强学会，参与者有张之洞和翁同龢，两人是帝国强硬决策核心。他们的知识不是创新，而是当时西方的流行，主张用宪法代替皇权，先前的实践者是德国，此设计违背市场制度，表达生产意志的法治。

张之洞也是乡党出身，通过政治意识的遴选，这些底层人升到高层，他通过练兵取得军权，后来竟成为两广总督，并在广东开机器铸币。公元1886年，通过对美销售白银，获得国际贸易盈利，大清开始建造军舰，又从德国采购军舰，北洋水师称雄亚洲。这支海军的统领是丁汝昌，此人在国内镇压捻军。海军是乡民武装结构，延续大清的权贵格局，海军各统领无法协作。

丁汝昌只接受李鸿章指令，为了让日本与大清合作，北洋舰队进驻了长崎港口，数百名官兵攻击日本警察，制造震惊世界的长崎暴动。这场战争的起因

第十二章 货币本位制度——后清

是朝鲜，朝鲜社会要学习日本，抛弃大清的生产模式，引发了清日的对立情绪。此间，日本从琉球赶走法国人，与朝鲜缔结《江华条约》，建立起来一个独立朝鲜。

可是大清在朝鲜驻军，设立司法独立的租界。袁世凯经李鸿章保荐，出任朝鲜商务委员，决定大清出兵朝鲜。日本根据《济物浦条约》，负担保护朝鲜的义务。大清与日本直接发生对抗，亲自镇压朝鲜的民主运动，袁世凯率领清军击败日军。

大清从朝鲜进口人参，山东商帮在对朝贸易，不断向朝鲜输入鸦片，山东的乡党大发横财。日本的白银已经耗尽，国运与大清失去关联，促成先进文明的诞生。袁世凯青年时泡在烟花柳巷，洋务派专门挑选这样的人才。富人家族不必接受教育，因为他们不用上升通道，他们只关心家族产业。由于祖辈镇压过太平军，造成其官位至漕运总督，并被李鸿章发现而重用。

袁世凯在朝鲜训练兵勇，利用他们控制朝鲜皇室，激起了朝鲜国民的怨恨。大清有十九块殖民地，清廷从每块殖民地撤离，袁世凯吓得跑回国。国际贸易高速变化，国际银价大幅跌落，美国废除《购银法案》。各国纷纷抛弃白银，权贵资产瞬间消亡，白银全球化被解体。

大清权贵要弥补损失，大量从德国采购军火。李鸿章派军舰出击，海军刻意保护军舰，那些视为私人财产。清日战争先在海上，在双方没有交战前，已经知道必然失败。甲午海战非常短暂，德国造舰艇沉没，大约只有十多分钟。德国产品质量太差，锅炉用煤品质差，装甲厚度和品质差。虽然占据数量优势，但是军舰依然沉没。

海战失败的原因很多，军舰平时被用来航运，增加将领的额外收入。炮弹里面装着沙子，却被海军大批买入，而操办者是张佩纶，他是李鸿章的女婿。丁汝昌无法述职，他本因治军不利，正在带罪上岗，又制造重大损失，只好以死终结。海军提督服鸦片自尽，了结了大烟鬼的一生。

清日两国签订《马关条约》，割让台湾及澎湖列岛，外商可以在华投资办厂。大清发展到如此状态，皇室失去决策权，李鸿章控制了帝国。日本龙洋进入大清，市场再次火热起来。接着日本占有台湾，放弃合约中的辽东。如果市场恢复正常，这笔损失可以弥补，损失的金额数量小。此时白银价格在下落，这个数值是三年财政。

工业化国家强化税收核算，只要对出口产品全额征税，而进口国没有关税的余地，国际贸易规则可以免关税。此时各国建立海关，英美的海关税很高，德国和俄国很低，后者多是空想家，构想虚幻的经济。

公元 1893 年，俄国制定饥饿出口政策，借用法国、比利时资本，建立本国钢铁煤炭产业；借英国资本建立石油业，粮食出口占出口的七成，国内出现大规模的饥荒。大清朝廷反对议和，广东的态度最强烈，因为总督滥发货币，货币无法全额收回。铜钱越做越轻，形同鹅眼大小，可以浮于水面。

乡党联合公车上书，主张效仿俄国经济，积蓄军力等待战争。广东的县官不服政令，要征收百姓五十年税，以此支援大清国军力。民间反日情绪高涨，对学界的迁都倡议，光绪皇帝表示赞同。后生谭嗣同提建议，为了筹款卖掉边疆，帝国进入混乱状态。马关条约未被履行，它触犯了权贵利益。日本工业体系齐备，如果在大清办工厂，可以带动大清发展。

在洋务派官员的眼中，日本是思想落后国家，至少在金融领域落后。货币涉及国家制度安全，货币收益涉及每位国民。金融革新不出现在成熟国家，一定发生在秩序波动的国家，愚昧国家才会有很多人投机，大家一心钻营金融业的空子，促成金融出现危险的衍生品。金融分析需要运筹学，需要多层面的协同，从战略角度作出调整。

大清在股票方面领先，1860 年代洋行股票问世，之后上海交易华商股票。一些大型企业发行股票，全部是官督商办的企业，源自贵族的暴力控制力，这种企业内部是奴役制，权贵取得绝大部分股份。这种股市初始是一场灾难，只能制造一轮又一轮股灾，并且每一次股灾更为严重。

股票就在一条街上交易，人们在金融街高声喊叫，市场内部的交易很随意。交易者堵塞了一条街道，不得不借助手势来表达。清廷没有监管机制，军工股票一直上涨。上市公司设定高额分红，而不是将利润转为投资，操盘手可以虚报交易，放出上海平准股票，吸引广大股民跟风，所有钱号也跟进投资。

大清人努力工作，为军工增加投资，股市与业绩无关，便是在聚集危险，出现大起落波动。终于到达了那一刻，股市出现了大崩盘，所有投资血本无归。人类为动荡的金融困惑，市场很难把握生产投资，面对生产活动的有序性，金融活动缺少明确意图。

金融家发现了供应秩序，政府创造出来股票工具，用大盘走势测定投资量，这是数据技术的大进步。股票负责测定市场价格，而不是企业生产者分红，它在完成货币测度工作，不可以代替股东的决策。价格处于不断波动中，若保持相同力度投资，各类产品对应的货币，便会显示品质的差异。只要控制产品投资，产品的货币量不同，相同货币品质控制，可以标定价格浮动。故大清的股票不规范，不能标定价格的浮动，无法完成市场化任务。

此时一位官商登上了舞台，他的家族通过镇压太平军，主要成员获得政府的高官。这个人靠运输军用物资，被委认上海采运局局长，从而介入官督商办产业。私企纷纷倒闭之际，他在各地广开钱号，控股中药、丝、茶，由于资本垄断商铺，控制各地特产销售，旗下经营风生水起。此名人是大清的商业传奇，自称凭本事发迹的胡雪岩。

胡雪岩的经商过程，不必遵守任何规则。他借各地政府权力铺开商业，而贫穷的百姓依靠借钱度日，不得不接受收购商的胁迫价，丧失了生产者本有的定价权，胡雪岩很快控制了国内市场。在他们的成功背后，无数民族产业衰落，大批富翁先后破产，被新洋务富翁清算。在混乱的市场中，商人的智商在降低，他设计了一场垄断，高价收购国内茧丝，以抬高伦敦市场价格。

茧丝是全世界生产的资源，也是无法垄断的自由商品，意大利茧丝质量好过大清，他们有国家市场替代产品。一旦抬高茧丝价格，伦敦商人普遍拒收，外资银行不供贷款，胡的资金瞬间断掉。资金投机积累政策偏差，大清资本家自己不知道，胡雪岩的商业帝国倾覆。

这场赌博越来越大，到此膨胀不下去了。他们的商业只是配送，收入应当在人力边际，所以非常低的标准。胡雪岩被清廷撤职，穷死在一间破屋里，仿佛大清命运缩影。这些错误普遍发生在各国，美国也因为金融上的错误，曾经发生多次重大的危机，因为美联储阻断货币供应，砍掉三分之一货币流通量，引发世界最大的一次衰败。

大清银圆对应错误的制度，以及与此对应的错误算法，银圆源于货币载体的短缺。二百年前英国开始用纸钞，开启了集权的低成本运作，随之带来人类特有的自由，由此生成广泛适用的道德。大清权贵的损失在此处，源自大清货币核算粗陋，又得不到系统性的更新，只好不断遭受内部清理。

日本没有这种情况，它延续西方的道路，强化了融资的功能，政府有效规范银行。胡雪岩的资金含有错误，表示系统上的错误成分，人类货币核算出差错量，必然引发相应经济损失，这份损失换算为时间值，即一部分生命提早结束。

此时的大清人疯狂投资，他们相信这个体制安全，用全部的身家支持体制。洋务官员联合投资银行，在金融领域为乡党洗钱，为自己赢得超额的利润，从而让资金错误合理化，这些行为导致清朝灭亡。单纯金融投资借助货币匮乏性，而全世界当时的匮乏来自金银，权贵们通过投资金银积累财富，掠夺了危机中大众的金融损失。

光绪帝在快速推进改革，皇室重新起用了恭亲王，成为政府的洋务派中枢，洋务派是改革的保障。他之前多次被慈禧贬黜，因为以权谋私被查办，免去议政王及其他职务。恭亲王是投机分子，当皇家失去控制力，他一心投靠洋务派，当皇家集中控制力，他便回到皇室这边。这种没有原则的人，最容易被乡党利用，故人送外号鬼子六。

公元1884年，慈禧发动"甲申易枢"，免去恭亲王军机处职务，洋务派阻止政府监管，各级企业滥用资金，罢免全班洋务派人马，恢复部分市场秩序。可是政策错误依旧，汉族官员独断专行。战争刺激了满洲贵族神经，宫廷内部发生激烈的冲突。

清廷变法图强的决心已定，自上而下进入变法阶段后，满洲贵族的内部出现两派。其中的一派以刚毅为代表，主张开矿、修路、办学堂，对现有金融系统冲击巨大，贷款对象从权贵转向平民，此派得到慈禧太后的支持；而另一派以荣禄为代表，主张行政大员操办传统，它得到全部钱铺的支持，政府和钱铺的规则未变，故得到光绪皇帝的支持。

通过乡党势力的帮助，康有为获得奏折特权，引发了清廷百日维新，对政府机构大量裁撤，对皇权构成了威胁。意识争论上升为运动，乡党创办了京师学堂，邀请康有为传授文化。富豪们极力推崇新文化，因为它在讲优胜劣汰，宣扬动物的丛林法则。这些思想获得巨大的空间，教授们获得极高收入，以暴力取得财富理论，非常符合致富的方式。

富人非常尊重自然法，这是宗族经济的自由，是获得暴力的制度保证。为了保持自己的高收益，富豪愿意资助乡党革命，用暴力推翻慈禧政府，实现大清的无政府状态。他们策划刺杀慈禧，从而救出光绪皇帝，使其重新执掌大权，这是戊戌变法内幕。

政府内部发生派系冲突，刚毅这边要求强化皇权，起用免职官员清理积弊，对各招商和电报局征税。这项政策触犯了权贵收益，遭到张之洞和盛宣怀反对。盛宣怀是大清电报局总办，中央与地方用电报传递消息，皇权控制进入有线通讯时代，而洋务派通过电报控制中央。洋务派创办很多学堂，以学潮推动洋务运动，由此控制了大清实业。

盛宣怀在任期间劣迹斑斑，曾将海关资金用于电报业，以行政方式阻止国际竞争，成为洋务派日后主要手段。洋务派谴责政府干预经济，主张用市场方式解决问题。光绪重用洋务派，他们有充足资金，禁用保守派大员，两派向极端发展，政府回到老路上，无视金融性风险。

此时的世界格局之下，英美法三国联合起来，德国和俄国联合起来，在军备扩张中发展经济。俄国在极力争取大清同盟，共同防御英法日经济扩张。俄国急于解决生产扩张，加强了对满洲的渗透，哈尔滨建立法政大学，培养亲俄的军事力量。从此之后，一切支持中央集权的人，被斥为维护封建的奴才。

李鸿章是决策的核心，他负责签订对外条约，成为洋务派的带路人。俄国给予李鸿章元首待遇，密签《御敌互相援助条约》，他照例收三百万卢布回扣。由于光绪时代政府的无能，俄军入东北建军港和铁路。俄国建设中东铁路，这条铁路呈丁字形，交叉点建设哈尔滨，兴安岭隧道未完工，俄军便开进了满洲大地。

密约将满洲变成殖民地，不过由洋务派自己管理，减少了俄方的经营成本。报纸披露了《密约》，为此慈禧太后震怒，免去李鸿章的职务，洋务派群体出现恐慌。光绪急颁维新变法上谕，让变法人士进入军机处，由此创建了京师大学堂。

曾国藩提出商战的设想，京师学堂是理论根据地。它的前身是京师同文馆，形成由上而下民意压力，洋务官员统领民意状态。按照维新变法的安排，大清与德国全面合作，德国派遣教士来宣传，而且培训现代化新军，配置德国进口的装备。这一关系影响很多决策，大清从此处处受到牵制。新军的将领非常难定，必须得到两派的认可，袁世凯是实用化思维，成为妥协政策的人选。

洋务派得到皇室的认可，袁世凯在天津小站练兵，天津是英法两国的租界，练兵便是为了恐吓他们。此时世界军工发展迅速，清廷为了跟上创新步伐，决意剪掉新士兵的辫子，按照德国标准训练士兵，急欲打造一支强大军队。

如果政府与军队合作，将产生巨大的控制力，每次失衡的财政状态，形成国内舆论不对称，很快扶持出一个军阀。北洋军阀皆出自这次练兵，后来的总统出自这批军官，此后政局一直受他们控制，暴力规则主导了大清走向。

为了保住大清帝国的前程，慈禧又召开了议政王大会，这项制度曾经一度被废弃。慈禧执政之初恢复了它，满洲议会有权废立皇帝。光绪小皇帝惶恐不安，维新官员与文人联合，开启刺杀慈禧的计划。议政王大会研究之后，拱卫京师武卫军成立，阻隔洋务派官员兵权，荣禄的军队集结天津，等待慈禧太后的命令。

此时的变化决定大清未来，关乎满洲地区的安全局势，英、美、法、日站在一边，俄国站在掠夺满洲的一边，双方均在观察清廷动向。慈禧倾向于日本一边，袁世凯不敢攻击清军，由此转移了满洲险情。后来的日俄战争结束，在美国的贷款资助下，日本胜利归还了东北。

　　大清蕴含了世界大国的潜力，只是缺少一个关键性的人才，将这些潜力转化为真正的成功。贵族的生产在追求耗尽能源，这样会破坏自然与人文环境，生产活动必须处于经济状态，即符合能源经济用量的边际。自从李鸿章的权力可以控制帝国经济，大清经济总体上走向了一条不归之路……

第四节　李鸿章执掌经济命脉

　　采购者必须与商品关联，由洋务官负责对外采购，否则失去市场机制作用。交易必须准确表达市场价格，洋务派责难百姓无知，不能全身心支持改革。百姓的吃喝出现困难，怎么支持洋务派运动。洋务的资本已经涨爆，却没有推动消费需求，帝国的事业停滞下来。这是一个转折关口，每个决定都很重要。

　　此时的宗族经济的运行，均在借助母亲的控制力，母亲角色地位推到极致，从而否定统治权的意义。这些人成为道德楷模，可以随意地丑化对手，他们寻找改革的不足，敦促中央加大力度。慈禧果断捕杀洋务派，处罚政府的维新官员，将光绪帝囚禁于瀛台，十年时间没有离开。

　　慈禧在严厉警告国民，在菜市口处决六君子，迅速平息了骚乱局势。戊戌六君子不信皇权，他们的基础是统治论。人类社会需要统治，动物世界没有政治，没有统治与反统治，统治是人的高超处。

　　为了获得更大的剥削，统治论模糊皇权和政府、消费和生产决策的区分。人类社会失去统治力量，将会理性分析控制程序，各社会组织的差异混沌，剩下高低两个对立阶级。对设定经济政策危害极大，动摇国家存在的基础设定。慈禧太后在强化皇权，皇权是产生议会基础，现代国家的决策机构，即为皇权生成的结构。

　　生产系统用暴力改变事态，消费系统用权力改变社会。慈禧动用有限的权力，遏制各地的洋务运动。首先中央负责新军经费，各地政府不准参与其中，慈禧由此控制总体局势。公元 1894 年，经过强化中央控制权，各地不敢于截留资金，中央拿到大比例税款，税收增加到八千万两，可以满足新军的装备。

她下令成立武卫军，分别交给对立两派，一共形成四支武装，共同保卫中央政权，由于双方相互制约，军队服从慈禧调遣。慈禧不满足这些进步，她要求盘活全国经济，虽然未控制财政收入，却要求重建北洋水师。一切事物由权力推动，权力被纳入货币体系，便不再需要限制个人。慈禧威胁英法政府，如果不能持续借款，大清局势将会失控，乡民武装可能扩张。外国银行不得已贷款，再次挽救大清的财政。

一个国家满足了衣食，生产系统的成绩为零，如果依靠外来的投资，生产成绩一定是负值。消费者无法破坏社会安定，如果资本得不到合理回报，过去以低成本收益的资本，将会大量采购关键性物资，以此消耗过剩的生产货币，并将这部分物资转移国外。

涉及此资源的生产链条断裂，终止了相关项目产品的供应，因此产生连锁式的崩盘效果，市场上的基础产品出现问题，物价快速上涨消耗消费货币，则会产生一连串的恶性循环。为了各地执行新政，各行省向中央请款，慈禧满足全部要求，中央增发很多货币。

如果皇室坚持社会福利，可以取得普通人的认可，这种决定符合公共决策，所以慈禧太后不是独裁，反而是抵制了独裁决策。慈禧要求管制外汇，外币进入大清之后，不可市场直接使用，洋元按照牌价兑换，必须使用大清货币。中央政府积攒硬通货，大清的货币存量增加，导致生产资源涨价，提高出口企业成本，因而限制了出口量。

此时的政府给予出口补贴，政府补贴等于在增发货币，货币外流制造了国内通胀，增加了消费者的支付代价。大清的财务状态很差，中央首次出现了赤字，赤字近一千三百万两。如果慈禧制约生产系统，需要去掉李鸿章的阻力，他的调动能力超过慈禧，他的指令权威是最高的。

此时的大清内忧外患，慈禧只盼着保住国土。如果限制李的全部行为，肯定会引起民意的震荡。为了拖延李鸿章回国的时间，慈禧被迫任命他为外交特使，从而拖住李鸿章的巨大影响。李鸿章正在访问德国，拜访赋闲的俾斯麦。

俾斯麦认为剥削合法，所以拒绝对私企征税，德国的产权获得认可。犹太人特别认可剥削，要将私企转变为国企，政策上将剥削合法化。这种国企不接受皇室控制，而是接受宗族势力的控制，它们获得超高的市场收益，却形成对生产格局的破坏。

虽然两者性质相同，其做法上有所不同，必然形成矛盾冲突。产权给生产者尊严，他们变得更加绅士。德皇要求将企业国有，德国吸收了各国技术，军工业实力已经成熟。德皇的改革是有效的，快速配置了生产资源，刺激生产的组织形式，安排了好的经济局势。

李鸿章非常钦佩他，恭敬讨教治国之策，俾斯麦只苦笑应对。李鸿章是真正老师，德国洋务运动衰落，俾斯麦权力被剥夺，而大清的洋务方兴，产生了指导性理论。独裁者彼此仰望，钦佩自私的高度。英法希望大清远离德国，要求大清全境开放贸易，慈禧先后签订多份条约——英、美、日通商行船条约。

在李鸿章的安排下，政府继续采购德国武器，令德国企业非常感动。他要求提高英法美关税，却不要求提高德国关税，这是特意选择进口国家。李鸿章的一意孤行，已经破坏国际规则。

公元1903年，清廷成立了国际汇兑处，谋求构建国际外汇关系，尝试建立金本位的可能。此时全球银价大跌，有利建立金本位制。大清出口原料，进口的是成品，贸易难以平衡。出口不表示经济发达，只有出口先进的产品，才是在占有比较优势，而不是占有人力优势，后者产生贸易不平等。

李鸿章的欧洲之行，特意带了一口棺材，他害怕政党的活动。在结束了比、法访问，李鸿章踏上英国之旅，受到民众的热烈欢迎。英国准备舰队检阅，正是李鸿章需要的。随后在伦敦演说，称知晓中西差距，故大清只能渐变。这些听众也是乡党，他们支持对清贸易，鼓励西方接受大清。还有一些反对者，不接受大清帝国，他们是外来的客家人。此时孙中山在伦敦，引起清政府的警惕，大清使馆将他逮捕。

公元1889年，《大日本帝国宪法》公布，亚洲第一部成文宪法；公元1890年，日本国会开始正式运作，这一切促使大清立刻变革。客家人散落到世界各地，孙中山一直奔走在美欧，宣传民主救国的理想，立志废除大清奴隶制。客家人一直是理想者，摩尼教是顽强的信仰，支撑他们在逆境生存。

李鸿章参观了银行和邮政，咨询了许多技术性的问题，大清国民热衷于技术信息。大清儿童比西方懂得多，但是这种记忆没有价值，他们无法理解其中含义。技术不能主导社会，世界进入工业化后，生产要求专业分工，钻研各学科的分支，生产者变成了专家。这些专家需要协调工作，推动生产系统整体进步，必须借助货币测量数据。

之后不久，盛宣怀成立了中国通商银行，宁波商帮控制了大清的金融，盛宣怀是宁波商帮的代理人，他们以私人资金发行银行券，取代了大清中央银行的地位。以税收权作为抵押物，而设立银行发行货币，这是现代国家的基础，

第十二章 货币本位制度——后清

大清破坏了这个规则。还有几个商业银行发行货币,这是在建立商人的特权。盛宣怀位居政府高位,不需要研究投资方向,便指挥控制资金流动,银行自开业起即亏损。

盛宣怀积攒巨额资财,全部平均分配给子女,没有几年便挥霍一空。如果国家贷款不记股份,而列入无息贷款的账目,那么再经过简单的操纵,这些资金可以转为私有。盛宣怀是邮传部尚书,创办大清的电报局。此人喜欢炫耀技术,但是本人不学无术,借助宗族内部关系,成为李鸿章的秘书,由此进入官僚体系。各省只顾地区的利益,全国的工程遭到破坏,盛宣怀没有对此负责,所以电报业从未畅通。

英国赠送电缆的样品,希望凭实力与之合作。李鸿章参观了军工厂,重温与英国人的合作,英国建造上海洋炮局,开启大清的洋务运动。后来成为金陵制造局,同时也是长安的前身。又参观铁甲局和车机局,英国承建大清首条铁路,由汇丰银行提供贷款。

英国也在印度建设铁路,为的是获得原料的便捷。借鉴之前外国投资矿产,结果矿山被外商收归的教训,大清决定自筹资金建设铁路。盛宣怀鼓动民间集资,在四川修建一条铁路。

四川地区税收不足额,那里的乡党贪腐严重,贪腐是税收偏差边际。乡党组织封闭化管理,资金收支运作不公开,虽然未修建一寸铁路,投资的资本已经用光。出于国家利益考虑,清廷颁布新的规定,铁路干线归属皇家,国家负责投资管理。

用国际标准建设铁路,以税收抵押换来贷款,结果酿成了武装暴动,为了保护自己的利益,民众决心与政府对抗,杀死当地总督和将军。四川地区宣布独立,由此新军控制全国。李鸿章游览一遍英国,却未发现治国之机密。英国可以长盛不衰,原因在制度安排上。英国追求社会福利,己所不欲勿施于人,也是中国人的传统。

访问的下站是美国,此时欧洲摆脱大清,形成与美国的贸易。由于大清手工产品,与美国形成了互补,美国获得巨大市场,成为世界生产基地。美国依靠出口能源,顺势成为第一大国。随着国力逐步增强,美国思想日趋开放。国民的生活状态,可以看到社会福利,普遍的娱乐活动,公众的娱乐很多。李鸿章显示自己特殊,带着大批的生活用品,还有玩乐的各种宠物,以及庞大的随从人员。

美国没有中产阶级,它实行的是总统制,产生皇权代表形式,抵制贵族形成共和。普通的工人是主体，美国人不认可贵族，贵族生活表现浪费，表示不合经济含义。大清宗族控制社会，无法提供公共服务，所以社会环境非常差。而美国建设许多高楼，全力体现低价格优势。社会趋势在消灭贵族，淘汰贵族的消费产品。

贵族具有封闭信息的特权，他的生活环境对权力封闭，法定货币失去实际的作用。贵族屏蔽信息的结果，让人们失去设计能力，贵族因此垄断决策权。族众对族长绝对认可，在思想层面接受控制，由此建立起道德模式。贵族占据少量消费段，处于消费控制弱区域，必然远低于福利消费，增加这种就业无意义。

贵族意识没有羞耻，可以公开暴露身体，他们可以随地便秘，需要奴婢跟随伺候。奴婢要从事生产，他的信息公开化，自然要节制行为，他们才能有文明。消费系统追求质量，生产系统追求数量，随着生产能力的强化，贵族的消费情况减少。李鸿章享受贵族待遇，有负责烟和火的侍者，李鸿章始终端坐如初，连眼皮也不抬一抬。随着经济错误积累，奴役的程度在加大。

李鸿章在推动国产鸦片，作为直隶总督总理大臣，一直积极抵制进口鸦片，而扩大国产鸦片的销售，鸦片的国产率不断升高，厘金收益超过二千万两。相对而言，清末关税低于一成，不能影响鸦片价格。而茶叶的负担相同，茶商已经吃不消了。茶叶的质量大幅下降，掺入太多靛青和石膏，没有商人愿出海经营，大清的茶叶每况愈下。

李鸿章出访俄国时，俄外交部派人伺候，极重视大清的贵族。由于精英均支持贵族经济，极力反对限制错误生产，华人强烈歧视革命者。这种社会分为上下两层，上层社会是精算师，下层社会是苦力活。精算师是技术工种，负责观测生产资金，实现经营考核成果；而经济学是纯信仰，需要作出价值判断，需要倾向性的选择。

精算师负责生产收益，经济学负责国家政策。经济学感知消费价值，消费价值决定政策。上层的工作屏蔽信息，防止央行监督其财务。会计的工作性质在变化，它在隐藏市场价格边际，制造出来一大堆假信息，用来误导民众的判断。

这份非常体面的工作，却在制造失控的市场，贵族积累了大量资金，无处消耗的企业利润，在封闭市场寻找机会。当时由外国银行向钱号放贷，盛宣怀的钱号开展贴票业务，将资金转为金融衍生品炒作，炒作贴票和股权引发了崩盘，也导致所有美国银行的倒闭。

而知识精英暗地发财，维持妻妾成群的生活，受到宗族势力的推崇，他们不会赞成孙中山。康有为流亡海外，娶了六个小老婆，美国、日本都有，有的不满二十岁。一旦女性的素质下降，年龄差没有出现优势，男人关注小年龄女人。他是知识精英的代表，要求恢复光绪的职务，断言革命必死四亿人，受到各地乡党的拥护。

将亲人安置美国后，康有为孤身游世界，每到一处尝尽美味，众人前呼后拥迎送。许多华人给保皇会捐款，用于对抗同盟会的论战，同盟会经济实力非常弱，很难争取到华人的支持，孙中山一直在孤军奋战。在这个阵营中，大多数是客家穷人，经历无数的失败，却坚持共和的理念。

在国内生活在围楼中，时刻准备反击来犯者。在世界各地的漂泊中，他们坚持福利的理想，虽然被华人世界排斥，却始终没有改变初衷。康有为的背后是乡党，乡党背后是许多金钱，他们需要舆论的支持，需要宗族势力支持。李鸿章的暴力思维，让在美的华人认为：西方国家虽表面强大，骨子里面却十分软弱；而西方缺乏尊卑等级，美国需要大清的劳力，必须承认大清的法则；美国由警察维持，大清有乡土文化。

随后的世博会上，展示了国民精神。乡党送去了展品，一个小脚妇人，一个县衙刑具，一支玉石烟枪。洋务派推崇鸦片文化，他们主张掌控报纸，占据舆论宣传阵地。康有为正在炒作资金，保皇会延续大清传统，不设立财务监督制度，他大肆购买墨西哥房产，结果美国银行的倒闭，墨西哥房产泡沫破灭，保皇会资产血本无归。李鸿章参观国立图书馆，这是世界最大的图书馆。

图书馆是中央集权效果，生产系统要求保留知识，消费系统要求最新体验，所以只有通过更新图书，才能引发社会科学革命。这些废弃的书被集中，存放在供查询的地方，等于冷冻了错误信息，只供应研究人员调用。所以美国出现图书馆，而大清不需要图书馆，李鸿章对此不屑一顾，加上馆员限制他抽烟，误将一口痰吐到门上，结果被对方当场罚款。

在美国纽约的一周，五十万人竞相参观，看权贵的狡黠世故，如何无知对抗文明。在强大的物质文明钱，李鸿章也是表现谦虚，完全不是国内的嚣张。李鸿章在美国的屈辱，反映了两国对立意识，美国文化冲击着大清。李鸿章的对外访问，为了延续大清体制，继续实行洋务运动，得到西方社会认可。

李鸿章已风烛残年，欲将事业传承下去，在任直隶总督期间，首创了官督商办。这种形式即形成资本家，资本的内容是生产货币，全部是国家投资的取向，城市资本家与地主相同，都是错误生产投资结果，资本收益皆为非法收入。

袁世凯是洋务嫡系,组建新军替代旧军。

这些人在神化李鸿章,由于长年累月做坏事,他们失去了判断能力,认为人性天生是恶的,社会弊端永远不会变。他们在默认犯罪现象,匍匐在恶势力的脚下,所以认可李鸿章思想,跟从维新派官员指挥,目的是维护现有收益。皇权掌控下的立法程序,是一种逐步授权的过程,建立起核算市场的机构,抵销商业规则的副作用,成为法律系统的成文法。

洋务派不是学习西方,他们绝不与西方合作,大清经济是低品质的,虽然已经形成了巨量,但是无法与国外交易。所以洋务派垄断了解释,对历史沿革的现象解释,故不可学习对方的制度。但是商业的力量浩浩汤汤,少数人的洋务派无法阻挡,大清国首次放映西方电影,美国的文化开始渗透其中。

商业力量负责维持秩序,商业规则替代法律规则。宗族势力必然介入政治,在商业上扩大宗族收益,商业经营成就宗族扩张,相关产业均被宗族控制。美国的民众无法批判,它是一个批判型社会,而它没有这类现象,美国人心中有法治,所以不需要恐慌。商业在控制社会秩序,用的只是对人的恐吓。

美国有不少英国贵族,但是受到大众的鄙夷,美国时尚在投资人群,投资者时刻计算成本,他们偏好简约的理念。美国人讽刺大清国,纽约餐馆有两道菜,一道是李鸿章杂碎,另一道是左宗棠鸡,这是对贵族的嘲讽。大清乡党特别反感西方,李鸿章任直隶总督期间,一直与俄国东正教合作,而俄方不建教堂,不认可世纪审判,司法不惩罚罪犯,与乡党思想吻合。商业均由俄国操办,几乎获得全部订单。

为打击英法美商业,建立不公正的市场,鼓动攻击法国教堂,制造一起"天津教案"。李鸿章制定《传教章程》,目的是阻止英美文化,以乡党文化改造宗教。章程发布之后,各国一致拒绝。国内刻意排斥教士,洋人跑到香港避难。在治国政策下,乡党操纵市场秩序。洋务派获得的社会地位,源自资源配置调度空位,而不是生产方案升级压力,这种获得方式愚昧无知。

李鸿章提出的富强理论,不对百姓提供社会福利,所以国内市场非常萧条,外商失去大清市场空间。而他创办轮船招商局,其资本创建招商银行,形成独立的金融组织。旗昌公司随后破产,这家公司业绩良好,由英美两国资本合办。宗族可以挑衅或捣鬼,不必负担国家的责任。大清总体成为竞争者,具有总体的资源优势,其他国家企业无法比。

世界进入了大变局的时代,两类文化处于撞击的状态,德国向山东派出基督教士。德国的基督教特殊,它不赞同政府干预,认为是对人的统治。宗教的

第十二章 货币本位制度——后清

思想可以变通，教士的思维逻辑混乱，他们不干涉政府行为，却要求教民出资供神，由教会决定福利对象。这是在扩大教会特权，迫使民众绝对服从强权，德国教士来到大清，要求清廷给予官位。主教得到三品顶戴，这是高级别的官阶，第二年得到二品顶戴，与总督、巡抚平级。

时任山东巡抚的袁世凯，签订中外文不同的合约，送给德国山东路矿产权，换来自己对新军的控制。德国的某些技术很高，用于第一次世界大战，毒气伤害无数的军人。德国教会控制了山东，俄国教会控制了河北，两国教会在收集情报，而且管辖驻地的政务。所以山东教民享有特权，他们的利益从未被侵犯。

美国向大清发出了官函，要求清廷统一外交标准，没有要求本国教士特权，而清廷不同意这个要求。李鸿章质疑美国的平等，这是清朝权贵普遍想法。这些思想涉及政治，可能引起华侨骚乱，危及所在国的安全。在此之后，大清也有了民间报纸，政府开放了言论自由。但是只报道老板的想法，宣传的内容被乡党控制，成为乡党宣传舆论阵地。生产系统具有控制手段，可以消除消费者的声音。

李鸿章的旋风很快吹过去，乡党疯狂追逐李鸿章思想，可是李鸿章不愿接见他们，大清帝国在精神层面分解，所有人只是关心收入情况，从不关心自己祖国的未来。大清不仅麻木不仁，而且经常得意扬扬，没有谁在统治他们，他们没有痛苦感受。由于收入持续增加，国民普遍感觉满足。

各地在主动纪念李鸿章，李鸿章打破了集权统治，成为大清国自由的象征。大清朝给钻营者空间，送给他们腐败的资金，承担起各产业之生产，带来无数的工作机会，以及腐败空间的扩大。这些产业在养活国民，产生巨额的采购实力，由此生成了极高威望，而其本质是个人暴力。

由于大家从暴力中受益，李鸿章的名号如日中天，举国发扬他的暴力精神。官僚系统在独立运转，收益完全被地方控制。华人以这种方式生产，被宗族视为传统文化，在聚集地小环境生活，因此出现唐人街区。

美国还出台排华法案，否定华人同乡会组织，反映了他们的恐惧。大清国民感到委屈，他们付出极多劳动，得到的是当地反对。这些海外移民被轻视，后来成为反清的主力，大清国内的民众顺服，不希望大清帝国改变。

李鸿章成为精神领袖，光绪帝也是其追随者。名誉经常带有时代的特征，一旦大清朝的历史结束，李鸿章的声誉立刻扫地。大清毁掉了一代人，也包括李鸿章本人，他成为悲剧的人物。此时大清陷入危机，私企利润急速降低，私企之间竞争恶化，法律系统均被破坏，法定货币实质破产。李鸿章避开乡党，

跨越太平洋回国。

英国经济学家凯恩斯曾经说：如果以货币的角度发掘历史，整个历史将会被颠覆。社会福利是非合作博弈，它是最高级的战争形式，比直接争夺物资有意义，它将决定人心的归附问题。此时的货币已经超越主权，在广大的地域形成国际资本，将多个国家的福利牵连起来，因此一国不再成为决策力量，所以给慈禧提供了机会，她将怎么解救大清的危机呢……

第五节　慈禧太后在挽救大清危局

乡党是大清的基础，其经费由私企提供，私企被宗族所控制，从而控制所有活动。乡企发展到一定程度，项目的重复率非常高，均在生产这几类产品。由于资源总量有限，市场价格行情看涨，受到消费实力限制，乡党企业利润下降，这是市场经济规律。乡党组织在各地反抗，拒绝中央的货币政策。

乡党的活动是普遍的，最后形成义和团运动，导致慈禧对西方宣战。慈禧是一位老政治家，已经介入政治四十年。当时的皇室乱作一团，大家在极度恐慌当中，无法预测国家的未来，更难想象自己的未来。政治家需要权衡利弊，当年咸丰帝逃到热河，慈禧提出了反对意见，应直接面对西方国家，与他们讨论市场规则。

不是慈禧太后意识昏聩，这是经过深思熟虑的决策。慈禧实际已失去权力，军权已落入乡党手中，地方军乡民军不行，连八旗武装也不行。国家军队的主力是新军，这部分费用由清廷出资，但是被袁世凯实际操纵。

内阁在为了观念争斗，政府内部为利益争夺，因皇帝失去价值判断，国事失去了判断标准，导致利益集团的争论。满洲贵族反对学习西洋，朝廷的忠臣许久未更新，剩下的已不可能持军权，袁世凯代表汉族洋务派，新军只是洋务产业继承。

乡党不是分散的状态，洋务派的老家在山东，虽然他们没有中央，但他们有思想核心。核心在山东地区，这里是孔子故乡。山东位于华北地区，这里严重依靠走私，即为躲避国家税收，私企由此兴旺发达。这些地区与政策对立，政府在不断清剿土匪，而族众组织乡军对抗。

乡军以宗族为核心，为了防止信息泄露，经常出现军事行动。军人在抓内部奸细，由此产生汉奸一词。由于经历文人长期鼓动，乡党聚集了民族的力量，展开一场民族复兴运动。民族复兴追求文化回归，照顾本民族的自身利益。

此时国内依靠外国消费，抵制外国的产品和服务，成为愚民教育下的心理。传统社会信仰原始，皆为可以借助之力，运动得到全国认可。从社会安定角度，不论是孔孟之道，还是圣经的教义，均可以维护秩序。国家经济的发展目标，一定是创造国内市场，若为了设立国外市场，那必然导致经济破产。

乡党要的不是市场，不是自由贸易规则，而是封锁市场信息。他们要的是控制力，直接控制货币政策，通过货币政策获利，这是最安全的方法。控制货币的力量是军队，军事的基本任务是稳定，稳定的正是货币化政策。新军不服从皇室指令，它的背后有乡党支持，再通过政府左右国家，故控制力一直在新军。

新军是一支强大武装，装备水平不亚于欧美，落后的八旗军不敢动，他们只负责保卫皇城。皇城的位置是危险的，皇帝垄断了货币政策，而各地货币已经失控。大的乡企具有控制力，在占有货币的便宜，小的乡企没有办法，通过造反争取利益，这是义和团的来历。

义和团在山东发迹，由宗族关系组织的，大师兄在控制小弟，模仿宗族组织结构。一个民族的行为特征，主要取决于货币表现，大清的经济依靠宗族，出现的组织也像宗族。

如同星星之火可以燎原，义和团组织在全国泛滥，他们提出扶清灭洋口号，集中力量破坏所有洋行，杀死了涉及洋商的国民。先后有几十万人被屠杀，抢劫来的资产归入宗族。随着义和团的壮大，形式随地区有区别，从总体暴乱情况看，针对的是中央控制。例如要求封锁皇权，便敬拜玉皇大帝；要求宽容宗族暴力，便敬拜武神关公。

他们不敬皇室的威信，将皇室对社会的规范，一律视为暴力的性质，采取隐秘的手段对付。商业活动拜关公，证明黑社会背景。这些活动很像道教，其中含有道教元素，道教信仰很多神灵，形成非常模糊的成分。

由于缺少镇压理由，道教进入镇压手段。控制力在政府那里，官员负责思想行动。政府不能发挥作用，生产系统内部勾结，全变成黑社会性质。黑社会到一定程度，便由政府提供权力。

义和团破坏洋人的商产，殴打和杀害洋人传教士，传教士的财产是西药房，全部被义和团占领捣毁。地方政府听之任之，得到百姓的真心拥护，大家同仇敌忾对外，只要对民族产业有利，暴力破坏成为合法行为。

大清从下而上逐步失控，官员集体包括满洲贵族，都不愿意镇压各地骚乱。洋务派核心的官员，请义和团师兄到家中，教授自己的家人武艺，得到意识形态的认可。于是义和团放开胆子，在山西杀了许多洋人，且山西巡抚亲自上阵，外企和商户全部摧毁。

义和团贬低西洋制造，抬高宗族产业的地位，调动国人的激愤情绪。通过乡党学校放大，变成全民普遍相信。在这场思想运动中，教师成为宣传主力，他们对孩子的洗脑，让孩子们陷入疯狂。

在不求素质的市场当中，小学教员没有研究任务，不需要对学生品质负责。他们依靠惩罚学生收费，所以必然是素质最差的。此时国民无国家意识，他们只考虑小家利益，造就了最后一场疯狂。

对于堆满问题的清朝，皇室成了一支救火队，到处施援却不见成效。一切骚乱都有前期孕育，长久地积蓄货币的问题。慈禧曾经提出废两改元，影响只到对内阁的建议，她没有实际的政治权力。虽然提案历经两次修订，慈禧的提案未审核通过，没有影响洋务派的决策。

大清各地一直欢迎银两纳税，因为这个政策有利出口企业。此类货币维持外国收益，却在削弱本国货币的能力。随着义和团运动的扩大，在二十世纪交替之际，山东区团员开始涌向北京。皇室的安全受到威胁，乡党逼迫皇室放权，放弃现有的金本位制。

金本位在强化皇权，统筹国内货币供应，洋务派是政府多数，他们反对金本位制。张之洞和袁世凯授意，大清最好的选择是白银，有利鼓励出口限制进口，不允许政府变动税收，以长远计有利富国强兵。

乡党说为百姓福利着想，确立金融系统的金本位，可以保障全国乡民利益，不再会受到官府的压榨。而黄金对于皇室非常重要，金本位下的铜币成色不足，从而降低金融的发行成本。不可能单独依靠钱庄，钱庄不具有结算能力，如果发生重大的变故，存款户打破还款时限，任何钱庄均兑付不了，故钱庄在用铜钱结算。

大清与俄国有密约，如果大清遇到战争，俄国有权出兵作战。而德国的皇帝宣称，只要出动五万军队，便可消灭全部清军。这些针对大清的威胁，让慈禧太后寝食难安。此时俄国占领奉天，如果皇室放弃大清，满洲有可能保不住，皇室失去最后退路。

第十二章 货币本位制度——后清

　　在社会动荡的乱象中，经过一场激烈的争论，诸王贝勒推举出慈禧，主持重大的国家决策。议政王大会被启用，慈禧太后临危受命，接过了军事管辖权。在慈禧的安排下，诸王贝勒保护使馆区，安抚义和团的情绪。慈禧太后召集御前会议，一百多个主要高官参会，连续四天研究国家局势。

　　即使付出战败的代价，也必须取得一份约定，国际社会认可的约定，具有公认的法律效力，而保全领土的完整性，于是开始对邦国宣战。清军控制了义和团，义和团被编入卫军。武卫军将洋人围住，并且驱赶使馆人员，缩小了军事包围圈。为了达到军事目的，必须干扰外国的判断，使用大炮不断轰击，炮弹落到后面空地，并没有造成人员伤害。

　　而且更为过分的是，清军向使馆内送武器，不断送入食物和水果，还有夏季降温的冰块。随着双方书信来往，清军调整战斗强度，直到联军挺近京城，清军才恢复了炮击。不出慈禧的预料，只有几千人的联军，带着部分轻型武器，在大清百姓的帮助下，打败了驻守的清军。清军已经有重型武器，先进性不亚于西方各国。战争的核心问题是经济，宣战为了解决内部危机，这是一笔划算的大生意，大清是战争的唯一赢家。

　　慈禧必须主导谈判，而光绪是帝国皇帝，慈禧的身份不合法。需要慈禧离开北京，光绪也不能在北京。慈禧带着光绪逃走，德国和俄国不同意。双方权衡的结果，由李鸿章负责谈判。慈禧没有放权李鸿章，她借助大清电报系统，远距离遥控签约过程。

　　在义和团运动中，西方的损失很大，传教士死伤惨烈，死亡者数量众多，美国教士和使馆，均受到强烈攻击。此时美国成为商业的主力，这个新兴国家成长为首富，纽约市聚集了巨额的资财，它在制订全球的贸易规则。大清一定要赔偿损失，对于战争的损失赔偿，失败国应当担当责任。

　　战败意味着政策失误，若对方取消战争赔偿，会失去改政策的压力。谈判工作很棘手，俄军陆续进入东北，德军增兵至万余人，英法美日要保全大清，只要求增加治外法权，德、俄要求分割土地。在治外法权方面，李鸿章寸步不让。租界的秩序变好，此前当地非常乱，自从实行西方法律，司法秩序非常得体。

　　英美法进一步要求，教徒可以享受这一待遇，教育、救济和留洋等待遇，这种安排推进了一大步，为建立共和制奠定了基础。这一切似乎与俄国无关，他们在争取当联军司令，俄国控制了联军指挥权。此时俄军已经开火，他们激烈攻击清军，清军武器非常低级，是为了不引发冲突。俄军不仅杀戮清军，还

·457·

在抢夺村民财产。他们进入京城之后，在到处寻找义和团，造成了百姓的恐慌，慈禧太后心惊胆战。

义和团没有战斗力，这些十多岁的孩子，受到乡党文化误导。此时大清的武器不落后，从国外进口所有的武器，而义和团用的原始武器。工资是生产收益的边际，由于大清制造的收益低，必然降低生产者的收入，以致不惜牺牲人的生命，等于增加了人力的投入。

义和团是大清的意识形态，意识形态是民间思想状态。民众认识高度达到何处，那里不会出现类似错误。民间认知决定皇帝权限，所以错误不能全怪政府。幼小心灵未生成道德观，这些小孩的虐杀性更大。

经过残酷的战争，乡党开始杀义和团，看到官员出卖他们，孩子们突然觉醒了。他们纷纷加入基督教，并得到了教会的保护。而带头杀人的官员，比如山西巡抚毓贤，先被慈禧革职发配新疆，后来下诏书立刻正法。受军令的军人也被处决，正义得到了伸张，大清的土地上重回希望。

大清签订《辛丑条约》，俄国单独出兵，攻占秦皇岛、山海关，兵分五路占领东北，占领黑龙江将军府。这些外部威胁，不是最可怕的，在大清的内部，比这还要危险。八国联军进京期间，帝国武装没有动静，盛宣怀扣下了圣旨，只听李鸿章一人的，李鸿章称敕令乱命，没有国人敢于响应。此时，张之洞推出李鸿章大总统方案，东南各省处于实际的独立状态，这一事变被称为"东南互保"。

经过一场骚乱后，大清国有惊无险，慈禧回到了北京。洋务派官员没有灭绝，他们在四处垂死挣扎。洋务派有的是贵族思维，他们认为皇帝是资本家，皇室不应占有货币收益。此时的思想已成体系，严复翻译《物种起源》，此类思想补全阶级论。而阶级论将人类降格，重新确立了道德标准。

八国联军进京前，大清实行"里甲制度"。公共服务推给百姓，社会是由乡党控制的，宗族自己负责筹资。因为联军划片管理，建立临时政府机构，各部门负责一部分，机构包括全部的市政，公布行政管理条例；联军负责规范社会秩序，各种文明的生活方式，被大量引入清朝城市，有了城市的基础设施，便可以设立警察机构。联军还负责社会福利供应，组织卫生检疫和免费供粮。

联军在大清有很多工作，垫款五千英镑开发天津，为铺设电车道拆迁民房，临时政府给予房价补偿。在落实的过程中，德军野蛮粗暴，不为百姓着想。日本讲究秩序，从不侵犯百姓，保护了紫禁城。大清败军四处抢掠，毁掉珍贵的圆明园。在临时政府撤离之时，账目清单和结余全部交袁世凯。

经过西方管理经验的培训，大清的财政管理进入正轨，各项目的收入和支出分立，给政府合理运行提供条件。这样一场洋务运动，凭借的是资本规模，没有对新行业投资，生产能量没有提高，积累起来巨大风险，民生产业衰败下去。随着清王朝的灭亡，票号也自然消失了。获利的只有洋务派大臣，李鸿章通过袁世凯复活，乡党文化在新形态复活。

李鸿章回国后被下放广州，而他对教育界的影响依旧，大清国民被这一思想奴役，反而在维护权贵的声誉。李鸿章变成文化大儒，成为著名藏书家，为帝国的文化象征。失去权力的李鸿章，没多久便呕血而卒，洋务派余党被处分。大清搞的是全输的游戏，所有人将在失败中死去。当慈禧对外宣战时，洋务官员要求平反，他们制造这场灾难，现在却要携家逃跑。

慈禧下令处决反对者，这是"庚子五大臣"事件。在平息庚子事变后，乡党势力重新复活，逃跑了的官员返京，要求慈禧承担责任。他们联合反对新政策，五大臣终被平反昭雪。各地设立李鸿章祠堂，官员定期参拜其鬼魂。

乡党文化转为一种信仰，货币收益转入宗族控制，即自然资源被全民所有，全民所有属于宗族形式，集体所有属于家族形式。所有制否定国家，重建了价值判断。随着市场的进步，价格边际在提升，道德标准也在变，传统的道德破裂，新道德尚未生成。

庚子事变提供了机会，刚毅陪慈禧回到北京。慈禧太后亦非常高兴，宫内充满了洋洋喜气，紫禁城内挂上了电灯，随着留声机放的舞曲，德龄公主跳起华尔兹。人类受到工业品的感染，演变为新兴的舞蹈类型，这些舞蹈模仿弹簧节律。此时工业上已经出现弹簧，由此引发了舞蹈的新变化。

艺术是新价值结合的产物，表达物质形态对人的影响，物质形态是货币核算产物，人类持续向工业产品学习。慈禧的外交很成功，在圆明园款待贵宾，照顾各国公使夫人。

为了重建帝国的教育，她将文凭与科举分离，设立了新式教育系统。重要的是培养人才，需要辞退公务人员，而慈禧斗不过乡党，还是在使用这些人。在英美法教会支持下，各地创办多所大学堂，为全民教育奠定基础。各省书院改大学堂，下设中学蒙养学堂，学校开始发挥作用。学生经过毕业考试之后，可以获得相应的文凭，成为进士、举人、贡生，如此与原有体系对接。

慈禧的教育改革很彻底，政府开始提供社会福利，教育的价格在持续下降。在所有产品之中，福利成分最高的是教育，教育消费不知服务结果，含有很少个人价值判断，基础价格对应公共判断，政府提供的是公共服务。这次教改减少了私人消费，扩大基础教育的公共支出。慈禧选择平民子弟留美，送数万名平民留学日本，学成回国后建设大清国。

大清的社会极难改变，企业的管理对应宗族，宗族的势力消除企业，市场竞争进入了宗族，由此设定出等级身份。这是实现标定的收益，自然引导族民的行为，地位打破了货币秩序。人们不再去关心市场，而是遵守上下级关系，努力取得地位的上升。为他人付出一生努力，最终造成了生产失控。教师负责培养族长，而在刻意贬低族众，没有更新官僚系统，更加尊崇洋务运动。

继慈禧取消武科之后，文科废除八股文程式，八股文是官员的发明，为了降低审稿的成本，慈禧强化了政府工作，可以应付许多应考者。可是，乡、会试等均试策论，未能提高官员的素质。科举涉及无用的知识，学生必须终身否定它，并不择手段获得利益，他才有可能进入政府，慈禧最后决定废科举。即便如此，也没有破坏乡党的教育，教育构成了新文化运动，在继续抵制西方的文明。

乡党核心人物是章太炎，他们主张中央政府放权，进行高调式的经济变法，目的是生产规模最大化。慈禧在极力抵制改革，她关注的是女性事业，女性道德一旦改善，必然重振国家面貌。她在推动大清司法改革，通过杨乃武与小白菜案，改造中央到地方的司法，从立法到司法支持弱者。慈禧下旨禁缠足令，并开办女学之新风，实为社会的重大改变，受到乡党士人的抵制。

公元1904年，在征得清廷同意后，日本出兵占领东北。希望经营东北地区，符合国内生产意志，扩张日本的经济体。东北全境被俄国占领，俄国同时占领土耳其，如果没有英法的阻止，俄国将无所顾忌扩张。大清出于密约缘故，不敢动满洲的俄军。洋务派官员支持俄国，处于两年军火禁运中，袁世凯无法指挥新军，大清朝公开宣布中立。清军为日军提供情报，清日军队密切地合作。

经过一年半的战斗，死伤了十万日本兵，日军获得了最终胜利。日本还满洲领土于清，根据和约的规定，日本接管德国租界，在关东洲设总督府，驻关东军保护侨民。从此日本经营南满铁路，而且日本占领朝鲜本土。日本的生产节约资源，所以不存在侵略野心，它对清出口十四艘军舰，构成长江舰队的主力。

慈禧无力清理洋务派，他们占据官僚的位置。一旦技术被官员垄断，会假装科学方式管理，从而释放出更多暴力。技术通常与资源关联，控制资源是官员职责，造成非常混淆的局面。市场形成大小的壁垒，阻隔新产品进入市场，也阻隔外来的好商品。生产系统产生的强制，过渡到政府的行为中，成为市场规则的部分。

为了防止官方的武断,增加对外的政策执行,日本在云南设讲武堂,改变大清国民的体质,增强大清的军事实力,后来发展为黄埔军校。它们强烈反对弱化管理,资金应当创造福利,改善大清产业结构。日本变法比较晚,但是经过三十年,经济超过了大清,并且超过了俄国。

乡党借助地方做大经济,业绩无非是挖矿卖矿,获取国际贸易的顺差,它们依靠的还是外资。国内发生了暴乱,乡民砸坏新学堂,捣毁政府自治公所,与警署直接对抗。新学堂为大政府服务,教学内容以计算为主,经济扩张需新型人才,学堂数量翻了十二倍,学生总数翻了十五倍。乡党经济降低资源价值,造成经济总量的损失,它肯定是不可持续的。最后的一段时间,革命形成风潮,起义连绵不断。

光绪一直在主张强权,他支持各地洋务派,各地官员建设工厂,由此做大地方势力,督抚总揽军权财权。乡党遵守宗族文化,族长压制族众的思想,族众不懂得技术,不可决定事物;而地主有学习的资本,接触西方社会信息,他们可以运用技术,符合生产革命需要。孙中山得到认可,革命形式被逆转。

大清已经进入了内阁制,慈禧的权力逐渐增加,可以控制内阁总理做事,因此严重限制了洋务派。李莲英是慈禧的督办,负责检查政策的执行,故成为官员的眼中钉,死后掘坟而身首异处,慈禧的对面非常顽强,他们的势力也非常大。

慈禧消除鸦片产业,如果不能改善官场,无法更新地方政策,她遭到地方的反抗。资金不从农业脱离,工业化则是一空话。慈禧必须改革货币,才能控制中央集权,公元1904年,清廷设立大清银行,发行纸币兑换券,它可以兑换白银,由此产生了法定纸币。公元1909年,清廷公布《币制则例》,规定采用银本位制,统一铸造大清银币,货币单位改为"圆",与国际货币单位接轨。

经过洋务运动的消耗,大清的财政不再平衡。此时财政压力极大,陆军部预算一亿两,超过总数三分之一,新军预算五千万两,均没有满足的可能。各省银行和私人钱庄滥发,公私银行一直在铸造铜币,流通纸币总价为六亿多两,大清银行一千万两资本,中央无力回收旧纸币,新钞票根本不起作用,徒增国内的混乱局面。改革引发洋务派不满,清廷从外国银团贷款,开发满洲和改革币制。此举被视为丧权之举,遭全国军队一致反对。

国家建立中央集权,控制好投资的进展,便无需引入资本项目。若中央缺乏控制力,即便取得国际投资,很难得到投资效果,甚至可能造成灾难。从此之后，大清行业投资转向，从商业过渡到工业，这是好的方向转变，为民族复兴打基础。银行系统支持产业政策，民族工业得到飞速发展。

联军中有技术性兵种，比如修复桥梁、通信，为边疆地区修建官府，维护大清的社会秩序。在这么多的贡献当中，感谢英美的知识分子，他们的妻子一同到来，英美女性做出了杰出贡献，比如薄内夫人制造的机车。英国借款二百九十万英镑，帮助大清维持铁路合约，沪宁铁路于五年后通车，这是大清的第一条铁路。

洋务派逐渐失去收益，他们开始疯狂地报复，以各种理由损毁资产。例如，开平矿督办张翼乱签合约，在清、英政府间制造冲突，大清丧失了此矿的所有权。在社会改革期间，清政府设立商部，颁布工商业规章。这些章程规定，自由发展实业，奖励工商企业，鼓励商会团体。

集权可以区分贷款者，这些判断属于主观的，哪些符合社会福利要求，哪些投资制造破坏效果，这些决定需要决策程序。落后国家用先进货币，这是成本收益的选择，不是谁都会得到帮助，这是一次绝好的机会。只有相对的优势，才可能提出援助。落后者不应学习技术，而应当学习先进制度，制度是经济发达缘由。生产系统学习技术，消费系统学习政治，共同形成社会进步，两类事物不可混淆。

信仰的生命感觉与货币的效果重合，货币将突出收益拉到平均水平，达到人人享用的市场均衡状态，这恰好是个性的自由所寻求的，是生活上所有获得快乐的入口。此时社会矛盾已经爆发，这是对传统文化的复归，又是民族重建信仰之时。清皇室的旅程行将落幕，历史的灯光照见袁世凯，他能否将人民带出深渊……

第六节　袁世凯称帝躲过分裂

在十九世纪之初，大清权贵到全世界买地，而建立自己的生活特区，他们的幸福是全球性的。公元1871年，清日签订《修好条规》，建立在日的治外法权，北大是新文化运动的基地，北大的基础是京师大学堂，鸦片战争后英军撤离，清廷不许英人进城，要求国民与其隔绝，免受西洋文化熏染。于是与英签

《上海租地章程》，将一块地划予英国建设。英国收购私人的物产，高价租赁或填平河道，大清地产商从中牟利。

甲午战争后日本即刻撤军，为了保护厦门和协防日本，清廷要求各国租借鼓浪屿。美国一直在旁观，被要求建立租界，领事电报请示。美国的决策是不自由的，政治决定须由国会授权，而且研究过程着眼经济，这是在测定市场的边际。美国正在内战，没有作出决定。之后，美国两次归还，清政府没回应，只好转送英国。

西方没有取得划地的自由，英国人想在十三行的对面。商帮不许业户出租，英国计划没有得逞。十三行的资本是口岸金融，已经形成了全球化的投资，其控制范围超过地方政府。大清的商人富可敌国，占据世界首富前几位，其中最富有的伍秉鉴，财产是美国首富四倍，他们都有权力的背景，但是最终他负债而亡。

当大清国民日复一日劳作，追逐权贵设立的道德标准，已经将大清国拖入了深渊。在大清的成长之路上，一直在不断试验摸索，却一直没有民众参与。社会制度与科学知识相同，必须产生巨大的参与人群，才有可能形成高水平结果。欧洲进入了高速发展时期，消费体验调动起来好奇心，人们非常激动地设计实验。

在资本追踪实验效果之下，精英实验室聚集大众思想，大量的实验成就现代科技。富兰克林发现了电能，爱迪生将其变成产品，英国进入电气化时代。美国经济发展依靠欧洲的财团，他们得到政权发行货币的许可，但是扩张的部分只是有价证券，只是代替福利固化的生产货币，从而强迫财团淘汰过去的产业，即那些自己培植的旧投资项目。

在这种经济制度之下，美国行业得到快速合并，产生许多资本金融大鳄，却不是过去那类型贵族。他们没有多余消费货币，故无法取得放肆的投资。为了借助租界消灭革命活动，北洋政府主动要求扩张租界。各国租界的秩序都是最好，尤其上海租界的治外法权，大清百姓强烈要求租界仲裁，有官司的纷纷跑去租界论理。

大清不愿分离司法职能，仍由行政长官监理司法，巡捕愿意为富人的走狗。大清司法独立核算成本，需要另外设立审判机构，每年需增加三四千万两，政府没有这笔投资预算。皇室已经无力增发，资本不及财政支出，自然不会扩张贷款。

自从各国租界向大清开放，洋务派学者跑到租界居住，租界建立工部局维持秩序，没有歧视大清的现象，宽待占道经营的小商贩，还建立市场安置了他们。由于洋商竞争杀价，煤油价下降八成多，导致部分烛厂倒闭。布料和肥皂亦如此，大清百姓深受其利。

上海租界的惯例，警察抓到罪犯，送清政府衙门，衙门直接放人，他们又进租界，反复折腾警察。租界由欧美法负责，此时法律规范明确，体现对消费者的保护，大清法律走向反面，负责保护生产收益。

英国集权扩到殖民地，统治符合殖民地利益，创造不同以往的形式，殖民变成了政治授权，故消除大清很多暴力，废除凌迟、枭首等酷刑，设定了律师和人权制度。天津英租界工部局，中国董事参与决策。

市场经济要限制生产行为，由此产生边际行为的文明，这是可以测定的行为方式，故规则可以通过交易传递，可以成为扩张性文明形态。对租界的管理是文明的，它抵销了宗法式的行政；商业触犯富户利益，破坏宗族垄断经济。后来政府进租界，动乱终于平息了，接受外国的保护，大清躲过了一劫。

经过世界经济一体化，德英市场形成了关联，国家之间在相互投资，英国提供技术和创新，供应德国的科研开发。德国不用硝石制造化肥，生产潜力不再依赖资源，德国实力威胁欧洲大陆。德国的财富向少数人集中，他们成为控制财政的专家。

罗斯柴尔德是犹太裔，他们原本生活在德国，德国是货币欠发达区，而操控那里的高利贷。银行家族大多产自德国，他们在全世界寻找机会，并曾经左右了战争形势。这种影响不受市场控制，欧洲记恨罗斯柴尔德家族，不良声誉玷污了犹太人。

金融计算往往失误，逻辑判断常常正确，欧洲崇拜这个家族。后来，罗斯柴尔德家投资美国，遭遇有史以来最大惨败。美元是美国创造的货币，以未来国家税收为保障。殖民地原货币独立发行，可以偿还英国本土债务，殖民统治者腰包被掏空，英国人失去了统治基础。货币是客观的评价者，任何投机者终将失败。

大清必须信守承诺，即便前朝欠的债务，也需要新政府偿还。这是国家延续的法理，政府必须负担货币收益，而控制大清的这些人，不愿意接手国家政治，他们只是唯利的商人，不愿意承担一切责任。随着橡胶业的兴起，资本追逐这份暴利，可是德国经济衰败，国内经济大多破产，无力支撑资本扩张。

德、俄两国命运与共，德国向俄国投资，使得俄国疯狂生产，向德国输出粮食，德国在扩张工业。两国压制国际交易，大量倾销劣质产品，终因缺乏消费衰败，德国投资灰飞烟灭。德国金融高度依赖橡胶，橡胶是现代产业的原料，美国可以高效利用资源，汽车已经进入美国家庭。美国生产力来自集权，央行控制力逐渐加强。

欧洲各国均需要美国，美国负责向各国投资，成为世界银行所在地。美国的公司推出T型车，汽车价格下降九成。变化反映到资源配置上，贷款由资本家转向所有人，货币控制力深入个人层面。猛涨的橡胶价跌落，渔利的德国资本亏损，两国企业纷纷破产。

金融风暴传至大清，上海橡胶股票破灭，而投资商全部蒸发，股票市场宣布停业。接盘的只有民企资本，川汉铁路公司破产，损失三百万两白银。无数的钱号连锁倒闭，四川铁路被收为皇室，使股民联合起来反抗，导致大清的民意丧失。

新增资本重视摆脱束缚，避免受到铸造材料影响，才生成更好的表现形式。大清思想界产生巨大的分歧，知识界出现新旧民主的划分。孙中山主张民主共和，追求有秩序的市场经济，效仿的是英美的民主；袁世凯集团是一群军阀，主张德、俄的立宪制度，即生产权力的法治化。由于梁启超宣传鼓动，加上袁世凯维护洋务，由此取得富人的信任，积累民国总统的基础。

大清经济没有根本转变，国民依旧贫困潦倒。当时的农户只有三分地，很多家庭歉收年景破产，子女被迫卖身保全家庭。即使国民忍饥挨饿，阻止不了官员腐败，经常有女孩被卖掉，女孩只值五十文钱，不足官员一餐费用。

大清的国民从来不反抗，不是因为他们生活幸福，只是因为刑罚太过严厉，民间无法对抗政府指令，却获得了暴力上的自由，以欺负弱者的方式释放。在大清的司法系统内，囚犯的待遇差别很大，大清法律保留弃市刑，公开游街在闹市杀人，如垃圾一样丢弃尸体，百姓对侵犯习以为常，因为这是政府的行为。

乡党文化贬斥人格尊严，鼓励亲人对弱者的抛弃。大清必须彻底改革，当时各国都在改革，艺术界也在变革，都要向美国学习。公元1908年，慈禧通过照片外交，与美国人签署法案，美国退还庚子赔款；之后，七国都退还了赔款，用来兴办教育事业，这才有了清华大学。唯独俄国索要赔款，相当于军费的三倍，俄国不仅侵略中国，还从侵略之中盈利。欧洲在各地修建教堂，教堂是艺术的博物馆，协助大清人重建信仰。

新兴教育打碎大清的梦想，大清民众终于在梦中惊醒。美国经过三十年努力，已经跨入第一工业国，而大清奋斗半个世纪，成为思想落后的典型，从温饱变成饥寒交迫。公元1908年，慈禧太后推出君主立宪，禁止取消皇权性的机构,并给出九年时间作准备,大清国民需要思想转变,再通过中央和地方分权,避免各省督抚军事分裂。

可是坚持不到那时,慈禧驾崩的前一天,皇室决定毒死光绪,由李莲英具体操办。这是在执行皇室决定,奴才李莲英忠诚皇室,逃难时他将珍妃投井,他又在伺候慈禧离世。洋务派的大多数败落,张之洞也随后死掉了,摄政王令袁世凯辞职,可是督抚拥兵自重,已经形成了割据局势。

公元1909年,三岁的溥仪继位,他是最小继位者,继承了满洲血统。在洋务派的紧逼下,溥仪失去了安全保障。不得已之下,溥仪自任皇军大元帅,任命载洵海军大臣,载涛负责参谋总部,训练可靠的禁卫军。溥仪有强烈改革欲,大清已经没有信誉,家庭中淘汰了弱者,国家也淘汰了弱者,距离灭亡时日不多。

公元1911年,清廷撤销军机处和内阁,推出西方式的责任内阁,这套制度是在抄录日本,参照了西方的普遍版本。新经济制度必须尊重民意,可是大清的民众愚昧无知,皇族不信这些人构建民主,只有民主才可以保护皇室。先进制度背离洋务运动,洋务派发动了武装叛乱,清廷不得已任用袁世凯,镇压新军的湖北起义。

国家的责任着眼于贷款,国家核心工作是议事,即预设国家贷款程序。贷款即是风险投资,这份风险国家承担,才有收益的合理性。清廷被迫解散新内阁,任命袁世凯总理大臣,康有为海外遥相呼应,主张反对革命的立宪。新军将领联合通电,要求大清设立共和,皇室被新技术吓退。袁世凯和平接受政权,大清银行变中国银行,发行袁世凯一元银币,袁大头取代了旧银圆,且推出一套银制辅币,可在全国范围内流通。虽然北洋军阀建立中华民国,民国的国名是孙中山拟定的。如果按照孙中山的设计,国家创建标准的总统制。

新军并不保卫国家利益,俄国在武装外蒙的军队,在要员中培养亲俄势力,洋务派放任俄国的行动。俄国公使向清廷抗议,直接派兵开进库伦。之后,北洋政府不断退让,执行进步党自治政策,导致革命党人不满,导致外蒙的强烈抗议,经过公投从中国分离。

汉族的文化已经变质,拒绝儒家的社会责任,文人贬低私企的道德,私企主动放弃贷款。这些思想造成混乱,国人不接受共和意识,洋务派积极对俄贷款,建立苏联化的经济体,孙中山革命出现波折。实现共和要突破县级,深入家庭的控制范围,实现皇权的高级形式,改变经济制度的方式,以宪法维护皇权收益,对抗生产系统及政府,为个人生活质量服务。

在生产系统的内部，留下符合收益标准的，排斥赢得独立的收益，小业主的处境很艰苦，遭到大业主联合围剿。社会舆论不利小业主，他们随时被舆论湮灭。这是革命行为意义，孙中山必须建立集权，完成皇帝未竟的事业。无法生成合法的共和体制，政府和国会双元控制系统，同时对国家政策发号施令。所以总统和总理独立行事，即便换人也无法实现政策。

接受孙中山思想的宋教仁，日本支持他组织了国民党。国民党成为议会第一党，其次是梁启超的进步党。梁启超在维护袁世凯，说民主是"暴民政治"，进步党开始组织内阁，梁启超充任司法总长。接着，进步党暗杀了宋教仁，并清洗国民党成员，揭开了民国暗杀传统，一直持续几十年之久。这一传统蔓延到了日本，军队一共暗杀三位首相，建立了军队控制的局势。

日本是被迫打开国门的，日本缺少皇权制度传统，改革遵照福泽谕吉思想，这套思想则是实用主义，源头是梁启超改良思想。改良是为了消除社会公义，官员必须保持自由之意志，认识哪些生产者是错误的，对他们采取税收惩罚措施，从而使正确的生产者胜出。改良思想确认错误者是正确的，他们有权继续自己的生产模式，而且以过去的错误为获奖理由，这是思想上的改良的逻辑关系。

日本受新文化影响，中央集权意识减弱，生产品质快速下降，生产资源出现缺口。上层在尽量放纵底层，以稳定上层集团收益，系统亏损由底层承担，释放压力为对外战争。底层的将领控制权力，形成军事为主的意识。如果暴力控制生产系统，消费系统内关系一定差，最终形成暴力反抗形式。

经过民国的政治互动后，宋教仁的责任内阁破产，北洋政府重新回到原点，暴力统治方式宣告失败。梁启超当初到日本避难，日本政府则拒绝维新派，他疏通关系后安稳下来，并将暴力思想留在日本。梁启超主办《新民丛报》，着重介绍新的经济学说，日本学界被新文化占领，军队内部不断以下克上，政府内部也是刺杀成风，最终让军队左右了政局。

改良制度强化奴役民众，他们的家属都送到日美，这些官僚子弟回国后为官，持续强化改良的舆论控制。改良派延续乡党的传统，用族长欺压和奴役族众，蔑视族众对自由的追求，侮辱和诽谤族众的人格，联合外国资本压榨族众。这些做法影响了经济活动，贫穷不是应当受到鄙夷的，那些制造贫穷的思想因素，才是人们应当鄙视的对象。

国内普遍抵制孙中山革命，袁世凯在全国通缉革命党。所以恶势力又占了上风，进步党控制了北洋军队，强迫全国接受制度改良，社会制度一直没有变化，变化的是暴力思想升级。公元1900年，德国制定海军法，扩充海军的规模。虽然社会普遍认可错误，承认制度设计上的差错，改良思想占领德国思想界，商人要求强化资源的争夺。

德、俄两国加紧对外扩张，不断扩大自己的殖民地。英美政府向日本投资，日本建造超级的海军，从此主导了亚洲事务。德国控制山东之后，进而控制东北地区，张作霖为德国代理，为德提供战争物资，成为装备优良军阀。总统选举中，孙中山失败，袁世凯获胜。在错误的经济体制下，总是最差的政见胜出，而最佳政见屡屡失败。

日本要求中国驱逐德国，德国崩溃造成马克贬值，必须通过战争掠夺维持。美国向英、法、日大量投资，市场经济国家取得胜利，德国因实力不济被打败。各国生产系统参照法国标准，只有美国和英国保留原标准。随后与日签订《民国四约》，日本讨回德国在华占领区。这一事件遭到进步党反对，进步党要求中央分权地方，而且主张得到多数人支持。

梁启超的思想流传各国，国际社会失去控制，欧洲陷入全面战争。生产的进步越快，积累的错误越多，战争的烈度越强。孙中山组织了革命军，以强大军力消灭军阀。此时，进步党控制国会和政府，不对百姓公开政治信息，造成内部管理行动混乱。

一个不可逾越的障碍，横亘在袁世凯的面前，社会秩序出现了混乱，国际局势表现为紧张，这些均需要中央集权，冷静地处理一切事端。袁世凯宣布省管制，省长不经选举产生。此时国内贪污横行，全国一致呼吁集权，拥立袁世凯做皇帝。参政院拟定了新的宪法，规定代表大会决定国体，军官监督选出代表投票，大会总代表上书袁世凯，请求袁世凯行君主立宪。

改良派建立中华帝国，他们纷纷上表袁世凯，袁世凯主持国家大典，率领百官祭天和祭孔。但是中央集权威胁地方，那些独立企业可能破产。此举引发进步党造反，各省进步党宣布独立，袁世凯恢复了总统制。总统制是美国建立的，由此它反对任何皇帝，站在独裁者的对立面。孙中山建立总统府财政委员会，在为讨伐各地的军阀做好准备。

不久后袁世凯病亡，洪宪六君子被清算。学生失去思维判断，发动多次学生运动，消除了中央的集权。革命党人坚持传统文化，主张强化中央的政治集权，以社会福利核算构成宪政，两种极端思想发生对立。北洋政府无法调整社会，传统的效忠意识被否定，地方政府被军阀所控制，同乡、发小、同学挤入，政权在由军阀轮流控制。

其中改革最关键的是湖南,湖南位于南北要冲的门户,陈宝箴、黄宗羲在湖南新政,建立了没有管控的民间社会,要求自行组织社会管理方式。它第一个宣布自治,公布施行湖南宪法,各省纷纷驱逐北洋,建立自治联合政府。这些尝试都没有成果,最后被北伐统一取代。孙中山要求中央集权,梁启超愤然赴欧考察,回国后历陈西方政治弊端。联省自治制半途而废,经过几年的反复折腾,进步党揭起学潮运动,将自治机构全部废止。

由于进步党联俄抗日,北洋府院之争白热化,政府摆脱了总统的控制,国家失去政治控制力。英美日支持清室复辟,各地军阀均表示同意,公元1917年,清宫召开了"御前会议",决定溥仪皇帝归位,定当年为"宣统九年",通电全国改挂龙旗,原总统逃至日使馆避难。此时保皇党兴奋,进步党如丧考妣。

梁启超与日本新文化分道扬镳,梁启超主张德国的模式,新文化主张俄国的模式,两者展开理论辩论,最后俄国模式胜利。美国是实行民主的标准,美国是从民主中诞生的,所以首先实行地方自治。而其他国家的民主进程,一定是从中央集权开始。

由于广州陷入自治状态,陈炯明成为民选的长官,在自己的地盘上搞独裁。民众直选三名县长候选,由他这个省长择一委任。此法后来被袁世凯沿用,设计自己的政治接班人,结果被民主革命所否定,任命孙中山非常大总统。新文化到"五四运动"时,喊"打倒孔家店"口号,事实夺取意识形态领地。

民国巨变对日本影响很深,梁启超思想引发左翼思潮,日本转向左翼的政党控制,开始大规模的国有化改造。思想的运动牵动亚洲,反过来作用北洋政府,北洋军阀重夺政权。溥仪再次宣告退位,清室仅有十二天复辟。之后北洋军阀分裂,皖系直系军阀崛起,新军阀间兵戎相见,各地发行军用钞票。

商业银行自主发行货币,保持了过去的官督商办。军阀要求百姓捐赠,巧立名目压迫百姓,甚至提前预征税款。山西被阎锡山垄断,设立中华国家银行,还发行了中华铜币。各省份均被军阀控制,国家成为军力较量场。

在思想教育领域当中,新文化运动控制全国,并且迅速蔓延到日本。新文化不是生物进化论,生物进化论支持了信仰。信仰提供修正错误的信心,进化论恰好提供这份信心。改良派只是在利用进化论,用动物行为代替人类生产,否定人类生产的因果关联,从而保证侵占者持续暴利。用这个思想教育民众,民众全部变成了奴才。

孙中山的革命运动,彻底否定联省自治,否定干预地方事务,不再允许分裂国家。而被改良派指控,论述革命的暴力错误,反对警察的控制效果,将管理解释为独裁。民国的社会面临危机，孙中山认真分析国情，成立一支新的国民党，这个国民党反对日俄，引发后来的革命活动。

日本由天皇统治千年，皇室没有货币发行权，缺乏皇权的思想体系，新文化的渗入导致异变，生产者决定论甚嚣尘上。日本皇室失去财政权，内阁被政府所控制，国家决策转向军队。在各路军阀博弈中，冯玉祥逼皇帝退位，溥仪逃进日本使馆。日本出资满洲建设，为了恢复大清皇权，武装张学良的军队，东北军变得最强大。

经过巨大的革命牺牲，孙中山民主革命成功，在南京成立中央政府，发行新纸币扩充实力，革命军北伐各路军阀。因为全国被统一控制，国内组织了公共投资，恢复之后的中央集权，爆发出巨大的统治力，带来之后的黄金十年。

公元1925年，孙中山逝世。又经过了两年时间之后，蒋介石清理新文化组织，在南京成立新中央政府，可是进步党在党内出现，形成思想上分裂的倾向。汪精卫在日本接受新文化，又到苏联接受斯大林指挥，因而在广州另立中央政府。

由于英法两国止步与此，欧洲大陆军力对比失衡。加上世界金融出现混乱，美国的金融家输出资本，大约有三百亿美元资产，全力支持德国的实业界，美国政府却控制不了它，德国的经济快速膨胀。德国政治处于独裁状态，这是一条资本获益捷径，金融家族支持德国产业。

由于在经济上获得优势，纳粹思想主导了德国人，他们扶持希特勒的政党，这个政党遏制政治活动。希特勒通过宣扬贵族精神，将不符要求者列为劣等品，依附体制的德国人被催眠，他们疯狂地组织军事扩张。德国经济形成封闭系统，排斥不合格者成为必然。德国和日本在畸形生产，制造的低级产品过剩，制造出市场上的冲突。

德、日、意占有大部分资本，世界资本市场一边倒，这几个国家的民意联合作用，率先实现生产意志法治化，以武力控制所有的消费。在生产意志的作用之下，德国人否定英美的法则，日本非法使用生物武器，以弥补军费不足之窘况，第二次世界大战爆发了。

而美英法启动市场经济，罗斯福实行美国的新政，独自扩大中央银行权力，他宣布废除了黄金货币，以金融的改革挽救经济。美国的生产势头强大，无偿提供盟国军工品。由于英美顽强抵抗，德军放慢进攻速度，等待战俘生产军品。盟国一方的生产力加强，巨量的武器被投入前线，彻底改变了二战的局势。

世界各国经济发生巨变，社会形态也出现了逆转，溥仪的婚姻也接受法律，国家开始承担违法成本，历史进入纸币控制时代。二战后溥仪入狱改造，中国的帝制由此终结。随着货币操纵力强化，皇权容量在不断增大，皇权将退出历史之时，法律成为独立核算力。

参考文献

〔美〕龙多·卡梅伦、拉里·尼尔著,潘宁译:《世界经济简史——从旧石器时代到20世纪末》,上海译文出版社,2012年。

〔韩〕罗俊皓著,金香兰译:《免费经济学——免费经济时代正在来临!》,中国铁道出版社,2012年。

邵宇著:《穿越镀金时代》,东方出版社,2013年。

〔美〕帕拉格·康纳著,崔传刚、周大昕译:《超级版图——全球供应链、超级城市与新商业文明的崛起》,中信出版集团,2016年。

王宇春著:《被绑架的世界——1919~1939年的全球货币战争》,中信出版社,2010年。

〔美〕于尔根·布劳尔、休帕特·万·蒂尔著,陈波译:《城堡战争与炸弹》,经济科学出版社,2016年。

〔美〕杰弗里·萨克斯著,邹光译:《贫穷的终结——我们时代的经济可能》,上海人民出版社,2007年。

肖茂盛著:《中国货币文化简史》,中国书籍出版社,2011年。

王小锡著:《道德资本研究》,译林出版社,2014年。

徐兴无著:《大汉帝国的衰亡》,江苏人民出版社,2016年。

马兆峰著:《女娲的指纹——中国史前秘档》,北京工业大学出版社,2014年。

〔美〕托马斯·弗里德曼著,何帆、肖莹莹、郝正非译:《世界是平的——21世纪简史》,湖南科学技术出版社,2015年。

包海松著:《繁荣的真相》,中国经济出版社,2014年。

朱小黄著:《财富信仰》,中信出版社,2016年。

郇恒著:《国史源》,齐鲁书社,2015年。

樱雪丸著:《日本维新六十年》,中国友谊出版公司,2016年。

张宏杰著：《饥饿的盛世——乾隆时代的得与失》，重庆出版社，2016年。

寿韶峰著：《钱说话——在中国财富史中寻找中国式智慧》，中国市场出版社，2008年。

〔美〕查尔斯·比尔德、玛丽·比尔德著，许亚芬、于干译：《从蛮荒到帝国——美国文明的兴起》，光明日报出版社，2014年。

张友直著：《中国实物货币通论》，中国财政经济出版社，2009年。

〔英〕尼尔·弗格森著，贾冬妮、张莹译：《纸与铁》，中信出版社，2012年。

刘济生著：《重新发现历史——对中国传统文化软肋的剖析》，华龄出版社，2010年。

〔英〕艾伦·麦克法兰著，管可秾译：《现代世界的诞生》，上海世纪出版社，2013年。

中华文化学院著：《中华文化与生态文明》，知识产权出版社，2015年。

〔英〕亨利·卡门著，吕浩俊译：《黄金时代的西班牙》，北京大学出版社，2016年。

马勇著：《中国历史的侧面》，光明日报出版社，2016年。

〔德〕迪特尔·格鲁瑟尔著，邓文子译：《德国统一史》，社会科学文献出版社，2016年。

赵柯著：《德国马克的崛起——货币国际化的政治经济学分析》，中央编译出版社，2015年。

王哲民著：《微述经济学》，黑龙江教育出版社，2016年。

后　记

这本书只写一段历史，这是社会变化的节点。在这段人类历史中，货币处于初始阶段，亦在处于朦胧状态，逐步走向法定状态。限制货币的因素一直存在，此时的货币停留在本位制，走过这段艰难的历史进程，各国货币发生了重大变化，货币形式也变得多样化。而本书的容量非常有限，无法容纳更精彩的部分，等到以后有机会再说吧。

在二十世纪的变化中，货币抛弃了本位约束，金融市场迎来大爆发。表达各种货币的价值，货币的汇率高低起伏，以辅助国家经济决策。利用货币的重要信息，国家可以调整资源量，由此生成很多衍生品，用来直接调整某资源。同时也增大核算难度，控制系统也变得繁琐。

货币在各地市场上繁衍，表达政策推行的新价值。纸币统治天下的时代，货币表现出协约形式，凡是可以协约的地方，均可替代货币的衍生品。协约是某种公开的法则，要求内部的所有人遵守。协约货币减少了风险，增加了民众的选择。在市场机制作用下，货币显示团结迹象，货币进步需要协作，需要全体参与完成。

由于协约的广泛作用，代际的隔阂已经化解，并且民族的隔阂消失。货币计算了时间收益，形成人类的文化谱系，在任何时间自由标价，在任何地区自由交流，这是货币带来的自由。未来货币在网络出现，这是社交频繁的场所，没有现金交易的隐私。

未来货币需要扩张谈判力，凸显独自消费者的决定力，这种力量有力地

后　记

监控交易。因为随时监控货币运行，公开场所进行交易行为，难以贪污、贩毒和洗钱。当今货币在青春期，货币没有预想线路，为了引导人类进步，货币保留发展空间。

人类不断认知货币理性，不断感知价值发展进程，从而淘汰了生产的错误，这是人类的意识进化。所以在这一改变过程中，生产与消费之间在博弈，消费者在增加感知能力，生产者在消除这种能力，从而保护生产上的缺陷，延长生产自我存在时间。无论货币的局部，还是货币的全部，表达一样的价值。

协约是有复杂程序的政治，即淘汰错误的工作程序，国家由许多人际协约构成，通过货币实现的政治意志，可同时达成所有消费意图。市场原本是无序的，人们都在争取利益，其中必然生成冲突。所以需要金融的措施，对应产生有序与无序，社会表现不断变化之中，这些变化在周而复始。

只有人们增进认知度，找到每次错误的源头，即总体上改善货币品质，社会形态才会被改善。所以货币是不断变化的，这是一个没法固定的事物，金融行为没有固定原则，这是人类设定的自由边界。宇宙也没有固定的控制，它也不是一个固定形态，一些星球也在寻求变化。宇宙在不断增加物质，形成持续的扩张状态。

石头经风的作用，可以分解为沙子，这是物质的塌缩。物理学上的"熵"，也是塌缩的效果，表示向无序的变化，无机物的变化能量低，它的生产呈现塌缩态。世界出现有机物之后，形式超出了塌缩界点，进入物质的膨胀模式。有机物受能量控制，能量决定它的行为，为了增加适应能力，自己可以大量繁殖，但是摧毁其他物种。

有一种恶意的生产，它一点点摧毁环境，最后导致自我灭亡，在佛教中称为报应。生物拒绝这种模式，于是私有制生成了，私有制的生产特殊，保护了系统的破产。私有制表现人与自然的关系，人与自然联系且具有独立性。生物有很多无效生产，只是在增加物质数量，却没有改善总体状态，这种负面的生产模式，我们用货币负值表示。动物自身被对手吃掉，即以价格

· 475 ·

为负的状态。

　　社会是由事件组成的，人类在不断评价事件，审核已经付出的代价。如果这些代价过大，人类设法降低代价。先进的生产模式含有福利，个人不必为集体作出牺牲，无需人们压抑内心的不满。不满意是人的智力表现，它负责攻击反社会行为，生产行为中必然有错误，这部分生产具有破坏性，人类必须对它进行攻击。

　　货币品质可以表示社会状态，社会状态描述只能主观判断，而货币品质可以设定为数值，这样货币评价有了正负之分。货币品质可以标定为负，这是一种破坏性的规则，如果社会许可这种货币，它也会暂时表现出强势。负值货币对应的事物，会逐渐变得衰落状态，最终进入事物消失状态。

　　人类的生产模式特殊，生成独特的自我身体，基因是人的优势策略，人必须与环境相适合，从而决定基因的序列，表现出来人类的智能。人类用货币表示状态，代表自己的生产模式，是在整合集体的行动，避免效果变差的努力。人类不是随机出现的，社会事物也不是随机，一切由货币作出决定。人类与生物是一体的，生物的货币表现为负，人类的货币表现为正。

　　人类有部分货币为负，这部分货币可以兑换，用的是货币绝对值。决定货币趋向的是决策，消费决策负责货币正向，生产决策负责货币反向。每一件事情的出现，它的货币概率为+1。错误之事有不同偏差，其数值在0到1之间，表示事物错误的程度，转换为货币上的负值。负值的事物表现很差，它表示出事物的性质，对应产生社会的反抗，逐渐将事物消灭掉。

　　与所有商品表现类同，货币价值在不断浮动，负值的货币正在消亡，正值的货币正在崛起。市场必须淘汰负值货币，正负货币之间不应兑换，否则损害正值货币空间，正值货币无偿输出收益。由于生物的模式有害，才有人类使用的货币，如果货币的数量和品质表现线性，必然表示生物的生产模式。

　　货币是测度价格的天平，利用数学调节自己平衡。货币的好坏在于价值测量的精度，它是货币数量为生产资源的方案，所以必须通过增长货币提高

后　记

精度。皇权控制货币源头上的数量，金融系统控制货币测量精度，最终表现为抑制物价的上涨，无论总量多与少均造成通胀。

货币是基础的社会控制力，必须受到社会系统控制，达到系统要求的福利状态。只有人类生产受到控制，货币才能实现均衡结果。个人的控制范围有限，控制了某一事物的果，即控制相关事物的因，则是对因果关系的设计。在人类的奇幻世界，每一场变化造成盈亏。

人类这种生物是变化的，货币是基因变化的依据，货币品质改变社会环境，即社会的一切环境要素，这是人形成道德的基础。货币反映了人的理性，在系统层面表达价值，在局部表达价值判断，每个人只有部分货币，只能决定一定的范围，不能决策全局性事物。货币才是最终决策，导致社会变化结果。市场交易处理正值货币，司法系统处理负值货币。

从这一观察角度，货币的局部是自由的，但是不落实在价格上，货币的全局是约束的，必然落实为市场价格。货币展示宏观和微观，宏观事物在于概念，微观事物在于操作。概念需要先期产生，获得操作者的认可，才能交给具体的人。

货币表达了收益核算能力，这是一切物质运动的基础，所以即便是人类尚未出现，也必然存在货币性的核算，核算实现了物质规律运动，从而诞生聪明的人类物种。如果人类消灭了货币，事物将失去评价机制，人则变成无意识物质。生物需要增加自我利益，一切可以自我膨胀的，均为自身的智慧所为。

人类是总智慧的一部分，人类智慧体现在货币上，每个人拥有一定量货币，却可以控制总体的趋势。货币是可以无限细分的，而且每一份保持总体性质，人类通过虚拟的概念构建货币，动用组织机构调度货币，正是为了达到这个效果，国家存在对于个人的好处，个人存在对于国家的意义，也是通过货币作用体现的，所以人类社会越是发达，虚拟的概念也越发丰富，文化的形式也复杂起来。

货币从宏观的运行中出现，最终抵达微观的个人手中，统一了规定好的不同利益。在宏观的事物之中，货币控制全部收益增值，它在表达社会的控制力；在微观的事物之中，货币收益左右人的行为，它在表达人的自由意志。货币运动全部是微观表现，货币增量全部是宏观表现，微观展示个人的智力水平，宏观展示命运的连带关系。货币在无限往复运动，在市场交易的那一刻，货币即是生出又终结。

由于宏观与微观统一，货币形成了起止相连。如果只用数据计量的方式，抛弃社会现象之间的关联，不追寻事物之间的逻辑性，这种习惯技术解决的方式，不能形成解决问题的程序，不符合经济学研究的态度，只可能将社会运行简单化。经济学全是对价值的核算，必须找到事物关联的边际，才有经济属性的解释能力。

货币经历了全部生产过程，因为在每份货币出生之前，生产资源表示为一定代价，如果将眼光放大至无限远，这份代价将逐渐趋近于零。当所有代价全部关联，可以测定消费成本，货币从生产到达消费，货币表价的使命完成。货币增量不是一次完成的，它会表现全部的消费行为，这是虚拟概念的社会作用。

虚拟的概念构成的文化，汇集了所有的消费反馈。在货币表示某种商品价格时，它已周游全部的交易场所，收集全部消费信息的参数，统一核算出价值的时刻，货币才会完全出现世间，此刻的价值是免费的。人类需要的是无限价值，除了货币的供应无限性，其它的供应均是有限的，这是心理上感知的状态。那将发生在遥远的未来，人类不断展望未来高度。

由于货币始终连续运行，人们看不到货币终止点。在货币出生的那一刻，它的采购力已经消失。货币如同人类的镜子，引导人类修正错误。人类一直在犯错误，不断遇到新的问题，犯下无知者的错误。货币作为测算工具，一直记录这些错误。它在分析人类行为，反馈人类正确信息，引导人类作出选择。由于采购商品价值的主观特性，人类无法创造完整的数学模型，非博弈论的数学公式是简化的，掺入了一些不合理的价值假设。

人类自己不会当实验对象，而我们依旧在经济实验中，人类无法摆脱经

后　记

济的实验，这是我们主动进化的方式。皇权正是这样的控制过程，它垄断信息后在独家使用，将涉及利益的机密集中化，变成自己合法控制的方案，这是我们经常批判的统治。统治不是一种社会原罪，它含有的内容非常广泛，消费者的权力无所不在，货币要求事物信息公开，货币在制造开放的社会。货币摆脱了资源束缚，它才能展示独立能量，货币才得到充分自由，它走向人类自由终点。

生产分为两部分，一部分生产活动，一部分控制活动，人类的自我控制，合成了市场规则。人类社会没有固有矛盾，矛盾是生产与消费冲突，表明市场机制发生偏离。这种冲突表现为信仰，是现实与理想的矛盾，构成理性控制的情绪。市场积累交易信息，直接显示出来价格，规范了全体的行为，据此可以预测未来，预测能力来自货币，只是代替货币讲话。

由于价值判断左右，职业判断是群体意见，不能作为决策的判断。决策判断必须是消费价值，消费价值判断是独立的，属于个人对事物的理解。由于每个人必须表达限制内容，对某些危害性的生产作出限制，所以无法失去宗教信仰的作用。人类社会的限制能力越强大，对自我神秘属性了解得越多，越是愿意创造出神话的故事。

权力可以改变事物方向，权力只是货币意识表达，皇权只是一个历史阶段，属于权力放大的初级状态。随着纸币的无限扩张，货币效果更充分体现，皇权走入了历史之河，被更强大的权力代替。生与死是由货币决定的，如果宇宙永续运行下去，必须毁灭错误生产方案，否则物质也会彻底毁灭。货币是产生善的工具，故它一定会永续存在。宇宙创造了生命的物质，让此部分物质具有意识，可以选择牺牲或者自杀。主动或被动摧毁错误生产，均为生命物质理性的表达。

某种物质产生了意识，一定是为了取得判断，只有增加选择和抉择，宇宙才能有更多智慧。理性并不否定灭亡，却为未来减少死亡。人类将修正的标准称为价值，由价值标定事物生死的分界，价值判断最终决定社会形态。人是一种幸运的生物，我们保持着这份理性，通过组织大规模战争，淘汰错误的生产模式，通过一部分人的牺牲，取得全局性的新生命。

货币在执行精确的核算，是所有知识的最终归宿，都是为了取得确定效果。有一些破坏理性的知识，它们给出的是不确定性，无论这些说法多么精妙，都不会让人的大脑清醒，不确定性增加判断难度，谬误是货币核算的天敌。迈入了二十一世纪的现实，网络化协议开始普遍存在，让电子版的货币成为可能。

相对生产领域，碳时代将终结，完成热能推力，开发新的能源，意味着新货币。比特币是数量受限的货币，适合不受监督的犯罪活动。金融上的数学曾出现失误，导致对投资监控上的空位，引发美国最近的金融危机。货币必须站在最高处，监督所有的交易行为。

货币需要垄断性的高科技，形成独自占有的控制能力。而科学受制于技术实现，如果没有技术作为保障，科学设想无法进入现实，它需要价格边际的测定。人类的未来更需要货币，而且需要更多货币数量。比特币将在2041年停止，发行完2100万的上限，它的数据资源到了尽头。货币的上限是人类的不自由，它在形成向借贷者再次贷款。

可是唯一不可代替的是货币，这是需要人类垄断之物。人类不可使用机器智能货币，比特币将来很可能作钥匙用，发明安全的电子货币，仍是我们面对的挑战。货币是人类独有工具，其他工具被暂时使用，只有货币被终身使用，且为全体人共同享用。

人类社会原本无自由，皆因货币提供了机会，货币优化了人类社会。通过计算获利的成本，以及权衡事物的取舍，才有如今有限的自由。货币有数量和品质两性，两性之间不是线性关系，负值货币只有单一品质，它与价格形成线性关系。货币是一个开放的系统，所以无法简单操纵货币。数量和品质如同博弈，双方争取自己利益时，在争相侵害对方利益。

当经济学陷入两难境地，并为此爆发了二次大战，终于造出货币核算工具。约翰·纳什是一位救世主，他发现了经济博弈理论，开启了数理分析的时代。博弈论存续在儒家文化，纳什均衡的原理很简单，它出自人人平等的

后　记

观念。消费决策表示正值，生产决策表示负值，由货币核算决策收益。

社会现象非常复杂，涉及的人数众多，必须区分决策属性，才能得到准确的结果。而在纳什均衡时，货币发行量为零，没有任何进步性，即能量失去升级。这个结论颠覆经济学，通过数学逻辑重建，经济学走出原始经验，首次迈入科学殿堂。

博弈行为与吸毒相似，均可以激发大脑兴奋，它们弥补货币的不足，但是对人类没有益处，货币在调动人体环境，创造人的环境要素，从而影响体内的变化。人类是基因优化的产物，优化的过程由货币控制，货币必须作出正确选择。货币进入市场之后，生产时间正在缩短，人的生存成本降低。困境由货币上限造成，只有货币供应无上限，创造收益才不受限制，绝对自由才可以保全。

社会系统出现经济性，民间产生这一类要求，才可能投入更多精力，核算出来创造收益值。因为需求与供给非线性关系，市场各处表现出许多种矛盾，解决这些冲突需要精细计算，从货币的角度彻底消除矛盾。世界上最难的事情，莫过于判断对与错。人类的判断由货币表示，判断结果产生货币增量。人类可以作出正确判断，再先进的机器无法做到。

人对货币充满了迷惑，不知道将来发生什么，宗教讲了救赎的故事，这是未来货币的效果，这个故事在承担忧虑，人类因此减少了忧虑。宗教是在讨论货币属性，区分行为的货币正负值。无偿获得货币为负，低代价获得也为负，只有按照市场核算，取得正常的贷款值，才是货币的正常态。只有在此基础建设，消费需求完全自由，生产行为完全自由。

人类社会充满了怨恨，所以有了压迫和抗争，不完美来自货币缺陷，可是货币可以修改，让事物变得更加美好。动物世界没有货币对抗，它们的货币向负值发展，流向捕食能力强的动物，因为它们使用负值货币，必然有一些动物被消失。货币增量是系统福利，破坏系统福利的动物，将承担被毁灭的命运。

随着货币存量的流动，人类行为被严格区分，每一次商品完善自己，都渗入了技术的长进，对应的是技术的增量，这部分表现在工资上。工资分配一直有差异，不同职业存在工资差，人类选择的适宜工作，肯定会被工资差影响。职业水平总是相关联的，职业之间表现边际收益，故人类社会必须有教育。由教育提供职业的技术，实现生产技术总体提高，必然出现人帮人的场景。精英由此实现个人收益，达到自己可能的高收入。

人类社会存在公平悖论，若直接提供平等的机会，便影响货币运动的效果，没有给予生产竞争自由，但是尊重生产竞争结果，又违反教育供应的平等。人类一直纠结这些，说明货币还不强大，不足以准确地测度。

人类依靠意识活动，由于货币供应匮乏，人的心情变得很差，产生了不好的判断。站在生产者的角度，货币匮乏意味着冗余，生产系统花不掉钱，拒绝扩大货币供应。在这种情况下，生产系统表现异常，生产方案有品质差异，相对好的方案得到更多，差的生产方案得不到，这不是市场公平竞争。这是纳什均衡的零和博弈，人类社会发行货币的目的，便是为了打破此平衡状态。

只要货币正常供应，社会无法产生等级，即没有阶级性质，而货币品质变差，出现了阶级等级，人们用毕生精力，取得他人的羡慕，于是享有奴役权。人类可能产生负值货币，负值货币制造丛林法则——没有规则的社会系统，森林动物会感觉到恐惧，它们相互残杀是合理的。如果宇宙以此行为，它必然处于寂灭状态，宇宙表现非常活跃，必然存在系统理性。人的理性让自己存在，理性在随着货币增加，随着货币扩张到社会。

人类是系统的智慧部分，无机物在不断崩塌，表达负值货币的毁灭。人类不断放弃落后生产，通过饲养行为获得肉类，付出生产代价取得收益，设定了市场交易的规则，由此脱离动物生存模式。通过货币这条线索，人们得知行为动机，这是事件的因果关系，构成社会事物的关联。

纳什的博弈论一直受压制，尤其受二战后格局的影响，为了遏制住新兴产业的发展，错误生产者在压制其理论。新型产品减少资源的无效，这是对错误生产的致命威胁。错误生产需要自己的规则，而统一地球上的全部市

后 记

场。过去对货币的认知是错误的，主要原因是观察的角度错误，注入货币肯定带来自由博弈，其中一部分含有错误的方式，所以需要社会力量清除掉它，但是必须通过计算验证错误。

纳什的数理推定即为验证，将规则纳入了计算的过程，遭到普遍的社会知识否定。并不是所有知识代表先进，错误的知识表示的是愚昧，这种愚昧比无知更加可怕。很多人是依靠无知生存的，他们的生产即为羞辱人类，对某一部分人产生危害。货币帮助人类减少求助，去掉一些被羞辱的机会，人类发明出来市场之物，便是为了消除羞辱现象。

社会包含全体命运，需要全体人的参与，一同努力创造未来。人类社会有各种类型运动，这些运动都是博弈的步骤，总体形成市场的博弈验算。市场出现了价格标签，展示经济实验的结果。每一个商品价格，表示自己的状态。货币在测定社会事物，评定个人的行为后果，审核全部的财富创造。财富构成了人的价值，构成了人的生命尺度。

生命的存在形式是幸福，价值表现为大脑的兴奋，引起兴奋之物是多巴胺，这是为学习设计的系统，学习让大脑产生满足感。货币是社会的多巴胺，货币激发了社会兴奋。一些人借助精神药物，以此缓解紧张的情绪。毒品的作用是刺激，防止空虚萎靡不振，吸毒没有进入刑罚，各国没有设定罪责，正是为了货币收益。

在货币衰落的情况下，人借助毒品引起兴奋。而人得到最好的安抚，莫过于家庭内的幸福，而家的状态与国相关联。私人家庭的幸福程度，对应国家的福利指数，这是儒家学说的核心。货币不断扩大作用范围，人的大脑时刻感受刺激，自动脱离对毒品的依赖。不被货币认可的东西，最终肯定被人类抛弃。

随着货币成为社会核心，人类社会减少毒品用量。毒品一直在人类社会，将来还会出现在民间，人的大脑运算量越多，毒品的使用量将减少。毒品打破自私逻辑，虽增加人的思考力，损害人的组织结构。消费信息也是生产资源，如果社会开放这些资源，通过加工它们获得理性，知识分子因此得到工作。当减少消费者分析成本，价值判断的时间被延长，人类获得更多自由空间。

　　社会发展有无限多可能，因生产方案有无限可能，机器设备可以不断发展，因此发明创造永无止境。经济计算的终极目标是时间，为了减少实现目标点的成本，人类以货币测定完成的时间。处于时间成本上的差异，各项事务具有价值含义，历史正在记录这些评价，为了后人更精准地控制，货币必须承担重要任务。

　　由于货币供应福利的特性，消除了自私与无私的界限，实现生命物质的合理存在。货币是一种融解力量，将一切善意融化了，变成自己的一部分。存在的合理标准是科学，科学的验证方式是重复，实验是检验重复的手段。货币的往复运动是重复，在重复人类的判断标准。

　　货币是社会的实验工具，它承担着对人类的实验。人们总是在重复行为，逐渐变成了自我习惯，这些习惯有独立特征。它表示一个人的声誉，他的行为具有确定性，产生活动范围的上限，社会才能认可这个人。货币打破了生产上限，让生产活动不再重复。重复生产降低了货币品质，低劣的货币导致生产错误。

　　社会信息的极大流通，观察别人的生命过程，观察其他民族的进程，中国形成独立的历史，且是连续的历史记录。这些记录是重复实验数据，每时每刻在各地重复实验，所有人一起重复货币实验。而人类存在许多民族国家，它们不过是不同的实验室。货币与所有物品交换，才能标定合适的价值，这是货币的宏观状态。

　　而市场交换只需要一对一，那是效率最高的交换方式，货币交易具有最低的效率。人类个体少有理性，因为人生无法重复，不符合实验的原理，所以人们喜欢交流，来借鉴别人的意见。决定力是主观的，不对应任何物质。而货币是客观的，表现为一种物质，物质可介入实验，成为观测的对象。

　　货币可以重复实验，所以货币有科学性。因为货币的科学本质，它可以限定人类行为。货币的意义是价值功能，标定成本和支付的代价，这是人的

后　记

主观感知价值，因为将结果映射到货币，人可以掌控自己的命运，自己控制将解决的事物，而无需求助于宗教鬼神。

没有货币介入的情况，物与物交换没有增量，货币对应生产物增量，它只是一次确认程序，承担意志的作用过程。若所有人抛弃货币，国家必须出面清偿。货币与现有商品不等价，与未来对应的商品等价。在形成货币的过程，货币具有主观价值，当货币已经生成后，它便具有了决定力，形成客观的标准。

所以在货币实物上，主观与客观为一体，事实与意志为一体。经济涉及人类成长，生产进步源自创新，来自大脑中的新思想。只有不断向自己投资，丰富想象力的创造性，才能让自己感觉满足，由此带来了生产升级，造福全人类的福祉。

国家用货币表达这一过程，为所有创新设想提供货币，产生资本推动生产的效果。市场是非常复杂的系统，人类不断注入计算结果，货币是理性的计算结果。在漫长的皇帝执政期间，货币核算设定程序复杂，为每类人设定不同比重，从而降低了核算的难度。

金融业进入现代化之后，个人的比重接近于相同，货币总核算的难度加大。测算工作涉及巨大的数据，计算过程涉及文明的进程。人类社会不断加大运算量，随着产量增加价格升降，此模式违背了供求曲线。采购行为激发大脑运算，消费行为可以启发智慧，增加社会的福利供应量，从而降低了采购的费用。

消费过程对应货币核算，由此带来了更多的算法，算法进化出人类的意识。由于人类具有进化程序，使得自我意识走向独立，人类是一种独立的生物，动物世界没有这种现象。大脑是人的计算系统，它在感知货币性收益。政治是核算的中心，因为计算需要散热，在凉爽的恒河边，低温的黄河岸边，冰冻的希腊海边，同时形成古文明。

文明在描述人类的智力，人类的每一次闯关成功，均为一次智力上的升级。克服一个又一个障碍，测算价值的精度提高，货币则被一次次更新。人类正在面对更复杂的局势，对货币知识的了解更加重要，一切知识最终体现到经济上，成为闯难关的新生手段。

如今的经济学处于冷战时期，博弈论已经将知识之塔推倒，经济学家完全无视这些现实，继续自话自说地讲解和传播，这是对现实状态的无理对抗。我希望终有一天，经济学将会统一起来，统一需要更深的认知，东西方学者联手攻克，消灭学界的各种诡辩，实现人类理性的崛起。

2017 年元月